领导学原理

PRINCIPLE OF LEADERSHIP

邱霈恩 ◎ 著

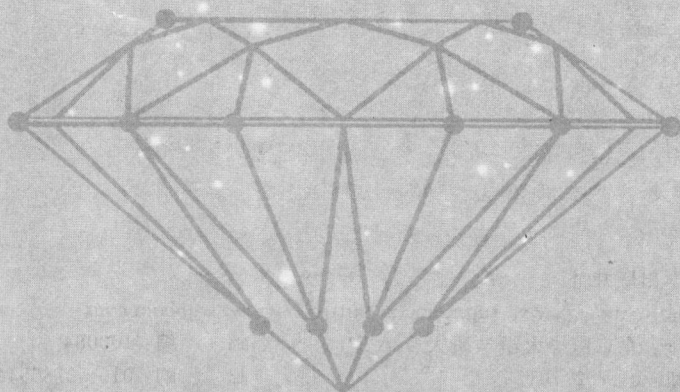

清华大学出版社

北 京

内 容 简 介

本书主要针对高校管理学研究生教育,特别是 MPA 和 EMBA 等高层次应用性人才培养的需要,同时也针对我国领导干部培训的需要,以提高领导力为主线,在强调理论基础的同时,高度突出领导的实践性,系统阐述了领导学的基本理论框架和原理内容,深入探讨了领导力的构成,领导的主导力、应变力、决策力、执行力和组织力等方面的实践要义和操作要点,系统阐述了领导用人与领导考评的机理和要则,不仅介绍了自成一体的领导学观点和成果,也对国外有代表性的领导学理论进行了一定的介绍和比较。本书以高度的专业性、理论性、应用性和系统性为特点,适合于研究生教育、干部培训和自学之用,亦可供领导实践、组织人事工作和领导学学术研究等进行参考。

图书在版编目(CIP)数据

领导学原理 / 邱霈恩著 . —北京:清华大学出版社,2012.5
ISBN 978-7-302-28500-7

Ⅰ. ①领… Ⅱ. ①邱… Ⅲ. ①领导学 Ⅳ. ①C933

中国版本图书馆 CIP 数据核字(2012)第 064983 号

责任编辑:梁云慈
封面设计:汉风唐韵
责任校对:宋玉莲
责任印制:何 芊

出版发行:清华大学出版社
　　　网　　　址:http://www.tup.com.cn,http://www.wqbook.com
　　　地　　　址:北京清华大学学研大厦 A 座　　　　邮　　编:100084
　　　社　总　机:010-62770175　　　　　　　　　　邮　　购:010-62786544
　　　投稿与读者服务:010-62776969,c-service@tup.tsinghua.edu.cn
　　　质　量　反　馈:010-62772015,zhiliang@tup.tsinghua.edu.cn
印　刷　者:三河市君旺印装厂
装　订　者:三河市新茂装订有限公司
经　　销:全国新华书店
开　　本:185mm×260mm　　　印　张:25.25　　　字　　数:596 千字
版　　次:2012 年 5 月第 1 版　　　印　次:2012 年 5 月第 1 次印刷
印　　数:1～5000
定　　价:45.00 元

产品编号:044898-01

Preface → 序

　　领导学是一门深受人们欢迎的新兴学科。在学科发展史上，它最早与管理学并生在一起，与管理学一同发展、一同成长。在此过程中，领导学一方面借助管理学发展的成果，吸收了管理学的科学精髓；另一方面则根据领导实践的特殊性、独立性和重要性而走了一条自主发展的道路，对领导实践所固有的作用、特点和规律进行了深度而系统的研究，逐渐形成了一套具有自己独特研究对象、范畴体系和内容框架的专门理论。可以说，领导学已经成为今天社会科学体系中最重要、最有价值的新兴成员之一。

　　尽管有的管理学者曾经把领导纳入管理的范畴，认为领导是管理的一个环节；但这并不能，也未曾真正把领导学纳入管理学之内而成为管理学的分支。实际的情况是，领导不仅不是管理的一个环节，而且还恰恰是管理的上层与渊源；管理不仅不内含领导，而且还恰恰是领导的一种手段、一项工作。从科学视角看，领导和管理在实际生活中是同样重要、相辅相成的，是组织成功必不可少的两个轮子。但从历史和现实看，有不少时代、不少组织都是只有领导而无管理，或者是精于领导而疏于管理，尽管其质量不高、成效不大甚至酝酿或潜伏着巨大危机，但仍能勉强维持甚或照常存在或运转；反之，如果没有领导，那么这个时代就会迅速终结，这个组织就会迅速解体，而管理则根本不会存在甚至无以发生。由此可见，相对于管理而言，领导不仅要重要得多、根本得多，而且原本就更为特殊和独立。因此，依领导实践而形成的学科必须是，也必定是独立的；在与管理学的关系上不仅相得益彰，而且更具根本性和重要性。

　　溯源领导学发展历程可知，作为一门学科和科学，领导学最早起步于20世纪初美国学者对于领导特质的研究。尽管领导特质研究由于科学性不足而很快走入了死胡同，但是领导学却随着此后三四十年代行为理论的兴起、五六十年代绩效理论和情境与权变理论的兴起而得到新生和重大发展，成了一门盛行于发达国家、广受关注和欢迎的重要学科。事实上,发达国家从当初刚刚崛起之时就开始重视领导力的开发了,即使是领导特质学说也是为此目标而来的,主要是为了有助于领导人才的培养和选拔。后来的领导学则更是以多元化理论学说的形态广泛应用于西方社会的领导力开发之中,包括选拔任用与培训优化领导人才等各项活动。

至今在西方文科大学和综合性大学中,领导学都是一门显学,在 MBA(工商管理硕士)、EMBA(高级工商管理硕士)、MPA(公共管理硕士)、EMPA(高级公共管理硕士)乃至 DPA(公共管理博士)等实用性高层次人才培养和研究生教育中一直是核心课程。譬如,世界 MPA 起源地的美国雪城大学马克斯威尔学院,就一直把领导学作为 MPA 教育的三门核心课程之一,即使是 DPA 学生都必须具有这门学科的经历和成绩。美国哈佛大学商学院和肯尼迪政府学院也大体相同,都是重在培养学生的领导能力,使得学生在进入社会后更胜任 CEO(首席执行官或总裁)之类的领导工作。从这个角度看,领导学早就是教育领域非常重要的一门独立学科了。

在我国,领导学是改革开放以后出现的新生事物。改革开放之初,随着"实践是检验真理的唯一标准"大讨论所引发的思想解放进程和国家发展重心向经济建设的转移,加上干部队伍建设实行革命化、年轻化、知识化、专业化,广大干部不仅变得思想活跃,而且注重拓展视野、学习新知、渴望尽快掌握领导规律,迅速成为能够有效领导改革开放和现代化建设事业的内行。这为我国领导学的产生和发展提供了历史契机。

1981 年开始,我国有些党校、干校就开始探索领导科学、开设领导学课程了。当时首次开设的领导学知识讲座一经开播,就受到 2000 多万干部的热忱欢迎。1982 年 10 月,中共中央、国务院发出的《关于中央党政机关干部教育的决定》中,把领导科学列为党政干部必须学习的共同业务基础课之一。1983 年、1984 年先后在上海和北京出现了领导学热,不仅开始聚集和形成领导学研究队伍,而且开始形成了第一批领导学著作。领导学的发展受到了中组部的重视和老一辈无产阶级革命家和马克思主义理论工作者的支持与扶植。

1986 年,中组部做了一次全国县级党政干部培训需求的问卷调查,要求从 22 门学科中选出 5 门自己认为任职后最需要掌握的学科知识,结果有 63.5% 的答卷选择了领导学。这表明,领导学在我国是很有现实需求的,也是很有发展前途的。也就是在这样的背景下,我国的领导学迅速产生和发展,并随着时间的推移而变得越来越重要。

一直以来,党校、干校、军校,特别是行政学院对于领导学都相当重视,不仅开设了越来越多的领导学课程,而且还成了领导学教学、研究与发展的主阵地。与此同时,许多高校也日益重视领导学这门学科,从本科到研究生教育都越来越普遍地开设领导学课程,领导学教科书于是也变得越来越丰富;特别是随着 MBA 与 EMBA、MPA 与 EMPA 等教育项目的引进,领导学就更是成为最重要的主干课或核心课之一。

应该说,无论干部教育还是国民教育,开设领导学课程、开展领导学教育都是很有必要的,主要是因为这样才能开发出我们所需要的领导力,就像发达国家当年走过的历程一样。的确,要发展、要崛起,就要大力发展生产力;而发展生产力的核心是提高素质、开发人力;而人力开发的关键却是提高领导素质、开发领导力。为此,只有大力研究、发展、学习和应用领导学，特别是积极开展领导学的教学，才能不断培养优良的领导素质和领导人才，端正和优化领导过程，培养和产生卓越的领导力，并将领导力转化为促进经济社会发展的核心生产力。

随着我国领导学的不断发展，相应的教学研究队伍不断发展壮大，诸如领导学研究论文、专著、译著、教材和丛书等相应的研究成果也越来越多。经过几十年来大家的共同努力，一套具有深厚理论内涵、重要实践价值和鲜明中国特色的领导学理论体系逐渐形成。2009年12月14日国务院颁布《行政学院工作条例》，将领导学列为公务员培训教育的重点学科之一，以行政法规的形式正式确立了这门学科。

在我国众多的领导学学者当中，国家行政学院邱霈恩教授算是非常刻苦努力并取得一定造诣的一位。长期以来，他与党校、行政学院和高校系统的有关专家学者合作，对领导学共同展开深入持久的研究；既注重学科体系的特定性和完善性建设，又注重从科学与艺术两个层面开发领导学的理论价值和实践价值，还善于吸收和消化国内外既有的研究成果，着力构建一门有中国特色和气派、内在完整一致、自成体系的领导学，可以说已经有一定的建树了。今天他在过去学术积累的基础上，围绕领导力开发的理论与实践，又写成了《领导学原理》以及与之对应配套的《领导案例》一书。这其实就是一个书系工程了。这样的研究很有特点：既重视理论建设，又重视案例研究；既深入领导理论的奥堂进行系统的理论探索，又紧切领导实践的需要进行操作性和规范性研究；既借鉴吸收他人成果，更独辟蹊径形成自身特色；既可供学术研究和有关实践参考，也可供干部培训和研究生教育之用。作为国家行政学院参与教学与科研的领导，对本书的出版，我感到十分高兴，故特为之序！

最后，我想说，比起法学、经济学、行政学、社会学等学科，我国的领导学无论取得怎样的成就，都属于初创阶段；还有很多专业理论与实践问题需要研究解决。特别是如何及时反映党关于执政能力建设、决策科学化和民主化、转变作风、改进工作等要求，如何及时概括和总结党领导改革发展的伟大实践经验，如何联系实际不断丰富和发展自己的理论体系和实践价值，都有待领导学界进行深入的科学研究。主要靠转述和解释外国的领导学论著是难以使领导学理论切合我国领导实践需要的。我热切期盼领导学界多在这方面下工夫。

周文彰[①]

2012 年 5 月 1 日于北京

---

① 周文彰，国家行政学院副院长，教授，博士生导师。

Foreword → 前言

领导学是一门最为现实、实用而又博大深奥、深受欢迎的学问，包括科学和艺术两方面。

首先，领导学是一门关于领导和权力的学问。权力自古以来就普遍存在，关系到每个人的切身利益和前途命运，当然更关乎一个时代、社会和国家民族的命运。领导就是掌权、用权的现象和活动，领导者就是掌权、用权并深度影响现实生活的重要角色。可以说，社会上没有一个社会事物比权力、领导和领导者更现实、更严肃和更重要了。因此，关于领导和权力的学问显然就是最现实的学问，更是最现实、最重要的社会科学和行为艺术之一。

其次，领导学是一门关于如何当好领导、用好权的学问。权力是一把"双刃剑"，用好了能保境安民、造福一方而成就伟大，用差了就会碍事毁业、误己害人、祸国殃民而重悔深憾。因此，如何认识、把握和做好领导，就成为最受关注的现实问题和重大挑战。这里既包含了领导科学原理、领导者综合素质水平和伦理要则，更包含了领导实践过程中的种种工作要点和艺术要诀。这些知识和技艺就是一整套以操作性为最大特点的实践艺术。

再次，领导学是一门高端社会科学和行为艺术。它既有自身纯粹的范畴体系和内容体系，又涉及一系列重大学科领域和实践领域，犹如大海，深不可测，广阔无垠。要完全深入系统地加以把握乃至操作性应用都是高深的挑战。如何把一个一个范畴内容联系起来并加以贯通？如何从科学到艺术加以贯通并实践于自己的工作中、以期创造自己的人生辉煌？这些都是每一个领导者、领导学者和潜在领导者都深感兴趣的实际工作问题、职业生涯问题、人生价值和事业得失的问题。当然，由于深奥，这些问题常常成为颇具魅力的谜题。

最后，领导学是最受人们欢迎的核心学问之一。在成人培训教育中，领导学是最为受训者欢迎的课程。在高校研究生教育中，领导学普遍受到欢迎。事实上，要当成功企业领导的最要学习领导学,要做成功女性领导的也把领导学当成最爱,甚至想带好科技队伍的自然科学专家也要学习领导学,而至于要做好公共部门领导工作的则更加毋庸置疑地视领导学为第一重要。其实,领导学是一门"通学",完全真切地关联着每个组织成员的前途、成就与价值实现。

应该说,无论治理国家还是管理社会,也无论做企业还是做事业,都无法缺乏领导,甚至还完全仰赖于科学、明智和积极的领导。而领导学就是对这些重要现象与实践的科学揭示和理论升华,是切实改善和推进这些实践而从根本上造福于众的学问,是对现实社会生活产生重大而长远影响的最重要社会科学之一,具有十分突出的理论性、实践性和根本性。

这是因为,领导者是一个单位、一个地方乃至一个社会的最高权威,在领导者统辖范围内的所有重要事情都由领导者来掌管。所以,横向的各种具体领域及其中实务,纵向的各层次运作(譬如决策、执行、考评、监督),居中通用的智慧、经验、方法和手段(譬如政策、制度)等,都由领导者实际经管着。换言之,领导者在整个社会生活中是一个最为综合、多面的特殊角色,以领导为主线的各种公共实践则更是全方位的。与此同时,群众都知道领导重要;既要借助甚至赖之以解决生产生活问题,特别是公平正义的问题,也要行使自己当家做主的权利来要求、规范、约束和监督领导。

应该说,所有心智正常、健康的领导者都希望大力提高自己的胜任力和领导水平,以便更好地对组织、对人民负责,因而需要研究总结领导工作经验,需要学习更多、更全的领导理论、领导知识与技能,不断改善领导作风和领导形象,不断提高领导能力和领导绩效。

就学科形态来看,领导学具有自己特定的研究对象、研究范围、研究方法和研究特色,更有自己独特的价值体系、内容体系、方法体系和实践意义;在实质构成上,既包括了领导思想、领导理论、领导体系、领导规范和领导运作等科学层面,也包含了领导智慧、领导经验、领导特色等艺术层面;在学科体系上,既与管理学、决策学、运筹学、组织行为学等紧密相接并发生直接的交叉叠合,也与政治学、行政学、政策学、人才学、历史学、哲学等紧密相关,彼此相互滋养、无法割裂;从实践上看,最主要是与领导权力及其运作、领导人才培养成长和使用、组织系统建设及其运作、组织目标与共同事业的成败、组织内外各利益主体的得失等均息息相关。因此,这实际就是一门关切命运、博大精深的特别学问。

我国已普遍兴起的公共管理硕士教育、工商管理硕士教育在客观上也要求设立领导学课程,而且要把它设为主干课之一;而干部教育与培训工作则更是以提高领导素质和本领、改善领导工作和绩效为主要目标和主要内容的。此其中,无论是学生还是学员都有着眼未来、培养和造就自身领导素质与才干的内在需求,而身处现实生活核心、承担着重大责任的领导干部则更迫切需要和希望进一步增长自己的领导学识与才干。因此,领导学有着非常厚实的现实需求基础,也有着无限的发展前途。

显然,在高校和干训机构正式开设这门课程,在科研机构体系中正式开展此学科的基础研究和应用研究,都有着极其重要的意义和不可估量的作用。对此,很多有关机构都已经充分认识到了,并予以了高度的重视。这使领导学至少在本科教育、研究生教育、官员培养上得到越来越广泛、深入的推行和应用;2001 年以来国内已经针对MPA 教育出过多个版本的领导学教材就是典型例证。因此,从切合我国国民教育和干部教育需要上加强领导学学科建设和教材建设就显得极其必要和重要。

综上所述,加快领导学的学科建设,特别是上升到研究生教育的高度来重视领导学的学科建设、发展与应用,就显得极为自然、必要和明智。这其实也是依法办事的积极表现。有鉴于此,针对我国研究生教育的需要和特点,充分根据以干部教育为主的成人学习需要,结合国内外的研究成果和本人、本学术团队长期以来的积累,最后写成了本书,既期供研究生教育、干部培训之用,又期能为领导实践、组织人事实践和领导学学术研究提供原理性和操作性参考,更盼广大读者对本书所存不足随时予以批评指正。

作 者

Contents → 目录

第一章 领导与领导力

第一节 领导的实质与要义

一、什么是领导？

领导是一种最重要的社会现象和客观事物；更是一种最现实的利益枢纽和力量核心；还是一个最重大的组织行为和权力过程。领导直接影响、驾驭、支配着组织内或权阈内的一切，而且还间接影响组织外的倾向、过程与结果。一个组织群体或社会常常可以没有管理，但绝对不可以没有领导。领导在全社会、全世界普遍存在；在人世间的重要性和现实性诚可谓"无以复加"。从现实生活看，为了尽量实现自身的利益和价值，人与人、群体与群体、组织与组织乃至社会与社会、国家与国家相互之间总在围绕领导展开角逐和竞争，并总想通过增强和优化自身的领导力来取得、拥有、维持、改善和用好领导。此其中学问甚大，不仅包含了极其丰富而系统的科学内涵，而且也包含了极其众多而精彩的艺术要点；不仅要加以系统的理论把握，而且要从实践上对接行动。

既然领导是人世间最为重要的社会现象，那么其实质是什么呢？有哪些主要要义？对此，从国外到国内，从心理学、管理学、组织行为学到自成一家的领导学，都各有独到的理解和把握，各有不同的界定和主张，形成了众多的学说；但概括起来则主要有以下三类。

（一）行为说

该学说认为，领导就是通常体现为行为艺术的某种重要行为。这种学说在国际和国内领导学界都具有突出的影响，甚至常常占有主导地位。

以美国为中心的国外领导学界从行为的角度理解和揭示领导的实质。1930年，邦得尔（Bondel）提出："领导是一种使他人按自己的意图行事的艺术。"20世纪30年代，梅奥（Myao）通过"霍桑试验"得出结论并明确提出："领导者应能提高职工的满足感，善于倾听和沟通职工意见，使正式团体的经济需要与非正式团体的社会需要取得平衡。"1957年，黑姆菲尔、库恩斯（Hemphill & Coons）提出："领导是个人引导群体活动以达到共同目标的行为。"1970年，贾科斯（Jacobs）提出："领导是人与人的互动，其中一人以某种方式提供某种资讯，使另一人深信他若照着做时结果会更好。"1974年，斯托格蒂尔（Stogdill）基于其过去的观点而进一步提出："领导就是通过预期的互动来创建并维持组织结构。"1978年，凯孜、凯恩（Katz & Kahn）提出："领导是一种基于组织伦理和机械式服从的影响力增进与发挥。"

中国台湾省的领导学界提出了很多类似的定义与解释。有的认为：领导就是一种倡导行为。有的认为:领导就是影响力的发挥。还有的认为:领导就是协助达成目标的行动。其中,更有代表性的观点是,中国台湾学者黄昆辉的综合性界定:"领导就是为了达成组织目标,领导人员发挥其影响力、建立团队精神、激励成员工作动机,从而达成任务之行政行为。"

中国内地领导学界在这方面的学术观点也是占主导地位的。其中,第一种代表性观点认为:领导首先是政治行为,是人民群众的意志和根本利益的集中体现,是引导和率领群众前进的向导。例如,1987年,张云庭在其《现代领导学》中提出:"领导是对人的统治,是对政治权力的运用。"2001年,冯秋婷在其《新编领导科学简明教程》中提出:"领导就是领导者通过影响群众以完成特定的生产和再生产任务的社会活动。"第二种代表性观点认为:领导是一种确立与实现组织目标的行为,是领导者的职责、艺术与影响力的综合体。例如,张云庭在提出其前述观点的同时认为:"领导是指对生产过程以及建立在生产活动基础上的社会生活过程的组织、指挥、管理和协调。"1995年,马义在其《行政领导学》中就提出:"领导是指领导者统御、指挥、引导和影响被领导者实现组织所确定的目标的行为过程。"第三种代表性观点认为:领导就是决策、用人,就是引领、带领、率领、引导、教导、指导和督导。在很多情况下,这都属于口头阐释或衍生解析。

(二)过程说

这是一种在学术影响上比较接近于行为说的重要主张,强调领导就是某种重要过程,有着很大的影响。

以美国为中心的国外领导学界对此提出了一系列很有代表性的定义。1950年,斯托格蒂尔(Stogdill)提出:"领导是在设立和实现目标的过程中影响群体活动的过程。"1959年,本尼斯(Benis)提出:"领导是行为人使下属按照期望方式行动的过程。"1984年,洛克和贝菱(Rauch & Behling)提出:"领导是领导者为达成既定的组织目标和成就而影响和主导组织活动、群体行为的过程。"

中国领导学界也比较广泛地持有这种观点。有的认为,领导是领导者运用说服能力使别人心悦诚服的过程。有的认为,领导就是以领导者的声望、影响力或者地位启发、组织和控制社会行为的过程。有的认为,领导是领导者通过一定的方式对被领导者施加影响并共同作用于客体对象,以实现某一既定目标的行动过程。有的认为,领导是在一定的社会组织或群体内领导者为了实现预定目标,运用其法定权力和自身影响力,采用一定的形式和方法,率领、引导、组织、协调、控制其被领导者,为完成预定的总任务——主要是解放和发展生产力,增强事业的实力,促进事业不断顺利发展的活动过程。中国台湾省的领导学界也认为:领导就是达成组织目标的历程。

(三)关系说、功能说和影响力说

这是一种相对独立于前两种学说之外的学术主张,着重揭示领导在现实社会关系或社会生活中的特质和特别作用。

1960年,简达(Janda)提出:"领导是一种特殊的权力关系。其特征为团体成员觉得另一团体成员有权规定他们的行为而作为全体的一分子。"1961年,坦宁邦、威勒和马萨里克(Tannenbaum，Weshler & Massarik)提出："领导就是为达成特定目标而通过沟通来作用于某一情境的人际影响力。"1969年，赫塞(Hersey)提出："领导是为影响个人或团体行为而做出的任何努力。领导力就是影响力。"

中国领导学界历来就有这方面的观点和主张。有的认为，领导是建立在民主基础上的组织权威。也有的认为，领导是社会当中人与人之间关系的一种特殊形式，即一定的人和集体通过一定的方式率领并引导另外一些人或集体、在向共同趋向的目标前进的过程中体现出来的一种关系。中国台湾省的领导学界也提出一些观点，认为领导就是促进合作的一种功能，或者认为领导就是一种可信赖的权威。

显然，无论国内还是国外，领导学界对于领导的界定和把握是多视角的，因而其定义也是多种多样的。有的不一定那么严谨，甚至只求顺乎习惯，把领导意指为领导者。但是，尽管如此，也可以说人们对领导的实质做了广泛、持久而深入的探索，为我们不断趋近于科学和真理、更深入地认识和把握领导的实质提供了极好的基础。

二、领导现象的考察与分析

领导是为我们大家所熟悉的日常现象或常规事物。我们每天都在接触它、经受它、体会它和理解它。在正常情况下，无论在正式还是非正式的群体、组织或社会中，没有一个人不是生活在领导的关系和氛围里。事实上，领导不是只存在于特定组织的特殊现象，而是普遍存在于广大社会现实中的一般社会现象。在人类社会中，只要有组织群体存在，就一定会有，也必须要有领导的存在，而不管这个组织群体是大还是小、是正式还是非正式。

事实上，领导这种社会现象存在于现实生活中任何一个以人为中心的系统中。从最大的系统即整个社会到最小的系统如单个个人，从最正式的系统如国家、政党、政府、军队到正式、半正式的企业、公司、集团等经济组织以及各中介组织和事业组织再到非正式的各种群体、团体，都存在领导这个现象。

以单个人为例。一个人是最小的相对独立的自在系统，有意志、有经验、有体力、有智力，还有其他许多有用的条件。借此，能够为他所支配的所有资源或因素构成供他自己领导自己的现实资源。这就使他能够利用这些资源来决定他自己这个系统范围内的各种事务和行为。因而，他就当上了对自己这个系统进行领导的领导者，在这个最小系统中的领导行为也就自然而然地发生了——在发生或存在领导行为或领导现象方面，其他任何一个系统与单个人的系统都是相同的，只是其他系统都要更大更复杂而已。其中的不同之处只是在领导的依据、来源、权威、性质、范围、程度、方式和效用等方面存在差异而已。

以人为中心的系统是一个由维持其生存、运作、发展的众多因素组成的。这些因素既有物质方面，也有精神方面，更有人这种综合性的事物；其中最显示领导存在的因素就是支配和运动整个系统的意志和权力——这是一种贯彻于整个系统实质和过程、对所有因素都不同程度地发挥影响的主导因素。

一个系统的延续或发展既靠所有因素的共同作用，也靠主导因素的特别作用；缺乏这两种作用中的任何一种，该系统都不能维持下去即不能生存。而这个特别作用就是对整个系统的组织、引导、推动和支撑，也就是领导。这类系统没有领导是不可想象的，也不可能发生或存在。这些系统需要领导，领导在这些系统中的作用普遍而特别。

　　事实上,领导直接构成一个系统运动的主流和脉络,构成其基本框架和主线;而其中发挥领导作用的有关成分则构成该系统的心脏和脊梁。通常所谓的领导重要实际就是指这种情况。现实生活中普遍存在由两个以上的人组成的群体或组织以及由这些人和组织组成的社会。它们都是比单个人系统更大的现实社会系统,具有真正的社会性。相比之下,单个人系统的社会性则极弱。系统的社会性决定着我们研究领导的意义、价值和取向。显然,除开单个人系统以外的各种社会系统中存在的领导现象就是我们所要理解和探究的范围与对象。

　　在各种社会系统中,人们可以随便看到,每个系统总是一般地分成两大基本部分,其实是体现着主要地位和次要地位的两个基本层次、两大基本阶层或阶级。其中,一部分总是显得主动、较少约束和限制,总是在不断地影响、指挥、协调或决定着另一部分人,处理和决定着重要的事情,发出有效的信息和行为;而另一部分则处于被动地位,拘谨驯服,听命循令,缺少发言权,缺乏引起人或事发生某些变化的现实能力(不一定是实际能力),其现实心理和行为的局限很大。这两部分总是在不平衡中不断发生关系,不断进行互动,构成社会现实生活的基本模式。在这种模式下,前者所发出的行为及其整个过程就构成了领导;事实上,领导也就是这样发生的。而这就是人们通常感受最深的直接社会现实,是作为一般社会现象的领导现象。

　　此其中,所存在、所表现出来的两个部分实际就是构成领导的两种最基本成分或现实因素。前一部分可以是人和群体或组织,是一种主动因素;后一部分则可以是人、群体、组织、社会、事情及其他各种要为人所处置的被动事物,是一种被动因素。对于前一种因素,我们称之为决定性权威主体;对于后一种因素,我们称之为权威主题的作用对象。这两种因素之间不断互动或矛盾运动的直接结果就是领导。

　　然而,任何领导现象都是在一定的时间、地点、背景、条件以及在其他实质性因素的作用下才发生的。这些因素及其作用就直接构成领导现象得以发生的客观基础。这样的基础其实就是权威主体赖以生存和做功的客观依托,亦即现实环境。如果没有这样的环境依托,就意味着权威主体没有舞台,当然也就意味着不会发生、实际是无法产生领导现象。显然,领导环境也是产生、形成或制约领导现象的一个基本因素。

　　因此可知,在一个现实社会系统或社会生活中,至少要具备三个这样的基本因素,才可能发生领导现象,亦即才可能形成领导。这些基本因素以权威主体为主导,相互作用,直接发生大量的决定性权威运动,直接影响或造成各种现实因素的现实命运和结局,产生一系列重大的现实社会结果,进而出现复杂多样的领导现象。应该说,就是这样的运动过程和领导现象蕴涵着许多科学原理和客观规律,体现着领导的本义、功能与价值,反映着领导的根本性质和大量的规律性领导内容。

　　很明显,要认识领导、界定领导,就要抓住这三个基本因素及其相互关系,透过领导现象抓住领导本质。这样才能更科学、准确、客观地确定领导的含义。

　　由上考察和分析可知,领导是人类社会的普遍现象之一,是存在于由人构成的任何一个独立系统之中的一般现象;是某一独立系统中决定性权威主体及其作用对象在一定的环境下相互作用的结果,反映着诸因素之间的相互关系和内在联系;是有关的人和事被有区别地纳入被支配、被影响、被决定的范围,并发生实质变化的社会过程。

三、领导的实质与要义

在纯抽象的情况下,应该说,领导就是一种最高层次和最核心的社会现象、社会过程和社会结果,是社会生活中最富能动性的社会主流运动、社会核心运作、最重要社会行为与结果。现实中的其他社会运动、社会行为与结果都非常深刻地受到其主导和影响,并纳入其有效作用的对象体系之中,尽管对其也有反作用。

从更接近实际、更反映本质的情况看,领导就是由社会能动系统中的决定性权威主体发出的、能产生或带来现实结果或后果的权威性组织行为,包括权威的群体行为和组织行为两个方面。这实际是作为现象、过程和结果的领导的一种具体化或具体归结,比较直观,也很靠近领导的实质。因而,我们就从这个角度把领导界定如下:

领导就是某一具体社会系统即组织中的决定性权威主体根据周遭环境和作用对象的实际情况来确定本系统的目标和任务,获取和动用各种资源及手段,致动和致变作用对象,很好地完成任务、达到目标的主导性、支配性、决定性组织行为过程和强效组织工具。其具体意涵集中表现为以下十三个方面的要义:

第一,领导是某一社会系统(习惯上是专指主要社会系统,实质就是具有某种组织群体)中形成和发出的主导性、支配性、决定性社会行为和权威性社会运作过程。这里特别强调和突出的是领导的社会属性;同时也说明领导的最本质特征就是主导性、支配性和决定性。

第二,领导是社会系统中具有决定性地位和作用的权威主体具体发出的行为和具体完成的过程。而这里所谓的决定性权威主体就是领导主体。只要是领导主体发出的行为就是领导。这就是说,领导主体在一个社会系统中拥有最大权威和最高地位,在社会生活中起着关键而主要的作用。领导主体是一个内涵极其丰富的范畴,包括领导主体的种类、划分、构成、能量所在、内部相互关系及其制度化格局化等许多内容。

第三,决定性权威主体的作用对象就是领导客体,也叫做领导对象,是领导主体运用权力及其他各种资源主导、致动和致变所及的一切受体,既包括人财物,也包括自然和社会,总之包括精神世界和物质世界中一切能够触及之物;通常情况下,人是最主要的领导客体,而这种充当领导客体的人也就是通常所说的被领导者。只不过,受诸如地位、权域、领域、行业、单位等具体因素的不同影响,不同的领导主体各有相对具体而有限的领导客体。这就是说,领导客体相对于具体的领导主体来说并不是无边无际的或者可以任意确认的,而是一个依领导职能职责规范和权力范围所定的有限对象。事实上,领导客体就是一个多层面、多内涵的现实范畴;在领导主体面前虽然仍可以发挥一定的主观能动作用,但却最普遍和永久性地处于为领导所支配、主导和致动的相对被动地位。

第四,领导主体在实施领导时所根据的周遭环境,就是领导环境。领导环境是领导成败得失的外在原因与条件,也是领导主体得以产生、维持和发展或者被清退、消除的客观基础。脱离、忽视甚或未确实把握住领导环境,就极有可能导致领导失败而产生严重的全局性后果。任何领导现象都是在一定的时间、地点、背景等条件下以及在领导主客体周围其他实质性因素的有效刺激下才得以发生的。领导环境显然是产生、形成或制约领导现象的一个基本因素。

　　第五，领导主体运用权力和权威，就必定能够主导、致动或致变领导客体。这里反映了两个基本的事实：①两者之间有一种支配和被支配的关系。这反映领导活动所涉及的两个基本方面之间存在着不平等的现实关系。但这是一种客观上需要的机制性关系，而不同于直接表现为欺压剥削等价值性关系。这在后文领导主体部分将有专门探述。②领导行为具有巨大的影响力、控制力和致变力，而这其实就是正式、非正式权力权威的具体表现或动态表现。这说明领导行为是以权力权威为后盾的，始终都有权力权威参与到领导过程之中。没有权力权威就无法致变领导客体，也就不存在有效的领导行为。这两个问题在本质上是相同的，即都以权力权威为实质内容，透释出一种不同于其他大部分行为的本质属性，体现出领导行为的特殊性。

　　第六，由领导主体发出的领导行为从开头到结尾正好是一个完整的领导过程。在这个过程中，领导主体的能量——包括意志、品德、才干、智力和权力等，但是实际主要是意志和权力——在大量释放，其他各种领导资源如人力、物力、财力等系统中的诸因素都在积极地发挥作用，都在积极地改造或变革由领导目标所确定的领导客体，以期最终达到既定的领导目标。这里包含了充分的科学性和艺术性，是领导科学与领导艺术实践化的过程。

　　第七，领导主体同领导客体和领导环境存在着非常密切而影响巨大的现实关系。领导现象就是由领导主体和领导客体这两种基本成分不断互动或矛盾运动的直接结果。领导就是领导主体在领导环境中发生的影响领导客体的过程；领导过程都有领导主体、领导客体和领导环境的同时参与和作用，如果没有领导环境，就是已经有了领导主客体也不会发生领导现象。也即是说，至少要具备领导主体、领导客体和领导环境这三个基本因素，领导才可能发生；领导结果就是这些因素同时作用的产物。

　　第八，构成领导的基本因素其实是一个体系，但以领导主体为主导，相互作用，不仅直接产生复杂多样的领导现象，而且产生大量的领导运动，直接影响或造成各种现实因素的现实命运和结局，产生一系列重大的现实社会结果。就是这样的运动过程蕴涵着许多科学原理和客观规律，体现着领导的本来意义，反映着领导的根本性质和大量的规律性领导内容。

　　第九，领导主体动用所掌握的各种资源去完成事业、达到目标，表明领导不是个体行为而是事关系统命运和系统因素效能效用的群体行为或组织行为。因而，领导是一个最为严肃的事物；整个领导运作都必须按照群体、组织或社会的主要价值标准、行为规则规范进行；但在同时还要强调这种权威性行为的科学性和艺术性。

　　第十，由于领导是领导主体发出的行为以及由此产生的现象和结果，所以领导所含领导主体的主观性和个人倾向性就极为突出。从某种程度上说，领导主要就是领导的意志过程和权力过程，而不是智慧过程、学识过程或才干过程；因而，领导的民主化和科学化对于进步的、现代的和真正有作为的领导而言是至关重要的。

　　第十一，领导首先是一种强力高效、颇富能动性的社会生活手段，也是一种中性的权威工具。在一定条件下，谁都可以去追求它、掌握它。它一旦被掌握，就立即失去中性而呈现价值性。此即在完全抽象的情况下，领导的实质就是不含主观价值的纯本质。而领导到底会有什么作用、会带来什么结果、具体归属什么社会阶级、具有什么价值和本质，就完全看到底是谁在掌握、控制它了,就看是什么领导主体在发出领导行为了。领导主体的性质和素质对领导的性质和价值具有决定性的影响。

第十二,只要是社会系统中的主导性、支配性、决定性社会行为和社会运作过程,那就是领导;而所谓的主导性、支配性、决定性就是动态表现出来的领导的权威性;所谓的社会系统就是群体或组织乃至整个社会,其中既包括各种正式、非正式的群体或组织,也包括诸如家庭、企业、公共部门等。

第十三,领导是一种历史范畴,是一个不断变化发展的领域,具有突出的过程性和历史性。历史性要求领导必须是符合历史发展潮流的进步行为和进步过程,而且必须在历史进步中起到火车头的作用。

根据以上原理可知,在不加特别限定的情况下,领导显然就只能是同时适合于这些群体或组织乃至整个社会的一般性概念,其界定也只能是相应的一般性含义。然而,由于领导不仅是现实的,而且是完全实践的,所以对于领导的真切理解和把握都应完全覆盖和反映领导实践,为此还应同社会生活,特别是领导的实际情况紧密联系起来。这样,领导的实际含义就可以相对聚焦在主要的社会系统范围之内了。因此,领导可特别界定如下:

领导就是专指诸如议会、政党、政府、军队、企业、事业单位和国际组织等主要社会系统中形成和发出的主导性、支配性、决定性社会行为和社会运作过程。

总之,领导就是一种广泛存在的、同人们现实生活息息相关的最重要社会现象和客观事物之一,是一个随时发挥关键作用和重大影响的现实范畴与实践领域;不仅是领导学的学科基石、一个内含丰富要理的理论范畴和实践范畴,而且是整个社会科学中最有理论价值和实践意义,又最现实最重要的基本范畴之一。

四、领导要素

领导要素就是直接参与领导活动过程、导致某种领导结果的所有客观因素。根据上述定义可知,领导是一个非常复杂的概念和范畴,至少包含了领导主体、领导客体、领导环境、领导权力、领导过程和领导结果等要素。但是,领导所含或所涉及的要素实际上是极其丰富的,原本就是一个巨大的要素系统。其中的每个要素都不同程度地参与到领导过程之中并影响到领导结果。这即是说,领导要素其实就是一个层面众多、相互交叉、内容广泛、大小不一、作用不同的领导因素群。从实际情况来看,这个领导要素系统主要包含如下三大层面:

第一,基本领导要素。此即形成和发生领导的主要因素,包括领导主体、领导客体、领导环境、领导权力、领导建制(通常表现为领导制度或领导体制)、领导过程和领导结果七大要素。这是"领导"这一事物的七大立柱,也是理解和掌握领导这一事物的七大脉络。抓住之,就是在理解和把握领导这一事物时的提纲挈领,即可非常自如地切入领导这一事物的内部,就能做到所谓的纲举目张——因此,本书关于领导本身的实质性内容就是依此设计、架构而成的。

第二,条件性领导要素。此即随诸基本要素而发生的直接相关要素。但是,由于领导主体及其行为是基本因素中唯一最为主动、能动和突出的领导要素,所以,在大多数情况下,条件性领导要素其实就是在领导主体范围内的各相关因素。此层要素主要包括领导阶级、领导阶层、领导机构、领导群体、领导者、领导人才、领导素质、领导资源、领导地位、领导手段和领导策略等。但是应该看到,只有这些要素,领导并不能运作起来,除非还同时具备领导追随者、领导对象、领导基础、领导依托、领导依据、领导需要、领导时机、领导场合、领导地域、领导内容、领导支持和领导保障等。

其中,领导内容是最大最实质的要素,它决定着领导干什么、怎么干,也决定着领导有没有必要发生、发生后可能会有什么样的成就水平等。这实际就是日常领导工作内容,可以说要有多广泛就有多广泛。此外,还有一个领导要素即领导素质极为重要,具有根本性。这即是说,只要具备了这些因素,领导活动就能开展起来,并可能卓有成效。

第三,机能性领导要素。这主要是指关联、维系、推动和运行等方面的具体领导要素,大致包括领导价值、领导取向、领导本源、领导职能、领导职责、领导行为、领导作风、领导标准、领导要求、领导约束、领导压力、领导体制、领导机制、领导原则、领导规律、领导方法、领导艺术、领导运作、领导质量、领导绩效和领导结果等。

上述这些因素构成千变万化、复杂多样的领导形态、领导式样、领导结构、领导活动和领导现实。认识和把握这些因素,就有可能取得领导成功、避免领导失败。

第二节　领导的本质内涵

一、领导本质概述

从理论上说,领导本质具有双重性:一为中性;一为价值性。这种双重性决定了领导具有纯本质和价值本质两个层次。纯本质就是对领导本义不含价值倾向的科学抽象,是一种自在的中性概念。价值本质就是让价值色彩印染过的纯本质,是在价值取向冲击下丧失中性特征的领导本质形态,体现着鲜明的社会立场、主观倾向和价值判断,决定着领导的性质。而通常所说的领导本质仅指价值本质,即包含价值倾向的本义抽象,在整个社会生活和组织行为中扮演着具有根本意义的决定性角色;据此可以认识和解释众多的社会现象和历史现象。

领导本质有历史阶段和社会制度的特征。但是,决定领导本质的却主要是领导主体。有什么样的领导主体就会有什么样的领导价值,有什么样的领导价值就会有什么样的领导行为和领导手段,进而形成相应的领导本质内涵和本质形态;不同领导主体、不同价值本质将带来不同现实领导结果。

譬如,一旦取用于积极的目标,那么领导就是一种具有创造集体业绩、组织成效或社会功绩进而达到集体或社会目标等功能的强效工具;在国家则是专政工具,在企业则是创业赢利的重要工具,在其他群体或组织中则是获取利益、实现意愿的主宰性工具;总之会产生强大的积极的效果,为组织群体或社会造福。相反,如果是滥用或者以私利为取向,那么领导就可能变成专制压迫、欺凌剥夺、腐败享乐的工具,就会带来深重的灾难,后果极端严重。因此,领导本质在微观上看是多种多样的。因而我们只从宏观上抓住主要的或大的方面来揭示和把握领导本质。

从现实和历史上看,主导性、支配性、决定性的社会行为过程和强效社会工具在一个社会系统中主要以统治、服务、影响、权力、权威、社会生活和人类历史等形态存在,并在各个形态下产生现实结果,显示出领导本质的实在性和实效性。因而,领导可以显著地归结为统治、服务、影响、权力、权威、社会生活和人类历史等方面。通常,统治、服务和影响构成社会行为过程的操作性本质形态,而权力权威则构成强效社会工具的手段性本质形态,社会生活和人类历史就构成领导的结果性本质形态。

二、操作性领导本质

操作性领导本质是领导价值的动态表现,是一个社会系统内为了某种领导目的和领导目标在某种领导取向的主导下领导主体的基本行为,包括统治、服务、管理和影响四个方面。

(一) 统治

统治是最大的领导,是为维护和巩固领导主体的领导地位和现实利益而在一个社会系统中由领导主体实施的强制性主导过程,是一种暴力性、专政性、政治性的领导,包含领导主体及其所代表的主导阶级、主导阶层或系统中主导组成部分的价值成分。说穿了,统治就是领导意志和领导权力在领导过程中的充分贯彻,就是要确保领导主体得以牢牢把握所辖系统内的所有领导资源,并使之顺从配合地发挥效用。

在阶级社会里,统治被当成巩固阶级地位、维护阶级利益的工具、方式和途径。阶级社会中的领导主体主要就是占主导、支配和决定地位的阶级及其代表。他们掌握了领导工具,并把这种工具当成了强制和管理另一个阶级的专政手段和暴力工具。这时实施的领导就是阶级领导,也就是一个阶级压迫另一个阶级的政治领导。

然而,这就是所有阶级都必然这样做的一种普通的或常规的政治统治。可以说,这种统治就是领导的最重大展现,是领导在更广大范围、更高层次上的严肃表现与实现。这里需要指出的是,统治一旦为剥削阶级或腐朽阶层所掌握,就意味着它是少数人对多数人的压迫剥削和作威作福,是一种糜烂腐朽、没落反动的领导,是一种恶性犯罪、没有前途的暴政——人民将把它推翻。而这就是人们通常了解的统治,实际就是国家的领导。这在阶级社会里普遍存在。

然而,统治却远非只在国家或社会这样的大系统内才可能发生,在任何社会系统内都有可能发生,即使在非正式的微小型利益群体里也可能发生;主要是通过权力、影响力甚至武力来控制、左右、威胁或要挟领导客体或被领导者,由此最大限度地推行领导意志并维护更强者或整个群体的利益。

事实上,任何领导主体有意无意地都首先在进行着统治,例如通常说的"新官上任三把火",然后再进行其他方面的领导活动;不这样做,就不能首先确立应有的领导权威,巩固住应有的领导地位,当然也难以进行下一步的领导。统治是实现领导的客观必然和首先需要,是领导的第一本质,体现了领导的强力性、强权性、制裁性、处理性、主宰性等本性。

应该说,统治就是一种获得资源、分配资源、调节资源、约束行动、强制服从的领导意志和领导权力贯彻过程。这个过程表现为三个层面:第一,与人打交道的过程。其目的是要使人顺服,要获得支配人的意志、能力、机会、行为等方面的足够的可能性和现实性。第二,与物及其他各种资源打交道的过程。其目的是要获取它们并按领导主体的意志支配它们。第三,与所辖系统内外矛盾和关系打交道的过程。其目的是要调节和处理由此引起的紧张关系及相互矛盾,排除障碍,打通取得领导成功的道路。

在这些过程中,不同的领导主体在不同的价值主导下会有不同的统治举动,主要是与人打交道的方式不同、支配资源的目的和范围不同。但是,任何统治都存在容易关系紧张、资源紧缺的问题,都可能因此弄得"焦头烂额"。任何统治都只是综合上述三个过程的大型组织性社会性行为,与诸如做学问搞研究、请客吃饭交朋友、道德判断或演示本身等其他所有社会行为存在根本的区别。

因此,作为统治的领导虽然可能有高尚廉洁的一面,但是也必然存在庸俗势利的一面。至于高尚为多,还是庸俗为多,则完全取决于领导主体的领导素质和现实领导环境。领导素质高,就可能保持领导的光明正大和高风亮节,即使在腐败堕落成风的环境里也能这样;如中国历史上包拯、海瑞所实施的领导就是这方面的光辉典范。

但是,从现实生活的角度看,历史上很少不对作为统治的领导深为不满的,因为统治几乎成了压迫剥削的代名词,几乎就是一个彻头彻尾地欺压百姓、鱼肉百姓、与百姓水火不相容的领导过程。

其实,领导的统治本质显然是一个带有极大风险、十分锋利的"双刃剑"。用得好或约束得好,领导就能成为一个有利于社会系统及其中各因素的宝贵工具,就能为它们办成大好事;用不好或者不能加以制约,领导就可能不受约束、为所欲为,而成为产生腐败堕落的最大温床,成为无法无天的罪恶源头。

这就是说,领导就是统治,是唯一处于社会运行最核心的、以利益运动为实质内容、随时容易触及命运的强力性社会行为;领导就是"领导",而绝不会是别的什么社会行为。作为统治的领导既是实现领导、实现社会系统正常运作的客观需要,也是带有利益实质、通常表现为利益获取和分配的自然过程。

因而,一方面应该说,没有统治本质的领导将无法运作而不成为领导;另一方面又应该说,没有不触及利益而存在的领导以至领导有在清高者看来是庸俗的那一层面。因此,对于领导的统治本质要有客观、清醒的认识,不能以想当然或者不切实际的愿望来看待和指望领导会是某种理想事物,而要还领导以本来面目而加以客观正确的对待,要靠提高领导素质和加强法制建设来保证作为统治的领导按照正确的方向运行和发挥作用。

(二)服务

服务是与统治相对的领导另外一面的本质形态。如果说统治是一种主宰性行为,那么就可以说服务是回报性行为。一般而言,领导主体提供以领导为内容的服务是以其所代表的那一方的利益需要为价值取向的,在这种利益需要的驱动或促进下提供权威的保护、保障和方便——这就是领导作为服务的实质。也就是这样,领导才变成了服务,领导本质才是服务。而提供领导这种服务,主要都由领导主体的价值取向、阶级立场、阶层地位、道德水平、能力才干等因素来决定;当然,有关现实制度也在其中起着重要的作用。

首先,统治是作为一种强力维持社会系统的权威功能而为任何一个社会系统所需要,尽管统治的形式各有不同,但是实质都一样。提供这种功能、满足社会系统的需要就是领导的最大服务。服务由此成为领导本质最基本的一个方面。

其次,领导是有选择的服务。在企业,领导是为企业的生存发展和职工的就业服务的。在科研部门,领导是为科研提供后勤保障的。在现代国家,领导是为国家各个领域服务的。在阶级社会里,领导是为领导主体所代表的阶级服务的;剥削阶级的领导只是对少数人的服务,也是领导主体对多数人实行的阶级压迫即统治。在社会主义国家,所有领导者都是人民的公仆,因而所有领导都是服务,是为大多数人服务,是全心全意为人民服务。邓小平说:"什么叫领导?领导就是服务。"①这是对无产阶级领导本质的最高概括。

最后,领导是一种特殊的服务。其特殊在于:领导能够完全以权力权威为后盾,以政策倾斜和扶持、计划帮助和物质支持为手段,为被服务对象提供比其他任何服务都要多得多的资源、更好的条件、更大的优势和机会等特别有力的服务,而这正是其他任何服务都无法获得的绝对优势。可以说,它为谁服务,谁就能获得最佳机遇、最好资源而兴旺发达、心满意足。这种服务是其他所有服务所不可比拟的,是整个服务体系中最强效有力、弥足珍贵而性质特殊的特种服务。很明显,相对于所有被服务者来说,领导这种服务就是一种事关命运的最宝贵资源。用好了这种服务,将能集中有效地使某一领域获得最大的发展。

事实上,在所有社会系统中的领导都有服务的一面。服务不仅是领导的一种本质,而且还是领导的基本内容、基本特征和作用形式。作为服务的领导是一种相对文明进步的领导,反映着社会文明、民主、进步的程度。社会越是民主进步,就越需要以服务为本质内容的领导,领导也就越须是服务;否则,就是落后的领导,就是落后的上层建筑,就会成为社会进步的重大障碍。不是服务的领导将只能是脆弱、短暂的专制暴政统治;在社会主义国家,不是服务的领导就只能是为人民所不允许的官僚主义、腐化堕落和渎职犯罪。

现代社会需要能够日益加强服务性质和取向的领导。只有最富有服务精神和服务内容的领导才具备现代社会的特征。现代社会要求,必须扩大领导的服务程度和服务范围,让某一社会系统的各组成部分更广泛地得到领导这种服务,让更多的社会成员得到领导这种服务。这是公平和效率的需要。只有这样,领导才是合格的;只要这样,整个社会系统及系统各组成部分将充满活力、迅猛发展、高度繁荣。而这样却正是现代领导所应真正追求的,也正是现代领导真正负责的表现。

(三) 管理

领导是对一个社会系统进行主导、组织、指挥、协调、约束、监控的最高组织行为。在这一点上,它涉及整个组织系统的所有内在因素和外在因素,并且必须确保最充分地发挥出这些因素的积极作用而力争取得最大成效,必须尽量排除这些因素的消极作用,并力争最大限度地消除这些因素及其相互之间的种种不协调、内耗、外耗、浪费、低效、无效乃至负效,由此确保整个组织系统能够完全朝着领导目标顺利、有效地运行前进并尽早尽好地实现之。而这些内容的全部实质就是管理。

换言之,领导要具体地操作运行起来,就必然要全面触及或调集并处理组织系统所含

---

① 《邓小平文选》第 3 卷,第 121 页。

和所涉及的大量具体因素。而这就决定了领导必然是对这些因素的全面管理。这是领导在具体活动中最具典型意义的操作化表现,也是履行领导职能职责、实现领导目的目标的最实质过程。没有这一过程,就意味着没有具体、实在的领导,当然也就不会有一个社会系统诸因素的有效组合并发挥出正确有效的作用,因而也就意味着整个组织系统的失灵和失散。

这就是说,管理是领导实施或进行的具体表现,是领导维系一个系统的最基本行为举措。只有管理,才能真正兑现领导;脱离管理,领导就完全是一句空话。领导必须通过管理才能具体进行,管理是领导得以具体实现并在过程上基本重合一致的天然内容。

但是应该说,管理并不等于领导,领导也只是有条件的管理。这是因为:管理在面上比领导更广,在点上比领导更多,有不少的实际面和实际点都超越领导而不是领导的范畴;而作为领导的管理本质则主要是受领导性质的界定而集中在履行领导职能职责、实现领导目的目标上,其最大特征就是领导表现为管理的操作性。事实上,领导的管理实质仅仅是领导主体为实现领导而实施的管理;而一般的管理则是包含了各种系统的能动主体为履行其职责、达成其目标所实施的管理,其中当然既包括了领导主体实施的管理,也包括了非领导主体所实施的管理,只是这些不同主体所实施的管理在性质、层次、依据、条件、涉及的因素、动及的成本和作用的实质等诸多方面上存在显著不同而已。

总之,在操作性上,领导与管理是交叉在一起的;在领导性质的前提下,管理与领导则在表现为组织行为的活动和过程上是基本重合一致的——深切理解和把握这一点,对于确切把握领导的实质,特别是领导过程具有非常重要的作用。

(四)影响

从领导的能动性来看,领导就是影响;影响就是领导主体运用各种资源和手段、按照其意志去触及、主导、致变领导客体的过程,就是一个社会系统及其内部诸因素受到领导主体意志与权力的触动而发生某种程度的反应和变化的过程。作为领导的影响最经常涉及的是人,主要是为领导主体所属的人,该影响的最重大结果就是引起人的内在和命运以及已为社会系统所明确指向的事物发生显著的变化。因此可知,影响是领导具体发生作用的过程,是领导的操作内容体现得最集中之处。

如果说统治和服务是领导的两个对立性本质,那么影响则是居于这两者之间、实际上是落实这两者行为的具体操作过程。从这个角度说,影响也有中性的特点,但是由于影响是执行领导价值的领导过程——影响什么、影响到何种程度、影响到什么方向和位置等都是影响必然展现的价值倾向,所以其价值性仍然非常鲜明。

任何发出影响的社会系统行为主体不在乎是否是正式的领导主体,只要其影响足以导致影响对象发生变化,则该影响就是领导,而该主体就是实际上的领导主体。相反,如果一个正式的领导主体已经不能发挥影响了,或者其影响的作用和效果已经是强弩之末了,那么其运用权威的组织行为也是没有什么效果的,也算不上是真正的领导了,其自身也算不得是真正的领导主体了。因此,影响是一个检验领导是否真实存在的最显著指标。

这就是说,影响是一种不以形式为标准的实质性领导,是领导本质最实在的表现形式和存在状态。这足以解释领导和领导主体为何会那么多种多样了,也可以说明为什么领导不一定就是被认定或被任命的领导主体所发出的权威行为过程。这还显示,当同一系统内的其他方面的领导在悄然发生作用时,原来具有明确领导地位的领导主体和领导就有可能同时悄然丧失其影响效度和作用价值,即不一定能完整牢固地保持其原有的地位和作用,除非该领导主体对所处系统始终具有最大的代表性和代表能力——而这些代表性和代表能力却不是一相情愿的事情,主要由领导素质和实际领导水平以及系统内诸群体和个人的认可所决定。一般地说,领导素质趋向低下的领导主体实际丧失影响的可能性最大。

13

具体而言,在致动或致变领导客体的过程中,领导主体总是首先以权力、意志、智慧、制度和关系等为领导力量,在适当的时候则有可能以机械力量和其他物质力量为领导力量,并以此来与领导客体发生实质性关系,促使领导客体按照领导意图发生运动或变化。这在领导实践当中最为普遍,是极其普通的作用方式和作用过程。而这就是人人都有过体认的实际影响。它就在我们的日常生活之中,既是一种作用过程,也是一种作用结果。这个过程和结果均以包含在领导意图中的价值取向来形成或确定其实际性质和色彩。

影响在领导主体与领导客体之间已经成为实质的致动关系和致变关系,是领导能量释放和作用的基本状态。它赋予领导以影响领导客体的显著特征。

三、手段性领导本质

既然领导是能够达成许多组织性社会性目标的强效社会工具,那就表明领导具有一定的手段性和可操纵性,并且在这方面存在一个本质的内涵。如果考察为什么领导主体能够在社会系统内贯彻其意志、发挥其影响、调配资源,那么一般都能得出结论,即由于他们拥有和使用了权力权威。有权力没权威或有权威没权力的领导都还是领导,但都是不完全的领导。既无权力又无权威,则完全不是领导。没有权力权威,什么领导都不能存在。

的确,权力权威是领导主体实施领导的最主要手段,领导之所以能成为强效社会工具,就是由于有权力权威充当其实质内容。所以,在实际上权力权威构成了领导的手段性本质。甚至说领导就是权力权威也不为过,因为领导就是权力权威的事实凝结和动态表现。权力权威只要发生或存在,就必定表现为领导。

领导行为的主导性、支配性、决定性就是权力权威的根本表现。领导行为的形成和展现过程就是权力权威的作用过程。没有权力权威,就不会有领导行为的发生。权力权威既是一种作为观念力量的静态事物,也是一种表现为关系力量的动态因素。它总是同领导活动结合在一起,因而实际上又表现为一种对领导客体发生作用的过程。这就使领导这种行为获得了完全的权力权威特征,也使权力权威与领导活动得以重合而至一体化,使领导又被赋予了权力权威的实质。然而,以权力权威为本质的领导在现实生活中却通常处于一种变化的状态。这个变化状态主要表现为特权化和常权化。

特权就是异化的权力,是部分领导主体将领导理解为享受和谋取个人或少数人利益的手段的结果。当领导主体极力谋取这种特权并按照自己的利益要求和价值取向运用它们时,这种领导就是特权化。这是不正常的领导现象,是一种会产生严重后果、产生相当大副作用的畸形领导。

常权就是由合理合法的正常渠道而来的权力权威,是建立在领导客体充分信赖的基础上的一种他赋力量和责任力量;当领导主体获得这种权力权威、并按公共价值取向运用它们时,所发生的领导就是常权化。这是正常的良性领导,是现代社会的最显著特征。只有常权化才意味着权力权威的正常和稳定,才意味着领导能够正常地发挥重要作用,也才意味着社会的民主和进步。

四、结果性领导本质

领导既然是一种社会行为过程,那么就必定会有显著社会特性的行为结果;这个结果可能是成功的,也可能是失败的,总之是领导运作之后产生的结局及其留下的印迹。而这种结果主要表现为活生生的当前社会生活和过去未来的人类历史。事实上,领导行为在酝酿、形成和发出之初,就已经有了相应结果的预期和指望。没有结果或者不以结果为指向的领导是根本不存在的。因此,领导就有了一种在结果形态上的本质,那就是社会生活和人类历史。

(一) 社会生活

正如在对领导进行现实考察时所发现的那样,领导普遍存在,不仅在最广泛最深刻地影响现实社会生活,而且在组织、发动、推进和改变社会生活,历来都成为社会生活的主导和源泉。社会生活就是在领导活动的带动下才得以普遍有序地发生,并交织在一起向高级形态不断变化运动。在这个过程中,不仅领导的社会性直接决定着领导的社会生活性质,而且领导对所有社会生活的参与与影响也促使自己直接成为一种社会生活。因而应该说,社会生活的主流和核心就是领导;领导不仅是"领导",而且同时完全是社会生活,是一种最严肃的社会生活,在整个社会生活中最权威、最主流、最具影响力、最有代表性。其理性成分极大,感性因素极弱。

整个社会就是以领导主体为纲、以群体或组织为目编织而成的关系整体。很明显,领导主体在社会生活中的作用完全举足轻重。其所发出的信息和行为都会直接透入领导客体的动力系统和利益系统中,并由此进一步引发非常复杂的社会关系和社会互动,直接构成现实的社会生活——这就是具体表现为社会生活的领导。在这个过程中,领导总是朝社会生活演进,并以社会生活为实质内容和终结形式。社会生活性质通常由领导的性质所决定。

应该说,领导不仅仅是一种最重要的社会现象,实际上已经是社会生活本身了;是最重要的社会生活之一。可以说,社会就是在领导的组织、牵引和带动之下方才正式组成和运作;没有领导就不会有社会生活,就不足以存在社会;不管是正式领导还是非正式领导都是社会的直接维系和主要构成。

事实上,领导是结构社会的最直接因素,是以处置大量社会资源、处分大量社会利益、处理各种社会行为和社会关系等为主要内容的社会主流生活和社会核心运动。它按照一定的价值标准和利益原则进行带有明显价值倾向的资源获取和配置、利益分配和调整以及行为调节与管理,并由此组建、维持、改革和优化社会系统。所以,社会才因此而变得既主干突出、层次分明,又千丝万缕、纷繁复杂;充满了实际是根植于价值和利益的各种矛盾和斗争。就因为这样,领导才会有最显著的本性即社会性和阶级性。

总之,社会的每一部分都存在领导,并且是在领导的启动和主导下运行的。社会的每一根神经都同领导直接相连,领导本就是整个社会的中心和火车头,也是社会各个局部的中心和引擎。没有领导,任何组织性社会性的事物或行动都不会存在,当然就不会有相应的成功或失败。领导的地位和作用从根本上决定了任何组织性社会性目标、事物或行动都离不开领导,决定了赢得新世纪这种超大规模的目标和系统工程必然要依靠领导。

(二)人类历史

人类历史是整个人类共同创造的。但是,在这个创造历史的过程中,整个人类又可以分为两个基本部分,即人民群众和人民群众中的领导体系。这两个部分都同时是历史的创造者。人民群众是创造历史的主体和基础,领导体系是创造历史的关键和脉络。这两部分缺一不可,共同作用,形成并留下永恒的人类社会运行轨迹和作用结果,进而构成人类历史。

在创造历史的过程中,领导体系的作用就是领导,就是获得和运用社会资源、争取和处置社会利益、掌握和调整社会关系的全过程。这个过程实际就是:领导主体都对领导客体直接实施影响,并引起其变化,造成权威性现实结果,留下具有鲜明时代性的社会烙印或痕迹。这些烙印或痕迹就是以流传的方式和既成事实的形式构成人类的历史。

的确,领导不是孤立存在或发生的,而是由领导主体、领导客体和领导环境等诸因素共同作用而后产生和形成的社会过程和社会结果,当它转变成或表现为历史的时候,它就不再单单是领导主体的活动及其留下的痕迹了,而是还包含了领导客体大量的创造与贡献,也包含了领导环境提供有效因素在发挥作用后留下来的结果。

客观地说,领导就是直接创造历史的最重要过程,人民群众发挥作用则是直接创造历史的最主要过程。这两个过程实际上是绝对不可分开的辩证统一整体,但从具体操作上看则是由两种不同的创造功能发挥作用的两种具体过程。这在认识上是可以,也必须进行必要的理论区分的。

从社会生活的角度看,已经成为过去的领导是一种过去史,是毁是誉均刻记在历史的廊柱上了,不能涂改、编造、抹杀或蒙混;当前正在运作、最终演变成现实社会生活的领导是一种当前史,事关当前人们的命运,是优是劣也将明陈历史;将来发生的领导是一种未来史,事关人类的未来,将给人类带来更为深远的影响,是祸是福将成为最令人关切的历史。抓住领导这种历史可以对许多历史问题作出最好的解释。

不管是大到国家领导还是小到小群体领导乃至家庭领导,其运作过程都在创造并构成真实的历史,而且就是这种历史才构成历史的主干和主要脉络。当然,作为历史的领导实际上是多种因素共同作用的结果。这种历史所反映的或所代表的不仅仅是单纯的领导历程本身,而且还有其他相关因素的作用过程。

这即是说,历史是以领导为主干的、由多种因素共同创造出来的人类社会运行轨迹。领导对整个人类历史具有极大的影响和作用;有什么样的领导轨迹,就会有什么样的历史;领导对人类社会负有重大而永恒的责任——作为历史的领导对当时由领导带来的一切现实要承担全部的责任,当然也应该享有真正作出奉献后所应有的光荣。

以上各项领导本质决定了领导现象必然重大区别于其他社会现象,决定了领导具有极大的特殊性,包括权力性、权威性、影响性、服务性、阶级性、社会性、结果性和历史性。

第三节 领导之本与领导之依

一、领导之本

领导的社会性决定了领导完全是因人而生、因人而用的社会行为过程。它无时无刻不与人字相关,即使领导突出事或物的时候也是如此,因为理事或为物也都是为了人的需要而进行的领导活动。所以,领导的根子在人;脱离人、忘记人,领导都绝对不能存在,更不会有什么作用或价值。这就是说,领导必须以人为本,以服务和做好公仆为本。

领导的统治本质决定了领导必定倾向于以人为末。但是,领导的服务本质却回过头来重新确立人的根本地位。如果说为了维持领导的存在而有必要首先发生统治的话,那么就应该说统治仅仅是一种技术上或阶段上的需要,而只有服务才是领导永恒的本义,因为服务的领导是以人为本的。

只有以人为本的领导才合乎领导的社会性,才能赢得人心,成为真正为所处社会系统所需要的领导——这种领导是必定能够长久持续的,也能够光照千古。而不以人为本的领导就是反领导的社会性的那种领导,通常只强调统治而忽视、轻视或根绝服务,是一种与众对立、自绝于众而绝不为众所需的领导;这种领导显然就是反动的领导,而且也只能是短命的领导,必将遗臭万年。

这就是说,领导之本就是领导的出自之处,就是事关领导的性质和命运的根本因素。如果说领导能够影响社会系统及其中的人的命运,那么就应该说领导之本则是反过来能够影响领导的性质和命运的现实因素。任何领导主体忽视或颠倒领导之本,就必将把领导变成只有统治本质的残暴领导而迅速走向灭亡。只有重视和维护领导之本的领导主体才能真正承担和实施领导。所以,要从事领导,就不能忘"本";而领导之本只在于人——在于人本身及其组成的社会系统。

应该指出的是,对于不同的领导主体来说,领导之本的具体指陈差异甚大。在奴隶主世界里,领导之本仅仅是极少数奴隶主和为数极为有限的平民;在封建主世界里,领导之本主要是地主阶级,广大农民只是依稀可顾的对象;在资本主义原始积累阶段的资本家世界里,领导之本却仅仅是资本家的利润而不是人;只有在社会主义的领导群体中,才普遍把人真正作为领导之本——社会主义生产的目的是为了满足人民群众日益增长的物质和文化生活的需要,而且领导的一切都是为了人民,领导主体都是人民的公仆,人民就是社会的主人,是领导的本原和权力渊源。因此,不同的领导之本也从根本上决定着不同领导的命运。

我国古代许多政治家、思想家早就认识到了领导之本对于领导成败盛衰的关系和意义。他们总结历史经验教训,提出了一系列"重民"的统治思想。战国时期,孟子就提出"民为贵,君为轻"、"君为民立"、"吏为民役"等思想。《孔子家语·五仪解》中说:"君者,舟也;庶人者,水也。水所以载舟,亦可以覆舟。"唐太宗在《贞观政要》中也说:"民,水也;君,舟也;故水能载舟,亦能覆舟","庶民者,国之本","苟无民,何以有君"。唐代陆贽在《均节赋税恤百姓》第一条中也把人民作为根本,认为"以人为本,以财为末。人安则财赡,本固则邦宁"。宋代理学家程颐在《代吕公著应诏上神宗皇帝书》中也说:"为政之道,以顺民心为本,以厚民生为本,以安而不扰为本。"朱元璋也很重视老百姓的根本地位和历史作用,因而奉行重民、爱民、利民、富民、安民、教民的政策。这些民本思想不同程度地推动了生产力的发展和社会历史的进步。

作为统治的领导要以民为本、以人为本,其他领导同样都要以民为本、以人为本。只有这样才是符合历史潮流的,才能取得真正的领导绩效,带来真正的伟大进步。

然而,尽管领导之本客观存在且为所有领导的源出之处,而很遗憾的是,历来都存在领导主体忽视领导之本的问题;甚至有的领导主体,特别是素质极端低下、恶劣的领导者,却总是把自己当成领导之本,总是在领导过程中虚妄自大、不可一世、歪斜变态、阴毒险恶、乖戾暴虐、愚顽堕落、拉帮结派和玩权弄术,却还寡廉鲜耻、大言不惭地自以为高明,竟不知自身早已出轨甚至正在犯罪,正在危害和蚕食领导之本。这种领导确实有害,确实是一种于人于己都绝对不利、祸害不浅的患难。这样的领导只要发生,就必定腐朽霉烂和失道反动,也就意味着离灭亡不远了。

有的领导者会把领导变成灾祸性领导,究其原因就在于其完全缺乏公心、道德心、廉耻心、责任心、人才心和人本心,而只有昭然肆虐的自私自利之心、肮脏龌龊的灵魂和卑鄙邪恶的精神,把领导看成了最佳的谋私手段或自我实现的工具。

领导主体,特别是领导者一定要从认识到行为都完全而真正地明确:在任何一个社会系统内,一切事情都要靠大家来做,一切努力最终都是为了满足群众的需要;人是该系统中唯一的中心和领导之本;任何领导都首先是对人,特别是作为领导对象的群众的诚心服务。否则,即使一时得势而似乎强大,这样的领导也是绝对不能长久的,常常会在一定因素悄然积累、一定条件悄然具备时骤然崩塌——这样的事情在现实生活中真是太多也太平常了,实在要引以为重戒,而决不要以身试耻。

所以,领导之本有必要最严肃地特别提出,引起所有人,特别是所有领导者的注意和重视。只有这样才不会在领导过程中本末倒置,才会知道领导是为什么而存在、为什么才有价值的。这就是要说,领导之本是一切领导工作的出发点和落脚点,是一切领导价值的起源和本原,是一切领导取向的最终目标。

总之,任何有科学头脑的领导主体,特别是领导者都应该把领导之本真正摆到它本来应有的地位,予以真诚的尊重和正确的对待,并切实为之谋福利。在这一点上是绝对不可以有丝毫糊涂的,更没有任何余地来打擦边球、玩弄权术的,除非想尽快走向可耻的下场。

二、当代中国的领导之本

马克思说:在一切生产工具中,最强大的一种生产力是革命阶级本身。列宁说:全人类的首要的生产力就是工人、劳动者。毛泽东也指出:"世间一切事物中,人是第一个可宝贵的。在共产党的领导下,只要有了人,什么人间奇迹也可以创造出来。"[①]他还指出:"武

---

① 《毛泽东选集》合订本第 140 页。

器是战争的重要的因素,但不是决定的因素,决定的因素是人不是物。力量的对比不但是军力和经济力的对比,而且是人力和人心的对比。军力和经济力是要人去掌握的。"①邓小平关于领导取向的精神和第三代中央领导集体一再号召要全心全意为人民服务。

这一切都表明,马克思主义已经为当代中国的领导主体提出了非常明确的领导之本,那就是人民群众;我们的领导必须走群众路线,必须以人民群众为本。这可以从历史唯物主义中直接找到答案,即:人民群众是社会的主体;人民,只有人民,才是创造历史的真正动力。其一,群众是社会物质财富的创造者;其二,群众是领导决策活动的决定性力量;其三,群众是社会历史的创造者;其四,群众是具体领导活动的支持者、参与者、实践者。

这就是说,人民群众是国家的主人;领导主体是人民的公仆;领导主体的根本任务就是一切为人民群众着想,全心全意为人民服务。领导主体没有自己的任何特殊利益,而只有人民的利益,一切为了人民群众,一切为人民群众谋利益。领导主体在任何时候都要密切联系群众,紧紧依靠群众,做群众的贴心人,时刻不脱离群众;从群众中来,到群众中去,高度重视和发挥群众的积极性创造性,在领导实践中真正切实地把群众路线放在根本位置上。

从根本而言,领导者与群众、领导集团与广大社会公众就是舟与水的关系。这就决定了领导活动必须代表人民群众的利益,决定了"领导就是服务"这一命题是一种客观必然。从我们党和国家的革命与建设的领导实践过程中也可以看到,什么时候我们坚持调动人民群众的积极性,制定出科学的方针政策,什么时候革命和建设就取得胜利和成功,否则就要遭受挫折。所以,我们党制定并坚持了群众路线,即要在领导活动中依靠群众,尊重群众的创造精神,从群众中取得领导决策的依据、领导方法和无穷无尽的力量,实现领导目标。

这说明,领导绩效是人民群众支持、参与和作用程度的反映;领导行为和领导活动的结果根本上要由人民群众来打分和决定,领导行为必须受到人民群众的制约。领导活动是否置于人民群众力量的基础上将决定领导活动的成功或失败。

人民群众这个领导之本决定了领导的人民性和社会主义性质,决定了领导必然坚固而强大,也必定拥有无穷的创造力和制胜力。这个领导之本不仅已经充分反映到了我们的领导价值和领导取向当中,而且还实际表现为我们根本的领导方法和工作方法。在过去,它使我们党赢得了一次又一次的伟大胜利;在今天,它正在使我们党取得更多、更大的成功;在今后,它将继续保证我们党更有力地团结和带领全国人民去迎接未来的挑战、制胜新世纪竞争,不断夺取新胜利,真正赢得新世纪。

三、领导依据

领导依据是领导运作的事实依凭、事理依凭和法理依凭。领导运作中展开的领导职能职责履行正是发自于这些领导依据。从大量事实来看,成功的领导都必定是首先有其科学、合理和现实的领导依据的。这些依据就微观而言有很多,但在宏观上却主要有如下方面:

---

① 《毛泽东选集》第 437 页。

（一）客观事实和客观规律

客观事实和客观规律是领导的根本依据。毛泽东说："一切事情是要人做的"，"做就必须先有人根据客观事实，引出思想、道理、意见，提出计划、方针、政策、战略、战术，方能做得好。思想等等是主观的东西，做或行动是主观见之于客观的东西，都是人类特殊的能动性。"①因此，领导的依据只能是客观事实和客观规律。但是，这里却涉及领导意识能动作用与客观事实及客观规律的关系问题。对此，必须认清以下几点：

首先，要对领导意识的能动作用有一个恰当估计。只有恰当估计，既不夸大也不缩小，才能发挥得充分。过与不及都不利于领导意识能动作用的发挥。

其次，领导意识的能动作用是否能得到正确的发挥，是以能否遵从事物运动的客观规律为前提的。只有从客观实际出发，建立在客观规律基础上的思想，才是正确的思想；只有在正确思想指导下，符合客观规律的行为，才是正确的行为，才能实现领导的预期目的。如果领导者根本无视事物发展的客观规律，不仅不能发挥自己意识的能动作用，还会受到客观规律的无情惩罚。

最后，领导意识能动作用的发挥，还依赖于一定的物质条件和物质手段。"巧妇难为无米之炊"，领导意识再"巧"，没有必要的物质基础，也不可能取得成功。

总之，要正确地、充分地发挥领导意识的能动作用，就必须尊重事物发展的客观规律，从实际出发，把领导热情同科学态度结合起来。如果领导者忽视领导意识的能动作用，消极悲观，无所作为，或者片面夸大领导意识的能动作用，不考虑客观实际情况，盲目蛮干，都是错误的。

（二）党的基本路线

我党的基本路线是我国领导的首要依据，是马克思主义在我国领导活动中的具体应用，是领导科学的最高理论依据。以毛泽东为代表的中国共产党人，把马克思主义同中国革命和建设的具体实践相结合，形成了具有中国特色的思想路线、政治路线、组织路线和群众路线，并以之指导领导实践，确保各级领导干部、各种领导活动都能沿着正确的路线把工作推向前进。这些指导中国领导实践的路线直接构成了中国特色社会主义领导理论，构成了中国特色领导学的现实支撑，构成了中国特色领导实践的现实依据。对此，可从以下几方面来加以理解和把握：

第一，思想路线和正确的思维向导。亦即在领导实践中要坚持实事求是的原则，坚持实践是检验和发展真理的唯一标准，一切从实际出发，理论联系实际，在实践中检验和发展真理，从客观事物的系统整体、系统特点、系统的变化和发展上去考察客观事物，先把事实弄清楚，把问题找确切，从中找出规律性，并以此来决定关于领导的思想和行动，找到解决问题的办法和途径，最后采取措施、解决问题、完成领导工作。

领导实践过程中，要想实事求是地认识事物并指导实践，就必须要有正确理论作指导；其中，调查研究是做到实事求是的基本环节。由于客观情况复杂多变，我们就必须严

---

① 《毛泽东选集》第445页。

格区分客观事实与经验事实,善于从整体上把握事实真相和客观规律。只有将正确的理论和领导实际相结合,才能变得真正具有实践价值;只有依据经过实践检验过了的"是"来制定工作方针或政策,才能使领导工作真正做到实事求是。

第二,政治路线。政治路线是政党和国家为完成一定历史时期的政治目标而规定的基本方针和政策,是一定阶级利益和要求的集中表现。中国共产党在长期的革命斗争中,运用马克思主义的基本原理,紧密结合中国国情,以实事求是的思想路线为指导,制定了不同时期正确的政治路线。党的十一届三中全会以来,我们党制定的以经济建设为中心,坚持四项基本原则,坚持改革开放,是党在新时期的政治路线即社会主义初级阶段的基本路线。领导干部只有全面地理解和执行党的基本路线,才不会在复杂的斗争中和现代化征途上迷失方向。

第三,组织路线。组织路线是指一个政党在一定历史时期内根据其政治路线所规定的关于组织工作方面的根本原则和方针,主要包括党的组织原则、干部制度和党员标准等内容。中国共产党的组织原则是民主集中制,干部政策是任人唯贤,党内斗争的方针是"团结—批评—团结"和"惩前毖后,治病救人"。

党的组织路线是党的行动纲领的重要组成部分。它的理论基础是马克思主义科学的世界观,在物质基础上依据的是千百万党员、干部的模范作用和卓越领导,以及广大人民群众充满创造力和革命热情的实践,它是阶级性与科学性、理论与实践的统一,是对社会存在的一种高度概括和科学抽象。

民主集中制的组织原则充分体现了对立统一的基本规律。它既体现了我党一切相信群众、一切依靠群众的民主思想和民主作风,又表明我们要正确认识党的先锋队作用和领导干部的指挥协调作用。

第四,群众路线。这是领导的根本路线,是"一切为了群众,一切依靠群众,从群众中来,到群众中去"的路线。这是中国共产党把马克思主义关于人民群众是历史的创造者的原理运用于整个领导实践所形成的根本路线,是一个能够保证不断夺取胜利的法宝。

四、领导依托

领导依托是领导运作的现实基础。领导职能职责的履行就是基于这些现实基础的。从实际情况看,领导运作自然要建立在某种现实的基础之上;否则,就只能是空中楼阁或者哗众取宠,甚至忘却和背弃领导之本。事实上,领导依托主要就是领导之本;也可以说,领导之本是主要的领导依托。概略说来,领导依托最主要有如下几个方面:

(一)群众

群众是领导的根本,也正是领导的现实基础。任何领导都是在群众这个根本上产生出来的,是在群众这个基础上形成的上层建筑。没有群众做基础,领导就必将倒台和失败;没有群众的支持,领导就必将坍塌而毁灭。这即是说,群众就是领导的根本依托。只有在凭借这个依托之后,领导运作才能真正开始;否则,就根本谈不上领导不领导,所可能有的行为都只能是一种梦呓或者自大狂,甚至是严重的犯罪,根本不会有什么领导。

从这一点上说,群众这个依托对于领导而言就绝对是决定性和根本性的。能够真正以群众为依托的领导是一种能够真正体现原本领导价值的领导，也是一种具有真正正确领导取向的领导；这种领导必定能"战无不胜、攻无不克"，且不可被战胜。这是因为群众的力量是无穷的，而这种领导却正是得益于这种力量。

（二）组织群体

这是领导依托的另外一种形态。领导是在组织群体的基础上产生的，组织群体是领导活动的客体，领导者的领导活动实际上就是对自身所属组织群体的领导。失去了组织群体，就失去了领导客体，也就无所谓领导。

（三）领导组织

领导组织是领导系统的核心，是领导的直接依托。它对于实现领导目标，完成既定任务，具有最直接的重要作用。这表现在如下诸方面。

第一，领导组织是领导活动的舞台。领导者总是要拥有一定的职位和权力，才能从事领导工作，没有相应的职位和权力，领导者就不能指挥和协调下属去完成某一工作，也就不能实现其领导职能。领导组织作为领导活动的舞台，它为完成某领导组织的目标、功能，给领导者设计了一个个不同的角色，领导者只有在扮足领导角色之后，才有权力去从事领导工作。

第二，领导组织是领导者与被领导者发生作用的媒介。领导活动实际上就是领导者通过制定政策、布置工作、调节控制、检查监督等手段，对下属的行为和思想施加影响，使被领导者齐心协力，实现领导者目标规划的过程。领导者要凭借职位和权力，按照一定的结构和方式，根据目标规划的需要，将被领导者组织起来并确定其合适的职位和职责，形成一个多层次的网络结构体系，使之成为能产生合力作用的有机整体；再将本系统的总体目标进行分解，布置给下属，再以组织的名义去检查和监督，促使被领导者完成既定任务。与此同时，领导者还要凭借领导组织的力量去和被领导者沟通、联系，通过组织下达指令，回收反馈信息。这样，领导组织就成为领导者发挥作用的重要平台，成为维系领导者与被领导者之间相互关系的一种机制和媒介。

第三，领导组织是社会群体的核心。社会群体是由许多社会成员组成的，如果不把他们很好地组织起来，任其各自为战，就会成为一盘散沙，不能有效地改造自然和社会；如果把他们很好地组织起来，使之处于科学的组织结构之中，就会产生神奇的力量，其总体功能就远远大于个体功能之和。要使单个的社会成员成为一个统一的整体，就必须以领导组织为依托，使社会成员在领导组织周围聚集起来，成为坚强有力的社会群体。

第四，领导组织是领导者与社会发生联系的社会实体。任何领导者从事领导活动，都是在一定的社会环境中进行的。他们无论与组织内部的被领导者发生联系，还是与外部社会的其他组织发生联系，首先必须立足于自身领导组织这一社会实体，以组织的名义去从事领导活动，只有这样，他才能代表自身的领导组织和下属，同外部发生作用。领导者如果不以领导组织为依托，就失去了他的职位和权力，就是普通社会一员，他所从事的活动，只能代表自己，属于个人行为。

总之，领导之本是领导目的和领导目标的起始与归宿，构成领导依据和领导依托的主要内容;而领导的依据和依托实际就是领导运作或履行领导职能职责所必需的凭借——也即是说,领导要有依据才能名正言顺,有依托才能运作得起来;否则,那样的领导就没有根据,也没有基础,甚至有可能是不合法的,或者干脆就是非法的。

第四节 领导价值与领导取向

一、领导价值的含义与特性

(一)领导价值的含义

从领导本质可以看出,领导价值是一个十分活跃的领导因素,是领导本质的核心体现。它不仅参与了领导本质的形成和展现过程,而且还直接构成领导本质的一个决定性成分。从具体内容和形态上看,领导价值是一个双重概念,在现实中通常表现为如下两种情况:

一方面,领导价值是由促使领导得以发生的利益目标、领导意识、价值观念、价值取向、群体价值倾向和价值定位等组成的观念性动力整体。当然,其起源就是领导客体的需要和愿望。它一旦同人们的现实生活相联系,就会变成为发生领导行为和领导现象的强大需要,进而为领导行为和领导现象的发生提供原动力和合理的依据,也为领导活动和领导方向提供指针和尺度。从这个角度说,领导价值实质是充当领导行为根本来源和动力的领导思想和领导需要。这说明,领导是一种思想观念的行为表现,是关于掌握和实施领导的价值思想的作用过程;领导根本上是思想的领导、价值的领导。思想观念和价值内涵是领导最为根本的东西。没有思想、没有价值动力就不会有领导,就不可想象领导为何物。这种观念性动力整体是直接决定领导取向的实质内容。总之,领导价值是领导的根据和动力,说明为什么会发生领导行为和领导现象。

另一方面,领导价值是上述观念性动力整体的现实呈现,是通过领导过程转变成为现实结果的上述观念性动力整体。这实际是领导价值现实化,是要通过领导行为体现出来的领导成效。这时的该整体已经构成了摆在人们面前的现实,通常要由领导客体接受、领导环境容纳,而不管其愿意不愿意、喜欢不喜欢。然而,这种现实却是可以,也必须由领导客体来作出最终评价和界定的,可以从领导价值的起源这个角度对领导价值现实化的程度、性质、效果、结局和影响作出最后评估,并据此对领导作出各种民主的反应。这种评估最终都以所代表的利益实现程度为决断性的依据。从这个角度上看,领导价值的实质就是为以利益为实质的公共价值尺度所衡量的领导结果。

显然,领导价值是领导的心脏所在,是领导研究和领导实践中最重要的范畴之一。

(二)领导价值的特性

领导价值的特性有两个层面。每个层面包含了一系列充分体现领导本质的具体特性。

第一,领导价值的根本特性,主要有如下四个具体内涵:

一是利益性。领导价值最核心最实质的内容体现为特定倾向的实际利益成分和利益关系。价值本身就是利益性质的范畴，没有利益就不会有价值的问题。利益实质构成整个社会价值的核心。领导价值作为整个社会价值的一部分（当然是最重要的部分），显然是以利益为根本的，否则就不会存在，更不可能在社会生活中发挥重要作用。正因为如此，领导价值才能在领导活动中起主导作用，才能为领导过程提供源源不断的、方向明确的动力。利益性是领导价值的最根本特性。

二是权威能动性。领导价值实际上是以领导权威为后盾的特种社会价值体系，是能够，也必然会转换成为权威行动主导推力的特定领导心理，常常表现为领导行为的欲望、需要、冲动和主观理由。领导主体的一切精神世界要变成行为，亦即存在于领导主体身上的整个意识或行为心理要见诸实践，那就要首先均转化为领导价值，再由领导价值转化为领导实践。所以，领导价值是领导行为的直接源泉，是领导主体意识变成实践的承接点和转换器。领导行为发生的秘密就在这里。这里还有一个重要的问题就是，领导价值向领导实践的转化以及由此发生的领导行为都是权威的，对其他社会价值和社会行为均有极其重大的影响。这些情况集中构成领导价值的权威能动性。

三是权威实践性。基于上述两个特性，可知领导价值是面向实践的，也是必然导致相应实践的，而且是能够给所面向的、即将和已经发生的实践带来精神上的相应高度和权威。所以，领导价值本质上就是实践性的，已不再是纯精神范畴了。此即领导价值的权威实践性。

四是权威结果性。既然领导价值是一种实践的精神范畴，那么它就必然会借助相应的实践带来相应的现实结果。无论是成功还是失败，也无论是正确还是错误，总之不管成效如何，由于均以权力权威做后盾，而且以综合消耗大量不同的社会资源为代价，所以由领导价值经过转化为领导实践所带来的现实结果则都是最有代表性的。

第二，领导价值的基本特性，主要有如下五个具体内涵：

一是阶级倾向性。任何领导价值都是代表一定阶级利益、阶级意志的。任何阶级倾向都是这些阶级利益和意志的集中表达，而且最终都是要转变成领导价值的，然后才能证明其在领导主体中的存在，并在社会生活和领导实践中发挥作用。否则，所谓阶级利益和意志或要求之类都只是一种空谈。有无阶级性、是什么阶级性，均要看领导价值中反映出来的阶级倾向。这就是说，领导价值是领导阶级性的落实之处，是贯彻阶级利益原则和阶级意志的具体进行之处。这些就是领导价值的阶级倾向性，是领导阶级性的直接体现。

二是阶层倾向性。领导价值不完全是阶级利益和意志的体现，通常还代表着一定阶层的利益和意志，即同时是为了实现某一阶层的利益而形成的。这其实是领导社会性的一种体现。

三是特殊倾向性。领导价值常常兼带有特殊社会群体的利益和意志，而且是为了这种利益和意志而形成和运作的。到目前为止，在任何社会都曾经发生过这种情况。事实上，领导价值的特殊倾向性是普遍存在的；其具体性质完全受领导主体的特殊倾向选择所决定。

四是思想动态性。领导价值实际是现实社会生活中最敏感的精神与实践之间的权威结合。思想领域发生什么变化要兑现到实践中，就首先或最终集中转变成或凝结为领导价值;来自实践中的各处反馈要成为下一步的现实行动,也首先或最终要集中转变成或凝结为领导价值。而这种精神意识上的变化就构成领导价值的思想动态性。

五是行为意志性。领导价值是直接形成领导行为的主要领导心理来源。事实是,领导价值在转变为领导行为之前就首先成为了一种势在必行的强烈领导倾向,成为了准备付出大量资源代价的行动意志;就是在此以后才可能进一步转变成领导实践的实际推力。这样一种基本性状事实上也正是领导价值向领导行为转变的基本机制,是其能动性的内在展现过程。

实际上,领导价值的这些特性均反映了领导行为启动和形成的内在起点以及领导行为的发生机制。从这些特性上可以知道领导之舵是如何被驾驭的,也可以对种种领导现象作出科学的解释。种种领导现象都可以追根溯源到领导价值的这些特性身上加以认识和把握。

二、领导价值的内容与作用

(一)领导价值的内容

尽管说领导价值有上述许多特性,但是领导价值在领导实践中发挥作用的并不是这些特性而是领导价值的具体内容。那些特性只是这些具体内容构成领导价值整体后形成的种种外在表现。所以,对于领导价值不仅要从理论上知道它为何物,而且要从实践的角度知道它里边到底有些什么东西,是什么在掌领导之舵、在直接左右领导的。

的确,这里本就想对领导价值的具体内容进行介绍。然而,这里要特别加以说明的是,领导价值是一个领导哲学的范畴,在具体内容上包含了人类极其丰富的精神文化成果和千百年来人们不变的渴望、寄托和意愿。显然,领导价值的具体内容是如此之多。要把这些具体内容厘清列出,在此处是不可能的,只有另用专门的著述才有可能。不过,这里可作两个简要的提示,具体如下:

首先,领导价值的具体内容是具体的精神意志和思想观点,包括政治、道德和人格倾向等。在不少已有的研究和表述上,通常把这些内容概称为文化,具体到企业文化、机关文化、组织文化、管理文化、行政文化和政治文化等,并指出这些"文化"是如何影响决策的。而这实际就是领导价值的具体内容方面及其具体发挥作用的方面。

其次,领导价值是看不见摸不着的客观实在,主要以领导素质的形式活生生地存在于领导主体之中,伴随着领导主体的工作,自始至终地参与、影响甚至操纵领导活动,特别是决策活动。这也可以顺便说明为什么领导素质对于领导是那么重要。

因此,从部分领导素质如领导主体的政治素质、思想素质、道德素质等,就可以直接了解到不少领导价值的具体内容。此外,在领导取向和领导之本两部分中也可以了解到有关具体内容。

(二)领导价值的作用

领导价值是领导的灵魂,参与整个领导过程,特别是领导决策过程,是领导主体作出最后决定的最关键因素。它在整个领导过程中起着标准、尺度和最终依据的作用,也就是一种根本性的作用。可以说,有什么样的领导价值就会有什么样的领导,也就会有什么样的领导结果;现实领导过程中发生的问题多数是领导价值出现问题后的必然结果。

社会系统及其组成部分主要是人的命运在紧要时刻都取决于领导价值,至于资源和利益的流向则更是由领导价值所决定。如果说权力权威是枪管和子弹,那么就可以说领导价值是枪上的瞄准器和扳机。如果说领导是整个社会生活的核心,那么就可以说领导价值是社会生活核心的核心。确切而言,领导价值的具体作用主要有如下六个方面:

第一,充分吸收和融合各种优秀的精神成果,并有效地将这些成果转化为领导行动的思想起源、内在需要和推力及行动标准,为领导过程的发生作好行为依据上的全部内在准备。

第二,赋予领导主体非常成熟、明确、稳定的精神势能和领导取向,并进一步转化为具体、明确、恒定的领导目标和领导行为纲要或领导行动纲领。这即首先促成在领导主体内部发生一连串的领导行为心理酝酿过程。

第三,直接展开和调节丰富多彩的领导行为,并使之沿着领导价值规定的基本方向和路线进行下去。

第四,作为尺度,衡量和确定领导资源的动用范围、程度和种类,确定所发生的领导行为的最高代价额度。

第五,作为尺度,衡量和确定采用领导方式方法、选择和采用领导途径和手段的可能性及成本。

第六,作为现实结果交付给由领导主体所代表的整个社会系统,接受该系统的评估和审定。由此使领导价值自身和整个领导行为获得相应的结论和某种特定的具体意义。

总之,领导价值贯穿于整个领导过程之中,在每个环节都起着主线的作用;是领导行为或领导活动的真正主导和本源,也是领导现象的主要根源;在多数情况下,领导问题均可追溯到领导价值上来找根源、找症结。

三、领导取向

(一) 领导取向的实际含义

领导取向是领导主体在实施领导时所直接依凭的价值尺度和价值动力,是领导主体在主观意志上为领导过程所界定的标准和最终向往,是领导价值在领导主体对人对事的领导过程中具体表现出来的倾斜方向。简言之,领导取向就是领导主体的价值取向,即领导的方向。

这就是说,价值观直接形成领导主体的价值取向,并由此直接构成领导取向的实际内容,而且从根本上决定着领导的作用方向,进而决定着领导的性质。领导主体有什么样的价值观,就会有什么样的价值取向,也就会有什么样的领导取向。有什么样的领导取向,就会有什么性质的领导。因此,领导取向就是体现着领导本质的领导价值取向。

领导主体为什么而领导?为谁而工作、服务和奋斗?以什么为宗旨来运用领导权力权威和其他领导资源?为什么而采取某种态度和措施?这些问题都最直接、最完全地体现出领导价值观和领导取向,并由此决定领导的性质。对于这些问题,持不同价值观的领导主体会做出不同的回答,由此形成不同的领导目的和领导目标,进而产生具有质的差异的领导行为、结果和影响。而领导性质则在此过程中得以完全确定。

很明显,在领导过程中,以领导主体价值观为内容的领导取向通过直接形成领导目标、调整领导行为来直接主导领导行为,并从根本上决定着必然的领导结果。从这里能够对领导行为进行完全理性的解释,即可以根据领导取向对领导主体为什么要那样做、为什么会那样作出科学的解释。形形色色的领导行为都可以从领导取向上找到根本的原因。可见,领导取向是一个非常实际、非常重要的根本问题。任何领导理论和领导实践都不能忽略了它。它是领导主体主观见诸客观的能动核心,是领导学的一个科学关键。

事实上,领导取向中的价值观是领导主体所有素质的精华汇集,尤其以思想素质、政治素质和道德素质的精华为核心。所以,领导取向实际就是完全基于领导素质的领导运作原动力。在这里,我们不能一一介绍各种各样的具体领导取向,因为自有领导以来,领导取向已经不计其数了。这里,我们只能着重对中国传统上的主要领导取向和社会主义领导取向作一简要介绍。

(二)中国古代的领导取向

中国的领导文化源远流长,其中关于领导取向的思想极其丰富,主要有两大流派,一是以伦理纲常为主轴的领导取向,二是以明智处世为内容的领导取向。

第一,以伦理纲常为主轴的领导取向。

一是待下以礼、以诚、以情。所谓待下以礼,就是要尊重下级,以礼相待,这是团结下属的第一要义。《吕氏春秋·本味》中说:"虽有贤者,而无礼以接之,贤奚由尽忠?犹御之不善,骥不自千里也。"所谓待人以诚,就是"推其诚心,施之天下"。领导者与下属要推心置腹,坦诚相见。领导者要放下架子,平等待人,与下属披肝沥胆,心心相印。《文子》中说:"同言而信,信在言前;同令而行,诚在令外。"这表明,言语之外存在一个信任的问题;命令之外存在一个是否真诚待人的问题。所谓待下以情,就是对待下属要有感情,以情动人,关心体恤他们的疾苦。下属有了疾苦,要关心体恤,使其感受到来自领导者的温暖,这样,上级才能够团结下属,赢得人心,取得良好的人际效果;进而确保上下级之间休戚与共、同甘共苦,建立起一种以深厚感情为基础的合作关系,形成强大的凝聚力和合力,为领导的成功提供最重要的人心支持和人际保障。

二是事上要从道不从君,和而不同。在中国封建社会中,封建统治者把忠心事主作为人臣第一大节,提倡愚忠。而进步的思想家和政治家则认为:君行正道,臣则从君;君不行正道,臣则从道不从君。荀子认为,对君主敬重和忠顺,维护其尊严,不等于曲意逢迎,而必须坚持原则,维护正义。他说:"从道不从君,此之谓也。"在他看来,从道即是"是案曰是,非案曰非","君有过谋、过事,将危国家、殒社稷之惧也",就要进言于君,君主发布的政令不当,则可逆命不从。总之,就是要"忠信而不谀,谏争而不谄"[1]。孔子说:"君子和而不同,小人同而不和。"[2]西周末年的史伯也认为,要"和而不同",因为"和则生物,同则不继";

---

[1] 《荀子·臣道》。
[2] 《论语·子路第十三》。

不同质的东西相互结合方能化生万物,相同东西简单相加必定导致事物的灭亡。上下级之间的关系正是如此,君主远离那些与自己思想观点不一致的人,而喜欢接近那些与自己意味相投的人,国家的事情就要办坏。

三是对待同僚要顾全大局,互相忍让。领导系统的和谐有序,不仅需要纵向上处理好上下级之间的关系,更需要横向上团结同事,同舟共济。除了坚持以礼义诚信为处理同事关系的基本准则以外,还要立政为公,以国事为重,胸怀宽广,顾全大局,不计私怨,乐于忍让。同事之间,在没有利害冲突的情况下,还比较容易相处,一旦涉及切身利益,就容易产生矛盾,这时,就需要推功揽过,互相谦让,以利团结。

第二,以明智处世为内容的领导取向。这方面最有代表性的是老子"无为而治"的领导思想——"为无为,则无不为",是高超的领导艺术。他的这些思想主要有以下方面:

一是因其自然。老子认为:道常无为而无不为。这里的"道"就是事物发展变化的自然规律,"道常无为"就是遵循自然变化的规律,"无为"也绝不是无所事事,什么也不做,"无为"可以导致"有为"。领导工作的无为正是导致有为的一种手段。他反对妄为和强力而为;认为"为之者失之,执之者失之";强力而为,必然导致失败;强力执著,必然丧失所不执著。因而"能辅万物之自然而不敢为"。即领导工作应辅助万物顺着自然规律而不勉强作为。因其自然,循理而举事,这是老子学说的精华所在,也是领导工作的极致。

二是致虚守静。老子认为:"我无为而民自化,我好静而民自正,我无事而民自富,我无欲而民自朴。"[①]意思是说,我持无为老百姓就会自己教化自己;我喜欢安静,老百姓就会自己端正;我不横生事端老百姓就会自己谋求富裕;我无所欲求,民风自然淳朴。在政治上,在领导工作中,"为无为,事无事",无为则循理,循理以行,"则无不治";"无事则不扰,不扰则人各安其居,守其业。政简民安"。

三是无私寡欲。在老子看来,领导的私心是致乱的一大原因,无为也就应无私。所以老子认为,领导者应当不以私情临物,不以私意处事,而应尽随自然法则,任人民自己去做。循理以举事,因势以导物,各安其生,各得其所。

四是柔弱廉下。老子"贵柔"。老子的贵柔主张,包含了辩证法的思想。从表面上看,柔弱似乎是消极后退无所作为的意思,但实际上却包含着积极进取的意识。他用水来说明柔弱胜刚强的道理。他说:天下莫柔于水而攻坚者莫之能胜;以天下之至柔,驰骋天下之至坚。意思是说,自然事物中再也没有比水更柔弱的了;但水滴石穿,再也没有比水的力量更善于攻坚的了。总之,就是要以柔克刚、以退为进、以屈求伸。

五是领导者应该像水那样乐意滋长万物而不与万物相争,为人要像水那样安于卑下,心智要像水那样深沉,为政要像水那样有条理,办事要像水那样灵活,待人要像水那样无私。最高明的领导,不炫耀自我,不强制他人,而自己又无所欲求,他的领导意志要像水一样渗透到每个被领导者。领导者要像大海一样容纳群众,虚怀若谷。大海的地位是最卑微的,没有高山的雄伟,没有白云的飘逸,但它却能容纳所有的水,容纳所有的混浊与苦涩。他认为:承担起国家的污辱,那才称得起国家的君主;承担起国家的灾难,那才称得上天下的君王。

---

① 《道德经·五十五章》。

六是求道持静。"淡泊明志,宁静致远",只有静寂的心态,才能洞悉一切、包容一切、诚信天下、达成长久。对最好的领导者,人们会永远记住;对次一等的领导者,人们会爱戴;对再次一等的领导者,人们会称誉;对更次一等的领导者,人们就会害怕了;对最差的领导者,人们就会辱骂和痛恨他了。

(三)当代中国的领导取向

当代中国的领导取向就是社会主义的领导取向。以实现社会主义和共产主义为理想,以全心全意为人民服务为宗旨,以为群众多办实事好事、切实当好人民公仆为内容,以大公无私、坚持原则、坚持真理、勤劳奉献、敢于胜利为主要特征。可以说,这是一种基于高度政治觉悟的、充满正义和力量的、可以带来更多成功的领导取向。持有并坚持这种领导取向的任何领导主体都能够创造出丰功伟绩而光耀千古;忽视或背弃这种领导取向的任何领导主体都会身败名裂且遗臭万年。

当前,我国的绝大多数领导主体都是以这种取向为领导取向的。所以,领导主体在领导实践中就是碰到巨大的困难也能够加以克服而不被困难所吓倒,也能带领广大人民群众在现代化建设和改革开放的事业中取得更多更重大更辉煌的成就。

邓小平在告诫领导干部时,实际上就提出了很具体的领导取向内容。他指出,领导者不要当官做老爷,要做人民的勤务员;一定要关心群众生活,这个问题不是说一句话就可以解决的,要做许多踏踏实实的工作。他说:"群众关心的实际生活问题和时事政策问题,各级领导一定要经常据实讲解,告诉大家客观的情况和政府所做的努力,并且对群众反映的不合理现象及时纠正。"[1]

邓小平强调:任何时候都要相信群众,依靠群众。他说,领导者不是自封的,要看群众承认不承认,批准不批准。领导作风恶劣,群众就不会服从;领导者犯了错误,群众就不批准。他还说,每个地方、每个单位遇到任何问题,都应当主动向群众宣传和解释,做好工作。要注意听取群众的呼声,同群众商量办事,共同克服困难。他说:官僚主义是小生产的产物,是同社会化的大生产根本不相容的,如果不克服官僚主义,我们的现代化事业和社会主义事业就会被葬送;因此,领导者一定要克服官僚主义。

总之,密切联系群众,反对官僚主义,就是当前每个领导者都应该在实践中坚持做到、做好的正确取向。

第五节 领导的职能职责与模式类型

一、领导的职能与职责

领导既然是有目的、有目标、事关社会系统命运的组织性社会性行为,那么就必定有其特定的职能和职责。无论哪一类领导都是从履行领导职能职责开始运作的。领导的职能职责就是以极其规范的形式充分体现出领导价值取向的工作方向、工作任务和工作责任。

---

[1] 《邓小平文选》第3卷,第142页。

（一）领导职能

领导职能就是为达成领导目的和领导目标,领导活动所应有的作用和功能。领导活动的多样性、层次性就决定了领导职能是复杂多样的。在现代社会条件下,领导职能突出表现在如下三个方面:第一,政治领导职能。这是创造适于事业发展的政治环境和引导事业为公共政治目标服务的职能。第二,行政领导职能。这是建立有效的分级指挥系统和职能系统,从而主动地、有步骤地创造人、财、物等外部条件的职能。第三,业务领导职能。这是按照行业发展规律来解决指挥和管理等问题的职能。以上三种职能是最常规最基本的职能,具有一般性和代表性,反映了领导职能的共性。

但是,在不同行业、不同时期,领导职能的具体内容会有很大的差别,会有不同的职能要求,存在着"职能个性"。只有认清它们的个性,才能找到合适的领导方式。领导的基本职能是由行业决定的,也有的认为领导的基本职能是行业的函数。具体的领导职能不仅与行业有关,而且还与环境和时间因素相关。具体说来,影响领导职能的因素有很多,其中有几个因素对领导发生更明显的影响。

行业对领导职能具有一种独特而深刻的特定影响。政治职能、行政职能、业务职能在不同行业中有不同的内容,不同行业对领导职能提出不同的要求。例如,科技领域有其特殊的科研规律和工作要求,这就决定了科技工作不能完全由行政领导而要由学术领导来把握全局。同样,经济工作必须高度尊重经济规律和特点要求;这就决定了领导工作要以经济建设和发展为中心,不能以单纯的行政领导而要由企业家式的经济领导来启动思路与行动。显然,这是业务决定的行业特征,要求领导成为专业化的和内行的核心角色,要求领导者具有专业化的科学精神和学识修养。只有这样,才能在业务上"拿得起来",把领导工作做好。

环境对领导职能具有一种广泛而持续的一般影响。三种基本职能在不同的环境下将有不同的重点和特殊的内容,特别是具体环境和历史因素,使基本职能具有特殊的内涵。例如,有甲、乙两个企业同样面临倒闭的危险,其中甲企业是因为产品不对路销售不出而面临倒闭;乙企业是因为领导作风不正民心涣散而面临倒闭。对于甲企业而言,领导的主要职能是保证业务领导,寻求开发新产品和动员全体员工实行转产,这个时期领导整个工作重心应该放到业务领导上。对于乙企业,则应以加强政治领导职能为中心,进行企业整顿,调整领导班子,建立各种有效的规章制度,迅速恢复正常的工作秩序。由此可见,不同环境对领导的要求是很不相同的,对领导职能必定产生不同的影响。

此外,时间对领导职能也是有着重大影响的,集中表现为领导的时期性和时代性;也就是说,领导职能不是一成不变的,总是随着时间的推移而不断变化发展。换言之,随着时间的推移,领导的政治职能、行政职能、业务职能都是会,也必然要发生相应变化的。

（二）领导职责

所谓领导职责就是领导者为实现领导职能而应承担的责任和所要做的工作,是领导者在履行职权的过程中所必须尽的义务。毛泽东说:领导者的责任,归结起来,主要是出主意,用干部两件事。刘少奇也提出:领导者与领导机关的职责,就是要实行正确的领导,就是要正确地了解情况,正确地抓住中心,提出任务,决定问题,正确地动员与组织群众来实行自己的决定,正确地组织群众来审查自己决定之实行的情形。据此可知,领导的基本职责就是决策和用人;此外,还有一个综合性的工作职责。

第一,决策。这是一个最为关键的领导职责,可以说是现代领导最重要的职责和特征之一。它是最佳实现领导目标的最关键环节和最首要过程。它在整个领导活动之初就决定了领导的成与败。是否能够科学决策已经成为现代领导的评价标准和领导成败的首要指标。领导决策正确与否与诸多因素有关,但就现实领导决策情况而言,提高领导决策质量,保证决策活动的正确性,必须在两个方面有所突破:其一,重视搜集、研究和使用信息。及时、翔实、大量的信息是科学决策的依据,决策必须建立在准确可靠的信息基础之上,知己知彼,方能百战不殆,切不可以疑决疑。其二,发扬民主,广纳兼听。科学决策是发扬民主、集中群众智慧、调动群众积极性和发动群众、组织群众的过程,只有广纳兼听、善集群智,才能制定并实施好领导决策。

第二,用人。古人说:治国之道,唯在用人;政事得失,由乎辅佐。这即是说,要做好工作,一定要有合适的人才队伍。非此难为,非此莫用;而非领导善于用人而无以为之。人的个体素质存在着种种差异,长短优劣各有不同,工作胜任性更是千差万别。领导不在适当的时候使用合适的人才,就会无才可用、无人胜任,就不会有合适的人才来效力;诚所谓"骏马能历险,耕田不如牛"。这样,工作就难以推进和成功,再好的愿望与决策也不能实现。因此,要实现组织目标,领导主体就必须善于用人,而且要争取做到"善用物者无弃物,善用人者无弃人"。事实上;用人正是最重要,也最基本的领导职责之一。

第三,取得综合效益。这是最常规的基本领导职责。领导者所追求的效益不是单一的效益,而是以社会效益、经济效益为主的综合效益,综合效益越高,领导的社会作用越好,说明领导活动处于良性、有效运行状态。取得最佳领导综合效益的过程也就是领导活动中各种因素、各个环节最佳组合并发挥最佳作用的过程。首先要求预测、决策要科学正确,实施计划要周详;其次要求领导要素结构要合理,包括领导机构、领导组织规模和领导者等方面,特别是领导者和被领导者的素质结构合理;再次要求在领导活动过程所设置的机构、指挥控制机制要有效,领导方法针对性好;最后还要求有良好的领导作风,严肃而符合实际的制度,有力的激励手段,如此等等,都是最佳领导综合效益的支持因素或必要因素。

二、领导的模式与类型

领导广阔的范围、广泛的内容决定了其微观职能职责必然丰富多样,进而也决定了其模式和类型必然众多、形式必然多样。而这些多样的领导类型就构成了丰富完整的领导体系。

领导模式实际上也就是领导方式或领导风格的总体定局,是从基本的领导方式这个角度构成领导环境的一个重要因素,对各种具体的领导方式或者领导风格的形成、存在和运作都提供了基本的前提,做出了基本的框定。这就是说,领导方式或领导风格都是在一定的领导模式中形成和发挥作用的,都带有一定的领导模式的实质和色彩。很明显,通过影响领导方式或领导风格,领导模式对领导类型的丰富多彩具有很大的影响;有时,领导模式本身也直接构成领导类型。

从不同的角度，以不同的标准，都可以发现领导的内在构成和基本体系。而把握领导的种类与体系具有重要意义：一是可以对研究各个不同领域、各个不同层次领导职能的特殊性，提高领导工作的有效性起到指导作用；二是可以为正确地分析领导群体结构是否合理提供理论和事实上的依据。

一般而言，现实生活中存在着各式各样的领导。它们相互之间是既有区别，又有联系；既相互促进，又互相制约；纵横交错，构成了一个庞大、复杂、完整的领导体系。在这个体系中，主要存在以下六个比较突出的领导模式和类型：

（一）在方式演进标准下的领导类型

第一，自然式领导。这是一种关系相对简单淳朴、原始初级的领导，属于社会群体中强者可恃而自愿推崇和追随、习惯形成和维续的自发式领导形态。其实质是基于生产力水平低下和自然分工而形成了无意识的领导。其最大特点是主要靠风俗习惯、传统势力和个人威信来进行领导活动，领导机关和领导者处于自然状态之中而天然作为，也只能作为群体的公仆，为特定的群体利益服务。这主要产生和存在于原始社会、发展形态较为低级的社会形态或组织形态之中。

第二，集权式领导。这是一种少数人说了算的领导模式，是一种"家天下"、"家组织"的专断式领导，俗称家长式领导，又称专制式领导。

第三，民主式领导。它与家长式领导是相对而言的，是同社会化大生产相联系的一种领导形态；是一种能够充分反映领导本质的、具有广泛适应性和生命力的领导类型。

第四，公仆式领导。这种领导类型产生在社会主义社会，最终实现只能是在共产主义社会。随着社会生产力的极大发展，社会产品极大丰富，人民群众的需要得到极大满足，消灭剥削，消灭阶级，领导真正成为"社会的负责的公仆"和"社会本身的负责的勤务员"。这是一种最完善和先进的领导类型。

第五，专家式领导。随着社会生产力的不断发展，科学技术日益广泛地应用于社会的各个领域。靠外行的领导，已无法适应整个社会发展的需要。因此，专家式领导或专家辅佐式领导应运而生，占有越来越重要的地位。

初期，专家式的领导是通过"硬专家"转行来实现的。"硬专家"是指通晓业务和技术的专家。在一些科研生产机构里，国家开始注重那些有一定领导才干又通晓科学技术的人来担任领导职务，并吸收一部分专家参与领导决策。由于"硬专家"擅长逻辑思维，对领导工作顺利进行起了一定的作用。但是他们中的一些人往往熟悉物而不了解人，不善于处理人际关系；缺乏综合的知识和全面的才干，不善于运筹和谋划；容易陷入被动局面，甚至造成全局性失误或挫折。

后来，为适应现代社会化大生产，"软专家"迅速兴起。"软专家"是指擅长领导与管理的专家。领导工作由一批善于谋划决策和管理的、掌握现代领导科学的高级专门人才来进行，使领导工作逐步向科学化方向发展，专家式领导基本趋于完善和成熟。可以说，专家式领导是社会化大生产同现代科技相结合的产物。

第六，专家集团式领导。这种领导类型同高度发展的社会化大生产相适应。现代化建设是巨大的、复杂的社会工程,其因素之多、结构之复杂、变化之迅速都是空前的。仅靠专家个人是远远不够的,需要组织专家集团作为领导班子,共同研究大政方针、战略决策,进行组织和协调等活动。这种集体领导形式就是专家集团式领导。

(二) 工作性质和工作对象标准下的领导类型

第一,政治领导。政治领导是居统治地位的阶级及其代表,通过一系列职能活动所实施的领导。它是以解决上层建筑领域的矛盾问题为主要对象的。一个组织或团体的政治领导的职责是宣传贯彻本组织或团体的路线、方针、政策和法律,积极开展政治工作,排除不良干扰,加强职业道德建设,树立良好的社会道德风尚,处理好人与人之间的关系。我国政治领导的集中体现是党的领导。

第二,行政领导。行政领导是指国家行政管理系统中,国家行政机关及其领导者依法行使国家权力,为组织和管理国家行政事务而运用领导职能的行为过程。它贯彻于行政管理全过程的各个层次、各个环节、各个方面,是维护与推动国家机器正常运转的主动力。大至一个国家,小至一个单位都有行政领导。其职责是推行政治和业务领导的决策,负责劳动人事、社会公共服务、人民生活保障等工作。行政领导主要以执行性为最显著特点,与政治领导和业务领导关系密切,日常工作主要是依据法律和制度对业务领导进行检查监督。

第三,业务领导。业务领导是以解决经济基础领域的矛盾为主要对象。这类领导范围广阔、门类繁多、规模庞大,包括工业、农业、贸易、金融、交通、通信、科技、文化、卫生、教育、军事等大量平行的不同领导。这是取决于业务领域或专门管理领域的不同而形成的专门领导,构成整个社会的横向框架。其职责是按照本行业的特殊规律,以创造社会财富为主要目标,采用现代科学技术和方法,有效地利用人、财、物、信息、时间等资源,完成本组织或团体的目标,实现优化的经济和社会效益。

第四,学术领导。学术领导是现代科学技术飞速发展的产物,是从政治领导、业务领导中分离出来的而又与之密切相关的领导。它是由专家组成的人才群体,通常以智囊团、咨询机构、政策研究等形式出现,决策某一学科的研究方向,组织、协调科研力量,控制科研进程等。学术领导的出现,标志着人们在领导思想观念上的一场重大变革。

在领导实践中,领导者个人的风格、作风、行事倾向或者习惯性焦点取向,往往又会形成不同倾向和基本特色的领导类型,突出表现为这样三种:以人为中心的领导、以事为中心的领导和人事并重的领导。

(三) 组织结构与组织层次标准下的领导类型

第一,高层领导。高层领导主要是进行大政方针的决策,决断带有全局性的问题。由此,高层领导在领导活动中占有战略指导、宏观指挥、协调控制、统帅全局的地位。

第二,中层领导。中层领导主要是贯彻执行方针政策,作出工作部署,推动和促进决策的实施。因此,中层领导在领导活动中占有承上启下、沟通各方面关系的地位。

第三,基层领导。基层领导主要是组织日常的群众活动,执行和落实高、中层领导的决策、计划和任务,处理带事务性、技术性的问题。因此,基层领导处在领导活动金字塔的底层，占有执行、微观调控的地位。从领导的层次也可划分为直接领导和间接领导。直接领导是领导者通过指示、命令实施的面对面的领导；间接领导是指通过某些中间环节实施领导的行为过程。

如果对应于最大的社会系统如国家和执政党来说，则可以具体分成有中央、省（部）、地（厅）、县（处）、乡（科）等不同层级的领导，构成全国、全党和全社会的主动脉。

（四）影响来源标准下的领导类型

第一，正式领导。正式领导就是来自正式任命授权而后形成的领导。"正式领导是指在组织机构中有正式职务、权力和地位的领导者，运用主要功能带领群众完成组织目标的行为过程。"[1]这主要包括指定组织机构的目标与方针；推行组织机构的计划与政策；提供情报信息与知识技巧；授权下属分担其任务；代表组织机构对外交涉；控制组织的内部联系；沟通组织上下的意见等诸方面。这种领导是社会正式运作的需要和结果，主要以权力为后盾和主要工具，权威只是基于权力而形成。

第二，非正式领导。非正式领导是指无正式授权的私人对群体或组织所发生的悄悄影响。在现实生活中经常会有这样的事情，即虽然组织并未正式赋予某人以职务和权力，但由于其诸如丰富的经验、超群的能力和技术、善于关心他人等方面的条件优越，因而能够通过非正式渠道在群众中发挥影响，形成对其所在的整个系统的实质影响，进而完成该群体或组织一定目标或任务的活动过程。处在这种过程中的主导者是一种事实上的领导者。这个过程主要包括为组织机构提供咨询，进行决策分析；借用自己的威望协调正式领导者与下属群众的矛盾，或者协调正式领导机构成员之间的分歧；协助他人解决某些个人的困难和问题；倾听他人的苦衷，安慰他人的情绪；仲裁人与人之间的相互关系等方面。这种领导主要是依靠诸如品德、学识、才干等个人素质和个人成就影响了群体、组织或社会而后自然发生的，虽然没有权力，但是却拥有巨大的权威，通常能成为实际的领导。

（五）基本性向标准下的领导类型

第一，正向领导。所谓正向领导就是领导者运用激励机制，采取鼓励表扬手段，肯定下属的自我价值，调动下属的积极性和内在动力的一种领导方式。它主要特征是：①使下属认识到自我价值，最大限度地调动起积极性；②通过树立榜样，起到导向作用；③形成竞争氛围，保证领导目标的实现；④活跃思想，密切上下级之间的关系。

第二，负向领导。所谓负向领导就是领导者运用批评教育的手段，对下属的错误行为进行惩罚的一种领导方式。它也是激励的一种，在管理心理学中，被称为负激励。运用负向领导方式时，领导者首先要有慎重的态度，对下属的批评应该不偏不倚，客观公正。如果批评出现偏差，就会极大地损害下属的自尊心和积极性。所以，领导者使用这种领导方式时，一定要慎之又慎。

任何一位领导者几乎时时刻刻都在不断地运用正向领导和负向领导这两种领导方式，起主要作用的领导方式会在组织内造成一种风气。领导方式同时与一定的组织行为

---

① 孙钱章等主编.领导科学知识问答[M].北京:中国经济出版社,1987:第3页.

模式相关,如集权专制型领导方式倾向于采用负向领导,民主型领导方式倾向于采用正向领导。正向型领导方式容易获得较高的工作绩效,容易为大多数人所接受。

在许多情况下,负向领导也能取得为人们接受的成效,负向领导凌驾于下属之上,实行专制统治,更像一名统治者,而不是什么领导者。就领导的历史发展趋势来说,正向领导越来越多地被作为评价优秀领导的标准。因此,对于任何高明的领导者来说,一般是不会倾向于负向领导的,除非已经到了万不得已时才会采用负向领导。

(六)历史进展标准下的领导类型

第一,蒙昧阶段的领导。领导有其自身的发展规律和进程。在原始氏族部落时期,领导就是"头人"或酋长,最高的领导机构是"氏族议事会"。这种机构的职能极其简单,但也包含了原始社会人类生产和生活的全部内容。正如恩格斯在《家族、私有制和国家的起源》中所描述的那样,这种机构用来"选举、撤换酋长和军事首领,以及其余的'信仰守护人';它作出为被杀害的氏族成员接受赎金或实行氏族复仇的决定;它收养外人加入氏族"。简单的语言、粗糙的石器是人类由本能向创造转变的根本特征。这时,生产力水平低下,人们只有一个共同的目的——填饱肚子和防止敌害。人们的生存亦即是生活,领导也只是为生存而对人群进行的组织和指挥。这时的领导无科学性可言,只是处于蒙昧状态的领导。

第二,原始阶段的领导。随着生产力和社会分工的发展,出现了部落联盟,社会体系逐步形成并不断扩大,领导活动也随之加强。部落联盟首领周围配有相应的助手,初步形成了一个领导层。但是,由于当时人类知识的缺乏,对自然现象无法解释,也无法抗争,处于神力的支配之下迷信鬼神,神权政治就因此应运而生。原始公社时期的人类尽管知识缺乏,没有科学,但还是创造出了原始文化和远古文明,领导也具有一定的"科学性"。如在我国古代传说中的尧为了选好继承人,把女儿俄皇、女英嫁给舜作为内察,派九子辅舜以为外察,并亲自考察舜,最后选定舜为接班人。当时,"领导"二字虽未出现,但领导的概念却已形成,即职位、职权、职责三位一体的领导结构模式已具雏形。这样的时期就是领导原始阶段。

第三,强权阶段的领导。原始社会后期,随着生产力和社会分工的进一步发展,集体农业逐步由每个家庭进行。剩余产品的增多和交换的发展,氏族公社的掌权者利用职权占有公共财物,成为上层人物,通过对原始民主制的破坏,成为世袭的领导,最终导致了私有制的产生。这一阶段的领导者也即是统治者,用愚民政策取代了领导的科学性,用强权政治取代了领导的艺术性,用独裁专制取代了民主,领导进入了强权政治阶段。

在人类历史的社会形态划分上,这一阶段就是奴隶社会和封建社会阶段。在强权政治阶段,完成了职位、职权、职责、职能四位一体领导自身结构模式的形成。领导的最高职位是国王或皇帝;领导层是上下左右的大小官吏;领导的职权是"家天下"的强权政治,是一种独裁专制;领导的职责是忠于国王或皇帝,领导的职能是对外进行侵略、对内剥削压迫人民,并且构筑了完备的本阶级伦理道德,如我国出现的"三纲五常"等,以此来巩固其反动统治。可以说,强权领导阶段的主要领导方式是个人家长式的领导,奴隶主和地主是天然的领导者,他们生来就是统治阶级,掌握国家的一切权力。

　　第四,科学阶段的领导。科学阶段的领导出现在资本主义社会建立后,资本主义社会仍然是私有制社会——新集权社会。在资本主义发展的最初阶段,仍然沿用封建专制的个人家长式的领导,即资本家个人对企业的领导。然而,工业革命后,社会化大生产的出现,资本家个人对企业的领导已濒临困境;于是出现了专家式的领导。其形式主要有两种:一是智囊团辅助型领导;二是专业技术型领导。这两种领导方式仍具有个人家长式领导的遗迹。资本主义发展到垄断阶段后,社会大生产进一步扩大,仅靠专家式领导已不能胜任新的领导工作,于是领导求助于科学,管理科学的兴起,使领导发展到了一个以狭义科学为实质的新阶段。

　　第五,现代领导。在现代社会,在市场经济条件下,领导就是服务,为经济发展服务,实质是为生产力的发展服务,是与适应生产力发展的需求相一致的。人类社会发展到现在,由于生产力和科学技术的飞速发展,全球经济一体化格局初步形成,市场经济成为经济活动的主体。在市场经济条件下,领导就是服务,为经济建设服务,已成为共识。我国在发展社会主义市场经济的过程中,随着改革开放的深入,在党的领导下进行了政治体制和经济体制的改革,从根本上转变了政府职能,努力实现领导的科学化、民主化和法制化,努力推进跨世纪的经济建设和社会发展。这些伟大的实践使我们对领导的认识实现了一个新的飞跃。

　　第六,未来领导。在新世纪、新条件下,领导环境、领导主客体及其相互关系已经发生很多、即将发生更多新的重大变化。在这样的情形下,传统领导显然难以按照原来的状态和轨迹维持下去了,领导不变革、不创新就无以适应、维续和发展下去了。新世纪呼唤新型领导,要求领导变革和发展。目前已出现的未来领导雏形是"五 C 模式",可描画的未来领导形态是"超级领导"。

　　"五 C 领导模式"是最先出现在企业领导发展中的新世纪领导模式,就是由 CEO、CIO、CKO、CFO 和 COO 即首席执行官、首席信息官、首席知识官、首席财务官和首席运营官共同构成的一个大体平等平行的领导层(见图 1.1)。在这种领导模式下,各首席官是各自领域的最高领导主体,都从企业全局出发,考虑本领域的最大潜力和可能,并最大限度地快速反应、独立决策,以适应瞬息万变的竞争形势和谋求本企业在竞争夹缝中的生存和发展。但其中的 CEO 还保留有略高地位、一定特权和相对独立性,作为一个稍显主要的第一领导主体来主持日常工作、协调统御全局,还有一定的权力对其他首席官施加正式的影响;不过,这种权力和影响与原来唯一处在组织顶尖时的状况相比就已变得很小了。这是一种实质性的,但又是悄然发生的民主进步,实际是社会经济巨大发展在领导职能和领导结构上的反映。这种领导模式的最大实质就是:削去原来的领导尖端,把领导金字塔变成了梯形领导平台,在相当大的程度上分解一人领导权能结构为多人领导权能结构,变单角色孤权领导为多角色众权领导,由一个领导群体基本取代原来的一个领导个体,促成了核心领导层开始趋向扁平化。这种变化体现出领导结构和领导模式的发展变化,很有新意,有可能是未来领导发展的方向,也可能不是新世纪领导发展的真正主流。然而,无论如何,这种变化都像温煦的春风正在吹化传统领导模式的冰冻,正预示着新世纪领导发展已经来到了一个新的高度。

　　超级领导是一种发动被领导者领导自我、影响他人的新型领导模式。这个模式一反

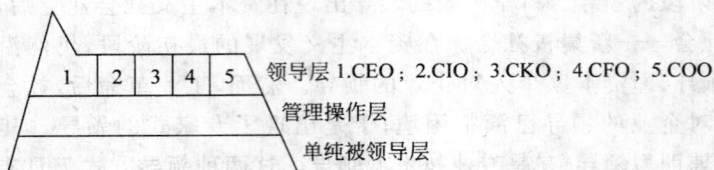

图 1.1　5C 领导模式

传统把被领导者单纯当做被领导者的做法,而把他们都当成富有主动精神和责任感的准领导者甚或实际领导者,让他们全方位发挥火车头的作用,以领导的角色和方式致力于推进共同事业,共同完成领导任务、实现领导目标。这就把该社会系统内的每个人都当做了领导主体,而把传统意义上的领导主体由过分突出和高高在上的状态拉平到现代意义上的实际上趋于平等的状态,把原来的金字塔中单纯的领导主体和领导客体混合同化起来,变成一个将领导主体和领导客体整合成一体的平盒式领导实体,具体见图 1.2。在这个实体内领导主体和领导客体这个对立角色至少在组织方式和形式上已经基本消失,由领导主体充当"火车头"已转变为由全体组织成员一起来自觉主动地做"动车组";所以,这种超级领导模式其实就是"动车组模式"。这时,领导与被领导的关系已经完全融洽一体,整个领导方式也变得完全民主化,整个领导架构连同整个管理架构一起变得完全扁平化,整个组织运作成本完全降低,而组织绩效和领导绩效则完全卓越化。

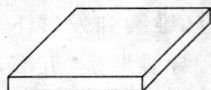

注:领导主体和领导客体,主要是领导者与被领导者同化、一体化。

图 1.2　平盒式领导实体

总之,社会生产力的发展决定了领导必然出现,也决定着领导的发展变化,从根本上影响着领导发挥作用的方式。而领导的出现、发展和发挥作用必须与时俱进,为适应社会生产力发展的需要而不断地变革创新。

第六节　领导的作用与领导力

一、领导的地位与作用

无论从历史还是现实看,领导从来都是社会生活中最能动、最重要和最关键的核心因素;不仅集优势、权力、关系、机会、资源、利益和荣誉于一身,而且握自由、意志、言论、力量、前途和命运于一手;既直接深切影响乃至决定着权阈即领导范围内的一切人和事,也以历史鉴戒的方式不同程度地间接影响着相关时空范围内的社会心理、组织行为和群体效应。

事实上,领导就是一种不可比拟、不可替代、最为重大的组织行为和社会实践,必定产生严肃而重大的现实结果,具有广大而深远的现实影响。实质上,领导就是一种带有极大特殊性和特别能量的社会事物,在现实生活中具有最为特殊、正式和重要的地位和作用。

可以说,在纷繁复杂的现实生活中,确实再没有哪种社会实践、哪个社会事物能比领导更为重要了;换言之,在整个社会生活中,唯此一物为最重要。这具体表现为以下几个方面:

第一,领导处于决定全局的核心地位,是整个社会生活和组织运作的最大关键和最重要环节,对包括管理在内的所有组织群体及所属领域和群体的前途命运都产生决定性的影响。此即,领导自然能,也必定能全方位地影响组织群体或国家社会的成败兴衰,与组织群体或国家社会的前途命运紧密相接、息息相关。没有领导上的保证,要取得任何组织性社会性活动的成功都不可能,也不可想象。如果说抓管理出效益,那么就可以说抓领导出命运;抓领导比抓管理更重要更关键。企业要抓领导,事业也要抓领导,各行各业都需要抓领导。领导抓不好,后果必严重,命运必糟糕。

第二,领导通过其水平和质量决定群体行为的结果,决定领导资源在竞争中的效率效用。领导就是掌握和运用各种资源、动员和调遣各种力量去驾驭复杂形势、有谋略有步骤地发动所属群体或社会排除风险、破除危难、应战制胜以达到组织群体目标的组织过程、方向过程和动力过程。所有组织性、群体性的成败得失都能,也都应该首先溯源于、归结于领导,根本上归根于领导的德才。这就决定了领导是一个过程复杂、要求最高、责任最大、全凭德才的重大实践;领导只要大德高才,才能最大限度确保实践成功、结果正面和效用积极。

第三,领导首先通过精神导向或行为示范对组织群体或社会发生主导性影响。领导者公道正派、爱惜资源、勤于服务、同甘共苦将凝聚人心,激励斗志,激发出无穷的活力、创造力与奉献精神。领导者褊狭自私、贪污腐败、欺压群众就必定挫伤或摧毁凝聚力、团队精神和多方积极性创造性,这时士气低落、人心散尽,即使决策高明、潜力优越也无助于搏击制胜,无法挽回失败衰亡的命运。

第四,领导主要通过决策来影响每一次对于挑战和竞争的回应。决策英明将一举赢得挑战、制胜竞争;决策糊涂则将错一步输全局,痛失机遇,劳民伤财,贻害无穷。领导决策是决定整个领导实践、组织运作、社会运行得失成败的根源和原点;这里差之毫厘,后续各个环节、各个活动就必定谬之千里。

第五,领导必定要通过组织实施来影响现实、改造现实、形成结果。组织实施及时有力、低耗高效、依法依规、端正严格,则自然是行动有力、成本低下、成效显著、贡献突出、作用积极而欣欣向荣。组织实施拖沓散漫、高耗低效、违规违法、偏颇随意,则必定是行动无力、成本高昂、成效黯晦、平庸有害、影响很坏而危亡即现。

第六,领导是赢得新世纪的关键。只有抓住领导,才能赢得新世纪。要赢得新世纪,就一定要靠领导。在于大局,要靠党和政府的领导;在于局部,要靠部门、地方和基层的领导以及企业和事业的领导;在于性质,要靠政治领导、组织领导、思想领导、理论领导、学术领导和业务领导;在于水平,要靠内行领导、知识领导、能力领导、智慧领导、科学领导和艺术领导;在于形式,要靠魅力领导、模范领导、权威领导、民主领导、正式领导和非正式领导。这些领导在不同情况下分别发挥最大积极作用,就能避免领导失误、领导失范以及其他领导问题,就能最大限度排除各种不利因素,去夺取赢得新世纪竞争的胜利。

第七,领导是赢得各种社会竞争的关键。随着开放程度越来越大,随着发展进程的越来越深化,各种社会竞争就会越来越激烈。这样的竞争无论是良性的还是恶性的,也无论是合作性的还是对抗性的,都起码是真刀真枪、必定产生结果甚至重大后果;当然首先还是组织群体之间、国家社会之间的交锋较量。由于领导就是组织群体或者国家社会的大脑和心脏,所以这种交锋较量实际上就是主导着、决定着、指挥着和代表着这些组织群体或国家社会的领导之间的对阵博弈。竞争中的一方领导比另一方领导更优更强,则必定为己方带来制胜的更大希望,进而给己方带来信心鼓舞、勇气力量和繁荣昌盛;反之,则必定给己方带来失败落荒、灰心丧气和黯晦萧条的严重后果。所以,领导是决定这种社会竞争得失成败的最关键因素,直接构成一个组织群体或国家社会的核心竞争力。只有这个核心竞争力强大而优越,才能以更大的优势和胜算把握来赢得交锋较量,才有更大的可能来博弈制胜;否则,就可能坐失良机、痛失机遇、吞下苦果、后悔不及。

二、竞争时代中的领导力

(一)领导力在竞争时代的作用

现时代是竞争的,未来则更是竞争的。竞争将永远构成时代的基本旋律。新时代将充满激烈的竞争。然而,由于社会系统之间的竞争主要就是各自系统内的核心即领导之间的竞争,所以领导在竞争的时代就主要是一种不得不介入并力争赢得竞争、对社会系统具有决定性意义的重大实践。

当今世界许多国家为了提高综合国力以适应发展和竞争的需要,都普遍追求领导方式和手段的现代化,追求整个领导的现代化,追求由领导现代化所产生的优秀领导力;并由此直接增强综合国力,提升制胜新世纪的能力和竞争力。谁的领导继续简单地保持在传统状态下而不实现变革创新,就会造成领导全面落后,直接削弱核心竞争力,而痛失新世纪发展的机遇。不可想象,没有先进的现代领导,也能够实现现代化,也能够在全球化激烈竞争中实现生存和发展。

的确,新时代的竞争主要是综合国力的竞争,这集中表现为经济竞争、科技竞争,特别是领导层的竞争;谁具有高素质的领导层,谁就能抢占发展的制高点。而这样的新世纪竞争主要就是在领导的主导和操作下启动和推进并产生结果的,因而该竞争根本就是这种主导之间亦即领导之间的较量,本质上是一种大规模组织化的力量角逐,是诸如企业实力、科技实力、综合国力等竞争力的较量。而这些竞争力的核心亦即核心竞争力,就是企业领导力、科技领导力、国家领导力等各种领导力,因之这些竞争实际就是领导力的交锋较量,表现为领导质量和领导水平相互对比与淘汰。哪方领导更高明强效亦即领导力更强大,哪方就能赢得所面临的挑战和竞争;即使其暂时更弱小更欠缺也能如此。古今以少胜多、以弱胜强的大量领导案例就足以证明这一点,新世纪的竞争和较量还将继续证明这一点。

过去的成功就是依靠了卓越的领导力;今后的成功还是需要依靠领导力。只有不断强化和优化领导力,不断开发出新的更强大的领导力,才能为组织群体或国家社会带来新的更强大的活力和动力,确保能够实现新的更大的发展,才能确保一个单位、一个组织、一个区域、一个社会乃至整个国家能够抓住机遇、实现发展,成为新世纪竞争的赢家和主人。

应该说,组织群体或国家社会能够取得成功,不仅是全体成员共同投入、共同创造的成果,而且更是卓越领导充分显示威力、发挥积极作用的结果。此其中,领导实践是整个组织行为或社会行为,群体行动或国家行动的核心主线,而这个核心主线中有一种蕴涵巨大能量、发挥能动作用、事关实践成败的核心要素,那就是领导力。

很明显,任何领导主体,特别是领导者具有什么样的领导力,就将在最重要的交锋较量即领导博弈中很快产生什么样的结果。领导力在整个领导实践中扮演着直接力量源泉和左右得失成败的角色,发挥着至关重要和异常突出的作用。

换言之,领导的作用根本取决于领导力。领导力就是一个事关领导实践得失成败、组织群体兴衰成败、国家社会兴衰成败的关键因素。领导力如何,将充分显示领导能力、领导成效和领导水平如何;更将从根本上影响乃至决定其代表和负责的社会系统将会有什么样的前途命运。

因此可以说,领导力实乃任何组织群体或国家社会在竞争时代都最为期待、渴求的博弈制胜之宝。任何领导实践要取得成功,任何组织群体或国家社会要发展兴旺,就都必须争取拥有更为优良、更为强大的领导力。

(二)什么是领导力?

那么,什么是领导力呢?对此,不同的研究者提出了不同的理解,做了很多不同的探索,至今亦莫衷一是。为什么呢?主要是对这个词或者术语一直以来就没有做更多科学的界定。

领导力看上去似乎完全算是一个外来词;从目前许多翻译著作来看,所用领导力都是只对应于 Leadership,于是乎 Leadership 就成了领导力的标准术语或原本用词。然而,国外领导学虽然主要是用 Leadership 来表示,但这个 Leadership 一般都只是指基于领导能力、旨在追求领导成效的领导方法和领导艺术,包含了,但远远不是仅指 Leader's Capability、Leader's Ability,更不是 Powder of Leader 的意思。因此,国外领导学界原本就没有紧扣"领导力"这三个字来研究的,而主要是就如何提高领导成效进行方法和艺术上的研究,其中大量的是对组织中的领导角色进行特点研究和应用心理学研究或行动要点研究。所以,在国外,领导学理论中基本没有"领导力"这个专门术语和范畴下的领导学理论,亦即没有直接形成专门的领导力理论,尽管其中很多理论与实践的内容都与领导力紧密相关。

其实,领导力并非外来词,而是地地道道的本土词,是国内学者在 20 世纪 90 年代中后期提出来的。当时,国内学者急于想了解国外领导学并与之进行对话,而国外领导学用得最多的术语就是 Leadership,可这个词到底准确含义是什么却都拿不准、吃不透;于是,就结合自己的理解和创造而推出这样一个术语,主要是用来对接和解释 Leadership 一词,而没有确切的定义和其他特殊用意。这样,领导力一词就在朦胧中、为朦胧的对接之用而诞生了。

紧接着,领导力一词,尽管界定并不确切,但凭印象则大体可以归结为领导能力,而且毕竟还是新提法,所以在国内学界和媒介就开始广泛使用起来,在领导学界就更是变得盛行。于是,领导力不仅成了社会上广泛俗习的常用词,而且还逐渐地成了管理学和领导学界出现频率极高的一个正式术语。不过,至此仍然没有一个相对全面系统的正式学术界定和把握。

客观而言,当人们泛用领导力一词时,国内就已经开始有专家和学术组织对它进行严格的实践审视和专业的科学探究了。2001年以来,关于领导力的各种专门研究成果和意见主张陆陆续续地出现,尽管不是太多,但毕竟开始了严格意义上的专业探索、学术研究和实践把握。这大概为领导力这个范畴的固有内涵所决定;其固有内涵或许集中表现为符合实际、暗合科学、富有理论价值和实践意义。所以,一直以来,领导力在国内得到的重视和研究就没有中断过,为此还形成了不少专门的学术观点和理论,只不过还不一定成熟、更非完善而已。

目前,国内关于领导力的理论观点大体可以概括出三种有代表性的基本倾向。第一种倾向认为,领导力即领导能力;第二种倾向认为,领导力就是影响力和领导水平;第三种倾向认为,领导力是领导能力和领导绩效的综合。

一般而言,第一种倾向在目前是最流行的看法,不仅有一定的成果,而且还有一定的道理;但不一定是更切合科学和实际的,因为如果领导力只有领导能力的意涵,那么还有什么必要再造一个新词呢? 还不如干脆就用领导能力来得更直接、明了和方便。因此,从严格的科学角度看,这层意义下的范畴把握不可取。

第二种倾向在现实状态下不占主导地位,但显然要更具实一些,至少抓住和反映了实际领导中的某个突出要点和实践要义;但又没有充分明确地涵盖或反映领导能力,而且能够充当领导力要素的重要成分还很多,怎么就仅仅是影响力和领导水平呢? 特别是影响力不仅存在于领导,而且还广泛存在于任何一个能动主体身上。所以,这个观点在科学性和专业性上就显得比较不充分。

第三种倾向较好地兼顾和涵盖了领导能力(含影响力)及其发挥作用的过程与结果即领导绩效;显示出了充分的实践取向和把握,更反映了专业理论的视角、特质和价值,比其他倾向显得就是更深、更专、更实和更有价值蕴涵。所以,这应是一种更为规范、可取的实践理解和学术把握,是正确的观点取向;由此才可能深入到领导力的真实奥堂,去探讨和把握领导力的科学内涵,特别是理论与实践的要义和价值,进而构筑起能够大体完整覆盖领导实践的专业理论,最后是终于可以把领导力正式确立为领导科学的重要专业范畴。

综上所析,本书将特别介绍第一种倾向的代表性成果,但却选择第三种倾向作为本书的立论,并由此展开探述;不仅专述领导力的专业机理,特别是其应有的科学构成,而且还将依之结构展开本书的整体框架和主体内容。这即是说,领导力将与领导一起,构成领导学原理的核心范畴,根本上构成本书理论与实践的两块基石。

(三) 以能力为取向的领导力理论

把领导力看成领导能力是当前中国领导学界最流行的一种倾向。为此,人们对领导力进行了许多探究。其中,2006年中国科学院"领导力模型研究"课题组的看法和成果是这种倾向的一个代表。这个观点认为:领导力是为确保领导过程的进行或者说领导目标的顺利实现服务的能力;实际上,也就是支撑领导行为的各种领导能力的总称。领导力具体包括感召力、前瞻力、影响力、决断力和控制力五种能力。这些能力的含义和意义主要如下:

感召力是指吸引被领导者的能力。这是最本色的领导能力,也是处于顶层的领导能力。它主要包含了五层特质:具有坚定的信念和崇高的理想;具有高尚的人格和高度的自信;具有代表一个群体、组织、民族、国家或全人类伦理价值观和臻于完善的修养;具有超越常人的大智慧和丰富曲折的阅历;不满足于现状,乐于挑战,对所从事的事业充满激情。

前瞻力是指对应于群体或组织目标的目标和战略制定能力;从本质上讲是一种着眼未来、预测未来和把握未来的能力,实际则是感召力的延伸或发展。它具体体现为以下五层特质:领导者和领导团队的领导理念;组织利益相关者的期望;组织的核心能力;组织所在行业的发展规律;组织所处的宏观环境的发展趋势。

影响力是积极主动影响被领导者和情境的能力,实际则是感召力的延伸或发展。它主要体现为以下五层特质:领导者对被领导者需求和动机的洞察与把握;领导者与被领导者之间建立的各种正式与非正式的关系;领导者平衡各种利益相关者特别是被领导者利益的行为与结果;领导者与被领导者进行沟通的方式、行为与效果;领导者拥有的各种能够有效影响被领导者的权力。

决断力是指针对战略实施中的各种问题和突发事件而进行快速和有效决策的能力;其实是前瞻力和影响力的延伸和发展于实施层面的领导能力。它主要体现为如下五层特质:掌握和善于利用各种决策理论、决策方法和决策工具;具备快速和准确评价决策收益的能力;具备预见、评估、防范和化解风险的意识与能力;具有实现目标所需要的必不可少的资源;具备把握和利用最佳决策及其实施时机的能力。

控制力是指控制目标实现过程的能力,亦即领导者有效控制组织的发展方向、战略实施过程和成效的能力;其实也是前瞻力和影响力的延伸和发展于实施层面的领导能力。它主要通过以下五种方式来实现:确立组织的价值观并使组织的所有成员接受这些价值观;制定规章制度等规范并通过法定力量保证组织成员遵守这些规范;任命和合理使用能够贯彻领导意图的干部来实现组织的分层控制;建立强大的信息力量以求了解和驾驭局势;控制和有效解决各种现实的和潜在的冲突以控制战略实施过程。

上述五种能力既有每种能力实质和内涵的界定,又有五种能力相互之间的特别关系与机理,构成了一个完整的领导力体系,可以具体概括为领导的"五力模型"。以此模型框架就可以有效分析领导者的能力情况了。譬如,对于一个领导者来说,如果完全具备这五种领导能力,则是全面发展的;但只有达到极高水准,才算真正实现了全面发展,才算是一个杰出的领导者。但对于大多数领导者来说,一般都拥有这五种领导能力,但这五种领导能力发展不够均衡,在某种或某几种领导能力方面存在薄弱环节,也就是存在能力上的某种"短板",较难驾驭和成功领导更大规模或更复杂的组织。

就目前领导力研究成果来看,这就是一套比较集中系统、观点鲜明、架构明确、自成一体的领导力理论了。

(四)综合视角下的领导力理论

其实,领导力远非仅指领导能力一义那么简单,而是一个非常丰富复杂的重大现实范畴,不仅实际显示和证明真实的领导水平,而且还更是综合反映领导主体的内在素质到行动影响以及由此而来的领导成效亦即领导绩效。因此,要从这方面来真切把握领导力的实质与构成,并依之不断探索其具体内涵及拓展提升的方法和途径。

审度一下领导实践,特别是领导在竞争时代中的作用,就会发现领导力原来是领导主体在一定条件下作用于领导客体所表现出来的力量和成效,而且都是在具体环境、具体组织、具体时间、具体舞台上进行的,也都是要,也必定会产生相应现实结果的。

在传统状态下,领导力主要是由权力、意志、资历、经验、人格、家长式的地位、官僚式的手段和神秘化的方式等因素构成;其作用方式主要是竭力对内施用,不以事业为主导,而只专门琢磨人却不琢磨事;在此状态下,容易发生的通常情况是,今天此领导主体生此领导力并用之来使其他领导主体深受其害,而明天则是其他领导主体生此领导力并用之来回应前一拨领导主体,或者有的领导主体自己生出这一类领导力并用之来对付他人的时候常常不知不觉地也就用到了自己身上,结果使自己也深受其害。由此即造成了严重的内耗,并使整个领导主体都未能超脱出这种邪恶的无限循环,带来无限的落后、痛苦和悲哀。与此同时,随即形成一个强大而占主导地位的封建人事机制——顺我者昌、逆我者亡,为我喜者昌、为我恶者亡;进而为溜须拍马者、奸诈阴毒者、害群之马和混饭吃者提供了广阔的门道、极佳的机会和最好的庇护,使得领导体系变成了一个巨大的藏污纳垢之盂,使得社会运作的中心变成了在这种盂内主要由这些一时得势的污垢发起主导而不断兴风作浪、疯行狂动的舞台,开始了拉帮结派、构建势力范围、成群结队地进行抢夺争战、践踏人民利益和意志、给人民不断造成悲苦灾难的一幕幕惨剧。实际上,这是极端严重的领导病态,从病理学上即可定义为"致命性领导神经分裂症"。可想而知,这样的领导力是没有实际效力的,也是于社会无益、对事业不利、对人民有害的,与科学、民主、进步的方向是背道而驰的,严重阻碍着社会的发展、历史的进步;其本质是封建、落后、黑暗、腐朽而反动的。

在现代社会,特别是在全球化之后,领导力则变成主要由规范、道德、知识、能力、智慧、经验、作用、贡献、影响、透明、民主、科学和事业导向等诸因素构成。其作用方式主要是竭力对外施用,完全以事业为主导,专门琢磨事而不琢磨人;在此状态下,领导主体一般没有来自内部的压力和危机,而只有来自外部的压力和危机,因而不需要对内消耗力量而只需要集中力量对外、投入国际赛场和事业舞台与事业上的对手进行交锋、角逐和竞赛,谁要是继续传统状态下的只琢磨人,谁就会很快遭到淘汰。整个领导的主题就是团结一心,共赴赛场,共对竞争,互相支持,互相帮助,争取制胜,使人无心内耗而只专注于做事,奔忙于共同任务,去应对外部的矛盾与问题,终结于这些外部矛盾和应战的结果,并为这些结果而接受相应的回报——或奖励和惩戒。为此,很有必要形成一个占主导地位的现代人事机制,确保有能者上、庸者下,有德者上、无德者下,谋事业者昌、制内耗者亡;为所有真才实学者、德才兼备者、事业心和责任感均强者提供着广阔的通途和空前的黄金时代,使得领导体系和社会运作中心成为一个推动新发展、开创新事业、利国利民的实效组织和巨大舞台——在这里不断地招纳和聚集将帅英才,不断地推动其上演以创造和奉献为主题的宏伟剧幕,使得整个社会均成为人才充分发挥作用的崭新世界。这时,领导力就成了最重要的组织力,成为一种能够不断推动普遍创造的宝贵力量。

显然,领导力的内核是领导者的端正廉洁、才学智慧、见识谋略、勇气胆魄和有效回应性等素质在领导过程中的综合表现与收效;其质量决定着组织群体或国家社会具体运作与竞争的实力、质量、效率、效果、效应与结果,直接构成综合反映领导水平、必定影响重大而深远的领导结果和领导绩效。因此可以说,领导力实际上就是一种能对现实产生巨大影响并带来深刻而重大现实结果的综合性作用力。这种作用力突出表现为领导能力及其实践表现与结果即绩效。对此,还可以,也必须从现实生活和社会实践的多个维度与视角进行更深入的体认和把握。

在于生产部门,领导力就是组织生产并确保其顺利进行和取得更大效益与发展的最能动保证;其强弱优劣根本地决定着生产发展的质量,因而它是一种核心生产力。拥有新的更强大的领导力,就意味着生产力的更大解放和更大发展,意味着财富的更大创造和更加丰足。事实上,领导力就是最重要的生产力之一。企业借助它就能创造出更丰富优质廉美的物质财富,在市场竞争中就能越战越强;公共部门借助它就能为公众创造和提供满意的公共产品;国家借助它就能赢得政治、经济、军事、科技、文化、教育诸方面的挑战和竞争。它与其他生产力一起,共同创造着丰富的物质财富和精神财富,对人类社会的文明进步影响深远。

在于社会生活,领导力就是一种黏合剂和推进剂;其强弱优劣根本地决定着一个群体、组织或社会的内部关系和精神面貌,因而它是群体内部、组织内部或社会内部加强团结、激励斗志和创造精神的凝聚力、启发力、号召力和鼓舞力。拥有新的更强大的领导力,就意味着群体、组织或社会将变得更加坚强、稳固和强大,变得更加充满生机、活力和希望。这即说,领导力就是群体、组织或社会的能动源泉。

在于竞赛场合,领导力就是群体之间、组织之间或社会之间进行生存竞争和发展竞争的最关键角逐力量;其强弱优劣根本地决定着一个群体、组织或社会能否在激烈的竞争中赢得胜利。这即它是群体或组织在残酷竞争中赖以生存和发展的最重要工具,实际就是核心竞争力。拥有新的更强大的领导力,就意味着群体、组织或社会更有生存能力和发展能力,更少在竞争中被击败和在困难中垮台。

从实际效用看,领导力就是一种能够主动发挥诸竞争因素效用的组织性动力性因素,是组织群体或社会竞争实力中最精粹的部分即核心竞争力。只要有一流的领导力,就会有一流的核心竞争力,在具体竞争领域、工作领域就会形成一系列专有的一流核心竞争力,比如一流的科技力、一流的经济力、一流的文化力、一流的军力和一流的综合国力,进而就会有一流的企业、社会、国家和民族。可以说,领导力是最能动、最活跃、最具全局性和根本性的一种现实力量,是决定一个组织的综合实力、一个国家的综合国力的渊薮。

从实质上看,领导力其实就是一种以群体或组织为依托、以各种资源为基础、以领导人才为主体、以领导素质为先决条件、以领导决策和谋略为主要内容、集中表现为领导能力和领导水平的决胜实力,是领导主体主导、推动一个群体、组织或社会去克服困难、制胜挑战、赢得竞争而达成共同目的、实现共同目标的核心力量。

综上所述,领导力显然就是引导和推进发展的一根杠杆、一个方向盘、一个原动力,是一个组织在全球化时代谋求生存发展的物质力量。但是,在传统状态下和现代状态下,特别是全球化时代,领导力却有不同的甚至相反的含义与作用。在传统状态下,领导力多受到巨大的扭曲;只有在现代状态下、特别是全球化时代,领导力才能恢复到其本来的性质上,成为积极、进步的力量。

　　因此可以明确界定和把握如下：领导力就是由领导权力、领导素质（含领导能力）、领导体制、领导环境和一定物质基础等因素综合作用所产生出来的一种组织性作用力；集中表现为领导能力与领导效力两层含义，可以简括为领导能力与领导绩效之和。

　　根据领导这种最为特殊、最为重大的社会事物和现象的真实情况，我们可以发现，来自体制和政治机制的领导权力，即通常所谓的公权力或硬权力，一般都是领导力的核心组成部分；来自领导者自身的内在力量及其效力，即通常所谓的权威或软权力，则是领导力的主体构成。显然，领导力其实就是由两部分力量组成的，是权力和权威或者硬权力和软权力在领导实践中复合交叉、组合表现而形成的一种综合性作用力。这种作用力不仅十分突出地首先专门表现为特定的领导权力，而且还依次综合表现为实质影响社会系统运行和现实生活的主导力、应变力、决策力、执行力和组织力等。

　　总之，要深切理解、科学把握、大力提升和优化领导力，就要充分把握住领导力的科学实质与科学构成，宏观上要从权力到权威或者从硬权力到软权力，具体上要从领导权力到主导力、应变力、决策力、执行力、组织力以及某些极端重要的专门能力与效力，依次入手，确保深刻一致而又系统全面。这是事关整个领导学原理的理论核心和实践价值所在。

第二章　领导的权力

第一节　权力的现象与实质

一、权力现象

权力是最重要的社会事物与社会现象之一,普遍存在于现实社会生活之中。只要是正常的社会系统,就必能处处感受到权力的存在;只要进行社会生活,就必定随时处在权力的影响之下。可以说,社会几乎充满了权力的因子和影子,人们就是生活在权力的世界里;权力对社会的构成与运作、对人们的精神与行为的影响尽管有直接间接、轻重不同之分,但都总是广泛、深刻而重大。

当然,权力虽然普遍存在,与人们的社会生活几乎是如影随形,以不可抗拒的强大力量和作用来极其现实地左右着社会及其中人们的行为、运动和命运,但却不是一个看得见、摸得着的具实物体,只能通过感受和理性来判知、理解、把握或掌握。而这就是权力的神秘所在和特殊所在,也是权力永远不灭的价值所在和魅力所在,还是人们从来都想真正认知它、拿捏它的动力所在和迷惘所在。

对于权力,人们常有不同的理解和答案。有的说,权力就是人对人的一种强制;也有的说,权力就是一种由社会主体支配社会客体而社会客体对此只能绝对服从的强制性社会力量。有的认为,权力其实只是一种影响他人行为的能力,或者是一个担任某种职务的人在做决定时的能力或潜力;还有的认为,权力只是某人或某集体使其他人和集体的行为发生改变的一种关系。有的强调,权力就是意志和法令;而有的则强调,权力就是权势和权威。然而最流行的说法却是,权力就是一种影响力。如此等等,说法很多,即使接近真理,也仍然充满迷雾。因此可以说,权力一直就是套着神秘光环的巨谜——那么,权力到底是什么呢?

二、权力的实质与内在规定性

从根本上看,权力就是一种客观存在,一种实在但又特殊的现实社会力量,并不神秘。

一方面,权力就是一个社会系统内各成员的意志空间、自由、权利和资源等因素经过高度公共化、组织化、制度化而集中起来、凝结造就而成的一种唯一正统并具有强制性的最高公共力量。它凝结了社会成员的意志、利益和愿望,更汇集了社会成员从自己手中让渡出来的精神力量、物质力量和关系力量。

这就是说,权力实际上就是一种特殊的社会能动性结晶。在这个结晶的过程中,亦即权力的发生和演变过程中,主要是组织化和制度化一直在起着最为突出和重要的作用。

显然,权力完全源自并依托于一个社会系统的共同意志、共同支持和共同资源,代表着一个社会系统的共同意志和共同利益并要对其负责、为之服务。这表明,权力原来就是一种在一个社会系统范围内最具代表性、实质性的社会事物和历史现象。

另一方面,基于权力的来源或本原可知,权力在本质上就是经社会个体认可和支持而后形成的集体意志和集体力量会聚而成,并能以不可抗拒的强制性、约束性、压倒性、支配性、致变性、唯一正统性和绝对服从性来反作用于每个成员乃至整个社会系统的集体强制力,或曰组织力。

这也就是说,权力总是以强制的实质和方式来反作用于整个社会系统,在现有认识和客观条件下可以对社会生活进行任何预期并达成之,一般是通过调动整个社会系统、组织所有资源来最强效地影响或改变某一具体的社会生活、调整或重置现有的资源结构和利益布局、创造或带来新的社会利益和社会成果。而这就是整个社会力量当中唯权力所特有的特别能动性和最大资源性;说明了权力原本就是一种具有最强大功能和超级效用的特殊资源,是一个社会系统内所有力量中显得最为神圣、严肃、正统和能动的特殊力量,具有毋庸置疑的最高地位、最大影响、最重要作用和最宝贵价值。

事实上,权力是建立在一定资源基础之上的,既基于资源,也发于资源,更吸引、聚集着新的资源,同时还能滋养、衍生出许多的资源;当然,与此同时也分配、调拨、运用和消耗着资源。这一系列的情况就构成权力的性质、过程、结果和效用。所以,权力实际上就是一种集资源之大成、能动性极强的社会性资源或组织性资源,就是一种最为宝贵的领导资源、公共资源和社会资源。

总之,权力就是由一个社会系统内个体成员让渡出来的意志空间、自由、权利和资源经过高度组织化制度化之后才形成或出现,对该社会系统具有普遍强制性、资源性和绝对权威的最高组织力——此即权力的定义,亦即权力的实质。

根据权力和权力主体的本质与缘起可以发现,权力至少有如下六个显著的内在规定性:

第一,权力来自于一个社会系统内的所有成员,本质是这些成员让渡出来、汇集而成的意志空间、自由、权利和资源之总和;

第二,权力必须经过高度的公共化、组织化和制度化,实质是一种体现为公共力量和公共资源的最高组织力;

第三,权力是为公共意志弛张和公共利益实现而产生的;

第四,权力不能分散存在和执行;

第五,权力只在本社会系统内有效;

第六,权力必须以服务于权力之母为宗旨而完全使用于本社会系统。

这些内在规定性决定了一般权力的实际构成及其与权力主体之间的基本关系,也决定了第一主体和第二主体之间的基本关系以及第二主体的基本职责与任务。

三、权力的主体与客体

一个社会系统一旦造就出权力,就意味着必定同时造就出了权力主体和权力客体。

通常,为了公共利益和集体行动的成效,一个社会系统内的成员一般都要,也愿意让渡出自己手中的权力,亦即把自己的部分意志空间、自由、权利和资源交给集体,经组织化制度化而集中成集体强制力,而后为共同意志的实行和共同利益的实现发挥最大保障作用。这时,社会成员就成为该社会系统内最早出现和真正起始的权力主体。这样的权力主体就是原生权力主体,实际就是权力之母,是真正的权力渊源。我们称之为第一主体。

第一主体在现实社会生活中处于分散状态,即使其手中所持有的权力也是分散的和私人性质的。所以,作为最高组织力的集体强制力一经形成,在操作上是完全无法由第一主体本身来直接掌握和行使的,而只能,也必须交由能够代理他们的专门主体来集中执掌和负责。不过,这样的专门主体必须产生于他们中间,经过他们严格地挑选和考验,并得到他们充分的认可、信任、拥护、委托和支持。这实际就是专司执权之责的特定主体。

事实上,这种特定主体就是为第一主体所需要、所信赖而后产生的权力执掌和施行主体,实际则是社会分工下的必然产物;是代表第一主体执掌权力、事关整个社会系统和成员命运的特殊主体。很明显,如此主体实际就是在原生权力主体基础上衍生出来的实际权力主体,叫做次生权力主体。我们称之为第二主体。

第二主体必须,也必然会把手中的权力施加到为公共意志和利益之目的所必及的任何客观存在身上,由此使客观存在发生预期的变化而最终达成目的。而这里为意志和利益所涉及、为权力所致变的任何客观存在就是权力客体。在现实社会生活中,这个权力客体内容极其广泛多样;常常是凡未实际处于权力主体地位而在权力关系之中的所有对象都必然处在权力被施加的地位即客体地位之上,并因而都不可避免地成为权力客体。

第二节　权力的构成和关系

一、权力的一般构成

既然权力是让渡而来,那么是否社会成员把所有权力都让渡出来了呢?不是的。社会成员只让渡出了一部分权力,还保留有一部分掌控已让渡出去的那部分权力的权力,而且还保留有纯私人性质的权力。这样,第一主体手中的权力实际上就分成了三个基本部分:

第一是让渡出去的权力,即为了实现体现公共意志和公共利益的公共目标而处理各种具体公共事务的权力,包含了极其丰富的各种具体权力;实质是具体的事务权。我们称之为一般权力。

第二是掌控被让渡权力的权力,即为了不使让渡出去的权力不为第一主体服务以至于失控、有害和被滥用而由第一主体保留行使的对它实施最终掌握和监控的最高权力,主要包括选择代理权(也叫甄别简任权)、审查权、委托权、监督权、最后决定权和权力所有权,具有永恒性、终极权威和终极地位,对一切权力具有最后决定性,实质是掌控权力的权力。我们称之为终极权力。

第三部分是纯私人性质之权,即在社会成员私人生活范围内完全自主和自行支配的纯私人意志空间、自由、权利和资源之总和,是除开一般权力和终极权力之后所剩下来的私人权益。而这就是最典型的私权。

这样的私权其实是第一主体退回到私人生活范围内而存在和有效的权力。从权力实践来看,私权事实上还常常成为权力客体,即常常要受到已经让渡出去的权力所影响,包括管辖、调整和支配;但就一般情况而言,则都是在私人范围内不受干扰而受保护和尊重并相对独立地行使的。然而,根据权力的第一、第二规定性来看,这样的私权本质上已经不是权力了。所以,这种权力无论如何也不是真正意义上的权力,而只能是私人的权益和随时可能成为受权力影响的权力客体;即使经过高度组织化(这种组织化只是私人范围内而非让渡后的组织活动),或者在私人范围内无论发展到如何庞大复杂、如何完善成熟,也不是权力而是私人权益,充其量只是具有权力形式的准权力而已。

二、不同权力与不同权力主体之间的基本关系

一般权力是要全部委托出去的,而被委托者就是具体执掌一般权力的第二主体。这一主体就是我们通常所见所说的权力主体,叫做一般主体,通常是相对脱离第一主体而独立地地进行权力活动。这里显示出了第二主体的一般特性。

终极权力则是由第一主体自行掌握的,所以,第一主体就是终极主体。但是,由于权力的第四规定性即权力不能分散存在和执行,第一主体其实并不能完全亲自实施这部分权力,所以,第一主体一般就只能再行委托另外一种权力主体即直接的民意代表来代理执行之。这种民意代表与第一主体不能有所脱离,实际则是必须一体化的,是直接反映民意而代行终极权力的;并不是第一主体外新出现的一种权力主体,而只是第一主体的操作化表现。所以,终极主体始终还是第一主体,权力主体只有第一、第二主体,而没有第三主体。

私权当然是单纯以私人身份而非第一主体的身份来进行活动的社会成员所掌握的,所以,这种社会成员就是私权的主体。而这样的主体却不能用权力主体或第一主体的概念来表述。这是因为私权本身在实质上就已经不是权力了,而持有之的主体则当然不能算作权力主体了。在这样的情况下,这样的私权主体也总是随着私权成为权力作用的对象而成为权力客体;即使掌握了在高度组织化之后的私权,也不能算作权力主体,而只能是权力客体。这种权力客体只有回到一般权力和终极权力的关系中之后才能成为权力主体或第一主体。

这即是说,私权主体并非所要探究的权力问题,只有一般权力主体和终极权力主体才是权力探究的本来内容。

三、权力主体之间的基本关系以及第二主体的基本职责与任务

这里所谓的权力主体分为终极权力主体和一般权力主体,也就是原生主体和次生主体或者第一主体和第二主体。根据权力的本质和内在规定性可知,它们之间的基本关系主要有如下两个层面:

在角色关系上,第一主体是权力之母和第二主体之母,或者说是产生第二主体的基础和选择产生第二主体的主角或决定者;而第二主体则出自于第一主体,是第一主体为了更好实现共同的和自身的最大利益而制造出来的特定行为主体,即专司执权之责的主体。

在地位和互动关系上，第一主体始终处于源头地位和终极地位，对权力具有监督权和所有权，对第二主体具有甄选权、委托权、监督权和最终决定权，由此确保避免权力滥用和失控或者第二主体越轨；第二主体原本并没有权力，只在获得第一主体的信赖和委托之后才有了权力；第二主体之所以产生，就是因为有社会生活的需要，更是因为得到第一主体的信任、委托和支持。

总之，第一主体是先天就有的，而第二主体则是后天才有的；第一主体是本，第二主体只是末。如果颠倒了这个本末关系，那么就会失去来自第一主体的信任和委托，进而丧失权力的基础与来源，丧失执掌权力的资格和依据，进而就意味着第二主体对权力执掌已经没有合理性和合法性了。

权力主体之间的这种相互关系决定了第二主体的基本职责与任务，那就是：第二主体必须得到第一主体的信任、认可、选拔、委托、拥护和支持，必须对第一主体负责、为第一主体服务、让第一主体满意，必须通过正确、恰当而规范地运用权力来充分实现公共意志和公共利益；还必须摆正权力主体之间的基本位置，而绝不能因为实际执掌权力而把自己的次生性变成了原生性，把自己的第二主体地位凌驾于第一主体之上，颠倒了第一与第二的关系；必须通过上述努力来确保整个社会系统和所有成员都能够安心、放心和满意。

四、领导主体和领导权力的出现

其中，第一主体是最高的和最广泛的领导主体——在实践中随权力运行而实际成为间接的或名义的领导主体，第二主体是具体的领导主体——在实践中随权力运行而转变成为直接的或实际的领导主体。这两种领导主体的相互关系完全与第一、第二主体之间的关系相同。只是受直接和实际执掌权力的影响，领导主体一般均专门限定为第二主体。所以，领导主体实际就是第二主体，第二主体则是典型的领导主体。

从社会实践的真实情况看，而一个社会系统内的权力实际就是第二主体掌握和行使的；第二主体就是正式执掌实际权力的能动主体，构成一个社会系统的骨干，并且在该系统内实际处于主导和支配的地位，对整个系统发挥着深刻影响命运的重大作用。

然而，这个第二主体实际上又分为两个部分，即领导主体和管理主体。领导主体拥有大多数的权力即全部领导权和部分管理权——主要是重要的管理权，而管理主体则拥有剩余的管理权——主要是一般性的管理权。显然，在这个主体体系中，领导主体占有主要地位、起着主要作用，实际成为第二主体的主要部分，具有最大的代表性和责任性；而管理主体处于次要地位，只是实际权力主体即第二主体的一小部分，责任甚小，不能代表权力主体。这样，领导主体就出现了，而且可以直接理解为第二主体或者实际权力主体的代表或本身。

那么，在一般情况下就可以说，权力主体就是领导主体，领导主体则是实际的权力主体或第二主体。而且，第二主体与第一主体的关系，也可以直接或最主要地理解成领导主体与第一主体或社会成员之间的关系，第二主体的基本职责和任务也就是领导主体的基本职责与任务。此即，作为实际执掌权力的主体，领导主体必须对整个社会系统及其成员负责，为他们服务，确保使他们满意，当然还必须首先得到并保持他们对自身的信任、认可、选择、委托和支持。

在不同社会、历史层面上，领导主体事实上存在着不同的表现形态。从全社会范围来看，这个领导主体就是国家、政府和执政党——它们领导着整个社会；其中，执政党还是最大的领导主体——它还领导着政府和国家。从一个具体的组织群体来看，这个领导主体就是具体的领导组织、领导集体和领导者——它们实际领导着这个组织群体；其中，领导者是最实质的领导主体，他们还领导着领导组织和领导集体。

但是，领导主体无论以什么形态出现，实质都不过是第二主体，但实际却都是具体执掌权力的权力主体。因而，可以按照方便理解的需要而在一般习惯上把领导主体直接指代为权力主体，而且还可以专门限定在领导者身上——领导者是真正具体执掌权力而最具代表性和典型性的权力主体；当然，这时的权力主体和领导主体都已经是为方便理解而特意缩小范围的狭义概念了。

按通俗的理解和解释，领导主体所掌握和运作的权力就是领导权力，简称领导权或权力；而通常所讲的权力一般都是指领导权力而不是别的什么权力，因为只有领导权力才具有能够直接影响命运的最强大、普遍和实质性的权威、价值与效用。所以，领导权力则又随着领导主体的出现而出现了。只是对于领导权力的理解不能简单局限于通俗的或通常的理解上，而要从领导科学的角度来进行专门而深入的理解与把握。

因而，在加入了领导主体这一重要因素之后，权力就实际转变成了领导权力；而领导权力则实际就是通常所说的权力；两者在本质上没有任何不同，只在表现形态和效用范围上存在种种差异。正是基于这种差异，特别是狭义领导主体的概念，所以，这里便把领导权力特别限定为从一个具体组织的领导主体这一角度来理解和指陈的那种权力。

显然，领导主体同权力的关系极其渊远而密切。权力将因主体有变化而发生变化。权力即使在国家、政府和执政党层面经过宪法法律而成为国家权力、行政权力和执政权力，在具体的组织群体经过组织制度及相关制度而成为部门权力、班子权力和领导个体权力，一旦具体到实际掌握和操作层面来看则都不过是领导主体手中的权力。

总之，权力一般均由领导主体来执掌和操控，成为领导主体为做某种事情而可以充分利用和借助的现成资源、现成条件与现成工具。应该说，权力就是一种由权力主体（通常是领导主体）代表某一社会、阶级、阶层或利益集团来掌握、影响和支配资源与利益并直接致变权力客体（通常是领导客体）的最重要组织力量和社会力量。

第三节　领导权力的含义与特征

一、领导权力的实质含义

领导权力是领导主体在其职能职责、职位职务范围内强制影响领导客体向预期方向运行变化以贯彻领导的主张和意图、执行领导的意志和决定、达成领导的目标和效果的最高组织力量。它通常以正告、警示、命令、法令、政策、措施等多种形式出现。对此，主要应从以下四个方面来理解和把握其实质含义：

第一，领导权力实质是一种有范围、有条件、有前提的领导职权。它依领导的职能、职责、职位、组织部位和组织的总体需要等实际因素而产生、设定和配置，同时还必须对这些实际因素完全负责。这也就是说,它是与领导的职能、职责、职务、职位直接对应挂钩,并为它们所直接限定的,只有在相应的领导职能职责、领导职务职位范围内才能生效,或者说才有效力,超越这个范围就会失效而无效。所以,领导权力其实是一种只在特定组织系统和领导范围内才有普遍效用的强制性支配力量,是需要严格制约与监督、管理控制的权力,而不是漫无边际、可以自由行使、具有普遍效力、没有目标和方向、没有约束和责任的权力。

第二,领导权力实质是一个组织或社会系统中堪称全能和最强有力的核心力量,实际则是一个组织或社会系统内强制性宣示力、主导力、牵引力、调节力和控制力的总和。它通常表现为领导力、管理力和影响力。它能使领导主体在整个组织范围内的公共生活中始终处于强势地位、核心地位和排头地位,最终确保巩固和维系领导地位,对整个组织或社会系统具有压倒性主导作用和决定性实质影响,特别是能够引起或者促成领导客体按照领导预期的方向或方式发生变化。所以,领导权力原来就是一种最具引导功效、致变功效、不可违抗之权威和影响的权力,通常叫做领导权。

第三,领导权力实质是统治工具和服务手段总和,亦即领导主体实施领导的最有效工具。它不仅使得领导主体能以绝对的优势和强力来左右领导客体、影响群体意志、履行领导职能、发挥领导作用、完成组织任务或单位工作、实现领导目标和整个组织目标,最终使某一个具体的个体、群体、组织或社会系统发生至为深刻重大的变化。可以说,领导权力是实现领导所必不可少的基本前提、先决条件和最重要手段。

第四,领导权力实质是一个组织群体或者社会系统中最宝贵、最重要的组织资源。权力的本质已经决定了,领导权力就是被领导者和其他所有能动领导客体让渡出来的意志空间、自由、权利和资源的组织化制度化结晶,不仅本来就是价值结晶体,而且还具有组织化制度化所赋予的高能量、高价值、高能动性和高创造性。一方面,它能够通过诸如制造公共产品来创造新价值,或者通过组织更多的社会资源来非常方便、充分地达成进行社会生活的任何目的目标;另一方面,它却不能够随便使用,也很难得到或形成,既贵重如金,亦稀缺如宝。然而,这也就决定了,领导权力必然是一种最稀有、最宝贵的公共资源。另外,也由于领导权力是一种十分关键而重大地反作用于权力让渡者的特殊资源,会直接影响到权力让渡者的切身利益乃至前途命运;所以,领导权力也必然是一种最重要的资源。

总之,领导权力实质就是表现为特殊公共资源、支撑领导主体居于正统和核心地位,影响和主导所在组织系统或社会系统以及公共意志,支配和调节组织群体或社会的资源与行为,以强制为特质来动员公共力量致变领导客体的最高组织力。

二、领导权力的本质特征

领导权力的特征是领导权力的本质表现,既反映领导权力的实质,也反映领导权力的价值和效用,更反映最为重要和普遍的特定社会关系——主要是领导与被领导的关系、领导主体与领导客体的关系。这些特征是领导权力区别于其他权力的边界和标识,对于更完整、准确地理解理论形态上的领导权力具有无可替代的作用。具体而言,能够更充分紧凑地体现或反映领导权力本质的特征则主要有如下九个方面:

第一,高度的组织性、制度性和社会性。领导权力本就是高度组织化、制度化和社会化的产物,无时无刻不含带和显示出组织的依托与意愿、制度的依凭与规定、社会的基础与需要。事实上,组织、制度和社会不仅为领导权力的形成、运作和生效提供了直接前提,而且更重要的是还为领导权力的内在实质与构成和外在作用与表现提出了公共的要求、标准、价值依据和效能依据,特别是从立场和价值取向等根本问题上使领导权力的社会性还特别具备了诸如政治性、阶级性、民主性、公共性和历史性等重要特质。

第二,高度的正统性、受托性和代表性。领导权力是一个组织或社会系统中唯一有资格、有能力来掌握和操纵整个系统及其成员和资源的特殊力量,实际构成了该组织或社会的主干力量、核心力量和代表力量,显示出十分显著而无可替代的正统性、核心性和代表性。然而,领导权力不是自生的,而是组织或社会成员让渡而生的,更是组织或社会系统,特别是其中绝大多数成员对于领导主体的认同、信任、选择、批准、托付和支持而来的。这也就是说,领导权力是经由第一主体即权力之母赋予和委托给第二主体的;只有这样,领导权力才是有基础、有渊源的,亦即才是正统的、合法的和真正有代表性的。不经如此委托,领导主体即第二主体就不会有领导权力,亦即领导权力就不会,也不许发生,否则就完全是非法的、歪门邪道的和没有任何代表性的。而这一点正好是领导权力的基础和渊源、原生主体和次生主体之间相互关系的反映,其实质则是领导权力的受托性。

第三,高度的权威性、压倒性和强制性。领导权力是一种依制度深刻影响组织或社会系统的最高力量,是唯一能使领导客体绝对服从而不容挑战并以此为实质前提来产生和发挥作用的最强力量,对整个组织群体、社会系统及其成员在行为和动向上具有最充分的约束和强制效用。组织或社会系统内的其他所有力量和能动因素都必须首先服从于它,而无论是否愿意或者是否持有真理。这是因为,领导权力只要发生或存在,就必定有效或者能够生效;而且一旦运行起来,就无法实质性地被质疑、轻蔑、忤逆、抗拒、阻挠、抵消或剥夺,而一定能够不可阻挡地约束、控制组织行为、社会行为和资源运动。这里显示出了领导权力的强势特征。从这一点上看,领导权力可以说就是强力或者强权,在整个社会能动因素中唯一拥有最大的强势和优势。

第四,高度的支配性、主导性和决定性。领导权力就是支配、主导组织或社会系统内基本选择和主要资源的主要因素。它指向哪里,大多数资源就倾向哪里而结合权力运动致变领导客体;它运行到哪里,就支配、主导到哪里而不可逆转或被决定;它使用到哪里,就形成决定性作用到哪里而留下深刻的痕迹。无论是在过程上还是在结果上,无论是对能动因素还是非能动因素,它都能够,也必然发挥出支配性、主导性和决定性的影响。这一影响是领导权力的一般特性即影响性。这个影响性在现实生活中显得异常突出,以至于领导权力常常被简单认为或界定为影响力;事实上,影响力充其量只是领导权力的显著特征之一,实质则是领导权力的支配性、主导性和决定性在领导过程中的集中显现。

第五,高度的能量性、能动性和效用性。领导权力不仅对任何个体发生决定性的作用,包括其显示地位、利益、前途和命运发生决定性影响,而且还能对整个组织群体或社会系统发生翻天覆地的影响,甚至还能对自然界乃至整个客观世界都发生深刻而重大的影响,实质就是能够使领导客体发生极其重大的变化,或好或坏,或正或反,或旧或新,或优或劣;总之都是在释放出必能导致重大变化的能量和能动性,而其中带来更多成功和进步的表现多显示出巨大的创造性。这即是说,领导权力只要存在,就必定能够对领导客体发生不可阻挡的致变作用,亦即就一定有效用,必定有结果。所以,这些特征也被称为致变性和结果性。

第六,高度的资源性、价值性和稀缺性。在现实社会生活中,领导权力是一种用多种最珍贵资源聚合而成的特殊社会资源,也是一种唯一能够正式动员和组织众多资源、有效发挥出这些资源的整体效用,由此创造更多符合社会发展愿望和需要的更多社会产品(特别是公共产品、公共服务和公共利益),从而带来更多新的资源的特效社会资源,可以说就是社会资源之母,比其他任何资源都更重要、更宝贵、更有价值、更具广谱效用,也更为稀少短缺。事实上,也正是因为高度的资源性,所以,领导权力才会那么实、那么硬、那么有用、那么有价值。另外,也由于领导权力是用人们的让渡物凝结而成的特殊社会资源,让渡有限,来源有限,成品有限;所以,领导权力就极为有限,十分稀缺。总而言之,资源性是领导权力的最本质特征之一,在它的各种特征中显得尤为卓著和突出,最需要特别关注;这就要求,对于领导权力,绝对不能没有资源意识,也绝对不能滥用;不仅要高度珍惜和节约,而且要认真维护好和使用好。

第七,高度的利益性、观念性和力量性。由于领导权力就是社会需要、制度规定、人们让渡、组织保证的特殊产物,所以,领导权力从一开始就成为必定涉及、高度关联所有利益相关方的最大宗、最要害的特殊利益,是一种牵一发而动全身、必定带来一系列连锁反应的特殊社会利益。这主要是它会给各个利益相关方在资源的维护、分配与获得(特别是在得多得少)方面直接带来现实结果,实际是关系到各方的利益得失、彼此的相互关系、组织和社会的团结与和谐、领导权力自身的是否巩固和有效等。所以,领导权力是一个极端敏感、极端重大的组织因素和社会因素。然而,领导权力尽管如此实在,但也仍然不是像某一具体物件那样的有形物,而只是一种观念物,是一种只能首先在观念上得到反映、能够由观念转变成组织行为或社会行为以具体致变领导客体的特殊力量。只不过,这种特殊力量从观念形态开始就一直同利益完全关联在一起了,而且是与整个组织或者全社会处于同一角度和立场、同一条件和基础上的价值观、价值标准、价值取向和价值选择最紧密关联在一起;应该说,它实质就是一种最能牵动整个组织或社会系统最敏感神经的观念性力量。

第八,高度的职能性、职位性和职务性。领导权力既然是来自第一主体的委托,那么就从根本上决定了必然是为了第一主题的某种目的而来的。一般而言,领导权力就是为了第一主体的利益而来的;而这就是领导使命,实际就是最重大的社会使命之一,构成了领导权力存在和生效的最大依据。在现实生活中,这一使命通常会首先转化为领导职能,并随领导职能的分解而变得十分具体、明确;与此同时,一系列为承担和履行这些经过分解的具体职能的领导职位和领导职务也就得以设置和构建。因而,这一使命实际上就从不同的具体角度分解成不同的具体目的、目标和任务而有度配置到了不同的领导职位和领导职务上;当然,伴随领导使命具体转化为不同领导职位和领导职务所承担的领导职能,领导权力也同时被系统地分解、配置到不同的领导职位和领导职务上。这样,领导权力就形成了一个实际依职能而定、随职位和职务而走、在不同职位和职务上大小不同责任不同的权力体系。这使得领导权力形成了非常显著的职能特性、职位特性和职务特性。这些特性要求,领导主体"在其位,谋其政","不在其位,不谋其政",只能在职务权限内履行职能,而绝不能越位用权或者不受职位、职务限制。

第九,高度的规范性、严肃性和责任性。领导权力产生的机制和途径之一就是高度的组织化和制度化。这就决定了领导权力从一开始就是组织的产物和规范的产物,因而具有极为显著的规范性和严肃性。领导权力在行使和运用上不仅要充分注意其资源性和稀缺性而加以节约、避免滥用,而且还要充分注意其利益性及由此而来的现实性和敏感性而加以透明、公平和规范;这样就进一步决定了领导权力具有高度的规范性和严肃性。另外,从领导权力的影响性、致变性和结果性来看,领导权力一旦运作,就必定会导致领导客体发生某种变化,就必定会带来利益的此消彼长、此多彼少,就必定会给领导客体带来增加或减少某种利益的结果,进而就必定会引起组织群体和社会系统内部结构和运动的变化,总之就是必定会产生某种现实结果;所以,领导权力事关重大,对一切由此而来的现实结果都要负责。这个所谓的负责远不仅指负责的态度和勇气,而且更是意味着必须为领导权力行使和运用不当或错误承担后果、付出代价。因而,这样就不仅更加凸显出了严肃性,而且还极端严正地凸显出了责任性。这个责任性因为还与领导权力的职能性、职位性和职务性直接相关,所以有时也叫做职责性。这表明,领导权力应该通过确保符合权力让渡者之利益来真正实质性地负其责任,更应该得到科学、严格的监督和制约;最重要的是,要实行领导权力行使和运用问责制,进行责任追究。

总之,领导权力是一个极端复杂的社会事物,具有多种多样的形态特征。这些不同的特征不仅是领导权力本质的表现,而且彼此之间存在着高度的内部相关性,或者互为基础,或者互为条件;它们不仅使领导权力极大区别于其他权力形态,依之可以直接判定某种权力是否就是领导权力,而且还给领导权力的运作、领导主体的权力行为都提出了特别的警示和要求。对于这些本质特征必须加以全面系统地把握,才能更全面深入地理解和把握领导权力。

第四节　领导权力的分类与构成

一、国外对于领导权力的代表性分类

国内外专家学者从不同的角度对领导权力进行了不同的划分。这使领导权力的分类呈现出多家多样、丰富多彩的态势。对此,只能就其中更有代表性的成果进行简要介绍。

世界知名学者、哈佛大学教授约瑟夫·奈从美国领导世界的角度提出[①],领导权分为硬权力和软权力两种。他认为:硬权力就是用"胡萝卜"和"大棒"让他国做它们本不愿做的事情,是强制他国按你自己的意愿行事并使你获得自己想获得结果的能力。而软权力则是一种吸引力,是一般源自于某一国家的文化和政治理念(诸如民主和人权,或者是考虑了他国利益的对外政策)对他国的吸引力;有助于用吸引他国的方式而无须将资金花费

[①] 约瑟夫·奈:"说服的权力——美国领导权的二元构成"(The Powor of Persuasion——Dual Compenients of U. S. Leadership),美国哈佛国际评论杂志 2003 年冬季号（HARVAED INTERNATIONAL REVIEW · WINTER 2003)"美国展望"栏目(PERSPECTIVES ON THE UNITED STATES)。

在"胡萝卜"和"大棒"上来更巧妙、自然地达到领导目标。他还认为：软权力与硬权力两者能彼此增强对方，双方并不对立。在某些情况下，由于不具备足够的软权力而不得不应用硬权力。

领导学家约翰·弗伦奇(John French)和伯特伦·雷文(Bertram Raven)认为：从来源看，领导权力可以分成六种：1.强制性权力，简称强制权，也称为惩罚权，源于被影响者的恐惧，是通过精神、感情或物质上的威胁，强迫下属服从的一种权力；实际则是指权力行使者所具有的暴力和惩罚能力。2.奖励性权力，简称奖赏权，源于被影响者期望奖励的心理，是基于被影响者执行命令或达到工作要求而给其进行奖励的一种权力；实际则是指权力行使者所具有某种奖励的能力。3.法定权力，简称法定权，指权力行使者有法定地位或传统观念赋予的影响力；实际则是指组织内各管理职位所固有的法定的、正式的权力。4.崇拜性权力，简称感召权，指来自个人具有感人的魅力。5.专家性权力，简称专家权，指以知识和能力服人的能力。6.代表性权力，简称代表权；这主要是指领导者经过民主产生，代表着群体的利益，因而产生了权力。

心理学家爱·其奥尼(A Etzioni)认为：单纯从影响力的角度而言，领导权力可以分为两种：强制性影响力和自然影响力；这些影响力会随交往对象和环境的变化而在作用上发生相应的变化。但是，如果就权力对成员的影响而言，领导权力则可分为三类，即强制性权力、报酬性权力和规范性权力；其中，规范性权力可以，也应该多用，而强制性权力则应该尽量减少或不用，这样才能收到较好的效果，特别是在改变成员行为上的效果尤为显著。

二、国内对于领导权力的代表性分类

国内关于领导权力分类的观点有很多。其中，较有代表性的观点主要有如下几种：

第一种观点认为：从来源看，领导权力分为两大类：(1)职位权力，包括奖赏权、惩罚权和合法权三种。这三种权力都与组织中的职位联系在一起，是从职位中次生出的权力，因此统称为职位权力，实际则属于制度性权力。(2)个人的权力，包括专长权和感召权两种。其中，专长权是指由个人的特殊技能或某些专业知识而产生的权力。感召权是与个人的品质、魅力、经历、背景等相关的权力，也被称为个人的影响力。这两者都与组织的职位无关，而必须由领导者自身具备某些特殊条件才能形成或具有，因而称为非职位权力，实际则属于领导威信——总之，这两类领导者权力同决策质量一起，构成支撑领导效能的三个信心因素。

第二种观点认为：根据权术来划分，领导权力可以分为五种：(1)强制性权力。这种权力是建立在惧怕的基础之上，也就是说，作为下属如果不服从领导，领导就可以惩罚、处分、批评下属。因为你是领导，你是长官，你有这个权力，那么这种权力就叫强制性权力。(2)奖赏性权力。与强制性权力正好相反，领导者可以奖赏下属，让下属来重视自己。奖赏性的权力是让人们愿意服从领导者的指挥，通过奖励的方式来吸引下属，这种奖励包括金钱、晋升、学习的机会、安排下属去做自己更感兴趣的工作、给下属更好的工作环境等。(3)法定性权力。这是指领导者所处层级和位置所获得的权力。领导者一旦有了正式的任命，就具有了法定性权力。法定性权力比前两种权力覆盖面更广，会影响到人们对于职位权力的接受和认可,没有这法定作为基础,前面的强制性权力和奖赏性权力往往都不能够证实。(4)专家性权力。这种权力取决于领导者的知识、技能和专长。(5)参照性权力。这是一种对于人格魅力的敬仰甚或效仿而产生的影响力,实质则是基于被崇拜而获得的参照性权力。

第三种观点认为:领导权力分为五种:(1)合法权——组织制定;(2)报酬权——利益引诱;(3)强制权——处罚威胁;(4)专家权——专业技能;(5)典范权——人格魅力。

第四种观点认为:领导权力与领导职位相对应,主要分为决策权、组织权、指挥权、监控权、人事权五种。

以上国内的四种分类法中,前三种与国外的分法思路大同小异,没有更多的实质性差异;国外的第一种分法与国内的第四种分法才具有较大的创新性,但前者更多的是基于政治,而只有后者才更贴近领导学原理。

三、领导实践中显示出的领导权力类型与构成

从领导实践来看,领导权力的类型是多种多样的,也是多维度、多层面的。根据诸如领导主体、领导过程、领导内容等实践维度,领导权力就可以进行多个层面的具体划分。

从领导主体及其相互关系来看,领导权力分为两类:领导组织权力和领导者权力。其中,领导组织权力又可从两个角度划分:横向上分为领导班子权力、领导机关权力和领导机构权力三种,纵向上则分为上级组织权力和下级组织权力。领导者权力也可做同样两个角度的划分:横向上分为正职领导者权力和副职领导者权力、前位领导者权力和后位领导者权力四种,纵向上则分为上级领导者权力和下级领导者权力两种。这些不同的权力不仅标明各自的权限,而且还非常明确地显示了高度敏感、需要十分注意的领导关系。

从领导过程或领导活动来看,领导权力分为调查权、决策权、命令权、指挥权、组织权、动员权、执行权、示范权、指导权、协调权、激励权、奖赏权、批评权、惩罚权、裁决权、审查权、考评权、鉴定权、引荐权、调配权、派遣权、用度权、处分权、让渡权、授予权、许可权、启动权、终止权、监督权和约束权等。这些权力是最为典型、实质、具体的领导权,经过分类可以归结为决定权、主动权、支配权和话语权四种。其中,话语权非常重要而普遍,但未在理论上得到应有的反映,所以这里要特别予以强调。可以说,话语权远不仅仅是"说话算数"的含义,而是基于领导身份在相应重要场合、关键时刻发出具有重大影响或关键作用的言辞,不仅具有决定或决策的性质,而且还有主导、宣示、引领并因此成为一贯组织群体或社会系统主流话语或正统意识的性质。

从领导内容或领导客体来看,领导权力可以分为思想权、价值权、标准权、标志权(包括象征权、代表权、礼仪权、出面权和签字权五种子类)、组织权、机构权、制度权、政策权、纪律权、人事权(即通常所说的用人权)、资财权(即通常所说的财权或财务权)、物用权(即通常所讲的物权或物质权)、信息权、关系权、机会权和时间权十六种。

从权力来源或权力基础看,领导权力可以分为选举权和被选举权、法定权和授得权、职位权和职务权三个成套对应的种类。

从存在状态、时效和实效的角度来看,领导权力还分为正式权力和非正式权力、硬权力和软权力、核心权力和外围权力、长期权力和临时权力、最高权力和中间权力以及最低

权力等多个成套对应的种类。

应该说,领导权力是多种多样的,也是多层次、多侧面的。从不同的角度,就可以划分出不同的权力类型。不同的权力具有不同的分布性、实质性、约束性和效用性。这些不同的领导权力具有不同的来源、不同的性质、不同的功效和作用,也有不同的要求、责任与约束;它们相互交叉着同时存在——其实就是同一个领导权在不同需要、不同指向、不同情境和不同条件下的不同表现,构成了一个庞大、复杂、用途广泛的领导权力体系。

在上述这样一个领导权力体系中,最具实际意义的划分和具体种类只有两个方面,即依领导过程或领导活动和领导内容或领导客体两个层面划分出来的各种领导权力类型。这两大层面的领导权力既表现为形式和内容,又是集中融合于一体的权力整体本身。

总之,领导权力的多样性和复杂性其实都是在领导实践中显示出来的多层面、多种类和复杂结构。每个层面都有很多种类型的领导权力。这些不同的领导权力不仅在同一层面组织成具有复杂结构和功能的权力体系,而且与其他层面的权力也完全内在地关联在一起,并由此组成更庞大、更复杂的权力体系。在领导实践中,这些不同的领导权力不仅各有自己的独特效力与适用性,分别发挥自己的独特作用,而且还可以通过与其他权力结合成一体来发挥权力集群乃至权力体系的整体功能与效用。不同的领导实践会造成不同的权力结构;不同的权力结构具有不同的权力功能与权力效用。

第五节　领导权力的地位与作用

作为一个极端重要的社会事物,领导权力必定有其特定的现实地位与作用。然而,这些地位与作用其实都是领导权力在社会生活中发生关系的部位和发挥效用的状态。

一、领导权力的地位

领导权力的地位是一个多维的概念和复杂的问题;只有从多种角度、多层关系来审视,才能充分完整和更趋正确地理解与把握。从实际情况看,这主要集中体现为以下诸层面:

第一,在整个组织运作和社会生活中,领导权力处于正统、强势、主导和支配的地位;但在组织关系或社会关系中,领导权力却处于次生、受托和受约的地位。领导权力是唯一能够代表组织群体启动和持续组织运作的能动因素,也是唯一能够代表社会系统组织、进行社会生活的主导因素。所以,领导权力具有正统、强势、主导和支配的地位。这种地位实际是一种效用性地位,即领导权力效用给领导权力带来的一种基本地位。然而,从渊源看,领导权力却是第一主体或者说权力之母的让渡物、产出物和托付物,而不是第二主体或者说领导主体的天然属品或自来物,是需要得到信任和委托以及由此而来的签约和制约的利害物和责任物。所以,领导权力虽然貌似强大,在社会生活中似乎万能、能够带来一切,但却处于次生、受托和受约的地位。这种地位实际是一种渊源性地位,是反映领导权力本质的一种根本地位。

第二,在整个权力体系中,领导权力处于核心、主干和代表的地位。权力的实际形态和具体形式多种多样,在不同主体的手上就有不同的性状。但是,从权力的威严效用和影响实质上看,只有领导权力才最具有实质性、具体性和操作性。事实上,几乎所有的权力都要转化为领导权力才能正式生效和目标明确地具体运作起来,脱离领导权力这一特定形态都只能是纯观念化和条文化的权力形态。可以说,领导权力不仅构成了整个权力体系的核心和主干,而且还能折射、反映出整个权力体系的实质与真貌,是整个权力体系的代表。

第三,在整个领导体系和领导过程中,领导权力具有基础的和工具的地位。领导权力是领导主体得以实质到位的前提条件,实际则是领导活动的基础。在很多情况下,没有或不靠领导权力这种唯一具有正统性和强制性的力量,就会调动不了资源,整齐不了行为,指挥不了成员;换言之,组织或社会系统就会成为散沙,目标明确、利益大家的组织运作或社会生活就几乎无法进行。事实上,没有领导权力,领导主体就不成其为领导主体,而只可能是别的什么主体;领导活动就不成其为领导活动,而只能是其他什么组织活动或社会活动。这是领导权力的特殊作用所决定的一种实际地位,事关领导或领导活动能否保持其本来的性质或实质。所以,领导权力是领导得以实施的基本前提即最重要的基础。

第四,领导权力实质是统治工具和服务手段总和,亦即领导主体实施领导的最有效工具。它不仅使得领导主体能以绝对的优势和强力来左右领导客体、影响群体意志、履行领导职能、发挥领导作用、完成组织任务或单位工作、实现领导目标和整个组织目标,最终使某一个具体的个体、群体、组织或社会系统发生至为深刻重大的变化。可以说,领导权力是实现领导所必不可少的先决条件即最重要的手段。

二、领导权力的作用

领导权力的作用是极其广泛而深刻、巨大而长远的;但简括起来则主要有如下两大方面。

(一) 积极作用

这个积极作用是指除开会产生不良结果以外的一切作用,包括正常功能和正面作用;具体表现为如下几点:

第一,主线作用和轴心作用。领导权力是整个领导体系的主线和轴心。尽管说领导职能是整个领导系统的实际基础和前提,但就整个领导体系维系、启动与运作的基本情况来看,所有领导要素实际都围绕领导权力而展开、而进行,领导权力在整个领导体系中起着不可替代的组织和带动的作用;事实上,就连领导职能本身也要靠获得领导权力的配套赋予而后才能获得得以履行的能动保证。如果没有领导权力,那么一切领导要素就将丧失红线的贯串和组织而四处散落、成为散珠。

第二,动力作用和保障作用。领导权力是领导体系的最重要动力。在整个领导系统中,领导权力是唯一真正能够贯穿所有领导体系要素和范畴的能动要件。领导权力组织、发动、推进、总结和改进着领导体系;领导体系的运作就是在领导权力的启动、推动、引导之下开始并完成的,领导体系的诸要素就是在领导权力的客观吸引与凝聚、主观组织和设计、依法开启与发动下结合起来成为完整的、有生命的领导系统。事实上,这是从强制性动力的角度所显示出来的保障作用,一方面为领导主体发挥作用提供基本保证,另一方面也为整个领导体系的启动和价值提供基本保障。可以说,没有领导权力做后盾,一切领导目标都难以实现。

第三,致变作用和强制作用。领导主体一般都是凭借权力来发挥影响力、实施控制和督促、进行制约或约束的,由此来驾驭组织群体和社会系统及其中成员,以便更好地完成共同事业、实现共同目标。这就是说,领导权力在实际生活中一般都能导致领导客体发生一系列深刻而重大变化,都有不可抵御而需接受和服从的强制作用。

一方面,领导权力始终贯穿整个领导过程;同时,就在这个过程中把领导权力自身的性质与功能、分类与结构、获取与分配、结果与责任等因素都直接印染到领导体系的每一个环节和活动中,从而分别影响着领导体系的性质、过程和结果,事关领导体系的得失成败,从根本上决定着领导体系的实际绩效。

另一方面,领导权力始终以领导客体为作用对象,时刻都对领导客体的命运、利益等发生直接而重大的影响,直接导致领导客体发生某种性质、程度、状态的变化。这就是领导权力的致变作用。这种作用之所以存在,最主要是基于领导权力的强制作用——领导权力总是以压倒性、绝对服从性和不可抗拒性来约束、控制和强力左右个人意愿与行为、组织资源与行为及社会资源与行为,强有力地消除组织系统内的矛盾冲突和其他有害表现,由此确保组织群体或社会系统的凝聚力、一致性、稳定性、和谐性、顺畅性。

第四,协调作用与均衡作用。领导权力经常在发挥协调作用和均衡作用;其实质就是在组织群体或社会系统内部进行意志、话语、步调,特别是资源和利益的统一、调整与平衡,果断制止或坚决避免内部任何不良或危险的失衡态势和失控趋势。但是,这样的作用却是一种最严肃、非商量、决定性、刚性化和最后登场的硬作用。正常情况下,领导主体一般不会使用权力而是主要采用人性化的、协商的、通融的、有弹性的态度和方法即领导艺术来进行协调和均衡,只有这样做基本无效或特别需要的情况下,才会让领导权力来取代领导艺术果断、快速地实施协调和均衡——这就是只要稍微加重或偏重某一点就能做到的硬协调、硬均衡。这种作用是不能常用、滥用的;否则,就会变成滥用权力而很快失效,直至削弱领导权力自身。

第五,价值作用和象征作用。俗话说得好:权力好办事,权力好建功,权力好服务,权力好恩泽;拥有了权力,就会拥有所可能有的一切;得到权力的顾盼或倾惠,也就意味着事实上要得到许多的资源;总之,权力可以调动资源、顺利办事,可以发动大家去干一番共同的事业。而这就是领导权力价值作用的通俗解释。事实上,领导权力本身就是稀缺、无价的贵重资源,而且还是能够带来资源的资源、带来价值的价值,因而正是这种资源和价值的标志,同时还是拥有这些资源和价值的相应社会地位的象征。

(二) 消极作用

这个作用是指会导致不良结果的一切作用,包括异化现象和负面作用;具体说来,主要有如下两个方面:

第一,腐蚀作用与腐化作用。领导权力的强制性和绝对权威性、资源性和价值性使得领导权力能够非常容易地带来新的和更多的资源与价值,能够非常容易地实现对他人的支配和对自己的尊荣,在社会生活中几乎能够做到想要做到的一切,在人群之中非常容易形成绝对的优越感、特殊感和非人性倾向。这些作用就是人们通常看得见的"好处"和"魅力"所在,而实际却是领导权力的"异化质地"和"高浓度酒精",非常容易使人崇拜和迷乱于领导权力——权力崇拜就是这样发生的,也非常容易使领导主体沉迷和自我陶醉于这种万能的权力而忘乎所以——反仆为主、颠倒权力的本末关系就是这样发生的。这种情况日以继月、月以继年地积累、发展下去,就会逐渐壅闭心灵、麻木良知、模糊双眼、污染精神和异化品质。而这就是领导权力非常典型的腐蚀作用和腐化作用。由此可知,领导权力还是一种具有巨大惯性和惰性的腐蚀剂。

第二,腐败作用和危机作用。一则,领导权力的"万能"和绝对优势与强势使得领导主体不仅可以呼风唤雨、以权谋私、为所欲为、不受制约与监督、不愿保持质朴清廉本色,而且还可以完全忽视、排斥和打击任何批评意见、反对声音、集体意志、一切对手或异己分子;从而使领导主体走向腐败堕落,使领导权力异化变质——不仅变成并非来自第一主体委托而是出于领导主体之手的天大资源,而且还可能变成极端严重的黑暗势力、邪恶势力和腐朽势力;而这就是领导权力的腐败作用。再则,领导权力的资源实质最容易,也最经常地引发出各种各样的阴谋和狠毒、分异和隔阂、矛盾和纠纷、争夺和冲突、违法和犯罪、分崩和破败、更替与变化;此即从一开始就酝酿着巨大的潜在危机,到后来就突然爆发成毁灭性的现实危机;而这就是领导权力的危机作用。

总之,领导权力实际就是一把最典型的"双刃剑",既可造福,亦可致祸。对于任何素质不佳或者素质不过关的人来说,权力实际就是一把致祸之剑;只有在高素质领导人才的手上,权力才能成为造福的工具乃至幸福的源泉。因为素质高低决定着会有什么样的权力目的,也决定着领导者是否能够正确掌握和行使权力,进而决定权力会有怎样一个过程和怎样一个结果。这即是说,除非目的正确、素质过硬;否则,就决不能随便碰触、掌握或行使权力。

第六节　领导权力的变化与发展

一、随着政治条件的变化而变化

领导权力总在不断地变化发展。这主要是与领导权力密切相关的各种要素总在不断地变化;权力关系把这些要素同领导权力紧密连接在一起,并把这些变化及时迅速地传递给领导权力,不仅引起不同程度和性质的权力变化,而且还引起不同结构功能的权力变化;由此产生的现实结果极其巨大、广泛而深刻。

从社会生活和领导实践来看,导致领导权力变化发展的现实因素相当多,包括政治、经济、社会、文化以及领导自身等。其中,政治和社会经济是最突出影响领导权力变化发展的外在因素,而领导职能和领导主体则是最显著影响领导权力变化发展的内在因素。其中的政治条件对权力影响最直接,也最重大。

这里所谓的政治条件主要指政治势力、政治价值、政治文化、政治结构和政治体制等政治因素。它们的不同变化和不同组合,为领导权力带来极其重大的影响,是领导权力变

化发展的直接条件。在政治的影响下,领导权力常常变化万端,但从历史上看则有如下几种比较典型的情况:

在宗教可以或已经控制公共权力或者国家政权的情况下,领导权力就包含或结合了宗教权;而在现代法制国家和文明社会里,领导权力具有对宗教的管理权,而宗教权却绝对不能同领导权力相结合。

在决策权或立法权为领导主体所独断、军事权为领导权的最大支撑的社会或国度,领导权力自然包含有充分的立法权和司法权,同时还包含有更广泛深入的社会控制权、人身控制权和资源控制权,而领导权力的构成即组成领导权力本身的各项具体领导权则膨胀到极度。然而,这在现代法制和文明社会里却发生了根本的变化,领导权与立法权和司法权在很大程度上还是界限清楚、互不越位的,至少形式上也是这样;而原来那种性质的人身控制权则已基本消失。

当社会公众积极参与到政治生活中来的时候,特别是法制得到极大加强、政治文明得到极大发扬的时候,领导权力就受到极大的压缩、监督和制约,范围变小,领域变窄,效力变弱,膨胀和渗透的状态就转变为依法限定、缩小和消退。

上述领导权力的种种变化就是政治越来越走向民主、法制和文明所带来的结果,体现着社会的文明和进步,也反映着领导权力变化发展的基本方向和基本规律。

二、随着社会经济的发展变化而变化发展

社会经济发展水平从根本上决定着一定历史阶段内领导权力的基本形态,社会经济发展变化的情况从根本上决定着领导权力变化发展的情况;领导权力变化发展的性质和方向根本上取决于社会经济发展的性质和方向。

一方面,领导权力是一种特殊的社会现象和社会事物,领导权力关系则更是最典型、最重大的社会关系之一。同时,领导权力完全是基于一定组织或社会系统的权利集成,内涵实质就是经济利益和经济力量以及由此构成的物质基础。很明显,社会经济的一切都将以最精粹的形式和能量集中反映到领导权力之中。

另一方面,领导权力是上层建筑的精髓,跟其他上层建筑一样都必须建立在相应的社会基础和经济基础之上。社会因素和经济因素是一切上层建筑的现实基础,特别是经济因素所构成或所充当的经济基础则更是从根本上决定上层建筑,特别是其中的领导权力。

充当基础角色和先决作用的社会经济因素其实又是最活跃、最能动的现实因素,特别是经济因素中的生产力要素则更是具有根本地位和作用的变化发展动力。它们总是在不断地变化发展,实际就是不断地文明进步,而且是不可阻挡、滚滚向前的历史车轮;不仅直接而深刻地改变着一切现实面貌,而且还特别直接而重大地影响到领导权力的变化发展。

所以,基于社会经济的领导权力是必定会随着社会经济的不断发展变化而持续变化发展,不仅改变着旧的权力实质、权力关系、权力结构、权力机制和权力体制,而且还不断形成新的权力质地、权力质量、权力类型、权力关系、权力结构、权力机制和权力效用,不断整合出崭新的权力面貌。而这就是领导权力符合社会经济发展规律,特别是符合生产力

发展要求的进步表现。然而,领导权力如果在人为因素的控制下并不能做到这样的变化,那么就是逆社会发展或经济发展潮流而动;而这样的领导权力就会与现实相脱节甚至反动,最终丧失掉全部的基础、依据、质量和价值而变得腐朽没落、崩溃消亡。

三、随着领导职能的变化而变化

领导职能与领导权力的关系极端密切,大多数情况下都是同一个事物的两个方面,彼此多是互为表里;而最重要的是领导职能是领导权力的客观基础,领导权力与领导职能是对应配套的。它们彼此联动,相互体现,不可分离。

在现实生活中,领导权力必定随领导职能的缩小而缩小、扩展而扩展、转移而转移、合并而合并。现代领导职能的变化越来越快,也越来越深,领导权力也发生同样频繁、深刻和大幅度的变化,既有缩小的一面,又有扩大的一面;其中,缩小的是过时的领导权力,扩大的是新质的权力,就像领导职能的缩小和扩大的原因与性质一样。领导职能的终结就是领导权力的终结,但只有到了国家消亡的历史阶段,这才有可能发生。因而,只要国家依然存在,社会公共生活依然存在,那么领导权力就必将始终存在;而且总是不可或缺。

所以,领导职能只要有所变动,就必定导致领导权力的相应变化发展;而且这种互动大多数情况下都是同时、同步、同向、同度甚至同质的——领导体系的变化发展最集中、最敏感之处就在这里。

四、随着领导主体的变化而变化

这里所谓的领导主体包括领导机构和领导人员,特别是领导者。因为领导主体是领导职能的承担者和履行者,更是领导权力的掌握者和行使者。领导主体的规模、数量、质量、能力、动力、责任心和约束力都将最直接影响领导权力的实际构成、分配、运作、效能乃至性质。

领导主体的作为或不作为、有所为或无所为、忠智而为或奸愚而为、依法有序而为或强悍无赖之为,都将直接造成领导权力在性质、运作等方面的结果,包括有效或无效、正确或错误、高明或低下、合理或悖理、合法或违法、正常或变异、有益或有害、光明或黑暗、正大或邪恶。

有时,领导机构不断扩大,致使它所拥有的领导权力不断强化和增加;而领导机构一旦缩小或弱化,则其所拥有的领导权力就越来越少、越来越小。有时,领导领导者特别黯弱,则本应有的领导权力都会萎缩或者遭到异化和削弱;而有的领导领导者却是不太受约束,基于自身原有的极高政治地位和极重政治权势而极大强化领导权力——领导权力的这些变化大多数情况下都是不正常、不合法的,是权术运作和权势较量的结果。

总之,领导权力总是在诸多现实因素的影响下不断变化发展的,不仅有大小之间、部门之间的变化,而且有强弱之间、目的之间、功能之间、程度之间、依据之间和行使方式之间的变化。特别是政治因素、经济因素和社会因素最能引起领导权力体制和领导权力运行的发展变化。

第七节　领导权力的行使与运用

一、领导权力运作

（一）领导权力运作的实质含义

领导权力的运作是领导主体对领导客体施加权力影响的领导过程；实质是指领导者和领导机关具体使用领导权力来完成领导任务、达到组织目标的领导活动。这样的过程或活动就是通常所说的"用权"，具体包含权力行使和权力运用两个部分。

这个所谓的"用权"，就是旨在通过使用权力来达到领导目标、实现领导使命的组织行为过程，也就是领导主体按照用权主旨和权力规则与机制所进行的权力操作与不同权力之间的相互照应和协调运行等一起构成的权力运作过程；具体包含了如下三个层面的含义：

第一，用权是决定权的运作。决定权包括调查权、决策权、激励权、奖赏权、批评权、惩罚权、裁决权、审查权、考评权、鉴定权、引荐权、调配权、派遣权、用度权、处分权、让渡权、授予权、许可权、启动权、终止权的行使，内容上涉及思想权、价值权、标准权、标志权、信息权和话语权等。此其中，决定权的运作就是最实在的领导过程，覆盖领导权限所及的整个领导区域，在中央则为全国、全社会和全民族，在地方则为一省、一地或一县及当地社会与民众，在组织机构就是一个部门、一个行业、一个单位或者一个机关、一个事业单位。所以，这事关全局，影响重大，从根本上决定着领导体系的结果，决定着是否对国家负责和对人民负责，决定着能否赢得人心，决定着民心向背。

第二，用权是主导权和组织权的运作。主导权和组织权包括命令权、指挥权、组织权、动员权、执行权、示范权、指导权、协调权、处理权和自由裁量权等。这些权力的运作，在内容上涉及政策权、纪律权、人事权、资财权、物用权、关系权、机会权和时间权等的应用。可以说，这些权力的运作正是具体真实的领导实施本身，直接涉及、接触、关联、影响或者伤及领导客体，直接产生或引发具体的现实领导结果，直接构成具体的现实领导责任，也直接形成具体可见的政绩或形象，更直接决定领导主体在人民心中的地位和印象以及人民对于领导主体和执政主体的信心和信任。这里是否滥用自由裁量权或者是否替老百姓着想、多体恤和偏向老百姓而使用自由裁量权，就直接决定着这样的领导行为是否在加强和巩固执政的基础和真正为人民服务。

第三，用权是监督权的运作。领导权力的监督约束权在此是内务权中的一部分，包括监察权、控制权和约束权等，在内容上涉及法定权、制度权、人事权。领导系统内部的领导监察权是否及时、到位、有效、有力，是否真正敢于面对现实、解决问题。这是确保领导权力运行按照法律、法规和社会道德规范进行的重要保障。这一权力的运作不仅具有直接的约束作用，而且还有特殊的证明或鉴定作用，能够揭示或证实领导主体是否真正合法合理和称职合格，领导过程是否真正健康正常。

其实，从不同的角度看，领导权力的行使和运用具有不同的实质。从领导本质看，它们就是领导过程本身。从领导目的和过程看,它们则是为严肃履行法定的领导职能职责、创造性完成领导任务、实现领导目标的领导过程。从领导标的和领导结果看,它们既是领导权力充分发挥作用和影响、致变领导客体、显示地位尊严和价值的过程,也是领导权力造成现实痕迹而同时完全发生法律关系与法律责任的过程。从效力和责任的角度看,它们就是具有法律效力和法律责任的领导行为。从所用权力构成看,它们就是各种不同的领导权力、制约与监督权力乃至整个权力体系分别行使和相互影响的权力运作过程。然而,如果从各自的特征和作用看,它们则分别是规范性用权和创造性用权。

在高速发展、复杂多变的现代社会里,创造性用权显得比规范性用权更重要,至少是更现实、更贴近实际、更能有效发挥权力的作用。因为在现实生活中,权力的自由裁量空间实在是太大了,多用少用一分一毫,所带来的现实结果都会发生极大的不同,而且这里的责任也远不那么明确,所受制约与监督也不甚明显切实;这时只有权力之母、第一主体才能对此做出有力的回应互动。这即是说,权力只要略往有利于百姓利益的方向倾斜一分一毫,那么老百姓就能得利万分,而权力的使用就是真正到位,也真正值得权力之母放心和信任。如果情况相反,那么权力的运用及其结果就会违规失范、违背民意、丧失民心,而为权力之母所唾弃。

然而,在现代法制社会里,规范性用权就显得比创造性用权更令人瞩目;人们甚至更加强调规范用权,明确问责,而且以此来确定权力行使的实质。客观地说,这样做是完全可以接受的。据此可以将权力行使理解如下:领导权力的行使就是领导主体依法用权以履行领导职能职责并权威地影响领导客体、造成既定领导事实和结果的完整领导过程。它使领导主体发出具体而有实效的领导行为,也由此给领导客体,特别是领导相对人带来直接的影响,并因此而给领导主体带来必须承担的具体而又实际的领导责任和法律责任。其实,它就是一个将领导主体和领导客体具体联系起来并发生双方之间的领导关系和法律关系的特定行为与过程。

总之,领导权力的运作是整个领导体系过程中最突出、最敏感、最实质、最具体、最能带来现实结果或导致现实后果的焦点性社会过程,是领导权力启动的第二个完整阶段,即领导权力继分解和配置之后开始运作并产生结果的实质性阶段。领导体系的各个方面最终都要具体集中到这里来兑现、落实或者实施,并由此产生相应的领导结果。正因为如此,所以需要加强权力制约来充分保证权力运作的正当性、正常性和正确性。

(二) 领导权力运作的基本方式

领导权力运作的实际方式非常多,但却只有亲自运作和委托运作两种常见的基本方式。

第一,亲自运作。亲自运作就是领导主体直接用权;即领导主体通过直接使用权力来面对和亲自处理领导事务或问题并直接承担责任的权力运作方式,包括规范行使和灵活运用两个方面的实际内涵。事实上,这是一种最常见,也最主要的用权方式。其实质就是领导主体为认真承担和履行领导职能职责而掌权用权的基本方式。

第二,委托运作。委托运作就是领导主体间接用权;即领导主体分出一部分权力并将它委托给自己信任、能够代表自己的某种主体来规范行使,由此使领导主体并不直接办事而托付给受托主体来直接面对和处理有关事务或问题,但权力责任仍然由实施委托的领导主体自身全面担负。

当然,委托运作是一种也很常见,但并不多用的用权方式。其实质就是领导主体为发动更多能动主体来处理事务或解决问题,但不直接用权办事而只承担最后责任的掌权用权方式。这就是通常所说的授权。

在领导实践中,领导授权主要有以下形式和做法:个人授权和集体授权、政策授权和制度授权、战略授权和战术授权、计划授权和随机授权(也叫相宜授权)、逐级授权和跨级授权、分工授权和视能授权、合理授权和特别授权、消极授权和积极授权、长期授权和短期授权、临时授权和固定授权等。

不过,委托运作、实施授权不能随意,而要特别注意运用授权艺术。授权艺术的内容有很多,但其主要要义则有四点:首先,细分工作和相应责任,排查和选择合适人选。其次,要采取口头或书面的形式进行授权。再次,要掌握主动,适时进行指导或引导,及时进行监督检查。最后,要考核评鉴,适时收回,承担责任。总而言之,如果能够这样进行授权,那么就能够比较好地把委托运作做好;而这就意味着至少在授权这一环节上已经能够很好地胜任领导工作了。

二、领导权力的行使和运用

(一)领导权力的行使

作为权力运作的第一部分,领导权力的行使是指领导主体在职位职责和规章制度范围内正常而规范地使用权力以进行日常的领导职能履行活动。其实质就是按制度启动、按程序运作的规范性用权。其最大特点就是,在工作职责和职务权限范围内,按照制度规定的用权标准和尺度,有根有据、中规中矩、按部就班和严格分寸地使用权力。当然,它也需要有创造性,特别是需要根据形势变化灵活机动,只是自由发挥的许可空间很小而已。大致说来,领导权力的行使主要包括如下四种方式:

第一,按领导职责行使权力。这是指领导主体在其职责范围内依据职责规定所进行的权力运作。通常,当所发生的事情或者所要处理的问题一旦坐落在某一具体的领导职责范围之中时,担负这一领导职责的相应领导主体便可,也必须迅即启动权力程序来为处理事务或解决问题而动用权力。这时就出现如下两种基本情况:

一种情况是,如果职责相对或非常集中,则由相对单一的领导主体相对集中担负责任地集中使用权力来履行领导职能。这时,权力行使比较高效直接,造成浪费或内耗以致耽误事情或职能履行的用权问题较少;但是,权力行使的责任风险也相对较大,领导主体因此而成为单独负责的权力责任主体。

另一种情况是,如果职责相关面较广,分担职责的主体相对较多,则意味着在同一领导主体内就有不同的具体权力行使者和责任承担者来一同处理事务或问题即共同履行领导职能。这实际就是同样一件事务或一个问题将由多个具体的领导主体依据各自职责来适量用权、协同处理。这样,权力行使就实际变成了多家具体领导主体的共同行动;其中常有可能发生异位不时、耗散浪费和低效无效等问题,因而需要多方协调、多头努力和共

65

同负责,同时也由此构成多头、复杂的权力责任主体。

第二,按领导职务行使权力。这是指领导者按自己的实际领导职务来适度用权并承担责任的权力行使活动。其实,同一领导层面内就有不同的领导职务,不同的领导职务又含带有不同的职责权限和用权规定,特别是不同位置的副职和其他辅助性领导职务如秘书长、办公(厅)室主任、资政、顾问等的权限和用权准则更是不同。所以,在事务或问题出现以后,在同一负责主体内,不同的领导者也将单独负责地行使自己手中的权力,一方面要时刻考虑职务职责所限所定和风险后果而严谨规范地用权,另一方面也要充分顾全大局、协同作战、形成强大的权力合力,由此来有效处理事务或问题、充分履行领导职能。

第三,按领导部位行使权力。这是指根据事务或问题的特定性质或程度,按照权力处置职责规定,确定所出现的事务或问题处于整个领导体系的某一部位和整个领导过程的某一环节,由此来确定具体的领导主体,特别是领导者并由他们用权处理。这是在大的领导框架和制度上出现的权力运作活动,是领导体系整体用权规定的常项,也是在权力整体的制度设计和宏观规定上规范用权的典型做法和重要现象。

第四,按领导机构行使权力。这是指在明确归属于不同领导部位的情况下,不同层面、性质和程度的全局性领导事务或重要问题更具体划向某一具体领导机构或机关,由它直接用权处理处置并担负全面责任。这是在更大的领导体系层面上根据权力关系和制度设计而进行的权力行使活动。这里所涉及的权力主体已经远不仅仅是领导者和领导组织了,常常还涉及或包括了第一主体,起码是领导体系内部的权力基础和最基层的能动因素。所以,这里的权力运作通常有一套严格、大型的程序,一旦启动就必定牵动整个领导系统、权力系统和资源系统,具有大规模的影响;在整个权力运作系统中,最为规范、端正和严谨。

(二) 领导权力的运用

作为权力运作的第二部分,领导权力的运用是指领导主体在职能职责、战略目标和特定环境的客观规定下,根据实际情况、特定需要和特定目标,依自由裁量的意愿、判断、倾向和抉择,随机应变,务实而行,创造性和非常规性地使用权力,由此来更好地实现领导宗旨、达到领导目标。其实质就是根据情境变化和实际需要、按经验智慧和灵活应变而动的创造性用权。其最大特点则是,在自由裁量权范围内,领导主体最大机动地运用权力资源,确保使用尽量少的权力来办成尽量大的事情。当然,它也需要有规范性,特别是需要有根有据和不能超越规定的权限,只是这种规整拘束的状况较小而已。领导权力的运用主要在于四个方面:

第一,按价值理念运用权力。这是指领导主体在不会与规范要求相冲突的情况下按照领导思想中的价值观念、价值标准、价值取向和价值选择确定用权的方向、准则、重点、方式和分寸并依之而行。无论是服务型领导还是管制型领导,在自由裁量权范围内,权力运用都是有偏好、有倾向和有重点的。

在现代社会条件下,在以人为本、以民为本、为民服务、造福于民和建设和谐社会的价值理念下,权力运用就是要更多地和更大程度地向民众,特别是弱势群体倾斜,把权力的天平尽最大限度地倒向他们那一边,让他们在权力的帮助和呵护下尽量得到强势的社会支持和扶助,由此确保权力最彻底的正确使用。

在这里,没有更多的技巧或艺术,而只有最崇高的道德感和责任感;只有在行使政策权的时候,特别是在行使决策权、奖惩权、财政权、物资权和机会权的时候,把方便、口子和空间尽量往宽松的方向挪一挪就可以了,甚至能做到不害怕、不嫉妒或者不考虑老百姓,特别是其中的弱势群体能够得到什么好处或利益就算是一个进步了。所以,对于真正优秀的领导主体来说,真正的使用权力就是能够毫不吝啬地把权力用来进行最大限度的实际惠民惠众和造福于世。

第二,按实际情势运用权力。这是指领导主体无论出于什么目的进行工作都必须依据形势和实际情况来变化因应、针对准确、恰如其分和贴切精当地使用权力。在什么情况下用权要频而重,在什么情况下用权要简而轻;根据什么对象、条件和基础,要采取什么方式方法、确定什么标准分寸,而后采取行动来运用权力。应该说,这是典型的依领导环境而动用权力来实施领导的领导行为和领导过程;这里也最充分、最直接地实践和体现着所谓的情境理论和权变理论;这里最忌讳的是闭门造车、孤陋寡闻、夜郎自大、因循守旧和一成不变。事实上,只有依情势应变用权才是经验、智慧、技术和手段上真正高明的证明,也才是用权多能成功而极少失败、领导多为卓越而极少失误的艺术保证。

第三,按现实需要运用权力。这是指领导主体在一定的领导环境里善于抓住和根据现实需要而非一相情愿或主观臆断来决定用权。现实需要的实际内涵非常广泛而灵活,涉及方方面面的现实意愿、现实取向、现实期待、现实利益和现实关系等重要现实因素。这些现实因素正是来自于能动领导客体的价值选择和民意压力与动力,当然也包含现实的牵引力、约束力、迫使力和强制力等实际关系与力量的制导;大致也归于领导环境这一巨大范畴,但本质上却是属于源自于能动领导客体、深刻影响领导用权的最重要外因。

领导主体在运用权力时如果忽视这一点,那么,即使完全出于高尚目的和动机并高度熟悉和切合领导环境,也不能真正把权力用好,至少不能用到位,实际则是常常逆着现实行事、不顾实际用权,结果就不能做到实事求是,也不能做到精明务实,当然也就很难把用权做成功了。所以,按现实需要来运用权力是用权成功、领导顺利的最大奥妙所在。但是,这里有一点是不可触及,更不可逾越的红线,那就是绝对不能简单因应现实需要而决定用权,而应该在完全符合、认真遵循七条权力原则的前提下有主见地运用权力;只有这样才能确保在有多方要求、多种压力和引力、多种声音和意见的复杂情况下始终能够正确使用权力。

第四,按利害关系运用权力。这是指领导主体在具体情境和具体关系中一般均采取首先考虑和处理利害关系的态度来决定用权。领导主体是一个组织群体或社会系统中唯一处于核心和关键地位的能动主体,实际则是社会关系网中的主结和大结,不仅牵一发而动全身,而且与几乎所有的利害关系都直接相关互联,因而无不深受这些关系,特别是利害关系的影响,特别是在用权过程中几乎步步与之关联互动。

一般而言,领导用权其实就是利害关系的直接表现和动态反映,是影响和决定具体用权那一刻的价值机制和动力扳机,是最敏感、最具体实在,也最能实质性影响用权的深层次因素或原因。领导主体忽视它或者不知道它的存在,都将导致用权困难、用权低效乃至用权失误或错误;当然,也必将因此而导致领导被动乃至领导失败。

所以,领导用权是一个十分重要的现实范畴。只是在这种层面来理解和把握权力运用时,必须紧密联系起领导思想和权力原则,特别是其中的价值理念来,要由正确的指导思想、权力观念和权力原则来判断、确定、选择和应付利害关系,并在此基础上机动灵活地或者雄才大略地运用权力;这样就能确保权力运用正确而高明。

第八节　领导权力的主旨与原则

一、领导权力运作的主旨

权力的来源和本质决定了,领导权力的运作不仅是要在通过使用权力来达到组织目标、实现组织使命,而且根本上就是要为人民掌好权、用好权,直接造福于人民以及确保人民始终有尊严。这一主旨具体包含了以下三层意思:

第一,领导权力运作是领导机器的实质性启动和运作过程,是关系到社会经济及其他方方面面变化发展的领导行为与活动,当然也是调整现实关系和利益的敏感行为与活动。没有这样的行为和活动,就是没有真实的领导过程,就不能履行领导职能、实现领导目标。

第二,以实实在在的创造性资源运动来为第一主体竭诚服务,包括看好家门、多办实事、广谋福利;以此来回馈第一主体,确保第一主体满意、放心和高兴,为整个组织群体或社会系统的和谐、文明与进步作出积极而特殊的贡献。

第三,通过权力运作,显示和证明第二主体对权力之母竭诚尽忠、对领导角色称职胜任和对第一主体全力维护;同时也由此证明:第二主体规范严谨,有能力、有条件、有实绩,而无任何浮躁、虚妄与泡沫,能够替第一主体掌管好权力和其他资源,能够竭尽全力、大公无私地为第一主体服务和谋福利,值得第一主体充分信任、信赖和拥戴,值得继续把权力委托和交付给这样的第二主体,是真正信得过的权力代理人。

显然,领导权力运作极为现实、极端重要。这突出表现在它是最实质的领导过程,是必定会产生结果,特别是导致领导客体变化、含带重大责任的领导活动;同时,也是必须确保依法、合理的领导行为,是必须有效推动文明和进步、创造财富和幸福、确保稳定与正常的核心过程。然而,在现代法制条件下,一不小心,用权就有可能会变成失职或者渎职,并引发其他许多严重问题;换言之,如果在违法和无理的前提下,它就是领导性质异化后的权力滥用、权力误用和权力坏用,那就是典型的领导失职或领导渎职。

事实上,领导主体,特别是领导者是合格的群众代表、人民信得过的公仆还是权力窃贼或权力大盗,或者道德水平、思想水平、政治水平、执政水平和治理能力是高是低或者全然恶劣,等等,都将在这一具体的权力过程中得到彻底的证明或暴露。

应该说,领导权力的行使无论如何都会产生相应的现实效应。当它合乎有关原理原则而依法进行时,它就能够产生积极的和进步的作用,形成正效应。当它无视或违背有关原理原则而违法进行时,它就必定会生产消极的和倒退的作用,形成负效应。而事实上领导权力的行使却只有在追求和确保形成正效应的情况下才是有意义、有价值和健康正常的。

总之,权力运作应该说是天下第一重要的事情。此其中,领导者所起的作用是直接的和最主要的,所担的责任也是直接的和最大的。其行使和运用权力的水平如何、正确性如何,将在其直接负责的范围内产生全局性的影响或后果。所以,十六大报告对此就特别强调地指出:"领导干部特别是高级干部,必须以身作则,正确行使手中的权力,始终做到清正廉洁,自觉地与各种腐败现象作坚决的斗争。"

二、领导权力行使的原则

领导权力要确保正确行使,就要高度注意、自觉坚守基于权力本质与来源的根本原则。

第一,以民为主,以官为仆,本末定位。

权力的本质决定了民为主而官为仆、民为本而官为末;决定了老百姓乃权力之母,领导者乃权力之子;决定了社会成员是权力的委托者和所有者即第一主体,而领导主体则只是权力的受托者和代理人即第二主体。说通俗一点儿就是,只有老百姓才是权力的老板,而领导者却只是权力的雇员。这样一种本末关系、这样一种角色定位是天经地义、亘古不变的。

然而,这就决定了,领导主体在行使和运用权力的时候绝对不能忘乎所以、反仆为主、颠倒本末了;只有这样才能保持第二主体本色而维护第一主体地位不动摇,也才能从根本上保证正确用权而避免错乱用权;否则,就不仅会错乱用权、以权害民,而且会堕落成为权力大盗,诚所谓"权鬼"、"民贼"——不仅必为权力老板所解雇,而且也必为真正的权力主体所惩处。这不是危言耸听,而是屡试不爽的真义。

总之,这个第一原则是确保正确使用权力的根本原则,也是没有丝毫松动余地、绝不可以懵然相对或以身试法的铁律。这就是说,第二主体必须首先端正本末位置,然后才能胜任第一主体的信任和委托,才能成为合格的权力受托者和代理人,亦即才能正确掌权和用权。同样,领导主体必须正确把握根本的权力关系,明确定位起码的权力角色;只有这样才能从根本上确保正确地看待和对待权力,正确地行使和运用权力。

第二,人民至上,民利第一,一切为民。

权力的本质决定了:权力来自于民而必须回馈于民;权力不是第二主体自己的谋利工具,更不是领导者的私家资源和谋利手段;权力原本就是必须完全用来造福于民的最宝贵资源和最重要手段。而这就要求:权力的行使和运用必须坚持人民至上,民利第一,一切为民。

这个权力原则实际上就是要求领导主体,特别是领导者必须为民而用权。这种为民用权的真实要义主要有如下三层:第一,用权的动机就是人民幸福之念和对于人民之爱。第二,用权的目的就是为民服务、为民谋利和为民造福。第三,用权的标准和角度就是倾斜于民、便利于民、让利于民、宽松于民和厚道于民。

总之,这个原则就是要求领导主体用权必须时刻心向于民、情系于民而非寡情薄义于民,必须真正福泽于民、利归于民而非与民争利;特别是在行使自由裁量权时,尽量向群众倾斜,尽量把天平的准星和重心移向于群众;具体而言,就是要对群众能多让一分就多让一分,能多给一分就多给一分,只为群众能够多得利、多有好处而努力、而高兴、而毫不迟疑、而毫无心理障碍,使群众真正能够从权力行使和运用中最大限度地得到好处或利益,决不忍心让群众无利失利、困苦无奈和吃亏受害；由此以确保真正做到罢绝私心、用权为民、便利群众、为民谋利和为民造福。

第三，合法依法，公平公正，大义光明。

这一原则要求：在任何时候都必须在法定的权限和合法的范围内、按照法定的程序来行使领导权力；必须时时谨奉宪法、法律和法规，时时对照法律规定、检查每一领导行为是否合法，及时发现和制止任何违宪违法、违规违纪或者非法枉法的权力活动；确保任何权力行使都不会越法律雷池一步，严格依法行使权力，合理合法地运用权力；还要确保权力服从于法律，而不得"权大于法"、"权大于纪"，在实际活动过程中真正做到依法用权、规范用权、依法领导、依法施治。

这一原则还要求：要敢于，并能够实行权力运作公开制，提高权力运作的透明度，确保公平公正，以便领导客体实行监督和制约，真正把民主落到实处，真正取信于领导客体；要坚决反对和制止特权化、权力私有化、权力阴暗化和权力市侩化，反对和防止权力崇拜、追求权力最大化，防止权力的无限膨胀或扩张，彻底铲除权力中的封建遗毒及剥削阶级的所有毒素；要坚决克服和打击在权力动作过程中发生的各种歪风邪气，包括尖酸刻薄的怪气、黑云压城的阴气、背后下手和暗使拳脚的毒气、专制乖戾和阴险卑鄙的恶气、拉帮结派和亲疏分对的邪气、制造矛盾和趁火打劫的匪气、纵容胡闹和坐观纷争的乱气、专横无理和肆意压制的恶气等。

总之，这里就是要求：要严格按照规则和机制行使权力，果断防范和制止越权行为及其他权力违规行为，坚决消除和避免交叉、碰撞、冲突地或者不顾后果、不顾人民意愿、不顾道德公理和公平正义地行使领导权力的现象；要加强自我监督、自我约束，确保自身始终谨慎端正、依法依理和光明正大，有效防止热衷权力、追逐权力、谋取权力等权力崇拜，而决不要拥权自大、不可一世、把自己当成了"土皇帝"或"地头蛇"；还要彻底避免发生诸如以权谋私、权钱交易、争权夺利、钩心斗角、鱼肉百姓、多贪多占、不顾群众死活、任人唯亲、拉帮结派等恶劣现象；在权力面前始终保持高度的自我约束性。

第四，科学合理，精明务实，讲求绩效。

这一原则要求：要合理地使用权力，因需用权，适当用权，切要用权；一定要把权力当做极其珍贵稀缺的资源来对待，并真正把它用到点子上去，使之发挥出最大的效用、产生出最好的效果；不能超越实际需要和或实际许可的范围而有悖情理地行使职权，不能超越领导职能、领导职位和领导职务所确定的权限，不能滥用权力、浪费权力，不能无节度、无分寸、随意任气、不计成本、不计后果地行使权力。总之，对于权力这种资源，一定要倍加珍惜，要节约高效地使用；把权力用得最为贴切精当，不错用，不滥用，不胆大妄为，不借以胡作非为；特别是绝不能"权大于理"。

这一原则还要求：必须结合当时当地的实际情况，一切从实际出发，实事求是，追求真理，遵循并维护真理，必须在真理的指引下、在科学的前提下最佳地行使权力；必须科学地制定权力运行规则和运行机制，并加以法律化；必须制定最有效的权力监督约束机制，也同样法律化。绝不能没有科学依据就胡乱行使权力，绝不能把不科学的用权及其造成的巨大损失和带来的严重后果仅仅当成是必要的学费。

这一原则又要求：用权必须非常精熟于运筹谋划，善于掌握和利用好时机或机会，善于使用影响力和各种资源并极大提高资源的效用,善于调动和发挥组织内的所有积极性、能动性和创造性,从而极大提高组织群体和每个成员的工作成效,努力创造优良的个人业绩和组织绩效,最终取得最好的权力使用效果。

这一原则还特别要求:必须分层协调,分类配合,按位行权,各负其责;一般均不得超越权限和实际工作范围随意动用权力。同一层次的领导活动中,对同一个组织的成员,也有必要将权力划分为若干个层次,分工负责;做到既善于集权,又善于分权。必须避免大小权一概独揽,亦即要防止一竿子插到底、事无巨细全由一把手来抓;由此确保领导权力真正得以最佳地运作,并且发挥出最佳的作用。

总之,这里要求,必须确保权力服从于真理,服从于科学,而不是凌驾于真理和科学之上;必须使整个权力运作过程都能勤谨务实,灵活应变,讲求实效,确保踏实扎实和效率效益,真正做到合理用权,科学用权,灵活用权,务实用权,最终实现科学领导。

第五,珍惜节约,严谨慎重,杜绝滥用。

这一原则要求:必须树立十分明确的权力资源意识,要有高度的权力有限感和紧缺感,时刻提醒和告诫自己要珍惜手中的权力,要非常节约爱惜、适度精当、恰切准确、严正规范地使用权力,要绝对杜绝任何权力资源的浪费糟蹋、哪怕一点点不妥当的使用,更不允许滥用,防止失范混乱、失当失控,坚决杜绝胡用乱用、狠用恶用。

这一原则还要求:必须区分轻重、有别缓急,必须讲究方式方法和分寸得体,必须戒绝私心杂念、心浮气躁、意气用事、冲动张狂而保持高度的理智理性、沉着稳重和严谨周密,必须十分谨慎或小心翼翼地对待和使用权力,必须确保个人和集体用权均严格规范,确保领导者与领导班子用权都十分明智得体、有分寸、有把握。

这里还提出要求,用权必须做到和保持高度的慎独。此即,要正确看待和使用权力,要时刻想到权力的性质、来源、主人和仆人,想到国家、社会和公民,想到历史、责任、良心、良智、道德、约束和监督;要自觉接受外在的权力监督,避免丧失监督,防止滥用权力;要自我抑制和消除具有最严重危害性的无制约个人权力欲;而千万不能以为"一朝权在手、便把令来行"的痛快、尊严、风光和"人上人"的良好感觉,以至于忘记自己仅仅是代表人民行使权力,仅仅是人民的公仆而把自己当成了国家、社会和人民的主人;更不能忘记权力本就是一把"双刃剑",既可用之以为非我解决现实问题而造福于世,也可不自觉用之以伤自己的命、砍自己的头。

这一原则还特别要求:为了做到上述诸条要义,就要坚决打掉、铲除和告别不可一世的骄气、高高在上的傲气、自以为是的妄气、第一把手的霸气、天下第一的狂气、老虎屁股的躁气、公鸡尾巴的翘气、好高骛远的浮气,踏踏实实、严谨周密地行使和运用权力,确保每做一事、每行一步、每用一权都切合实际且有板有眼;而绝不能炫耀权势、玩弄权术,绝不能根据想象、意气、单纯的理想、模糊的概念、假大空的口号等来行使权力。

总之,用权就是要消除一切浮躁之气和形式主义,追求权力行使的切实、务实和踏实,以真正的实效而非大吹牛或者虚假手段等来行使领导权力。

第六,实事求是,民主集中,杜绝独断。

这一原则要求:必须以求真务实的态度,客观、正确地对待和反映领导环境和所要处理的事务,真实、准确、全面、系统地把握住用权所不可超越和模糊的现实情境、客观规律、客观要求和事实真相,不能歪曲事实,不能主观臆断,更不能虚妄专断。只有这样才能真正确保谨慎用权、正确用权和有效用权;否则,就一定会造成用权不当、用权失误乃至用权错误而后果严重。特别是在行使政策权和人事权的时候,尤其必须确保实事求是,讲求和尊重客观事实,从客观事实真相和要求出发,充分注意到,也把握住了方方面面的关系与问题,抓住了时机、要害、焦点和平衡点,然后准确恰当、果断有力地用权;这样才能确保有效地解决问题,平衡好各方面的利益与关系,最大限度地做到公平公正而使人心服口服,真正做到恰当用权、准确用权和成功用权。

这个原则还要求:必须非常善于发动群众,开启民智,舒张民情,放达民意,反映民求,确立民愿;同时,还必须非常善于听取领导班子内和整个组织系统内的不同意见,适当地分权,不要搞一言堂,而要搞群言堂,不要搞家长制,而要搞委员制,不要搞个人说了算,而要搞大家出主意。在此基础上,博采众长,汇集精优,适当集中,切实统一,恰当集权。总而言之,就是要善于和乐于兼听博纳,善于从不同的声音和思路中获取灵感和启发,由此来确保及时或及早发现和避免权力陷阱,更好地形成正确用权、成功用权的思路与对策,也更科学高明地处理集权与分权的关系,确保权力运行中规中矩、稳妥端正而风险最小。

总之,这个第六原则是保证领导权力正确行使和运用的关键准则和最重要保障,同时也是其他原则,特别是第四和第五原则能够得到切实遵循和实施的最重要保证。

第七,公开透明,接受监督,坦承责任。

这个原则要求:要建立并维持领导信息公开的制度和机制,同时还要建立并维持权力行使乃至整个领导过程对民众公开的制度和机制,让人民能够随时知晓领导权力的状态、领导权力运作的过程和进度,确保权力及其行使能够真正光明正大和公开操作;坚决避免和防止权用于私和暗箱操作,坚决排除出现心地阴卑、灵魂肮脏、人格龌龊地对待和使用领导权力,坚决避免领导权力及其行使被人利用、腐败堕落和侥幸过关。总而言之,就是要加强领导公开的力度和深度,用透明的机制来确保领导权力的健康、正当、规范和安全。

这个原则还要求:要加强对领导权力行使的监督和制约,不仅领导者要最大限度地强化自我监督、自我约束的力度和自觉性,而且要最大限度地发挥人民监督、社会监督、法律监督、政党监督乃至领导系统自身监督的作用;同时,还要极大发展、优化和增强领导公开机制、领导权力的监督约束机制、法律监督机制和政治监督机制,从而最有效地实现对领导权力的监督和制衡。总之,要绝对保证权力的人民性,保证权力行使的合法性、合理性、公正性和科学性,把权力完全置于人民的有效监督之下,合规中矩,到位正位,而完全避免领导权力的缺位、越位,完全避免权力行使的不规范、不作为、失范失控、失职渎职、违规违纪或者违法犯罪。

这个原则又要求:(1)必须责权统一,不可权责分离,也不可重权轻责或者有权无责;必须是权既行之,责即随之,权责对应,形影不离,由此形成确保权力慎用和用权担责的有效机制。(2)必须以责驭权,此即要由领导主体根据责任并自觉从责任出发来控制自身的用权念头和用权行为,即以责任来约束权力,使权力服务于责任;由此形成一个成熟于领导主体内部的权力制约机制,并最终使得领导权力成为从属于领导责任,特别是权力责任的特别能动因素。(3)必须以责制权,此即要由领导主体之外的机构、制度和能动主体来掌握和判定责任的标准、程度和不可逾越的红线,紧密关联责任要点而随时审查权力运作的性质、位置、特点、影响和结果,当权力运作触犯红线或即将引发危机时就迅速启动责任警示或责任追究程序,当然也实行事后问责制度,由此来确保权力规范、安全地运行。

这里的总要求是:领导主体必须强化责任意识,把责任看得高于权力,为官一任,负责一方;同时,还要形成一个强效有力的责任机制,随时有效地制约权力,发挥出权力制衡的特殊作用。只有这样才能确保权力不会离开责任,才能确保权力只是履行领导职责的必要条件而不会成为领导者谋私的工具。

对于上述七条原则及相关要义,领导主体,特别是领导者在行使和运用权力时,如果能清晰严正以遵循之,则合乎其义,顺乎其道,扬乎其德,成乎其功,且持乎其久;相反,如果是糊涂险恶而违背之,则敌乎其义,逆乎其道,弃乎其德,败乎其绩,而祸乎其短。事实上,如果领导权力已经成为为所欲为的万能法宝,那么就意味着专制、腐败和灾难已经产生和泛滥。只有坚守上述诸原则要义,才能真正有效地避免发生不良的权力后果。至于用权的方法艺术,则只有在严格坚持这些原则的情况下才能讲究和应用;否则,就会变成奸诈险恶、玩权弄权的权术,这样其后果就必定非常严重了。

总之,对于这些权力原则,绝对不可随意出入、轻慢践踏;否则,均将自取其祸,更害世至深。领导主体,特别是领导者对此当认真对待,真正做到慎重用权。

第九节　领导权力的监督与制约

一、领导权力监督制约的必要性

领导权力的监督约束对于领导过程和领导结果来说至关重要,对领导标的和性质的正确与实现具有最关键的保证作用。从已有的领导实践看,缺乏监督的领导一般都会变成暴虐乖戾的不良领导,就会改变领导的性质和初衷;在操作上就会不受制约地直接侵害领导相对方的合法权益,进而造成经济社会的受阻和破坏,带来诸如动荡不安、停滞落后、混乱萧条乃至祸患灾害等一系列严重后果。这些后果一旦发生,就很难修复或弥补。可以说,领导权力的监督约束一旦弱化甚至欠缺,领导就会迅速异化,领导权力就会迅速失控,民主法制就会遭到严重的践踏和破坏,一切合法权益都会面临得不到保护的危机,一个组织、一个国家、一个民族就将因此而付出沉重的代价。

无数经验教训证明,只有作为国家主人的人民群众能真正对领导权力进行有效的监控和约束,才能使领导权力真正为人民所掌握,为人民所服务,亦即才能防止领导权力以各种方式从人民的手中流失而不再为人民所有,且失控膨胀和蜕化变质。这也即是说,现实生活中一刻也不能缺少领导权力的监督约束。整个社会机制要能正常健康地运转,就一定要有领导权力的监督约束作保障。事实上,领导权力的监督约束在领导的正确性、稳定性、有效性和积极性方面起着极端重要的巨大作用;在整个领导过程当中,十分需要加强领导权力的监督约束。具体而言,这突出表现为如下要因:

第一,领导权力本来就是第一主体托付给第二主体的委托物,天然地只属于第一主体,而不属于只是代第一主体用权理事的第二主体;第二主体天然就是要对第一主体负责,要替第一主体掌好权、用好权、办好事并由此使之放心和满意。因而,第一主体天然就要对自己的财产、托付出去的权力进行跟踪了解,确保不会滥用恶用或异化变质,更不会在不知不觉中就改头换面、改名换姓而成某个私家或者只是第二主体的了;对于权力运行过程中出现的偏离目标或者越轨乱秩的问题,及时予以纠察和纠正,确保权力始终健康正常地存在和运作,也确保能够真正放心——这就是说,领导权力的本质就决定了必须监督制约。

第二,领导权力的高度资源性容易产生腐败。权力本来就是能够带来资源的资源,还是能够带来价值的价值,当然也是能够带来各种财富的财富,而且还是能够带来在人世间所能有的和所希望的一切;然后是具有某种魔力能够引起人们强烈贪欲、占有欲和垄断欲等变态心灵和行为的怪物,最后则是像所有非常好吃的东西一样,在不见阳光、不透明公开、不受及时跟踪监督和有效制约的情况下就必定滋生"病毒"和腐败,产生异化和变质,导致领导体系腐烂崩溃。所以,从资源管理、资源安全和资源保值增值的角度看,也很有必要引入和实行权力监督与制约。可以说,监督制约就是权力防病治病的最有效防疫手段和医疗手段;唯此能够确保领导权力真正安全健康。

第三,领导权力在现实生活中不仅经常出问题,而且还常常出现十分严重的大问题。这主要是领导权力在行使和运用过程中出现了许多严重问题。这些问题包括如下两个方面:

一方面,领导权力总会出现非正确运作,其中较为突出的表现主要有:(1)专权。此即把一切权力集中于领导者手中;无论大小事,均个人说了算,独断专行。(2)越权。此即领导主体越过职权、职能和职责范围,动用非其所有之权,处理非其所属之事。(3)侵权。此即领导者常常侵犯他人的民主权利,强制或压制他人,迫使他人按照其个人意志行事,强行阻碍、破坏或剥夺他人的现实利益。(4)搞特权。此即指有不少领导者总是欲求谋取法律和制度之外或一般人得不到的特殊权利。(5)滥用和私用权力。这集中表现为以权换权,以权换钱,以权谋私,权钱交易,严重损害民众的根本利益。

另一方面,在现实生活中,总会有一些领导主体,特别是素质极度低劣的领导者,在实际掌握、行使和运用权力的过程中,常常借题发挥、借机淫威、大耍权术、阴险刻毒、傲慢凶狠、残酷相斗、交易牟利,把权力当成私有财产或者达到个人目的、获得个人满足的工具,把玩弄伎俩、奸诈相处、狠毒相对、阴谋诡计、翻掌为云、覆掌为雨等当做官场的生存之道、自己的智慧艺术和特别得意之作;其实则是通过人格堕落来证明自己比别人更高明、更卓越,而群众对此则是既看不清也道不明,严重玷污了权力的圣洁和庄严。

以上两类情况都是人们非常痛恨的官僚主义和腐败堕落现象。这在现实生活中并不罕见,甚至还有愈演愈烈之势。这样的领导主体不能靠自己的称职和努力来增强凝聚力、领导力和竞争力,还反而极大消耗和破坏了有限的社会资源和各种正当力量,严重损害了领导客体的利益和整个社会系统的健康与安全,挖空了社会系统生存和发展的基础,直接置社会系统于虚弱、危急和溃败的边沿。究其根源,这些腐败现象主要是由于领导素质残缺恶劣又不加以改造和提高,也由于领导制度不严、领导机制不善、监管领导低效不力、民主监控严重失灵等实际原因。这些官僚主义和腐败堕落现象未加铲除,产生这些现象的原因未加根治,领导就必将成为导致社会系统在新世纪竞争中彻底衰微、失败的最大因素。

这就是说,在权力监督制约的机制和体制不健全、不完善的情况下,各个机关、组织、部门或具体单位的领导集体和主要领导者(或曰一把手)常常是不受,也几乎没有监督制约地随意行使和运用权力,常常是胆大包天、为所欲为和大肆的权力私有化商品化,经常发生严重侵害民利、违背民意、糟蹋权力、浪费资源、失职渎职、违法犯罪等触目惊心的腐败堕落,使权力运作经常发生权力浪费、权力乱用、权力滥用、权力私有、权力垄断、权力腐败、权力危机和执政危机等严重现象,为领导主体的健康性、合法性、胜任性和持久性带来了严峻的困难、危机和挑战。因此,大力加强领导权力的监督制约,强力防止和纠正权力腐败就不仅变得非常现实和十分需要,而且还是确保领导权力不变质、领导主体不变色、领导地位不动摇的重大关键。

应该说,一个真正以共同事业和公共利益为重的群体或组织就必须有,也一定会有这样一种权力约束机制,而其中的领导主体则必定愿意接受,并推崇这样的约束。可以肯定,这样的群体或组织必定会兴旺发达,其中的成员也会安居乐业。相反,在一个群体或组织中这种机制得不到建立,或者虽然建立却名存实亡,则这样的群体或组织就一定不会有生机和活力,其中成员的权利也必定得不到保护,并一般地出现人人自危、惶惶不可终日的没落局面。若至此,就表明这已经完全丧失了人心,其实是领导的最大失败。

显然,对领导权力的行使与运用必须严加监督约束。这既是事关领导队伍建设和领导事业成败的一件大事,又是一种权力约束机制,也是一种正常的民主生活。这一方面表现为组织人事工作和监察纠察工作,能及时纠正领导主体的种种不端正行为,制止和消除由领导主体的疯狂恣肆所引发的各种丑恶现象,确保领导阶层的秩序不被某种胡作非为所打破,进而维持权力运作的健康正常和稳定平衡;另一方面也表现为群体或组织成员的民主权利得到充分的维护和尊重,确保领导主体真正为领导客体服务,并从根本上为领导客体所监督和管束,让领导相对方得以放心、安心并专心致志去谋发展、谋成功。具体来说,领导权力的监督制约主要有如下诸方面的实际作用:

第一,领导权力的监督约束能够随时发现和纠正一切与领导目标相出入或相背离的领导行为,随时发现、制止和纠正领导实施当中出现的偏差、失误和错误,防止和避免领导实施偏离领导目标并由此使公共领导发生作用异化和性质异化,防止和避免领导制定失误或错误及其带来的各种损失和危害,从源头上确保公共领导的正确性和合法性,有利于提高领导实施的效率、确保领导目标得到切实地贯彻和实现。

第二,领导权力的监督约束能够极大推进公共领导以及公共管理的民主化和法制化,极大维护领导相对方主要是广大老百姓和社会公众的利益,确保领导权力的人民性质,最终实现大治、建成盛世。领导权力是一种具体制定和实施公共领导、涉及利益和社会现实面最为广泛的公共权力,也是人民委托给代表人民的政府去为国家、为人民谋福利的一种国家管理权和社会管理权,始终属于人民,需要通过包括实施有效的领导权力的监督约束等具体举措而把领导权力完全置于全体人民的监督之下。

第三,领导权力的监督约束能够确保领导主体遵守宪法和法律,依法领导,依法运作,依法行使职权,规范地履行领导职能,由此而后制定和执行公共领导,并使领导主体乃至整个公共权威部门在重大的社会转型和经济发展过程中规范运作、依法行事。

第四,领导权力的监督约束能够确保公职人员遵守宪法和法律,依法领导,依法活动,依法行使职权,规范地履行领导职责,严格地信守职业道德和领导伦理,树立公仆观念,真正做人民的公仆;使公职人员清正廉洁,大公无私,勤恳高效,爱岗敬业,尊重"主人"即人民,真正为人民着想、为人民服务。这即说,对公职人员实行监督有利于推进公职队伍公仆化,也有利于公职人员素质的提高,更有利于改革开放事业的推进和发展。

第五,领导权力的监督约束本身就是克服官僚主义弊病的有效机制和有力手段。它不仅制约着领导主体运用职权实施领导,抵制不正之风,而且能优化领导过程,提高领导成效,促进公共领导的科学化、民主化、规范化和法制化。

总之,权力必须受到监督制约;监督和制约领导权力就是防止权力异化、治理权力腐败,是最重要的一种治理工作,亦即对全社会中最强大力量或能动因素进行控制、约束、引导和促动。这对于建立一个和谐稳定的组织结构或社会系统来说具有根本性和关键性的作用,对于推进领导工作的科学化、民主化和法制化,对于推进国家管理和社会管理的法制化,对于实现依法治国、依法领导,确保领导权力运作的清洁和健康,均具有极其重大的现实意义。

二、领导权力的监督约束的实质与特征

(一) 领导权力监督约束的实质

领导权力的监督约束是指领导监督主体依照宪法法律所赋予的权利而对整个领导过程进行检查、检测、听证、对证、反馈、纠偏、止误、刹车或放行以确保公共领导正确无误、合理合法的一系列监控活动与过程。

事实上,领导权力的监督制约是相对于领导权力的行使和运用即领导用权而言的,就是运用各种制度、机制和法律关系对用权进行监督、制衡和约束。其实质就是"督权"。其旨在确保权力受到控制和约束,由此防止权力失范失控、走向绝对和腐败,并最终酿成严重后果。这是确保权力本质不变的权力保障机制,也是确保第一主体不受腐败失控祸害的重要保障机制。

从形式上看,领导权力的监督约束是公共领导的透明化、民主化和法制化过程;从实际内容上看,领导权力的监督约束是对整个领导系统,特别是领导过程诸环节所进行的监控,也叫做领导监控;从根本上看,领导权力的监督约束就是领导责任的监测与追究,也就是领导问责;而从实质上看,领导权力的监督约束就是领导监督主体依法制约领导权力运作的过程,简言之即领导制衡。

这里所谓的领导监督主体就是具有合法的领导权益和公共生活地位的相关各方即领导相对方;但实际上则主要是广大民众、社会公众和人民代表及其组织即立法机构,他们是领导相对方主体,也是最主要的领导监督主体。之所以是领导监督主体,是因为宪法和法律都确认他们是国家的主人,是公共权威和公共管理所必须竭力服务的对象,而领导则是从不同层次、不同渠道具体服务于他们的工具和手段,因而他们天然就拥有对领导的监督权而且是领导权力的监督约束的主体。他们实施领导权力的监督约束,就是为了制止和避免领导失误与失控以及与此相关的公共权力权威运作错误与失控,维护领导相对方个别和整体的合法权益,包括个人、群体、组织,特别是国家的利益。

显然,领导权力的监督约束实际是一个非常重要的领导内容与领导过程,具有重大、广泛而深远的政治影响和社会影响。其实质就是公共权威的民主化过程和领导过程的民主化过程。从根本上说,领导权力的监督约束是对整个领导过程进行监督、对各个领导环节进行监督的过程和活动;就是以人民群众为主的领导监督主体介入领导过程的民主参与过程,主要就是人民群众参与领导过程的民主过程。其最大特点就是以宪法法律为基础、以监督主体的监督能力为条件的民主化。

领导权力监督约束的重点是领导制定和领导实施,领导权力监督约束的关键也在于领导制定和领导实施。这是因为,只有领导制定才最容易发生领导失误,也最容易直接而根本地损害领导相对方的利益,最容易导致严重的领导失控、领导危难与领导灾害;而只有领导实施才最容易直接发生领导失控,包括领导失真、领导偏离、领导变异、领导恶化和领导专断等;而如果通过对这两个环节的领导过程进行有效的监督,那么就可以基本上避免任何重大的领导失误与领导后果了,就可以确保领导权力的监督约束取得成功。

但是,如果领导监督主体在这两个环节上出现严重的疏忽或者几乎就没有能力或可能来实施监督,那么对领导其他环节无论监督得如何成功,从总体上来看其领导权力的监督约束则都必将失败;因为这两个环节出现严重而致命的问题和后果都是不可避免、不可阻挡和必将泛滥成灾的。所以,领导权力的监督制约要特别抓住领导制定和领导实施这两个环节来进行,在此基础上再全面覆盖其他领导环节。

(二)领导权力监督约束的特征

领导权力的监督约束主要有如下六对特征:

第一,群众性和民主性。这是领导权力监督约束的根本特征。领导监督主体中的第一主体就是人民群众,领导权力监督约束的目的就是为了让权力更好地服务于人民群众;因而,领导权力的监督约束实际就是充分发挥法律范围内的民主权利的过程。可以说,没有人民群众对领导的监督,就不会有真正的领导权力监督约束。事实上,领导权力的监督约束里里外外全都显透出民主的主旨与精髓。

第二,法制性和规范性。这是领导权力监督约束的最大特征。领导权力的监督约束正是基于法制提供保障、支持和约束而后才得以发生和进行的,有程序,有秩序,有法律效力和影响力,而不可以随意进行、随意解释和随意接受或不接受。随着领导权力的监督约束的日益发展,基于法制的领导权力的监督约束将变得更加规范、有力。

第三,系统性和广泛性。这是领导权力监督约束全面入手、全方位发挥作用的基本特点。领导是系统化的,涉及范围非常广泛,领导进行到哪里,领导权力的监督约束就到哪里。因而,领导权力的监督约束自然就要全面系统、广泛深入、持续不断地进行。

第四,经常性和及时性。这是领导权力监督约束的动态特征。领导是公共管理正常运作的核心和主轴,社会生活始终都由领导来主导运作;所以,对领导的监督就自然成为全社会必须正常而及时进行的事情了。另外,由于领导权力的监督约束经常进行,因而能够随时发现领导过程各环节的问题并作出及时的反应,从而达到科学、合理的领导目标。

第五,权力性和动力性。领导权力的监督约束本身就是一种权力,是以法律为后盾、相对于领导权力而发生的监督权,是权力体系中保持权力稳定可控、正常健康的调控剂和清洁剂,是能引起权力体系朝正确的方向作出有力反应的特定权力。这种性质的权力显然具有去腐的作用和推动进步的作用。而这些作用本身却又都构成了促使领导主体依法领导、廉洁自律、规范高效的一种动力。在严格的监督下,领导主体就会获得一种真正能优化领导行为的动力,从而真正在机制上和法制上用好公共权力、做好公共领导。

第六,制衡性和约束性。领导权力的监督约束是国家管理中对其他管理环节具有重要制约功能的一环,即是一个重要的管理环节或管理职能,是公共权力的有效监控手段和调节手段。它使代表国家和人民行使公共权力去管理国家和社会的领导主体及其活动完全规范和控制在法律制度的框架之内和人民的愿望与要求之下,保证国家管理的严谨正常和公共权力的平衡稳定,保证领导真正为国家服务、为人民服务。这即通过对领导权力的广泛约束和规范,使领导权力始终保持人民的性质,避免权力失控或产生不受约束的权力,以利于推进整个国家和社会的民主、进步与文明。这是正常化国家生活和社会生活的需要,是人民保障自身权益和公共权益的需要,也是治国的需要。

总之,在法律的保护和支持下,任何法定的监督主体都可以依法行使对领导主体进行监督的权利。任何监督客体即领导主体在广大监督主体的监督下受到具有法律效果的约束,不敢滥用职权、腐败谋私,不敢懈怠放任、侵害领导相对方的利益;而能自觉遵守和维护秩序,发挥出极好的领导效率和领导效能,正常达成领导绩效,使整个领导过程充满民主法治精神。

三、领导权力监督制约的基本目标、思路和策略

(一) 权力监督制约的基本目标

领导权力的监督制约旨在加强对权力的限制和控制,端正权力运行,防止权力滥用,克服腐败现象,保持权力本质。具体而言,这主要有如下五点:

(1) 抑制权力负向作用,确保权力正向作用。

(2) 避免权力暗箱操作,确保权力透明公开。

(3) 防止权力失范违规和越轨违法,确保权力规范合辙和遵纪守法。

(4) 防止领导权力走向专制黑暗和垄断私有,保持权力的公共性、公正性和干净纯洁。

(5) 严格控制用权行为,防止权力疯狂与失控、权力残暴与犯罪,避免出现恶政和暴政,确保权力运行稳定有序、清醒明智和健康正常。

(二) 领导权力监督制约的基本思路

要监督和制约领导权力,最主要的就是必须形成一个强大有力的监督制约主体和机制。具体而言,主要有如下两个基本要点:

第一,必须让第二主体(实际的权力主体即领导主体)成为领导权力监督制约客体,让第一主体成为领导权力监督制约主体,同时也让政党、团体、媒体、社会加盟第一主体,构成完备的领导权力监督制约联盟。

第二,必须实行群众监督、政党监督、社会监督、法制监督和机制监督,还要实行权力制衡,包括内部制衡和外部制衡、直接控制和间接制约,同时还要实行权力监督,包括内部

监督和外部监督、事中纠正和事后问责。

实际上,领导权力的监督和制约就是对整个领导权力体系的配置设计与相互关系、制度保障与执行、实际运作过程和结果三大方面进行全面的制约和监督。如果不是这样,那么就是跛足的制约与监督。

总之,要监督和制约领导权力,就是要在实际的权力运作中始终坚持正确的权力观,始终确保正确地行使和运用领导权力,始终遵循权力运作和制约原则,真正做到以民为本、用权为民、使民满意、以德领导和以德施治;最终则是最佳使用领导权力,极大改善领导形象,有效地巩固领导地位,实现领导最大成功。

四、领导权力的监督约束的基本方式、办法与策略

(一) 正式的领导权力的监督约束

正式的领导权力的监督约束就是由官方发起和组织、具有严格的程序和科学标准、根据法律法规而对领导实施监督的一系列活动。一般来说,领导系统内部实施的领导权力的监督约束,主要是依据职责和正常工作过程本身,通常包括如下八个方面的主要办法:

第一,计划安排。无论是否感受到领导过程中出现的问题,作为领导发起人的领导主体都对领导过程进行制度化的、有计划安排的跟踪监督。

第二,观察检查。在领导实践中,作为领导发起人的领导主体对领导过程进行观察检查,随时注意已经或即将发生的问题、矛盾和困难。

第三,审度分析。领导主体对领导过程中出现的问题和现象进行审度分析。

第四,评价鉴定。领导主体对领导问题、现象、结果和效果进行确认。

第五,得出结论。领导主体通过确认领导过程的实际情况来得出结论,比如经验教训的结论、应该怎么办的结论。

第六,进行反馈。作为领导发起人的领导主体在领导主体系统内进行及时、高效和权威的信息反馈,并直接作用到领导过程当中。

第七,实施纠正。作为领导发起人的领导主体对领导实施过程中出现的种种偏差、失缺、错误、越轨等不良情况进行纠正,消除领导过程的负效应。

第八,落实责任。作为领导发起人的领导主体确定当前问题应由谁来承担责任;使领导责任落实到人,确保领导具有明确的责任承担者并在出现问题时能够立即有人承担责任。

上述做法反映了正式的领导权力监督约束的基本构成;并表明,作为领导监督主体的大多数主要还是广大的领导相对方,即领导的直接承受者。他们主要依据宪法法律赋予给自己的权利和义务对公共领导进行监督制约。

(二) 非正式的领导权力监督约束

非正式的领导权力监督约束就是领导监督主体在非官方组织、引导的情况下从领导的实质到执行及其结果所进行的自然关注与监督活动。其主要特点是,实施这些监督不一定很系统、很正规、很严密和很完备,但却很普遍、很广泛和很经常,可以说是无所不在、

无时不在；只是常常比较被动、比较有限，能力、效力和实际影响都偏弱且差异很大而已。概括起来，非正式的领导权力的监督约束主要有如下五种做法：

第一，感受领导。作为领导监督主体的领导相对方通常是只有也只能对领导先行感受，然后才可能作出相应的领导反应，包括愿意不愿意、高兴不高兴。

第二，评判领导。在充分感受领导以后，作为领导监督主体的领导相对方就可以也自然会对领导进行评判，判明好与坏、优与劣、利与害以及应该支持还是反对。

第三，反映问题。对于整个领导过程中出现的各种问题，作为领导监督主体的领导相对方都有权向相关权威部门作出反应，以便使公共权威对领导问题作出及时的反应与处理。

第四，提出意见。作为领导监督主体的领导相对方可以提出所有相关的领导意见，并要求把这些意见落实到领导过程当中。

第五，要求处理和回应。对于大家所关注的问题或焦点，领导相对方即要求领导主体立即排除问题并作出积极的回应，让领导相对方满意。

上述五个方面反映了非正式的领导权力监督约束的基本构成；同时还表明，领导权力的监督约束是极其普遍而现实的，跟现实生活中的每一个人、每一个领导客体都是紧密相联、息息相关的。每个领导客体，特别是每个公民随时都需要，也应该依法对领导体系，特别是领导制定和领导实施实施有效的监督。

（三）领导权力监督制约的基本策略

要有效实施权力监督与制约，就要在基本目标明确、主要思路清楚的基础上针对权力运作中出现的具体问题来提出具体对策、采取具体措施、进行务实治理。其基本策略主要有如下五个方面：

第一，要采取强化民主用权和科学用权机制和问责制度等措施，专门治理专权的问题。此即要建立更科学、民主的领导机制、权力程序和问责制度，并由此把一切可能将权力集中于某一个领导者手中的可能性彻底破除掉，使组织内或社会系统内的公共事情，特别是大事均不能由个人说了算，而必须众断共行，权力分握而责任分担。

第二，要更加科学、合理地进行职能和权力的划分与配置，职能结构和权力结构的设计，并要在此基础上采取强效有力的督促措施，特别是问责制度来建立和推行权力行使及运用规制，确保领导主体都会自觉或不自觉地完全依权限、依职能、依职责和依规定来规范用权，而且只用其所属之权来处理其所属之事；在用权上绝不会越雷池一步；由此来坚实、有效地治理常见的越权问题。

第三，要采取道德审查、伦理考核、纪律检查和事后问责等手法和制度，促使领导主体最深刻、准确、完备地熟记和践行权力运作原则，特别是权力运作的第一原则和第二原则，由此来从根本上解决权大于德、权大于理、仆反为主、以权压人、以势欺人、以位傲人和以强伤人等问题，集中治理领导侵权、大搞特权、民意难申和民利难维等严重问题，由此坚实地保障民众的基本权益和根本利益不受侵害，领导主体不会在此基础上向腐败堕落的方向发生实质性地转变。

第四，要采取审计、公开、曝光、信访、投诉、纪律检查与约束、司法审查与处理、高度灵敏有力的问责追究制度等阳光工程和具体举措,并将它们加以制度化、机制化、日常化和强效化,由此来使任何糟蹋权力、浪费资源、以权换权、以权换钱、以权谋私、失职渎职、违法犯罪等腐败行为得到及时揭发、制止、纠正和惩处,真刀真枪、实时见效地治理权力滥用、权力私用和权力私有的问题,强有力地防止、惩处和清理任何腐败堕落现象。这里的监督制约对象和治理重点就是必须集中火力、重点监督所有掌握实权的领导主体,特别是掌握大权的高级领导者,其次要注意监督领导班子和领导机关。

第五,要采取大力进行科学、先进的领导素质教育和领导队伍建设并将其制度化的措施,由此来使领导者真正树立正确的权力观、政绩观、人生观、价值观和荣辱观,并能把它们应用到领导实践,特别是权力运用中,既端正思想和灵魂,又端正行为和形象,自觉彻底摒弃丑恶的人格,把被封建权力意识深深毒害及幽禁的心灵彻底暴露到阳光之下,进而从根本上解决丑恶的权力行为问题;此外,还要采取迅猛而强有力的组织措施,及时清理掉那些顽固不化、极端低劣丑恶的不称职领导者,由此从组织上彻底治理不胜任领导工作,特别是不胜任掌握和行使权力的严重问题。

总之,要监督制约领导权力,就必须大力改革、健全和完善权力制度,特别是权力分配运行和监督制度,还必须大力推行阳光工程、领导素质和领导队伍建设工程,形成一个非常敏锐高效、能够快速准确和有力地作出反应的曝光机制、监测机制、督促机制、约束机制、制衡机制和问责追究机制,及时克服成效低下、封建落后的权力观念和权力机制,及时清除或改造素质低下的领导者,及时抨击和清除极端丑恶的权力现象,及时恰当地端正偏离轨道的权力行为,及时有效地制止和纠正领导权力的非正确运作,非常系统、坚实、有力地制止和防范权力浪费、权力乱用、权力垄断、权力腐败等问题,由此最终彻底解决和避免权力不端所带来的权力危机和执政危机。

第三章 领导的主导力

第一节 领导的主导力与价值领导

一、主导力的实质与特性

主导力是指一个能动主体在其可能发挥作用的整个范围内对人与事施加价值影响并期由此形成价值共同体和共同价值行为的能力与效力之和。其实质就是该能动主体的价值影响力和价值实现力,包含了正式和非正式两个层面。其中,正式的主导力越大,就说明该能动主体的战略作用力和组织行为成功率越大,而在整个组织群体中的地位越突出、越牢固;非正式的主导力越大,就说明该能动主体的威望、威信、权威越大,而且进入或处于主流或中心的势头越旺、地位越显。为巩固、加强和实现主导力而不懈努力就是价值管理;实施并加强价值管理是主导力日益强大的保证。

领导的主导力是指领导者在领导职责范围(包括职责规定所应涉及的时空范围、人事范围和关系范围)内对所有被领导者施加价值影响、以使之纳入并沿着领导价值目标和轨道前行的能力与效力之和。其实质就是具有战略意义和关乎根本的价值领导力,是正式主导力中最重要、最强大的一种,也是整个领导力中最重要、最根本的一种。这一主导力的大小决定着实际领导作用的大小、实际领导影响的强弱和实际领导地位的高低以及牢固与否,还决定着一个组织群体或者社会系统有无一个强有力的大脑和心脏带来引导、维护、协同和推动亦即健康有力的生命运行。

作为组织群体或社会系统的正式中心,领导者必须把自己最主要的注意力和作用力用于巩固、加强和实现领导价值。只有这样才能从根本上做到完全胜任于领导工作并真正走向领导卓越,否则就可能成为弱势领导、糊涂领导、混乱领导、衰朽领导直至领导失败;这是因为领导价值是整个领导的灵魂和根本所在。因此,领导者在实际的领导运作中,特别是领导者在具体的领导工作中,就一定要从战略的高度和事关根本的角度,投以最主要的精力,运用大比例的权力权威,作出积极的反应,采取切实的举措,不断增强、放大和发挥价值领导力。而这就是领导的价值管理,是最高层面的领导战略定位与行动,是最核心的、又常常显得是形而上的领导行为;既基于领导权力和职责,也基于领导权威和地位。

领导的主导力有许多组织行为特性,其中最突出的特性主要有如下五个方面:

第一,旨在兑现领导价值,故以价值领导力为实质。领导的根本目的就是为实现领导价值而奋斗。不同的领导价值决定着不同的领导目的和领导目标。确保领导价值正确完整到位,就是首先确保领导目的和目标不会出现偏差,也就是抓住了领导的根本,表明了领导的本质,从根本上保证领导方向的正确和领导总体的可能成功;而这就是具有根本意义的价值领导力。领导价值无论在内容上还是在转化、实现上只要出现偏差,就必定首先使领导目的和目标发生偏差,进而使整个后续领导过程发生重大偏差乃至失败;换言之,就会出现与以人为本的领导价值渐行渐远乃至南辕北辙的现实,最终就不能实现、甚至背反了领导价值;而这就是价值领导力欠缺甚或严重病态的标志或结果。所以,领导的主导力本质上就是贯彻和兑现领导价值的能力与效力。

第二,突出表现为价值领导,使宣导和推行领导价值成为最根本的领导使命。作为组织群体或社会系统的核心行为与手段,领导就是要把系统中的能动因素最大限度地吸引、聚拢和团结到领导价值的旗帜之下,用领导价值去说服、教育、引导、改造和成就他们,将领导价值转化为他们的灵魂和内在追求,将领导价值最终转变成集体、组织、系统的共同价值和共同愿景,由此从个体到集体乃至完全的整个系统形成空前一致的同心同德和一心一意,进而形成自动自觉的动力努力和协力合力;整个系统的积极性、能动性都将因此得到最充分的开发和迸发,整个系统的能量和优势将得到最震撼的打造和发挥。而这就是价值领导,最重要、最核心的领导行为。价值领导就是靠这样的价值追求和价值落实,使领导价值得以充分实现;而这正是领导的根本使命所在。所有领导行为都是为实现这一使命服务的。其中,由于价值通常表现为思想,包括信仰、理想、信念和观点主张,所以,价值领导实际上也就是思想领导,是最高层次、最有权威、最有影响,也最为高明的领导。这也决定了,思想苍白或病态的领导必定是虚弱无力或代价惨重的;而没有思想的领导则是注定要失败的。

第三,重在依靠价值管理,确保领导价值得到充分贯彻落实,确保价值领导有效实行。从领导行为的起念之初到领导行为的展开、推进,从领导过程的启动到形成结果直至最后尘埃落定,随时紧扣和体现领导价值,把领导价值作为整个领导者的灵魂和生命、整个领导过程的主线和红线、整个领导行为的尺度和镜子,把领导价值充盈到每个领导环节、每个领导末梢、每个领导意念和每个领导行动,确保在领导价值的第一环节即领导目的和目标形成上不差分毫,确保任何一个环节、部位、意念和行动上的领导价值完全端正,随时纠正、修复任何一个点位上领导价值发生的偏差。而这就是领导的价值管理,是最基本、最主体的领导行为。没有价值管理,价值领导最终是会落空的。

第四,主要反映了领导者与被领导者在价值层面上存在着一种重大关系。领导价值就是领导所信奉、追求和尽力体现的那种价值,而原本不是他人、团队或整个系统的价值;然而,在实施领导之先、之中与之后,领导者都必须将领导价值施加于被领导者,使之按领导的意图或意志发生价值回应与互动,特别是使之按照领导要求的价值水准和价值轨迹来进行定位和向前运行。这样就使最根本、最基本的领导行为从一开始就完全不同于普通的个人行为、群体行为或组织行为,而是常以权力为后盾、多以权威为钥匙、客观上不可避免和完全需要的最高组织行为。这对于领导者来说不是要威风,而是履行职责。因此,领导的主导力其实就可以直接看成是领导者将领导价值施加并体现于被领导者的程度与成效;其中,涉及领导角色,特别是领导主客体关系的正确认识、把握和处理,更涉及领导职能职责之类等许多深层次问题。

第五,主要表现为领导的权威和魅力,直接构成领导的宏观调控力和战略影响力。领导价值是形而上的东西,需要通过形而下来向具实和结果进行转化。而这就关系到整个领导环境、当时当地的实际情形、具体的领导对象和领导关系、可用的领导资源和领导手段、可行的领导方法和领导途径、必须面对和处理好的问题与事务等。因此,领导的主导力就是在特定时空范围内分层次、有区别地实施不同影响而形成的作用力体系,包括感召力、吸引力、凝聚力、向心力、指引力、推动力和左右力等,还包括对被领导者的主导力、对组织群体的主导力、对组织过程整体和局部的主导力、对组织外情形的主导力、对事物事业事务的主导力、对社会的主导力、对环境形势的主导力等。

总的来说,领导的主导力是领导的价值实现力,以领导者和被领导者相互关系为最大实质和主轴,贯穿并显示于多个层次的领导能力和领导效力,反映着总体的领导运作方向、过程与成效,证明着总体的领导得失和领导水平。

二、现实生活中的主导力与价值领导理论

(一) 现实生活中的主导力

领导的主导力在现实生活中是最普遍、最广泛存在的核心领导力,是最活跃,也最敏感的重大现实因素。其活跃过程和表现活动往往就是社会生活的焦点、热点所在。

在一个领导班子里,主要领导者常常为掌握和发挥主导力而竭思尽虑、不遗余力,核心是要提出和贯彻自己的意见主张和意志决心,旨在团结并确保整个班子能够集中到主要领导价值的判断、选择、导向和要求之上,以期确保把处于主导地位的领导价值变成整个班子统一意志;由此巩固自己在班子中的核心地位,证明自己对整个班子具有强大驾驭力和至高权威,而且还能有力推动整个班子充分实现统一的意志、共同坚守和追求的领导价值。这是最一般的主导现象,在此过程常有不同的做法和表现,诸如具有高屋建瓴的思想领导、民主作风的艺术领导、强势作风的行动领导、霸道作风的专制领导等不同的领导方式和领导风格,也为主导行动带来不同的顺境或逆境、不同的结果和成效。

在一个组织群体里,领导团队,特别是主要领导者总是竭力于掌握、舒张和落实其主导力,核心是要为整个组织群体提出必须得到贯彻执行的意见主张和意志决心,旨在把领导价值的判断、选择、导向和要求都贯穿于、转变为整个组织群体的意念和行为;以期把处于主导地位的领导价值变成整个组织群体的统一意志和行为准则,把领导的意见主张和意志决心变成整个组织群体的行动方向和工作任务;由此确保完整、透彻地影响、掌控、驾驭整个组织群体,成为实实在在的领导核心。而这也是最一般的主导现象,只是在此过程中总是做法不同、方式不同、手段不同,比如,有的是通过改善和创新管理,有的则是通过调整和完善制度机制,有的则是采取高压强迫、硬性推进,有的则是采取加强组织文化建设、运用文化功能中蕴涵的软效能,如此等等,给主导整个组织群体的行动和成效带来不同的色彩和可预知结果。

在一个社会系统,特别是世界范围内,一个领导集团,特别是其中的主要领导者总是致力于掌握、弥彰和极尽对外能起作用的主导力,为此不惜殚精竭虑、极尽智能、连创精妙、屡历惊险。其核心是要将已经转化为所在组织群体共同价值和统一意志的领导价值向全社会乃至全世界推行、扩展和张扬,以期对其他组织群体、社会系统乃至国家施加本

领导价值的深切影响,或者使之理解、接受和欢迎而更靠近和联盟于自己,或者将其主张和倾向加以降解、化解或溶蚀掉而为自身价值的伸展与弥彰赢得更大的空间,由此使自身的价值选择、意见主张和整体利益得到充分的维护、巩固乃至拓展,不仅确立和维护自身在整个社会系统或国际系统中受尊敬的和有利的地位,而且确保自己的价值存在能够始终左右系统的状况和局势,使之不断朝着更有利于自身的方向运行和发展。

所以,这种由内到外、施展于各组织群体,特别是国家和社会之间的主导力,实际是一种社会系统相互之间不断交锋较量的核心博弈力,也是通常表现为驾驭全局、以全社会乃至历史为舞台进行公共运作与表演的领导力。而这是更为平常所见的主导力,是所有组织群体、领导者在激烈的系统间交锋较量中不甘寂寞、不甘下风、不甘屈辱而拼力争夺的焦点;只是在此过程中,不同系统、不同组织群体的领导者总以自己的理解和传统采用不同的做法和方式,有的显得委婉巧妙而实行王道,有的做得粗暴蛮横而自大霸道,有的是合情合理、让人乐于接受而坚实有力,有的是无理强加、令人抵制而受挫易败。这一层面的主导力将直接产生严峻的现实结果;是验证领导力强弱优劣的焦点所在,实际就是考验领导力的真正焦点所在。

很明显,现实生活中的主导力是最为常见、最为活跃,也最为核心的能动因素,是领导实践中最突出、最重要的现实范畴;在由内到外的多个领导实践层面上反复出现,常常表现为交锋较量;或致战略成功,或致战略失败;或运筹于长远而大气有力,或斩获于当前而以实力解决问题;或直接对抗碰撞而强力击败对手,或曲线设伏而巧妙赢取主导。总之,领导的主导力时刻存在于我们的现实生活之中。

(二)现实生活中的价值领导理论

然而,尽管领导的主导力是一个在生活中最常见的突出现象,但是人们对于它的把握和研究却一般都还不太够,只有身处实战一线的领导者在按照实践需要而予以不一定意识明确的高度重视。故而本应充分揭示主导力规律和要义的价值领导理论尚未得到充分发展。

目前,国外在这方面最受关注的是豪斯理论。加拿大多伦多大学的组织行为学教授罗伯特·豪斯(Robert J. Howse)先后提出了两个理论,即"目标-路径理论(path-goal theory)"和"价值领导理论(value-based leadership)"。

20世纪70年代初期,豪斯最早提出了目标-路径理论。其核心观点是:领导者要引导和确保下属员工确立与组织目标一致的自我目标并自愿努力奋斗。为此,领导者要给他们提供必要的指导和支持,采用他们乐于接受的方式,实施更公平、积极的激励,帮助他们找到更适合达到目标的路径,帮助他们克服困难、排除障碍、消除危险,确保他们沿着选定的路径坚持走下去,使之能顺利地达到目标、取得成功。

20世纪90年代中期,豪斯认为:领导学原来都比较倾向于心理研究、行为研究和制度研究等,但却忽略了更为重要的价值研究、文化研究;如果从价值领导入手,那么整个领导就将变得更轻松、更高明,将能极大改变那些效果不佳的领导,如比较僵硬的制度领导、权势领导等,进而改变许多无法改变的领导低效或无效的状况。于是,豪斯便以目标-途径理论为基础,综合了领导特质理论、领导行为理论和领导权变理论等多家学说的优势,以价值和愿景对自己的理论进行了调整和完善,主要是围绕着价值这个核心,探索能有效帮助领导者形成组织共同价值的行为及其实施条件。这样就进一步发展出来了价值领导理论。这个理论是当前最引起人们兴趣和广泛关注的现代领导理论之一。其主要观点包含以下方面:

第一,领导过程中的价值观念具有独特的感召作用。这种感召能够不断吸引有能力的人加入组织。在一个有着强烈的共同价值的组织中,即使有困难出现,人们也会为了共同的价值而同甘共苦,一起渡过难关。

第二,领导者对被领导者实施价值领导的有效行为包括:清楚地表达组织愿景;向员工展示领导者自己的良好素质,领导者自己对愿景的不懈追求和牺牲精神;传达对员工的高远期望,表达对他人的高度信心;树立追求组织愿景的个人榜样;用智慧的手段将富有创造性的人团结在自己周围。这对形成组织的共同价值非常有效。

第三,领导者与被领导者之间是一种基于某种价值的相互关系。持有并期望实现某种价值的被领导者通过明确表达愿景,向组织和工作注入自己的价值观,使之与被领导者的价值观和情感发生强烈共鸣,由此使被领导者对共同愿景和组织目标深切认同。下属对领导者所信奉和倡导的价值观一旦达到认同,就能顺利形成对组织群体的价值和愿景的认同,并把它们逐渐内化成为自身价值的一部分,形成与集体价值和愿景一致的价值定位和动力机制,也逐渐转化为其为人处世的行为准则。

第四,领导者实行价值领导会对下属产生巨大的影响。价值领导行为越有效,被领导者对领导者所信奉的,并已融入组织文化中的价值的共享和认同程度就越高。这样就不仅能极大提升被领导者的自我价值,而且还有便于激发出他们极大的热情和奉献精神,发挥出他们的自我潜力而创造出更高的工作绩效,收到强烈的激励效果。

第五,价值领导实际上是一种价值激励。其激励效果比采用简单的物质奖励、地位提升或惩罚更加持久有效。首先是能使组织成员自觉地朝着共同价值指引的方向努力。其次是能使成员相互之间为了实现共同价值而加强沟通,有效克服组织与个人的对立状态,形成一种团结协作、和谐共生的氛围;在此氛围中,与共同价值取向相一致的行为会得到大家的赞许和认同,能为组织做贡献将被视为个人自我价值提升和实现的一种表现。

第六,组织成员达成价值共识,意味着组织中的技术创新、组织变革会更加容易被接受。所以,以共同价值为基础的领导行为能使组织更加适应环境的变化。

第七,领导者要基于人固有的自我意识,特别是自尊意识而加强对人的尊重,根本上就是把组织和个人在价值层面达成沟通一致和自觉自愿,在利益层面对应对接起来变成共同价值和利益的攸关方。如果组织成员对领导价值和组织的共同愿景能够真切认同,那么每个人都会形成强烈的集体意识以及与领导使命相关的动机与动力,领导和组织就会产生很强的凝聚力和向心力;组织成员之间会更加合作,而组织内部的摩擦会显著减少,大大提高团队协作与努力的有效性,大大改善和提高团队的业绩,推动组织进步。

第八,价值导向的动机比实际导向的动机更强、更广泛、更持久;基于价值的领导能够带来一系列重要的主导性结果:(1)使被领导者对领导者、对集体、对领导者为集体提出的共同愿景产生强烈的认同;(2)使被领导者对领导者和集体的信奉和使命充分接受并加以内化为自我信守和外化为工作承诺与积极行为;(3)使组织成员开始按自己对集体及使命的贡献来判断自己的价值,并由此形成强烈的动机和动力去自觉努力、克服困难、实现共同愿景;(4)使被领导者更愿意接受领导者的主导而不反感、排斥或抗拒,形成能够增进被领导者受尊重感的领导方式,改变或替代了以强制和惩罚为手段的领导方式,极大改善领导者与被领导者的关系;(5)能产生巨大的感召作用,不断吸引有能力的人加入组织,不断增强组织的实力和精英化;(6)使被领导者愿意竭力工作,为集体做贡献,为此不惜付出巨大努力甚至做出自我牺牲,于是就能产生越来越高的个体绩效和组织绩效,在危机和不确定情境下更是如此。

第九,实施价值领导的核心机理在于,全面实行人性化领导,使个人动机、组织文化、战略与愿景相一致;实行价值管理,实现思想制约和引导而在行动上却给予充分自由;以此改变和替代在传统状态或方式下的制度管理及其带来的僵硬和非人性化,使得领导和管理具有灵活性和对被领导者的更多理解、一致和尊重。这种结果和状态就是价值领导力,也叫价值商数(Value Quotient)。

第十,实施价值领导的主要做法包括如下步骤:(1)建立一个被领导者所期望的愿景;(2)对所倡导的愿景表现出热情,并为集体和这一愿景而做实质性的自我牺牲;(3)最高领导人要表现出自信,对实现愿景的自信,对愿景有决心和毅力;(4)灌输这一愿景,尽一切手段宣传所信奉的价值,并制定与愿景相一致的政策;(5)领导者要表现出正直,以正面的形象表现自己;(6)为使命和集体勇于承担风险;(7)为员工提供有兴趣具有挑战性的工作和有发展机会的环境,为被领导者的职业发展、事业上的成长提供机会、作出努力;(8)创造一种知识分享、员工之间和谐相处的氛围;(9)向被领导者提出较高的业绩期望,并对他们的能力表现出信心;(10)从内部培养和提拔人才;(11)建立与组织的核心价值与使命相一致的奖惩制度,利用核心价值观对员工进行激励,最后达成战略吻合和全面绩效。

上述原理大体可概括为如下这样一个模型图(具体见图3.1)。

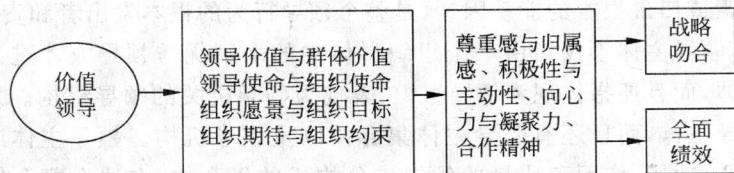

图 3.1　价值领导模型

综上所述可知,豪斯的这个探索注视并抓住了领导者与被领导者的相互关系,在此基础上探讨在一个组织范围内领导价值的实施和运用以及由此形成的领导力,揭示了领导的主导力形成和作用的有关机理,对我们进一步把握领导者主导被领导者时形成的特殊关系和实践要点,乃至进一步把握领导者主导其他领导客体方面的有关原理和实践要义,都有重要的启发和参考意义。

第二节　领导主客体关系与主导力

一、领导主体与领导客体的实质

（一）领导主体的实质

领导主体是指在以人为中心的系统中充当支配诸因素的那部分因素,在个人这个系统中只是意志和权力,在群体中就是体现这些个人意志和群体意志、运用集体权力的个人,在组织这种系统中就是体现组织精神和目标、运用组织权力、实际上常常体现占主导地位的领导意志和倾向的机构和个体,在社会则是体现公众意志、公共精神和公共权力,其实也经常体现占主导地位的领导意志和倾向甚至个人特征的个体和公共机构。他们支配着所有因素,或者使用它们,或者影响它们,或者更新、创造和丰富它们,由此使得这种系统获得生命和生命的价值与意义。显然,领导主体是事关这类系统命运的主导因素,它的主导作用显然同系统中的所有因素重大相关。

领导主体同其他专司某种职能的社会角色一样,是一种行为主体。只不过它与其他角色和主体不同,是一种极为特殊的社会角色和行为主体。其特殊就在于它是影响和统率其他角色和主体的特定角色和特定行为主体。它有着比其他角色或主体更为复杂的构成和特性、更为重要的作用和价值、更为深远的意义和影响;并且与每一个群体成员或社会成员的命运息息相关,同日常生活息息相关,同整个社会和历史的兴衰、变化、发展息息相关。概言之,领导主体就是一种专司领导职能的特殊行为主体,亦即在领导舞台上开展为群体和社会所需要的领导活动的领导行为主体。

但从根本上说,领导主体中还是领导主体具有更为根本的地位和作用。一方面,领导活动归根结底都是由领导主体发起的,而且一切领导活动最终还取决于领导主体;另一方面,领导机构也只是由领导主体所掌握和开动的工作机器。因而可以说,领导主体是领导活动的最终因素或曰最根本的能动因素,是整个领导行为的根本发出者和责任承担者。

由此可见,领导主体不仅指由一个组织群体中的个别优秀领导人才进入领导岗位后变成的领导主体,而且还指体现为领导组织、表现为领导机关的领导机构。发挥领导作用的不仅仅是领导主体,而且还有领导主体集合体以及领导机构。领导主体或领导行为主体是由不同性质、功能、作用和质量的领导成分构成的复合体;在这个复合体中更为根本的方面就是领导主体。

（二）领导客体的实质

领导客体是指领导影响所及和领导行为所加之一切对象,也就是领导对象;实质就是领导主体施加影响、主导致变的所有对象。这些对象包含了人、财、物、公众、群体、组织、机构、经济、科技、文化、社会、政治、国家以及思想乃至客观环境等等大量因素。这些因素可以分为两大部分,一是能动性因素,包括人、公众、群体、组织、机构等;其中,最主要和最重要的因素就是作为领导客体的人。这部分领导客体又叫做领导相对方。二是非能动性因素,即除能动性因素以外所有的领导影响对象。简言之,领导客体就是领导客体所领导的所有人和事物的总称。

可以说,领导客体就是领导目的和领导目标直接指向的对象,也是领导职能和领导职责所要施加其上的对象,更是领导过程中所处理的全部内容。在领导过程中,就领导客体与领导主体的相互作用而言,领导客体在直接和形式关系上处于被支配的地位,在长远和本质的关系上又处于决定性的地位。

总之,领导客体实际上就是领导主体权阈覆盖和影响到的一切对象的集合。显然,这个集合是一个非常广泛、丰富、复杂的领导客体世界。在这个世界里,不同的内容组合在领导作用的网络之下,体现出领导客体的基本构成。

二、领导主体和领导客体的关系与领导的主导力

领导主客体关系主要取决于领导主体和领导客体各自的内在构成、客观地位以及相互对接联动的实质。从形态上说,由于两者各有一个多层次的内在构成,所以,当其对接并展现于领导过程和现实生活中时,领导主客体关系就变得复杂多样,具有多个种类、多个层次。从实质上看,由于两者实际上是处于不等位状态而后展开对接互动的,所以,领导主客体关系就变得极为重大、严肃而敏感,是相互对立的,也是相互依赖的;也就是一个对立统一的辩证关系,是最需要特别关注和把握的关系焦点。

在领导活动中,领导主体和领导客体总是紧密地联系在一起,既相互对立、相互矛盾,又互为条件、互相依存;没有前者,就不存在后者;没有后者,就不会产生前者;前者处于主动和支配的地位,后者处于被动和被支配的地位,决定了领导主客体关系实质就是一种主动与被动、支配与被支配的关系。

前者是组织行动的发起人和组织者,处处发挥主导作用、支配作用和组织作用,处处表现得、也必须表现得极其主动,是权力的运作者、权威信息的发布者,是组织行为的决定者、发出者和终止者,是在群体生活中的分配者、调节者、主宰者,是组织群体或社会系统中最典型的主动角色和强者,此即主导者。然而,后者是领导活动的基础方和参与者,是领导行为的涉及者、听从者、顺应者和力量基础;在领导活动中处处起维护作用、配合作用和支持作用,处处表现得、也必须表现得顺合、听命和服从,是权力作用的对象、权威信息的接受方和变现者;在群体生活和社会生活中多处于被动角色和弱者的地位,基本没有发言权和影响力,根本不能发挥主导作用,实际就是被决定、被调节、被支配的一方,此即被主导者。

显然,现实生活中的这个领导主客体关系就是主导和被主导的关系,是一种强与弱、高与低、主与从的非均衡相互关系,本质上是不平等的。这种不平等的相互关系从单纯的人格平等和领导权力渊源的角度看似乎是不合理的;但从历史角度和社会运作需要看则又是合理的和必要的,至少是在可预见的相当历史时期内是这样的。

这种存在于领导主客体间的不平等是人类社会和组织群体能够内生和富有生命力的一种内在机制。众所周知,大自然在地形上高低错落、崎岖不平正是风和水能够自然流动并形成强大势能和不竭动力的必要条件和有效机制;只有在此条件和机制下,才可能产生自然生机和自然势能。同样的道理,领导主客体之间虽然是处在居上居下、为强为弱、有

高有低的不平衡、不平等甚至相互对立的状态,然而就是这种状态能够产生两者间的矛盾运动,进而由此运动形成或导致了组织势能和社会势能、群体生机和社会生机;因此,看似不平等的领导主客体关系其实个中天然存在有一种创造势能和生机的机制;而这正是组织群体、社会系统能有活力和动力的基本奥妙之一。

相反,组织群体或社会系统如果按照完全平等的原则运行,那么就必定形成绝对平衡的超稳定状态,结果就是丧失产生动力和势能的自然机制,从根本上窒息了动源和生机而趋寂。这时,即使达成了平等,也将变得毫无意义;因为趋寂的状态并不能为任何主体带来希望。事实上,绝对的平等是以否定具有客观合理性和必要性的社会势能机制为代价的,是对真正意义的平等的严重误解。社会组织状态的不平等不是人格的不平等,而是社会能动因素按照有利于产生社会势能的需要来错落安排而形成的一种结构和布局;因此,不仅基本不含直接的人格价值意涵,而且还具有充分的合理性、必要性和科学性,是超乎主观倾向或价值选择之外的客观存在和客观需要。

应该说,只要有群体、组织或社会,哪怕只有家庭这样的组织,就一定会有它们对领导的需要,也就一定会有领导方和被领导方,会有双方之间存在的不平等及其产生的势能,也就会因此而有领导活动的发生或存在。从文明、民主和进步的角度说,也许未来的这种存在会发生某种变化,但这只会是互动程度、方式和形式上的变化。这种变化为领导活动中包含的社会规律和历史规律所决定,是人类社会的一种重大现实需要,是所有社会和整个历史都不能没有或者无法避免的一种普遍现象和长期现象。很明显,从社会和历史的角度看,领导活动中的两个基本行为主体的地位、现状和实质性相互关系都有其存在的某种现实性和合理性。要认识领导和研究领导,或者要掌握领导和搞好领导,就不能回避这个问题,更不能回避或忽视它们存在和发展的社会基础及客观依据。

事实上,一个群体或者一个组织始终需要领导;只有依靠和加强领导,才能建立和完善组织群体的秩序,才能发挥组织群体的整体效能,并实现组织群体的目标;否则,就必定变成一盘散沙而无法维系下去,更不可能发挥应有的作用、实现应有的价值。另外,由于两者是既对立又统一的相关角色,只有同时存在才能形成矛盾的形势,并发生矛盾运动,进而产生得以把组织群体按照其既定方向推进的动力、形成组织群体必不可少的领导活动。这即是说,只有两者同时存在并保持这种不平等的形势,才能借助高低之差造成和积蓄组织群体运动势能以及社会运动势能,成为其进步的推动力,进而满足一个组织群体乃至社会对领导提出的各种需要,尤其是导向和动力上的需要。领导主体在其中发挥主导作用就显得至关重要,只有主导到位,这一切才能变成可能。

在天然而必要的势能机制中,领导是发出主导影响、形成主导力的行为与手段,而领导主体则是这种行为与手段的能动主体和责任主体。高明的领导主体都会最充分利用、借助和运用这种天然的势能机制来最大限度地发挥和实现主导力,使实施主导的领导行为做法妙、阻力小、成本低而成效大。因此,领导主客体关系就是最方便于领导主体发挥主导力、对领导客体实现最大限度有效主导的客观基础和天然优势。有此基础和优势而不能有效实施主导,则是领导的愚蠢和失败。

总之,领导主体与领导客体总是既矛盾又协调、既对立又统一。领导主体既要管治领导客体,又要依靠领导客体;既要把实际是领导基础的领导客体当做领导活动的同一发生体,又要把领导客体当成深加主导的具体对象。为了领导主体的价值实现,领导客体要同时肩负相互矛盾的双重角色。领导主体必须面对双重角色的领导客体,既要驾驭、又要尊重领导客体,在实践上也很复杂和矛盾;稍不注意,就会有伤甚至有失领导客体,而无以主导领导客体;只有处处把领导客体放到中心和第一位,才会有维护、配合、支持领导主体的领导客体,然后才会发生由领导主体发起的领导活动。因此,领导主客体关系的正确把握是领导主体成功实现对领导客体实施有效主导的最大关键。

三、领导主体对领导客体实施主导的基本要义

领导主体对领导客体要成功实施主导是一件极具挑战性,却又极为普通和日常的领导工作本原;其中要义极富、学问极深。其根本要义就在于,领导主体要以更大的能动性来深切把握和充分运用好领导主客体的辩证关系,在此基础上以高度科学、民主的精神和手法来全面正确地对待领导客体。其具体要点虽然很多,且都很重要,但是更为突出的要义主要如下:

第一,领导主体对领导客体的实质、构成、特点和规律要有正确、深刻、整体、全面的认识和把握,特别是对其特点和规律还要给予高度的重视和尊重,确保自身在主导领导客体、发生领导行为、深化领导实践时能与之切实对应、顺应、协调和协同起来。此间的核心是,领导主体要确保正确的做法,就要尽自己最大的可能去尊重客体、研究客体、探索客体的规律,并最终寻找到与其进行平等协调的途径。为此,由于所面对的人和事物以及各种具体的问题十分复杂,所以领导主体,绝不能只知道、只习惯对领导客体发号施令,而不去了解客体要被成功主导所应注意把握和顺应的各种情况和前提条件。

第二,领导主体对领导客体中所有的能动因素,特别是其中的人要给予高度的重视和尊重,对其利益、愿望、诉求、实情、情感和情绪等都要有深切的了解、准确的把握、正确的回应、高明的沟通和恰当的互动,其实就是要充分了解和掌握能动客体的能动特点和规律、特别人的利益倾向和心理行为特点与规律,并与之对应、顺合、协调和协同起来,使双方都站到同样的立场和角度,使利益和心理达到相当一致并结合成一体,使彼此间的互动不仅不易对立而且还能和谐地陶醉于其中、乐此不疲。

第三,领导主体必须绝对认识到并在实践中随时高度注意:领导主客体原本就是相互打造的。有时,有什么样的领导主体,就会有什么样的领导客体。有时,有什么样的领导客体,就会有什么样的领导主体,主要是或按正道由领导客体决定、产生领导主体,或因无奈而使领导客体被迫"惯"出或"宠"出领导主体。因此,把领导的主导力仅仅理解为支配力、强制力是不正确的,领导的主导力还有更为完整、辩证而现实的本末关系实质在起根本作用。只有真正下决心把领导之本放到应有的地位,并由此从本上确保正确把握领导主客体关系,才能确保领导的主导力完全建立在科学、民主、坚实的领导基础之上,进而确保领导主体对领导客体实施的主导真正切实有力、不断成功。

第四,无论是对人还是对事物,在任何情况下,任何领导主体都不能以主宰者自居,可做领头羊而不可自命不凡而自诩先知先觉,可极尽行善布惠之心之行而不可自诩为一代雄杰和救世主,可竭尽心力助人利世、无私无畏而不可狂妄自大、阴恶疯狂、为所欲为。只有这样,领导主体才能从根本上保证其主导力的有效性、强大性、持续性和长久性;否则,

无论要尽何等权术手腕,领导主体都难以真正主导成功,一时成功也只是欺骗的结果而绝对经不起检验、不能维持长久。大量事实证明,天欲使其亡,必先使其狂;狂乃丧心失智、缺德堕落,必定失去主导;而失去主导之际,正是领导失败之时。

第五,领导主体要有客观、正确、健全的自我意识,对自身在本质、角色、职能、职责、方式、作风、习惯、人格、形象、权威、地位和作用等各方面及其相互关系,在实践中可能产生各种衍生现象与趋势,都有非常清醒、全面的认识。其中的核心在于:知道自己来自哪里、要到哪里去和怎么走,知道自己是干什么来的、主要要干什么和怎么干,知道自己的基本职能职责和具体任务工作;一句话,也就是清楚地知道自己存在的依据、承担的使命和领导行为标准、要求、影响与后果。

第六,领导主体要对领导客体实施成功的主导,必须具备相应的领导条件,并满足各条件所提出的大量具体要求。这些条件和要求其实是一体的,概括起来主要包含有七个最突出的方面:(1)优良的领导素质。这是搞好领导工作的内在条件和先决条件。(2)优良的组织结构。这是开展领导工作的基本条件和处理问题必须借助的组织基础。(3)优良的领导体制。这是领导主体做工作的外在条件。(4)优良的领导机制。这是领导主体在具体的领导过程中发挥作用要借助的外力。(5)得体的领导方式方法。这是具体开展工作、实施主导的方法论保证。(6)必要的物质基础。这是履行领导职能职责的最起码的物质支持。(7)良好的领导环境。这是领导工作要加以优先考虑的具体条件。

总之,领导主体必须充分领会和遵循上述要义,然后才可能对领导客体全面发挥积极、有效的主导作用,才能形成、显示、证明领导主体主导领导客体的能力和效力,最终创造优良的领导业绩,达到很高的领导水平。

第三节　领导者对下属员工的主导

一、领导者与下属员工的关系

领导者和下属员工的关系是最重要的一种领导主客体关系。从实质看,下属员工就是领导者的直接下属;显然,这种关系就是在组织群体或社会系统内形成的一种正式组织关系,即上级与下级、权威与服从的关系。它反映了组织伦理,也反映了社会伦理,是一种受时代影响、随社会变迁而发展变化的历史现象,更是一种具有最重要秩序意义、最严肃互动特点的阶层关系甚至阶级关系。

领导者与下属员工的关系在不同的社会形态里常有实质性的区别。在原始社会里,领导者是氏族部落成员们推行的首领,是部落群体活动的指挥者,下属员工自觉自愿地服从;如果下属员工多数认为首领不称职,便可随时罢免或撤换;这样,领导者与下属员工之间是一种大体平等的关系。在剥削阶级社会里,领导者作为国家机器的主要组成部分,主宰一切,是剥削阶级的忠实代表,而下属员工就是奴仆和绝对弱势群体,两者之间就是一种尖锐对立的阶级关系。在社会主义社会里,领导者是人民群众的忠实代表,与下属员工同是国家的主人;两者在组织伦理上虽然仍是权威与服从的关系,但在人格上却是一种平等的同志关系;彼此之间本质上只有社会分工的不同、工作职位和责任要求的不同。

领导者与下属员工之间是一种最典型的对立统一关系。一方面,领导者就是有权力、有权威,就是处于支配地位,可以深切影响甚至决定下属员工的总体状态、利益和命运,总能在组织群体或社会系统中发挥突出的主导作用;下属员工就是处于相对弱势、基本被动的地位,不太可能在组织群体或社会生活中发挥任何主导性的影响。因此,这两者在组织过程中是相当严肃而正式的关系,常常表现为不平等乃至对立的关系。另一方面,领导者与下属员工相互之间又是一种相互依赖、相互依存的关系;任何组织或团体或者任何社会系统都不能没有领导者;如果没有下属员工,领导者便随之失去存在的意义;反之,只要有了下属员工群体便不能没有领导者,否则,"群龙无首"便无法协调一致地行动,只不过是毫无战斗力的"一盘散沙"。事实上,领导者之所以产生,首先是因为有了下属员工的群体,并产生了对领导的需要。

从领导的基础和权力渊源看,下属员工就是领导的最直接基础。领导之所以为领导,是因为有群众;没有群众或者没有群众支持,领导者就只能是"光杆司令"、"空头司令"而不能成为领导者。下属员工虽然处在被支配的地位,而且还是需要从领导处获得授权与分配,然而,却不是绝对的弱者,而是领导者存在和发挥作用的直接基础和第一要件,本质上是产生和实现领导的现实条件和第一宝贵资源,而且还是能够从根本上彻底反作用于领导者的基本能动因素,是让渡出权力而构成领导权力的整体之一部分。所以,下属员工并非完全被动或不值一提的;领导者对下属员工绝不能任意对待或不屑一顾,否则,就是自毁基础而无可作为、前景堪忧、危机四伏。

在现实生活中,有些领导者长期受封建遗毒的侵蚀,缺乏自知之明,甚至丧尽良知,而总认为自己比下属高明。另外,受组织的层级决定,处在整个领导体系各层次的人们,对下级会成为主体,但对上级则又成为客体,从而具有双重身份。一些具有双重身份的人,由于地位双重,在很多管理问题上形成管理两面人:对上级拼命要民主,对下属却全力搞独裁;还有一些领导主体受私情支配,对亲、对疏两套政策,说与做则持两个原则;如此等等。这些都是严重破坏组织关系、领导基础和信誉权威的问题,是领导者成功实施主导的致命毒药。在高度网络化、信息很透明的现代社会,这样的领导者与下属员工关系是维持不下去的,这样的领导者的权威和地位也是很难维持下去的;丧失主导的基础就是宣告领导的失败。

如果完全积极一点看或者从正常组织运作的客观需要角度看,领导者和下属员工之间本应是一种相互合作、相互倚重的关系;对于健康正常的领导者来说,下属员工对于领导过程和领导成功而言就显得更为重要,下属员工因此也就成为在领导者的组织率领、指挥和协调下按照领导者的决策和意图、为实现领导目标、从事具体实践活动的个人和群体,是与领导者直接对应的相对角色。在现实生活中,特别是在具体的领导关系和领导过程中,下属员工虽然仍是领导对象,但却更是领导成功的第一要件和实现领导所需最加重视的能动因素。这样才是一种积极的关系,才能为领导的主导力提供正常、健康和可持续的现实基础。

以喻为言,领导者与下属员工之间的关系就是舟与水的关系。领导者是舟,下属员工是水;水可载舟,亦可覆舟;舟取决于水,水为舟之本;舟脱离水,则为弃物。这就是说,虽然说领导者能够对下属员工直接发生重要的甚至是决定性的影响,包括形式的和实质的影响,但也完全可以说下属员工也能深刻地反作用于领导者,而且甚至还能更为重大、更为根本地决定着领导者。因此,作为特殊行为主体的领导者并非其权天赋,而是其权人赋;其可以发出强势主导力的特殊性仅仅是因为受组织群体的寄望、信赖和委托,代由下属员工和其他能动领导客体行使权力权威。这即是说,领导者不能有负众望、有负领导客体或领导对象之望。这是领导者拥有主导力的根本原因和实质所在。越此的任何现象都意味着领导的蜕化变质,更意味着这样的领导不能长久;这样,不仅领导的主导力将急遽衰弱萎缩,而且领导者也将很快丧失合法性和领导基础,甚至要为新的领导主体所取代。

古今中外的大量事实证明,任何领导者一旦表现得不公正、不廉洁乃至狭隘自私、专制横暴乃至无法无天,就一定会迅速而彻底地丧失组织群体乃至社会的信任和支持,亦即丧失人心,丧失领导基础;就一定会把下属员工彻底推向对立面并使双方的关系由客观需要的科学适当的不平等互动迅速变成尖锐而富有破坏性的冲突和搏斗。这就是说,不合格的领导主体必将结束存在而得到更替换新。这是在组织群体以及社会进步中体现出来的铁律。此其中所谓的下属员工就是通常所说的人民群众。

的确,领导者和下属员工、领导者和被领导者在任何时候都是一对矛盾,只不过在不同条件下这种矛盾的性质和程度有所不同而已。领导者除了规范自己的行为之外,还要去规范下属员工的行为,按照一定的目标、任务和标准等去要求下属员工做什么和不做什么。而下属员工是否接受这样的规范或者愿意接受的程度如何,却难以为领导者主观意志所决定,因为下属员工本身就是具有强大自主力的能动因素。这个时候,只有在下属员工由衷支持和拥护领导者的情况下,领导者才能真正实现对下属员工的最充分主导。所以,领导者对于下属员工的意识是否强烈、尊重是否完全到位,就内在地决定了领导的主导力将会有什么样的基础、条件和最大可能。

为了尽量实现对下属员工的主导,领导者要高度注意根据下属员工的特点来实施价值领导,深挖彻除任何一个存在于两者之间明显和潜在影响实施主导的障碍,包括权术主义、帮派主义、官僚主义、形式主义、制度主义、权力主义、权威主义以及自私自利等;多给下属员工以重视、尊重、关心、爱护、照顾和帮助,而不是玩弄、欺压、抑制、凌辱、打击、迫害下属员工;彼此之间要建立更多的真诚互信,开展更多的良性互动,把领导意志和下属员工的心愿对应结合起来,把组织利益和成员个人利益对应结合起来;如此等等。那么,下属员工在组织群体或社会系统中的特点有哪些呢?特点有很多,但主要有如下六个方面:

第一,具有系统的结构性。所谓系统结构是系统内部各要素之间合乎规律的、稳定的相互联系、相互作用的方式。概括地说,即系统各要素的结合方式。下属员工是社会的个人和群体,任何下属员工都是由若干在工作、经济、政治上有联系的个人或群体组成的社会系统。

第二,具有系统的层次性。除了作为下属员工的基本细胞即个人以外,一般来说,下属员工既包含(或管辖)若干下设单位,同时它又从属于上级系统。与下属员工的层次性或等级性相一致,领导者也是分层次或级别的。从行政区划上看,在国家、省、市、县、乡(镇)的链条中,省作为国家的领导对象,对下管辖市、县、乡(镇),处于领导者位置,对上又从属于国家系统,处于下属员工的地位。而且省自身又是一个系统,由许多部门、单位组成。

第三,具有系统的动态性。因为人或群体在社会中不断从事着各种活动,这些活动又随着社会环境的变化而变化,所以人们的思想、行为等也处于不断的变化之中。下属员工既接受领导者的领导,又参与监督领导者的活动。下属员工对于所在组织或团体的关心程度、对完成本职工作的自觉性和主动性及其自身素质等对于领导活动的成败具有举足轻重的作用。这一点已被历史上的无数事实所证明。

第四,具有紧密的联系性。客体同主体不仅在工作内容上,而且在情感和社会生活的各个方面都存在着千丝万缕的联系。这是一种全方位的密切联系,如果是建立在正确的基础之上和处在良好的状态之下,将会对工作有极大的促进。但是这种联系如果建立在错误的基础上并处在恶化状态下,就必定会给工作带来严重的阻碍。

第五,具有显著的利益相关性。客体同主体处于同一组织中,双方在利益关系上必然会存在很多的共同点。领导者应善于发现和利用这些共同点,求得自身与客体的同步发展。同时双方也会存在一些利益冲突,这些冲突的解决原则是,短期内实现双方的利益结合;从长期看,必须以客体的根本利益为准绳。事实上,客体同主体由于共存于同一组织体内,因此极易形成一损俱损、一荣共荣的状态。当然,这一特点必须以组织内的责权对应为前提,然后才可能生死相依、荣辱与共、风雨同舟。

第六,具有沟通的直接性。下属员工同领导者处于同一组织体中,直接互动,相互了解较透彻,可以减少误解;沟通渠道全面,可以综合运用;沟通媒介简易有效,特别是可以更多地运用语言来进行沟通;沟通渠道短,可以迅速有效地进行信息反馈。

总之,领导者注意上述特点来构建良好的领导者和下属员工关系,将有助于领导的主导力获得最大潜力,发挥最大作用,而取得最佳成效。

二、领导者对下属员工实施主导的基本要义

领导者对下属员工实施主导是领导主客体互动中最容易、也最困难的日常领导工作;其成功的根本要义不在于如何阴险堕落、玩弄权术,而在于艺术巧妙地做到真正大公无私、一碗水端平和一心一意干事业。其具体要义无限丰富,但更突出的基本要义则主要有如下方面:

第一,领导者要以春雨润物的方式为主,以其他所有的有效方式为辅,将领导价值转变为组织精神或团队精神,在整个领导范围内对下属员工进行宣导,在每个下属员工心中直接、间接地播种、催芽、助长和帮助开花结果。在此过程中,要确保每个成员均享阳光,要尽量帮助每个成员同步成长、跟上长齐,形成持有同一领导价值的团队心理状态和行为准则。

第二,领导者要借助领导关系、管理制度和工作机制,超越自身精力、时间和空间,对下属员工实施有效的价值主导,包括学习、培训、监测、考评、督促、整顿、强化和提高等;确保价值主导能有一个始终正确的方向性、长期饱满的有效性、非个体强加化的公共性和组织性;由此确保持续传播、推行领导价值,确保下属员工始终自觉、不自觉地都纳入到由领导价值划定的组织运行轨道上。

第三,领导者对下属员工首先要最深切地做到"以人为本":在战场上的下属是自己的生死战友,在市场上的下属是自己的竞争后盾,在工场上的下属是自己的兄弟姐妹,在学

场上的下属是自己的学生学友，在机关单位的下属则是自己的同志同道。领导者对下属员工要给予真心实意的关心爱护、团结帮助；要与下属员工建立起一个经得起检验的高度互信和一致立场，还要尽量建成坚实的价值共同体、利益共同体、情感共同体和能量共同体；对于下属员工所持有的期待、追求、意见或建议，只要公平公正、科学合理，都要加以引导、合理安排、帮助实现或者尽量满足，而绝不能横加忌讳压抑、排斥压制甚或明打暗害；由此确保真正人人心情舒畅、组织生动活泼、团队同心同德、领导后劲得力。这样的主导力是领导成功的第一标志。

第四，领导者要深度把握自身素质和下属员工素质，力争最大限度、最快速度缩小素质差异而达成素质均衡，至少要确保素质接近。双方的素质是主导力生效的主要前提。如果双方素质较高，领导者有较强的自律和统御能力，而下属员工也有较高的素质与之相配合，则能形成最佳领导状态和最自然顺畅的主导。如果领导者素质较高，而下属员工则素质较低，那么领导者要主导下属员工就有较大难度，至少是对于领导价值的理解和接受存在困难，要认同、内化和外现领导价值并形成良性互动就更不可企及。如果领导者素质较低，而下属员工素质较高，那么处在支配和主导的地位上的领导者恐怕就只能是捉襟见肘了，对下属员工其实就已无力实施主导了。如果领导者和下属员工均素质低下，那么双方之间不仅不能发生良性互动，而且容易产生混乱、摩擦、对立和冲突，即使在制度和机制约束之下恶行恶果可能有所限制或收敛，但双方关系也只能低层次、低水平地协调和徘徊；所以，领导的主导力将完全丧失。显然，双方的素质或双高、或双低、或一高一低，都会直接影响到领导价值及其引发的领导行为和领导结果。只有切实抓住并解决好素质问题，才能确保主导之行顺利、有力。无论双方的素质种状态实际如何，领导者都必须以提高双方素质为本，而不是朝相反的方向走；否则，主导只能丧失，领导只能失败。

第五，领导者必须是正义的化身、道德的标杆。领导者必须"正"，主要是公正开明、无私光明、言行一致、前后一致、表里如一、慎独自律、谦逊坦诚、厚道仁爱。这样，领导权威就自然而立而强，领导影响就自然广达而深张；下属员工就会相信、深信领导者的观点主张，就会自觉认为并维护领导价值选择的正确性，就会自发地以领导举止为尺度、为鞭策而使自己非正不可、非正不为，使自己每想事、每办事都能与领导保持一致而把自己彻底纳入领导价值之下；进而还能真心实意、主动且创造性地替领导着想、按领导要求做好工作。相反，如果领导者两面三刀、表里言行各一套，不过是个面目可憎、下贱无耻的伪君子，那么就会完全丧失其公信力，无以获得下属的信任、拥护和支持，进而就是所言人不信，所倡人不兴，所令人不奉，所举人不挺。此诚所谓"其身正，不令而行；其身不正，虽令不行"。在此情况下，领导价值就绝对无以倡行，组织群体就无灵魂，领导过程就无主线，领导的主导彻底归于失败。

总之，面对下属员工，领导者要倡导和推行领导价值的行动本身其实不难，难的是保证行动有人相信、追随、支持和拥护，而其前提则是领导者自身是否有着过硬的品质可以让人信赖、认同和听从。领导价值的宣导和贯彻，特别是在下属员工的心灵行为中播种扎根和开花结果决非靠权力所能完全做到的，而主要应靠领导权威，而领导权威却主要来自于领导者自身的品德人格和智慧才干，特别是能否让下属员工相信其德行品格；如果被下属员工发现原来是个伪君子，那就宣告整个领导形象和权威都已破产，怎么可能将领导价值贯通于下属人心！所以,领导者一定要按慎独的原则处理好自身问题,包括自省、自查、自责、自纠、自励、自正,保持强大的自我清洁能力,做好群体的表率,以自身的端正来教育和统率所有成员。此正所谓"打铁还需自身硬"。

第四节 领导者对组织群体的主导

一、领导者与组织群体的关系

组织群体在构成上是组织机构和组织团队的集合,在实质上是高度组织化、结构化的被领导者整体,在对领导的作用上则恰恰是领导的依托;没有组织群体,就没有领导者;没有被领导者的高度组织化和结构化,即使有一些追随者,也同样不会有领导者。这就是因为,组织群体是权力获得和运行的组织条件,更是权威产生和施展的平台后盾;没有组织群体,便没有权力和权威的正式依托,也就是没有领导的依托,结果就只能是没有现实的领导,或者说就不可能发生领导。显然,组织群体就是比单个的或者非组织化的被领导者要更重要得多,是直接形成正式领导的充分必要条件。因此,领导者对于组织群体的关系是最主要的一种领导主客体关系。

组织机构是一种通过自身的设计、联系和运行来吸纳、安排、指挥、协调所有成员并赋权赋责以确保实现组织目的而相对独立的社会单元,实质是一种按部门结构和一定权责关系进行分工协作的最基本社会系统。组织群体是按照组织机构的需要、要求、特点和总体框架严格挑选和组合有关成员而后形成的正式群体。前者是虚而不见的实体,后者是前者的生力充实物;两者原本是高度一体的,只在理论把握上为了方便而分开,但在实践中是不能、也没必要分开的。因此,它们通常合称为组织群体,而在口头上则通常被简称为组织。

一般而言,每个组织都是"麻雀虽小,五脏俱全"。不过,也有一些变化,如有的组织尽管只是一个相对独立的单元,但也比较复杂甚至非常复杂;而有的组织尽管就是一个最基本的社会系统,但也常常比较简单甚至非常简单。影响组织形态的因素非常多,其中更为突出的因素主要有如下十个方面:(1)组织目的的广度和组织目标的高度;(2)工作的性质、质量标准和时限要求;(3)任务的总体量、复杂度和分担方式;(4)全体成员的素质情况和胜任度;(5)组织内各单元和个体的任务量、支持及保障条件;(6)组织集权和分权的程度。(7)组织结构的恰当性、适应度和胜任度;(8)组织结构的健全度、完善度和发展方向;(9)组织的运行机制和管理制度;(10)组织环境的压力及其带来的变革要求与创新程度。

在组织群体中,领导是决定性因素,领导者是关键角色。因此,领导者与组织群体的关系是多层次、多角度、极其复杂的,但归根结底却是核心的和关键的;领导者对于组织群体的主导是复杂的和至关重要的。要充分确保领导者对于组织群体的有效主导,不仅要紧扣影响组织形态的重要因素,而且还要深入把握领导角色。而国内外领导角色理论有很多,虽然不一定成熟、到位,但却足够提供很有价值的参考鉴戒。

目前,国内较有代表性的领导角色理论有不少,较流行的是一种行为角色论,主要是从领导主体行为类型的角度划分和确认领导角色。据此,领导角色大致可以划分为五种基本类型：一是"幕后者"，又称旁观者或贫乏型领导者。其最大特点就是喜欢用最小的努力去完成最少的工作。二是"和为贵者"，又称俱乐部型领导者。其最显著特点是主张人人心情舒畅，认为在和谐的人际关系中工作任务会得到顺利的完成。因此，这种领导主体就不太依赖纪律和规章制度的作用，而重视说服教育和沟通激励的作用，更善于鼓励与调和，很少用批评与驳斥。其基本特点是尖锐时少，而温和时多，比较重视人的自觉性、积极性和人格尊严。三是"鞭策者"，又称任务型领导者。其最大特点是喜欢亲自布置任务，安排进度，检查督促；但常常是事必躬亲，"一竿子插到底"，直接抓微观；一向苛求部下，勇于承担责任。四是"中庸者"，又称中间型领导者。其最大特点是喜欢在人与人、人与事之间搞平衡，有比较突出的平衡能力，对人、对事都似乎很关心而实际又并不都是那样，保持着距离地关心人，不太多担当地关心事，在组织运作中常常会屈服于强势，灵活性有余而原则性不足，平衡性有余而担当性不足，随附性有余而动力性不足，对人与事的主导主要只局限于平衡。五是"模范者"，又称群策群力型领导者。这种领导者能将组织目标和个人目标统一起来，善于创造组织与个人命运的共同体。这种人在观察和解决问题时绝不为现象所迷惑或就事论事，而是注重对问题的解剖和深层解决。

目前，国外较有流行的领导角色理论是英国梅雷迪斯·贝尔宾教授提出的领导角色理论。这个理论认为：任何领导群体中的任何领导者都在同时扮演着两种角色，即职能角色和团队角色。所谓职能角色是指由工作任务、职务、工作性质等因素赋予特征的角色。所谓团队角色是指基于性格、气质等心理因素在工作中经常表现出来的持久的个性特征，突出表现于待人接物的习性和方式。职能角色是因参与工作并从工作需要出发扮演的；团队角色是在参与工作过程之中自然而然扮演的。领导群体构建的合理性取决于团队角色搭配的合理性和到位程度。一般而言，具有典型意义的团队角色共有如下八种：

第一，主持人，又称主席（chairman，缩写为 CH）。主持人是领导群体组织工作的主导者。他的特点与众不同：时刻想着目标，办事严谨，有条有理，以自我约束为基础。他理应才思敏捷，但不是绝对的聪慧；因为很少人会是其好主意与生俱来。他能够不借助权威而征服别人，而有一种人们所说的超凡魅力，去激发别人的忠诚和热情。他是支配者，但这是在宽松和谐的气氛中的支配者。他阐明团队目标，确定日程安排，确认关心的问题并分出轻重缓急，但不搞一言堂。他的作用最初是提出问题而不是作出结论。他概括组织的观点，表述组织的决策。如果必须作出决定，他会在每个人发言之后，果断拍板。他的天性是信任人们，除非有明显迹象表明有人不值得信任。他胸怀坦荡而不心存嫉妒，他清楚地知道集体中每个成员各方面的长处与不足，他注意他们做什么工作最好。他意识到必须尽可能有效地使用大家的才智，这就是说，他要确定他人在集体中的角色、工作范围，还能看到工作空隙、漏洞，并采取措施予以弥补。

第二，智多星，又名创造者（plant，缩写为 PL）。智多星是思想者，是领导群体中必不可少的成员，是"团队"的基本思想、创见和提议的源泉，当然，别人也有主意。这里的区别在于：其他人的念头大多出自智多星的脑中，智多星为对付问题和困难提出了根本性方法。他是集体中最富于想象，也是最有智慧的成员。如果工作集体陷入困境，很可能由他率先寻求解决问题的全新方法。他更关心重大的问题，关心问题的主要和基本方面，而非问题的细节。的确，他容易忽视细节并因此而犯粗心大意的错误。他有闯劲，无拘无束，这是性格内向的人所不具有的性格。他还可能得罪集体里其他人,特别是当他评论其他人的观点时,但他批评别人,常常是为自己清出一块场地,随之而来的是他的相反的建议。在改进一个无效力、无独创性工作集体的绩效时,最好的方法之一是把"智多星"这个角色移植进去。

智多星的缺点在于,他可能将自己的创造力过多地投入自我陶醉的观念之中,不大顾及"团队"的需要和"团队"的目标。他可能不善于接受他人对自己观点的批评,如果他的观点被剖析或遭反对,他会拍案而起,实际上他很可能不听指挥,并拒绝做任何进一步的贡献。为了不伤害他,充分发挥他的作用,可采取非常小心的方式和慎重的表扬(通常是由主席)来对待他。除去各种缺点之外,我们要记住,是智多星向大家提供了生机蓬勃的思想火花。

第三,塑造家(shaper,缩写为SH),领导群体中的骨干成员。如果说协调人是社交型领导,那么塑造家可以被看做是任务型领导,他的主要作用是把"团队"的工作任务具体化,在讲话中他总是在寻找一种模式,企图把思想、客观环境和实际条件考虑纳入其中,得出唯一的可行方案,并尽快作出计划、决定,付诸行动。塑造家充满活力,性格开朗,易动感情,任性且急躁,有时泼辣,易受挫折。他爱向别人挑战,也善于应战。他经常与别人争吵,但不往心里去,他心中不存积怨。只有结果能使他心安。他的动力有些冲动性,并总是指向组织目标,而他自己比协调人还愿意把"团队"看做是自我的延伸。他说干就干,从不拖延。他个人竞争力强,不能容忍朦胧、含糊和混乱的建议。工作集体外的人大都把他说是成妄自尊大、招人讨厌的人,即使是工作集体内的人偶尔也有被他驱使的危险,大家可能不服,但是,是他使事情发生并发展。

第四,监督员(monitor evaluator,缩写为ME)。在一个均衡的工作集体里,只有智多星和监督员需要高智商,与智多星相比,监督员有点冷血气质。他性格严厉,不爱激动。他的贡献在于冷静、慎重地分析问题而不是提创造性的建议。他不大可能提出启迪人心的好建议,但他很可能终止一项使集体误入歧途的方案。即使他生性爱批评而不爱创造,但这只是在他看到了计划和论据中的缺点时才这样,他不是为批评而批评。他下决心时缓慢,喜欢对问题深思熟虑,在工作集体中他是非常客观的。他最有价值的技术之一是吸收、解释和评价复杂的书面材料,还有分析问题、评估其他人的判断和贡献。

第五,信息员(resource investigator,缩写为RI)。信息员大概是工作集体成员中最容易博得他人喜爱的人。他很随和,交际广泛,容易产生新兴趣。他的反应倾向积极、热情。他办事热情、干脆利落。在"团队成员"中,他是一个跑外并给组织带回信息、思想和发展设想的人。他善于结交朋友,有许多外界联系。他很少在办公室,即使在,也可能是在打电话。他广泛多样的外界兴趣使他像智多星一样,把过多的时间花在他感兴趣但与他的工作不相干的事情上。然而,他是非常重要的"团队角色"。他使工作集体不至于停滞、僵化和与现实生活失去联系。

第六,实干家(company worker,缩写为CW),是实际的组织者。实干家将决定和策略变成明确有易于管理的任务,使人们确实能接受并予以实施。他关心的是"什么是可行的",他的主要作用是把"团队"的计划变成可行的方案,把目标分门别类、有条不紊地加以贯彻。像协调人一样他也有强者的个性,具有严谨的风格。他真诚、正直和信任的特点是显而易见的。他不容易失望或泄气，只有当计划突然改变时他才可能感到烦恼不安，这是因为在动荡不定、情况瞬间多变的状况下他常不知所措。他一心想着建立起稳定的组织结构，交给他一项决定，他会拿出日程计划表；交给他一组人和目标，他会画出组织图。他工作有效率、有系统、有条理，但有时缺乏灵活性。

第七，凝聚者（team worker，缩写为 TW）。凝聚者是工作集体中最敏感的人。他最了解集体其他成员的私生活和家庭琐事，最了解个人的需求和忧虑，能清楚地感觉出组内潜在的情绪。他是内部信息的积极沟通者。他招人喜欢，受人欢迎，不武断，是团队的黏合剂。如果有人提出一个意见，他会本能地在该意见的基础上进行完善，而不会推翻或提出相反意见。他是一个愿意倾听别人意见的人，在工作集体内部能轻松自如地与人沟通。他还能帮助和鼓励别人也这样做。作为团结与和谐的促进者，他抵消由塑造家和智多星以及偶然由监督员引起的摩擦和不一致，他的特点是不喜欢个人对立，他不仅自己尽量避免，也设法使别人冷静下来。当工作集体有压力或处在困难之中时，凝聚者的赞同、理解、忠诚和支持是非常重要的，他是集体成员中的模范。虽然在通常情况下，他个人贡献的价值不像其他大多数"团队角色"那样立竿见影，但不能缺少他，尤其在紧急、有压力的时候，他的作用会异常明显。

第八，善后者（finisher，缩写为 FI）。善后者常常担心可能会出什么差错，只有在他个人检查了每个细节，确知事情都已做完，没有忽略方面时，他才会放下心来。这不是公然地令人不愉快的瞎忙——他固执表现的是他的焦虑。善后者不是武断的"团队成员"，他始终有一种紧迫感，这种紧迫感感染着其他人，使他们行动起来。他能自我控制，有很强的个性，他不能忍受或容忍工作集体中漫不经心或轻率莽撞的成员。说善后者有一个重要的特点，那就是秩序。他极其严格地按日程办事，遵守期限。

贝尔宾在他数十年的研究过程中发现，除上述 8 种团队角色之外，还有一些角色难于归入其中，即有些例外类型需要考虑。但这 8 种团队角色在一个领导群体中，通常并不一定需要由 8 个人来分担。就领导群体的团队角色而言，8 种角色是不可或缺其中的任何一种的，但它们可以由群体内的人一身兼 2 或 3 种角色。在同一个领导群体中，同一种团队角色不应重复出现，那样就会因为违背"雄不并立"、"一山不容二虎"的规则，而造成领导间的矛盾和内耗以及主导力的压制、浪费乃至破坏。

以上较流行的国内外领导角色理论并不一定完全符合事实和科学，但对更深入、准确地把握领导角色，进而更好地发挥领导者对于组织群体的主导作用还是很有参考价值的。事实上，处于组织群体中间，领导者之所以是组织群体的核心和关键角色，就是组织的职能需要和职能设定；只有从职能角色的角度来深入把握领导角色，才能更切合领导实际，才更有利于领导者对组织群体实施领导。为此，只有从领导功能或职能的角度，结合影响组织形态的因素，才能较好体认和把握领导者对于组织群体实施主导的基本要义。

二、领导者对组织群体实施主导的基本要义

基于前述原理，领导者对组织群体实施主导的基本要义主要有如下诸方面：

（一）领导者要有意识地努力充当并做好组织群体中的龙头和主心骨

组织群体有意识或下意识地把领导者看成了这两种角色,把自己在组织群体生活中的公共方向选择权一般地委托,甚至完全交付给了领导者,在领导者带领下跟随着前进,领导者指往哪个方向就往哪里走;而且基本上认为领导者能够带好路,不会把大家引向歧途,大家足可放心,领导者的想法、思路、方法都应该是正确的、可靠的和更高明的,相信并期望领导者能为自己做主;这既是一丝不得马虎的重任,也是一种极其重大的压力。就是这样的领导角色把领导者推到了肩负重大群体责任或组织责任的位置。这里主要有如下核心要点:

第一,成为组织群体的知心人和实情掌握者。透彻了解和掌握整个组织群体乃至整个社会的基本情况,以及明确不明确反映出来的思想认识、观念意识、愿望、需要、期待、情绪、倾向和脉搏;对组织群体乃至社会的信任和委托作出令其感到满意的回答;在此基础上,提出适合组织群体乃至社会的主导思想,既充分考虑、照顾和满足组织群体的心理意愿,又对组织群体从根本上加以引导。

第二,成为组织群体的有力心脏和强大思想库。领导者始终处在群体和组织的中心,并具体地构成了组织机构的核心。就是领导者的不断搏动,才使整个组织机构成为一个具有社会生命的社会事物。然而,领导者的这种搏动却是以形成和传播组织文化,关键是领导思想为基本内容的。组织机构没有这种思想就不能存活下去。领导者不管思想水平如何,均是占支配地位的思想来源。因而,领导者实际上就充当了组织机构的思想库。

第三,成为完全胜任、令人信任和放心的舵手和引航人。领导者控制着组织机构的制动器和方向盘,具体决定着组织机构的前进方向;并且,还经常提醒组织机构应该选定什么航向,及时发现和纠正方向上的偏差,确保组织机构有一贯明确的方向,以便较快达到既定的目标。显然,领导者是组织机构的掌舵人和引航人。

第四,成为组织群体的合适代表和称职象征。领导者自然成为组织机构的代表,而且是最高的代表。另外,由于充当代表的时间长、影响大,对内对外均自然形成一个相对恒定的代表形象,致使这种形象实际成为该组织机构的标志,因而领导者能够成为组织机构的象征。

（二）领导者要有意识地努力按照激励原则大力开发和用好组织群体中的人力资源

领导者要在组织群体中开展大量的组织人事工作,包括谈心、互助、感情交流、思想交流等,由此形成并不断扩展群体的向心力、亲和力、凝聚力以及融洽、舒畅的气氛和顺畅、有效的关系。这就是通常所说的搞好团队建设;即把所有的成员都团结成一个人,达到同心同德、齐心协力,造就良好的群众基础和强大的集体力量。为此,领导者要采取一切积极的态度和措施,调动组织群体内的一切积极因素,将组织群体内所有成员的积极性、主动性和创造性全部发挥出来,形成一种高效完成组织任务的优质人力或能动性,并把这种力量或能动性彻底引向并充分作用于组织目的、组织目标的实现,确保整个组织群体均能不遗余力地去实现组织群体的愿景和目标。其突出要点主要如下:

第一，按照严格的组织人事原则，切实做好识人、选人、用人、育人等多个层次的组织人事工作。这是最实质的权力权威运作，也正是事关做好整个领导工作和其他工作的前提，在整个组织工作始终都是第一位的和最重要的。

第二，有意识充当并努力做好组织群体中的身体力行者和示范者。任何一个负责的领导者都会自觉不自觉地为努力做到做好前面的所有角色而不遗余力地对自己加以约束、管理和改造，不断地加强自身修养，刻意按照领导对象对领导者提出的要求和希望去做；另外，领导者为完成组织群体的任务、达到既定目标，还要比常人作出更大的牺牲，诸如时间、精力、享受等许多牺牲。其实，领导者自己的一举一动具有完全的示范作用并会产生一定的反响。如果领导者行为不端或言行不一，必将把组织群体引向反面，这即意味着领导的失败；而这就是不良示范的结果。如果领导者行为端正或言行一致，则必将使组织群体心服口服、备受教育，把组织群体引导到领导者所希望的那种状态中去，这即意味着领导成功；而这就是楷模表率的功能。

第三，有意识充当并组织群体中的辅导员、教员和导师。组织是学习型组织，群体是学习型群体。组织群体均依领导者的教诲、引导和帮助而开始并完成共同的学习任务，营造和形成组织文化或群体文化，为更好地实现组织目标或群体目标奠定一致的精神基础。领导者在这个过程中要以不同的方式进行"上课"教育、组织训练和"课外"辅导组织成员或群体成员。最重要的是，领导者要在诲人不倦的基础上始终成为整个组织群体的精神引导、思想引导和价值引导，时时端正发生在组织群体中的精神偏差、思想偏差、伦理偏差和价值偏差。

第四，有意识充当并努力做好组织群体中的道德家和正义标杆。组织群体总是有意无意地把领导者看做是一个道德崇高、人格完美的终极权威。他们认定领导者必定是胸怀宽广，关心他人、大公无私、明辨是非、发扬民主、公道正派、奖惩分明，真正为了共同的事业而努力奋斗；因而，总是愿意以其观点为观点、以其标准为标准；而且下意识地期待或盼望领导者经常出来主持公道，维持组织群体的秩序，统一所有成员的思想和行为，维持和保护大多数人的利益，特别是忠厚老实人的利益。对领导者来说，这两种角色是一种信任和依托，更是一种鞭策和约束。但在现实生活中，有些领导者由于思想修养不够，尤其是道德修养不够，往往名实不符。有的甚至利用成员对其产生的期盼来干一些邪恶的勾当。他们往往把自己看得太高明，把成员看得太愚蠢。这是一种完全不称职不合格的领导者；其邪恶思想和行为本身就会不断地产生把其自身陷入绝境的不可调和的尖锐矛盾之中而很快走向覆没。因此，领导者一方面要自行努力加强道德修养和道德实践，另一方面还要自愿、自觉地接受组织群体乃至社会的检查监督，确保成为清正廉洁、言行一致、品质高尚的实践者和楷模，确保当好组织栋梁和轴心而不被腐蚀；再一面，还要营造良好的道德环境，引导并簇成组织群体乃至全社会崇尚真理、崇尚正义。

（三）领导者要有意识地努力按照团结的原则处理好组织群体成员间关系

领导者要在组织群体中开展大量的组织管理工作，包括组织建构、沟通协调、控制监督、改革创新等；重点是确保按照公平公正的原则处理好组织群体内乃至相关社会范围内的利益关系，包括利益的分配、享有、维护、延续、增加、减少、终止和剥夺等。从领导者存在的基础和依据来看,这都是领导工作的出发点和落足点。因此,领导者必须始终着力抓好这一方面的实务工作。其具体要点有很多,但突出的要点则主要有如下方面:

第一,充当并做好组织的设计者和维护者。领导者要以战略视野和魄力,科学设计组织群体的组成与机制,建立和维护组织群体的合理架构;不断优化和强化组织机构,力争发挥出组织群体的最大效能;不断获取和提供各种资源以维持机构的正常运转;调整和理顺机构内部的各种关系;建立、健全和维护组织群体乃至社会的制度或法律;营造、维持和优化具有特色的组织群体文化以及良好的工作氛围,并以成文和不成文制度的方式加以固定、支持和发展。

第二,在责任范围内,领导者要充分、正确、恰当地使用权力权威,绝不能凭意气、从私意、任恶心来滥用权力权威;要恰到好处地利用各种社会资源,绝不能偏私随意地支配这些资源,也不能浪费或荒废了这些原本有限的宝贵资源。为此,不要把领导行为当成了获利谋私的机会,而必须确保整个领导行为都有最充分、饱满的公仆性质和服务性质。

第三,充当并做好组织群体中的裁判者和协调者。基于对领导者的充分信赖和寄托,组织群体希望领导者能够调整和处理好组织群体内各种复杂的关系,尤其是利益关系;希望领导者能够对一切不公正的事情、现象和人作出公正的评判和裁决。当然,在领导实践中,这些角色本来就是领导者要具体操作的事情;这与被领导者的期待是吻合的。

第四,充当并做好组织群体中的处理者和监督者。在领导过程中,领导者实际上就是通过这两种角色来发挥处理人际事务的作用的。这些角色都是以权力为后盾、为手段,对纳入领导范围内的各种人际关系和问题采取必要的措施,加以调节和处治;特别是为保证把人力资源充分引用到组织群体目标的实现上,而对诸如懒惰、不负责任、离心离德、自私自利、贪污腐败、失职渎职等各种消极现象加以监督和防范。这里的显著特点就是运用权力开展在组织群体成员之间发生的领导工作。

第五,充当并做好组织群体中的维持者、修理工和清洁员。组织机构经常会遇到意外的困难,比如缺少物质支持、受到种种不正当的强大压力等;同时,还会产生某种老化、失调、残缺等病态;另外,还会发生积尘积垢、受到污染、蜕化变质、感染"病毒"等病变。这时就需要身处其中、掌握全局的领导者予以及时发现或诊断,及时援助或开"药方"加以治理和调适,确保组织机构健康完善;特别是要经常打扫、清理组织机构,使每一个角落都不藏污纳垢,使每一个机体都具备很强的免疫力。这些是领导者对组织机构负有特殊责任的内务性作用。

第六,充当并做好组织群体正统性的专门家和维护者。在领导的"法眼"中,只有组织群体才是合法的组织群体。然而,在现实生活中,常常会因为某种利益关系或情感的一致性而产生大量的非正式组织群体;从群体规律和社会规律的角度看,非正式组织群体似乎是自然生成的;但从贯彻领导价值着眼,这显然是正或准的旁门左道,容易与组织群体和领导权威分庭抗礼,容易造成组织群体内门派林立、争斗纷起、内耗不断,阻碍领导价值和组织目标的实现,进而恶化组织成员之间的团结协作关系,最终搞垮组织群体并导致领导失败;因而是宗派主义的滥觞,是一种危害巨大的组织病态、群体毒瘤。因此,领导者要随时注意到非正式组织群体的动向和苗头,及时将它们处理在萌芽状态;不过,在采取强硬取向的同时,还应该善于采取因势利导和趋利避害的举措,正确利用好非正式组织及其信息沟通效应,抑制其消极作用,发挥其积极作用。只有这样,领导者才能确保不断增进整个组织群体的和谐稳定,才能正确弘扬正气、提高士气而使工作任务顺利完成、组织目标和领导价值充分实现。这里的核心是要谨防各种宗派主义,正确对待、及时有效地处理好非正式组织的问题。

第五节　领导者对人和公众的主导

一、领导者对人的主导

(一)作为领导客体的人

作为领导客体的人是指所有处于被领导地位的人,包括直接领导客体(即下属员工)、间接领导客体、基础性群众等。但是,由于只有作为直接领导客体的人是在组织体制之内、为领导者所直接掌握和管理,领导主客体之间是完全的主导与被主导关系,而其他领导客体则在组织体制之外,领导主客体之间是一种间接、淡薄和松散的主导与被主导关系。

显然,作为领导客体的人其实是两个部分:第一部分为领导的下属员工(在本章第三节已述);第二部分是作为间接领导客体和基础性群众的人,在作为领导客体的人之中占绝大多数,实际就是具有代表意义、在权力渊源中占主体地位的人民,可简称为"人",即以人为本中的人。故而,这个"人"就是一个等同于、可代表所有人的实际范畴,是国家立法、行政、司法、政党、事业、组织等所有组织系统各层次的领导者所须面对的对象。这样,领导者与人的关系也就发生了。那么,这是一种什么样的关系呢?

领导者与人的关系是一种最基本,也最实质的领导主客体关系。因为领导之所以为领导,根本上并不取决于领导范围内高度组织化的下属员工,而取决于人民,取决于领导权力的第一主体。人民是一切权力的来源,人民是一切领导的主人;领导只是对于人民的服务,领导必须为人民服务;领导者只是人民的公仆,必须为人民谋利益、谋幸福、实现愿望与诉求。领导者只有把人民放在心上,人民才会把领导者放在台上。没有人民的允许,领导者便不成其为领导者。所以,领导者与人的关系最为实质,也最为基本。

既然领导者与人的关系如此重大,那么领导者要对人实施主导是否矛盾呢?可以说,既矛盾,又不矛盾。对人实施主导并非就是强权统治或压迫,特别是对于现代领导来说,而是一种使命与职责,即被人民拥戴出来并赋之以权的领导者必须站得更高、看得更远、代表和带领人民奔向正确的目标、走正确的路,体现为第二权力主体即领导者对第一权力主体即作为领导客体的人的反作用,是一种重大责任性互动。显然,从表面上看,领导者主导自己的主人似乎不应该;然而,从实际上看,这却正是领导者的主人要求其在人民整体或整个人群之中发挥主导作用,不仅应该,而且还必须积极、正确和到位。因此,这对看似矛盾的关系其实并不矛盾,而是非常切合实际、非常顺合自然。

马克思说:"人的本质是人的真正的社会联系。"①这就是说,人是高度社会化的;无论

---

①　《马克思恩格斯全集》第 42 卷,第 24 页。

是为了生存还是为了发展,都必须走群体之路、组织之路;真正的单枪匹马,将无以生存和发展。事实上,每个人从来到世界上时起就必然要生活在一个具体的群体之中,并不可避免地同所在群体发生深刻的社会联系,包括权力让渡、选举和依靠自己的领路人和造福者即领导者等。这样,领导者出自于人民、又反作用(主要是主导和服务)于人民,就成为必然。所以,从根本上说,领导者对人的关系异常重大而实质,既体现为主导,又体现为服务;只不过所行主导的领导价值不是领导者个人的,而是全体人民的价值而已,领导者必须能够真正领会、概括和宣导这样的人民价值。

人民的价值核心是人民的利益期待和需求,方便于实现生存和发展的基本目标,突出表现为实现人的全面发展,集中概括为"以人为本"。这就是领导者所要主导的领导价值的全部实质。领导者就是以此为使命的,也是为此而来的。所以,在实施如此价值主导之时,领导者的根本任务就是要运用手中的权力和自己的权威,提出并推动实施正确的政策主张和政策措施,通过正确、积极、有效的政策途径来履行自己的使命和职责,让自己的主人满意和安心,并由此确保自己是一个真正胜任的、成功甚至是卓越的领导者。

(二) 领导者对人实施主导的基本要义

基于领导者之于人的关系实质和互动要求,领导者要对人实施主导,重在把握如下诸方面的基本要义:

第一,领导者要善于"从群众中来",主要就是要认真、全面听取和汇集群众意见,将群众意见提炼概括为普遍的人民价值,确保领导者从价值依据到价值判断再到价值选择都符合人民价值并由此形成、确定领导价值,确保真正领导不仅在产生和监督上,而且更是在价值及整个领导运作上真正从群众中来,确保沿着群众路线扎实走好第一步。

第二,领导者要善于"到群众中去",主要就是要把以人民价值为实质的领导价值用到满足人民群众的价值期待和利益诉求之中。这不仅能确保领导价值与人民价值完全吻合或真正一致,而且能确保得到人民群众的衷心拥护和支持,使得领导价值的宣导与推行完全是阻力最小而收效最大。在此过程中,要特别注意两点:一是当来自群众的价值一时并不那么完全地适宜、完善或高远时,领导者要站在深切理解群众根本利益和长远利益的角度来发挥站得高、看得远的优势,对现有的群众价值进行修订和完善。二是当在群众中贯彻符合群众根本利益和长远利益的领导价值遇到困难时,领导者要体谅、原谅、理解和宽宥群众一时不太理解、配合的情况,以极大的耐心和更多一点的时间,以真实的好事例和好示范,进行说服教育,做好沟通协力的工作;而绝不能采取简单粗暴、强加于人的态度和方式来解决问题。

第三,领导者要善于选择适当的时机和角度,充分结合领导环境和人的心理,由此确保在群众中能够有效宣导和推行领导价值。领导价值的具体内涵和种类是多样、多层次的。此其中,有的是当前适宜并应该及时宣导和推行的,而有的则是适宜放一段时间、等条件具备以后再宣导和推行的;有的是可以单兵突进的,而有的则是要综合配套和协同联动的;有的是要从正面入手,而有的则是要从侧面入手的。人的心理是最复杂的因素,个体心理和群体心理既分别、又综合地交叉联动,不仅影响领导价值的内容和实质本身,而且还影响到领导价值宣导与推行的效度。领导者要善于判断当前情境下的社会心理,要特别善于抓住适合领导价值宣导与推行的各种心理条件,包括动机、情绪、情感、理性、意志和动力等;由此力争确保有一个同心顺意的心理环境,极大方便领导价值的播种和生根发芽。

第四,领导者要千方百计协同、整合不同的具体人、具体人群、具体阶层的利益需要和价值倾向,确立一个现时最实际、最可接受、最可行的一般性目标并使之尽量涵盖和体现出最一般的价值倾向,再通过相应的价值宣导和目标宣导使相应层面的具体人、具体人群、具体阶层都愿意充分理解和接受这样的一般价值和目标,而且还进一步转化为自身的内在目标和现实追求。这就是要尽力促成领导者与人的价值目标一体化,最大限度地把领导价值、组织目标和人的价值与目标一致起来。这就是实施价值领导的核心工作所在。只有这步工作做好了,价值领导才算真正初步成功。

第五,领导者要高度注意人是复杂的这一客观事实来开展及时、到位、得体、管用的主导工作。人的复杂性表现在很多方面,但根本上是现实利益关系引起不同的心理行为,彼此之间常常因为这样的差异而影响到原本已经或者可能达成的一致性,甚至进而产生不断的分歧、紧张、矛盾和冲突,为此甚至不惜放弃、反转既有的价值认同和目标认同,当走向极端时甚至会忘记和损毁共同的价值、愿景和目标,造成对集体、总体的损害和破坏。所以,领导者要悉心观察和注意、及时把握和处理这类不和谐的苗头,尽量抓住利益关系来从根子上解决问题,旨在把每个人、人群很好地协调起来和紧紧地吸引、团结在一起。这里最需要领导细心、领导耐心和领导艺术,最能体现和证明领导的功夫和水平。事实上,这里正是领导者在宣导和推行领导价值过程中最需要花费时间和精力的地方。这里的工作最为劳心,稍不注意便会"千里之堤,溃于蚁穴"。应该说,大量的领导工作主要就应该是发生在这里。

第六,领导者要善于发扬民主,实行广泛、有效的民主参与。这主要是在领导的决策、执行和监督诸活动引入民主参与,但最重要的是应在决策过程中让人民群众能够有效参与,尽量在每个决策环节都直接加入并刻下主流的民声、民意,由此确保在具体的关键领导活动中能够更加真实饱满地体现人民价值,至少是能够有效防范和及时纠正领导价值与人民价值恐怕偶然发生的一点点偏差。当然,领导者在决策执行,特别是在执行监督方面引入民主,就更能确保人民价值与领导价值一致性的动态完整,关键是能够及时阻止和惩罚在执行过程中偏离人民价值和领导价值的任何不当行为、违规行为和违法行为。为此,要以科学决策的到位为前提,促进科学与民主在领导过程中实现无缝隙结合;此其中,最关键的是要以科学为实质,探索民主参与的合适步骤与机制,全面推行基于科学的民主,确保民主参与的有效性和可持续性。

二、领导者对公众的主导

(一) 作为领导客体的公众

公众具有强大的社会影响性,通常用社会舆论、社会心理联动和社会倾向压力等方式来发挥社会作用,对领导的基础、合法性和可能成效都会发生重大影响;显然是领导者最需要关注、把握和引导的对象。那么,公众是什么呢?

人们对此有着多种不同的界定和解释。有的认为,公众主要是指媒体;这虽然一度盛行,但却由于只涵盖了作为公众意见的能动载体和主流代表这一衍生含义而流于表象。有的认为,公众是社会上大多数的人①;这显然是聚焦于人,抓住并反映了穿越舆论表象的人这一实质,因而是一种具有权威效用的实质界定,不过还只是一般意义上的界定。

从领导实践上看,公众就是广泛存在并活跃于公共生活中、能有效左右舆情、深度影响领导环境和领导行为的社会人集合;是领导主体必须认真面对、做好互动的领导客体诸层面之一。在这个互动过程中,领导主体或领导者要么充分发挥主导作用,走在公众的前头,对公众加以引领,把公众中蕴涵的影响性能量转化为、保持为积极的和建设性的正能量;要么减弱和丧失主导作用,落在公众的后边,实际成为公众的尾巴,终于导致任由公众中蕴涵的影响性能量随意聚集、展露或者爆发而变成了负能量。

显然,公众是一种与领导深度缠绞在一起、发生具有重大现实结果的公共力量;领导的实质运作和成败得失都跟公众紧密相关;领导者与公众之间是一种重大而敏感的领导主客体关系;把握和主导好公众是领导的核心工作之一,是领导者必须处理好的重大现实关系之一。

那么,在领导视域里的公众到底是什么呢?可以说,公众就是在各个社会层面、由各种价值导向和理念追求把相应的社会人聚合而成的社会群体;实质是基于某种共同性而形成的某种社会共同体,也是能够有效参与甚至主导公共生活的能动社会单元。

由于社会层面是社会多阶层、多方面的客观存在,而价值导向和理念追求又是彼此不同的,亦即多元的;所以,公众也是多元的、多种性质的、多种色彩的和多种动力的,有时也是彼此相互矛盾冲突的,可谓情形复杂、种类多样。

作为社会共同体,公众或者是利益共同体,或者是事业共同体,或者是责任共同体,或者是工作共同体,或者是兴趣共同体,或者是理念共同体或信仰共同体;有的是处于自愿组合、自然会聚、松散维系在一起的初级群体,有的是已经发展成为社会组织的高级群体;有的是为了价值一致、目标一致、行动一致的同质群体,有的是价值有异、目标有异、行动有异的异质群体;如此等等。这些群体及其复杂性正是领导最需作用的对象,是要用领导价值加以主导而形成总体一致同向、和谐有成的领导重点所在。

作为能动社会单元,公众不是动力共同体,就是压力共同体,主要是通过各种公共行为来引起社会心理和社会行为、群体心理和群体行为发生变化,包括微观的和宏观的变化、价值性的和立场性的变化、潮流性的和趋势性的变化等,往往由此倒逼领导的反应和行动。换言之,公众都能非常主动地深切影响在社会上占主流地位的公共价值和相应行动。而这就是公众所蕴涵的公共效能,亦即公共能量。这些公众虽然在内部组织性上存在很大不同,有的严密,有的松散,但在各个效能上却大体相同,都是不可忽视的现实社会力量。此其中,有些公众如社会组织,就是为谋取和维护自己的合理利益或合法利益、有效地达到自己合理合法的目标,而总是有计划、有组织地行动,变成了实际上的利益团体或压力集团,与领导直接展开了博弈,给领导带来了复杂性。就是这样,公众形成了自己一系列的重要特点,这些特点主要有如下几个方面:

---

① 见《现代汉语词典》1996年修订版,第437页。

第一，公众是一种由不同社会人构成的有影响力的社会群体，常常表现为阶层、组织、团体、人群等各种行为主体，实际构成能够深度、长远影响现实社会的各种公共力量。

第二，公众通常借助舆论、游说、参与等许多方式和途径来影响公共生活，导致或一呼百应、或连片深广的公共反响，广泛制造、深度主导具有广泛影响力的大众价值。这种价值虽然有一定的公共性和代表性，但却不一定真实反映、涵盖或代表了基层民众，特别是分散存在的自然人众的草根价值。

第三，基于某种共同性而产生并先天具备了公共性。这主要从舆论到领导环境上对公共事务主动发挥影响的群体性，是指各种社会群体所具有的某种内在共同性，或面临某种共同问题和压力，或具有某种共同需求或诉求，或为了某种共同利益或共同兴趣，或基于某种共同背景或共同基础，或出于某种共同目的或共同意愿，等等。这些共同性不仅本身就是公共性，而且还会产生相互影响和广大影响并由此形成更大的公共性。

第四，公众总是构成复杂、形态复杂、背景复杂、反应复杂和变化复杂。各种性质的公众多种多样，各种组织结构和运作方式的公众同行并步于复杂的社会生活之中，与政府、与领导发生着复杂的、多层面的关系和互动，不太好把握和整合。他们存在于各个领域，与社会生活的各个方面息息相关；居住在不同的地域，有着不同的地位，还有着不同的政治背景、经济背景、文化背景和社会背景；针对具体领导的不同主张和行为，会形成不同的态度、观点、心理反应和行为反应。另外，公众不是封闭僵化和一成不变的，其性质、形式、数量、范围、关系等都会随着主体条件和客观环境的变化而变化。因为这种变化的结果会反过来对领导价值和领导行为以及公共政策都会产生重要的影响和制约；领导者非以复杂、动态的眼光，就不足以认识和把握这些公众。为此，领导在向公众传递各种信息并进行问题处理时，就不能不充分依据和考虑公众的复杂性。

第五，公众存在宏观上的一致性和微观上的严重差异性。公众之间的利益在总体上讲是一致的，但在具体利益上又有其特殊性，又会出现很多矛盾。换言之，公众彼此之间既有最一般的共同利益而容易在大的价值和立场上取得一致，为领导成功实施主导提供了重要的前提，又各有特定的自身利益和价值性向而容易在具体互动和大量常规关系中发生分歧、扭拗、摩擦和冲突，为彼此间丧失和谐、协同埋下伏笔，也为领导成功实施主导带来严重隐患并提出大量严峻而琐细状态的挑战。此处问题的核心是利益多维、切身敏感；对同一政策，不同的利益群体会持不同的态度，在就学、就业、就医、工资、物价、住房、养老、福利等各个民生方面，往往会有不同的看法和不同程度的敏感性；一旦处理不好，就会引起重大的公共问题。

第六，最突出的公众是媒体。传统媒体就成为了"无冕之王"，是公共生活的重大一极，与旨在实施价值主导的领导者分庭抗礼。以网络为代表的新媒体更是加大了公众在公共生活中的影响比重；其影响已完全超越了传统媒体，其实际的影响范围和程度恐怕要远超人们的一般想象。因此，如何对待、引导、掌握和利用好这类公众，就成为领导者事关双重主导力的重大实践问题：一是对媒体本身的主导是否到位得力；二是通过媒体对全体公众和整个领导客体实施主导能否到位得力。

第七，公众对领导的理解和支持是有条件的。他们不仅要求领导的决策能够反映公众的意愿、呼声和要求，而且还对领导主体的组织结构和效能状况、领导者的素质和价值取向作出自己的价值判断、价值宣导。这些能动性如果与领导的主导力相一致,那么领导对这些公众乃至整个领导客体实施主导就容易成功;如果相左,那么领导的主导企图和努力都将面临逆境。事实上,领导者只有在与公众加强沟通、协调之中,才能做到转逆为顺、化顺为成,才能进而真正驾驭好公众这样的公共力量,实现对公众及其背后广大社会个体的主导。

（二）领导者对与公众实施主导的基本要义

既然公众是如此复杂的事物,那么领导者要对公众成功实施主导就必定是一件极不容易的大事。为确保领导的此一使命得到较好完成,领导者至少要注意并遵循以下有关要义:

第一,一定要首先注重价值对接,缩小乃至消除价值差异,确保促成和巩固价值一致。这主要是要求,领导者必须致力于使领导价值与大众价值相互对接,而且要充分注意并务实处理好大众价值和草根价值之间的差距或不一致;确保领导价值具有兼顾最全、涵盖最大的公共性。这将从根本上化解逆境、创造顺境,为领导者对公众及其涵盖或代表的民众实施成功的主导提供先决条件。

第二,一定要注重主导方式和分寸的合适性、平衡性和全面性,确保主导为大家所共需。领导者在对公众实施主导时,既要从宏观上抓大的方面,也要从微观上抓一定的细节,确保抓全面、抓到位;同时,还要针对不同公众的共同性和矛盾性,实施科学、合理的统筹兼顾、平衡协调,把各层面的关系,特别是利益关系切实处理好;此外,还要避免公众误以为实施主导只是领导者一家的事,要使大家明白这是出于公共利益及其实现机制本身所固有的需要而实际是大家的大事,由此达成更大的融洽性和一致性,由此获得更大的顺力和合力。

第三,一定要注重公众参与(也叫公共参与),确保公众在重大问题上的知情权、发言权、介入权和监督权。为此,领导者要让公众参与到领导决策的前期、中期和后期,参与到领导决策的执行和监督中去;要让公众在这样的实质性参与中充分感觉到自己是真正的主人,是真正在依法当家做主,由此让公众以更加积极的主人翁意识和精神、自动自觉地与领导保持高度一致,进而使领导者和公众之间、领导主体与领导客体之间达到更高层次的和谐融洽,最终形成全面的双方一致与合作,而使领导的主导力放大到无所不在。

第四,一定要认真面对、掌握、驾驭并利用好传统媒体和新媒体,确保深切到位、得力给力。可以说,抓住了媒体,就抓住了最能动的公众,就方便于进一步抓住、抓好其他所有公众。所以,抓住媒体,就是抓住了掌握公众的重大关键。其中,抓住传统媒体,有利于控制媒体的总情形;抓住新媒体,就可以有力掌握原本很难掌握的网络主动权和主导权。领导者在与媒体深度沟通互动时,要基于信息社会、网络社会的发展而把更大的注意力和影响力倾斜于新媒体,要绝对避免在新媒体的驾驭上犯了麻痹症而严重失控。

第五,一定要随着社会经济发展水平和民主水平的提高,适时推进领导者与公众的沟通互动。在领导与公众的沟通、互动过程中,任何一方都不是消极的;被主导一方还有可能因为各方面水平的提高而要求更高、能力更高,使双方的沟通互动必须要上升到更高一个层次。因此,领导者要把自己同公众的联系放在更加突出的位置上,加以与时俱进的、深度滚动的推进,与公众实现全面、及时、有效的沟通,为制定、实施和推行各项政策营造有利的社会心理环境和舆论环境。其实,从根本上讲,领导者就是一个为公众服务的主体;既要向公众传播信息,让自我获得公众的认识、理解和信赖;又要不断吸收来自公众方面的信息来调整和改善自己的行为。这种双向沟通的模式,不仅会在信息上,而且还会在感情上推进和促成领导者与公众多层次、多方位的合作。

第六节　领导者对于事业事务的主导

一、领导者对事业的主导

(一) 领导者与事业的关系

事业是贯彻、凝结和证明某种价值的社会化活动。这个活动包括了目标、过程、方式和结果。其中所谓的社会化主要是具有如下两个层面的具体含义:

一是指活动中的某种价值是要进入社会的视野和价值评判体系的,无论时间长短,都必须同社会发生联系、转换或者交易,必须得到社会的对接、容纳、协同、帮助和确认。不能与社会进行交流并由此得到价值转化的活动,是不能称为事业的;另外,事业特别需要时间,往往是事业越大,所需时间就越长,因而要着眼长远而不能短视和功利化。

二是指含带某种价值的活动构成了一个实际的社会价值范畴和精神载体,既表现为行为的物化和静态化,又表现为理念的物化和动态化。此其中,物化就是一种关于必须绝对务实、踏实、投入、实干和实事求是的要求,来不得半点虚假、糊弄、欺骗和主观唯心;静态化就是一种可皈依、可寄托、可参照甚至可触摸的现实存在状态,动态化就是一种必参与、必投入、必创造甚至必奉献的现实运作状态。

事业的性质和特点是多种多样的;对于不同的主体、领域和层次,其具体性质和特点是很不相同的;一般来说,主要是分为个人事业和组织事业两大类。具体而言,对于个人,事业是实现和证明自我人生价值的社会化活动;属于私人性质的和高度个体化的事业。对于组织和领导,事业就是贯彻、凝结和证明领导价值、组织精神的社会化活动;属于公共性质的和高度群体化的事业。作为领导客体,这两大类事业都是需要为领导主体所主导的,只是被主导的方式和程度存在巨大差别;而这种差别集中表现为两点:一是领导者对个人事业的主导必须是间接的和有限的,重在确保个人事业的正常进行、能有利于而绝不妨碍公共大局。二是领导者对组织事业的主导必须是直接的和完全的,重在确保贯彻和实现领导价值而由此创造出有利于整体事业发展的更大公共价值。

事业的起点在于作为领导客体的组织群体和整个社会的共同需要。这些共同需要在现实生活中会体现为人们的各种要求和愿望;其中更为迫切、重大一些的要求和愿望就会形成现实生活的热点、重点和难点问题。解决这些问题不仅应该成为各级领导主体成就事业的重要内容,而且还应该根据现实的条件来确定解决这些问题的时间和标准。解决问题具体的内容和要求会形成一定的目标,目标的高低和难易程度就会成为事业大小和辉煌程度的重要衡量尺度,达到目标也就成为了事业成功的重要标志。应该看到以事业为形态而出现的各种社会问题,往往都会有较为复杂的社会背景和历史背景。领导主体,特别是领导者必须对此有一个准确、深切、全面的把握,并以此为天职而不断努力去抓好、抓实;非此则无以为领导。

显然,领导主体,特别是领导者与事业具有天然的责任关系和紧密联系,可以说生来就是为事业而来的。事实上,事业就是领导的价值所在、领导的终极所在。没有事业的领导、不搞事业的领导和搞不成事业的领导,都是实质性的领导失败,是对组织、对人民的重大欠账乃至犯罪。只有有事业、搞得成事业才是合格、称职的领导;只有能把事业搞辉煌,才是卓越的和光荣的领导。然而,如果只能把事业做上一半或一部分,则只能是一种得失成败各一半的半吊子领导;而其中有的是因为真正品德恶劣所致,则只能是失败的领导。

说穿了,事业就是领导的生命;领导者就是要为事业而奋斗,就是要以事业为旗帜、为生命来团结和带领大家一起奋斗而非相反。然而,在现实生活中,常常会有忘却事业、模糊事业、丢弃事业的领导。其中,最大、最突出的问题集中表现为如下这样两点:

一是领导主体内部常常按照官场潜规则和实际势利规则来运行,中间最容易产生无原则纠纷和内斗,常常是一点分歧差异便不断激化升级直至白热化,致使矛盾冲突尽管原本不是敌我性质的,但却常常容易最终演化为内部敌对,并由此而毁了事业。这些问题并非新鲜事,而是古老而现代的常规事。

二是有的领导者素质恶劣,习惯于按照封建落后的观念和准则来对人对事,特别是私心大、搞团伙、不正派而引起无穷无尽的无原则纠纷和内耗,把大量的时间、精力都用来搞内耗了,至于为什么当领导、到领导岗位上本应干什么、一个组织群体应该为什么而存在和发挥作用等问题则一概不在心上;也就是其一心所想不是事业而是私利,热衷于和致力于搞内耗而非事业,以至于最后到了"谁搞事业我恨谁,谁搞成事业我搞谁"的程度,完全走向了反面。这就是不仅不作为、丧失了主导力,而且还把事业和组织给主导反了,把组织群体搞烂、搞堕落了。这当然是极端地糊涂和无耻,更是极端地恶劣和反动。

应该说,事业是吹不出来的,搞"花架子"是没有出路的,糊弄领导客体是行不通的。真正的事业应该是符合领导客体发展规律的事业;真正的政绩仅仅是让公众从心里赞佩和拥护的政绩。真正的事业和政绩都不能只有表面和暂时的辉煌,而应能展现于历史的长卷之中,经得起历史的审查和检验。

总之,领导者与事业的关系本质上就应是事关领导存在的依据和价值的领导主客体关系。领导主体,特别是领导者对事业的得失成败起着关键作用,承担最主要的责任。

(二) 领导者对事业实施主导的基本要义

领导者要对事业成功实施必要的主导,最起码要注意以下一些基本要义:

第一,领导者要绝对保证领导价值的正确性和全面性,由此及时端正在实际领导过程中出现的理念偏差、导向偏差、路线偏差和行为偏差,确保整个领导运作和组织行为都不偏离正确的价值准则和方向,确保事业能够完全按照领导价值轨道、尽量直线式地运行。

第二,领导者要正确对待和处理公私关系,谨防私而忘公,确保公而忘私。在这里,公就是组织事业、领导事业及其对领导提出来的正确需要,私就是领导者的私心杂念、私欲私利、团伙帮派及其引发的主导误导、领导扭曲和领导变态;领导者就是要通过保证做到大公无私来坚决排除一切因私而起的对事业的影响、干扰和破坏。为此,领导者要树立和信守这样一个精神准则:有事业则生、则荣,无事业则败、则耻;干事业则爱、则助、则励,伤事业则忌、则恨、则铲、则戒。

第三,领导者要对领导主体的使命和责任始终保持明晰、深切和清醒的认识。要以强烈的使命感、责任感和保证正确的精神来看待和把握领导价值与事业的关系,正确促进领导价值在事业上的贯彻、体现和实现。要以抓住历史机遇、实现公共价值和全面发展为己任,把造福于公众的事业作为自己的真正追求,并为此鞠躬尽瘁、死而后已。这里的核心是要把事业作为领导价值的实际载体和实践底线,而绝不毁之和逾之。

第四,领导者要深切体察民情和社情,要透彻把握国情和世情,由此确保领导者能够切实务实、及时有效地开展工作。事实上,作为组织群体或社会管理的核心,领导者必须率先关注组织群体以及整个社会存在的各种大事小情、矛盾问题。这在工作环节上是领导的调查研究,而在事业的主线上则是领导的起点基础。领导者在事业起始之初就要正确对待和处理这些事情和问题;其结果和效果能充分衡量领导者的胜任性和绩效水平。

第五,领导者要正确对待和处理当前政绩和长远政绩、表面政绩和实际政绩的问题。众所周知,领导者要通过自己在工作中的具体活动和综合表现来取得和体现领导绩效;而这个绩效却存在当前和长远、表面和实际的差别与矛盾;既要从领导者主观上克服只注重当前化和表面化的急功近利问题,也要从考评机制和领导管理制度上彻底根绝短期行为,还要将公众的切身感受和客观评价作为一个重大约束和杠杆,确保符合人民群众的根本利益,确保领导者的主导行为及其结果能够经得住现实和历史的考验。

第六,领导者要通过与时俱进来保持和增进自己的先进性。领导者要保证自己有足够的内在条件和资格去主导事业,换言之,就是要确保自己对事业实施主导是走在事物的前面而不是落在事物的后面,要确保自己是事业的引领人和标杆物而不是绊脚石或者拖后腿,那么就一定要随着形势的发展、事业的推进,不断学习,不断拓宽自己的视野和境界,不断革新和完善自己的思想观念、思维方式、行为方式和接受事物的心理机制,使自己能够比大多数普通人更有远见、更有胸怀、更有气度和更有品位。只有这样,领导者才会自然拥有发自内在的、而非吹捧浮夸出来的事业主导优势与动力,才能对事业进行实质性的主导而让人信服。

总之,领导主体,特别是领导者在创建事业的过程中,必须着眼于以人为本,研究和把握住所有领导客体的内在要求和运行方向,并依据领导客体的规律和特点来驾驭之,使自身的反应和行动都能充分切合事业的需要和要求,为领导事业的成功提供基础和保证。

二、领导者对事务的主导

事务是为搞事业而发生实质性和相关性、主业性和辅助性的多层面工作;实质就是具体化、操作化的事业。因而,从根本上说,事务也就是领导者必须认真主导的具体事情和日常工作;换言之,领导者所要主导的事务就是从事业转化过来的大量具体工作。

事实上,领导者对事务的主导集中表现在从操作上把事业加以有方向的具体转化,从总体上掌握、控制事务的形成、运作、结果与影响,通过确保把事务处理得妥帖高效来确保事业得到扎实有效地向既定方向推进;从而在实现领导对事务的强大主导的同时,实现对事业的强大主导。只有这样,才能确保领导者对于事务乃至事业的有效影响和成功主导,才能形成强大的事务主导力,并最终上升为强大的事业主导力。

然而,要善于主导事务却不是那么容易的事情。领导者为此不仅要紧扣事业的发展和需要以及对事业的主导,而且还至少要充分注意践行如下多个方面的基本要义:

第一,领导者要当战略家、规划师或总设计师。这里要求,领导者要始终站在组织的最高处、事物的制高点来看待和促成事业及其具体化和操作化的转变,在此过程中重在做好战略谋划和战略行动的高层次工作,从总体上设计好整个事业推进的基本路径和整个事务办理的总体方式,为各级执行层、办理层提供一个有效的行动框架,亦即通常所说的规划、蓝图或者行动路线图;而不是一竿子插到底、大事小事一把抓、不分轻重瞎忙乎,绝不能,也没有必要去当中层的施行者与协调者、基层的办事员与柜台员或者一线操盘交锋者,亦即不能成为非领导层面能动主体的替代者,当然更不能被其他层面的能动主体所替代。

第二,领导者要当思想库、谋略库和决策者。在主导整个事务的过程中,领导者应该是比其他各层次人员都更有经验、更有智慧、更有思路、更有点子、更为老练和更为果敢;不仅储藏有大量丰富的思想理论信息、历史现实信息,而且还能够随时跟踪、及时反映出当前现状的和未来趋势的动态信息;更重要的是,还能够结合事务处理的实际情况,将领导价值、事业奋斗、组织目标完全具体化、操作化地整合到一起,实现由理念、理论、信息、问题到实践的转变。这个过程通常表现为领导的谋略与决策,并由此把一系列价值精神转变成集体意志和组织行为准则,再又把这些意志和准则转变成具体的行动方案和工作操守。概言之,领导者就是必须能够认真调查研究客体的历史与现状,善于透视事物、抓住本质、找到问题的症结所在,把握住问题变化的各种相关因素及发展趋势,掌握时机,随机应变,及时决断,制定出解决问题的战略安排。

第三,领导者要当好组织群体乃至社会系统的信息中心、发动机和推进器。领导者由于基本上都处在中心地位,因而站得高、看得远,摄入的信息量大,同时其反应、思考和研究所产生的信息也比常人更胜一筹。所以,领导者当仁不让地就应成为组织群体和社会系统的信息源,所发信息是组织群体所要处理的公共事务,其实就是一种公共需要。而如此一种信息运作就把信息中心的信息处理过程变成了一种关于公共事务的发动过程和推进过程,进而把信息中心变成了组织群体关于公共事务的发动机和推进器。为此,领导者必须尊重知识、尊重科学、尊重真理、尊重规律,成为一个博大高远而又实事求是的理性人和高端行动者。

第四,领导者要当好组织运行的统帅、指挥者、协调人、后勤部长和调配员。为了落实规划或蓝图,领导者必须做好统领、指挥、部署和协调母系统和子系统的各项工作,通过组织动员来准备好一切必备的资源,并按具体的工作计划将这些资源合理、及时地分配、调拨、部署、落实到位,搞好事先的各项准备工作和大量的服务工作;注重充分发挥本系统中每个组成部分的最大能动作用,确保每个能动成分按计划、按规定不仅高效自行行动,而且还高度和谐协调、对接配合地行动,形成最优的运行过程和运作成效,达成优良的局部成效和 $1+1>2$ 的整体成效,确保成本最低、内耗最小、效益最大地完成工作计划、达到组织目标。

第五，领导者要当好整个事务的检查人、督促人和责任人。为领导者的主导地位所决定，领导者自始至终都必须对事务的办理负最后责任。因此，领导者必须在整个事务处理或办理过程当中不断实施有效的检查监督，不仅旨在确保事务运行过程尽量或完全按照预定轨迹不断推进，而且按照领导价值、根本上是人民价值和人民要求来确保事务办理的应有速度、质量和公众满意度。与此同时，领导者必须对事务处理或办理的整个过程、总体结果及其带来的现实影响承担一切领导责任和有关后果；当然，对丰收成果也应当是"享"之无愧。这就是说，整个组织群体乃至社会系统的事务和工作结果无论好坏还是成败，最终都要由领导者来做最后的担当；只有优秀的、卓越的主导力才能够确保领导不断取得新的成功。

第六，领导者要从领导职能职责的角度来体认和把握领导主体对于事务的主导这一重要实践。这里集中表现为如下一系列极其重要的基本工作原理：(1)从组织群体或社会的整体利益和长远需要出发，提出基本的目标和任务。(2)围绕基本目标和基本任务，作出一系列决策，制订具体的计划。(3)组织和动员一切力量与资源去贯彻、落实计划。(4)为实现计划、达到目标，发挥出全部才智和经验，拿出一系列有效的和高明的具体对策或具体措施，克服一切困难，排除一切障碍，表现出领导行为的有效性和高效性。(5)不断推动并经常检查监督计划的落实，适时调整有关决策和计划，及时发现和处理新矛盾新问题。(6)最终完成组织群体的计划和任务，达到既定的目标，向群体、组织或社会交出合格的答卷。(7)对整个组织群体乃至社会的公共事务担负全面的责任。(8)对整个组织群体乃至社会提供最良好的服务。

总之，领导者要从领导价值出发，根本上是要以人为本，对事务进行战略把握和宏观主导，由此推动事业不断取得成功和新的发展。这既是领导实干的职能，也是领导实担的职责；既是领导主体，特别是领导者出成果、出业绩的地方，也是领导主体，特别是领导者实现自我价值、推动组织群体乃至社会发展的切实有为之地；既可充分检验和证明领导主体、领导者有无优良素质、有无作为、是否胜任，也可最终证实领导绩效、领导水平和领导力(特别是其中主导力)的优劣高低。应该说，现代领导的真正舞台就在这里，而绝不在搞团伙、搞"八卦"、搞内耗之上。

第四章 领导的应变力

第一节 领导应变的实质与要理

一、领导应变与领导应变力的实质

（一）应变与应变力的实质

应变就是随情况不同而随时随地进行个性化、有针对性的有效反应；实际是一种非常实用、管用而且重要的智能心理机制和智能行为特征。在称谓上，应变又另称为权变，也就是通常所说的变通，常常表现为俗知的"脑筋急转弯"；其反面就是俗谓的"一根筋"。在内涵上，应变主要包括了反应、认知、把握、适应、因应、回应、响应、策应、调整、转换、转化、替代、超越、变革、另辟、创新、重构等心智反应和行为反应。

应变有许多非常有趣、也非常有用的特征，但更为突出的特征却主要有如下六个方面：第一，不受条条框框约束，随时随地打破、抛弃旧窠臼、旧观念、旧定位、旧标准、旧关系；第二，超越常规、常态，破除俗见、俗念，冲破既有的思维定式、行为习惯和路径依赖，突破既有的现实范式、效用模式和体制机制；第三，因情紧切而务实图效地换角度、换层面、换参照、换心态、换思路、换点子、换办法；第四，既超越时空，又切时切境，广泛跨越和活跃于宏观领域和微观领域；第五，旨在抓住时机，抓住机遇，趋利避害，求顺化逆，交锋博弈，克敌制胜，凯旋成功；第六，强调圆转圆融、机动灵活、谋定后动，但并非不设底线，亦非没有红线，而是必有原则、方中求圆、以方制圆、辩证处理、方圆结合。

应变力就是切时切境、切合实情做出反应、实施应变的能力与效力；实际是必须在短时间内当场准确、妥当地做到客观见之于主观、主观又见之于客观的心理机能和行动效能，是一种综合各种素质精华而效用于真实社会实践的技能与收效。它包括了对环境实情的反应力和适应力、对事物实质和形势局面的认知力和把握力、态度言行和策略举措的回应力和表现力等许多方面。应变力越高强，社会实践就越精彩、越成功而畅达昌盛；反之，应变力越欠缺，社会实践就会越笨拙、越困窘而出现危局。可以说，应变力是事关得失成败的方法论和关键因素。开发和优化应变力，是一种应用型智慧学说、一门成功学；也是任何社会实践不可忽视或缺少的现实需要。

（二）领导应变与领导应变力的实质

领导应变，也叫领导权变，也就是领导变通，是指领导者视实况做出及时得体、切实管用的反应。这是存在于社会实践中心、最为重大至要的一种应变，是一种仅次于主导的综合性重大领导实践。它不仅具备了普通应变所具有的实质、内涵、特性、功能和效用,而且还有基于领导这种特殊社会事物而形成的特殊性、重要性和必要性。

领导应变力,就是领导权变的能力与效力,是指领导者根据领导环境、形势需要和具体情境进行变通以保领导成功的实际工作水平。这是继领导的主导力之后又一个非常重要、具有重大实践价值的综合性领导力。

从领导实践看,领导应变力高,领导者就可以在瞬息万变的复杂情形之下看准并抓住机遇,能够快、准、狠、稳地实施领导,使得领导至少在方法论层面能够强而有力、完全成功甚至创造奇迹;领导应变力弱,领导者就可能在甚至是很从容的状态下也错过或痛失机遇,只能按老一套、低能低效、高消耗高成本的思路办法和习惯惯例实施领导,常常是无能为力、无所作为、勉强维持,不仅不太可能取得什么成功,而且甚至还看不见什么兴旺和希望,可谓是已经老态龙钟、暮气沉沉、式微衰败。极大提高领导应变力,就成为一个事关领导得失成败的重大实践需要和非常值得深入探讨的重要理论命题。

二、领导应变与领导应变力的基本要理

领导主体是一种特定的社会行为主体;领导者是特定的社会角色;领导是一种特定的社会行为。此其中的"特定"决定了领导主体、领导者、领导的具体性、实在性和特殊性;决定了领导必须应变,领导者必须具备优良的应变力。这个"特定"以现实情形和客观存在为前提,以身处实情、面对实况的领导者必须正确反应为约束,对领导应变和应变力提出了实践要求,给定了实践条件;而这决定了领导必须变通以对,唯应变能有效治理。具体来说,这个"特定"突出表现在如下六个方面。

(一) 工作对象特定

工作对象是指领导者必须以履行职责的角度和压力来施加影响的具体对象;或者是具体的人和事,抑或是具体的问题和任务,总之是完全具体、实在的领导客体或领导对象。这些具体的工作对象实际是一个个各自独立存在、需要领导施加作用的具体事物。大多数事物是天然互不相同、差异巨大甚至完全相反的,而且在不同的时候、不同的地点表现出来的特性都各不相同,或位移,或质变,或转换,所以即使是同一事物也常常存在很大差异。

因此,领导者就需要调适自我、主动变化、以变应变,制定和实施更切合当前对象的,亦即更有针对性的个性化措施。显然,不同对象、不同事物、不同问题,施治的方案肯定是不同的和特定的;常常是量身定做的。当然,事物情况如果基本相同,就可对其实行同类项合并而加以归类,进用同一类适用有效的方法策略来处理施治。这就是通过变动对象来作出变通的领导应变,可以省时省力、低耗高效。这是一种高明的变通,但不太可能常用,取决于特定的时间段。

总而言之,面对特定事物,领导就必须做特定的变通:要么变通自身,要么变通对象;只有不断地变通,才能确保增强领导施加影响的实际效力。

(二) 环境条件特定

环境条件是指总体环境状况,即包含形势在内的总体环境;是领导活动的总体舞台,

故而又叫做领导环境。环境不同，就必须变通。环境总是存在不同的；即使同一地点，环境也会有差异；因此，身处其中的能动主体就必须不断变通。

领导活动总是在一定的环境下进行，脱离这个环境，就无法发生或存在。领导活动的成败得失总是在受到领导环境制约、影响之后发生的。而这就是领导过程中必然依托于其中的领导环境。当然，领导活动也总是对一定的环境起作用，或者是影响它、引导它，或者是利用它、改变它；但这时的领导环境就已经变成领导对象或领导客体了。

无论工作对象是否相同，只要领导环境不同，领导就必须变通；主要是随环境因素的差异和变化而变动领导的心理行为和工作举措，使之与环境相吻合而脚踏实地。如果领导环境相同，而工作对象不同，那么领导也同样必须变通，确保领导的心理行为和工作举措在相同环境条件下达成对不同工作对象的特定和有效。只有在相同环境下面对相同工作对象时，领导应变才可以相对简单起来。

上述这一切表明，领导应变就是在环境条件约束下出现的特定情形；领导必须随特定环境进行特定的变通。

（三）情境条件特定

情境条件是指紧贴工作对象和领导者的周边因素。这些因素包括时间、空间、人、事、关系，等等。此其中，时空因素最具体、最现实，也最基本。不同时空交会本身就产生巨大的时空差异，对处于其中的人的心理行为和关系以及社会过程和结果等都直接产生重大影响；譬如时间紧急则产生危急，要求领导必须紧急应变，如果再加上地点偏远而道路崎岖险峻，则更是急上加急、险上加险，对领导的应变力就提出了更高的要求。另外，时空交汇点不仅自身有不同而引起重大变化、要求大行应变，而且加入其中一起组合成具体情境的其他各种因素也是大不相同的，有时哪怕是同一种因素因为加入的量有不同也直接产生大不相同的情境效应与结果。

事实上，任何一个领导者、被领导者以及各种事物和关系都是在具体的时空交汇点发生的。每个时空交汇点都是一个事物、一个心理（如一思一念、一缕情绪等）行为的温床或舞台，是直接酝酿、产生、左右或接触领导工作对象的具体环境或直接胚胎，也是直接影响领导者具体心理行为和具体工作举措的特定因素组合。

这样的因素组合其实是大量随机进行和完成的多因素临时性交汇，不时形成一个完全特定的具体情境，对领导主客体同时发挥最具体、直接而特定的影响；其中最突出的影响是很难在短时间内把握住、应对好的不确定性和复杂性。如此组合而来的具体情境实际就是具有鲜明特定性的活动环境，根本上属于是领导环境，但在发生作用的具体机制和微观效用上与总体环境大不相同，是一个可以相对独立存在的具体环境，实质就是复杂的领导情境。

这就是说，领导情境是完全特定的、不断变化的、充满风险和挑战的。领导者只能根据并针对这一个个不同的具体情境来理解和把握事物及有关关系，调节自我的心理行为和工作举措以确保切合实际，然后才能为领导成功提供一个实在的前提；换言之，领导只有紧贴着并针对这些具体因素及其临时性组合状态来做出正确的反应，才能切合最具体甚至微观的实际情形而赢得领导反应的针对性和有效性。

然而,如果领导不随领导情境进行特定的变化,就有可能随时随地陷入严重不适应、基本无效力的窘境,而且为领导失败设定了前提;显然,想对此以不变应万变则明显是危险有害而绝对行不通的。因此,领导必须在不同情境下作出不同的反映和反应,为适合特定情境、确保取得成功而积极进行领导应变。

(四)社会背景特定

社会背景是指综合了民族、人口、政治、经济、文化、历史、宗教等诸多现实情况的整体现实状况。这可以从社会环境或社会条件的角度归结为领导环境,但从其与工作对象和领导者的关系来看,又可以理解为是开展具有广泛影响的领导工作的一种社会平台。社会尽管具有相对的稳定性和持续性,但更有绝对的变化性和特殊性。领导者可以在相对稳定的社会背景内实施相对同一的领导,但时过境迁则必须变。

一方面,从世界范围看,社会有不同的性质和制度,也有不同的形态和发展阶段,包括原始社会、游牧社会、农耕社会、工业社会、信息社会等,其生活方式、生产方式、管理方式、活动方式、竞争程度、社会关系等都不相同。这就构成了一种宏观层面的社会特定性。

另一方面,从同一个大社会内部看,也广泛存在多方面很不相同的小社会。显然,此中存在广泛的社会差异,形成多样的社会背景特定性;领导因之而在不同层面上存在广泛的不同,特别是领导方式和领导风格等就大不相同。这就构成了一种中观层面的社会特定性。

另外,领导者在不同的小社会之间流动或者小社会总是在领导跟前不断交换、交流,就决定了领导是不能保持同一状态来持续实施的,而必须不断调整、变化,确保领导与之对应切合;只有这样才能适应之并积极反作用之。这就构成了一种微观层面的社会特定性。

(五)群众基础特定

群众基础就是领导基础,这里实际是指领导获得群众理解、信任、支持和拥护的程度。不同的群众基础决定了领导具有不同的地位稳固性、现实权威性和工作有效性。当群众不太理解和信任时,领导者就必须高度注意诚心诚意和方式方法,而且要根据不同的群众心理和要求选用适合的工作方法。如果群众基础原本较好,对领导一般都比较支持和拥护,那么领导者就可以大致忽略一些微观层面的互动细节,而与群众一体同心、随意随便地通融、凝聚在一起,为共同目标奋斗。这些都是具有根本制约效用的特定性。只有根据这些特定性来随时调整领导方式和领导状态,才能确保拥有更好的群众支持和更高的领导成功概率。

(六)领导素质特定

领导素质就是领导者胜任领导工作的内在条件,包括实际的领导经验、政治素质、思想素质、道德素质、法律素质、社会素质、能力素质、智慧素质,等等。不同领导者在素质上的差异是非常大的,特别是其中的智慧素质差异最为突出。这些个体差异决定了不同的领导者在不同的总体环境和具体环境中对不同的实际问题、工作对象必然会有不同的反映和反应。这就是实质是个性化素质条件决定的主观特定性。其实,领导素质的特定性对于领导的应变力至少有双重关联和更为复杂的相互作用,领导应变的差异性可以说主要就是缘于此的。

因此,领导者要随自身固有的主观特定性来做出正确而适当的反应。同时,为了确保对事物的认识和把握正确,领导者也要根据一般的领导认知规律和特点来作出反应,实际上就是必须对个性或主观特定性中不适应之处进行调整,也就是必须通过必要的变通、正确的应变来调适自我认知、确保从自身实际出发达到正确认知、适应和反应。

对于以上要理,领导学界展开了长期深入的探讨和研究,形成了不少领导学理论,诸如领导环境理论、领导情境理论、领导权变理论、领导变革理论等都很有代表性,对于把握和提高领导的应变力非常有价值。与此同时,管理学界、组织行为学界、应用心理学界等许多学科领域也对此很感兴趣,都不同程度地加入了相应的探讨和研究之中,并且出了不少可以并驾齐驱的理论成果。这一切为领导应变力理论与实践的发展提供了坚实的基础。

三、领导权变原则与领导权变艺术

(一)领导权变原则

领导权变原则是指这样一种领导行为原则:衡量是非利弊,根本上坚持领导价值,时宜上进行适当变通,亦即实施权宜应变,包括因地制宜、因时制宜、因事制宜。这个原则是在特殊情况下领导者处理问题的一种指导原则和方法,也是权宜理论在领导活动中的具体运用。对于一个现代领导者,通权达变的观念十分重要。如果采取教条主义的态度,不具体分析特殊情况,凡事都机械地执行指示、决定,不能从实际出发,相机行事,则就不可能开创工作的新局面。

事实上,由于领导活动是诸多因素相互关系的动态过程,在实施领导时常常会遭遇各种各样的价值悖论、行为悖论和复杂困境;因此,领导者要克服悖论和困境并把工作做得尽量圆满,那就不得不进行必要的变通,只是这个变通必须首先以不违背根本利益为前提,而后考虑任何一种可行的变通选择,把握变因,随机应变,灵活机动地处理和解决当前问题。

这就是说,强调权变并不意味着领导者可以不受任何约束、为所欲为地行动。它是有限制条件的。即在工作中,一定要讲究动机和效果的统一,不能毫无把握地标新立异,也不能无视客观规律和实际效果而蛮干;同时,权变行为要符合组织的整体利益、长远利益,如果目无大局、自行其是,那就不是正确的权变观念,失去了权变的真正意义。

从权变的角度看,任何一个领导者,都需要根据时间、地点、条件及对象的不同,采取不同的领导方式和方法,世上没有"放之四海而皆准"的领导方法,唯有如此,才能取得良好的效果。

(二)领导权变艺术

领导权变艺术是指建立在一定知识、经验基础上的非规范化的有创造性的领导方法、方式、技能等的操作性综合,也就是那些非程序化、非模式化、非定量化的高超的领导技能。

其实,领导权变艺术是领导者的学识、智慧、才能、胆略、作风、经验等多种因素的综合反映,表现为领导者创造性地灵活运用已经掌握的各种知识和领导方法,具体分析各种复

119

杂因素,妥善解决领导工作中实际问题的综合能力,贯穿于整个领导过程和领导活动的各方面。应该说,这是一种高层次的领导技巧和方法,显示出一系列显著的特征。

第一,创造性。创造性是科学思维方式在实践中的标新立异,体现了领导者生机勃勃的创造力,属于智慧和才华的结晶。它不拘泥于传统经验或墨守成规,而是构思新颖,风格独特,在一定范围内具有开拓性和首创性。领导者的创造性如何,是衡量领导艺术水平的一个重要标志。

第二,随机性。随机性是领导者思考和处理非常规随机事件的一种变通能力。它不是对领导科学及其方法简单、机械地运用,也不是对有规律性的事物遵循规范化程序办理,而是从实际情况出发,转换角度,打破僵局,多方位地寻求解决问题的途径,是根据不同的时间、地点和条件的转移,随机应变地认识事物、处理随机事件。因此,领导艺术是一种非模式化的技能,具有高度的灵活性,而且经常表现为高度原则性和灵活性的统一。当特殊情况发生时,死搬教条不行,必要的随机应变、机动灵活是可取的。人们常用"将在外,君命有所不受"来阐明这一道理。

第三,经验性。领导艺术不是天生的,来源于领导者的阅历、知识、经验和智慧,在很大程度上受到领导工作性质、领导活动范围的影响,是领导者实践经验的总结和升华。具有不同个性特征的领导者,会有迥然不同的办事技巧,带有鲜明的个性。在这个特点下,领导艺术通常是不可重复验证的,常常是"只可意会,不可言传"。这就将领导艺术同领导科学最直接地区别开来了。

第四,多样性。领导艺术是一种千姿百态、生动活泼、丰富多彩的艺术,具有多样性的形式、层次和类别。不同的领导者处理同一领域相同的事务,往往会运用迥然不同的技巧和方法。甚至同一领导者在处理同类或类似的问题时,也会因时因地因人运用不同的解决方法。

第五,综合性。领导活动主要表现为对全局工作的指挥和协调,驾驭整体发展方向。因此,领导者需要很高的综合艺术水平,平衡和处理全局工作各个方面、各个环节和联系,解决各种错综复杂问题。

第六,特殊性。特殊性是领导者在特殊条件下解决问题采用的特殊方式和手段。这种领导艺术常出自那些运筹帷幄、决胜千里的卓越军事家或审时度势、力挽狂澜的大政治家之手。在特殊性事件中,领导者得到不平凡的展示,虽然时过境迁,但仍有许多杰出人物的领导艺术被传为美谈。

第二节　领导环境与情境领导

一、领导环境与领导应变

(一) 领导环境的实质与特点

领导环境是指在领导主体周围业已存在和即将发生并能影响领导活动及其结果的一切现实因素。它包括跟领导活动直接、间接相关的全部社会与自然的因素和条件;具体、现实和当前的时空、动态、基础、条件和依凭等实际情况是其最经常形态和最突出要件。

就领导实践而言,从领导者身边的少数人到整个社会即领导主体的整个周围因素都是领导环境。领导环境就是围绕在领导主体周围的所有能直接间接参与或影响领导行为或领导过程的有效因素的总和。

领导环境总是以整体环境的方式对领导活动发生影响,并由此进而促使形成领导战略和长远的领导结果;它也总是以最经常形态和最突出要件的方式直接参与现实领导过程,并由此促使形成领导策略和近期领导结果。它对领导过程参与得越深、对领导活动影响得越重,领导过程和领导活动的客观性就越大、科学性就越有保障,而领导成功的概率当然也就越大,领导绩效的提高就越有保证。因为这表明,领导主体的主观成分不仅极大地降低了在发起领导活动、左右领导过程等直接影响中的比重,而且还充分反映、根据和利用了领导环境,特别是领导环境的最经常形态及最突出要件。

领导环境既有一般环境的特点,也有自身独具的特征内涵;总起来主要有如下七个特点。

第一,客观性。领导环境是独立于领导主体之外的客观存在,不以领导主体的主观意志为转移。领导主体必须时时刻刻从实际出发,确保客观、切实和科学,确保主观见之于客观,进而确保顺利和成功。这是领导环境对于领导成败所划定的最基本界线。

第二,复杂性。首先,领导环境的因素多种多样,常常相互交织,难以区别。政治环境、经济环境与文化环境相互交叉,内部环境和外部环境同时作用,导致环境情况错综复杂。另外,即使客观环境相同,不同的领导者也不可能做出相同的事情,甚至可能会产生截然相反的反应,进而引起不同的领导活动和领导结果。而领导环境不同,则即使领导者相同,也不可能产生相同的领导行为和领导结果。其实,这应是领导环境客观性的具体反映之一。

第三,动态性。领导环境是多变的,总是在不断地发展变化,即使在一定时间、空间范围内,影响领导活动的客观环境因素也不是固定不变的。这就导致领导环境总是有新情况新问题,给领导活动及领导结果都带来很大的外在不确定性,也给领导主体带来了来自环境的极大挑战。这种动态性看起来杂乱无章,但经分析就可发现,仍然具有一定的方向和规律。

第四,可塑性。领导环境由于是动态的,所以也就不是固定僵化的而是可塑的。这即是说,领导主体在客观环境面前并非无能为力,而是可以通过正确认识领导环境并发挥主观能动性来深入分析和正确掌握它的变化发展和规则规律,并部分或全部地利用、改造和建设领导环境,使之更适合于领导活动的实质、特征和需要而更有助于成功。

第五,前提性。领导环境是领导主体发挥作用的前提和依据,也是领导活动的基本前提与基础。领导主体必须依之而后能够进行领导思维、领导决策和追踪决策及其他领导活动;否则,一切领导活动都是只能造成浪费和损失、带来灾害和严重后果的主观武断与瞎指挥。其实,这一点要求,领导主体必须依据,而且要正确依据作为前提的领导环境。

第六,制约性。领导主体的一切行动本质上都是现实、务实、踏实和实际的,亦即都不能脱离或超越客观的领导环境,而必须、也必然始终受制于领导环境所提供的现实依据和条件。这一点是说,领导环境是领导的信息来源——初始信息和反馈信息;领导主体只是领导信息的加工处理器,尽管能够充分发挥主观能动作用,但也仍然是加工处理领导信息的过程,只不过是高质量或与众不同而已。因而,领导活动就始终为领导环境所限制所约束;领导主体、领导过程与领导环境之间其实就是紧密互动、无法脱节的相互关系。

第七,特定性。这有两层含义。一是指领导环境只围绕并适切于领导这种最重要的社会活动;其他一般意义上的环境并不直接构成领导环境,亦即并不对劳动活动发生直接、有效的影响。二是指微观领导环境对于特定领导主体,特别是领导者的特别适合性;某一具体社会系统中的原领导主体,特别是领导者在原地能够得心应手和顺利成功,但换到另一种领导环境中却甚感吃力,难见成效,而不一定适应的了,也更难说可以成功了;然而,某领导主体或领导者在某一具体社会系统不一定适应、适合而总是难以取得什么政绩和成功,但不能说在别的领导环境中和领导条件下仍然不能如鱼得水、最终成功。

上述特点决定了领导活动必须充分依据领导环境并在同时针对不同的环境特点而后展开。只有这样才能确保做到审时度势、因地制宜、有效应对,才能进而增强领导的适应性、有效性、胜任性和成功率。

(二)领导环境的构成

领导环境不仅因素多,而且组合在一起的方式和层面也很多;因而所提供的可观察和可依据的侧面也就很多,每个侧面都构成一类领导环境。从实际情况看,领导环境最主要有如下几种类型。

第一,从基本性质看,领导环境分为自然环境和社会环境两种。自然环境是指领导活动所依凭的自然条件和所关联的自然因素,包括地理环境、气象环境、生物环境、自然资源等。社会环境是指领导活动所依凭的社会条件和所关联的社会因素,包括政治环境、外交环境、军事环境、治安环境、经济环境、文化环境、历史环境、教育环境、科技环境等。

第二,从范围上看,领导环境有两个层面上的划分和构成。一是内部环境和外部环境。内部环境是指领导主体所在的具体社会系统的内部状况、内部条件和内生因素,包括领导者的素质、领导班子的结构、人际关系、单位性质、组织文化、价值、愿景、需求、目标、人才、资金、信息、规模等,还具体分为体制环境、制度环境、政策环境、组织环境、机构环境、关系环境、决策环境等。外部环境是指领导主体所在的具体社会系统周围的情况总和,既包括直接相关的上级单位和领导,也包括整个社会环境与自然环境。二是宏观环境和微观环境。宏观环境主要是指国际环境与世界形势、国内环境和国内形势;微观环境是指与领导主体活动息息相关的所有具体因素和条件,特别是内部环境。

第三,从助益性影响看,领导环境有顺境、逆境和沌境三种。顺境是指凡有助于领导活动正常、高效进行、有助于实现组织目标的客观环境。逆境是指凡不利于领导活动的进行、不利于实现组织目标的客观环境。沌境是指对领导活动不产生良好影响或者不良影响的客观环境。这三种环境都有客观渊源和主观渊源,但主要是客观上对领导造成的助益性影响。

第四,从主观能动性上看,领导环境有可控环境、部分可控环境、不可控环境和失控环境等四种。

上述各种环境是领导环境的基本形态和主要构成,对于具体认识和把握领导环境很有意义。这些不同的环境在领导实践中最为领导主体关注的是内部环境,因为内部环境对于领导主体及其领导行为常常具有决定作用,是领导主体的具体依凭。因而,内部环境应该成为认识和把握的重点。

总之,由于领导的综合性和高层次性,所以领导环境比其他任何一个学科门类或专门领域的环境都更为广大和复杂,不仅包括整个社会环境、历史环境和现实环境,而且包括自然环境,还包括具体领导范围内的各种情况的综合和领导世界内部的相互关系。

(三)领导环境与领导主体的关系

领导环境与一般环境既有联系又有区别。一般环境可以理解为整个客观世界,包括自然界和人类社会。而这里所说的领导环境只是指整个客观环境中介入领导过程、与其具体活动和结果紧密相关的那部分,是一种具有相对于领导而言的专门性或特别适用性的特定环境。这部分虽然并非整个客观环境,但却比管理活动乃至其他活动的相应环境要更专门、特定。

事实上,领导环境既是领导主体的基本载体,也是领导活动的基本平台;既是领导资源和领导能量的出处,也是领导资源和领导能量的作用处、回归处;既是诸如得失成败等领导结果的最重要前提和原因之一,也是领导活动所影响的对象和所创作的作品。

领导主体就是生活在现实环境中的各种具体主体之一;其思想意识乃至素质整体都受环境制约,其行为则不仅直接受来自环境影响的领导素质的制约,而且还受由环境决定的可能条件和现实条件的制约。这些制约左右着领导行为的正常或偏差,并进而由此决定领导成败的不同情况。领导者对环境及其影响力的认识,在很大程度上左右着对其自身、被领导者、领导客体、领导关系、领导手段等诸多领导常量和领导变量的把握、理解、判断和评估,因而直接或间接地影响到领导的决定与实施、领导的质量与成效。

然而,尽管说领导行为是领导者的主观因素(需要、动机、智慧、能力、性格、情感等)和客观环境(制度、体制、形势、舆论、气氛、组织机构等)这两方面共同作用的结果,但是其中的客观环境对领导行为的走向和性质常常起到关键的,甚至是决定性的作用。换言之,领导环境就是领导成败的外在原因,实际也是产生和塑造领导的外部因素和力量,虽然要通过领导的内部因素主要是领导素质才能发挥作用,但多数情况下都起着关键的作用,有时也会有决定性的作用。

领导者在进行领导活动时无不要充分参考这些环境因素的制约性和有效影响的程度;否则,就必定会造成大小不同的领导失误、领导后果和领导失败,也就不可能真正正确而有效地履行领导职能和领导职责。换言之,领导者没有充分认识领导环境及其特点,对领导决策和整个领导过程的把握就不可能摆脱盲目状态和主观武断,其最终结果就只能给领导客体带来灾祸。而这样的领导其实就脱离了领导环境而不受其约束和调整,不仅是纸上谈兵、空中楼阁和只能带来无穷隐患与祸害的空想主义、主观主义、形式主义和官僚主义,而且更会是只能制造"人祸"的权力滥用、重大的失职渎职和彻底的领导失败。

可以说,领导环境直接、间接地都影响到了领导过程,并成为导致领导成败的重要方面。领导环境就是同领导成败得失密切相关的外在条件,是领导主体赖以生存、发展和发挥作用的综合性客观基础和客观条件。领导者不仅要高度重视自身的素质问题,而且要高度重视周围的环境问题,并且要达到这两个因素之间的最佳配合与平衡,然后才可能形成并展现优质的领导活动,取得最后的成功。

因此,领导者必须在具体的工作过程中最充分了解和掌握领导环境及其对领导活动的可能影响,还要自觉、有效地培养自己的环境意识,特别是还要善于把自己与环境联系起来并做物我分离的认识。否则,一切领导都将变得毫无意义、毫无价值,都将只能走向失败,甚至走向堕落、犯罪与灾祸。

总之,领导环境是领导主体的总依托、总渊源和总舞台。脱离领导环境,就无法想象还能有领导的存在、作用与价值。

(四)领导环境与领导者的关系

无数事实证明,领导成败的内因或内在前提是领导素质,而领导成败的外因或外在前提则是领导环境;如果说领导素质是领导成败的根本因素或主要原因,那么就应该说领导环境就是领导成败的关键因素和基本原因。完全可以说,领导环境其实不仅是领导成败的直接渊源之一,而且也是领导成败的间接渊源所在,譬如通过影响领导者的素质、情绪之类来间接作用于领导过程。总的看,领导环境对领导整体一直发挥着基本而又全面的影响。

应该说,领导环境与领导者和领导活动之间非常紧密地相关、相接和相互影响而相互联动。一方面,领导者及其领导活动都是在也必须在某一具体环境中存在,领导环境是领导者和领导活动所必须倚赖的平台和载体,也对领导者的思维和行为发生各种各样的影响;另一方面,领导者可以通过对客观环境的认识、适应、利用和改造,创造出更加适合领导工作需要的客观环境,实现有效而科学的领导。具体而言,这可从以下几个方面来理解和把握。

第一,领导环境是领导信息的发生体、产出体和最终接收体;它产生的领导信息进入领导主体,特别是领导者的信息加工过程当中。领导者在处理来自环境的具体信息时不仅会将这些信息直接加工成领导产品,而且还会依据这些信息所含带的潜在信息和所调动的相关信息来制造更多的领导产品,由此进而形成具体的领导行为、活动和产出。这就是领导活动原本是如此依据、如此而发的,并由此基本决定了会有什么样的领导结果。

第二,领导环境影响领导者的素质。不同的领导环境要求领导者具有不同的适应性,因而对领导素质就提出了不同的要求。事实上,领导环境是不断发展变化的,这导致领导者面临的客观形势和任务也跟着发生变化;领导者如果不能使其素质及时跟上,那就无法适应变化了的环境,也就无法应对新形势下的新挑战,无法完成新情况下的新任务。显然,当领导环境发生变化时,领导者的素质就自然要作相应的改变、提高和发展,但侧重点各有不同。这即是说,领导环境最主要地决定着领导者的构成材料和质量,极为重大地影响甚至决定着领导成败的内因即领导素质,并由此又间接地进一步影响领导行为和领导结果。

第三,领导环境影响领导者的即时反应、即时成效以及由此积累而来的总体成效。良好的自然环境可使领导者心情轻松舒畅,大大提高领导的积极性和有效性;良好的社会环境,如路线方针正确、社会稳定、经济繁荣、技术进步、文化发达、法制完善、国际和平等,则将直接影响到领导者的现实反应,使之增强信心,振奋精神,正确运用领导的职能、方法艺术实施领导。反之,不良的自然环境和社会环境就必然使领导者产生消极性,甚至包括恐惧感、压抑感和厌倦感,等等,或者使领导者不能发挥其特长和才干,或者扭曲领导行为和领导表现,最终影响、制约并削减领导的效能和领导的业绩。

第四,领导环境影响领导者对领导方式的选择。不同的领导环境决定着领导者会选择不同的领导方式;和平建设时期的领导方式与战争年代的领导方式基本不同。领导方式总是因环境不同而不同,随环境变化而变化;在经济领域则主要由经济环境所决定,在社会领域则主要由社会环境所决定。事实上,正常的领导者在不同的历史条件下必然,也总是会选择最适合当时实际情况和需要的领导方式。

第六,作为一种最大的客观存在,领导环境具有强烈约束领导主观性的客观性。这一客观性要求,领导者不仅必须清醒地认识到,人不是万能的,领导不是万能的,在领导之外还有一个不依赖于领导意识的领导环境独立存在着、独立发挥着似乎看不见但却无处不在的现实作用——基本制约着意识和行为的作用。无论领导者能否或愿否认识和把握它,它都必定照样独立发挥出自己的实际作用。

第五,领导者乃至整个领导主体对于领导环境不是被动地适应甚或成为它的奴隶,而是积极主动地适应、把握乃至利用之,能够极其显著、有效地反作用于领导环境,包括影响、改造或塑造环境,进而总能成为,也通常就是最强大的环境主人或主宰。领导环境总是会留下不同领导主体,特别是不同领导者的鲜明印记和个性特征,特别是在领导结果产生并影响环境,甚至作为环境的新因素之后就更刻记着领导主体及其行为的完整特征与作用,进而由此成为领导的重要作品之一。事实上,领导主体对于领导环境就是能动的而非被动的。

总之,领导环境对领导者及其行为选择的影响均集中表现为:宏观环境对领导者的一般行为及选择产生普遍的影响,微观环境对领导者的具体行为和具体选择产生特殊的影响。领导者和领导活动完全受到不同领导环境的不同影响和制约;不同的领导环境要求领导主体采取不同的领导方式和领导方法,并由此形成不同的领导特点。

(五) 关于领导环境的重要结论

根据领导环境与领导者、领导成败的关系,可以得出对于领导环境的、表现为领导取向和领导原则的几个重要结论。

第一,领导环境对领导行为和领导绩效具有极为重要的影响,同样的素质在不同环境下其作用大不相同,不同的环境因素直接影响甚至决定领导行为和领导绩效;领导素质的效用将因环境不同而产生差异。为了取得最佳领导绩效,就必须将领导素质当做一种资源,进行和实现最佳的配置。

第二,领导者要正确认识和把握领导环境。由于客观环境是复杂多变的,因此对客观环境的认识必须是全方位、多角度的。而对客观环境的认识程度,是由领导者的认识能力和水平决定的。所以,首要的是提高领导者的认识能力。如果一位领导者不能充分认识客观环境的类别、特点、变化规律及其对领导活动的影响,不能综合分析研究客观环境的发展趋势,那么他就不可能牢固树立客观环境意识,自觉而深刻地认识客观环境,取得良好的领导效能,促进事业的发展。因此,领导者要按认识论的规律在实践中不断主动、积极地认识客观环境。

第三,领导者要积极适应和利用领导环境。有些客观环境问题是一个组织无法改变的,或在一段时间内无力改变的。这就要求领导者要积极去适应它,否则将导致领导工作的失败。适应客观环境不是消极被动的,要注意利用客观环境,做到适应中利用,利用中适应。对有利的客观环境,领导者要充分利用;对不利的甚至是有害的客观环境,领导者要尽最大努力避免不良作用的产生;对双向的客观环境,领导者就要注意趋利避害。

第四,领导者要积极地改造和优化领导环境。领导者只有影响、率领、引导被领导者不断改造客观环境,改造客观世界,才能从自然界中获取更多的财富,创造物质文明和精神文明。领导者对客观环境的改造有助于领导职能的运用和发挥,领导职能在运用的过程中,必然会遇到客观环境问题,顺利的客观环境有利于领导职能运用,但领导者高超的领导能力在不良的环境中才能够充分表现出来。领导者经过努力,使客观环境向着有利方向发展,为运用职能提供良好的条件。同样地,领导者对客观环境的改造有助于提高自身的修养和素质。可以说,良好的领导素养是在客观环境和主观世界中形成的,它反作用于客观环境的改造,从而提高改造客观环境的主观能力。

第五,领导者对于领导环境要予以高度的重视,不仅不能消极地对待,不能成为在领导环境中穷于应付、疲于奔命的被动者、调弄对象、失望者以及失败者;而且要更战胜消极的环境,克服环境的不利因素和消极影响,富有建设性地积极对待、主动适应,最充分明智地加以营造、爱护和利用,特别是最充分利用和调动环境的积极因素并发挥其积极作用,由此成为能够把握领导环境并由此进而把握自身命运、组织命运和领导客体的强大主人。事实上,领导者在领导环境中如果无能为力、无所作为,就不可能成为真正的领导主体。具体的领导环境是领导者,乃至整个领导主体价值和质量的试金石。

总之,领导者要想取得理想的领导成效,就要正确地认识和把握客观的领导环境,必须确保领导意图或领导选择、领导行为和领导过程都必须适合环境要求,必须针对不同的具体的领导环境来灵活应变和实施领导。

二、领导情境与领导的分型应变

领导情境是一个外来词即 situation of leadership,就是领导者在某个具体的时间地点所临正处于某种状态的有关事物、人员、关系、问题、心理、刺激因子和工作条件等微观因素的总和。显然,这是一种随时、直接和全方位影响当前领导心理和领导行为的具体领导环境,最突出的特点是紧贴于领导身边和领导过程、与领导者和领导过程紧密发生瞬时信息互动。

在这种环境中,无论愿意不愿意,领导者都必须做出即时反应;或者是朝着有利、正确的方向做出反应,或者是朝着不利、错误的方向做出反应。这些领导反应直接形成必定产生现实影响和结果的领导关系与领导活动,并由此逐步引发和推展领导过程;与此同时,这些领导信息也随时、直接回馈并影响领导情境。可以说,领导者与领导情境之间是一个紧密交融的全方位信息互动关系,是领导实践中最重要的综合性范畴之一。

在不同的领导情境下,领导者面临的具体问题、工作要求和行动约束是不同的;因而,领导活动及与之相匹配的领导方式、领导风格就必须是不同的。这就决定了实际操作过程中显现出来的领导类型必定是不同的。为此,领导领导者必须在素质上具备特定的适应性,确保在相应的情境下选择使用或运用适宜的领导方式。

事实上,领导方式和方法乃至领导风格都没有抽象而言的好坏之分,只有是否务实适切之别。例如,在内部、封闭和传统的情境下,交易型领导就成为主角;在外部、开放和新世纪的情境下,变革型领导就成为主角;因而这两个不同的领导情境就要求实施不同的领导类型。为了创造优良的领导绩效,就必须强调不同的领导者应该跨越由不同背景差异造成的各种边界,发展全面的素质,增强更大的适应性。

对于根据领导情境来考虑和把握不同类型的领导以便确保领导实施的有效性,台湾大学教授黄国隆博士也展开了有关研究。他从具体情境入手,联系领导素质,以更为成功的部分企业领导为个案,对领导方式、领导风格和领导个性等为内容的不同领导进行了研究,揭示了在具体情境中和不同领导素质基础上,实施不同类型的领导将会产生不同的领导成效。他认为,领导类型主要由情境和素质共同决定,大体可分为如下三大类型。

第一,魅力型领导。这是一种靠领导素质的特殊价值和魅力而不是靠强权强势进行和实现领导的领导类型,本质上公开、公正、开明、豁达、民主、团结、自信,有胆识,善用人,敢授权,得人心,能实干,威信高,下属和员工甘于服从领导,整个集体的人力资源能够得到充分调动并发挥极大效用。这以奇美实业公司董事长许文龙最为典型。他强调观念改造和无为而治,强调研究和发展;重视培养和善用人才,重视员工工作和生活的品质,重视合理化、自动化和同理心,重视"生态平衡";与员工和客户建立利益共同体,利润共享,将共同目标转化为部属的个人目标,反对管理,充分授权,以简驭繁,创造效率;致力于塑造良好的环境,设计合乎人性的良好制度,对于已经出现的问题不找错只找对,不找责任而只找荣誉,不做检讨而只找答案,允许部属"错误探索",使员工表现良好、积极工作。

第二,家长式领导。这是崇尚强势和专权、容易僵化衰老的领导类型。其特点是,对部属严格尖刻,不讲人情,强调部属对自己的绝对忠诚和自己在部属中的绝对权威,认为"赢得部属的尊敬和跟随比赢得部属的喜爱更为重要";认为下属就是只有从命听话的义务和等待上面给予仁慈关照的权利,在日常工作,尤其在决策上不需要忌讳部属参与,但有时却会给部属以一定照顾;有时过分自信,会认为优秀的领导者是不容易经由后天培养的。这以台塑集团董事长王永庆为典型:高度集权,严格要求和管理,强调制度化、电脑化和成本效益,虽然也能授权,但却设立总管理处来严密监督考核;强调专权、控制和下行沟通,有时显得过分威严傲慢,不太愿意征询或采纳部属意见,低估部属能力,不看重部属的主动性和创造性,认为部属能够完成工作即可,强调部属对自己忠诚;认为金钱能够取得激励效果。其主要特质是念旧,自信,坚毅,严肃,孤寂,率直,犀利,坦诚,真切,一丝不苟,追根究底,止于至善,事必躬亲,身先士卒,勤奋敬业。

第三,混合型领导。这种领导兼具魅力型领导特点和家长式领导特点。这以1999年年底成为世界第三大个人电脑厂家的宏基企业集团董事长施振荣为典型。他本就是家族企业领导者,对部属充满关怀,是仁慈的领导,也具有魅力型领导的特征。他没有专制作风,不会低估部属的能力,强调性本善,尊重员工,让部属畅所欲言,充分授权,善于激励,突出团队精神,重视伙伴关系;重视企业文化的塑造与落实,强调平民文化而非精英文化,主张"传贤而不传子",企业应成为企业家族而非家族企业;强调速度、弹性和创新,致力于创造价值和独家品牌。其特有的领导素质是孝顺、朴实而诚恳,以身作则,勤奋刻苦,具有广阔的国际视野,对环境敏感,果断敏捷,思想活跃,充满活力,不落俗套,善于沟通,言出必行。

不过,在国外对领导情境的理解和把握还存在很大差异。一般而言,领导情境主要是指具体的组织环境,即由领导者与成员的关系、任务结构和职位权力三个要素组成的微观领导环境。此其中,领导者与成员的关系是指团体成员对其领导者的情感,包括尊重、友谊、信任、合作、接纳、支持以及忠诚程度等,是最重要的情境因素。任务结构是指团体目标与任务的界定是否充分明确、妥当,包括目标的清晰度、成果的可测度、解决方案的正确性、完成任务的途径和手段、工作的方式和方法等。职位权力是指领导者现居职位所拥有的权力,包括组织部位、职能职责、权力范围、制度性命令有效度等;实质是领导者现居职位对部属所能施展的影响力,亦即领导者的地位、权威以及采取责罚、升贬、任黜、加薪、指派等的行动权。这三大要素组成一个领导作为的小平台,领导者就是要在这个小平台上做大文章。所以,在国外,所谓的领导情境也叫做"团队—任务情境"。

在这种团队—任务情境中,领导者要想取得高绩效,就必须通过某种有效的领导方式来影响和控制领导情境;而这又取决于领导者促成情境三因素相互配合的情况。从三因素配合的情况可以看出领导者对领导情境实施影响和控制的实际程度与效度。由于不同的领导方式能够发挥不同的领导效能,因而领导者一定要在方式选择上多做努力,确保选择适合的领导方式用于适合的领导情境。只是有一点需要注意,无论采取什么领导方式,领导者都应该始终明确其最终目的即要发挥出最大领导效能、取得理想的领导绩效,为此就必须运用适当的和有效的领导方式促成相应领导情境三要素相互配合。

上述的领导情境界定与原理是目前国外关于领导情境理论的最一般基础;虽然在范围与程度上相对框定在组织环境下,但是在深入理解和把握身处具体组织中承担具体责任、实施具体领导的过程上却能够更加集中、便捷和具体。国外学界就是在此视角下、基础上提出、形成了领导情境理论和情境领导理论的。因此,在此后关于领导情境以及由此而来的情境领导都暂以此界定为基点。这样就方便于更好地理解和把握国内外的相关理论了。

三、情境领导的理论与应变模型

(一)情境领导

情境领导就是一种在某种具体时空构成的特定环境中针对领导主客体,特别是领导者与被领导者之间的特定互动需要来作出特定反应、实施特定举措的领导。

情境领导的最大特征就是特定化和个性化;此即,针对具体的工作对象实施量体裁衣式的领导,既在客观上形成了一个又一个不同的领导作为和领导特色,又在主观上带来了必须不断应变或变通的领导压力和领导艺术。

情境领导的最大实质在于应变或变通。此即,情境总是不同的,领导总是要随着不同的情境不断变换着领导的内容和形式、观点态度和方式方法、策略措施和分寸色彩。在不同的领导情境中,以不同的领导方式实施不同的领导行为必将产生不同的领导效果。

显然,只有情境领导才是真正脚踏实地、切实有效的领导;也只有这样的领导才是一切有担当、能担当和做得成事所必然要这样想、这样做的正常领导。换言之,情境领导本来就是一种在正常思维、正常判断和正常选择下必然要这样做的普通领导,实际就是没有什么特殊之处、普通得再不能普通的一种正常领导。

事实上,无论从本质上看还是从实际操作的基本形态上看,一切正常的领导原本就应该是、也必然是情境领导。这是因为,所有的领导都是在一个个不同的具体情境下发生、进行、完成并产生结果的;只用一种领导就根本无法适应和适用于不同的领导情境;没有适合特定情境的特定领导,就不会有一个一个的领导成功。而这显然是只用简单逻辑就能明了判断的一个基本事实。既然如此,那又为什么还要专门提出这样一个"情境领导"的概念或范畴呢? 大概有如下三个方面的缘故。

第一,这个看似简单的逻辑判断和选择偏偏在有的领导实践中会"犯迷糊"。在不少情况下、不少领导主体那里,常常会出现老化和僵化、狂妄而自大、一招鲜吃遍天、放之四海而皆准、以不变应万变的领导。这种领导显然是不能适应总是摆在跟前的一个个不同的领导情境,当然也就不能依不同情境而作出及时、必要的特定调整和变化,即应变,结果是明眼人一看就知道这样必定会不断产生剧烈消耗和震动、风险和危机直至失败衰亡的后果。然而,即使这样,也照旧不变,给人的印象是悬崖不勒马也是对的或正常的。这样一种领导显然不正常,不会是情境领导,而只能是一种失去活力和弹性、没有创造和前途的病态领导。很明显,这样一种现实是与必须,也必然要施行情境领导的正常判断和选择是完全相反的和拧着来的;而这当然就是一个重大的实践悖论和现实矛盾,需要提出情境领导以便从更务实有效的操作化角度来唤醒迷糊的思维、促进领导随情境实施应变而最终使领导健康正常。

第二,这个看似简单、普通、正常的领导形态似乎只用一个领导就可以了。然而,如果从揭示有效领导、有力领导的机理这个角度看,专门提出和倡导情境领导就显得非常有必要了。它不仅表明正常领导原来就是要依不同领导情境来不断变通运作而后符合领导规律和实践要求的,而且具有提醒正常领导必须着力克服主观自大、唯我独尊的毛病,避免因忽视领导常规而导致领导失败。根本而言,这有利于促使领导主体,特别是领导者能够不断与时俱进、因地制宜、常变常新而充满健康活力和无限希望。

第三,这个提法看似普通得几乎没有替代普通领导的资格和必要。然而,它确实原本就没有着意于替代普通领导,而是因为其固有的学理内涵和实践价值才在领导学研究中形成和发展起来的一种学说和流派,即情境领导理论。这里所做的探讨、所得出的结论都是很有助于领导应变力乃至整个领导力的认识、开发和增强的道理,或许有些学术化,但却更是实践化甚至不乏一定的理趣。

(二) 情境领导理论

情境领导理论(situational leadership theory)是国外最为盛行的领导学理论之一。其最主要代表人物是该理论首创者赫塞和布兰查德；其理论精华是情境领导模型，被誉为20世纪最重要的 15 项管理学研究成果。这个理论提出四十多年来，一直备受瞩目，受到广泛关注，特别是受到企业界的大力追捧。

1969 年，保罗·赫塞(Paul Hersey)与肯尼斯·布兰查德(Kenneth H. Blanchard)合作编写、出版了经典作品《组织行为的管理》(*Management of Organizational Behavior*)一书，至今已经出版到第 12 版了。这本书首次提出了"情境领导"，首创了情境领导学说。这个学说的核心是：在领导和管理公司或团队时，不能用一成不变的方法，而要随着情况和环境的改变及员工的不同，改变领导和管理的方式；领导者依员工的不同成熟度分别施行不同的领导，具体参见情境领导模型；管理的重点在于领导者自身。对于这个理论，布兰查德后来发现其中有些关键性理念并不太切合实际，于是在充分参考当时领导学界和他们自己的最新调研成果后，提出了第二版的情境领导模型。赫塞也一直在研究和完善该理论，成立了自己的领导力研究中心，2000 年前后还出版了一本个人专著《情境领导者》(*Situational Leader*)，主要以讲故事的方式来诠释情境领导理论。

20 世纪 90 年代后期，情境领导理论也开始遭到一些学者的质疑和批评。例如，伊利诺伊大学的格里夫(C. L. Graeff)撰写的"情境领导理论的发展：批判性回顾"(Evolution of Situational Leadership Theory：A Critical Review)，关岛大学的弗尔南德斯(C. F. Fernandez)和圣母大学的韦奇奥(R. P. Vecchio)撰写的"情境领导理论的再认识"(Situational Leadership Theory Revisited：A Test of an Across-Jobs Perspective)，都对情境领导理论，特别是其所推行应用的情境领导模型进行了质疑和批评。

（三）赫塞—布兰查德的情境领导理论模型

无论是否遭到质疑和批评，赫塞—布兰查德的情境领导理论都是领导学理论的一个主流，赫塞—布兰查德的情境领导模型都是情境领导理论应用的一个标杆。因此，充分了解和把握这一具有主要代表性的学说概貌很有必要。这一理论和模型的内容主要如下。

领导的效能取决于下属(或雇员)接纳领导者的程度。无论领导者的领导风格如何、领导行为如何，其效果最终是由下属的现实行为决定的。领导者所处的情境是随着下属的工作能力和意愿水平而变化的。下属的技能、能力与意愿水平是非均质的、多样化的；下属不愿意工作，往往是因为他们缺乏必要的技能和能力，或缺乏自信心和安全感。领导者应对下属的特征给予更多的关注和重视，根据下属的具体特征确定适宜的领导风格。例如，对于能力不足或缺乏自信的下属与对于技术熟练、工作能力强而且充满自信心的下属采取不同的领导风格。因此，下属的成熟度就成为实施有效领导的前提性情境因素。

成熟度(maturity)是反映下属成长状态和工作胜任特征的度量，领导者应首先关注的情境因素。具体而言，所谓成熟度是指组织成员对自身行为直接负责的能力和意愿。它包括两个要素：①工作成熟度，包括一个人的知识和技能。工作成熟度高的下属得到良好的教育和培训，拥有足够的知识和能力，经验丰富，能够不需要他人指导而独立完成工作任务。②心理成熟度是指一个人做某事的意愿和动机。心理成熟度高的下属自信心强，工作积极主动,不需要太多的外部激励,而主要靠内在动机的激励。这样的成熟度大体分为四个阶段。

(1)第一阶段:下属缺乏执行某项任务的技能和能力,不胜任工作;同时又不情愿去执行任务,缺乏自信心和积极性。事实上,当一个人刚刚接手一项陌生的工作时,出现第一种情况是很普遍的:他往往感觉自己处于一种无所适从的状态,处于一种消极被动的尴尬地位。这时,成员的工作状态是消极的学习者:工作水平低,工作意愿也低。这可以简括为"没能力,没意愿,也不安"。

(2)第二阶段:下属还缺乏完成工作任务所需的技能和能力,但愿意执行必要的工作任务,具有积极性。事实上,当他对工作的性质和基本内容获得比较全面的了解之后,他接着就会产生一种很快适应和胜任工作的愿望,但还缺乏必要的能力,因而会积极主动地去提高自己。这时,成员的工作状态是热情的学习者:工作水平低,工作意愿高。这可以简括为"没能力,有意愿或自信"。这以 R2 表示。

(3)第三阶段:下属有较高的工作技能和较强的工作能力,但却不愿意去做领导希望他们做的工作。事实上,一个人在长期的工作中获得了能力与经验,他因此也拥有了一定的资本。这时,他可能会提出一些有利于自己职业发展的要求,寻求广泛的参与机会,试图在参与中体现自己的价值并得到组织或上级的肯定。如果这些愿望得不到满足,他会深深陷入一种挫折感之中。当然,如果这些愿望得到满足,他会更加努力和主动地工作。这时,成员的工作状态是谨慎的执行者:工作水平高,工作意愿低。这可以简括为"有能力,没意愿或不安"。这以 R3 表示。

(4)第四阶段:下属既有能力,又有很高的工作意愿。事实上,在过去工作上不断取得成功而更加自信的基础上,员工可能产生更高的要求,开始追求自我实现,试图发挥更大作用、实现更大价值,包括控制局面,为此希望获得独立决策和行动的机会。这时,成员的工作状态是高效的执行者:工作水平高,工作意愿高。这可以简括为"有能力,有意愿并自信"。这以 R4 表示。

显然,处在不同成长阶段、具有不同成熟度的员工在工作中的心理行为是很不相同的,要分别采取不同而合适的领导方式才能收到较好领导效果。因此,领导者应充分考虑和基于下属不同的成熟度,采用不同的领导方式,分别实施相应的领导。针对四个阶段上的四种成熟度,领导应采取如下四种不同的领导风格或领导方式。

(1)告知式(telling)。此即针对第一阶段下属成熟度和工作状态的有效领导方式。这里要求:领导者要引导并指示员工,对员工的角色和目标给予详尽的指导,包括对下属进行分工并具体指点下属应当干什么、如何干、何时干;同时,密切监督员工的工作成效,对其工作成果经常进行反馈。这以 S1 表示。

(2)推销式(selling)。此即针对第二阶段下属成熟度和工作状态的有效领导方式。这里要求,领导者既给下属以一定的指导,解释工作内容以及工作方法,同时注意保护和鼓励下属的积极性,继续指导员工去完成任务。这以 S2 表示。

(3)参与式(participating)。此即针对第三阶段下属成熟度和工作状态的有效领导方式。这里要求:领导者要和员工共同面对问题,制定解决方案,并给予其积极参与到工作中来的大量鼓励和支持,和下属一起更好地发挥作用、解决问题。这以 S3 表示。

（4）授权式（delegating）。此即针对第四阶段下属成熟度和工作状态的有效领导方式。这里要求：领导者要完全相信员工的能力，把工作放手交给员工，提供适当的资源，由下属自己独立地开展工作、完成任务；不做更多的指点，重在实施监控和考察。这以 S4 表示。

综上所述可知，组织成员处在不同的成长阶段，具有不同的成熟状态和表现，如果对他们只实施一种领导方式，那么就没有一种方式能够确保有效而满足胜任领导的需要，其有效性最多只占四分之一。然而，如果对他们加以区分，起码按其成长四阶段而至少分成四大部分，而后分别施行相应阶段的领导方式，譬如，S1 对 R1，S2 对 R2，S3 对 R3，S4 对 R4，那么一种基本的领导方式就能有效作用于一种基本的工作对象，其有效性就能接近百分之百，只不过是四个百分之百而已。换言之，在组织环境或成员成熟度为核心的领导情境里，领导者就是要至少在四个层面上变换不同的领导方式来实施领导。这样的领导者就能够对成员或能动的工作对象发挥更有效的影响力了。而这就是聪明的领导、应变的领导，亦即情境领导。

很明显，将员工的工作状态和领导方式对照联动，就形成一个完整的情境领导模型，具体见图 4.1。这四种领导方式的运用，完全取决于组织成员的成熟度，即依其所处成熟阶段而分别以相应的领导方式应对之。这就是组织环境下的领导应变；比较适合组织情境下的领导把握和有效运作，避免只用一种工作方式乱套乱搞，导致低效、混乱和失败。这里的实质就是要对员工实施差异化、相对个性化和针对性的领导。

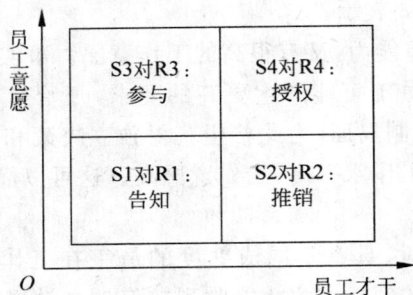

图 4.1　情境领导模型（Situational Leadership Model）

第三节　领导权变的理论与模型

一、权变、领导权变与领导权变理论

权变是典型的中国古词汇，原意是指移动秤砣，即随重量的多寡将秤砣移动到适合的刻度。由于这个意思很能表明视情况而动的各种应变反应，所以后来就在日益复杂的社会生活中被赋予了更大涵盖面的释义功能，泛指一切随形因势的临机应变和变通运作，其中的机是指以时势、时务、时机、机会或机遇为核心的具体情况，因此也被称为机变、应变或变通。人们口头上常说的"看菜下饭"、"识时务者为俊杰"就是这个权变的俗称俗说。

它的反义词就是顽固保守、墨守成规、一成不变和守株待兔。

领导权变是典型的外来新词，即 contingency of leadership，本义是指领导者根据具体的领导情境而拿主意、做工作、办事情。但在理论应用过程中，人们常常为了说、用的简便而把领导权变简称为权变即 contingency。其实，此权变非彼权变，在领导学范围内就是指领导权变。这样规范的界定和把握有助于准确、深刻地把握以此为基本范畴的新理论，即领导权变理论。

20 世纪 50 年代初，人们逐渐地认识到，要找到一个适合于任何组织、任何性质工作和任务、任何对象的固定的领导性格特质、领导类型和领导行为方式，都是不现实的，明白了组织管理应根据组织所处的内部和外部条件随机应变。于是，领导权变理论便跃然兴起，在学界得到广泛接受、传播和发展。它既给很多学者和领导学理论以启发，使之因此取得很大学术成就而闻名天下；又从连续不断的后续研究努力与成果中得到充实和发展；加上这个理论中的实用价值可以广泛用于实践探索；所以，领导权变理论自诞生以来就一直备受世人关注和重视，在学术研究和实践探索中得到广泛引用，成为当今西方领导学理论的主流，也成为当今世界最有影响力的领导学理论之一。

领导权变理论（contingency theory of leadership）是围绕领导者面对特定情况、运用特定方式、实施特定领导以确保领导成效而展开的一整套学说，涉及了领导素质、领导风格、领导方式、领导环境、组织情境、组织目标、组织任务、组织成员、人力资源、领导过程、绩效管理等方面，旨在探求不断提高领导成效。这个理论的核心观点是：领导成效与领导者所处的具体情境和环境有关，不能用固定的模式实施领导、进行管理；领导过程就是一个由领导者、被领导者及其环境因素组成的方程式，即领导成效＝f（领导者、被领导者、环境）。概略而言，这个理论具有以下五方面突出的学理特色。

第一，从领导权变的视角透视和综合领导现象的复杂性。作为一种最重要的社会现象，领导是极为复杂的，领导是涉及了多个社会层面的。领导现象的现实过程不仅是领导者本人的行为结果，而且还是综合了领导环境，特别是组织情境、组织成员等等多方面因素的结果。这与以往任何一种领导学说都更全面系统；避免了诸如领导特质理论和领导行为理论只注重领导者来探求领导规律而陷入的片面和局促，使领导学变得更加切合实际，凸显了多种因素，特别是被领导者和领导环境在领导过程中的作用。

第二，从系统的和全方位的视角，把领导者、被领导者和领导环境联系起来，构建更系统全面、切实可信的领导学理论。该理论认为：领导是一种动态的群体过程或社会过程，领导过程实质是领导者与被领导者相互影响。此其中，领导者是发生影响作用的主体，被领导者是被影响的客体。没有被影响的客体，发生影响作用的主体也就失去了存在的依据。因此，只对领导者进行研究，难免管中窥豹。

第三，一反机械片面的领导方法认知模式，改用综合、创造性的方式来理解和探索有效领导方式。领导学研究在过去的多个阶段都聚焦于领导者，既想挖出其成功的特质和案例，概括出一套理论形态的、真理普适的领导方式，并以之为可供普遍参照和应用的领导标杆。该理论却在扩大理论视野的基础上探索多因素互动情况下更真实有效的领导方式，以及在不同对象、不同情境下这些领导方式的恰当适用；其核心观点是：没有唯一的或最佳的领导方式，只有切实、合用的领导方式；只要符合一定的环境特点和客体特点，任何领导方式都是合适、有效的领导方式。显然,两种研究思路虽然都紧扣了领导学的实践本质,但却在方法论上出现了重大的路线不同,而这个理论却更令人信服。

第四,基于系统论,综合多学科,先天有优势。领导权变理论始终注重组织的系统性和绩效因素;特别强调:一切权变都不是为变而变,而是为绩效而变。领导过程本身是一个组合了多种因素的动态系统。其中,领导者和被领导者都是最重要的能动要素,心理变化和影响具有独特而重要的作用;其他因素都是一种投入和消耗;因此,必须有产出、有绩效。在一个组织内,这样一个领导过程就涉及目标价值系统、组织结构系统、心理社会系统和管理系统等;各系统内部的构成与运转的质量、各系统相互间协同与整体运转的质量都深刻影响着整个领导过程及领导结果,亦即影响到领导诸要素的效用和整个组织的绩效。此其中,领导权变理论的最大特点是,把组织内外部环境等因素看成是自变量,把领导思想、领导方式和管理技术看成是因变量,因变量随自变量的变化而变化。领导者应根据自变量与因变量之间的函数关系来确定一种有效方式。于是,该理论结合并发挥系统论、组织行为学、应用心理学、管理学、领导学等学科优势,进行了新的领导学探索。

第五,注意吸收、借鉴和引用同行研究成果,更注意在打通各学说之间的关联。领导权变理论充分借鉴、吸收了领导特质理论、领导行为理论、领导形态学理论、领导生态学理论、领导动态学理论等不同学说的精华;特别是与领导情境理论更是几乎紧密一体、内在通联,主要是都持同一理论前提,即绩效保障和提高来自于合适工作情境的方式方法而不是具有普世价值的最佳理论和方法,而合适有效的方法主要来自于领导者依环境实情所做的正确应变。因此,国内外一般都认为,领导权变理论主要研究与领导行为有关的情境因素对领导效力的潜在影响,所以也常把领导权变理论称为领导情境理论。

事实上,以菲德勒为代表的领导权变理论,充分参考了各家领导学理论以及紧密相关的管理学、组织行为学和应用心理学,并以此为基础,探究领导方式与组织效能之间的关系,强调在不同情境中的不同领导行为会有不同效果,侧重把领导行为与情境因素结合起来研究领导方式,主张根据具体的情况来确定有效的领导方式,为此进行了理论和实践反复的探索,在理论界和实践领域都产生了广泛的影响,形成了许多分别适用于不同领导力形成、不同领导运作环节的分支权变理论及相应的模型。

总之,领导权变理论是世界上最著名的领导学理论之一,是当代西方领导学理论体系中最重要、最有特色和实践价值的一种理论成果,其中不乏新的视角、新的框架和新的工具,有助于人们更好地理解、把握和应用领导学中的科学精髓,对于领导学学科的发展和建设也是很有参考价值和重要推动作用的。可以说,这个理论不仅成为了现代西方领导学界中最有影响力的主流理论,而且还标志着现代西方领导学发展进入了一个新阶段。

二、菲德勒与领导权变理论

弗雷德·菲德勒(Fred Fiedler),从1951年开始研究领导学,通过对管理心理学和实证环境分析两个方面的长期研究,发现了组织绩效和领导态度之间的关系极其重要,发现有的领导风格很难改变,而因领导环境不同调换更合用的领导方式却是可行的,这就是领导权变。到1962年他正式提出了领导权变理论,在1974年又正式提出了领导权变模型。他于是成为了领导权变理论的创始人和最主要代表。他的这个理论成果开创了西方领导学理论的一个新阶段,使以往盛行的领导形态学理论研究转向了领导生态学研究的新轨道。其理论观点和模型主要如下。

领导者的行为特点是固定不变的,领导者所处的环境是不断变化的,领导者要通过调整自己的特点来适应领导环境的特点,以确保领导行为能够切实、有效。要确保领导研究是务实而全面的,那么就要把领导特质研究与领导行为研究有机地结合起来,并将其与情境分类联系起来研究。领导者的行为及其所要追求的目标具有多样性。这种多样性的存在,是由领导者之间在基本需求方面的差异决定的。因此,应当以这种需求结构来界定领导方式。

领导方式或者领导风格认为可以归纳为两类:(1)员工导向型领导。这种领导类型主要以搞人际关系为主而以做工作为辅。(2)工作导向型领导。这种领导类型与前一种恰好相反,以做好工作为主而以搞关系为辅。对此,他认为:领导方式是领导者的一种人格特定,这种人格具有持久性和不易改变的特征。

事实上,有效的领导行为依赖于领导者与被领导者相互影响的方式,以及情境给予领导者的控制与影响的一致性。任何领导形态均可能有效,其有效性完全取决于是否与所处的环境相适应。而能影响领导者行事风格的环境因素可以归纳为如下三个方面。

(1)职位权力(position power)。这是指与领导者职位相关联的正式职权以及从上级和整个组织各个方面所得到的支持程度。而这个权力的大小实际取决于领导者对下属所能施加作用的具体范围和实际程度。领导者所处的职位能提供的权力和权威是否明确充分,在上级和整个组织中所得到的支持是否有力,对雇用、解雇、纪律、晋升和增加工资的影响程度大小。只有这种职权在得到充分明确时,组织成员才会变得更顺服、听从,而有利于组织绩效的提高。

(2)任务结构(task structure)。这是指工作任务的明确程度和有关人员对工作任务所担职责的明确程度。如果工作任务本身十分明确,组织成员也十分明确所担工作任务和职责,那么整个组织就会在明确聚集在统一的工作方向和明确的协同状态之下,这样领导者对工作过程的控制就会变得容易起来。

(3)上下级关系(leader-member relations)。这侧重指领导者对下属的关心爱护程度以及下属对领导者信任、爱戴、拥护和追随的程度,显示出非常重要的群体气氛。这对履行领导职能至关重要。组织可以控制职位权力和任务结构,控制不了上下级关系和群体氛围。

上面三个因素是三个用来评估领导情境的权变变量。领导者与成员关系或好或差,任务结构或高或低,职位权力或强或弱,三项权变变量综合起来,按领导的顺利程度从最顺利到最不顺利,排列出八种不同的情境或类型的连续体,每个领导者都可以从中找到自己的位置。这样,就形成了一个"有效的领导权变模型(contingency model of leadership effectiveness)";而这就是著名的菲德勒模型(Fiedler model)。

为使该模型更具操作性,特别是为了能够有效鉴别影响领导成功的个体领导风格或不同领导方式,菲德勒研究了1200个工作群体,对八种情境类型的每一种,均对比了关系取向;在此基础上设计成了"最不受欢迎的同事的评价"调查问卷,即"LPC量表"。此表以变量连续体为横轴,以LPC得分为纵轴,由16组对应形容词构成,描绘绘出了具体的权变模型,具体见表4.1。

表 4.1　菲德勒 LPC 问卷

快乐	——87654321——	不快乐	合作	——87654321——	不合作
友善	——87654321——	不友善	助人	——87654321——	敌意
拒绝	——12345678——	接纳	无聊	——12345678——	有趣
有益	——87654321——	无益	好争	——12345678——	融洽
不热情	——12345678——	热情	自信	——87654321——	犹豫
紧张	——12345678——	轻松	高效	——87654321——	低效
疏远	——12345678——	亲密	郁闷	——12345678——	开朗
冷漠	——12345678——	热心	开放	——87654321——	防备

作答者要先回想一下自己共过事的所有同事,并找出一个最不喜欢的同事,在 16 组形容词中按 1～8 等级对他进行评估。如果以相对积极的词汇描述最不喜欢同事(LPC 得分高),则作答者很乐于与同事形成良好的人际关系,就是关系取向型。相反,如果对最不喜欢同事看法很消极,则说明作答者可能更关注生产,就称为任务取向型。只有当个体的 LPC 分数与三项权变因素的评估分数相匹配时,则会达到最佳的领导效果。

一般而言,任务取向的领导者在非常有利的情境和非常不利的情境下能够把工作做得更好,关系取向的领导者则在中度有利的情境下能够把工作做得很好。换言之,当面对第一、第二、第三、第七、第八种情境类型时,任务取向型领导能干得更好;当面对第四、第五、第六种类情境型时,关系取向型领导能干得更好。然而,无论何种领导方式其实都是有利有弊的,在复杂的领导实践中是不存在十全十美的或者通用的领导方式的;有效的领导只是选用了合适、对路的而非最佳、最好的或者普世通用的领导方式。

要克服领导风格的不适应性以提高领导效能,要改变风格去适应变化的情境是不可能的,但可以采取以下两个办法:一是替换领导者以适应环境。如果经评估,目前的群体情境十分不利,而领导者又是一个关系取向型领导,那么就可以替换一个任务取向型领导,群体绩效就能因此提高;二是改变情境以适应领导者,主要是改善群体气氛、职位权力和任务结构。领导者可以通过改组下属构成来改善与下属的关系,包括把下属的经历、技术专长和文化水平调整得更为合适;任务结构可以通过详细布置工作内容而使其更加定型化,也可以对工作只做一般性指示而使其非程序化,领导的职位权力可以通过变更职位充分授权,或明确宣布职权而增加其权威性。

菲德勒模型的效用已经得到大量研究的验证,虽然在模型的应用方面仍存在一些问题,比如 LPC 量表的分数不稳定,权变变量的确定比较困难等,但是菲德勒模型在实践中还是具有重要的指导意义的。事实上,这个领导权变理论自提出起,就一直吸引和启发了许多学者沿着权变的思路进行深入研究,形成了许多更专门、具体、深入的领导权变理论。

三、豪斯的领导权变理论

20 世纪 70 年代初,加拿大多伦多大学教授豪斯(R. J. Howse)又提出了一种新的领导权变理论,即"目标—路径理论(path-goal theory)"。该理论把期望理论与俄亥俄大学的领导行为二因素理论结合起来。这个理论认为:某些领导行为之所以有效就是因为它们在当时情境之下有助于下属人员达成和工作有关的目标,实际是领导价值主导力的表现和成功。而这在本质上就是一种激励。领导实际就是一种激励部下的过程;领导方式只有适用于不同的部下和环境时才是有效的。因此,领导者要用抓组织、关心生产的办法帮助职工扫清达到目标的通路,用体贴精神关心人,满足人的需要;帮助职工通向自己预定的目标。这个理论其实体现出一种实施领导价值主导的精神,通过权变运作可以极大增强领导的价值主导力;因而可以从效用原理上将它归为价值主导性领导权变理论(具体参见第三章第一节)。

豪斯认为:领导方式是可变的,领导方式存在弹性。同一个领导者身上是可以出现多种领导风格的,也是可以实施多种领导方式的。这是因为,领导者可以根据下属的不同情况进行斟酌、选择,在实践中采用最适合于下属特征和工作需要的领导方式来实施领导。领导者的责任就是根据不同的环境因素来选择不同的领导方式。如果强行用某一种领导方式在所有环境条件下实施领导行为,必然会导致领导活动的失败。现实生活中的领导方式多种多样,但大体可归纳为如下四种基本的领导方式。

(1) 指导型领导(directive leadership):领导者对下属需要完成的任务进行说明,包括对他们有什么希望、如何完成任务、完成任务的时间限制,等等。指导型领导者能为下属制定出明确的工作标准,并将规章制度向下属讲得清清楚楚。指导不厌其详,规定不厌其细。

(2) 支持型领导(supportive leadership):领导者对下属的态度是友好的、可接近的,他们关注下属的福利和需要,平等地对待下属,尊重下属的地位,能够对下属表现出充分的关心和理解,在部下有需要时能够真诚帮助。

(3) 参与型领导(participative leadership):领导者邀请下属一起参与决策。参与型领导者能同下属一道进行工作探讨,征求他们的想法和意见,将他们的建议融入团体或组织将要执行的那些决策中去。

(4) 成就取向型领导(achievement-oriented leadership):领导者鼓励下属将工作做到尽量高的水平。这种领导者为下属制定的工作标准很高,寻求工作的不断改进。除了对下属期望很高外,成就取向型领导者还非常信任下属有能力制定并完成具有挑战性的目标。在现实中究竟采用哪种领导方式,要根据部下特性、环境变量、领导活动结果的不同因素,以权变观念求得同领导方式的恰当配合。

要实施这种以部下为中心的领导关键要充分考虑下属的具体情况,特别是个性差异,包括员工素质和环境因素。员工如果是内向型的,就更适宜使用参与型领导;如用指导型领导,就会遭遇抵触。员工如果是外向型的,就更适宜使用指导型领导;如用参与型领导,就会发生冲突。一个人如果自视甚重、自评过高,就比较容易抵触指导型领导;如果自视不高、信心不足,就会害怕成就取向型领导。员工如果是教条的和权力主义的,而任务又不明确,组织的规章和程序也不清晰,那么选用指导型领导方式就最为适合。如果面对的工作是结构层次清晰、但又令人不满意或者令人灰心,那么使用支持型领导方式就最合适。

137

总之,领导行为被下属接受的程度取决于下属的实情。因此,要根据并针对下属的不同实情,采用不同的领导方式;此即,领导方式的施用要有权变性。

四、领导者—参与模型与海—维模型

(一)领导者—参与模型

1973 年,维克多·弗罗姆(Victor Vroom)和菲利普·耶顿(Phillip Yetton)又以领导情境理论为基础,提出了自己的领导权变理论和领导权变模型即"领导者—参与模型"(leader-participation model)。该理论认为:常规活动和非常规活动对任务结构的要求各不相同,所面临的情境类型也各不相同,领导要在其中发挥作用的行为规则也很大不同;因而,领导在进行决策时会有各种选择的可能性。领导行为要有效,就应根据领导环境的不同和确保领导有效的需要而适当调整变化,还应根据不同的情境让成员不同程度地参与决策,同时还要正确进行风格调整以适应这些任务结构。

基于以上理论,弗罗姆和耶顿即根据反映到领导决策中的情境和权变的差异性,提出了 7 项权变因素和 5 种可供选择的领导风格,通过复杂而规范的决策树模型可以比较明智地确定在不同情境中选择参与决策的方式和程序;由此拟构并提出了自己的决策树模型。

后来,弗罗姆又和亚瑟·加哥(Arthur Jago)一起对该决策树模型进行了修订,主要是将权变因素由 7 项扩展为 12 项,其中 10 项按 5 级量表评定。这个理论的最突出特点是通过对决策树中各备选方案的优劣比较来权衡并做出领导的选择,实施更科学、规范的权变。其实质是领导决策权变理论。

(二)海—维模型

1976 年,海勒(Heller)和维尔珀特(Wilpert)作为新生的研究力量对传统的权变理论提出了挑战,主要是对传统的权变公式 $Y = f(x)$ 提出了异议和批评。他们认为,组织活动是极其复杂的,很难确定哪个变量是"因"、哪个是"果"。即使参与的决策方式与组织绩效相关,但也很难说参与就能带来高绩效,因为参与也有可能导致低绩效。事实上,在一定情境下,"自变量"和"因变量"是会相互转化的。因此,在实际决策过程中,不能规定"自变量"和"因变量",而应考虑变量在决策关系中的不同作用和地位,即应该考虑用"核心变量"和"周围变量"来把握决策关系;其中,核心变量是指最受关注的行为,周围变量是指影响核心变量的其他变量,总体上可以从无个层次上把握具有心理学意义的决策变量,这样就形成了一个无层次权变决策变量子系统。

1981 年,海勒和维尔珀特进一步提出,在具体研究中至少存在着三种类型的权变模型:一是等值模型,二是层次模型,三是缓冲器模型。不过,这三种模型仍只是一种理论假设,尚未见诸实证性研究并得到科学验证。然而,这毕竟是一种新视角,具有学术启发意义。

1984 年,海勒和维尔珀特在进行了大规模跨文化国际比较研究后,又进一步提出了新的领导权变理论即"海—维模型(Heller-Wilpert model)"。该理论探讨了决策行为、资源利用、工作满意和管理绩效之间的相互作用关系,分析了领导权变中各种变量对决策行为及其结果的影响,还提出并探讨了贯穿于领导决策中的"影响—权力—连续体(influence—power—continuum)"。他们认为:领导决策过程中下属的参与程度反映了下级对决策施加的影响程度和权力大小。这样的影响和权力可以在一个连续体的一端;如果作为一端的领导者在决策中没有任何影响和权力,那么就意味着处在另一端的下级已经拥有充分的权力和全面的影响。这个理论虽然仍未完全成熟,亦未得到一定的实证性研究,但总有新的理论视角和启发意义,对进一步把握和延展研究与应用领导权变理论还是很有参考价值的。

五、菲德勒的领导认知资源理论

2000年,菲德勒根据领导情境理论和领导权变理论进一步提出了一个延展领导权变理论的新理论,即著名的领导认知资源理论(theory of the cognitive resource of leadership)。这个理论以更新的认知视角和更高的综合程度,提出并探讨了一系列如何根据权变原理来提高领导的应变性、改善领导和组织的绩效等问题。譬如,在某种具体的领导环境中,领导者如何有效运用和发挥其固有的智力、经验和技能?组织又怎样才能最佳利用其领导者的认知资源、经验、知识和技术?在什么情况下认知资源有利于或者有碍于绩效?压力对利用认知资源有什么影响?压力对哪种具体才智功能最有影响?等等。该理论的基本内容主要如下。

第一,领导者通常以其才智执行任务、进行沟通;在压力下根据任务差异,需要转换智商以进行工作。任务要求和压力对才智和经验都有很大的影响:在较低压力下面对要求有智力的任务,动型才智能够发挥出最大的作用;在中等压力下面对有要求和无要求的任务,定型才智只有很小的作用;在高压力下经验最为重要。其智力从执行无要求的任务上发生转移。在文件筐演习实证中发现,要求有智力的任务对作出决定最有影响,要求有体力的任务如打篮球对定型才智和动型才智都有影响。

第二,领导者的智力、经验和技能乃至能力和人格等素质都能深刻影响领导绩效,是极为重要的几个主要素质因素。它们需要根据不同的情境因素进行有效的搭配和组合。这种搭配和组合的不同有效程度决定着不同的领导绩效。不同的组织气氛、人际关系、工作压力和上级的领导方式等因素构成为领导者实施领导活动所必须依托的不同情境。这些情境左右领导素质发挥作用,不断影响着领导行为,进而产生不同的领导绩效。情境适宜,整个领导素质都能发挥良好作用,才智和经验无论大小均能有利于领导绩效;情境不适,即使原来在情境良好状态下效用良好的同一领导素质,也难以发挥良好效用、取得良好绩效。

第三,实验证明,在不良的特定情境下这些资源的非有效搭配就决定了所产生的绩效是非常低的,领导者的智力和经验只占5%,而技能只占2%。这就是说,在领导绩效测评研究中,在强调素质因素作用的同时,还要考虑具体的情境因素,将素质同情境协调起来;否则,就难以进行科学的测评或评估,即使单纯的领导素质测评也难以得出更确切的结论。

第四,情境中的压力因素对领导素质和领导绩效影响较为突出。这个压力因素不仅来自上司,也来自岗位。不同上司和岗位对智力、经验和技能都有不同要求;以某种相适应的因素去适应具体情境、对付具体压力,就能化解压力、绩效良好;否则,无论所具备的领导特质如何优越,都难以产生良好绩效,通常只是低效。在高压力情况下,领导者多用的是经验而非智力;领导者如果智力更强而经验更低,则几乎不能适应下去;经验越好则越能应付复杂的人际现实,进而取得越好的绩效。在低压力情况下,领导者多用的是智力而非经验;领导者如果智力不高但却唯独经验很好,则只会有很低的绩效。有的岗位要求智力和技能都很高,而如果这时只是经验较好,则绩效必低;但是如果智力和技能都很高,则能如鱼得水,绩效斐然;反之,如果岗位对经验要求很高,而领导者只有智能上的强项,则必定绩效很低。

第五,领导者要有效运用智力、经验和技能,要最大限度利用领导者的认知资源。一方面,要训练较高层的管理者和领导者,给他们以减压训练和某些减轻压力的指导意见;要通过进行加压训练,以最大限度地利用经验;必须教会领导者及其管理者如何调控实际情境以适合于领导,教会领导者如何选择或驾驭实际情境;要通过培训和交流来增强领导素质与具体情境的顺合程度,从而产生良好的领导绩效。另一方面要实施情境工程:改变领导成员的关系、任务结构与职权状态,要改善特别是包括与上司关系在内的人际关系,还要改变工作结构,以直接改变具体环境;要把高智力的领导者放到非常规性领导岗位上,把经验丰富的领导者放到常规性的领导岗位上;别给高智商领导者分派枯燥、例行的工作或者在高度人际压力下的工作;为了最大限度利用经验,不应给具有高度经验的领导者以例行或低压的工作。这样,领导素质就能发挥出最大作用,创造优良绩效了。

第四节　领导关系的把握与处理

一、领导关系的实质和重要性

（一）领导关系的实质

领导关系是最直接、最现实、最重要的领导环境之一,构成关系性领导环境。如果说其他种种领导环境或宏观、或中观、甚至微观都仅仅是领导主体要充分注意并参考的依据,那么领导关系则是始终紧贴领导主体、直接关联领导一言一行的贴身环境,极其具体而敏感,是领导者会最自然顾及并依之而动的现实情境了。可以说,在人类社会中的各项社会活动,尤其是领导活动,事实上都是在一定的相互关系中进行的。要有效地开展领导工作,就必须深入研究领导关系,了解和把握它的本质、影响和变化发展的规律。

那么,什么是领导关系呢? 领导关系就是领导主体在领导活动中与其他领导主体和相关行为主体(包括领导客体,特别是被领导者)相互之间发生的工作关系和非工作关系的总和。其实质是行使领导权力的特殊社会行为主体之间的相互关系,是一种在领导主体内部、在领导实践中广泛发生、极为活跃、微妙发挥关键影响的特别因素。

领导关系内含着权力关系。这是此关系与其他所有关系最不相同的实质所在。也正是这一点使得领导关系有其他关系所不具有的特殊性,即特别的能动性与结果性、现实性和严肃性。因此可以说,领导关系是一种最重要、最核心、最有影响力、最能产生现实结果的特种社会关系,也是整个社会关系的最重要组成部分。

其实,领导关系就是一种将一定范围内掌握权力、权威、人、财、物和机会等领导资源的领导者和领导机构联系在一起的关联渠道和无形制约,是一种以领导资源为实际基础和实质后盾的特定社会网络。它直接左右和约束着领导行为,直接导致某种现实领导结果和社会结果,比其他任何关系对社会现实和领导客体的影响都要更大更重更严肃,是整个社会关系中最大的、能发挥权威影响并产生重大现实结果的社会关系。

从全社会范围看,领导关系是包括所有领导者与领导者、领导者与领导机构、领导机构与领导机构之间的关系;在社会局部范围内,领导关系只是领导主体之间的关系;在一个专门的社会系统内,领导关系就是领导者之间及其与所在领导组织之间的关系。

从某种角度上说,领导关系也是一种能动的社会资源。正确而充分地加以掌握和运用,就能使领导关系在领导过程中发挥出重大的积极作用,为领导职能职责的履行、领导成功的实现,领导的创造提供最好的支持,对造福于领导客体,应对和改造领导环境具有非常重大的现实意义。因此,领导关系是所有领导主体都不可忽视和回避的重要问题。

领导关系是领导世界中自在的因素,但同领导体制关系密切。一方面,它不受领导体制的影响而普遍存在并发挥作用;另一方面,它又常常在成熟的领导体制下受到基本的框定。反过来说,领导体制也受领导关系影响,从根本上说领导关系是领导体制的源头,领导体制是领导关系的权威形式表现。抓住领导关系很多领导问题都能解决。

总之可以说,领导关系就是一种将一定范围内掌握权力、权威、人、财、物和机会等领导资源的领导者和领导机构联系在一起的关联渠道和无形制约,是一种以领导资源为实际基础和实质后盾的特定社会网络。它直接左右和约束着领导行为,直接导致某种现实领导结果和社会结果,比其他任何关系对社会现实和领导客体的影响都要更大更重更严肃,是整个社会关系中最大的、能发挥权威影响并产生重大现实结果的社会关系。

(二) 领导关系的现实情形与重要性

现实生活中,领导关系是不断变化发展、多种多样、无处不在和细致入微的。它千丝万缕,相互交叉纠结而又变幻莫测,随时随地直接影响、制约或形成现实的领导行为,形成领导的基本现状、结构、形势和局面。这些情况直接构成领导格局。这种格局随领导关系变化而变化、发展而发展,并与领导关系一起直接现实地制约和规范着领导行为,对领导方式方法和模式乃至领导结果都直接产生重大影响,特别是还从微观层面直接关系到领导的做法和方式、领导的成败得失,直接影响到领导客体的现实利益和命运以及社会风气。

一方面,领导关系可以说是一种能动的社会资源。正确而充分地加以掌握和运用,就能使领导关系在领导过程中发挥出重大的积极作用,为履行领导职能职责、取得领导成功,进行领导创新提供极好的关系支持。这对造福于领导客体,特别是人民群众,对应对、改造和利用领导环境,均具有非常现实的作用与价值。

但是,领导关系也是一把双刃剑,把握和处理得不好,就会出现严重问题;这就是领导关系的另一面即负面。的确,如果不能正确把握和处理这种特殊关系,就会造成这种资源的破坏和浪费,或者在局部结成并演化为"社会毒瘤",或者利用这种资源牟取私利、为非作歹、贻害一方,或者在多处局部领导关系病态化以后引起全局性领导关系的僵化和病态,进而窒息生机、严重损害领导客体的利益。它不仅要作为领导环境的一个现实因素存在并发挥作用,而且要变为日常领导活动中的体制、机会、规则等现实因素并直接介入领导行为之中。

另外,领导关系与组织制度相互依存,相互影响,相互转化。一定的领导关系是构成一定组织制度的基础,对组织制度产生深刻的影响,先于并导致组织制度发生变化;但也直接受制于组织制度,并由此形成相应的领导格局。然而,一定的组织制度则是一定领导关系的概括和集中反映,以制度和权威的方式确认甚至维持或维护实际已经存在的领导格局,具有较大的相对稳定性;也规定了现实领导关系的基本前提、互动基准和协调依据,其实就是领导关系的制度性基本规定,从而显示出确保领导关系符合制度安排的强制性。

因而,领导关系还有一层对于组织制度的这种作用。这个作用可以是积极的,亦即可以巩固和优化组织制度;也可以是消极的,亦即可以削弱甚至破坏组织制度。其实,组织制度发生变化都总是启始于领导关系的改变。譬如,西周的分封制遭到挑战并最终为诸侯独立制所取代,进而导致周王朝的灭亡,就是从周天子与诸侯之间"礼崩乐坏"领导关系开始的。

其实,良好的领导关系就是积极、友好、融洽的领导关系,能够成为维系组织的黏合剂和调动积极性的增能剂,有助于领导主体积极性、创造性的发挥,有助于增加领导集体的团结和活力,有利于协调各种领导关系,化解矛盾,增加组织的内聚力和运转的良性,使领导活动得以顺利开展并取得成功。相反,不良的领导关系通常是消极、庸俗、内耗的领导关系,会成为锈蚀组织制度的腐蚀剂,会成为压制和破坏生产力与竞争力的腐朽因素,必定造成各种领导关系的暗晦和紧张,容易导致不良风气,特别是扯皮推诿和不负责任的犬儒主义滋生和蔓延,容易激发和增加非常有害的内耗与自毁,严重侵蚀领导主体的健康,从整体上降低领导机构的工作效能,由此严重扰乱领导活动的正常秩序,直至全局工作瘫痪、领导时钟"停摆",最终导致极其严重的领导后果。

这就是说,领导关系对领导主体的影响极大,在于领导活动本身就是在各种领导关系中进行的,一刻也不能离开。从领导工作的实践,任何领导的实施,都需要处理好与人、事物、时间和空间的关系。与人打交道,要不断调节自己的言行,妥善处理上下左右的关系;同事物打交道,要弄清事理,抓住轻重缓急,有条不紊地解决问题;对待时间,要科学安排、掌握进程,做到善于支配时间,善于提高工作效率;置身于空间,要区分各项措施办法适用的范围,做到因地制宜,灵活处置,收到实效。所以,领导工作从一定意义上讲,就是领导主体协调和处理各方面关系的过程。各方面关系处理好,工作就顺畅;反之,工作就受阻,甚至"搁浅"。

因而,建设良好的领导关系,克服领导关系中存在的不良倾向,就是领导者和领导机构自身应随时关注并着力解决的问题。这就是练好"内功"。只有这样才能对外"发功",发挥领导者和领导集体的作用。所有领导主体对此都不可有所忽视、回避或者加以淡化。

总之,领导关系是领导世界中一个客观自在的要素,但同其他领导要素,特别是领导体制关系密切。它虽不受领导体制的影响而普遍存在并发挥作用,但又常常在成熟的领导体制下受到基本框定。当然,领导体制也受领导关系影响,从根本上说领导关系是领导体制的源头,领导体制是领导关系的权威形式表现。抓住领导关系很多领导问题都能解决。

二、领导关系的特点和构成

(一)领导关系的特点

马克思指出:"凡是有许多个进行协作的劳动,过程的联系和统一却必然表现在一个指挥者的意志上,表现在各种与局部劳动无关而与工厂全部活动有关的职能上,……凡是建立在作为直接生产者的劳动者和生产资料所有者之间的对立上的生产方式中,都必然会产生这种监督劳动。这种对立越严重,这种监督劳动所起的作用也越大。"[①]

在这里,马克思尽管是针对私有制经济的领导和管理的两重性而言的,但对其他的领导活动及其相互关系的分析也是适用的。据此可知,领导关系至少具有两种特性,即表现为自然属性的客观性和表现为社会属性的社会性。事实上,领导关系普遍复杂和动态变化也是非常显著的特点。而这些特点却正是对领导关系的历史与现实、对不同领导关系的共同特征的一种抽象和概括。这些特点主要有如下几个方面。

第一,客观性。领导关系的客观性是指领导关系作为领导活动过程中人与人相互交往的一种现实结果,它的产生具有历史的必然性。只要人类需要共同的劳动和生活,就需要分工协作,就要有人从事组织、指挥、引导和协调,这是"每一种结合的生产方式"中都遵循的普遍的、共同的规律。这种需要是共同的,反映着人与自然的关系,不会因社会制度不同,领导者和领导方式不同而改变。

在人类的共同生活,特别是组织活动中必然要产生领导及其载体或操纵者即领导主体,因而也就必然会发生领导主体之间的相互关系。这种关系因而就成为一种非常客观的领导要素,非常活跃地作用于各种不同的领导活动之中,并导致相应的现实领导结果。从形式上看,它似乎主要取决于领导者的经验和主观动机;但事实上,它却受诸如领导体制、领导地位、具体领导角色、现实利益关系、利益格局、社会背景、实际的领导立场和领导作用等许多重大现实因素的影响。

马克思说:"我们并不总是能够选择我们自认为适合的职业;我们在社会上的关系,还在我们有能力对它们起决定性影响以前就已经在某种程度上开始确立了。"[②]据此原理,就可以更好地理解和把握领导关系的客观性。一方面,领导主体一旦具体进入领导岗位,即面临着业已存在的领导关系;而这个关系的客观状态和实际作用却并不取决于领导主体的主观意愿。另一方面,领导主体虽然能够对领导关系作出积极能动的反应,但这却不能随心所欲,而要受到多种因素的制约,特别是要受到既定领导关系构成的环境的制约。

第二,社会性。领导关系的社会性指领导作为社会的枢纽和关键环节而与生俱来的社会本质及其外现。领导活动总是建立在一定的生产方式之上,直接表现了某种特定的人与人之间的关系,领导者总是代表和反映着一定社会掌握领导权力的阶级、集团的利

---

① 《马克思恩格斯全集》第 25 卷,第 431 页,北京,人民出版社,1972。

② 《马克思恩格斯全集》第 40 卷,第 5 页,北京,人民出版社,1972。

益。领导活动的目标、目的,领导活动的方式、方法等,总之领导活动中发生的人与人之间的各种关系都带有某种社会特点。这在整个领导关系中处于主导地位,决定着领导关系的本质。

世界上并不存在超越时空的纯粹自然属性的抽象领导关系,只存在各种不同社会属性的、反映特定的领导活动中领导主体相互间关系的具体领导关系。不同的领导关系之所以存在,并不是因为它反映了领导活动中的共同的组织、指挥、引导、协调等关系,而是反映了一定领导活动的社会关系。这正像马克思分析资本主义领导和管理关系所指出的那样,"资本家所以成为资本家,并不是因为他是工业的领导人,相反,他所以成为工业的司令官,因为他是资本家"。①

事实上,从人类开始有组织的活动以来,人们总是存在于复杂的领导关系之中。每个人在领导关系网中,有如网上的一个纽结,不是领导者,就是被领导者。这是一个多角度、多层次,而内容和形式又多种多样的极其错综复杂的人的社会关系系统。因而,领导关系其实也就是围绕领导活动而形成、而展开的各种社会关系大集合。

这就是说,领导关系是围绕领导活动而展开的各种领导主体之间的关系,本身就是社会关系集合的一部分。它必然受制于一定历史条件的经济关系、政治关系、思想文化关系、道德伦理关系,具有鲜明的社会时代的特征。领导关系自身也包含着丰富的社会化内容。

从领导制度的纵向联系看,有上下级关系,领导者个人与组织关系;从领导活动的横向联系看,有不同性质组织领导如党团组织、行政组织、司法组织领导的关系,有不同职能部门领导之间的关系。各种不同的领导关系,是人的社会关系的本质表现。领导关系的社会性,还表现在它与社会关系环境的相互作用上。领导活动中的相互关系是在一定的社会环境中生成,受到社会环境的影响和制约,同时又影响和制约着社会环境。

第三,复杂性。领导活动中的相互关系,除领导关系自身多样性之外,领导工作的职能交叉、利益的得失、人与人的个体差异、外部环境影响等,使领导关系呈现出错综复杂的局面。这就是领导关系的复杂性。这个特点具体可从以下三个方面来理解。

一是由于社会分工不同,形成不同领域的领导部门和不同类型的领导者。不同的领导部门履行着不同的工作职能,不同的领导职务担负不同的工作职责,就不可避免地会出现一些矛盾现象,使领导关系复杂化。

二是领导关系的复杂性还缘于利益的得失。说到底,领导关系就是一种利益关系。不同的领导集团,形成不同利益的群体,同一领导集团内部也会有利益冲突,使得人们在处理领导关系时,自觉或不自觉地以自身利益为价值尺度,作为处理相互关系的行为准则,使领导关系扭曲,甚至变异,导致复杂化。

三是领导关系的主体是各种各样的具体的人,人的个体差异也会使领导关系复杂化。如不同领导者,因受教育程度、气质、个性不同,加之所处地位不同,面临的环境不同,在认识和处理领导关系时,会产生不同的心态,直接产生各种不同的复杂后果。

第四,动态性。领导关系的动态性就是指作为最重要、最敏感的现实关系总是受到多

---

① 《马克思恩格斯全集》第 23 卷,第 369 页,北京,人民出版社,1972。

种多样现实因素的影响,由此总是处在不断变化发展的状态之中这一基本情况。这一特点表明,领导关系不是一成不变的,而是经常发生变化的;导致和促使领导关系发生变化的因素是多方面的。

引起领导关系变化的最根本原因是社会生产力的发展。生产力是推动社会进步的最强大杠杆。随着生产力的进步与发展,生产关系以及与一定社会形态相适应的领导关系,也将随之而改变。人类社会的领导关系经历了原始社会的原始民主、封建社会专制统治、资本主义社会金钱依附、社会主义社会的平等服务等不同的关系形态。在同一种社会形态中,统治集团为了巩固自己的领导地位,调和领导集团内部、领导集团与人民群众的矛盾,也会主动或被迫调整领导关系。在一些发达工业国家的企业领导体制中,职业经理层的兴起,以及职工组织参与企业决策的增多,就是领导关系自我调节的实例。

此外,领导关系的动态变化,还与领导者素质改变和生理条件改变有关。总体来看,随着社会文化科技的进步、教育程度的提高、个人社会实践经验的积累和各方面的成熟,领导关系呈良性发展趋势。

(二) 领导关系的构成

在整个社会范围内,领导关系是包括所有领导者与领导者、领导者与领导机构、领导机构与领导机构之间的关系;在社会局部范围内,领导关系只是领导主体之间的关系;在一个专门的社会系统内,领导关系就是领导者之间及其与所在领导组织之间的关系。

从领导的实质上看,领导关系分为领导主体间关系、领导权力关系、领导主体与领导客体的关系、领导者与被领导者的关系四种。

从领导的空间结构来看,有宏观方面的领导关系,包括国家间领导关系、地区间领导关系、部门间领导关系和组织间领导关系;此外也有微观方面的领导关系,主要是组织内部各构成要素之间体现出来的不同领导关系。

从领导的体制来看,领导关系则有集权与分权的关系、中央与地方的关系、条条与块块的关系,等等。

从领导的方式上看,领导关系表现为直接领导与间接领导的关系、正式领导与非正式领导的关系、指令性领导与指导性领导的关系、支持性领导与参与性领导的关系,等等。

从领导运作方向上看,则有上行的领导关系、下行的领导关系和平行的领导关系。

从日常的现实生活来看,最经常出现在我们关注视野中的领导关系主要包括上下级领导关系、领导者与群众的关系、党政企不同组织中的领导主体间关系、领导集团中各成员间关系、领导者个人与组织之间的关系等。

总之,按照领导活动展开的不同的角度,还可以作不同的划分;现实生活中的领导关系最主要是领导主体间关系和领导者与被领导者间关系,领导关系的最主要关联对象就是领导者。充分了解和掌握领导关系,就是为了能够更好地协调、维系、改善和优化各种领导关系,特别是领导主体间关系和领导者与群众间关系,由此确保为领导成功提供最优良的关系基础和关系性环境。

三、领导关系应对取向

领导关系是复杂的，要处理好、应对好是困难的。这不仅是领导成功的基本功和最基本挑战，而且更是确保领导顺利和成功的第一重要应变力所在。几乎在领导过程的每个环节、每个活动都会涉及并须处理好各种不同的领导关系。

从领导工作达到的客观效果来看，领导关系对领导主体的影响可分为正面效应和负面效应两个方面。正面效应，就是积极、友好、融洽的领导关系。这种领导关系有助于领导主体积极性、创造性的发挥，有助于增加领导集体的团结和活力，使领导活动得以顺利开展。负面效应，就是消极、庸俗、内耗的不良的领导关系。这种不良的领导关系导致不良风气滋生，严重扰乱领导活动的正常秩序，严重侵蚀领导主体的健康，直接造成领导集体内耗丛生，从整体上降低领导机构的工作效能，轻则扯皮不断，内战不止，重则瘫痪，领导工作"停摆"。

所以，领导工作从一定意义上讲，就是领导主体协调和处理各方面关系的过程。各方面关系处理好，工作就顺畅；反之，工作就受阻，甚至"搁浅"。这即是说，建设良好的领导关系，克服领导关系中存在的不良倾向，就是领导者和领导机构自身应随时关注并着力解决的问题，只有练好"内功"，才能发好"外功"，发挥领导者和领导集体的作用。为此，在实际的领导活动中要特别注意如下几个方面的要点。

第一，保持高度的关系意识，并把它贯穿到整个领导活动之中，确保在任何领导环节都能积极、主动地处理好领导者与人、事物、时间、空间以及其他相关因素的关系。其中，要把与人打交道、处理人际关系放到最重要的位置来重视和开展活动；主要是密切注意、准确把握身边不同人际关系的特点和要害，以及身边人的期待、需要、要求、情绪和问题；根据工作需要、工作条件、工作资源，特别是自己的性向特征，随时做出适当、合理、可行的个性化反应和互动，尽量照应、顾及大多数，尽量达成较大满意与顺合，借以尽量争取最大限度地减少来自各方面的冷眼恶意、貌合神离、抵制对冲和设陷设障，由此提高领导的顺利性、有效性和成功率。为此，领导者最起码要不断调节自己的言行，妥善处理上下左右的关系，确保机动灵活、收到实效。

第二，致力于营造良好的领导关系。良好领导关系具有一种正效应，对领导主体具有正面导向、框定和促进的作用。这种正效应是有效领导的衡量标准，集中表现为如下两点。

一是通过有机组合来改善成员素质结构、力争素质整体协调。组织成员所受教育不同，年龄、心理、气质也有很大差异，实践经验和实际才干更是有强弱之分。为了建立良好的领导关系和组织氛围，领导者要尽量促成组织成员之间进行长短搭配、优势互补、有机关联、共同提高，最后在合作中逐渐达成均衡和一致。此处的难点和重点是敦促成员之间克服互异、达成互补，使得彼此间的差异性成为互相吸引、学习、吸收的积极因素而非相反。为此，领导者要特别注意随时发现和克服会给人际关系带来障碍和破坏的消极因素，要避免把关系推向紧张、冲突和极端严重的任何人的任何言行举动，要绝对防范和杜绝在领导范围内形成人际关系的死结。

二是保持信息共享，密切沟通交流，增进互信协作。领导者要主动突破信息把持和信息孤岛,而及时进行信息交流、情报互通,加强沟通协调,避免信息失真、信息真空和心中无数,确保领导活动正确、合理、有序地进行。这个活动过程本身既依靠、又创造良好的领导关系;其实质就是一种畅通的信息沟通渠道和交换方式。为此,领导者一方面要能更全面、及时、准确地了解工作的实际进程,明确领导工作的难点和重点,把握客观事物的状态及变化发展趋向,从而自觉地把本职工作纳入领导工作全局之中,保证自己表示一问三不知;另一方面还要着力调动组织成员积极参与领导过程的意愿,核心是能够真心、耐心地倾听和吸收任何参与者的正确意见。

第三,采取全面激励举措,激发整个组织活力。组织活力是组织群体的生命所在,集中表现为组织中积极性、主动性和创造性的洋溢与发挥,有助于实施高效的领导。为此,领导者要采取全方位的应对举措,力争创造良好的领导关系,以便从根本上确保领导的有效性。其具体要点主要有如下三方面。

一是以人为本,相互尊重,切实打造和促成组织内相互平等的关系。在领导活动中,客观上存在着上级下级区分,形成权力地位不同。良好的领导关系可以使每个人明白,这些领导关系的差异,只是社会分工的反映,每个人的人格是平等的,从而使每个人注意把握自己的角色。处于领导地位的人,要注意调动被领导者或其他领导成员的积极性;被领导者或其他领导成员,要尊重领导者或主要领导者,独立负责地搞好本职工作。

二是大公无私,真诚以待,相互肯定,增进互动,形成默契合作的相互关系。在现代领导活动中,面临着各种复杂局面,单靠个人的努力、才智是不能搞好领导工作的。这就需要同他人合作,发挥群体的优势。良好的领导关系,可以帮助领导活动中的各方面人员,克服唯我独尊,万事不求人的陈腐观念,积极主动合作。

三是相互关心,相互帮助,相互服务,促成心心相印、融洽一体的相互关系。领导就是服务的本质决定了领导必须致力于服务大家,而不是凌驾于众人之上颐指气使、摆谱耍威。这样就可以极大缩小,甚至能够杜绝彼此之间的距离,而有效增进彼此之间的融洽。为此,领导者要以共同目标为指引,促进全体成员在工作上大力开展相互支持、相互帮助、相互服务和相辅相成,努力促成相互补台,坚决避免和制止相互拆台。这里的关键是,领导者要增强自己的服务性、包容性和体谅性,杜绝自大狂、高高在上、不可一世的心态,而要放得下身段,真正能够多为别人着想、多为别人排忧解难、多助别人成功。这种相互体谅,相互帮助,不但能够使双方的工作得以顺利完成,而且还可以使两者的心理得到满足,有效地化解和避免矛盾的滋生。在平等、合作、服务关系的良好氛围下,无论是领导者或被领导者,主要领导或非主要领导,都能心情舒畅、积极主动地工作,充分展现各自的聪明才智,积极性和创造性自然就容易发挥出来了。

第四,发挥主动性和经验智慧,积极改善领导的关系环境。这里的核心在于要积极营造良好的组织氛围,努力改善和优化领导活动的内部环境和外部环境。其要点主要如下。

一是要把领导集体的精力引导到、集中在实现组织目标的奋斗上。以阳光领导来有效防止各种分散精力的不量因素及其活跃性;以领导成员的自觉性和责任性来促成其个人目标与组织目标充分一致起来,由此确保能够有效引导整个群体成员致力于共同的组织目标;最终使整个组织群体合力于总目标,确保在实现整体目标的同时各自亦即充分实现自身价值。

二是高度注意消除、缓解群体成员的心理压力。一个领导集体的工作效率高,除了工作条件和工作方法的因素之外,重要的因素还有群体成员保持奋进、健康、向上的心理状态。如果,领导关系不好,彼此关系不顺,各怀心事,思想包袱沉重,就会使大家感到巨大的压抑感。这样,就不可能有效提高工作效率。

三是正确认识威信,适当运用权威,确保在深得群体成员理解、支持、拥护的情况下不断提高领导威信。韩非子所述"法、术、势"至今有用;其中,法可视为法律、制度、规章等;术可视为方式、方法、谋略等;势即指权威、威信等。一个领导整体要实现成功的领导,当然三者都不能偏废。领导者的权威和威信不是一回事。有的领导者有权威,但没有威信。威信虽然来自权威,有让人服从的法定根据,但威信的形成更是在此基础上凭领导者高尚的道德感召能力,较强的工作能力,无形的影响能力使别人心悦诚服。领导关系处理好,彼此有信任感,领导者的言行容易得到别人的肯定和赞同,因发自内心的拥戴而在行为上表现为服从。这样,领导集体的凝聚力就得到加强,就会给领导活动创造出一种宽松、和谐的内部环境。

从领导活动的外部环境来看,良好的领导关系容易争取社会的支持和公众的认同。在现今这个开放的时代,人类各种活动的成功,除了由于活动当事人努力外,均与社会支持越来越相关,对于领导活动来讲则尤其如此。事实上,现实中的领导和管理就要更加重视良好领导关系的作用了。国外有管理专家研究得出,领导者素质中协调各种关系的能力所占比重在 45% 左右;领导者处理各种领导关系比处理其他事务投入更多的时间、精力,最高峰时达时间和精力总量的 70%。

总之,领导活动目标的最终实现,并不完全取决于领导者本人,是要靠领导者带领被领导者作用于领导对象而实现。被领导者和公众对领导活动的支持和认同,除了他们认识到领导的决策是为自己谋利益外,还有一个对领导者和领导集体的信任度问题。如果领导者与被领导者和社会公众之间建立了良好的关系,彼此了解,相互信任,有一定的感情和友谊作为纽带,那么领导者的愿望、行为和要求都会得到更多的理解、支持和帮助。否则,就会处处受阻,经常碰壁。

第五节　领导变革与领导创新

一、国外关于领导变革的理论

(一) 领导变革理论的缘起与主要内涵

20 世纪 70 年代末,国际环境正发生深刻变化,世界经济不断发展,科学技术日新月异。社会环境越来越趋于全球化与多元化,企业所面临的经营环境不断信息化和高度竞争化,这样的发展给全社会在带来巨大财富的同时,也带来了更多的问题和挑战,既包括组织与外部的关系和互动有效性的问题,也包括组织内部的问题,特别是领导适应性和有效性的问题。面对这样的变化发展,世界各国开始普遍开展变革创新运动,以求不断增强自身的适应性、竞争力和赢得成功的优势。

就是在这样的背景下,有些领导学者提出了重要的相应命题:领导者要不要走在时代的前面,通过改善自身、增强自身活力和动力来胜任改革、推动变革、引领潮流? 什么样的领导行为或领导风格才是最佳、怎样顺应潮流进行变革以增强领导力? 这些问题成了领导学的难点、焦点,虽经几十年探索,也未找到完全的共识,至今仍争论不休,成为了"世界级难题"。在这个过程中,出现了一个较有代表性的领导变革理论(transformational leadership theory)。

领导变革理论的最主要代表是伯恩斯(Burns)和巴斯(Bass)等领导学学者。他们提出的基本理论和研究工具影响很广,一直以来,被广泛应用于招聘、甄选、晋升,以及培训与发展中,还适用于机构重组、团队改善、决策制定、质量改进、工作创新等方面。

领导变革理论认为:领导者的影响力包括职权影响力和个性影响力。职权影响力不能持久,特别是不能影响到人的心灵深处;个性影响力在正面导向下直接构成领导魅力,恰恰能够弥补职位影响力的不足。因此,变革型领导要重点培育和发挥好个性影响力。为此,变革型领导首先要身先士卒、发挥模范带头作用,先注意做好领导者自身的操行,让下属信服而愿意追随和拥护,确保在风险环境中团结一心、共渡难关;其次要以员工的需求为中心,充分了解下属的个性化需求,向下属提供富有挑战性的工作和智力激励,通过这些过程,领导者和下属的需求统一到团队的目标里,领导者和下级的目标合二为一,团队上下群策群力,为实现共同的目标而奋斗。

领导变革理论重视领导的有效性,把领导绩效作为研究重点,常常通过创制和运用测评工具与手段来开展实证研究。在这方面,其基本主张是:领导有效性的测量指标包括这两个方面。一是绩效指标,包括:(1)客观绩效,即实际的绩效数据;(2)主观绩效,即管理人员或者其他人员的评价;(3)额外努力;(4)上级领导评价。二是情绪反应指标,包括:(1)员工满意度;(2)对领导的满意度;(3)组织承诺;(4)公民行为。以此为起点,通过许多实证研究,包括现场研究、实验室研究、现场实验和分析等,这个理论发现,变革型领导与领导有效性关系极为紧密,与正向指标、负向指标分别存在着极其充分的正向关系、负向关系。

领导变革理论重视实证和应用,主要是根据上述原理和取向,对变革型领导进行了维度划分,并依之编制了能够用来测量领导有效性的各种量表。这些维度和量表在不同国度进行了实验和论证;实证结果虽然有些差别,但还是找到了更多的通同性,为变革型领导理论发展提供了有效支持,证明现行理论框架是正确的和可行的,而其具体的理论内涵则有待进一步研究和挖掘。

其实,这个领导变革理论与领导权变理论是同根同源的,即同样以变化的领导环境为背景。它与领导权变理论有所不同之处在于,它关注领导环境的大变动,着眼于领导更主动适应环境、更积极反作用于环境,并为此敢于、也必须显示出不可置疑的自我改革和带动改革的勇气与力量,由此确保领导的强大活力和效力。所以,这个领导变革理论也被称为领导动力学,尽管实际上只是领导动力学中的一个重要代表。

(二)领导变革理论的主要代表伯恩斯及其主要观点

领导变革理论最早是由著名领导学者伯恩斯在 20 世纪 80 年代前期提出来的。他在其著作《领袖论》（*Leadership*）中提出了领导变革理论。其主要观点和核心内容在于提出了适应时代变化发展特点和需要的变革型领导和传统落后的交易型领导。

（1）变革型领导是一种相对于传统领导而言的现代领导类型，是指领导者通过让员工意识到所承担任务的重要意义和责任，激发下属的高层次需要或扩展下属的需要和愿望，使下属为团队、组织和更大的政治利益超越个人利益。这是因为，领导者本质上就是能够激发追随者的积极性从而更好地实现领导者和追随者目标的个体。

事实上，领导者的使命决定了他必须通过变革来营造组织活力的基础和奋斗向上的氛围，通过激励来调动整个团队的积极性和动力，为实现共同愿景和目标而竭尽所能。领导者要拥有变革型领导力，就要在组织内营造起变革的氛围，推动组织的适应性变革，确保富有效率地完成组织目标；同时，还要通过自身行为表率为下属树立可信的标杆，关注下属需求，促进成员互动，提高上下级之间互动水平和道德水平，共创良好的组织氛围，确保整个组织群体在高度协调中参与和完成改革，推动和完成共同目标的实现。这就是典型的现代领导。其最大特点是好动、好变革，要在光明透亮、为了共同目标的变革中实现动态的进展、完善和成功。

变革型领导具有四个重要特征：（1）超越了交换的诱因，通过对员工的开发、智力激励来鼓励员工为群体的目标、任务和发展前景而超越自我的利益，实现预期的绩效目标；（2）集中关注较为长期的目标，强调以发展的眼光，鼓励员工发挥创新能力，并改变和调整整个组织系统，为实现预期目标创造良好的氛围；（3）引导员工不仅为了他人的发展，也为了自身的发展承担更多的责任。（4）能在组织中制造兴奋点，产生强大的影响力和冲击力；也能帮助个人发现工作与生活的价值与兴奋点。其最突出之处是关注人的发展。

（2）典型的传统领导与现代领导恰恰相反，好稳、好保守，总想在暗箱中进行操作，常常是不言自明地为了自己的和局部的利益而不断进行默契式运作，潜规则在其中起关键作用。这个过程实际就是领导者和被领导者总是在某种体制和制度框架内进行着不断的交换，领导者将手中有形和无形资源的奖励作为条件，被领导者则以对领导者的服从作为条件，按照一种"默契契约"即潜规则来完成彼此的互动。这整个过程类似于一场默契契约型的交易。所以，由此而来的领导就可谓是一种契约式领导了；但由于其实质是一场交易，所以又叫做交易型领导。

换言之，原来传统领导就是交易型领导。从大量实证案例看，交易型领导都是实质性引导和鼓励自己的追随者追求其自我利益，只是这以追随者认真顺从领导为前提。这种领导并不在乎下属是否有积极性、工作热情和奉献精神，而只在乎下属是否忠实于自己；也不在乎包括制度、文化、愿景等各种软硬件在内的工作环境是否合时、能否保证生存发展有效率，而只在乎自己能否感觉一切如常、没有任何变化式的不安或威胁。因此，交易型领导是不希望有变革的，不仅不能使组织获得进步与成功，而且还会扼杀组织的活力与生机，最终使组织在激烈的竞争中遭到失败和淘汰的命运。

（三）领导变革理论的重要代表巴斯、阿沃里奥等人及其主要观点和结论

巴斯也重点围绕变革型领导展开了研究。他把变革型领导划分为六个维度，后来又归纳为三个关键性因素，还依之设计了量表《变革型领导问卷》，进行了一定的实证研究。

1988 年,巴斯与海特尔(Hater)合作开展调查研究,结果发现:不管是优秀的领导者还是普通的领导者,只要实施变革型领导,就能得到更高的下属遵从度和满意度;只要实施交易型领导,就必定只能得到相对低得多的下属遵从度和满意度。此外,在同样实施变革型领导的前提下,优秀领导者的得分要高于普通领导者的得分。

1996 年,洛威(Lowe)等人对以往的 38 项研究做了元分析后发现,变革型领导与领导有效性的各项指标之间有着明显的正向关系。1997 年,在索西克(Sosik)、阿沃里奥(Avolio)、卡海(Kahai)等人从针对团队的研究中发现,变革型领导比交易型领导具有更大的团队效能影响力。

阿沃里奥在前述各种研究成果的基础上又做了进一步的研究,认为变革型领导集中表现为四种基本的行为特征,具体如下。

(1) 理想化影响力(idealized influence)。这是指能使他人产生信任、崇拜和跟随的一些行为。它包括领导者成为下属行为的典范,得到下属的认同、尊重和信任。这些领导者一般具有公认较高的伦理道德标准和很强的个人魅力,深受下属的爱戴和信任。大家认同和支持他所倡导的愿景规划,并对其成就一番事业寄予厚望。

(2) 鼓舞性激励(inspirational motivation)。这是指领导者向下属表达对他们的高期望值,激励他们加入团队,并成为团队中共享梦想的一分子。在实践中,领导者往往运用团队精神和情感诉求来凝聚下属的努力以实现团队目标。从而使所获得的工作绩效远高于员工为自我利益奋斗时所产生的绩效。

(3) 智力激发(intellectual stimulation)。这是指鼓励下属创新,挑战自我,包括向下属灌输新观念,启发下属发表新见解和鼓励下属用新手段、新方法解决工作中遇到的问题。通过智力激发领导者可以使下属在意识、信念以及价值观的形成上产生激发作用并使之发生变化。

(4) 个性化关怀(individualized consideration)。这是指关心每一个下属,重视个人需要、能力和愿望,耐心细致的倾听,以及根据每一个下属的不同情况和需要区别性地培养和指导每一个下属。这时变革型领导者就像教练和顾问,帮助员工在应付挑战的过程中成长。

阿沃里奥认为,以上四种行为是变革型领导的标志。只有同时具备这些特征,才算是完整意义上的变革型领导。这些特征在领导过程中会显示出强烈的价值取向和理想导向,能成功激励员工超越个人利益而致力于为实现团队目标进行合作和奋斗。

综上所述可知,领导变革理论实际是领导权变理论在更大着眼点上的延伸。这个着眼点就是 20 世纪七八十年代开始的世界环境的发展变化和普遍出现于各国各领域的变革创新运动。显然,这一着眼点已经大大改变了国外领导学关于领导环境的视野和把握,使领导学界对于领导环境的认识和关注由最初的组织情境放大到社会环境、国际环境和时代环境。这是一个重要的突破。但从具体内容和研究层次看,这个领导变革理论仍然很大程度地局限于组织环境条件下的领导变革,相对微观,还不足以全面、透彻地把握和反映出适合时代发展的领导变革压力和动力以及相关原理和参考思路。因此,在充分注意这种理论的科学价值的同时,还要看到和超越其局限性,从更广大的视野和更高的着眼点来对领导变革和创新进行新的研究和把握。

二、领导变革和领导创新极其重要而必要

（一）领导环境发生深刻变化，决定了领导者必须变革和创新

进入新世纪以来，全球化过程在加快，经济社会发展也在加速度推进和变化，整个国际环境、社会环境乃至自然环境都在发生深刻变化，人们的交流互动、生活方式、观念意识、需要诉求、心理状态等各方面都在发生巨大变化；当然，大国博弈与国际竞争、市场博弈与市场竞争、实力博弈与实力交锋也同时变得更加尖锐激烈，各种老问题堆积交融、各种新问题层出不穷也同时带来了比以往任何时候都更复杂、更沉重的负担。这一切都是新世纪条件下领导者所面临的新环境、新压力和新挑战。

无论是国际社会中国与国之间，还是国际市场中企业与企业之间，抑或是世界科技与文化之间的相互竞争与较量，以及其中显示出来的竞争力与综合实力都取决于领导创新。可以说，没有领导创新，就没有生机、活力和进步，更不会有任何实力去参与竞争、交锋较量、赢得胜利而生存发展下去。应该说，无论在政党、政府、国家还是在企业、团体或者诸如科技等各项事业领域，所有创新都首先是领导创新。领导创新是整个国家创新体系的核心和关键，而且始终是现代生活中的一个重大战略问题。领导创新是一个领域创新的领头雁；没有领导创新，就不会有该领域的其他创新。能否紧紧抓住并不断推动领导创新，就意味着能否占领新世纪生存与发展的制高点，能否获得赢取新世纪竞争和挑战的更大胜算。

因此可以说，领导变革与创新已经成为整个改革、发展、创新的动力源泉和关键所在，事关组织群体在新的条件下、新的竞争和挑战中强弱兴衰与生死存亡。很明显，在此情形之下，领导者非变革不足以适应新情境，非创新不足以突出重围、保持领先。

总之，领导环境和领导面临的问题总是在不断地变化，领导目标和领导战略总是在不断地向更高更远处调整、更新，领导任务和领导对策也总是在不断地变动、翻新，领导的思想观念和方式方法也都得不断地改变、革新。这就决定了领导必须是与时俱进、不断变革和创新的；只有这样，领导才能胜任下去而不断取得新的成功。领导创新已经成为事关领导主体能否更好地提高领导水平和执政水平的永恒主题和战略选择。

（二）领导的本质决定了领导者必须变革和创新

领导的本质决定了领导必须是不断变革和创新的；实践无止境，创新，特别是领导创新必定无止境。而领导创新就是领导的本质表现与要求，更是领导的实际过程与主流，也是整个领导主体和领导过程永无止息的追求，已经成为新世纪的普遍观念与主要潮流。它与领导的得失成败和进步落后息息相关，跟每一个组织及其中每个人的根本利益息息相关，同能否实现新世纪战略目标息息相关。

由于领导就是站在大家前面和时代潮流前头引导、率领大家不断向前奋进和夺取胜利的活动或过程，所以领导天然就包含着不断创新的实质。领导只有不断创新，才能给领导客体和整个事业带来新的生机和活力、新的前途和希望，才能激发并创造出新的生命力、创造力、竞争力和发展力，才能确保先进、带头和率领，亦即才能真正胜任"领导"二字

本身。

事实上,领导不仅有带头创新的工作责任和内容,而且有促进自身革新的需要和要求。这在于社会就是发展的关键,在于经济就是增长的关键,在于企业则是生存和做大的关键,在于科技则是突破和超越的关键。领导创新创造并代表着先进的生产力和先进的文化,符合并代表着领导客体的根本利益。它不仅给全社会的进步与发展带来不竭的动力,而且还直接形成核心的生产力和竞争力,形成直接而丰硕的现实成果。

这即是说,领导的本质就充满了变革创新的精髓,决定了领导不能不努力创新。领导本来就应该不断地创新;领导创新本来就是普遍存在的,是整个社会创新体系中最重要最核心的部分,是一切社会创新的关键。领导创新比其他任何创新对现实的影响都更重大、更深刻、更久远。换言之,领导的本质决定了领导必须是不断创新的。而领导创新就是领导的本质表现与要求,更是领导的实际过程与主流,也是整个领导主体和领导过程永无止息的追求,已经成为新世纪的普遍观念与主要潮流。

应该说,领导创新就意味着组织群体拥有一个健康有力的心脏而不断获得新的动力、生机和活力,拥有一个强大的火车头和推进器而不断得到激发和推动;领导客体将因此而调动并迸发出无限巨大的潜在生命力、创造力、竞争力、制胜力和发展力;领导主客体都将因此而变得更能驾驭新形势,应付新情况、新问题,变得更能赢得新竞争、新挑战,进而不断创造新的成就、博取新的胜利、实现新的发展、变得更加坚实强大、达到新的水平和高度。这对全面推动生产力和先进文化的发展以及对实现民族复兴都有决定性的作用。

如果领导不创新,便意味着整个发展都将面临落后、保守、僵化的领导而陷于严重的危难,不能获得动力,不能有所前进,没有希望和光明;也即意味着组织群体将丧失活力、生存力、竞争力和发展力,很快变得落后而被淘汰出局,积小弊成大病,积虚弱至衰亡;同时还意味着领导自身不能确保先进和健康,不仅落后而不能真正发挥领导作用,而且还背弃领导本质而对全面的进步与发展造成阻碍和破坏。

这就是说,没有领导创新,就不会有任何集体性或组织性的创新,就不会有社会的变革和升华,当然也就谈不上能有真正的文明、进步与发展。显然,领导创新能够带给人民以幸福,带给现实以光明,带给社会以发展,带给历史以进步,带给领导以成功和光荣;而领导不创新却只能带给人民以苦难,带给现实以黑暗,带给社会以停滞,带给历史以落后,带给领导以失败和耻辱。领导是否创新决定着组织群体、社会生活是否创新和是否能够创新,也表明领导主体是否有资格代表先进的生产力、先进的文化发展方向和人民的根本利益。

总之,对于领导主体和领导工作而言,领导变革与创新是一个永恒的工作主题和重大的现实问题。要创造越来越好的组织绩效和工作局面,就一定要不懈地变革、创新。

三、领导的变革创新实质与基本形态区分

(一) 领导变革创新的实质

领导变革创新就是以新的视野和思维,以新的勇气和胆略,更以新的智慧和创造精神,破除旧的思想观念束缚,突破框框,打破常规,超越传统,超越固有的模式、路径和影

响,因时切境,灵活应变,提出新的问题和取向,进行新的探索和发现,确立新的目标和思路,探求新的答案和出路,发明并运用新的方法和工具,采取新的措施和对策,进行新的行动与运作,更有成效地应对和解决各种现实问题,创造新品,满足需要,实现新的进步与发展,达到新的目标、境界与水平,构建新的模式、框架、理念、内容和形式。

可以说,变革创新是活力、生机、强盛和发展的源泉,更是生产力和社会进步的真正源头。其内核就是改革与转型、革新和发明、优化和完善、进步与发展、科学与文明;其实质就是与时俱进地取得新成就、形成新文化的创造过程,代表着充满活力、健康优质的先进、发达与强大。

领导的变革创新就是要根据领导环境的变化和领导本质的要求,用批判精神、扬弃意识和最新的科学观念与文化成果来推动领导创新,用新视野、新思维、新知识、新方法、新方式和新对策来适应并驾驭新情况、新形势,来发现和解决新矛盾、新问题,在领导工作中不断地变革、创造和弃旧图新;既确保领导本身不断创新,包括优化领导素质、领导构成和领导过程,也确保领导真正切实激发、鼓励、引导和推动整个社会生活的变革创新。

从本质上看,领导的变革创新是指领导主体顺应时事、切合实际、实事求是、解放思想、主动变革地应对形势和环境变化而积极地探索、创造性地解决各种现实问题、不断图强图优图新的核心发展过程。这一过程集中表现为在理论基础、信息视野、观念意识、思维方式、领导方式、工作方法、内在构成、体制机制、系列系统等许多方面的不断变革与优化,显示出其中最新的思路、对策、战略、方针、政策和动力。

从根本特征上看,领导的变革创新就是由领导主体在实际领导范围内创造生机和活力、推动进步和发展、引领潮流、打造辉煌的一种创新。而这其实就是一种带动、发起、催生和推进其他创新的动力性核心性创新,体现出最实质的创造性、先进性和光明性。

从领导学原理上看,领导的变革创新就是现代领导的本质属性;领导的本质要求领导必须不断地创新。领导创新与领导过程和领导业绩息息相关,更与领导客体的命运福祉乃至领导主体本身的成败得失息息相关。没有创新或者不以创新为实质的领导必定会异化成给领导客体造成致命伤害的落后势力、腐败势力或邪恶势力,给领导主体自身则会带来毁灭性的后果。

这是因为,领导普遍存在于社会生活之中,各个领域、各个层次都有领导。企业有领导,社会有领导,国家有领导,就连科研小组也有领导;整个社会无处不深受领导的影响。社会生活中的领导通常以一个组织为单位而存在着,而且是这个组织的核心,既常常决定着它所代表和影响的群体、组织、社会或国家的命运,也历来都是组织之间进行交锋较量的机枢和关键所在。领导的特殊性决定了领导在组织群体当中的核心地位和原动力地位。没有领导,组织性群体的变革创新活动就开展不起来;没有领导的组织其实是不存在的。因而,领导创新与否就直接体现在领导工作的方方面面,产生或形成常态或变态的领导和社会生活,直接影响领导客体的命运和利益,直接造成重大的社会现实后果。

不过,这里特别强调领导创新的目的。此即,领导的变革创新不是单纯为新而新、搞什么新花招而出现新的形式主义,更不是变着花样和手段去不断扩大权力和影响以图更好更方便地滥用权力捞取私利和违法乱纪,而是要以更加科学、积极、务实、负责的态度,以更加与时俱进、变革图强的精神,应对快速变化的环境与趋势,拿出更好更果断的办法来解决各种各样的问题、矛盾、症结或痼疾，为民众、为其他创新更好更直接地服务。如果离开这个目的，领导创新就必定变质而无价值，必定有害而后果严重。

（二）领导的变革创新与两种基本领导形态

由前可知，领导变革和领导创新是一个非常重要的理念和实践，对领导的影响涉及了领导的基本性质、基本特征和和基本作用，决定着领导的基本形态。可以说，对于基本的领导形态来说，领导的变革创新就是一个标志、一个分水岭。由此向前，就是变革、创新，形成以不断变革、创新为基本导向的领导，本质上就是正常的领导，因为领导本来就是要变革、创新的；所以这种领导就被称为常态领导。在此向后，就是领导不变革、不创新，就是领导的保守、穷守和僵化，形成以没有新质和消灭新质为导向的领导，本质上就是反常的领导，因为它不符合领导的基本规定性即天然要不断创新；所以这种领导就被称为变态领导。

领导的变革和创新首先以自己的强大活力、创造力、开放性、通达性、灵活性、主动性、积极性和适应性来面对周围的一切。它强烈倾向于和必定表现为广泛接纳、快速反应、高强处理、求异求新、突破固有、打破桎梏、超越传统、开拓未来、实现发展的意识和能力。它欢迎、吸引、聚集、勉励和鼓舞着所有的创造性因素，特别是具有创新精神和能力的人，组织成强大的创造整体，形成强效有力的创造机制，发起和推动领导范围内的创新运动，不断扩展组织群体内各项创新的业绩，有力地提升本组织群体的生命质量和价值水平，并影响其他组织群体的变化发展，还构成社会文明进步与经济发展的主流和动力。事实上，领导创新就是生产力发展的发动机和推进剂，能够创新的领导就是符合社会需要的正常的社会性核心力量及其运作过程。而这就是常态领导。

常态领导是一种积极务实、严谨有序、开放光大、不断进取创新的领导，能带来幸福和尊严，惠及广大而长远，能使社会生活各领域得到极为全面、健康、充分和持续的发展。在这种领导之下，组织群体或者人民群众内部蕴藏着的无限创造力或创造能量就能够得到最充分的激发而非常自由且非常愉悦地迸发和发挥出来，形成极其巨大而不竭的现实力量去推动进步和发展，去创造前无古人的崭新历史和辉煌文明。由此形成一种稳定有序、积极有为、充满活力和能量、充满变革精神和创新精神的社会生活；而这样的社会生活就是需要并倚赖于领导创新的常态社会生活。

然而，领导如果不变革、不创新，则必定趋向于和表现为狭隘、封闭、落后、无知、保守、僵化、专制、武断、蛮横、暴虐、黑暗、扭曲、脆弱、腐败和衰朽，并逐渐变得不能适应新情况新变化，对新思想新方法新方式以及其他新事物由基本不能接受到完全排斥和反对，甚至担忧和恐惧，当然就不会，也无法容忍创新了，更不可能支持、鼓励、带动或推动什么创新了，也最不能容忍有创新之能或创新之质的人了。这时的领导就已经堕落成为压制和破坏创新的领导。这种领导已经和正在最严重地压制、阻碍和破坏生产力的发展及社会的文明进步，当然就是一种反动的、腐朽没落的领导。而这就是变态领导。

变态领导本质上就不是领导，而是占据核心地位的邪恶势力及其运作。其最突出特点就是陈陈相因、消极麻痹、保守顽固、机械僵化、自私自利、狂妄浮夸、称王称霸、恃强凌弱、造谣中伤、阴险恶毒、烂贱无耻，没有、也不需要领导变革和创新，允许和推崇领导保守,千方百计地确保领导能够重蹈覆辙而不在乎这是否疯狂和危险、是否会走向衰败和灭亡。

在这样的领导之下,任何社会性创新都不可能真正发生;而一旦发生,则要么被中伤打击而很快夭折,要么是浅薄粗陋或装模作样的表演而自欺欺人。只要这样,就必定扭曲人们的心灵和社会生活,造成深刻持久的矛盾、争斗和混乱,带来不尽的耻辱和无边的苦海。这即是说,变态领导必定使组织氛围、社会生活扭曲变态的,充满诸如保守僵化、顽固落后、自相践踏、动乱争战、迷茫惨淡、惊恐悲惨等消极阴暗和动乱不安的因素。

很明显,常态领导与变态领导就是以领导变革创新与否为边界的,构成了两种最具代表性、现实性的领导典型。它们无论在性质、内涵还是效用、结果上都是截然相反的,实际上代表了进步与反动两种基本的方向和力量。当然,在它们之间也存在一些"过渡地带"即灰色的领导形态,但依然在是否是变革创新的分水岭界定下分别归属于两种基本的领导形态。另外,领导形态同社会生活密切相关;甚至可以说有什么样的领导形态,就会有什么样的社会生活形态。因而,两种基本的领导形态就从根本上决定了社会生活也有常态和变态之分。

创新领导与常态领导和常态社会生活是完全对应的,常态领导和常态社会生活根本上来自于领导创新。领导创新是创造或形成常态领导和常态社会生活的根本条件。领导不创新是变态领导和变态社会生活的必然原因,而变态领导和变态社会生活则根本上来自于领导不创新。只有常态领导,才是创新的领导,才能带来正常稳定的秩序和强劲发展的动力。只要存在领导不创新,就必定存在变态领导和变态社会生活,就必定会打乱社会生活的正常秩序,破坏正常发展的机制和动力。

可以说,不创新领导与变态领导和变态社会生活是完全对应的。如果领导是创新的,那么领导和社会生活就必定都是常态的;而如果领导和社会生活是常态的,那么领导就必定是创新的。如果领导不创新,那么领导和社会生活就必定都是变态的,亦即灰暗退步、死气沉沉的;而如果领导和社会生活都是变态的,那么领导就必定是不变革、不创新的。

总之,领导创新是本义上的领导实质和领导内容,正常的领导就必须、也必然以领导创新为根本,时时体现着与时俱进的领导特征和领导本质;而一切异化的或丧失本义的领导则不喜欢、不赞成、不支持创新,更不会接纳或实施领导创新,逆时逆势,反进步反发展,代表和固守着愚昧落后与黑暗邪恶。因而,在是否领导创新上就可以看出在某一组织群体内的领导是正常的还是变态的,是本质的还是异化的,是进步的、先进的还是落后的、反动的。

第五章 领导的决策力

第一节 领导的决策力与决策理论

一、领导决策力的实质和重要性

领导决策力就是领导者研判情势、洞悉问题、拿出解决方案的能力和效力。与主导力和应变力等综合性领导力相比,这个决策力就显得更专门、更具体,实际就是与领导过程开始相同步的第一个具体化、操作性领导力,也是领导者结合具体工作情境开始具体落实、实施、体现和实现主导力与应变力的第一步行动保证。没有这个决策力做保证,主导力和应变力就必定会变成空谈。

领导决策力集中表现为信息获取力、情境研判力、情势预见力、问题把握力、多谋善断力和关键决断力等六个能效体。这些能效体既相对独立,并依决策过程而构成先后发生的能效连续体,总是后一个能效体的质量以前一个能效体的质量为前提;也相互影响,内在紧密而深度地关联在一起,是必须共同发挥优质效用而后才能成就决策成功的能效整体。当然,在此其中,信息获取力、情境研判力、情势预见力、问题把握力是基础性的决策力,多谋善断力则是最重要的决策力,而决断力却只是在关键环节起关键作用的决策力。

领导决策力是一个直接关系到领导成效、从根本上决定领导得失成败的最关键因素。它将从决定领导会有一个什么样的起步开始,一直影响到整个领导过程和最终的领导结果。决策力高而优者,领导在启始之初就展现出良好的运作成效和可预见理想结局,优良的领导过程则仅仅是一种必然。然而,决策力弱而劣者,领导在起步之初就发生糊涂、误差、偏离或混乱;这时,失之毫厘、谬以千里的严重情形和结果就将随着领导过程的推进而不断加重。换言之,决策力的高低强弱将从领导的开始就基本决定会有什么样的领导过程和领导结果了。事实上,决策力直接反映并确定着实际的和可预见的领导水平与领导结果。显然,决策力是具有决定意义的第一领导力。

因此,对于要能充分胜任现代领导工作的领导者来说,大力增强、全面优化由六个能效体构成的决策力就显得极为重要、极有意义。为此,不仅要根据决策力的六个能效体内在关系来促进各部分决策力并步发展和优化,而且要根植于科学决策原理、紧切实际决策过程来务实改善和增强决策力。显然,要真正把握和发挥好决策力,关键在于要先行透彻掌握决策的科学与艺术。

二、领导决策的实质与重要性

领导决策就是通常讲的"拍板",是领导者明是非、抓问题、定目标、提任务、拟计划、找途径、出点子、拿主意和发指令等一系列活动的总和。这些活动不是零散存在或者随意发生的，而是一个分别发挥作用、又有效组合在一起、具有高度内在协调性和共生性的有机整体，是一个各环节前后相关、各阶段依次推进的完整信息过程。

就在这样一个完整信息过程之中，汇集了大量复杂的决策要素。这些要素包括决策主体、决策素质、决策权力、决策客体、决策环境、决策信息、决策问题、决策目标、决策价值、决策标准、决策倾向、决策空间、决策筹码、决策依据、决策基础、决策条件、决策途径、决策方式、决策手段、决策工具、决策技术、决策模型、决策规则、决策机制、决策体制、决策关系、决策渠道、决策公开、决策参与、决策支持、决策程序、决策活动、决策产出、决策方案、决策可行性、决策有效性、决策可接受性、决策实施、决策控制和决策监督，等等。

从决策实践看，上述所有这些具体的决策要素都可以归结为静态因素和动态因素两大类。这两类因素之间存在复杂的相互关系和机理，以不同的角色、作用和方式参与到决策过程中，对决策发挥出不同的影响。

在所有的决策要素中，决策条件是事关决策能否发生、正确或成功的最现实因素。决策条件分为内在条件和外在条件两部分。其中，内在条件主要是领导素质、领导体制和领导机制；外在条件主要是由决策环境和决策对象直接构成的现实决策依据和源泉，即决策问题和决策相关情况，实际是从事领导工作所需借助和充分考虑的一切必要条件。而决策方案则是决策条件的权威转化结果，是整个决策内容和过程的最终表现形式，也是整个领导活动和组织行为的权威依据。可以说，决策条件不同，决策结果就不同，决策方案也会不同。因而，决策条件是决策的变量，而决策方案则是决策的因变量。抓住这两种要素有助于简明扼要地理解、把握和实施决策。

从领导过程看，决策是领导过程的开始，是领导的第一步和第一环节。从领导效用看，决策是最实质的领导；整个领导活动都以之为前提、随之而发生、由之被决定成就水平和最终结果。领导活动要正常展开，领导工作要正常进行，都必须首先从决策开始。领导决策通常成为群体或组织乃至社会的行动依据和指针，规划和指导着群体或组织乃至社会的具体行为，直接影响到行为方向、行为内容和行为结果，直接造成群体或组织乃至社会的某种必然。这种必然是人为的、可控的、有强大主观因素参与而产生的现实结果，其影响具有根本性。可以说，没有决策就没有领导。显然，领导决策是一个非常复杂的系列活动，是领导主体履行职能职责的最重要行为，实际也是最常规、最重大的实际领导活动。

事实上，领导决策不仅能深切影响乃至决定后续所有领导行为的得失成败，而且还能带来重大的现实结果或严重后果；不仅决定成败祸福、事关全局长远，而且还常常影响到甚至决定着组织群体或者社会系统的前途、命运。可以说，决策直接构成最重要的领导实践内容。领导工作的成效根本取决于决策的正确程度，取决于决策的科学水平。因此，做领导工作、搞领导活动就应抓住决策这一环，在决策的正确性和科学性上大做文章，靠决策确保整个领导活动的成功。

领导决策同主观因素最密切相关，比其他任何领导行为都更依赖于领导素质。决策过程中领导者的思想素质、智慧素质和能力素质就起着最为关键的作用。这些领导素质的品位到底如何、素质中的能量纯度力度效度到底如何，都将直接决定决策的质量和水平。政治素质和道德素质在这个行为中表现得最为根本，直接决定决策的取向和性质；特别是在重大的决策中、在国家层次或社会层次上的决策中所起作用就更大。如果这些领导素质高，就会在决策中倾向于顾全大局、体恤百姓，进而使决策有利于大局和百姓；反之，就会使大局受损、使百姓遭殃。决策错误就会造成全局性被动或失败；决策正确才能为领导活动、群体活动和组织活动带来顺利和成功。

三、对领导决策力具有重大影响的决策体制

决策体制环境是制度性环境的一部分，由于对于领导来说是极端重要的环境因素，所以有必要单独加以认识和把握。

（一）决策体制的构成

决策体制是关于以领导主体，特别是领导者为主干的决策主体、决策权力权限、决策信息、决策辅助、决策程序规范及决策结果责任等整个决策系统的制度性总和。它通过规范、约束决策过程与决策活动来对最关键、最重大的领导环节施加直接的影响。

在企业有企业的决策体制性环境，在公共部门有改革部门的决策体制性环境，在社会有政府的决策体制性环境。但是，从领导活动的相关性和整体性来看，政府的决策体制性环境对其他环境、对其他领导活动都有全面而深刻的影响；因而最具权威性和代表性。所有领导主体都应该熟知这种宏观层面上的特定环境。现代决策体制由如下五个部分构成：

（1）决策中枢系统。这是决策体制中发布指令、统率全局的首脑机关。它处于决策中心地位，对各方面的重大问题作出抉择或决定。拥有决策权的各级有权部门的领导者是决策中枢系统的核心。与其他系统相比，唯决策中枢系统有权就一定范围内的领导问题作出决策。

（2）决策咨询系统。它是决策中心系统的参谋部，亦称决策智囊系统。它以各类专职或兼职的决策筹划人员为细胞、专门知识性机构或先进技术性机构为基本构成单位的决策智囊集团，基本任务是为决策中枢系统提供决策依据、备选方案、优化理论。

（3）决策信息系统。这是指为满足决策需要而建立的专门收集、分析、传递、储存信息资料的机构、部门和单位的总称。行政信息是进行决策的基础，联系决策体制内各部门的纽带，促进决策方案正确制定和执行的媒介。

（4）决策执行系统。这是指按照决策中枢系统的指令负责指挥实施决策方案的职能机构。它由各级政府及其职能机构组成，基本任务是配置可资调遣的资源，负责决策执行的全程操作。决策执行系统与决策中枢系统都是决策体制不可缺少的组成部分。

（5）决策监督系统。这是指通过监督反馈来帮助决策中枢系统控制决策制定、决策执行和预定目标实现的组织体系的总称。其基本任务是向决策中枢系统报告决策制定、执行的状况，协助中枢系统搞好控制。

（二）决策体制的基本特征

在现代条件下，决策体制主要有如下四个基本特征：

（1）完整统一。现代决策体制是一个以决策中枢系统为核心，由决策咨询系统、决策

信息系统、决策执行系统和决策监督系统综合构成的更大系统。它在高度分工与高度综合的基础之上,具有明显的封闭性和整体性特征。现代决策系统自上而下,层层相连,明确的分工与密切的配合,使其高层次的战略决策同中下层次的策略决策和战术决策结合紧密,从而形成完整的决策体系。

(2)民主化。现代决策体制是对传统决策体制的否定。它按照谋、断分离的原则建制,保证了咨询系统的独立和集体智慧的充分发挥;其与集体决策方式相联系,促进了传统的个人决策向民主的集体决策的转移;实行首长负责制,否定了个人专断的决策方式。现代决策体制以其能够保证决策参与者的民主地位,避免领导者凭主观意志个人决定重大问题的成功,证实了自身存在的价值。

(3)法制化。构成现代决策体制的分系统,都是由各个领域的专家或不同知识结构的专家集团组成的。他们独立地只对责任范围内的问题依客观规律进行研究,或提供专业性的优质成果,与其他决策分系统互不干扰,相互配合仅依契约规定从事(包括工作内容不受中枢系统权力意志的支配)。各系统的权利、义务和相应的责任,明确的法律地位,相互间的辅助和制约关系,均以法制形式相规定。

(4)科学化。在现代决策体制当中"人"、"机"结合日益明显。决策体制中的各分系统均有一定的现代化技术装备,配备有较高科学素养的人员;现代决策过程中既要运用数字化、模型化、计算机化的"硬技术",也要利用社会心理学成就的"软技术"。科学技术在领导中迅速而广泛地应用,推动了决策体制由传统的按经验决策,发展为按科学的原理和现代技术手段进行决策。

无数决策事实证明:良好的决策体制将使领导决策避免错漏失误乃至失败,而这也就意味着领导成功,至少是在最关键、最重大的领导环节上的成功;而粗陋拙劣的决策体制则十分容易鼓励领导主体滥用决策权,肆意妄行领导决策,导致领导决策联翩失误,最终则是决策失败、领导失败而领导资源浪费、领导客体遭殃。

目前,旧有弊端依然在危害甚至恶化决策体制性环境,以至仍然产生一系列严重领导问题,其原因就在决策体制的不完备。此外,它还产生诸多现实问题,诸如决策系统机构臃肿,功能交叉;执行系统被动、消极地执行上级的政策;咨询系统机构不健全,经常受决策系统权力意志支配或影响;信息系统薄弱、尚未建立或健全信息网络系统,信息来源少,信息传递失真失量严重;监督系统尚不完善;等等。

事实上,决策体制是一个历史范畴,其权力的分化与协调带有浓厚的时代特色。随着社会的进步、科学技术的发展,决策思想的变化和实践经验的丰富,决策体制正日趋科学和完善,正以具体的决策体制性领导环境形式对领导过程发挥更大更直接的影响和作用。科学的决策体制具有以信息为据,广泛咨询,集中决策,分散执行,独立监督,及时反馈,不断调节等特点,是提高决策质量、确保领导成功的最重要因素。

总之,决策体制影响领导的直接性、重大性超过任何一个环境因素或外在因素。它对领导工作过程、领导质量和领导水平的提高都有极端关键的影响。要想取得领导上和事业上的不断成功,就一定要在决策体制性环境的改善和优化上多做一些工作。

四、国外经典的有关决策理论

国外研究和应用决策理论已经有一个多世纪的时间了，成果丰硕，经典甚多。

最早的经典决策理论是泰罗的管理科学理论，旨在探求最有效的工作方法或最优方案，以最短的时间、最少的支出，取得最大的效果。其实，在复杂的领导情境和决策活动中，"最佳"的情形和方案是很难定的，甚至是不存在的；因而，这样以追求最佳为思路的理论所含科学性也是很不足的。

最早富有科学实质与价值的决策理论起自第二次世界大战的运筹学理论及其应用。当时，以杰出物理学家布莱克特(P. M. S. Blackett)为首的一部分英国科学家为了解决雷达的合理布置问题，发展起来了一种数学分析和计算技术，即运筹学。主要特点是：在既定的物质条件(人力、物力、财力)下，为达到一定的目的，运用科学的方法，主要是数学的方法，进行数量分析，统筹兼顾研究对象的整个活动所有各个环节之间的关系，为选择出最优方案提供数量上的依据，以便作出综合性的合理安排，最经济有效地使用人力、物力、财力，以达到最大的效果。其实质是一种以定量分析为主、兼用实验的科学方法，包括六部分内容：

(1) 规划论。用来研究如何充分利用企业的一切资源，包括人力、物资、设备、资金和时间，最大限度地完成各项计划任务，以获得最优的经济效益。规划论根据不同情况又可分为线性规划、非线性规划和动态规划。

(2) 库存论。用来研究在什么时间，以什么数量、从什么地方供应来补充零部件、器件、设备、资金等库存，既保证企业能有效运转，又使保持一定库存和补充采购的总费用最少。

(3) 排队论。主要是用来研究在公用服务系统中，设置多少服务人员或设备最为合适，既不使顾客或使用者过长地排队等候，又不使服务人员及设备过久地闲置。

(4) 对策论。又称博弈论，主要是用来研究在利益相互矛盾的各方竞争性活动中，如何使自己一方获得期望利益最大或期望损失最小，并求出制胜对方的最优策略。

(5) 搜索论。用来研究在寻找某种对象(如石油、煤矿、铁矿以及产品中的废品)的过程中，如何合理使用搜索手段(包括人、物、资金和时间)，以便取得最好的搜索效果。

(6) 网络分析。是利用网络图对工程进行计划和控制的一种管理技术，常用的有"计划评审技术"(简称 PERT)和"关键线路法"(简称 CPM)。

在运筹学之外，还有一个经典的咨询决策理论，即系统分析理论。这是 1949 年美国兰德公司首创的。它认为：事物是极其复杂的系统，所以在解决管理问题时，一定要从全局出发，要引入和应用系统的思想观点和方式方法，特别是数学方法，对事件进行系统的分析和研究，然后再进行策略决定；为此，要采取如下五个步骤：(1)首先弄清并确定这一系统的最终目的，同时明确每个特定阶段的阶段性目标和任务。(2)必须把研究对象看做是一个整体，是一个统一的系统，然后确定每个局部要解决的任务，研究它们之间，以及它们与总体目标之间的相互关系和相互影响。(3)寻求达到总体目标及与其相联系的各个局部任务的可供选择的方案。(4)对可供选择的方案进行分析比较，选出最优方案。(5)组织实施各项工作。

　　20 世纪 70 年代西方还出现了一个"管理决策学派"。这派理论的核心就是主张"管理就是决策"。其代表人物是曾获诺贝尔经济学奖金的赫伯特·西蒙(Herbert Simon)。其理论要点主要有五个方面:(1)决策贯穿于管理的全过程。(2)决策过程包括 4 个阶段:一是搜集情况阶段,即搜集组织所处环境中有关经济、技术、社会各方面的信息以及组织内部的有关情况。二是拟定计划阶段,即在确定目标的基础上,依据所搜集到的信息,编制可能采取的行动方案。三选定计划阶段,即从可供选用的方案中选定一个行动方案。四是评价计划阶段,即在决策执行过程中,对过去所做的抉择进行评价。这四个阶段中的每一个阶段本身都是一个复杂的决策过程。(3)在决策标准上,用"令人满意"的准则代替"最优化"准则。以往的管理学家往往把人看成是以"绝对的理性"为指导,按最优化准则行动的理性人。西蒙认为事实上这是做不到的,应该用"管理人"假设代替"理性人"假设。这种"管理人"不考虑一切可能的复杂情况,只考虑与问题有关的情况,采用"令人满意"的决策准则,从而可以作出令人满意的决策。(4)一个组织的决策根据其活动是否反复出现可分为程序化决策和非程序决策。此外,根据决策条件,决策还可以分为肯定型决策、风险型决策和非肯定型决策,每一种决策所采用的方法和技术都是不同的。(5)一个组织中集权和分权的问题是和决策过程联系在一起的,有关整个组织的决策必须是集权的,而由于组织内决策过程本身的性质及个人认识能力有限,分权也是必需的。

　　与管理决策学派关系密切、又几乎齐名的是信息中心学派。其代表人物是李维特(H. J. Leavitt)、申农(Claude Shannou)和韦弗(Warren Weaver)。它认为:管理人员就是一个信息中心,其作用就是接收信息、贮存与发出信息;每一位管理人员的岗位犹如一台电话交换台。它还强调计算机技术在管理活动和决策中的应用,强调计算机科学同管理思想和行为的结合。大多数计算机科学家和决策理论家都赞成这个学派的观点。

　　现代西方决策理论中还有一派比较著名,此即系统管理理论。其代表人物是卡斯特(F. E. Kast)、罗森茨威克(J. E. Rosenzweig)和约翰逊(R. A. Johnson)等。这个理论强调全面分析和研究企业和其他组织的管理活动和管理过程,重视对组织结构和模式的分析,并建立起系统模型以便于分析。它的理论观点主要包括如下方面:(1)企业是由人、物资、机器和其他资源在一定目标下组成的一体化系统;其成长和发展同时受到这些组成要素的影响。在这些要素中,人是主动的,其他要素是被动的。(2)企业是一个由许多子系统组成的、开放的社会技术系统。企业是社会这个大系统中的一个子系统,它受到周围环境(顾客、竞争者、供货者、政府等)的影响,也同时影响环境。它只有在与环境的相互影响中才能达到动态平衡。在企业内部又包含五个子系统:一是目标和准则子系统,包括遵照社会的要求和准则,确定战略目标;二是技术子系统,包括为完成任务必需的机器、工具、程序、方法和专业知识;三社会心理子系统,包括个人行为和动机、地位和作用关系、组织成员的智力开发、领导方式,以及正式组织系统与非正式组织系统等;四是组织结构子系统,包括对组织及其任务进行合理划分和分配,协调他们的活动,并由组织图表、工作流程设计、职位和职责规定、章程与案例来说明,还涉及权力类型、信息沟通方式等问题;五是外界因素子系统,包括各种市场信息、人力与物力资源的获得,以及外界环境的反映与影响等。此外,还有一些子系统,如经营子系统、生产子系统,等等。这些子系统还可以继续分为更小的子系统。(3)用系统观来考察管理的基本职能,可提高组织的整体效率,使管理人员不至于只重视某些与自己有关的特殊职能而忽视了大目标以及自己在组织中的地位和作用。

第二节　领导决策的一般原理与模型

一、国外比较著名的一个决策模型

国外在兴起决策理论的同时,也出现了不少决策模型。其中一个比较著名的决策模型是领导者—参与模型(leader-participation model)。这个模型由维克多·弗罗姆(Victor Vroom)和菲利普·耶顿(Phillip Yetton)在1973年提出。这个模型基于领导环境视角和领导权变理论,把领导方式即决策方式同员工参与决策联系起来,根据员工参与决策程度的不同,提出了三类五种领导风格和决策方式:

(1)独裁AⅠ:你使用自己手头现有的资料独立解决问题或作出决策。

(2)独裁AⅡ:你从下属那里获得必要的信息,然后独自作出决策。在从下属那里获得信息时,你可以告诉或不告诉他们你的问题。在决策中下属的任务是向你提供必要信息而不是提出或评估可行性解决方案。

(3)磋商CⅠ:你与有关的下属进行个别讨论,获得他们的意见和建议。你所作出的决策可能受到或不受下属的影响。

(4)磋商CⅡ:你与下属们集体讨论有关问题,收集他们的意见和建议,然后你所作出的决策可能受到或不受到他们的影响。

(5)群体决策GⅡ:你与下属们集体讨论问题,你们一起提出和评估可行性方案,并试图获得一致的解决办法。

在这个模型中,弗罗姆认为:(1)有效的领导者应该以决策者有正确经验为基础,根据不同的环境来选择最为合适的领导风格。不存在对任何环境都适用的领导(决策)方式。但在某种相应的情境下,五种领导行为中的任何一种都是可行的和有效的。(2)各种类型的决策最终有效性都取决于决策者对决策质量、决策的可接受性以及决策耗时等因素的重视程度,同时也取决于采用不同的决策方法所获得最终结果的差别程度,因为决策方法本身是不会随环境变化的。(3)领导者在进行决策时,应当将精力集中在认识环境的性质和特征上,以便更好地针对环境要求选择领导方式和制定决策。

以上要点中充分显露出领导权变理论的实质,其核心是领导者可以通过改变下属参与决策的程度来体现自己的领导风格,所以这个模型又被称为"决策参与权变理论"(decision participation contingency theory),或被称作为"常规决策理论"(normative decision theory)。

为进一步分清基本环境和问题特征以构建规范模型,使领导者能够根据自己的条件正确认识所处环境的特性并有效地使用规范模型选择决策方式,弗罗姆用两类七个问题对决策环境进行了概括。这两类问题分别与决策质量和决策者掌握的决策所需信息有关;对于其中七个具体问题,决策者通过逐个作出"是"或"否"的回答,用"决策树"的方法,按照选择法则的逻辑程序,筛选出一个或若干个可行的决策方式。

为保证决策质量和决策的可接受性,弗罗姆还提出了七项基本法则:(1)信息法则。如果决策的质量很重要,而你又没有足够的信息或单独解决问题的专门知识,就不要采用AI方式。(2)目标合适法则。如果决策的质量很重要,而下属又不将组织目标当做大家的共同目标,就不要采用GⅡ方式。(3)非结构性工作问题法则。如果决策的质量是重要的,但你却缺乏足够的信息和专门知识独立地解决问题,而工作问题又是非结构性的,就排除采用AⅠ、AⅡ、CⅠ这三种方式。(4)接受性法则。如果下属对决策的接受是有效执行决策的关键,而由领导者单独作出的决策不一定能得到下属接受的话,就不要采取AⅠ、AⅡ方式。(5)冲突法则。如果决策的可接受性很重要,而领导者的个人决策不一定被下属接受,下属对于何种方案更适合可能抱有互相的看法。这时不要采取AⅠ、AⅡ、CⅠ方式。(6)公平合理法则。决策的质量并不重要,而决策的可接受性却是关键,这种情况下最好采用GⅡ方式。(7)可接受性优先法则:如果决策的可接受性是关键,专制决策又保证不了可接受性,而如果下属是值得信赖的,应采用GⅡ方式。

弗罗姆认为:对某一个特定的工作问题,如果应用这些基本法则进行选择,决策者可以得到一组可行的决策方式。在任何决策环境中,该模型均能满足决策者的要求,具有满意的实用效果。

二、决策的基本类型与基本形式

根据决策的根本特征和领导实践,可以发现整个领导行为存在两种基本倾向:一种是获取利益的倾向,另一种是分配利益的倾向。这两种倾向也基本上把领导行为划分成了两大类:一类是以获取利益为主要内容的领导行为,另一类是以利益处分为主要内容的领导行为。这就是说,以利益为轴心的领导行为根本上就分为这两大类。

因而,这就决定了作为领导行为第一环节的决策行为也同样分为两种基本类型:一类是以获取利益为主要取向的决策,这可叫做创业性决策,以开拓创造、团结齐心、谋事求成为主轴,以科学原理为主要手段(但也总是要依赖和运用有关艺术),以科学性为主要特质,形成决策并由此展开相应的领导活动。另一类是以利益处分为主要取向的决策,这可叫做分享性决策,以分配利益、守成保有、应付人事、协调关系、平衡利益为主轴,实际上只以经验原则为主要手段(常常也夹杂着运用科学手段),以艺术性为主要特质,形成决策并由此展开相应的领导活动。

这两类决策尽管都需要以智慧为绝对基础,但由于其目标取向存在极大的不同,因而其形式和特性也存在极大的区别,在现实操作难度及造成现实结果上也表现出极大的差异。

创业性决策由于是以获取利益为取向的领导行为,所以能够吸引有关力量共同行动;因此,获取利益就成为形成向心力和凝聚力的原动力。这种以获取利益为内容目标的决策有自己特定的表现形式,其形式目标主要是分工负责、共同进取、呼应配合、顾全大局、强调奉献、完成未来行动任务,其形式结果主要就是计划安排。这即是说,创业性决策在过程上表现为计划过程,在形式上表现为计划或计划方案。这里所要面对和处理的矛盾主要是来自外部的条件困难,内部的问题暂时不会居于主导地位。

分享性决策由于是以分配利益和配置资源为取向的领导行为,所以十分容易引起利益的失衡、矛盾和纠纷;因此,分配利益和配置资源就成为形成离心力和松散力的原动力。这种以利益得失为内容目标的决策也有自己的特定表现形式,其形式目标主要是根据阶级阶层和权力地位进行相应不同比例利益配置的未来行动方案即利益处分方案,其形式结果主要就是政策。这即说,分享性决策在过程上表现为政策制定过程,在形式上就表现为政策或政策方案。这里所要面对和处理的矛盾则主要是来自内部的人际困难,外部问题已经极大弱化,内部问题已经居于主导地位。

这就是说,其他所有决策都不过是这两种决策类型的衍生或以另一种面貌存在的特殊形态。不管是私营部门还是公共部门,不管是家庭组织还是经济组织或者政治组织,其领导主体的决策均不过是创业性决策和分享性决策这两大类,其决策形式均不过是计划和政策这两大类。当然,其决策的基本性质也是相同的,即都是未来行动方案及其制定。这也说明,计划和政策亦均可同时归结于决策,均有同样的决策原理作基础,有同样的决策技术作手段,亦即均有领导科学和艺术在其中发挥作用,只是该作用程度乃至作用方式存在不同而已。

从领导活动的实践看,决策就必定产生计划或政策,而计划和政策就必定是领导决策的结果。不可想象,领导决策不会是计划制定或政策制定,计划制定或政策制定过程不会是领导决策过程,计划或政策不会是领导决策的直接产品。

当然,这里应该明确,这两者中所能有的区别就是领导主体的性质、内容、特点、地位、作用等方面存在大的不同,而且在决策上,亦即在计划制定或政策制定上,在计划或政策的性质、内容、作用、特点和范围上存在不同。不可否认,即使是企业厂长在作出关于发展性或建设性的创业决策时也是在作计划,而在作出关于分享利益的决策时则也是在制订政策,只不过是企业的计划、企业的政策而已。

在已有的实际研究中,有人把计划只界定在管理的层面上,也有人把政策只界定在政府活动的层面上,而且都不把这两者归结为决策。这在学术自由上当然是无可厚非的;但是从科学的角度看,这就存在一定的局限了。因此,从计划和政策本来意义上对其作出客观、一般的研究是非常必要和重要的事情;事实上,也是完全可以在这个一般研究的基础上纵深研究和学习作为分支学科的决策领域两个方面,即在于管理的计划和在于行政的政策。显然这是意指任何群体或组织均存在计划和政策这两种基本的决策范畴。

三、决策的具体构成及其内在关系

根据国内外关于领导决策的研究成果,可以从多个角度看待领导决策,系统地得出一系列具体的决策类型,进而透彻地把握整个决策构成。

（1）从领导层次的角度看,决策分为高层决策、中层决策和基层决策。

（2）从覆盖范围的角度看,决策分为宏观决策、中观决策和微观决策。

（3）从运作规模的角度看,决策分为战略决策、战役决策和战术决策。

（4）从时间方式的角度看,决策分为传统决策和现代决策。

（5）从科学标准的角度看,决策分为科学决策、经验决策和非科学决策。

（6）从内在把握的角度看,决策分为理性决策和非理性决策。

（7）从工作态度的角度看,决策分为严谨型决策、随意性决策和不负责任决策。

（8）从覆盖内容的角度看，决策分为专项性决策和综合性决策。

（9）从目标取向的角度看，决策分为单目标决策和多目标决策。

（10）从创造含量的角度看，决策分为常规性决策和非常规性决策。

（11）从操作的角度看，决策分为确定型决策、非确定型决策、风险型决策和竞争型决策。

（12）从实现程度的角度看，决策分为超优决策、最佳决策、满意决策和次决策。

（13）从效用范围的角度看，决策分为行业决策、专业决策、外勤决策和内务决策。

（14）从系统过程的角度看，决策分为初始决策、执行决策、监控决策、协调决策、追踪决策和补救决策。

（15）从作用领域的角度看，决策分为政治决策、行政决策、法制决策、军事决策、安全决策、外交决策、经济决策、人口决策、环境决策、生活决策、社会决策、文化决策、科技决策、教育决策、历史决策和国际化决策。

上述决策种类确实非常多样。而这其实就是在不同审度视角下出现的不同具体决策，分别适合于相应情况下的具体领导活动情境和需要。这些不同的具体决策构成了一个庞大的决策体系。这个体系反映了领导决策的实际构成状况。另外，上述各种具体的决策也都可以分别归结为创业性决策和分享性决策这两种基本决策类型。也就是说，这两种基本决策类型实际上是其他所有决策种类在性质上的基本形式，实质性地贯串于所有决策类型之中。这样也就构成了一个完整的决策类型体系。

可以说，以上不同的决策类型实际上是对抽象的决策整体从不同的角度进行的理论解剖。这种解剖在理论上呈现出了决策的不同具体组成部分，可以使人一目了然地把握决策整体，非常方便于了解各组成部分的独立性和相互关系，有利于更深层次地揭示决策行为和决策现象中所包含的内在规律，进而有利于推动决策科学化，提高决策质量和水平。

从决策研究和决策实践看，决策随领导情境变化而变化，并因此而出现质和形上的不同。每种实际情况都可能导致或形成新的相对独立的决策类型。不过，具体的决策实践及其类型无论如何变化，都可以归结到前述某种决策模型上；换言之，任何具体的决策实践都有一个相应的决策模型在直接参与。另外，决策整体的这些具体组成部分一方面具有各自相对的独立性，另一方面也有相互之间的一般内在联系和特殊内在联系。这些独立性和内在关系是一个非常博大精深的研究领域，需要单独纵深研究，在此只能对部分主要问题进行简要描述。

1. 前述第一至第三种角度是相互重合的，实际上都显透出层次上的特征。按三类角度划分出的决策应该是基本对应的。但在领导实践中却不完全这样，而是在不同领导层次之间存在不同层次的决策，两者有着相互交叉的关系。这类决策称为层次类决策。

譬如，高层决策仅仅作为高层领导行为时，就有可能使决策触角伸向中层领导领域，甚至基层领导领域，而作出中现决策乃至微观决策。中央领导在对全国全局性大事作出决策即宏观决策的同时，也作出诸如大企业合并这样的中观决策，也作出诸如针对某一具体单位某一具体重大问题直接提出非常具体的权威意见的微观决策。

同样，由于所管辖的范围实际上比高层的某一部门还更综合更全面，如一个乡就比行政机关的一个普通处具有更广泛更实际的领导面、领导权力权威、领导职能职责和领导影响结果,这就决定了领导主体也必然要对本领导范围、在本权阈内的重大事情和长远发展作出决策,而这些决策就不仅限于最低层次的决策了。所以,在基层领导中也存在宏观决策、中观决策或者战略决策和战役决策。因而,不同层次决策的原理也就必须为所有决策者所掌握。

2. 第四至第七种角度实际相同,即都以价值判断为特征,都是对决策的适用性、有效性和科学性进行价值上的判断。这一层面上的各种决策在方式上和价值标准下内在地相互通连。这类价值判断明显的决策可以称为价值判断类决策。

传统决策同经验决策直接相关,实际是以经验决策为主要内容。而经验决策又常常是随意性决策、非科学决策和非理性决策,科学决策和理性决策的实际比例比较小;而不负责任决策就常常成为主要的决策情形。所以,传统决策实际上是统括了这些被认为不良的决策——它们也可以被认为是传统决策和经验决策的分支或构成。

当然,传统决策和经验决策并非一无是处,其中也有许多仍然有用,甚至不可取代的决策实用价值即具有民族色彩的决策艺术,包括决策思维和决策智慧,应该说是一种科学内核。对此,可以也应该继承和发扬光大,有助于保持和提高领导的决策质量与决策水平。

现代决策同科学决策直接相关,实际是以科学决策为主要内容。科学决策充满民主精神和科学精神,包含和代表了理性决策和严谨型决策,也不排除吸收经验决策中的科学成分。所以,现代决策实际上就是指科学决策,是现代领导工作的核心,是现代领导过程的最关键环节。基于现代领导的实践需要,所探决策只能是科学决策。

3. 前述第八至第十二种角度也是同类性质的角度,主要反映决策在具体操作上的科学性技术性特征。所谓科学决策,其具体就体现在这些决策类型上。这些决策类型的科学含量和技术含量都很高,具体地体现出现代决策的科学技术内核,包括数理统计、运筹学、预测学等方面的决策技术。这类决策也可以称为技术类决策。

专项性决策和综合性决策,单目标决策和多目标决策,常规性决策和非常规性决策,超优决策、最佳决策、满意决策和次决策,确定型决策、非确定型决策、风险型决策和竞争型决策等,都是决策技术含量和科学含量很高的具体决策,是科学决策的具体所在和具体代表。没有这些决策,或者没有在这些决策上过关,科学决策就只能是空谈。科学决策的实际内容或具体内容就在于这些决策。

4. 前述第十三到第十五种角度也是同一类角度,以领导职能职责为内在的共同特征。充分体现领导职能职责的决策能够从根本上说明领导决策的具体性质。这些决策就是为了履行,也专门适合于履行一定领导范围内专门领域和专门阶段的领导职能职责而进行的具体决策。这类决策可以称为职能性决策。

实际上这样的决策也反映了领导的实际内容或决策的实际内容,可以更好地理解层次类决策和价值判断类决策;尤其是可以更好地理解基本决策类型即创业性决策和分享性决策,可以更好地理解出自领导决策的计划和政策。

在现实中,在科学研究的视野里,通常把第三大类决策作为主要研究方向,即强调和突出现代决策或科学决策的研究和实践,并由此用决策的科学原理将所有决策类型贯通起来。

四、决策的理论模型与技术模型

（一）方式性决策模型

决策模型就是决策的基本方式。自有领导活动以来，领导者决策的基本方式不计其数，但是就至今仍活跃在领导实践中的决策基本方式来看，则主要有如下诸种：

1. 科学决策模型

科学决策模型，也称为理性决策模型，强调完全的理性原则。它是现代决策中最常用、最主要的理想模式，是现代领导运用得最多的决策工具。它包括科学程序和科学方法技术两部分内容，是操作性很强的决策实践工具。

2. 超理性决策模型

超理性决策模型是不顾是否合理或者合理程度有多大而进行决策的基本方式，是一种可能有很大的随意性而不一定可靠，但却也可能有很高艺术性而极为高超巧妙地解决问题的决策模型。这种模式产生的决策结果可能是合理的，也可能是不合理的。在现实中，领导者面对的领导容体常常是超理性的，因而常常需要采取这种模式进行决策。这样才能使以决策为核心的领导活动适应特定的领导环境和领导对象。

3. 顺序决策模型

顺序决策模型是一种等待决策条件成熟而后进行决策的基本方式。其含义是：当意见不一致或材料不充分时，以包容的办法暂时肯定各种决策的可能性，等到意见较为一致、材料很充分、有了新的认识时再行抉择，最后完成决策。

4. 渐进决策模型

渐进决策模型是一种稳妥、稳健、严谨的决策模型。它只确定适度的未来行动目标，避免或反对把很远很高的未来行动目标拿来充当近期或当前的决策目标，旨在使决策目标水平适度，使拥护和执行决策者（主要是领导对象）不会有超现实的目标压力，能够适应这种适度目标的压力，从而能更好地完成决策任务、实现决策目标。这种决策模型十分强调照顾领导客体的心理承受能力而把有相当高度的决策目标分解成多个逐级上升的分目标，追求逐步实现最终目标。这种模式有稳定人心、不挫伤积极性的好处，但是也有拖拉散漫以至虎头蛇尾、不了了之的弊端。

5. 突进决策模型

突进决策模型，也叫突变决策模型，是一种不计困难、不顾心理承受能力而一锤定音或一步达标的决策模型。它强调决策的高目标水平及其超一般现实承受力，追求决策的最大效果和效应，突出决策的果断性、强力性和实效性，把未来的理想目标变成近期内就要实现的现实目标，以重新设计未来、并以之替换现状为基本特征，拍板决定后雷厉风行地予以实施。这种决策模型具有惊天动地、轰轰烈烈、翻天覆地的现实反应，有一步到位、创造奇迹的功效，但也有造成剧烈震动、脱离实际、后果严重的危险。

6. 未来牵引决策模型

未来牵引决策模型是一种顺应潮流、借力（借潮流之力）进行决策的基本方式。其具体含义是：在由领导环境直接造就的决策环境中，领导者凭其直觉和洞察力发现、抓住并借助环境中存在的理想感召力、未来目标吸引力和由此构成的使领导客体自觉不自觉趋之而动的未来牵引力，及时而高明地进行决策。

7. 历史决策模型

历史决策模型是一种逻辑推演的决策模型。它一般强调根据过去、现在、未来相互之间的逻辑关系，推论出有关可能，并由此而作出决策。

8. 比较决策模型

比较决策模型是一种根据时空上的现实对比进行决策的基本方式。它主要指领导者往往对不同群体或组织乃至社会进行不同的比较，也对它们所处不同历史阶段的情况进行比较，然后胸有成竹地进行决策。

9. 直观决策模型

直观决策模型是一种创造性很高的决策模型。它主要指领导者根据已有的经验知识和大量的各种现实材料，对目前和未来所要解决的问题、所要满足的期望进行形象地解释、表征、模拟、确定，并由此形成决策构思、决策决心和决策行动。

10. 超优决策模型

超优决策模型是由美国政策科学家斯图亚特·内格尔首先提出的一种双赢决策模型，特别适用于利益平衡和两难状态下的决策需要。它特别强调不能按传统的单方面思维去考虑利益，不能以单方面的利益最大化为抉择标准，而要超越利益双方的自我局限，找到一个最有利于双方的平衡点，使双方都能得到在现有条件下的最大利益。这不同于通常说的最佳决策——最佳决策只是从如何能够使单方面获得最大利益的角度进行的一种决策。

11. 无为决策模型

无为决策模型是一种不决策的决策模型，是在现实中使用得最多的模式之一。领导者往往对一些事情不作决策，采取等待、观望、听任、自然解决、自动生效、保持平稳的做法，似乎消极无为，实际也是一种有效决策。从积极角度看，有些欲擒故纵、艺术高超的色彩；但从消极看，这种决策则容易培育和掩护官僚主义。

12. 综合决策模型

综合决策模型是由埃特奥尼首先提出的决策模型，也叫综合观察决策模型。它强调先运用渐进模式，而后运用科学决策模型，最后把运用这些模式所产生的结果综合起来，进行更全面更稳妥更高效的决策。

13. 权变决策模型

权变决策模型是由美国心理学家弗罗姆和耶顿于20世纪70年代首先提出的一种决策模型。它强调要紧随情况的发展变化，不失时机地因时、因地、因人、因事迅速做出反应，根据当前的情境特性和决策问题的特性采取不同方法果断决策。这将首先从决策应变水平上保证决策的有效性和及时性。

14. 模糊决策模型

模糊决策模型是针对决策情境和决策问题的边界不确定性、交叉性、重合性、瞬时变异性和不确定性等模糊特性的一种决策方式。它强调根据这些模糊特征对决策进行模糊技术处理,主动表现得折中妥协、模棱两可、故意糊涂,使决策由此获得较大的机动性和灵活性,该精确时即精确,该模糊时就模糊,该原则时就原则,该退让时就退让,可以使领导活动获得较大的成功。

以上不同决策模型使领导者在面对不同决策场合和决策任务时能够灵活、及时地完成决策工作。这些决策模型将通过领导者的决策活动直接产生一系列各种不同的具体决策,直接形成决策的具体构成。

(二)技术性决策模型

技术性决策模型是运用大量数理知识与技能,特别是运筹技术与统计技术等工具建立起来的精准决策技术系统。对于规律性明显的决策问题和情况,它能够建立技术模型来首先进行基本的技术处理,然后找到最佳的解,即理想的决策方案。

在大量的决策实践中,这类模型有很多,具体包括:(1)连续性模型和离散性模型;(2)描述性模型和指示性模型;(3)确定性模型和不确定性模型;(4)物理模型、思维模型和混合模型;(5)宏观模型和微观模型;(6)静态模型和动态模型;等等。

但是,在实际的活动过程中,这些技术性模型则主要有如下四种:

第一,形象模型。它把现实物体的尺寸加以缩小或放大的改变,使经过模型处理的事物看起来和实际的东西基本相似。

第二,图表模型。它以最少的文字、简明的数字和直观的线条,形象地表现出系统的本质和规律。

第三,模拟模型。它主要是利用某一种系统取代或近似描述所要研究的系统。

第四,数学模型。它主要是运用数学方法去描述系统变量之间的相互作用和因果关系,通过揭示数量之间的内在关系和规律来精确地反映系统的真实状况和本质;具体分为线性模型和非线性模型。这是使用得最多最广的模型。

技术性模型的特征主要有:(1)是对实体的抽象或模仿;(2)由与分析系统相关的主要因素构成;(3)能集中表明这些主要因素之间的关系;(4)能有效反映被描摹事物或决策对象所蕴涵的关系和规律;(5)多次反复使用或运作而效果相同,可以验证,科学性极其充分、鲜明;(6)在决策过程中成为决策信息的科学处理器,为决策提供科学处理结果或决策参考;(7)最终目的是要帮助决策者科学地形成最优化的决策方案。

五、领导决策的一般原理和基本模型

对于联动决策的一般原理和基本模型,不同领导学者、管理学者、决策专家和决策咨询机构都有各自的见解和主张,特别是决策过程的环节和阶段有着不同的理解和划分(参见下一部分"国外决策理论与模型")。其中,有些是探索性,甚至理想性的,不一定具有充分的科学性和可行性;有些科学性强些,但不够完整,甚至合理性、现实性和可行性也不完全充分。但是,这些前期成果却足以为更富科学精髓的决策构成提炼提供了一个广阔的视野和参照,更提供了一个决策探索应在科学性、完整性方面更上一层楼的压力、基础和可能。

根据这些既有的决策理论成果,特别是中外决策实践的各种模式和大量经验可以发现,成功决策实践都有许多相同的做法。这些做法在式样上是通同的、通用的、一般的和常态的;在特性上则都是科学(结构化和程序化)的、理性(务实而合理)的、艺术(变通而智慧)的和有效的;在内容上则一般都包含了七个基本部分,即发现问题、确定目标、拟定方案、抉择决断、试点试验、颁布实施和追踪决策。

　　其实,这七个部分的不同做法就是决策的七个环节、七个阶段和七个步骤。第一环节提出问题,以调查研究为基础、为主要内容,属于决策的前期工作和基础工作,所以叫做前期决策环节。而确认目标、拟定方案和抉择决断等环节都是在第一环节基础上先后进行的中间决策过程,所以叫做中间决策环节。至于试点试验、颁布实施这两个环节则是领导谨慎行事和用权履责的决策结口行动,所以叫做结口决策环节。第七环节追踪决策,重在进行决策实践的审视、评估、反馈、修正与调整,对前面每个环节乃至整个决策行动整体都做紧密、即时的交叉互动,所以又叫做交叉决策环节。

　　从内在关系上看,这七个决策环节和决策步骤其实是一个有机整体,不仅前后联动、依次推进、有序展开、紧密关联在一起,而且在正常情况下不可疏漏或残缺任一环节或步骤。就是这样的有机整体构成了完整、规范的决策程序和决策过程。但从形态上看,这样的决策程序就是科学、常态的基本决策程序;而这两个基本的决策形态则又共同构成常规的基本决策模型,具体见图5.1。

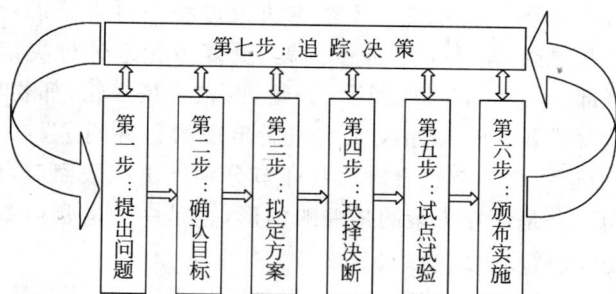

图 5.1　基本决策模型(常规决策模型)

　　这个模型显示,这七步总体上是一个不断行动和作为的决策循环。从第一步到第六步都是依次单向推进的,一般是不可逆、互动少,主要是先后联动。第七步与前六步则不是单向推进的关系,虽然是发生在整个决策的最后过程,但却是处在统关全局的顶部,对已发生的六步随时进行紧密的互动和联动,正常情况下是对现有决策各环节的活动和结果或结论进行科学审视和实践修正,由此确保决策能够最大限度地正确和完善。当实际情况发生很大变化而既有六步及其结果与之已严重不符,也无以调整修正的时候,或者当实际情况发生根本变化,而原有决策已经不适用亦即过时的时候,第七步就可以,也必须终止活动,而进入下一个决策循环,或者就原议题、在原领域开始换角度的新一轮决策,或者就新议题、在新领域开始新的决策。这个决策模型中的各个环节、各个步骤一般就是这样的相互关联和运作运行,构成了常规状态下领导决策的内在运行机制。这个运行机制反映了领导决策的一般规律。

　　一般而言,科学而成功的常规决策都必然包含这七个环节和阶段,都必须走这七个步骤和程序;既不知、也不按这些做法来开展决策活动,在正常情况下都可以归结为"乱弹琴",不仅容易失败,而且容易直接引起混乱、不满、矛盾和危机。很明显,决策实际是一个多环节、结构化、程序化、科学严谨和事关重大的领导活动。

事实上,领导决策过程都是从提出问题开始的;其主线是通过调查研究来发现或者抓住主要问题及其实质,其核心是完成价值判断、明是非、抓问题。在此基础上,经过分析,确定当前所要解决的问题点或问题面,此即确定决策目标、提出工作任务。紧接着,就是要考虑拿出具有高度针对性、实效性和可行性的多个解决思路与办法,此即拟定解决方案,实质就是拟计划、找途径、出点子,还特别包括确定决策标准和论证待选方案两部分。然后,就是要在多种可行方案中进行比较、权衡和挑选,选出更合理的方案作为最后的行动选择,此即做出抉择、进行决断,实质就拿主意。至此,领导的决定就已经出来了,既然如此,那就意味着到了该颁布实施领导决定的时刻或时候了,该发出指令、布置工作、付诸实施了。然而,由于领导是一种很特殊的权力行动,牵一发而动全身,因此在颁布实施之前往往还会、也必须有一个试点试验的过程,而且决策越是重大,这一步就越是必不可少。就这样,这六个环节构成了一个产生决策产品并交付实施的决策主体过程。

然而,领导与管理的实践一再表明,在这六环节以外,还有一个跨环节的环节,那就是"追踪决策"。通常情况是,当决策颁布实施之后,这一环节就开始了,而且还可能因为问题的复杂而导致这六个环节或者说一个基本决策过程一再重复进行。这也就是说,领导有可能围绕一个非常复杂、重大的事务或问题,反复多轮地进行决策,直到把问题彻底成功解决为止。而这部分的决策活动无论是一轮、两轮还是多轮,都要靠这个追踪决策来保证实施。追踪决策就是要针对初始决策实施后出现的各种问题,对正在进行的这六个环节分别进行反馈,而这六个环节也会对这些环节分别做出积极回应,由此就产生了高密度的内行性决策互动。这是领导决策的最一般情形,也是一种通常而基本的决策机制,实际就是一般决策模型,或通用决策模式。

由上可知,原来决策机制各环节已经完全涵盖了领导者明是非、抓问题、定目标、提任务、拟计划、找途径、出点子、拿主意和发指令等各项活动。换言之,领导的这些决策活动都可以分别归结于、事实上本来就已经属于决策机制中的某一个环节。

不过,从决策内容看,还可以发现,有一种东西流动并穿过整个决策机制,而这个东西就是信息。从决策开始到决策结束,一直都贯穿着、充盈着决策信息。决策信息从一开始表现为问题和主观意愿等的原始材料或曰决策生料;一旦经过各个决策环境或步骤之后,就变成了一种新的决策信息即决策产品或曰决策成品。因而可以说,决策其实就是信息输入、信息加工处理、信息生产创新和信息输出的信息过程。

就领导决策实践看,正是在这样的信息过程中,加入了来自领导环境的决策信息,也同时加入了领导者和利益各方的价值观、需要、诉求、目标要求、任务约束、原则约束、精神意志、经验知识和智力运作等要素;这些要素混合在一起,最后形成新的信息即决策结果,构成决策产出。因此可以说,领导决策实质就是输入和加工主客观信息、酿熟并产出凝结领导意志、具有权威效用的新信息的信息处理与创造过程。其最大特点是信息流变;原始信息输入并经过决策机制之后,就会产生出性质不同、内涵不同、价值不同、作用不同但都事关重大的新信息。

如果将这样的信息过程从构成上加以把握的话，那么就可以离析出与决策环节对应并涵盖之的四个信息环节：(1)决策信息的获取与输入，涵盖了一个前期决策环节，即以调查研究为基础的提出问题；(2)决策信息的确认与处理，涵盖了三个中间决策环节，即确认目标、拟定方案和抉择决断；(3)决策信息的验证与颁行，涵盖了两个结口决策环节，即试点试验和颁布实施；(4)决策信息的反馈与调整，涵盖了一个交叉决策环节，即追踪决策。

第三节　形成决策力的前期决策要略

一、确定问题

领导主体展开工作所要做的第一件事就是要知道该干什么。要知道该干什么，就是要确定工作问题。在不了解工作问题的情况下，领导主体是无法做什么的，也就不会有什么作为。显然，领导工作的第一步就是要确定问题，而这也正是领导决策的第一环节。这个环节就是完成在领导活动中经常提到的"发现问题和提出问题"的任务，即要确定决策问题。这些问题是领导主体的第一个决策之源，也是决策函数中的第一个决策变量。

（一）考察决策环境，收集问题信息

领导主体为完成领导职能职责，在就任之始就以当家人的身份来考察所做的工作及其所处的实际环境了。领导主体最应该关心的就是决策问题的如下基本层面：

一是所做的工作是什么性质，有什么特点，有什么实质性内容，有什么背景和条件，有什么问题和压力。

二是所领导的人是什么样的；有什么样的面貌、关系、特点、愿望、需要、意见、优点和不足，还存在什么困难、问题需要加以解决。

三是所处具体环境有什么特点，对领导工作有什么要求、有什么影响和阻碍，有什么难题和压力，还存在什么需要领导出面加以解决的问题等情况。

四是在整个领导体系中自身处于什么位置和状态，应该有什么样的具体准则、要求、规范或标准，已经有什么样的来自高层和法律的领导指针和要求，当前处在逆境还是顺境、为什么，要开展工作实际还缺乏什么、还面临什么困难和挑战。

五是所在的组织群体本身质量如何，有何特点，存在什么矛盾、困难和问题，面临什么紧迫问题，可能有、应该有什么样的发展前景等。

上述这些问题信息是最实际最具体的领导工作启动信息。缺乏它们，领导工作将无从做起，决策过程也不能起步。透过上述问题充分掌握了各方面真实信息，就能真正熟悉和把握决策条件而做到心中有数，就能真正踏实、科学地进行决策并展开随后一系列的领导工作了。

总之，领导主体应该极其敏锐地意识和觉察决策环境或整个领导环境中存在的各种问题，广泛、深入地考察决策环境，在真正实施领导之前做好扎实的调查研究工作，尽可能多、广、细地收集各方面实质性的问题信息，摸清存在的大部分问题和工作的主要脉络，为领导工作提供实实在在的现实工作基础。

（二）把握问题情况，掌握用好材料

第一，调查研究。这里要求，要带着探寻问题的明确目的，展开系统的调查研究。为此，在实践中要注意如下两个要点：

一是迅速掌握各种具体的相关资料和数据以及尽可能多的相关信息。首先，可以运用诸如访问法、座谈法、观察法、体会法、反证法、测验法、问卷法、抽样调查法、个案法、统计法等方法，直接收集第一手材料；其中包括所有问题的历史背景、形势条件和当前状况，也包括是否存在竞争对手或敌手以及他们的所有情况；等等。其次，可以运用资料法、文献法、翻译法、新闻媒体等许多方法直接收集有用的第二手材料。最后，把这些情况系统地分类、积累、建档备用。

二是要最充分地利用这些材料、数据和各种有用信息。首先，要深入到这些材料信息之中，寻找与决策问题密切相关的各种有用的具体信息，并适当地进行微观归类，对每一类信息都大致地确定其性质、特点、价值和效用倾向。其次，要从这些耕耘备熟的资料、数据和信息中具体地提炼出与决策问题直接相关的观点、论据，并且界定这些情况可以在解决问题的什么时候、什么场合适用，如何能够支持决策、哪些是最有效最有力的佐证和支持等。再次，要根据对问题的初步思考和倾向，审度现有的资料、数据和信息是否还有不足或者欠缺，并迅速着手加以弥补。最后，要在研究资料、数据和有关信息的同时，逐步加深对决策问题的理解和把握，使得材料信息与决策问题保持有机的联系和同步的研究；待到研究完毕时，对于问题的看法和处理意见已基本成熟了，已能做到心中有数、从容自信了。

第二，经验估计。经验是对现实生活的长期观察、体验、认知、总结的结果，是行之有效的直接知识和技能；尽管其中掺杂了大量非科学的主观成分，但是也同样包含了大量的科学成分，特别是直接反映了现实中人们的行为规则、心理状态等这些关于人的行为逻辑、心理规律和行动规律，是真实、实际的而非书本上所能得来的知识。

经验丰富可以对现实生活中出现的问题进行基本的推论和主观预测，有时仅凭直觉就能够把问题和情况看准看透，把所要决策的问题的实质抓准抓实，能够较好地把握住事物发展的走势、可能发生的各种情况和运动变化实质；进而走在事物发展的前头，确保决策和整个领导活动的高明和主动。

这种经验实际上是一种潜力和智慧的表现，在决策和整个领导过程中都表现为高超的决策艺术和领导艺术。任何一位领导者或决策者都要适当地发挥自身的这种潜能，以便提高决策的水平和质量。这是对前述科学的调查研究所作的必要补充。不过，这一点不能滥用，不能只凭这种经验估计吃饭，否则就会出现大问题大失误。

第三，科学预测。这一步是为解决已经发现或提出的主要问题而提供直接相关的重要信息，为具体地确定决策目标和解决方案提供科学素材。

科学预测是完全在调查研究的基础上对局势与未来所进行的一种现代把握。这是一个非常有用的微观决策步骤，是对经验估计的一种科学验证和补充，而且还能直接提供有力的决策参考意见。借助预测，领导主体将始终站在解决问题的最前沿。没有这一步，决策就会有极大的盲目性，领导工作将会严重缺乏预见性和针对性。要成功地完成这一步，

就要借助有关专家、有关智囊进行科学预测。

一般地说,科学预测即根据事物自身固有的规律和节奏,利用调查研究得来的真实资料和有效信息,运用科学预测的方法手段,以概率的形式比较准确地反映事物的现实状况和未来可能。特别是与领导主体最关心的问题直接相关的情况会有什么必然的变化、在假定进行处理的框架内会出现什么样的危难等情况,为领导主体决策提供可信的数据和决策信息,提供"兵牌"和"王牌",帮助决策者打开视野、树立信心,使之在随后的决策过程和整个领导过程中心中有数、敢于打"牌",直接带给决策者作出决策的科学依据和决心勇气。

(三)诊断问题,全面掌握问题

面对大量的问题信息,要从决策需要的角度,从整个领导工作需要的角度,对这些信息加以判断、界定、整理、分类和筛选,进行细致深入的加工处理,建立一个完整的决策信息和决策问题系统。这里主要有如下四个方面的工作要点:

第一,诊断问题。这是要对已经收集到手的现实问题信息进行价值过滤和科学过滤。判断不同问题信息的不同性质、分量、类别、原因、根源、症结、重要性和可能性。这就需要进行大量的科学研究,确认问题的实质、本原和面貌。

第二,提炼问题。这是要在已经弄明白问题信息的基础上对主要的问题、重要的问题、紧急的问题和尖锐的问题加以概括、提炼,同时还要确定主要问题的主要方面。此外,还要善于不断发现一些新问题,透视问题的深层次内在关系和潜在信息,分离出大小主次各类不同的具体问题;最后对问题加以权威的确定,并送入目标确定阶段。

第三,建立问题系统。这是要在问题清楚的基础上建立一个完整的领导工作问题系统。这个系统也是决策所要处理的所有现实问题的基本框架。可以说,这些现实问题只要存在,不管如何变化,均能直接构成决策问题系统,直接构成领导决策的问题库,也均构成领导主体提出工作目标和任务的现实源泉和决策源泉。一般地说,这些问题均可按如下两类基本标准加以归类和构建成方便于领导工作和决策活动的现实问题体系:第一类是获取利益与分配利益两个标准;第二类是人和事两个标准。这两类标准都是同领导二字最密切相关的实质性标准;由此构建起来的问题体系才能切合领导工作及决策的实际。

第四,弄清问题关系。既然工作问题已经确定,那么就要弄清楚问题与问题之间的相关的关系和有关情况。这些情况就是决策相关情况。应该说,所把握的这些情况就是领导的第二个决策之源,是决策函数中的第二个决策变量。而把握这些情况实质上正是"知己知彼"。为此,要做好以下三点工作:(1)要把握住同解决这些问题密切相关的最直接情况,包括问题的性质、类别、现状、基础、背景、条件、变化、发展趋势和各种现实可能。(2)要了解清楚领导主体自身与此相关的各种因素,包括适应性、条件、能力、智慧、处理该问题的各种力量和基础。(3)要充分了解本组织及各成员的所有相关情况,尤其是愿望、情绪、倾向、需要、心态、能力和其他各种素质构成,以及资源储备包括决策系统支持、关系支持、物质支持、时机成熟与否、形势与环境等等各种具体的客观条件。

以上四步构成确定决策问题的完整环节。特别需要强调的是,这整个环节都是一个必须由领导主体自己来完成的调查研究活动。这个调查研究非常重要而复杂,是整个领导工作的初始起步。没有调查研究就不能完成这个环节的工作。低质量的或缺乏深度的调查研究都不能真实地反映现实问题，其内容就不会是充实的、实际的和真实的，而只能是肤浅的、空洞的，甚至是哗众取宠的。这就不利于科学决策，不利于领导工作。

二、确定目标

（一）及时做好目标确定工作

在问题明确、情况清楚的基础上，就应该考虑选择合适、可行的工作目标了。这时应考虑朝什么方向走、到什么地方去、找什么事情做、具体要解决什么问题、怎么从根本上解决问题等。这是领导主体最重要的核心工作之一，是最重要的科学决策环节之一。从纯领导过程看，这是领导主体在领导工作中把关掌舵的事情，是只有领导主体自己才能完成的工作。

从组织行为界定下的功能定位上看，目标是指在一定环境条件下解决问题要达到的结果和目的。目标具有定向、定时、定量的特点，本身是一种激励。但是并非所有的目标都会产生良好的导向激励作用，只有那些内容科学，具有一定的挑战性，形式简明、内容集中、能成为下属自己目标的总目标，才能真正具有导向、激励作用。这里要求，不仅要确保静态性目标正确——在制定之初即确保正确，而且还要确保动态性目标正确——要注意根据环境、形势和条件的变化随时进行检测、调整和修正。

确定目标不单单是为了决策的需要，更重要的是为所代表所领导的群体或组织乃至整个社会提出目标、指明方向，为所属整个领导主客体提出明确具体的目标和方向。这些目标常常被称为群体目标、组织目标或社会目标，实际上就是领导主客体的共同前进方向，是大家要努力为之奋斗的共同目标，是具有权威性合法性的集体行动总依据，也是协调大家行动、凝聚群体人心的精神标的和旗帜。

这就是说，在这里领导者要确定作为领导工作所要处理的问题，并根据所掌握的相关决策情况在目标层次上拿出一个处方，作出先决性的处理即在目标方向上首先作出抉择。显然，这个环节正是决定将要把一个群体或组织乃至一个社会引向什么方向、带到什么地方的重大决策。这一步本身就是决策，是一种确定方向的决策。这比拿出具体的行动方案还更重要，还更为关键。

事实上，领导主体的决定地位和权威地位就集中表现在这里。高明的或者称职的领导主体或决策者都是在这一步狠下工夫的。要很好地完成这一步，最重要的是要有思想、有创见，有十分明确、清晰、坚定、牢固的方向感。

（二）确定决策的目标体系

领导主体所要确定的目标主要分为三大类：一类是以获取利益为基本内容的进取性目标；二类是以利益处分为基本内容的分享性目标；三类是兼有获取利益和分配利益的目标，可以称为综合性目标。在这样的目标下，还有各种具体不同的目标。这就在理论上构成领导决策的现实目标体系，为领导主体确定自己的目标体系作了准备。

领导主体对于所面临的具体问题和所掌握的具体情况，要反复进行比较、研究，要深入地分析每一种问题及其相互关系。然后,根据一定的价值标准、主要是目标的合理性和准确性对这些即将确立为目标的问题进行判断,确定哪些是当前和未来领导工作可能和必须确立的目标,这些目标就是可能目标和绝对目标。最后,把这些不同的目标按照一定的逻辑关系,特别是问题本身的内在联系进行组合、排序,并由此构成一个完整的目标体系。这个体系实际上就是领导主体未来行动所要面对和解决的问题框架。

由于任何领导活动都要特定的领导目标,所以领导目标必然丰富多样,并可按照不同标准进行分类。

按领导领域划分,领导目标可以分为经济领导目标、行政领导目标、科技领导目标、教育领导目标、组织人事目标、社会管理目标等。

按领导职能划分,可以分为决策目标、计划目标、组织目标、协调目标等。上述各种领导职能目标,从领导活动的过程来看,它们是一致的。只是在领导活动过程中,各项领导职能目标的侧重点是不同的。

按领导层次划分,可以分为高层领导目标、中层领导目标和基层领导目标。这种领导目标的划分是相对的。如从全国范围来看,国家领导目标是高层领导目标,省级领导目标是中层领导目标;但从一个省的范围来看,省级领导目标是高层领导目标,市县领导目标是中层领导目标。

按领导目标实现期限划分,可以分为长期领导目标、中期领导目标和短期领导目标。通常十年以上为长期领导目标;五年左右为中期领导目标;一年以内为短期领导目标。

为了说明问题和确定领导目标特性方便,所以才将领导目标划分为若干种类。实际上,在领导活动过程中,领导目标却往往会以综合的形态表现出来。

(三) 审度决策目标,深度把握目标关系

审度决策目标主要是对已经纳入考虑范围、即将确定颁布的目标再做一次检查、评判,确保不出遗漏和错误。这主要从以下八个方面入手:

第一,目标水平。检查目标水平是过高还是过低、过激还是过缓,是否会超过群众和群体的现实承受能力。一定要确保目标水平适度。一般是通过民意测验、民心把握、成员意见和愿望测验与把握,确定目标水平。通常是把目标水平同群众接受程度极限偏下的高度作为最高目标水平的定位极限,而不能与接受极限重合;而且还要适当考虑在加大压力以后所要采取的压力缓解措施和补偿措施。否则,就是过激目标,不容易实施和兑现,甚至还会适得其反,导致决策失败。

第二,目标期望值。这主要是考察目标所带来的期望值是否适度、覆盖面有多大、所代表的对象有哪些、是否真实而全面地反映了群体的共同愿望。这决定着群众和群体对所确定目标是否具有很高的认同性、归属感和向往感,决定着该目标有多大的向心力、凝聚力和对领导的支持力。如果确定的期望值过大而到时兑现不了,那么就会有欺骗之嫌;如果确定的期望值过低而又满足不了群众和群体的需要,那么就会影响领导主体的威信和作用。

第三,目标偏颇度。这里主要是检查所定目标是否存在偏颇,其偏颇度是大还是小;确保及时纠正偏颇现象,彻底端正所定目标,保证目标具有完全的正确性和准确性。现实

中,往往因为顾虑各种意见、照顾各种要求而迷失应有的正确界限和方向。当然问题最大的是决策者自身带有偏颇的倾向,特别是较差的素质会造成目标的偏颇和失准。因此,审度、把握和消除目标偏颇度就成为科学决策的关键一环。这些目标如不端正,就会引发腐败和失败,就会贻误整个领导事业。事实上,最好的决策目标是偏颇度为零。领导者的良好道德素质是达到这个水平的最大保证。

第四,目标的准确性、明确性和具体性。这里主要是检查目标是否模糊、混乱,是否准确、有针对性,是否会把人们的思想搞乱、把集体行动搞乱,能否为所有领导主客体所理解所明白,能否充分调动积极性,是否方便于具体操作和逐步实现等。好的决策目标是具体明确的,好理解,好掌握,好实施,好检测,好考核,能够保证决策的效度和领导的效度。

第五,目标的实在性和可行性。这里主要是检查目标是否实实在在地有针对性、能解决实际问题。要确保最充分考虑决策目标的现实基础,分析和把握有哪些切实可用的条件,有多少支持目标的资源,有多大的可靠性和成功可能。要绝对排除任何假大空或好高骛远的毛病,在确定目标之初就把可能导致决策失误和领导失败的因素排除掉。

第六,目标规范性。主要是检查所定目标与大系统范围内的最权威目标之间是否冲突、异样,与最权威的各种法律法令、制度规范是否矛盾、冲突,与一般原理原则乃至伦理道德是否存在冲突,与一般的目标确定行为是否相冲突。总之,要规范、严谨。

第七,目标的决策函数关系。这里情况比较复杂。相对于决策之源来说,决策目标就是因变量。决策目标将因决策问题及情况而被决定。但是,相对于方案制定而言又是决策的变量了,目标的变化将直接引起决策方案的变化。当然,目标一旦确定,一般就不会再发生大的变化;决策变量再有变化也多只是决策问题,特别是所掌握的各种主客观情况在变化。具体地说,就是要在确定目标的过程中充分注意目标的两种角色、两种作用以及对整个决策函数关系的影响。

第八,目标的主次之分。在目标框架下,有很多目标都要进入领导过程中,首先是要进入决策过程中。但是,它们要一齐进入是不可能的。对此,一要按照唯物辩证法,确信确定目标应有主次之分。二要根据领导性质、工作重点、发展需要、环境条件、合理性和可行性,特别是要根据领导客体的正当愿望和要求以及公共道德和客观真理,对目标体系中的各种目标进行为主为次的筛选和择定。三要把主目标确立为今后一段时期内领导工作和全体所属成员、所有力量均要为之奋斗的总目标,亦即未来组织行动的方向和标杆和领导工作的内容主线。四要按照目标性质、目标范围、目标时间性和空间性、目标的相互关系,划分出各种子目标即分目标,根据目标关系把它们组合成一棵目标树。五要高度注意在整个目标确立的过程中与全体组织成员进行沟通,征求他们的意见和建议,争取他们的认同和支持;为此,可将所确定的目标作为一种阶段性决策结果进行公布和征询意见。

第九,目标协同程度。这主要指对目标体系内部大小主次目标之间、目标与手段之间进行协调配合的审度考查,确保目标之间均匀配合、取长补短、有效协调、整体平衡;确保目标与手段、条件之间的同步性、适应性和系统性。特别要处理好同向目标、异向目标和冲突目标等内部关系和相互关系,要处理好长期目标与短期目标、远期目标与近期目标、量化目标与非量化目标等之间的关系;从实际出发,充分考虑人心、资源及其他条件的可能支持度,确定好目标体系的大小、其中所含目标的性质种类和数量多少。要在确定目标的阶段就全部排除目标之间的冲突,事先化解在决策过程和领导过程中因目标的不协调而产生的不必要矛盾和内耗。作为决策者的领导主体对这些问题没有仔细搞清楚,或没有妥当地处理好,就会导致决策失败,掉入自己所设的目标陷阱而不能自拔。

第十,目标的群众支持度。目标最后的决定还要看群众的意见。在这一点上,民主化和科学化是一体的。领导主体在领导过程中的民主水平和科学水平在这里就可以得到充分验证。群众的支持度是最后确定目标的标尺。这要求在公布目标之前必须验证群众对此目标的支持度。在制定目标时就要有群众的广泛参与,这才能充分吸收群众意见,确保正确性。如果群众根本不能理解或者坚决反对,那么所定目标就很有可能因得不到群众的理解和支持以至半途而废;这其实是领导的失败。有不少领导主体就喜欢在确定目标时武断独行,而后来则往往无果而终。还有的领导主体则唯上级马首是瞻,根本不考虑群众的意见、不顾及群众的情绪,排除群众参与。这些都是决策不民主不科学的表现,领导必定失败。

(四) 目标确定的原则

决策目标实际就是领导目标,要确定这样的目标,就必须充分贯彻和宣导相应的领导价值,同时还要贯彻科学、民主、合理的精髓并综合运用相应的方法和规则。为此,在确定目标时,要切实遵循以下七条准则:

第一,目的在先原则。目的是行为主体对活动过程未来结果的打算和期望,是反映其主观愿望的行为取向设想,也是建立目标的依据。领导目的就是领导主体在实施领导之前对领导活动或领导过程的最终成效与结果的预想、打算和期待,是领导目标的起始和来源。而目标就是行为主体对活动过程最终结果的明确设定和指向,是目的的明朗化、确定化、具体化和任务化,是约束行动集中指向预期结果的指标以及现实与未来的行为取向规定。领导目标就是领导活动所要达到的明确预期结果,是整个领导活动都必须集中指向的未来标的。总而言之,领导目的和领导目标都是关于领导行为的未来规定,是领导主体的主观见诸实践客观的开始。从领导活动的第一个环节到最后一个环节它们贯穿于其中,成为影响领导资源流动和效用、影响领导活动成就和结果、决定领导行为性质和方向的因素。

第二,以人为本原则。领导的目的和目标取决于领导价值和领导取向,而领导价值和领导取向则取决于领导之本。因而,领导的目的和目标根本上取决于领导之本,也同时面向领导之本;既可以说是领导价值和领导取向的具体化,也可以说是领导之本的愿望和期待;既是领导决策的价值依据和具体方向,也是整个领导活动和群体活动的总方向。所以,领导的目的和目标其实都是领导之本的反映。这即说,领导的目的和目标均一切围绕领导之本,一切为了领导之本。在中国的领导实践中,领导的目的和目标均是一切围绕人民群众,一切为了人民群众;因为领导主体就是为人民群众谋福利的,是来自于他们、代表着他们、为他们服务的,没有其自身任何特殊的利益。

第三,目标适度原则。决策目标不同于其他任何行为目的或目标,能够非常权威地指导和修正领导行为和每个领导活动,系统地影响大量资源并最重大地影响社会系统命运,非常实际,极端严肃。它们不仅是领导行为的具体取向,而且是领导行为的直接动力,也是领导活动的直接依据;一旦为整个社会系统所公认,就是合法的最具权威的该系统目的目标,通常表现为诸如群体目标、组织目标和社会目标等,实际成为该系统诸因素都必须为之努力的共同行为方案;该系统的所有资源都将集中到这些目的目标上,是祸是福,在此一举。然而,一旦领导目的充满幻想,领导目标好大喜功,则一切严重后果必将迅速接踵而至。而一旦领导目的中肯而切实,领导目标宏伟而科学,则必定开启无限光明的前景,带来连续不断的成功和胜利。因此,领导目的和领导目标的内容及其把握和制定都是事关重大的,也是必须科学切实的、能够让人放心并给人以鼓舞的。所以,目标确定就一定要确保合理适度。

第四,科学可行原则。目标的确定一定要有科学的方法和依据,以科学的预测为前提。因为只有进行科学的预测,才能预见领导工作未来的发展趋势,从而为领导目标的制定提供科学而可行的依据。在领导目标的确定中进行科学的预测,不但要进行定性预测,而且要进行定量预测;不但要有良好的主观愿望,而且还要进行深入实际的调查研究,要进行多因素、长时区的定性分析和定量分析,包括对潜在问题的论证与分析。只有这样,才能保证领导目标既有科学性,又有可行性。

第五,目标优选原则。领导目标的制定,必须坚持方案选优的原则。这要求在领导目标的制定过程中,首先要制定出多个选择方案,然后通过科学决策和可行性分析,从多个方案中选出一个满意的方案。所谓满意的方案,应符合以下三个标准:一是领导目标要具有效益性,既具有经济效益,同时又具有社会效益;二是领导目标要具有先进性,既要有一定的创新,又要有一定的强度;三是领导目标要具有可行性,即要切合实际,并通过努力能够实现。

第六,信息反馈原则。在坚持以上原则的基础上所确定的领导目标,并不一定能保证领导目标有足够的科学性、先进性和可行性,主要有以下三个方面的原因:一是人们的认识在一定时期内总是有一定的局限性,在当时看来,有些认识是科学的、合理的,事后有可能会发现其仍有不科学不合理的地方;二是实践是检验真理的唯一标准,领导目标的科学性、先进性和可行性如何,最终还是要在领导活动的实践过程中来检验;三是领导对象领导条件是在不断变化的,领导目标在领导活动中可能会出现一些偏差,这也是必然的。由于上述原因,制定领导目标一定要坚持信息反馈的原则,要在目标的制定和执行中不断收集反馈信息,及时纠正偏差,不能满足于领导目标的一锤定音和一成不变。

第七,群众参与原则。领导目标的制定,不应只是领导者个人的事情,还应广泛发动群众共同参与目标的制定。发动群众参与目标的制定,不仅可以听取群众的要求,集中群众的智慧,从而增强领导目标的科学性和可行性,而且最重要的是能够获得更为重要的群众基础,有利于调动和发挥全体成员的积极性创造性,有利于领导目标的贯彻执行。这也是民主决策所要求的。事实上,民主决策在形式上是听取意见以调整目标、完善选择,而实际却是调动群众积极性和宣传动员群众参与决策活动的重要过程。

卡内基认为,民主决策要取得群体一致意见,其目的是让所有成员都同意某个决策。现代心理学研究证明,当人们经过思考后对某事物表示赞同后,他就会采取相应行为去追求那一事物所确定的目标,而不会背弃它;当群体中多数人赞同追求某一行动目标时,群体中就会产生一种压力,可以导致从众心理的产生,会形成群体行为规范,群体中的个体便不愿冲破这种规范,从而同群体一道去追求某一目标。

应该说,领导目的和领导目标从萌动之始、动议之初就同许多资源和命运结果联系在一起了,也同领导的成败直接关联在一起了;而且这些目的目标一旦确定,一个社会系统的命运就基本上确定下来了。因此,领导目的和领导目标事关重大,确保领导目的和领导目标的端正、正确和科学就显得极端重要,必须在所有领导主体和领导客体高度关注和参与之下才能最后确定并付诸实施。从某种程度上讲,领导目的目标的确定已经属于领导决策范围了,也已经算是领导活动的开始了。没有这些目的目标,领导主体和社会系统、领导行为和群体行为就都将失去动力和方向,领导不能形成,群体行为也不能形成。

第四节 形成决策力的后期决策要略

一、制订方案

(一) 确订决策标准

在目标明确以后,就应该考虑达到目标的具体标准了。这是一个要为决策明确科学、规范的指导思想或决策标准的问题。其实就是要直接为设计方案、论证方案、选择方案、评估方案提供一整套保证适合达到目标的有关准则、规范和原则,做到决策有章可依,避免随意性,避免随后的抉择和执行行为走样。这一步显然很重要,确保决策方案同决策条件始终紧密的挂钩,是决策科学化、规范化和现代化的关键一步。

从领导实践中可以看到,过去很少有人重视标准问题,也很少有人把标准问题引入领导过程,特别是决策过程之中,说话、做事、争论、思考、选择等均无客观标准,几乎无公共依据和最高依据,结果是权大者说了算,权力就成为了言行标准,这就是过去决策和整个领导工作为什么总是有那么大随意性的原因。

应该说,决策过程和领导工作没有标准,就不可避免地要走入主观随意、权大于理、权大于法、以势压人的死胡同;决策的客观性就大打折扣以至于丧失客观基础,进而就丧失科学性和真理性。因此,确定标准是非常严肃、必要和科学的取向,是一个非常重要的决策环节,是现代领导决策必经的一个科学步骤。

决策标准是科学决策的规划依据、论证准则、仲裁规则和检查标准,是价值标准和科学内容的规范性综合,必须科学、规范、可行。这要由领导主体和有关专家共同协商,把思想标准、价值标准和科学依据糅合到一起,形成决策所要依凭的权威参照和公正准则。

能权威界定和指导决策实践的具体标准必定是不同的。但在确定决策标准上却有三个共同的依据:一是占主导地位的领导价值和公共价值;二是未来行动以进取创业为基本取向;三是未来行动以守成分享为基本取向。这其实是进行决策的三种价值取向、三个价值依据。显然,在此三个基本依据里,每个决策者和决策参与者就可以万变不离其宗地有效制定具体标准了,虽然可以充分确保适合自身实际情况而有明显的个性化,但也能确保方向不乱、大体不含糊,甚至尽量达到科学化了。

（二）设计备选方案

既然目标和标准都已经明确，那么就要根据目标和标准进行决策备选方案设计了。这也叫方案制订或方案拟订，是具体落实领导意志和客观需要的关键一步。

从根本上说，这个环节就是要对未来行动提出具体设想、安排，也就是要描绘未来行动蓝图，实际是决策制定过程。它针对获取利益这个基本目标，就是制订未来行动的具体计划；针对分配利益这个基本目标，就是制定界定利益划分、分享、配置的具体政策。具体地说，这个环境就是要根据所确定的目标和已经明确的习惯情况，针对所要解决的问题开出具体的处方，即为具体地解决问题进行具体的方案设计。

这个设计必须以决策目标为主轴，针对主要问题，对所有相关材料进行综合分析和提炼，从各种各样的可能中探索解决问题的具体对策、办法和措施，探索达到目标的所有手段和途径，作出所有有利于解决问题、达到目标的合理规划和精密安排，从而形成一系列可以论证的各种具体行动方案。这也就是说，必须始终注意变量和因变量的紧密关系，确保方案制订能够及时反映决策条件的变化情况，进而保证正在拟订的方案是触角最前、内容最新、信息最可靠、对策最切实的高质量备选方案。

显然，不同的具体决策背景和决策条件就会有不同的决策可能，不同的决策目标就会有不同的决策思路。在具体起草方案的过程中，情况则更是千差万别，没有定法。在这里，将发挥出方案拟订者的全部学识和才智，运用全部的精明和谋略，也将最充分地发挥出决策者和决策参与者的全部潜力；稍微偏差、自私或无知，都将造成方案不科学和有失公允，都将带来严重的决策后果和领导后果。

这就是说，政策制定者的专业知识水平、道德水平和政治水平都将直接影响决策备选方案的性质、倾向、质量和水平。这里的最高境界就是具有超越其他决策者，特别是对手的最高明智慧。在这里，决策艺术成分就要占有很大的比例，不过，仍然有一定的规律可循，有一定的规则可依。一般地说，有如下几个步骤：

第一，参考或借鉴已有的经验和做法（包括自己的和别人的决策历史），运用新的思维角度和优良的思维方式，思考对策，提出有力的措施。

第二，从现有的问题和情况中寻找和确定解决问题的各种机会和可能。对每一个细节都不忽视，都要进行一次或多次解决问题的可能性试探；对每一种可能都不放过，都要作为设计一种解决办法的突破口。这种拟制方案的做法是最具适应力和创造力的做法，能够适应各种新问题和没有借鉴的决策情况。

第三，按照逐步成熟和由简单到复杂、由初级到高级的事物发展基本规律，初步拟订一个简单的方案，然后逐步推开，衍生出多个方案和复杂的方案，最后完善和成熟。

第四，结合决策实践、领导实践和集体工作的具体展开，分步进行决策方案的拟订。首先拟订微观、局部的方案，并先行局部应用，作为尝试或试验；然后总结经验、摸透规律，重新进行多角度、全方位的审视；最后制订出多个备选决策方案。

第五，对于新问题新情况新思想，要善于运用恰当的概念加以准确的表述。没有现成的概念，就要创造新的合适的概念。往往一个新的概念就会产生出新的思路，进而形成新的对策和办法。对这一步骤，有很多学者都把它叫做"决策的概念化阶段"。因此，形成概念的能力在领导决策中就显得十分重要。在现代领导过程中的领导主体和决策参与者如果没有形成概念的能力，就不能进行现代决策；勉强为之，亦不过是传统决策或经验决策的翻版。

总之，在这个决策环节上，要不断地改变思维方式和思维角度去进行创造性的思量和审度，对决策的变量作出系统而正确的反映和灵活而合理的反应，运用全部智慧求解决策函数。这个决策函数的解往往是多个的，也可能是唯一的，能否找到较好的解或最佳的解，就取决于制订方案者的能力和智慧功夫了。

（三）论证备选方案

在未来行动方案已经初步成形、又有明确的决策目标和决策标准的情况下，就可以对方案进行充分论证了。这一步主要是确定一系列备选决策方案，目的是要给领导主体拍板定案提供直接的科学前提和依据，便于其下定决心、作出抉择和决断。这一步如果完成得好，就能将这些方案递交给决策主体；那样，领导主体要作出科学抉择就会容易得多了。

这一步其实就是被选方案的可行性论证，是要对具体方案在优劣、长短上作出比较和分析，回答哪个处方更能解决问题，更能达到目标，更有操作性，更有实效。与此同时，还要论证解决问题的成本是否合适，所有有用资源是否最充分而又最节省地得到利用，所设计的方案是否最佳、能否超优。特别是要考虑和论证这种处方开出以后会有什么反应和后果，会有什么副作用，会有什么实际困难和障碍，会出现什么意外的事情，有什么后续处理措施和应急措施以及对付意外事件的备用方案，等等。这里主要以专家审议、分析和评价为主轴。

论证决策方案其实是最充分发挥专家特长的决策阶段或时机。领导主体要组织各种专家和有代表性的专门决策咨询机构对这些备选方案进行考察、审度、计算、比较、分析、批评、举证、反证、挑战、答疑、论战、辩释、提议、佐证、添补、完善和肯定。这对现代决策，尤其重大决策来说是绝对必经的一个环节。这个过程其实就是运用大量的科学原理、客观事实、有力论据和严密论证，对各种备选方案进行科学性和可行性分析与证明。这是保证决策科学和科学决策程序正常运行的关键一环。

进行方案论证需要最大限度地发扬民主、尊重科学、服从真理；要坚决反对唯意志论，更要坚决反对唯权力论和唯地位论。是否有兼听和容人的领导美德在这里就会起到关键的作用，甚至常常决定着领导主体的命运。如果这时领导主体无法听取各种不同的意见，甚至反对的意见，那么就有可能丧失客观性和正确性，进而铸成大错，导致失败。如果这时能够最充分利用或发挥外脑智囊的作用，那么就还来得及即时修改、完善方案，就能够汇集更大的智慧去审度和定夺未来行动蓝图，最大限度减少失误，在领导之初就消除失败之源，从而确保决策和整个领导的成功。

事实上，只有经过如此充分民主、科学严谨的论证，所拟订的决策方案才可能真正臻至成熟，才可能高水平高质量，才可能是较有说服力的科学可行的可选方案，才能有资格进入下一个决策阶段。不过这一关，那么尽管也可能有高明的决策者凭其经验、智慧和天才能够制定很好的决策，但是一般而言，如此通过的决策方案其风险都很大，其科学性都很可疑。

二、抉择决断

（一）抉择决断的真实含义与意义

抉择决断就是领导者对各种备选方案进行择优挑选并由此正式做出决定、出台组织价值方案或未来行动方案的领导活动，是决策意见上会、上心、定调、定局、定案、出台而最终转变成正式、权威的价值或行动方案等活动的总和。这种活动实质是在一定决策体制机制和习惯规则下进行权威抉择、产生权威决定的领导运作。这里所谓的权威抉择和权威决定，就是指所做方案一经出台便成为组织和成员必须信奉遵守、服从执行的共同观点与行动依据；实质是以领导权力和组织强力为后盾而得到确立和推行的组织意志、统一意见和统一举措。

其实，抉择决断正是领导者集中用权、正式作出权威决定的活动。这个活动很特殊；其特殊就特在实质性行使和运用权力来达到某种目的或目标。正因如此，抉择决断就成了唯一的核心决策环节和核心领导活动。这种活动的最大特征就是不仅始终贯穿领导权力权威，而且还将统一整个组织的观念和行为并投入各种力量和资源，确保把所做的权威决定转化为预期的实际立场、实际行动和现实结果。事实上，这个环节的决策行为将一锤定音，相关政策问题将因此立即解决，相关领导客体的命运也将因此而被权威地决定。

另外，抉择决断实际上是同一个决策行为的两个方面。所谓抉择，就是必须在充分对照比较和权衡利弊得失的情况下择其优者而定之的行动；旨在正确选择可行方案，亦即产生出领导主客体均要服从和执行的具体方案，确保该方案能够充分体现出领导的价值和目的、组织的态度和目标、共同的立场和取向、成员的任务与要求；由此体现出来两个最大的特征，即理性和客观性。而所谓决断，就是要根据明确的决策目标和趋利避害的考量，从主观态度、决心恒心、勇气毅力等方面给予抉择以关键的和最后的支持，在决策中的作用巨大；由此体现出来两个最大特征，即个性和精神作用。

然而，由于决策情况很复杂，根本上是因为领导环境、领导客体和领导活动都很复杂，特别是抉择决断本身就大量涉及权力、权利、需要、利益诉求、风险、代价、压力、困难、价值理念、伦理道德、决心、勇气、胆魄、胆略等众多主客观因素，而且还最主要关系到人力、财力、物力、时间、机会、关系、信息等大量资源的配套投入，所以在领导决策实践中常常会遇到意想不到的不正常情况。在此情况下，抉择决断往往就不是做备选方案的从优选择工作了，而更多的是做决层内部或者领导主体内部关系处理而后做正式决定的工作了。在这一点上，抉择决断实际总是表现为领导者为了某种主张而形成某种定论或采取某种措施而在领导场合中发生的最集中、最典型的权力博弈。

事实上，抉择决断就是整个决策过程中最实质、最重要的核心环节。这可从以下两个方面来理解：一是此前的各个决策环节都没有这么实质和重要。因为它们或处于基础阶段，或处于清议阶段，总体上没有具体加入权力等各种资源，因而不具备或难以形成正式决策的实质性，而只有为形成正式决策而做前期准备和服务的辅助性和程序性；即使备选方案做得很好、很成熟，也不是权力运作及其结果本身，而有可能到了抉择决断环节被弃置不用甚至新弄的被拙劣点子所取代。这就是抉择决断往往要、实际是常常要超越已经成熟的备选方案来办事。二是此后的各个决策环节也没有这么实质和重要。因为它们或是验证和修正（这包括第五环节试点试验和第七环节追踪决策），或是走程序、做宣布以从外在形式上给予决策以权威包装，以便准备付诸实施和得到更权威、正式的贯彻执行，总体上是决策的后期和后续的辅助与服务，其中有的在形式化甚至象征性上还占很大比重。

总之，抉择决断是人的主观能动性诉诸客观对象、领导主体正式作用于领导客体的核心环节和决定性活动。就是在此环节上可以说所确定的问题已经被正式立案并在决策层上得到解决了，所确定的领导价值和目的、组织目标和任务已经正式方案化、举措化和组织行为化了。至于决定能否完全兑现预期、变成未来的客观现实，则取决于决定的贯彻实施成效了。

（二）抉择决断的策略要点与原则要求

决策过程中所面对的时局、时机、条件、利益、价值、人际、班子、权力、责任机制乃至备选方案本身常常不尽如人意，都有可能、实际上是常常给抉择决断带来两难或多难的问题和困境。就是在这样的经常性情况下，领导"拍板"面临的情况总是很复杂。因此可以说，抉择决断其实是最为复杂、最有难度、最有挑战性的决策过程和领导活动，是对每个领导者的最大考验所在。

从中外大量决策实践来看，要把这种高难度的抉择决断工作做好、做出色，领导者不仅要使出浑身解数、全面发挥出自身潜力，显示出一定的个性和艺术，而且要确保在方方面面的表现上做得切实及时、合适得体，显示出全方位应付各种复杂情形的综合才干和原则操守。具体而言，做好抉择决断工作的行事要理和通则要略主要有如下八个方面：

第一，理性、务实。抉择决断不仅本身是实操、实务、干实事，而且由此涉及、引发的一系列组织行为、成员反应和社会反应都是完全实际的和现实的，特别是此其中直接涉及和关联的都是利益和相应关系等极端现实的问题。因此，抉择决断本质上不是讲理念、究哲学、谈理想、使意气、喊口号、唱高调、说空话、搞宣传、摆姿势、做广告、造形象或者演艺术，而只是一项关系利弊得失、必须尽力趋利避害的实际工作。因此，抉择决断必须紧密关注一板拍下之后会有什么好处和坏处、会产生什么结果或后果、根本利益是得益还是受损。显然，这里要坚持两害相较取其轻、两利相较取其大的原则，坚决防止鼠目寸光、局促狭隘、贻误大局。

第二，精细、精明。抉择决断不仅要在原则上趋利避害，而且要在决策的具体依据、把握和技术操作层面上确保实实在在地进行着和能够达成趋利避害。善于敏锐发现、果断抓住、切实用好时机和机遇，确保抉择决断的及时到位和领导的有力有效。对于人、财、物、时间、机会、关系、信息等各种资源配套投入的质和量以及运作后的产出，包括成本代价、风险系数、压力困难、效益效果、效用影响、结局结果最终将会如何等，都要尽量做到心中有数、举步踏实，为此要对这些情况看清楚、算清楚、有数据、有把握、基本能够准确预期和预知。显然，这里要坚持四个要则，即时机时效原则、风险最小原则、先见先行原则和理由充分原则，确保精明强干、抓住时机、当机立断、择优决定，杜绝空泛疏漏、心里没底、迟疑犹豫、糊里糊涂和一问三不知。

第三，稳妥、稳健。抉择决断关键要正确权衡和得体应对决策所涉及的各种利弊得失,头脑要明智、清醒,表态要慎重、严谨,举止要得体、适度,想法要合理、可行,行动要周密、周详,理事要郑重、严格;随时顾大局,总是看长远,用战略指导战术,用战术充实战略;分阶段、有步骤、有原则地着眼和着手当前与未来的工作事务,以理智和现实利害考虑来确保着眼点、立足点、出发点和归宿点尽量达成直线和一致,在此基础上保持和发挥充分的灵活性;此外,还要注意做到并保持决策的妥当性、可靠性、有效性、连续性和可持续性,还要确保决策者场内场外的一致性和可靠性。显然,这里要坚持明智原则、适度原则、稳重原则、可靠原则和全局性原则,坚决杜绝狂妄自大、不可一世、急躁冲动、急于求成、简单粗暴、意气用事、鲁莽草率、盲目闯关、主观随意和蒙混凑合。

第四,负责、诚信。抉择决断是一个严肃的决策行为。为确保这个决策行为不走岔、不流产,也为确保决策结果不变异、不失效,在做抉择决断时就必须特别做到以下几点:定了就算数,定了就不变;保守秘密,遵守纪律,奉行规则;会上说得好,场外不乱说,不做风筒漏桶;光明正大,顾全大局,坦荡无私,剔除阴暗和污垢,变暗箱操作为透明运作;坚决克服和防止并力争根绝各种不负责、不诚信的行为,包括别有用心、阳奉阴违、暗中拆台、设陷使绊、阴险狡诈、反复无常、易涨易退、翻云覆雨、兴风作浪、颠三倒四、小人无信以及乐于搞无原则纠纷、阴阳怪气、流言飞语、谗言恶语、卑鄙龌龊等。显然,这里的核心就是要坚持阳光原则、无私原则、正气原则和讲人格原则,绝不能做掩耳盗铃、自欺欺人、玩弄权术、堕落自毁的事情。

第五,协商、兼顾。抉择决断其实是一个平衡利益各方的过程。要成功实施和完成这样一个重要的决策活动,首先要尽量考虑和满足各利益攸关方的切实关切和情绪意向,注意其相互之间的分歧与鸿沟,找到和抓住其共同的利益点以为共同基础,事先进行台下运作和准备,包括商量、协调、妥协、让步和整合,然后再上台表态、议决和终决;其次要在抉择决断的不同部分确定合理的权重和利益布局,要特别关注和倾斜于弱势群体,尽量全面、合理地照顾各利益攸关方;再次要注意班子成员的意见主张、态度立场、气氛关系,把握工作制度和规则,加强内部意见交流,提振正气清气,事实主导而不独导,乐于共裁而不独裁,强调说服而不强迫,促成同心而不强制,消除纠结而不内耗,汇成合力而不纷争,相互补台而不相掐;确保全体皆为事业而来、为事业而动、以事业为先。显然,这里要坚持恰当的兼顾原则、正确的主导原则、坚明的团结原则、凸显的事业原则和稳定原则。

第六,良心、良知。在当家用权、当事用力的抉择决断之际,常常出现奇怪现象:聪明人办傻事,高级人犯低级错误;平常时看似聪明,一遇事就犯糊涂;在小事上很聪明,临大事就糊涂;等等。这表明,各项决策机理要则并不容易做到、做好,要坚持、坚守就更加不易,特别是要做到高风亮节、合理得体、和谐顺利、收到良效就更不容易。然而,这个问题的避免和解决其实并不需要多高的智力、并非有很大的难度,往往是只需要有良心、有眼力、有勇气就可以了。现实生活中这里之所以往往做不好,主要就是因为决策的主导者、参与者和相关者往往都难免存在人性的弱点、缺陷乃至劣根性,包括突出的"鸵鸟钻沙"和"皇帝的新装"等不良心态,遇事回避,遇责逃躲,厌恶认真,放浪形骸,得过且过,一叶障目,让灰尘或私心蒙蔽住了通明的良心与良知。所以,要确保抉择决断从根本上正确无误,根本一条就是要克服人性的弱点,剔除梗心塞智的劣根性,始终保持高度的良心、良知,对已到这个环节的所有决策想法和行为进行合理性、正确性、风险性、后果性加以全面的把握和正视,而决不随意加以混淆、模糊、淡化及由此偷取表面的和谐与安荣。

第七,专业、操作。抉择决断是继前面诸决策环节而来的关键一步,有着高度的决策专业性、连续性和操作性。要走好这一步,要重点理解和实施以下几个要点:(1)严格对照决策目标、决策标准,仔细审度所要解决的问题和所要达到的目标是否真实全面地体现到了决策方案中,仔细审度方案中的目标和所要解决的问题是否在体系上、内在关系上还存在不协调,甚至冲突的情况。筛选出矛盾和问题最少的方案。(2)从方案的效能和可行性方面进行优势比较,确定出不同优势的备选方案序列。与此同时,还要始终注意决策方案与决策条件的函数关系并以之为决断的科学依据。(3)凸显四个维度:符合领导的价值、目的和意图,切合当时的时机、需要和实况,抓住问题的要害,解决问题的力度和效度等,审度备选方案,并建立选取序列。(4)瞄准可能效果是最好而副作用最小、成本最小而收益最大的备选方案,力求全面优化,但不责备求全,由此作为最中意的抉择,最后决定采用。

三、试点试验与颁布实施

(一) 试点试验的实质、必要性和关键要点

试点试验就是将决定采用的方案在交付全面实施之前进行试实践。之所以要这样做,是因为领导者对决策方案的有效性并无实际的把握。此即,刚刚从决策机制中出炉的决定或解决方案并未经过实践检验,领导者对它的实际成效和可能产生的影响和副作用并无任何把握,甚至对方案本身的完善性和生产制造该方案的前期努力与过程是否真正完善亦无把握。在这一点上,即使是经验丰富、广经波澜的老领导、大领导们,也都是不敢轻易越此环节的。

事实上,在正式颁行、大规模付诸实施之前,所形成的未来行动方案有很多方面都是未知数,即使在当初拟订、论证过程中做过科学的评估、推论和预测,也无法替代或超越实践检验来获得更多的真实数据和结论。只有进行必要的试点试验,才能发现方案在论证之外的许多重要参数和证据,包括方案对于领导客体实际有效影响度和最终致变力以及由此而来的相应群体心理反应和社会心理反应,方案对于领导环境的对接度、适应度和有效影响度,方案对于领导主体带来的反作用和相关影响,方案的正面效应和负面效应到底如何及应如何应付,方案本身的实际完善度、适用面和可推广面,方案的配套要求及准备工作到底如何,方案的欠缺修补、不足调整、偏差修正以及总体的完善,制订和完善方案的思路、手法、手段之类的合适与调整,如此等等。

只有在这些方面找齐了答案,领导者才能在客观上真正做到心中有数,并能尽快妥善处理完这一系列主要的和相关的决策问题,同时还能充分考虑实施方案的各种附加举措。只有经过试行并验证无重大疏漏欠缺、不会产生重大后果并得到充分完善之后,这个方案才可以说是通过了实践检验,是可以正式颁行、推而广之了。因此可以说,抉择决断之后,很有必要进行决策实验;而且越是重大决策,就越有必要进行试点试验。从这一点上看,决策方案即使出来以后,都还有很复杂、很繁复的工作要做。很明显,要做好一项重要决策确实是很不容易的。

不过,不是所有的决策都需要试点试验这一环的,有时甚至是重大决策也没必要、常常是没有可能进行试点试验。甚至可以说,除开规范的,且涉及面大的重要决策外,大多数决策的这一步都是可有可无的,特别是在紧急情况下的决策完全没有必要走此一步。这主要是因为很多决策涉及面都不广,也没有时间、空间及其他条件允许试点试验。

然而,只要不试点试验,无论什么决策都必然存在有效性和安全性方面的未知性、不确定性和无把握性,进而存在一定的风险。在此情况下,要确保决策有效和领导成功,就只有冒一定风险,把胜算的筹码交付给两个方面了:一是前面各步决策的到位程度,二是领导者在前期决策的表现和在后期实施的表现与主观能动作用。显然,试点试验是决策过程中很重要、但非绝对必要的一步;由于这样做能帮助抉择决断极大降低或减少风险,而且还可以极大增进决策的科学化和规范化,所以,在现代决策模型中具有它不可动摇的应有地位。

试点实验的做法通常有三种:一是实地实验。此即,找一个或一组估计不会引起重大影响、不会产生无法收拾局面的实验体,如群体、单位、社区、地区、领域、社会阶层等,将决定施于其身,实时观察、记录并分析之。二是实时试验。此即,找一段适宜的时间段或者抓住一个合适的时机、难得的机遇,在一定的范围着手试行;边试行,边完善,边与其他重大决策和总体战略结合起来不断完善和推进符合时代需要和发展方向的决策成果体系。三是模拟试验。此即,借助各种模拟手段,特别是计算机模拟技术进行模拟试验,这样做可以超越时空限制甚至其他很多现实条件限制进来做试验,特别是可以做很多科学性、专业性很强而没必要、也常常不可能在实地试验的决策试验;由此得到的数据更科学、齐全,而所付出的成本、所可能的风险都很小。

总之,试点试验是很有意义的现代决策环节,其实质是决策信息的实践验证与完善行动。

(二) 颁布实施的实质、特点和重要性

颁布实施是一种信息产出,即决策新品的诞生和权威推行。总体而言,颁布实施在运作活动的内容上相对简单一些,但在运作活动的形式上却要比其他任何环节的活动及其结果都要更正式、更严格得多。其实,这个决策环节的颁行活动就是决策方案要正式生效前所必须走的一个权威化程序,所必须有的一个权威化包装,亦即所必要的一个权威形式化。决策方案不仅在书面形式和口头形式上要确保合乎严格的规范,而且在考虑颁行的方式、生效的时间、责任的主体及相关关系等很多方面都要加以权威化处理,确保令出能行、令出必行。

可以说,所有正常的领导决策都有这个环节。只有这个环节,决策活动才算基本完成,也才算有一个健全的决策生命。如果这个环节的活动做得马马虎虎、粗糙随便,那么就意味着决策方案虽有其体,但无其尊,远不足以成为有影响、有权威的号令和统一行动方案,决策的有效性和领导的成功率都将骤然下降直至为零。如果没有这个环节,那么就意味着决策是功亏一篑,方案是胎死腹中,前期所有决策努力都付诸东流。所以,这个环节即使偏重形式,也是完全必要,且绝对不可缺少的。

不过,这个阶段的形式还是比较多样的。大多数情况下,这样的颁布实施工作不需要

更多的领导投入,而只需要交付给有关机构和程序,让领导决定或决策方案履行高度严密、严格和权威化的组织程序。而在不少情况下,这样的颁布实施都由领导者以极其简便的方式、秘密的方式、暗示的方式以及其他种种方式来直接完成;虽然没有通常的权威形式化,但却仍然具有足够的权威赋予和权威内蕴,能够确保决策和领导的权威性和有效性。

总之,颁布实施是新的决策信息正式产生和完全产生的标志,也是决策信息输出的权威化大门和端口。在领导主体范围内的决策信息流变过程就到此完全结束了,实际上的后续领导行为就将从此开始了。此即,随着新的决策信息的输出,决策产品将从此开始引导新的组织行为,导致新的状况发生和现状形成,导致在领导范围内的一系列新变化了。

四、追踪决策

(一)追踪决策的基本含义与特点

决策信息的反馈与调整。在决策执行过程中,反馈信息通过信息系统传输到决策中心,决策中心根据反馈信息,又必须对原有决策进行修正或追踪决策。在这一决策执行完成后又必须进行新的决策,因而使决策过程中处在连续不断的运动之中。

所谓追踪决策,是指在决策执行过程中由于发现原有决策失误或无法继续执行下去而对决策目标和方案所作的一种根本性修改,它本质上是就原有决策问题在新的情况下所作的一次重新决策。追踪决策实质上是就原来的问题重新进行决策。不言而喻,它应该按照决策程序图所示的科学程序重新进行一遍。然而,这种重新决策又不是简单地重复,因为主客观情况已今非昔比了。它有更多复杂的问题和因素需要考虑。

首先要通过区别追踪决策与纠错来分清追踪决策的特征,以便更好地理解和把握追踪决策,并在实践中做得更好。追踪决策与纠错的区别主要有如下四点:

第一,追踪决策必须以原有决策失误或原有决策无法执行下去为前提。一般来说,原有决策的失误主要表现为决策目标太高或太低,以及与之相应的决策方案的错误。

第二,追踪决策必须从根本上改变原有决策目标。这是因为,之所以要实行追踪决策,就在于原有决策的失误或因情况的改变使原有决策无法实现,这就首先要求对原有决策目标作重大调整,或者使之更加正确,或者使之符合新的情况。

第三,追踪决策过程中,为了实现新的目标往往需要重新制订方案,至少也要对原决策方案作重大调整。

第四,追踪决策往往造成原有决策执行过程的暂时中断。因为如前所述,追踪决策是在原有决策失误或因情况的变化使原有决策无法执行的情况下进行的,因此追踪决策不可能像纠错那样在原有的决策执行过程中进行,而是在原有决策执行过程暂时中断的情况下进行的。从这个意义上讲,如果说纠错是决策过程的一种量变,那么就可以说追踪决策是决策过程的一种质变。

(二)追踪决策在操作上的几方面原理要义

第一,回溯分析。一般决策是在分析当时条件与预测未来的基础上寻找最佳方案。

而追踪决策是在这样的情况下进行的,原有决策业已实施,而在实施中情况发生极大的变化,追踪原有决策面临失效的危险,必须重新决策。因此,致使决策的分析过程,首先应从回溯分析开始,对原有决策的产生机制与产生环境进行客观分析,列出失误的产生过程并究其原因,以便去误取正,转误为正,使追踪决策建筑在现实的正确的基础之上。反之,如果不能正确地总结出失误的原因,就不可能找到有效的对策,那么追踪决策就可能是又一次的失误。

回溯分析必须从原有决策的起点开始,一步一步地顺序进行,才可能看出在哪一步开始失误。越是在前面的环节出了差错,其影响也就越大,可谓"失之毫厘,谬以千里"。因此,找出最初几个"失误点"的意义更为重要。如果大呼隆地胡子眉毛一把抓,当然也可以找出一些原因,但是常常理不出头绪,分不清主次,很可能抓了芝麻丢了西瓜。而且,由于最近的事态记忆犹新,最容易引起注意,反而可能忽视掉最初几个"失误点"。

第二,非零起点。一般决策指的是人们为了达到一定的目标,从两个以上的方案中,经过分析比较,选择一个最佳的或满意的方案。这种决策所选定的方案,尚未付诸实施,处于"纸上谈兵"的阶段,客观对象与环境也未受到人的决策的干扰与影响。

所以,就这一点而言,一般决策乃是以零为起点。而追踪决策则不然。它所面临的对象与条件,已经不是处于初始状态,而是经过人们按照既定方案,对之施加了一定时期的改造、干扰与影响。也就是说,原有决策已经实现了一段时间,这种实施不仅伴随着人、财、物等资源的消耗,而且这些消耗的结果已对周围环境发生了实际的影响。因而,追踪决策极为重要的一个特征,即是非零起点。这一特征是决策者进行追踪决策时,万万不能等闲视之的。

"非零起点"这一特征必然导致追踪决策的两个基本要求:(1)必须慎之又慎。任何鲁莽都可能带来巨大的损失,而失去追踪决策的意义。(2)必须尽力抓紧。拖延不得,拖延一分钟就会有一分钟的后果。拖延时间越长,后果越严重,而且大多是不利的后果。

第三,双重优化。一般决策的方案优选是从几个并列的方案中一次择优敲定即可。然而,追踪决策的方案的选择,却具有双重优化的性质。此即,在进行追踪决策时,必须确保所做抉择优于原有决策方案。追踪决策不是简单地改变原有决策,只有这种改变可以带来比原有决策更多的好处,否则就没有意义或者是多余的浪费;此外,还必须确保所做抉择在各种新方案中是进一步的择优,能够达到比原有决策更优,以此获得最佳的决策成效。

第四,及时纠错。所谓纠错,是指在已作出的决策基本正确并能继续执行的前提下,为了更好地实现决策目标,对决策方案所进行的部分调整和补充。进行决策旧错很有必要。这是因为,决策的正确性总是具有相对的意义,任何一项决策都很难说在一开始就是绝对正确,它的完善需要一个过程。经验表明,一项决策即使正确,在它刚一制定时也总是显得不够完善,随着执行过程中的不断修正,从而逐步地完善起来。为此,要理解和把握以下五个要点:

一是其前提必须是原有决策基本正确,且有条件继续执行下去。这就是说,纠错并不是因为原有决策已经错误或因条件的改变而无法执行的情况下决策的根本改变,而是使正确的并正在执行且将继续执行的决策更加完善化。如果原有决策本身或因条件改变无法执行,那就不是一个需要修正的问题,而一个需要重新决策的问题。

二是纠错以不改变原有决策目标为原则,也就是说,纠错的目的并不是为了确立一个新的目标或达到一个新的目标,而是为了更好实现原有目标。因此,纠错又是在决策目标基本不变的基础上进行的。当然,决策目标的基本不变并不意味着一点也不变,在必要的时候也可以作小部分的改变,但无论如何不能作根本改变,否则就超出了纠错的范围。

三是纠错主要是对决策方案的修正。不是对原有方案推倒重来,而是对原有方案稍加改变,即作适当调整和补充,主要是去掉一些可有可无的措施,增加一些必要的新措施。

四是纠错是在决策的执行过程中进行的。一项决策一旦作出,紧接着的就是进入执行阶段。在执行过程中,执行者发现原有方案还存在某种缺陷,并将信息反馈于决策中心,于是决策中心一边指挥执行,一边对原有决策方案作某种调整和补充,方案执行中的调整和补充便构成了纠错的一个重要特征。

五是纠错在决策中是经常性的。这是因为,正如前面所述,领导决策的环境极为复杂,由于受到主客观条件的限制,绝大多数的决策都不是一次完成的,都要经过多次修正,直到决策执行阶段完成并达到原有目标,甚至对于有些决策来说,决策目标最初本来就是不十分明确的,只有在决策的执行过程中通过对决策的边执行边修正才逐步地明确目标。在这种情况下,纠错还包括对决策目标的明确和小部分的修改。

总之,在决策的执行过程中纠错不仅是一件正常的事情,而且是不可避免的。它本身就是决策过程中不可缺少的一个重要组成部分。可以这样说,对决策而言,没有纠错就没有决策的完善,因而也就不可能有完善的决策。

第五,心理效应。心理效应在决策中占有重要地位,而对于追踪决策,这个效应更为强烈。因为追踪决策是在原有决策已经实施而又要改变的背景下进行的。这必然地会给人们在心理上造成一定的影响,因为这些人已经与原有决策发生了一定联系,包括各种利益关系和情感关系。这种心理影响又会反过来影响追踪决策的进行。因此,在进行追踪决策时,必须把心理效应放在更重要的位置上。

综上可知,较之一般决策,追踪决策实在是更为复杂,更难决断。所以,决策必须谨慎冷静,提倡"三思而行"。为此,在追踪决策时必须注意处理如下四对关系:

一是是与非的关系。在行政决策过程中,追踪决策的前提是原有决策的失误或因情况的变化使原有决策无法执行(这在一定程度上说也是一种失误,因为决策者对情况变化的可能性估计不足或不准确)。原有决策失误并不是没有一点正确之处,因此,在追踪决策过程中,必须对原有决策进行认真的分析,既要找出其失误的地方,又要找出其正确的、在追踪决策中可以吸收的东西。在对原有决策进行分析时,应从原有决策的起点开始,采用顺藤摸瓜的办法,一步一步地按顺序进行,直至找到失误点为止。通过分析找出原有决策的"是"与"非"后,尤其是要注意深入分析其失误的原因,在此基础上调整决策目标,修改或重新设计新的决策方案。对原有的决策中正确的东西必须加以保留或吸收;失误的地方必须坚决抛弃并针对其原因采取补救措施,使之成为一项新的正确的决策。

二是功与过的关系。追踪决策是在原有决策的基础上进行的,这必然地要涉及原有决策制定者的"功"与"过"的问题。原有决策失误,其决策者当然应承担一定责任,也就是说有其过错,但需要追踪决策的原因是多方面的,有的是因为客观情况发生了重大变化,

191

有的是因为主观情况发生了重大变化,即使原有决策失误,也不能过分地责备其决策者,因为绝大多数的决策者从主观上来讲都希望制定出正确的决策。尤其值得注意的是,在追踪决策之前及其过程之中千万不要急于评价原有的决策制定者的功过,否则就会因为牵涉复杂的人际关系而失去客观标准,从而造成新的决策的失误。

三是旧与新的关系。决策在本质上就包含着创新,追踪决策要使原有决策实现一种新的质变,当然也离不开创新。但是,由于追踪决策具有"非零起点"这一特点,因此在追踪决策时不能一味追求新,认为越新越好,而必须结合实际情况,将原有决策已造成的结果考虑进去,制定切合实际的决策目标和方案。

四是事与人的关系。心理效应的存在,要求领导者在追踪决策时要正确处理好事与人的关系,即决策改变有关现实关系,防止因有关人员的消极心理现象而影响追踪决策的进行。

追踪决策必须改变原有决策,这就在有关人员的心中引起了强烈的感情,容易失去公正的客观尺度。同时,因为原有决策已经实施,它就必然使决策对象的内部和外部人员处在既有利害之中。从内部而言,参加原有决策实施的人员,不仅不可避免地对自己的劳动成果充满感情,而且会有命运相系的心理。

在重新决策时,他们容易因前途未卜而产生不安的骚动。这一切会反过来影响追踪决策的进行。就外部而言,任何决策是一个系统,与外界有各种各样的联系,因此也会引起一系列连锁心理反应。倘若追踪决策的论证尚在进行之中,而决策方案的主要精神已经外泄,就会引起某种社会心理的浮动,特别是与之相关的系统就会纷纷采取对策,结果必然会改变追踪决策最初赖以确立的客观条件,反过来严重影响决策的进行。

心理效应对追踪决策的影响,我们不能仅仅从消极方面去理解,而应该积极地利用它。对于上述两种情形,应该采取积极的态度去加以克服。为了克服内部人不安心理状态对追踪决策的消极影响,较好的办法是让不同层次的内部人员了解不同程度的情况,参与追踪决策,以使他们消除心理上的不安。

为了克服外部人员的不安心理状态对追踪决策的消极影响,在追踪决策完成之前,对外必须严格保密,在实施过程中逐渐解密。尽可能做好思想工作,处理好人与人之间的关系,也是消除人们的不安心理状态对追踪决策所产生的消极影响的一个好办法。因此,在追踪决策时,必须做好人的思想工作,在追踪决策完成后,必须做好宣传解释工作。

第五节 领导的多谋善断与决策力

一、领导者多谋善断的决策力意涵与意义

领导者多谋善断就是指领导者善于根据时势的需要和情境进行灵活多样的谋划、及时准确的决断。这是善于决策、善于领导的表现之一,也是做好领导工作的核心要求之一。在实践中,这既是科学含量很高的决策操作过程,也是充分展现个体才华和个性艺术的领导工作;其水平和质量如何,将直接关系到整个领导工作大局,关系到组织目标的实现,关系到整个事业的得失成败。

事实上,领导者的第一要务就是决策。领导者要做好领导工作,就必须首先把决策工作做好。然而,决策却是一件极富挑战性的事情。对于领导者来说,不仅决策的环境、基础和条件总是不断变化的,而且决策的标的、内容和因素也不是一成不变的。这些不同的变化经常不同程度地组合在一起,构成影响领导决策的一系列变数。这些变数使得领导决策经常处在复杂的情境之下,给领导者的判断、调整和抉择带来更大的难度甚至困境。因而,领导者非多谋善断不可;只有多谋善断,才能做好既复杂又困难的决策工作,才显示出优良的决策力。但是,这对领导者来说却是一种压力和挑战,因为这首先对领导者的决策能力,特别是决策过程中的应变能力提出了极高的要求。

在领导工作中,那种进退两难、左右为难的情况是常有的事,而那种可彼可此、选择空间较大的情况则是家常便饭,至于时机降临、需要抓住机遇而怎么抓却又莫衷一是、扑朔迷离的情况就更是常见。这些都是领导决策经常面临的复杂情境和实际变数。在这样的情况下,多谋善断就能取得领导成功,优柔寡断就会导致领导失败。显然,领导者要做好领导工作,就一定要多谋善断。

多谋善断是善于决策、胜任领导工作的一种标准、一个要求,也是领导者必备的一种决策能力和决策智慧。能够多谋善断,就能在瞬息万变的信息境况中随机应变、灵活决断,有效应对,机警互动,进而捕捉机会、抓住机遇,变被动为主动,化逆境为顺境,变劣势为优势,不断取得成功,最终是积小胜为大胜,把长处发挥得淋漓尽致,创造出一系列精彩迷人、充满魅力的领导活剧甚至领导奇迹。

与此相反,头脑僵化,反应迟钝,既不在乎什么具体情境,也不关注什么新的变化,只习惯于官僚主义运作,却不善于临机回应处置,这样就会坐失良机、痛失机遇,把优势变为劣势,把方便变成困难,把本来可能取得的成功化为乌有,把原本不大的被动加以放大到濒临失败,最终使整个领导工作和整个组织都面临空前的危局,造成巨大的危害,甚至带来深重的灾难。这就是说,不能多谋善断者不仅不胜任领导工作,而且会使组织付出巨大代价,会给事业带来严重危害。

领导的多谋善断关键要确保细致周密、随机应变和及时准确。如果漫不经心、粗疏杂沓,那么即使原本聪明智慧,也无法出一好谋,无法成一好谋。古人有句话说:"君不密,则失臣;臣不密,则失身。"显然,领导者在多谋善断时必须严谨周密、灵活应对、及时切要、精确到位。只有这样,才能避免险境、失败或危难,才能避免造成不可挽回的后果而确保不断积小胜为大胜,不断走向成功。事实上,对任何领导者来说,在进行决策时,都要善于根据实际情境来做出细致周密、随机应变和及时准确的谋断。

二、领导的战略谋划和战术谋划

(一)领导的战略谋划

在领导实践中,多谋善断首先要表现为善于进行战略谋划。战略谋划是指领导者对于本组织或者本领导范围内的生存与发展大事进行通盘的考虑、设计和安排。为此,领导者既要充分了解组织内或领导范围内的基本情况,特别是内在的需要、目标、条件和可能性,也要充分掌握当前环境形势和未来的可能情况,而后进行周密的筹划与设定,形成一个着眼全局、整体协调、旨在宏观行动的长远规划或总体蓝图。这种战略谋划主要有如下几方面特征：

第一，宏观性。这主要是指领导者的决策视野总是着眼于工作全局和情境全局。在实践中，战略谋划始终从整体情况出发，根据内部外部的总体形势及其总体的内在相关性，正确把握、区分和确定本组织的实际愿景、可能目标和应该目标，充分估计和把握住组织行动的内在潜力和现实条件，寻找通向组织目标、实现组织愿景的基本途径，确定本组织内上下共同遵守的指导方针和基本行为规则，为整个组织的生存、发展提供长远大计和总体方案。

可以说，这里处处都是从大处着眼，从大事着手，确立大的方向，超越眼下的时空，从整体架构和整体行动上进行构思和规范。这就是战略谋划的宏观性。这个宏观性既是战略谋划的基本特点，也是战略谋划的基本标准。没有这个宏观性，所做谋划就不是战略谋划；只有这个宏观性凸显，战略谋划才名副其实，才能取得总体上的成功。如果只盯住局部、为了局部而不知有全局，这样进行的谋划就不是战略谋划，就一定造成战略失误，一定会给组织带来全局性的被动和失败。

一个单位的领导要使本单位发展良好，就一定要有高水平的宏观谋划；一个地方要在经济社会各个方面实现充分发展，就一定要有真正着眼全局、长期稳定有效的宏观谋划。在现实生活中，从上到下，各级领导和各个部门，都有自己的宏观谋划，制定出切合国情的，特别是自身实际的五年规划。这样的规划都具有十分充分而典型的宏观性，并由此成为能够带来巨大成功的发展战略。正是靠这样的战略，我们的改革和发展，才取得了举世瞩目的成就，即使在某个局部遭到挫折也没有发生严重的后果，没有、也不可能影响到整体的战略走势。

第二，预见性。领导者要搞好战略谋划，最关键的一条就是要有战略预见。当充分掌握了决策的基本依据后，特别是在把握了事物发展的形势后，就要对决策范围内的各种信息进行智慧推导，就要对目前面临的形势及其未来走势有一个正确的估计乃至准确的把握，还要对事物发展规律和变化可能性有一个正确的判断；有些时候甚至还要借助科学手段对未来情况进行精确把握。这样，在进行谋划时，就能看得远、想得远，就能在事情发生之前就先行做出正确反应，先行拿出有效应对方案，从总体上规避某种风险或危机，确保整个组织的未来行动顺利、安全、有效和成功。这就是战略谋划的预见性。

战略谋划的预见性非常重要。它事关该谋划的针对性、切实性和有效性，也事关该谋划的质量和水平，最终关系到整个谋划的得失成败。古人说得好："凡事预则立，不预则废。"这个"预"就是"预计、预见"。搞战略谋划是最需要"预"的最大"事"之一。没有预见的战略谋划，即使有一定的宏观性，也是不能成立的；因为它会变成无的放矢、混乱不堪、没有协调、丧失实践意义和操作价值的"瞎子行动"。而这就是盲动主义，会带来事业上的巨大损失甚至严重失败。

其实，预见性是领导决策的最基本特点和要求。不善于预见或者没有预见，都是不能决策的。这个预见不仅要看到决策环境、决策目标和决策条件之间的实际关系及可能联动，而且要看到目前这样抉择以后组织群体将会怎样做出反应、怎样具体行动并产生怎样的结果。这样，进行战略谋划就可以避远就近、行夷让险地拿出更好的方案，选定更好的路线,事先就能极大减少战略决策实施过程中各种风险发生所带来的震动、所强加的成本和代价。这其实就是决策过程中知己知彼在战略层面上的表现,实质是为顺利达成目标而事先进行并实现问题消除或风险规避的战略博弈。

领导者要善于战略谋划,就一定要有非凡的战略预见能力;并且还一定要赋予并确保战略谋划具有非常充分的预见性。

第三,实战性。战略谋划本身就是在大时空条件下对事务的总体处理,对重大目标和重大问题所进行的博弈互动;是在局部有可能做出让步和牺牲,而从总体上则一定要并能够取得重大进展和成功的系统化行动大计策;是一个组织群体今后行动的总方略和总依据。这就是说,战略谋划的实质、特点、作用和价值都是务实的,是为了并能够解决问题的;而不是笼统的行动宣言。这就是战略谋划的实战性。

实战性这一特征要求,在进行宏观决策时,从每一个战略目标的确定到每一个基本方式方法和途径的确定,从每一个指导思想的提出到基本构思的敲定,领导者都要善于从当时当地有效运作的实际需要、实际问题、实际情况和实际条件出发,把宏大的决策对象当成一个具体的博弈对象。这样才能确保战略谋划是务实的和有效的,是解决问题的。不这样,所做战略谋划就会变成"银洋镴枪头——中看不中用",没有实战性,也就没有任何实践价值。

事实上,领导者在决策中就是要坚决抵制、反对和消除形式主义、文牍主义和本本主义。形式主义搞多了,就容易出现这种没有实战性的战略谋划。文牍主义很盛行,这种战略谋划就会变成一堆废纸。本本主义一出现,就会把战略谋划的实战性窒息殆尽。这些都是领导者在进行决策时必须避免的问题。只有注意避免这些问题,战略谋划才可能确保实战性。

(二)领导的战术谋划

在领导实践中,多谋善断首先要表现为善于进行战术谋划。战术谋划是在战略谋划的框架内,在某一特定的时间段和条件下,就某一局部事项和具体问题采取博弈对策的决策活动。其实,战术谋划是最实际、最具体和最具针对性的微观决策,直接关系到具体组织行动的得失成败。因此,它是最具实践性和实战性的决策活动。它具有如下几方面的显著特征:

第一,灵活性。战术谋划的最大特点是具有最大的灵活性,可以根据利弊得失的实际考虑和当前情况或条件下的最佳选择和最可能好处来构思、推论、研究、确定具体的行动方案,为此有时可以对战略谋划有一定程度的超越或背离。但从总体上说,战术谋划必须确保与战略谋划相一致、相对接,即使加以灵活也仅仅是实现战略谋划的一种迂回策略,而非对战略谋划的真正背离。

领导的情形总是连续不断地变化着,或者是一个接一个地发生,或者是多个一齐出现而变得异常复杂。适合头一个决策的特定情境或者已经变化而对原决策即将失效,或者已经转变成了一种新的状态而使原决策完全不适应。在这个时候,要保持决策有效、领导有力,就必须、也只能作出切时切境、机动灵活的反应和应对。只是这些决策变化都不是孤立进行的,而要基于前面的决策实质、决策结果和决策收效来进行。这就决定了,后一个战术谋划与前一个战术谋划是内在关联、前后呼应的。

事实上，战术谋划重在应景，一时一用，而不是长期长用、大处大用。这就决定了战术谋划具有特别凸显的灵活性。因此，如果一个决策即将过时失效，领导者就应赶紧着手进行及时调整，当然也可视实情或予以放弃，或予以替代。如果一个决策已经完全过时无效，领导者就要果断、彻底地放弃而快速进行新的决策。

灵活性的这个特点要求，领导者在进行决策时必须坚持联系的和系统的观点、发展的和动态的观点来看待每一个决策，来灵活处理领导过程中无法回避的决策稳定性和连续性问题。这即是说，一旦情境变化，领导者不能不作及时反应，不能既不调整原有决策，也不系统、动态地把握各决策之间的关系；必须高度注意、及时避免在决策过程中出现任何教条、迟疑或犹豫不决。在这一点上如果缺乏必要的应变力，就意味着缺乏必要的决策力和领导力，就必定导致决策失误和领导失误，直接产生决策的风险和危险，导致重大损失和领导失败。

总之，战术谋划的灵活性就是要求领导者必须与时俱进、随境而动、随机应变，要因时因地制宜，随时空环境变化而变化；或者调整，或者新构。其核心点就是要确保切实切要、对路对症、管用高效、及时到位。

第二，精密性。战术谋划要涉及具体的目的、时间、地点、环境、条件、依据、方式、手段、物资、人员等诸多因素。这些因素就是具体的变因。进行战术谋划，就是要充分考虑这些因素的优缺点、可组合性以及组合在一起以后的最大效用性，同时还要充分考虑这些因素一旦启用以后可能带来的收益、成效、影响、成本和风险，最后还要考虑如何在决策目标的统一下实现这些因数的最佳组合。

这一系列的考虑是一个非常复杂的掂量和拿捏过程，也是一个"多次方函数计算"的大脑运转过程——这个计算结果就是具体实施某一决策目标的决策方案。很明显，这里每一步都是很精密的，各步之间也是很精密的，为此进行运作的思维过程也是很精密的。这就是战术决策的精密性。其核心是科学性和合理性。

精密性既是战术谋划过程的质量要求和质量特征，也是战术谋划结果的审度标志和评判标准。精密性高，则运筹缜密、思量精明、策略科学、安排合理、方法有效、所有相关因素组合得好并发挥得好，而同时成本低、风险小、收效大，能够很好地解决问题、达到目标。精密性低，则顾此失彼、疏漏有误而"失之毫厘、谬以千里"，上一步与下一步不紧切，整个方案实施起来并不能有效解决问题，动用很多投入、付出极大代价也不能得到多少合理的收益，决策成效极其低下，决策风险极其巨大，决策后果极其严重。

要把战术谋划做得出色，就一定要大力提高决策的精密性。其核心要点就是要运用一切知识、理论和技术极大提高决策的科学性和合理性。

总之，一个精密的战术谋划要做到滴水不漏、完备周密、精巧奇妙，把智慧发挥到极致，把各种可能性都估计得很充分、应对得很切实。只有这样才能真正做到"兵来将挡，水来土掩"，既有力，又有效，取得决策的辉煌成功。

第三，时效性。战术谋划由于是针对具体的目的、时间、地点、条件和对象的微观决策，其实就是在特定范围内的特定决策，没有普适性，只有特适性。这个特适性就是决策的个性，表明这个具体的决策只是适合特定范围内的特定条件和特定需要。一旦这些特定情况发生变化,也就意味着这样的特定决策已经开始丧失特适性;如果特定条件和特定需要完全变化,则意味着这样的特定决策已经没有了存在的基础,当然就没有作用或价值。这样的基本特点概括起来就是战术谋划的时效性。

这个时效性可以理解为"在其境有效,过其境作废",这里的"境"是以时间因素为经,以其他因素为纬,组织起来的一个特定范围。所做战术谋划,忽视时间因素,就会首先失效或无效;忽视其他因素,即使重视时间因素,也不能取得应有的时效。所以,战术决策特别要求把决策者的眼睛完全聚焦到最具体、最特定的适合性上而后进行运筹用智、判别抉择。

三、战略战术谋划的基本内容与方法

(一)战略谋划的基本内容与方法

战略谋划的基本内容和方法有很多,根据现代领导决策要求,主要应把握如下实践要点:

第一,对于总体环境和形势的现状和趋势,要准确把握、正确判断。这以定性方法为主,以定量方法为辅,主要要借助基本的科学数据、客观事实和正确结论。

第二,对于本组织或本领导范围内的基本情况、总体需求和愿望、历史使命和主要职能职责,要有一个完整、正确而清晰的把握,从中提炼出相应的组织愿景和组织目标,并使之成为整个组织群体的共同愿景和共同目标。

第三,对于已经为大众所选择所期待的愿景、所接受所支持的目标,要从本组织或本领导范围内所可能提供的条件和现实基础出发,结合整个领导环境审度可利用的组织外潜力和可能,借助专家智库进行发散式、开放性思维碰撞、认知交流、感悟交换、相互启迪和综合梳理,最终形成一个切合实际、积极有为、路径明确的大思路、大对策。

第四,要充分发挥整个团队的智能作用,特别是第一线经验的作用,有效完善大思路、大对策中的举措要点,使得决策方案更加充实饱满、切实可行、管用高效。

第五,要研制形成一个长效机制来确保所定的大思路、大对策能够长期稳定地贯彻实施。为此,既要把大思路、大对策加以书面化和权威化形成今后工作的大谱,又要制定能够有效约束微观决策的具体机制以确保战术谋划不离大谱。

(二)战术谋划的基本内容与方法

战术谋划的基本内容和方法有很多,根据现代领导决策要求,主要应把握如下实践要点:

第一,对于可计量因素或所有变因中的可计量一面,都要尽可能用精确计算来进行把握和处理。这里包括运用数理知识、统计知识和计算技能,要善于记存和使用数据。

第二,要恰当选用科学的决策模型和决策方法,利用计算机软件和技术,进行精确决策。

第三,对不可计量因素或所有变因中不可计量的一面进行初步的定性分析和合理考量。

第四,要尽量利用好外脑,借助外脑来处理一大堆变因,并由此获得极有价值的信息处理结果;特别是要最大限度地发挥出专家的内行性、卓越性和启发性,由此找到更高明、卓越、全面的可行思路和有效对策。

第五,要尽量整合上述各阶段所做的各种结论、所得到的各种新信息,然后进行获利最大、风险最小的比较判断和抉择。

(三)战略谋划与战术谋划的衔接

战略谋划与战术谋划之间显然是存在明显不同的——其各自的关注点、侧重点、基本特点和基本方式都不相同。然而,它们又属于同一个领导决策,是一个决策中的两个层次,不是孤立存在、特立独行的。它们必须在某种状态下达成统一,形成一个相互呼应、相辅相成的完整决策体系。这即是说,它们之间必须是相互衔接的。

诚如战略谋划方法中讲到的第五点,在进行宏观决策时就要考虑如何确保微观决策能够主动、自觉乃至高质量地服从和维护宏观决策;否则,战略谋划尽管具有实战性,也会被以灵活著称的战术谋划所掏空或架空,以至于战略规划不能得到落实,战略目标不能得到实现。

战术谋划虽然可以、也必须灵活,有时甚至可以超越战略大谱,但是这一切都不是自我个性的胡乱张扬,而完全应该是战略谋划的具体化和操作上的分解活动,都应是围绕战略目标和整个战略规划展开的行动。这就是战术谋划存在价值和必要性的关键所在,也是战术谋划与战略谋划进行衔接的最主要所在。诚如前文所述,战术谋划如果忘记或脱离战略谋划,就会变成从根本上丧失目标和意义的胡乱决策,变成必将导致胡乱、无效而又大量消耗和浪费决策资源的愚蠢行动,会对全局带来严重影响和后果,会造成整体上的被动和混乱。这样,无论战术谋划多么高明,其结果也就只能是失误、失败和对组织的犯罪。

总之,战略谋划和战术谋划是两种不同层面上的领导决策。一方面,两者在决策的基本原理上是相同的,特别是在科学决策程序上是相同的;另一方面,两者在具体的决策特点和取向上是不同的,致使在具体的基本内容和方法上也是存在区别的。注意这些区别,就可以更好地实施这两种不同的决策。

第六节 决策关系的处理与决策力

一、谋划与决断的关系

谋划与决断的关系是在领导决策活动中经常面临的一个最基本决策关系,需要切实把握好、处理好。谋划与决断,通常简称为谋与断,是领导决策的两个基本步骤和两个核心内容,两者之间是一个相互区别、先后相继、共同一体的关系。不同的领导者在进行决策时,对待这两个内容往往存在很大的差异,有的是有谋无断,有的是无谋有断,有的是多谋少断,有的是少谋多断,有的是善谋拙断,有的是拙谋善断,有的则是多谋善断。

从领导实践来看,谋断之间强弱不同是客观的,也是不能指望或要求所有领导者都有同样的谋断水平的,而实际情况是只能就谋断差异进行撇短取长、优势互补才行。唐初,房玄龄善谋而杜如晦善断,所以有"房谋杜断"之称,是谋断互补的最佳决策组合;而当时的李世民多谋善断,不仅能够很好地驾驭这一谋断组合,而且还可以很好地发挥出整体决策优势,所以就能开创一个伟大的盛世。而要能达成谋断良好组合,就要掌握谋断关系的基本原理。

(一)谋划是决断的前提

谋划就是产生想法、初步进行思考、联系实际情况、比较利弊得失、确立目标、寻找途径、寻求支持、获取资源、划分行动阶段、构想对策思路、酝酿行动方案等一系列活动的总称。它其实就是决策的前期阶段,是进行和完成决策的必经环节,是领导决策中最实质、最重要的主体过程。

但是,从决策过程上看,谋划却直接构成决断的前提,是在决断之前发生的,也是必须在决断之前很好完成的基础性工作。谋划如果出现偏差,将为决断带来重大疑难,可能导致抉择错误和决策失误,从根本上埋下隐患,造成严重后果甚至灾难。谋划工作如果做细做精了,就会为决断创造非常方便、安全而又高效的条件。所以,要把领导决策的工作做好,就一定要首先把谋划的工作做好。

从科学决策的原理看,要使决断方便、安全而又高效,就要在谋划阶段首先有一个广大的视野,多几种思路和可能选择,并至少拟订出多套备选方案;而这就是要"多谋"。在决断时就可以比较方便而优质地进行了,首先是能够方便地对多套备选方案集中比较判别,其次是方便从中挑选一个最佳方案并作为正式决策结果。所以,谋划阶段的工作做得好,决断阶段就轻松而方便了。

(二)决断是谋划的升华

决断的实质就是对谋划的结果进行正式抉择,是实质性决策活动的最后一步,也是领导决策的关键一环。如果决断出现误差,那么就意味着整个决策出现偏差或失误,前期所做的谋划工作无论再如何精心释意、准备充分,其努力也都只能付诸东流。反之,决断如果明智、睿智,那么即使谋划存在某种隐微的瑕疵,也能揪之、纠之并完善之,弥补谋划的不足,使决策达成至善。很明显,决断就是在谋划之后出现的最重要决策活动。

事实上,决断是谋划的自然延伸,更是谋划的质的升华。这是因为,谋划仅仅是"想"或"议",还未付诸实施;"想(或议)"再多也不会发生现实后果;而决断则是"做"或"定",是付诸实施的行动本身——只要一行动就会产生现实结果。谋划的后续内容就是决断,在行为逻辑上谋划就必然要发展延伸到决断;决断则必须使来到跟前的谋划发生质变,即把谋划的内容进行最后的质量鉴别和利弊权衡,并敲定最佳的谋划,使谋划得以确定成形、付诸实施并产生显示结果。

(三)谋划与决断内在统一

很明显,谋划与决断虽然在形式上是决策的两个阶段、两种不同目的和功能的行动,但在内容上则是相通的,在行为逻辑上就更是通连一体的。这即是说,谋划与决断原来就是内在统一的。进行决策,是绝不能将谋划和决断切割分开的,而必须统筹兼顾、紧密关联。

据此可知,领导决策既要重视谋划,也要重视决断;不能只看到决断的关键性,而轻视了谋划的基础性和前提性;当然,也不能沉湎于谋划的智慧舒展,更不能沉溺于决断的风光舒坦;终究要做的就是在谋划阶段要最充分发挥所有外脑的作用,也最大限度地发挥自身信息、经验和智慧的优势,而在决断的阶段则要最充分依据谋划阶段所取得的成果进行严谨审慎、认真负责的抉择,高质量地完成主体决策过程。

二、在决策中发挥好领导者的作用

领导者是决策的实际主体和主要责任人。但是,不同的领导角色在整个决策过程中的地位和作用是很不相同的,发挥作用的特点和方式也是各不相同的。把决策班子的作用都充分发挥出来,就能形成一个强大而优质的决策合力,把决策工作做好。

(一)在决策中发挥好一把手的作用

要搞好领导决策,首先就要发挥好一把手的作用。一把手是整个领导决策的关键。如果说领导就是掌舵的,那么第一掌舵人就是一把手。一把手把舵往哪里打,就意味着整条船将往哪里走;一把手不发挥出积极作用,决策一事就基本上要停歇不成。这即是说,一把手是主帅,对决策的影响是巨大的、主导的、决定性的和不可替代的。没有一把手的参与、主导和支持,决策就只能是一句空话。因此,必须最充分发挥好一把手在决策中的作用。

那么,怎么发挥一把手在决策中的作用呢?这是一个大难题,也是一个最现实的问题。不过,从现代领导实践来看,至少有如下几点是可供参考的。

第一,要按照民主集中制原则首先确定一把手与其他领导成员的决策权限和相互关系,并据此明确一把手在实际决策中的具体地位、具体作用和影响范围。

这一条是正确发挥一把手决策作用的大前提。这是实际工作中最难把握好、处理好的问题所在。有些时候,这里似乎界定清楚了,可是一运作起来就乱了套,有的一把手基本不受这种界定的约束,明的暗的、软的硬的各种手段和表现都出来了,为的是把个人的影响力放大到最大限度,竟至于搞"一言堂"、"一支笔"和"一张嘴"。这个时候,这个样子的一把手就是已经做得颇为专断、骄横和集权了,在决策过程中发挥的作用就是极端的和绝对的了;最终导致的是失去民主,也失去科学,决策充满风险和不确定性,充满偏执、疏漏、失误和陷阱,由此导致整个领导工作面临巨大的风险和危机。这样的情况就表明,一把手的作用并没有发挥好,实际是发挥错了。

第二,在谋划过程中主要起着出指导思想、定基本调子、点主要内核、画基本轮廓、指基本线路、引导谋划思路、启迪谋划智慧、汇集各种意见、组织和督促民主参与及科学保证等作用,在决断过程中则主要起着组织发挥全体班子成员的积极性、以更卓越的眼光审度谋划方案、引导决策走向正确方向、投下只有一票作用的一票、下最后决心等作用——这一切就是一把手在决策中的最佳位置和作用。

第三,要组织、引导、协调和督促好整个班子成员在决策过程中适当地发挥出应有的作用,要确保每个成员基本在其角色范围内正常发挥作用,防止他们在决策中越位、缺位、无为、消极、混乱、不协调或者起争端,对于意见分歧较大或者恐怕会带来矛盾和后续隐患的争议要及早觉察并予以消除,确保决策的有序进行。这就是一把手在决策过程中的"弹钢琴"。

第四,要正确对待和处理决策过程中班子成员、大批专家学者和普通群众提出的不同意见,特别是反对意见,做到兼听、包容、睿智和集大成;但是,讲民主也不能无原则,更不能放浪任行,避免无组织无纪律导致局面失控、破坏决策有序推进。

第五,要带头执行决策程序和正确行使决策权,维护班子的团结和整个组织群体的团结,维护决策的权威性、正当性、健康性和纯洁性,防止决策过程偏离主题轨道,防止决策权被滥用和错用,防止决策过程中出现其他不良情况或不正当现象。

第六,要为整个决策的进行与完成提供引导、支持、服务和各种保障。

（二）在决策中发挥好副手的作用

副手是一把手的协同者和配合者,既要独立负责某一方面的领导工作,又要从属于一把手的主导性和全局性的领导工作;既要独立发表意见、充分发扬民主,又要维护一把手的权威和中心地位。副手和一把手的这样一种关系,决定了副手在决策中扮演着特殊的角色,发挥着特殊的作用。具体来说,要发挥好副手在决策中的作用,主要应注意如下一些实践要点:

第一,按照民主集中制原则和分管工作职责,在决策上分别行使不同程度的自主性。这是发挥好副手作用的基本前提。

第二,在全局性和非分管领域的决策问题上,可以作为领导成员一分子、班子成员一张票,平等地发表意见、坚持民主,以党性和责任性来做出反应,进行表态和表决;对于存在的问题、风险和可能的后果要直接清晰地指出,对于很有意义、很有价值、有利全局的动议要给予极大的关注和支持;配合一把手,把好决策关,确保把事关组织群体前途命运的决策工作尽量做好。

第三,在分管工作职责范围内的决策问题上,就不能只作为普通的决策一员,而应该作为主要的决策者之一,不仅要坚持党性和责任性,而且还要始终明确这是在最关键、最重要的地方履行自己应当承担好的职能职责;不仅对具体问题要有主见和思路,能够提出具体的看法、建议和方案,而且还可以做某种程度的强调,表明基本的意志和立场,同时还要善于进行引导、宣传、协调和鼓动,力求争取到绝大多数乃至全面的支持。

第四,对于自己主管的每个决策事项,都要深思熟虑、反复酝酿,不到比较成熟时就决不上会;做到在自己能够控制的范围内首先自己给自己把好关。这里最重要的一条是,不要把两只眼睛都用来关注自己分管范围内的重要事项,而要分一半心来考虑本单位的大局和其他领域或其他副手分管事项,确保在决策酝酿之初就把职责范围内的工作自动自觉地同其他领域、其他工作对接起来,形成本单位一盘棋。

第五,要以平常心和正确态度来对待和处理决策过程中遇到的种种问题,包括决策起草过程中和审议过程中存在的种种差异、发生的种种分歧,以及某项决策的不能通过或者遭到反对,一把手的选择和导向跟自己的倾向不相合,自己的意见正确而实际遭到否决等问题。一定不能暴怒或者抑郁,更不能仇视、记恨和对立;而一定要有包容心、战略心、大局心和长远眼光来看待该事、回应该局和自我把握。

第六,要学会并善于进行事先、事中和事后的沟通协调,把敏感的问题争取事先实现解决或部分化解,以便上会后尽量没有阻力。在审议过程中还存在某些争议和敏感纠结,则要在当时或随后多做交换意见的工作,力争把可能的分歧减少到最小。这里最重要的一条是,必须尽量保持与一把手的沟通并赢得其真心的理解、重视和支持;这将为决策的顺利通过和成功提供最好的注脚。

(三)在决策中发挥好班子成员的作用

不像实际工作中正职主管全局而副职分管某一部分那样均有特定的代表性和权力性,班子成员只有一般的发言权和表决权。不过,在民主集中制下,整个班子,无论正职还是副职,都与班子成员一样,在集体决策过程中的地位和作用是基本一样的,即都是基本的决策者,决策中的发言权均是平等的,每人一票,共同把关。所以,班子成员对于集体决策来说也是同样重要的,在决策过程中要正确发挥出积极作用,为此要充分注意以下一些工作要点:

第一,坚持民主集中制和确保正确决策的原则,对于每个上会的决策动议或决策草案,都要本着对事业、对人民高度负责的精神进行科学审度、深入分析和严格把关,认真、有效地履行作为一名决策者的神圣职责。

第二,对于不成熟的动议或方案,要坚决避免其轻易得到通过;对于有偏颇或缺陷的动议或方案,要指出其问题所在并要求其重新研究;对于看来成熟可行而实际却包藏不测的动议或方案,要及时指出其风险、危险或潜在问题,强调后果与责任,避免糊里糊涂地投下赞成票;对于一时看不透的动议或方案,要提议集体再行研究,待搞清楚、能把握时再上会。

第三,对于不正常的决策程序和决策过程要进行监督,要在班子会上指出不正常现象或问题所在,指出问题的实质、意味、暗示和警示所在,从改善班子作风、提高决策水平和领导能力的角度提出改革意见;在自己实际的职责和影响范围内,有效敦促、努力确保决策活动乃至整个领导工作走向健康正常。

第四,在整个领导决策生活中,要努力成为团结、协调、识大体、顾大局的模范,也要成为促进决策机制科学、民主、规范、透明的主力军,由此确保构成一个具有充分和谐性、胜任性、战斗力和公信力的领导集体。

第五,要在独立自主地发挥出决策一员作用的同时,讲究决策中的沟通、协调和运作的艺术,避免简单化、生硬化、强加化和形式化;特别是在遇到复杂的决策难题、关系难题、利益障碍乃至工作挫折时,要始终保持沉着冷静、清醒明智和原则大义之心,以更大的心灵空间和更长远的眼光气魄来看待和应对复杂局面,更讲原则、也更讲艺术和策略,正确而高明地处理好这类其实并不异常的实际问题。

第六,要超越具体领域、具体利益、具体关系,要综合直接的和相关的理论知识、经验教训和意见主张。要始终盯住本单位、本组织或本区域的大目标、大利益、大命运和主要任务,同时还要始终联系起整个社会、整个国家、整个民族的需要、要求和发展方向,而后坦荡放达、光明正大地用心用智；防范自己被诱导、被影响而蒙尘落土、失去清晰明智。

第七，对于决策中出现分歧，特别是因为自己的主张而导致分歧，既不用闷闷不乐、消极悲观、抑郁成病，也不能使着性子、横竖不管，做一个打着破伞的和尚——无法无天，而要确保沉稳通达、积极互动，或作在原则允许情况下的最大让步，或作更深刻系统的科学分析和理性梳理，而后充分交换意见，力求达成共识，通过科学力量和理性努力来尽量消弭分歧、取得一致；坚决防止走向对立、造成分裂，坚决防止出现其他任何极端化的动向与结果。

三、充分发挥群众和智囊在决策中的作用

（一）在谋划和决断中充分发挥群众的作用

群众是决策的基础。决策有群众的充分参与，将确保决策更加贴近群众、贴近实际，更加具有针对性、切合性和有效性，实际是更有群众基础、更务实可行。事实上，在谋划和决断中充分发挥群众的作用，主要是要注意倾听群众的意见，这是大力推进决策科学化、民主化的需要和重大实践，对改善决策具有最重大的现实意义。

群众对于决策的作用最主要体现在群众在谋划阶段对整个谋划活动的参与上。首先，决策必须是从群众中来。群众的意愿和要求是决策的起点。首先要让群众最充分地发表意见，把他们的意愿和要求最充分地表达出来，由此形成基本的或主要的决策主张，为正式的决策提供实质性原始依据和正宗的主体材料；然后，再将这样的主张和材料放进民主集中的机制中进行加工处理，并形成正式的决策粗稿；而后又将这样的粗稿返回给群众，由群众对决策的价值取向、价值判断和价值选择进行再审度，直到群众认可为止，最后形成正式的组织决策。这样所作的决策就能最直接、准确地反映民心民意，就能得到最广泛的群众支持，能够直接解决群众希望解决的问题，从有效性上直接满足群众的愿望和需要。这就是说，这样作出来的决策能够得到更好的执行并产生更好的结果。其实，这样做就是"从群众中来到群众中去"的群众路线在决策中的具体应用，其具体要点如下。

第一，要坚持"群众利益无小事"的价值导向，始终把群众利益、公共利益放到决策指导思想的首位，要看到群众的目前利益和长远利益，并由此考虑、确定本单位、本组织的未来行动目标和主要任务。为此，要通过诸如与群众座谈、听群众意见、设群众热线等方式充分听取、汇集群众意见，并把这些意见作为每项决策之母，具体酝酿决策思路。

第二，要让群众在决策谋划阶段最充分地发表意见，但是也要对群众进行一定的引导，确保群众都能站在大局、站在兼顾普遍利益的立场上表达意愿和要求，从一开始就显示出很高的姿态和水平，一开始就能够团结一心、和衷共济。

第三，要让群众在决断活动中也发挥一定的参考作用，由群众来为领导决断提供更可靠的掌舵分寸和力度，主要是让群众对可行方案先行充分的酝酿和试抉择，由此形成正式抉择的直接参考；在大是大非、重大决策上，特别是战略决策上，要尽量提高群众抉择倾向在正式决断中的影响比重，最好是主要依据群众的抉择来做出决断。

（二）在谋划和决断中注意发挥智囊团的作用

智囊团是决策的宝物。决策如有智囊团的深度参与，就必定能使领导决策变得更加

科学、理性和精致缜密,具有更大的科学性、高明性和有效性,使决策的质量和水平大幅度陡升。事实上,在谋划和决断中充分发挥智囊团的作用,正是大力推进决策科学化、民主化的需要,是切实提高决策质量和决策水平的要求,对优化决策具有重要价值。

智囊团是特殊的群体,实质是具有不同特长和贡献的专家群。他们绝大多数都有某一方面或某几方面的理论造诣和实践积累,对决策问题可以提供最新鲜、最先进、最睿智的信息、知识、理论、见解和思路,可以在科学性和合理性上提供极其宝贵的参考意见,能够直接或间接地从不同角度提出互补共构、完整一体的决策参考方案,对决策的实质性成形与推进具有不可替代的作用。这些就是智囊团的特殊价值所在。要把决策工作做好,就一定要最充分发挥好智囊团的作用。具体来说,决策中发挥智囊团作用的要点主要有如下五个方面:

第一,最充分尊重和重视每个智囊的专长和成就,以多种激励的方式激发每个智囊独立发挥出相关理论的特殊价值和相应深度的研究意见,让每个智囊都能结合决策需要和决策问题来充分舒展和放达自己的思维触角并因此形成某种思路,确保智囊没有压抑或保留地为决策倾其所有。

第二,要以平等、谦虚和交朋友的态度,以民主的、学术的、研讨的和委托的方式,用开会座谈、单独听取、书面沟通、登门拜访、邀请报告、聘请顾问、立项咨询、共同研究等方法,聚集专家智慧、先进理论、卓越思维,由此打开思路、寻求真知、找到出路、获得办法,使决策在谋划之初就有一个很高的起点和极佳的优越性。

第三,要相信专家的真心,要相信智囊的可靠,要采纳真知灼见,要追求和尊重真理,要绝对警惕和杜绝官本位主义、主观主义、权力主义和庸俗精神介入到智囊对谋划的参与中,要善于汇集、整合和提炼专家贡献出来的精华。

第四,要正确对待、妥善处理专家的独立主张、质疑倾向、批评意见、反对意见、严重分歧甚或明显冲突,要以最大的善意、诚意和包容心来组织、协调和团结这些个性独立的不同智囊,而且要把这些专家由衷当成领导决策获得最真实意见、最有效信息和最宝贵参考的机会和资源,由此确保决策最大限度地避免失误或错误。

第五,要以战略的眼光和做法来对待和利用智囊团,长期听取他们的意见,也长期投入来培养一支最熟悉,也最适合本单位、本部门、本地方情况的专家团队,使之长期伴随领导决策活动来长期、随时地发挥作用,由此使之真正成为领导决策的外脑。

(三)在谋划和决断中还应坚持主帅一定要有主见

由上可知,在整个决策过程当中,作为一个组织、一个部门或一个地方的一把手必然要面对一系列不同角色和作用的决策主体,要经历和应对这些主体对于决策的不同参与、不同活动和不同表现,要驾驭班子内外的不同力量、信息、意见和主张,要确保整个决策不会因为追求科学、民主而最终撒得开、收不拢,要确保决策始终能够沿着正确的方向和轨道正常地运行和前进。而能否真正做到、做好这一切,一把手是否有主见就成为最大的关键。

作为主帅的一把手面对决策的复杂情况,如果莫衷一是、犹豫不决,就会使整个决策活动陷入混乱而归于失败;只有具备明确而坚定的主见,才能有效掌控各种情况、引导和发挥各种积极因素而排除或削弱各种消极因素,把各种积极性、能动性和创造性整合到决策工作中,形成宝贵的决策价值和决策优势,最终把决策工作做好、做出色。

这就是说,要把决策工作做好,主帅就一定要有主见。没有主见的主帅,是做不好决策工作的,也是做不好领导工作的。可以说,主帅的主见就是实际决策过程中富有能量、富有引导性、主导性、区分性、提示性、参考性和整合性等能动作用的最主要组织因素。只有在这一因素的作用下,领导决策才能既放得开,又收得拢;既能充分发扬民主,又能充分确保科学和集中;使领导决策真正得以科学化、民主化,在质量和水平上都得到最大限度的提高。

在实际决策过程中,不仅正式的决策方案可能会有两个、三个、四个或者更多,而且还会因为在关键时刻会出现不同的声音、力量、提法、思路、参照、背景、关系、需要和理由,决策过程容易变成纯粹的角力场,彼此之间都在从自己的立场、利益、目的和主张出发进行实质性的博弈互动、角逐竞争。这个时候只有一把手的主见才能解决问题。一把手有主见,就能判别是非,分清优劣,断明好坏,控制局面,引导走势,适当照顾,综合平衡,最终决断,使领导决策有利于大局,有利于本组织本领域事业的健康发展。这即是说,一把手的主见在决策过程中一般都是关键乃至决定性的;领导决策一定要发挥好一把手的这一作用。

四、严格执行科学民主的决策程序

由前可知,领导决策是一个极其复杂的过程,涉及众多主体因素、客体因素、权力因素和利益因素,当然也涉及价值理念、方式方法和手段途径,要真正做好做到位,没有一个科学、民主的决策程序(具体参见前述的常规决策模型及其中各步程序),或者是不能严格执行科学、民主的决策程序,都是不可想象的。这里的内容有很多,但从实际情况看,其中最突出的重要内容主要有后述三个方面。

(一)形成决策的初步意见后必须进行民主协商、科学论证

形成决策的初步意见是谋划的成形,是决策初期长时运作的结果,而实质则是并不成熟、完善的决策草案。这样的决策草案是不能直接提交决策会议进行最后抉择的,当然就更不能把它当成一个势在必行、不可问质的圣旨;而必须对此再经过一定的意见征求、研讨论证,具体就是要在高水平专业范围和最直接工作范围内,对草案进行细致研磨,做到段斟句酌、逐字推敲、审理要点、明断风险、直劈隘塞、区别高低、分辨优劣、去短添长、探寻新路、反复酝酿、多次修改,最终拿出一个或一套成熟完备、科学高明、可靠可行的决策备选方案。

上述过程就是领导决策过程中的论证程序。只有经过这个程序,才能进入下一个程序即讨论决断,而且要在获得一致通过或大多数通过后才能正式成为权威行动方案。而这只是最起码的决策常识,也是最突出、最重要的一个决策环节。

决策论证工作很有必要,是推进决策科学化、民主化的关键一步。决策实践中凡是想取得成功的或者已经取得成功的,都无不对此高度重视,无不认真加以实践。有很多决策工作做得好、做得很经典的,就是因为十分注重决策论证这一环。比如,长江三峡大坝建

设决策就是善于进行决策论证的典范。这个决策论证使这一决策已经做到了最大限度地排除风险和各种问题、提高安全和总体成效。

但是，在现实生活中，经常违反这种常识的情况却很常见，经常忽视、突破甚或践踏这一环节的做法也并不少见，因为在这一环的无知失范而导致决策程序遭到扰乱、劣化和破坏的情况普遍而严重，这就是决策科学化、民主化推进过程中面临的最大障碍之一。

事实上，在不同层次上有不少领导者确实素质较差甚至低劣，不仅习惯于拍脑袋谋划、拍胸脯决断，而且还十分愿意假装内行、自称高明地纠合出一个决策草案，然后即进行形式化的公文旅行和实质性的机关运作。他们一方面似乎是征询意见而实质是炫耀高明、不可置疑和不可挑战；另一方面则是在正式决策之前对草案中的决策思路进行下达式和执行式的宣传和前期落实运作。这使各相关部门在似乎是研究如此草案的同时，事实上变成了是在提前学习、领会、掌握和准备实施如此没有得到过论证的决策方案；其结果就可想而知——其中的很多漏洞、缺陷甚至错误造成巨大风险和高昂代价，带来长期、深重的危害甚或灾难性后果。现实生活中大量的错误决策教训其实并未远离我们，而恰恰是历历在目、痛感犹新。

（二）重大决策必须集体表决

集体表决是所有班子成员参加投票的正式决断，是以全体决策者的智慧、声誉和责任心为内在支撑的最高组织行为，也是充分发挥民主集中制的优势和科学价值、充分发挥每位决策者的积极性和创造性、防止决策层权力过分集中或滥用的决策原则和决策模式。而实质就是决策集体对重大决策事项所进行的集体把关。

事实上，集体表决是饱含科学、民主精神实质的最重要决策机制。它不仅是正确行使决策权的最重要保证，而且也直接构成科学化、民主化决策程序中的核心环节。正确的决策都必须、也必然会借助并经过这样一个环节；重大的决策则更是需要、也应该通过这样一个环节——这还是现行党委决策制度中必须坚持的一条基本原则。

坚持重大事项集体决策原则与否，不仅是想不想把决策做成功、把领导工作做好的科学原则问题，而且还首先是坚持不坚持党性原则的政治问题。不少班子在决策中常常出现"一言堂"或者一把手"一言九鼎"、不受监督约束的现象，进而也常常造成一系列重大决策失误的结果或严重后果，就是因为违背了集体决策这一科学原则和政治原则。因此，应该明确地说，对于重大事项，搞个人决策是绝对不行的，只有认真遵守集体决策原则方才可行。

（三）认真执行重大决策失误的追究问责制度

对重大决策失误进行追究弹劾是科学、完善的决策体制和领导体制的重要组成部分。其重要性和必要性都是显而易见的，并为各级机关和大多数领导干部所熟知。这一制度在领导决策实践中有时执行得还好，但在很多情况下执行得并不好或者得不到执行。该制度在执行上存在的问题严重影响了决策的质量和水平、决策权乃至整个领导权的正确行使、领导成效乃至整个施政能力和水平的提高。

在领导用人上的决策失误追究起来有时力度很大，很教育干部群众，也有利于极大提高领导素质和领导水平。但是,在领导用财用物、制定和实施政策、上马项目等工作上的重大决策失误就基本上没有追究了。有的领导决策一次性造成几亿、十几亿甚至上百亿的损失,而有的领导上些项目从一开始就不仅是从不添效而且从来就是亏本添耗,有的则是不顾群众死活、不顾群众意愿和要求,有的则是愚弄和欺压百姓或者干脆就是直接与民争利,如此等等,不仅无效,而且有害,则或者视而不见,或者不作为问题来看待,因而从来不追究。

这样,就不仅在氛围上和实际机制上怂恿和鼓励了领导低效、领导无能、浪费无责,由此极大提高了决策成本、领导成本和公共负担,对正在发展起步的公共事业、公共利益直接造成重大损失和危害;而且还给原本健康正确的制度带来致命的破坏和硬伤,而且还直接造成施政能力、执政能力的急剧下降。

所以,要做好领导决策工作,要抓好领导队伍建设,要改进和完善领导体制,就必须认真执行重大决策失误的追究问责制度。

第六章　领导的执行力

第一节　领导的执行力与执行艺术

一、领导的执行与执行力

（一）执行与领导执行

执行就是实施决策，或者说按决策方案办事；是决策之后必须、也必然发生的第二个组织行为。这就是说，领导决策作出以后，就要靠领会、运筹、动员、指挥、沟通、协调、激励、控制等一系列行动来加以贯彻落实了。这一连串的行动就是围绕决策而发生的组织运作，其实就是以"事"为目标、为取向、为主线的领导活动。这些活动就是一连串的执行行为，直接构成具体实施领导决策的操作环节，包括执行性决策、发动落实、指挥实施、推进完成、系统控制和结果担负等环节，也还基本构成在决策之后的领导职责履行全过程。

显然，执行不仅仅是全体成员的工作，而且还首先是领导的工作，叫做领导执行。领导执行就是领导者带头领会和贯彻领导意图、决策精神和方案精髓，采取切实、高效的行动，全面落实领导决策；是领导决策之后必须、也应必然发生的第二个领导活动，实际是整个领导过程的第二个重大环节；如果把领导决策比喻为领导过程的头部，那么领导执行就是领导过程的身躯。

过去，人们常常认为：执行不是领导的活儿，而是下边执行者的事儿；领导就是当甩手掌柜、抓战略的，执行就是只管具体办事儿、抓战术的。其实，这是一种重大的认识误区，忽略了一个基本的客观事实；此即，不仅绝大多数领导者在相对于自己的上级领导或权力来源时是执行者，而且在自己决策之后、在自己主管或分管范围内也都是一个以执行牵头人和负责人为主的角色，在所做日常事务中主要就是推动完成决策的落实即大量的执行性事务。

事实上，决策虽然重要，但执行更为重要；决策要花大量的时间精力，执行却更要花多上几倍、几十倍甚至上百倍的时间精力和人力物力。这个执行过程是始终需要领导的，要靠领导来启动、引导和推进；如果没有领导，执行就会松弛散乱甚至虚幻迷茫以至于乱耗投入、却无果而终。如果领导者在完成决策之后仍停留在决策环节，那么领导过程就会立即变成有头无身、有虚无实，领导工作就会变成哗众取宠、虚空不实的闹剧，这样的领导者就是一个彻头彻尾的办事不力、成事不足之人。

现实生活和领导实践都告诉我们：执行不仅同样是领导者的活儿，而且还是领导的大量日常工作或者常规事务。执行不仅为领导所天然含带，而且还成为事关领导得失成败的又一个关键因素和重要过程；领导者不仅天然具有执行的职责和任务，而且天然就要通过抓执行来抓决策的贯彻落实工作，特别是还要带头抓、从领导自身先抓起。决策之后，领导工作到底如何，就看领导执行做得怎么样了。

可以说，没有这个执行过程，决策再好也不会有结果；没有领导执行，领导过程就会有头无身、更无结果，领导决策就会落空，所做决策努力和所期领导绩效都只能等于空谈，领导也就只能是一句空话。说穿了，领导执行实际就是最实质的领导活动之一，其中包含并运用了大量的权力权威，是体现在操作行动上的领导力，是按照决策方案来具体组织和投入领导资源并将其转化为领导业绩的资源效用过程。

（二）执行力与领导执行力

执行力就是理解、贯彻领导决策精神要旨的能力和效力，集中体现为对于决策意图和方案的理解力、行动力、贯彻力和结果力。

领导执行力就是领导者带头理解决策实质和方案要旨并将其转化为组织运作举措、成员行动和工作成果的能力与效力。它集中体现为对决策意图与方案的理解力、行动力、贯彻力和结果力，依不同的领导执行环节而又分别表现为以理解把握力和统筹安排力为核心的执行性决策力、发动落实力、指挥实施力、推动完成力、系统控制力和结果负责力。

领导执行力实际上就是领导者结合具体工作情境开始具体落实、实施、体现和实现主导力与应变力的第二步行动保证。没有这个执行力作保证，无论主导力和应变力还是决策力就必定会变成空谈。因此，对于领导者来说，要做好实际工作，就一定要有优良的执行力。领导执行力越强，领导成效就必定越大；领导执行力越弱，领导离胜任和成功就越远。领导者要胜任、要成功，甚至要走向卓越，就一定要具备优良的执行力，确保善于执行，甚至要非常具有创造性地开展执行。由此可知，领导的执行力就是最重要的领导力之一。

然而，领导者要有良好的执行力，首先就要善于吃透决策精神，要善于将决策意图和领导要求进行具体化和工作性细化，并依据本单位、本部门的主客观条件和实际资源情况，实事求是地进行运筹部署、做好计划与安排；要善于发动组织成员一起行动，给引导、给指导、给帮助，使之克服畏难回避、消极被动和凑合应付等等负面心理，以提高其积极性和主动性，发挥其最大潜力，作出其最大努力，确保其按时按质按量地完成工作任务。

与此同时，领导者还要善于沟通协调和进行精当指挥，确保组织资源的调配、配合和整个组织体系的运作得以和谐协调、高效低耗；还要善于采取包括激励、督察、问责等手段在内的行动来施加组织影响，给责任、给压力、给动力，加强其能动性和责任心，敏锐发现、及时化解心理隔阂和分歧矛盾，坚决反对和抵制、及时消除和根绝无原则纠纷，确保大家齐心协力、团结协作、促成合力，确保每个成员和整个组织都能按时按质按量地顺利完成任务、达到目标。当然，除此之外，领导者就是要善于以熟练和专业化的操作来兑现决策意图和领导要求，还要善于抓目标管理、过程管理、质量管理和绩效管理并将其同领导执行过程完全对应结合起来。只有这样，领导才有充分的胜任性。

这里有一个误区需要特别防范，即所谓执行属于细节，而细节却决定成败。细节是普遍存在的，决策中也存在细节，战略中也存在细节，即使是原来总把领导定位于战略层面

209

的观点和实践中也有细节,怎么能简单地将细节与执行画等号呢!执行虽然要关注细节,要通过抓细节来把工作做扎实了,但也决非靠细节来把握成功,而是仍然要靠把握工作方向和工作实质,要靠战略战术的把握和结合。

对于执行来说,细节很重要,甚至事关得失成败;然而,事关得失成败的因素有很多,诸如天时、地利、人和、战略、资金和技术等,而并非仅仅是细节;细节在其中的作用只是基础性和实在性的,所谓关键性和重大性只有在特定条件下才偶有可能。因此,细节一般不是关键因素;也不能说细节决定成败。被誉为成功学鼻祖的美国演说家罗曼·文森特·皮尔的所谓名言"态度决定高度,细节决定成败",显然是一种想当然,实际则是一种误区。

二、领导的执行力与执行艺术

由于执行就是处理事务,也就是通常所说的办事,其最大特点就是事务性,所以,领导的执行力还可以简要概括为领导者的办事力或者处理事务的能力与效力,在实践中则主要表现为领导者处理事务的艺术,亦即领导执行艺术。显然,这正是一门实用化的领导行为艺术。

从实践看,实施不同的执行艺术,执行效果就大不相同。高超的执行艺术,可以确保在处事过程中投入少、消耗小而产出多、收效大,直接形成很高、很强的执行力。反之,如果不讲艺术、愣头直行,或者不切实际、艺术低下,那么就会招致许多不顺和困顿而很难顺利、高效地贯彻落实,甚至会招致很大的阻力和痛苦而事倍功半,甚至功亏一篑、无功而返;虽有大投入、大消耗且大做努力,但也不得其要、不得其果、无所成就、无以成功。

在实际工作中,总是有一些领导者习惯于事必躬亲的做法,事无巨细都要管,辛辛苦苦很勤奋,忙忙碌碌无闲暇,"日理万机"无尽头。这从表面上看似乎很努力、很奉献、很负责、很细致深入,但其实则不然,常常是结果适得其反,主要是容易出现不分轻重主次、不分上级下级、不分各自责任,造成忙闲不均、忙者愈忙而闲者愈闲、闲者乐得懒惰推责而忙者凭空多累担责,不仅下属常常是想干事而不得干事、想下手而无从下手,而且是领导者常常是替代下属、劳而无功,在客观上压制了下属的积极性、主动性和创造性,改变了分工协作的制度安排和合理机制,使整个组织运作和责任关系陷入混乱和被动;正所谓"吃力不讨好"、"出力不会干,干得上下都埋怨"。这就是没有领导执行艺术的结果。

因此,在处理日常工作事务的实际工作中,领导者就一定要讲艺术;只有讲艺术,才能创造出领导的精彩,才能成就和证明高超的领导执行力。而所谓讲艺术,就是领导者要善于合理得体、巧妙高明地处理事务,前提是善于学习、掌握和运用执行艺术或办事艺术,要在日常工作中不断提高和优化领导者处理事务的艺术。只不过,领导执行艺术往往很具体,而且主要体现在各个环节的执行行为和活动之中,需在后续各个执行环节专论、专修和专为。当然,领导执行艺术也有集中表现和可以一般把握的形态,主要是体现在执行过程整体之上的一般执行艺术。这个一般的执行艺术有着极其丰富的内容,但更突出的实践要点主要如下:

第一,转变和抛弃不讲规矩、打破常规来做常规事务的习惯与作风。在执行过程中,领导者要把自己的注意力和焦点实际定位于牵头负责各项执行活动的总体把握和主线主导上，还要把这一条作为自己在工作中实际要抓的大事，把它作为自己的主要工作亦即正业。

第二，重在积极执行，谨防消极执行。在执行过程中，领导者要重在积极执行，也就是创造性地理解、把握和实施决策要义，要从抓住战略机遇、战术机会和一切有利条件着眼来考虑如何务实高效地实现决策；而不是等待、局促、死板甚至打折扣、偷工减料、不顾效果和结果地消极执行。

第三，扎实稳妥、稳步推进决策落实工作。在执行过程中，领导者要确保每步执行工作都是见效的或有效的，力争低风险而高顺利，确保稳中求进、稳中求快、稳中求效、稳中求成；但与此同时，还要谨防稳步变慢步、变小步甚至变停步。

第四，抓住关键，突出重点，做好重头工作。在执行过程中，领导者要善于抓关键、抓重点，使执行工作始终是重点突出，而不是"眉毛胡子一把抓"、"大事小事一通揽"、"一竿子插到底"、"捡了芝麻丢了西瓜"，等等；要确保集中精力抓重点问题、办重头事项和做关键业务，而不要总在不知不觉中变成了一个"瞎忙的人"和"吃力不讨好的人"。

第五，有所为而有所不为，增强工作的务实性和艺术性。在执行过程中，领导者要分清楚、把握住执行要务的实况：哪些可为和必为而哪些又不可为和应戒为？哪些可多为、快为和重为而哪些应少为、慢为、轻为？不要把明天做的事拿到今天来做，不要吃消化不了的东西，不要背负超过自身能力极限的重物，但要竭尽全能和极限去抓住机遇、争取最大的成功，由此确保执行行为机敏明智、务实切实、有效有力和最后成功。

第六，先谋后动，动则必成，增强执行的务实性、责任性和成功率。在执行过程中，领导者要继续发挥主心骨的作用，就是要率先做好或者引领成员一起做好执行性决策工作，主要是根据决策目标、任务轻重、时间裕迫、工作条件，特别是人力保障等众多因素来考虑如何实施决策，确保科学务实、综合平衡、积极平衡、扎实稳妥、稳步快进。没有这个谋划，执行工作就有可能出现乱局，不能在行动中确保各方面协调一致、形成合力和推力。

第七，信任成员，倚重团队，做好任务分解、分配和落实到位的工作。在执行过程中，领导者要善于动员和用人，要借助整个团队来把决策落实好，主要是要把本可交付给下属或者本已分派给他人的工作或事务交还给其本来的担负层和担负人，把自己从这种原本不在领导层次、不应由自己负责处理的繁杂负担和琐细事务中解脱出来，只抓大节、抓大动、抓大为，确保整个团队的执行工作是有主有辅、互助协调，从领导者到普通员工的执行行为均到位而不越位。

第八，动中求静，静中求动，随时反思以改进和优化执行工作。在执行过程中，领导者要善于求静，要从繁闹中抽身一边，仔细打量操作上的出入妥否，对执行行为进行操作性的利弊反思和调整。这里有两方面要务应该把握好、处理好：一是先把各种行为问题找出来，并对这些行为问题进行分类分析、分别处理，包括调整或替代；二是将实际事务进行分类排序，分清其轻重缓急、主次先后，确保有重点、有中心、成体系地开展工作。

总之，在执行过程中，领导者要善于从总体上考虑和把握工作安排、工作进程，确保各方面工作有轻重、有主次、有节奏、很协调地安排开来、运行下去，使每项工作都能有条不紊地推进而绩效可期，此即善于"弹钢琴"。只有这样的领导才是精明干练、得体明智、求真务实、卓有成效的，也才能得到上级欣赏和下属敬佩。

第二节　执行性决策与执行力

一、执行性决策的实质与基本要点

执行性决策本质上和基本原理上都属于决策范畴,但在内容实质上和实际特点上却只属于执行的范畴。作为决策范畴,执行性决策与一般决策的机理和基本做法是相同的;但作为执行范畴,执行性决策就有自己的特定含义和性质,特指为了贯彻落实领导决策、通过具体实施决策来实现领导意图和组织目标的执行性谋划与安排等活动,其实质就是对任何执行决策及执行进行总体考虑和运作设计并以权威方式付诸全组织实施。

事实上,执行性决策的主要职能、任务和价值在于就如何兑现领导决策而专门进行工作安排。从总体上看,执行性决策是整个执行过程的第一个环节,是决策在颁行之后、进入执行阶段首先遇到并经历的第一个程序,实质是将决策信息向操作信息转化的关口。只有在这个关口不发生信息偏差、信息流变或信息失真,才有可能确保决策信息在整个执行过程中不会发生偏差、流变或失真,才有可能确保全面贯彻落实领导决策。否则,领导决策就会在执行过程中走样甚至变样,与当初的决策目的和目标就会渐行渐远甚至南辕北辙、完全相反。因此,执行性决策对于领导决策乃至领导成功来说就极为关键、极端重要。

现实生活中的领导层与执行层经常出现的所谓“上有政策、下有对策”,就是首先在执行性决策这一环节展开的相互博弈。执行者在对如何落实贯彻领导决策前总是在朝着有利于和方便于自我用意的方向来加以理解和解释,并由此形成自己实施该决策的行动设计与安排。这就是领导决策在执行的第一环节就开始被变异、加塞、扭曲和失真了。这样就必定是没有什么执行力了。

当然,缺乏必要的变通,不能适应本地区、本单位的特定条件和可能性前提等客观情况,而一味地生搬硬套、机械僵化和强硬死板地解释和实施领导决策,也同样会出现走向变异乃至相反的状态,导致决策失败和领导失败;这不是决策信息操作化的扭曲或失真,而是决策信息的环境对接不足、可操作性不足和操作化失败;其实是没有执行力的另外一种极端表现。

其实,在执行性决策这一环节出现的问题有很多,对执行乃至对决策和整个领导的得失成败都影响很大,甚至很关键。当然,在这里可以注意并做好这一工作的要点也有很多;但大体来说则主要有如下六个方面的基本要点:

（一）充分领会和把握领导意图与决策精髓

这是将决策信息转化为操作信息的第一个关口。领导决策颁行了,要通过本地区、本单位、本领导来贯彻落实,那么就必须首先在这个关口得到尽量百分之百的通过。在这个关口的领导者是第一重要因素;只有这里的领导者精确了解、全面把握、充分吃透领导的意图、决策的目标和方案实质,才能确保执行第一关不会发生不当的信息过滤和信息附加,进行确保执行与决策得以准确、顺利的对接。

可以说,大多数执行不好的决策,就是在这一环节的第一个关口出了偏差。所以,确保接受、掌握和理解领导决策的真实性、完全性和忠实性就成为这个关口工作的质量标准。只有达到这个标准了,才意味着在这个第一关口就有了良好的执行力;只不过,这个执行力实质就是领导意图和决策精髓的理解力与把握力。这是做好执行性决策的基础和前提。

(二)进行统一考虑、周密运筹

领导决策虽然包括预期结果和行动措施等内容,但只是解决某种实际问题的权威方案。要将这样的方案付诸实施,特别是要具体落实到有关部门、有关人员的身上,转化为他们的日常工作任务和实际工作行动,则还必须进一步制订周密的实施计划。这个计划就是通常讲的工作安排,就是为动员、协调和配置本单位、本区域的有关力量和要素来实施领导决策而做的统筹考虑与设计;其实质是领导决策从决策信息自在化朝着与执行者主客观因素相结合的决策信息操作化。这是执行性决策的第二关口、第二环节,是决策信息在进入执行过程或程序之后的最重要环节,是最关键的决策落实环节。这里的能力和质量高低将直接决定能把领导决策落实到什么程度,是最能体现执行性决策力乃至整个执行力的关键和核心。而此处的这个执行性决策力实质就是领导者的统筹安排力。

(三)酝酿一个有效实施决策的工作计划

这是在对工作进行通盘考虑、总体运筹的基础上,对具体工作计划所进行的深度推敲和把握。这看上去似乎有点务虚,但实际上却是执行性决策所必不可少的一步,是从思想认识上对全局工作形成一种综合的具体把握。这主要包括以下四个方面的要点:

第一,围绕工作任务进行总体的推敲和把握。这里有两个总体维度需要加以充分的考虑:一是根据决策目的和目标本身的要求及方案实施中遇到的主要矛盾,确定决策实施的战略重点、战术要点;二是根据决策实施的战略重点、战术要点及每个时期所可能提供的条件和所可能达到的水平来确定决策实施的战略步骤、战术步骤、时间安排、因素调配、资源配置、行动组合和标准要求。

第二,对工作任务做具体的推敲和把握。这里的具体要求和具体要点主要有六点:(1)准确认知工作目标的高度与要求;(2)准确判知达到目标的难度和要件;(3)准确把握完成任务的标准和要点;(4)准确预见完成任务将涉事物关系;(5)准确选择完成任务的切入点和路径方式;(6)为准确执行和完成任务做好周密的前期认知准备。

第三,对完成任务的主客观条件做综合判断。这是在进行任务分配或下达之前所做的再一次决策性审视和推敲,对工作计划进行深度的运筹谋划。这里的决策考虑纬度和内容主要包括如下五个方面:(1)工作能力,即基于自我经验和能力、员工平均经验和能力的适应性与胜任性;(2)工作基础,即完成任务所赖的既有工作基础以及各种相关的工作约束性;(3)工作幅度,即完成任务所需要时空的约束性;(4)工作量,即完成任务所需人财物的约束性;(5)工作法,即完成任务所选方式方法的约束性。

第四,对工作规划和安排考虑实行弹性原则。推敲确定计划、考虑工作安排的过程中,领导者对于行使职能、确定具体目标和任务时要留有余地,确保目标在执行过程中能够需要适应客观事物的变化,有条件、有空间得到及时的修正和调整并实行柔性的动态的管理。这就是弹性原则。弹性可分为积极弹性和消极弹性两类。积极弹性要求领导者处理事情"多一手",进行科学预测,不仅在关键环节保持可调性,并且事先考虑内外部可能出现的一些意外情况,而预备好可供选用的多种调节方案,防患于未然。在领导实践中,主动运用积极弹性在领导活动中的重要作用。消极弹性是被动的,把留有余地理解为"留一手",在特定条件下虽然也可以有限运用,但还是要多着眼于积极弹性。

总之,这一步是在领导者主观层面范围内把落实工作做得更扎实、深刻的重要环节,对执行性决策乃至整个执行活动能否做得细致深入、周密可靠具有重要作用。这里的主旨在于要拿出一个实施决策的整体意见或设想,最大特点是最大限度发挥领导者在致力于执行时的主观能动性和务虚性。

(四)具体制定出具有完全实战性和责任性的决策实施工作计划

这是执行性决策产品即执行方案的产出环节,是形成决策实施意见和工作计划雏形的关键一环,显然是正式形成核心执行力的最重要一步。这里的核心是要把决策意图和领导要求转变成进行具体操作的目标和任务,并将工作目标、任务、时限转化成进度表。

这一步具体包括如下五个要点:(1)把决策意图提炼成任务名称;(2)把领导要求转化成工作方向;(3)把任务和方向变成工作主线;(4)把工作主线转变成工作投入的具体安排;(5)把总目标、总任务转化为阶段目标和任务,构建出一套执行目标和任务体系。

这一步的核心在于,领导者要根据目标和任务体系和客观情况,以时为经,以事为纬,实事求是地设定实施决策的精细工作安排表和进度表,使整个任务进程都按照并掐着"时间点"。在此间的领导工作重在将转化和兑现决策意图的所有想法都纳入工作日程、变成操作安排,而不要有意无意地就脱离了工作主线,转移了注意力,或另立工作主线而错用了努力。

(五)把工作计划完全任务化

这主要是根据领导意图和决策要求,将工作安排转变成工作任务。简括而言,这一步主要包括四个要点:(1)将工作进度表转变成工作意识和工作约束;(2)使成员从理念到行动都统一到工作主线上;(3)使每个执行主体都明白各自应该做什么、怎么做、做到何种程度、应在何时做好;(4)把决策意图依工作计划或操作安排具体转化为一个个有效的执行行动。

这一步的核心机理在于:将工作目标从内容上分解为各种不同层次、性质和特点的分目标,每个目标都要确定明确的质量规定、数量规定和进度规定,并以合适性为标准将这些工作目标权威配置或指定分配给各有关部门、单位、岗位和个人,成为这些主体必须承担的任务和责任,由此确保决策实施计划或工作安排的层层落实,也使整个执行系统成为一个既有分工、又有协作的目标责任系统和任务承担系统。

应该说,这一步是决策信息经由接受、转化之后的具体落实化环节,是执行性决策的关键环节;其实质是发出实施决策的任务安排指令。没有这一步,就等于没有执行性决策这一步,不仅此前各步执行性决策活动将前功尽弃,而且还将因为在亟需用力促使工作计划转化为组织成员的工作任务和行动时乏力、缺位而使整个执行在关键时刻掉链、失败。所以,领导者在抓这一步工作时特别需要引起注意和重视,能不能办事、办事得力不得力很大程度就看这一步。

(六) 进行通体运作考虑和配套应对

这是执行性决策过程的收官环节,是辅助性产生完全执行力的最重要环节和活动。这主要是根据实际需要和实际情况,从组织理念、共同愿景和组织文化,到组织制度、组织机制和行为规范,都进行一系列的审视和考虑,或改进,或重构,制定出更合乎时宜的新范式、新举措,包括构建一套质量体系、标准体系、运作体系和有效管理手段与方式体系,诸如奖惩措施、激励措施、问责手段、有效调控手段等,由此确保工作任务的顺利落实和完成,确保整个决策实施工作得以协调平稳地推进,确保领导意图和决策目标得以最后成功实现。

总之,实施领导决策是一个费时费力、涉及许多因素、涉及方方面面意愿和力量的执行过程,是一种必须事先充分理解和把握决策精髓以确保准确执行的工作。其中的关键就是要做好执行性决策工作,由此确保领导意图和决策精髓能够贯穿于执行活动的各个环节之中。其核心就是要求领导者要围绕决策实施的目标要求、主客观条件和具体情境反复推敲、仔细思考、周密安排、稳妥配置,由此确保执行性决策信息流在各步决策行动中得到充分的落实。

二、国外关于执行性决策的有关理论

(一) 目标管理方法

著名管理学家彼得·德鲁克(Peter F. Drucker)首先提出了一个著名的执行性决策理论即目标管理方法。这个方法以工作目标为中心,以科学方法为手段,以个人能力的充分开发为基础,鼓励每个成员积极参加目标任务的确定、分配和领受等活动;与此同时,领导者还要使每个成员在目标的实施过程中实行自我控制,自动自觉地完成本职工作中所承担的目标任务,确保总体任务的完成和组织目标的实现。其具体要略如下:

第一,进行目标分解。基本方法是将领导目标按单位内部的机构设置和组织层次自上而下依次进行分解。分解的要求是纵向到底,横向到边,即分解到每一个岗位和个人。领导目标自上而下层层分解,自下而上层层保证,互相联系,上下贯通,形成一环套一环、一层接一层的目标体系。

第二,制定相应对策。基本方法是按照层次,通过诊断分析,找出各部门实际情况与目标之间存在的差距,对这些差距进行归纳、整理、分类,找出必须解决的问题与问题点。针对问题点进行研究,制定对策,有的放矢地采取对策,缩短现实与问题点之间的差距,保证领导目标的最终实现。

第三,进行目标协商。在领导工作中,在上下级之间,总是要围绕目标的分解、目标的落实进行思想交流和意见商讨,这就是目标协商。在目标协商中,在维护领导总目标基本内容的前提下,要尽量尊重下级目标执行者的意见,这既有利于目标的统一,又有利于调动各方面的积极性。

第四，明确目标责任。在目标协商得到落实后，还要进一步根据每个人所担负的目标、任务，明确各自所应承担的责任。即明确在领导目标的实现中各自应该干什么，怎么干，干到什么程度，达到什么要求等。这样就能在目标实现过程中进行自我控制，充分发挥各自的主观能动性。

第五，编制目标图表。为了使每个人更直观地了解各自的目标和目标责任，要编制目标图表，用图表的形式，将总目标、分目标及目标对策、目标责任等主要内容综合编制在一起，并公之于众，使每个人都能一目了然地明确总目标和自己的分目标，知道与自己有关的其他岗位在做什么，便于相互沟通、互相提醒和互相鼓励等。

第六，重视目标成果评价。目标成果评价是实现领导目标的最后阶段，也是下一个领导目标循环的开始。由于目标管理强调成果，重视评价，所以在实施目标的基础上，必须根据原定目标对实施结果进行客观评价。正确的评价有利于激励先进、教育后进，有利于总结经验，改进工作，有利于下一个循环达到更高的领导目标。

（二）"SMART 原则"

"SMART 原则"是目前西方在决策实施的工作计划管理上盛行的一个方法。西方国家和企业习惯于用这个方法来具体设定工作任务。这个方法称为"聪明的原则"，但胜似聪明原则。它其实是五个执行性工作原则的头一个字母的缩写合称。

这五项执行性工作原则是：(1)S：Specific，即把握目标的具体性；(2)M：Measurable，即把握目标的可衡量性或可测评性；(3)A：Attainable，即把握目标的可达到性，即务实可行的目标，而非好高骛远的目标；(4)R：Relevant，即把握目标的相关性；(5)T：Time-based，即把握目标的时间性和期限性。

其实，这个方法远非仅仅用于执行工作之初的计划安排，而且还充分照顾和适应于对整个执行工作进行绩效管理的需要、机制和运作；确保工作任务是前后一贯的，也是切实具体的，更是踏实可量的。当然，它的主要作用在于能够把工作计划安排得非常细致、具体，也就是能够把组织目标和运营任务科学、精确地细化，具体分解成可分配、可操作、可衡量、可有效实施绩效管理的细化指标。

第三节　领导的动员与执行力

一、动员的意涵与原则

（一）动员的意涵

动员就是发动、启动的意思；在执行中，就是指为落实决策方案而发动所有相关人员、阶层、力量和资源并把这一切都聚集到落实决策、完成任务的过程中。实质上，发动就是对执行人员及有关人员有目的地施加有说服力的影响，借助于这种影响，把决策意图灌输到他们的意识中去，促使和引导他们的行为向着领导者所希望的方向发展。

动员既包括了对决策的宣布或公布,还包括了领导者对决策执行者及有关人员的教育、说服和鼓动。动员不仅是决策执行的一个主要方法和手段,也是决策执行活动不可缺少的有机组成部分。这里对于执行的贡献就是形成一种号召大家投入实干的发动落实力。

但在要对人们的眼前利益和固有观念作重大调整和改变的情况下,动员的作用还表现为要说服人们,促使人们改变观念,提高认识,正确对待和适应社会利益的调整和社会观念的新变化,这是动员的一个更为艰巨和重要的作用。动员还要通过控制舆论趋向,创造特定的舆论环境来引导、劝说、规范人们的思想和行为,为决策的顺利执行提供保证。

事实上,领导决策即使颁行了,也不会自动地被执行或被充分完全地执行,甚至也不能自发地被人们所接受。领导决策制定者了解领导决策,并不等于各级领导决策执行者都能一样了解领导决策;作为领导决策执行者,了解了领导决策也不等于作为领导决策对象的广大人民群众都了解了领导决策。显然,这里需要做一样工作,那就是动员;由此来让所有相关者都了解、熟悉、接受和支持领导决策,也就是接受直至愿意支持、积极拥护、认真落实领导决策。只是这样的动员过程很花气力,也很需要讲究方式方法和领导艺术。当然,其中最重要的就是要通过动员使群众认识到决策和他们的切身利益之间的紧密关系,使他们自觉自愿地接受和执行决策。只有这样,决策的执行才能获得坚实的基础。

应该说,在决策本身能够符合和满足人们利益的条件下,动员的目的是要加深人们对决策的理解和认同,推动人们努力去执行决策,这是动员的一个重要作用。

(二) 动员的原则

第一,启发说服的原则。这是正面引导、积极互动的原则,核心是理性说服、以理服人。

动员不是发号施令,更不是恐吓或强迫乃至限制人的自由;而是通过摆事实、讲道理,对人们进行正面引导和教育。决策执行过程中的动员活动的直接目的在于,要使群众按照领导者所希望的方向去领会决策的内容,改变自己的行动或观念从而接受决策、执行决策。因此,动员就必须具有说服力,能使人感兴趣,使人信服。

如果群众和决策者的想法完全一致,动员就只是一种告知决策内容的作用,但实际上这种情况是很少的。人们的认识角度是不同的,认识水平包括对自己切身利益的认识也是不平衡的,再加上一些陈腐的观念和特定条件的影响与限制,并不是每个人都能正确认识和理解决策的真实含义,所以动员必须承担转变人们观念的职责,承担说服的职责。

第二,及时适时的原则。这是注重时效、避免失效的原则,核心是确保鲜活和现实性。

动员要及时、适时和迅速,确保不失时机、确切到位,确保对目标、任务和事件能够做出最先、最实、最可信的解释,不仅能迅速吸引人们的注意力,而且能在人们心目中留下深刻印象,具有先入为主的动员收效。而与此相反,试图消除这种影响的动员则要困难得多。

决策执行是一个动态过程,作为执行决策重要方法手段的动员,要随着执行过程的发展变化,适时地进行,以收到更好的配合效果。在这方面,动员主要有如下三种:

(1) 事先动员。这是指在决策正式实施之前对决策的内容和背景的说明与解释、号召和鼓动、激励与鼓舞等;另外,还包括为决策的执行做好相应的舆论准备和宣传。

（2）事中动员。这是在决策执行过程中进行的动员活动。其目的是传播正在发生的事件的有关信息,使人们在最广阔的背景下正确理解和分析正在推行中的决策,针对人们在决策执行过程中出现的思想认识问题进行说服和教育;还承担引导和指导决策执行过程和相关舆论变化的功能。

（3）事后动员。这主要是通过对决策实施结果和对实施过程中的事件的解释和说明,巩固决策的成果,或者为决策修正、发展或终结提供舆论准备。

第三,用实事做解释的原则。在动员中利用现实事件可以提高人们对宣传内容真实性的主观评价。当代社会发展速度很快,各种事件接踵而来,人们不可能对自己碰到的所有事实都进行详细的分析,不可能在更广阔的背景下了解某一事件,确定它与其他事件的联系,它的意义和可能产生的后果,人们也并非始终具有足够的经验、知识和见识对事实进行正确的解释。所以,大多数人都乐于接受对事实进行的适当分析和解释的动员手段。

第四,个性化原则。动员始终是面向广大群众的,但一般来讲,领会程度因人而异。动员的措施之所以会产生不同的效果,一定程度上取决于社会中人们的社会地位、生活经历、所受教育和周围环境等方面的差别。这些特点极大地影响到人们的利害关系,影响他们对各种信息的选择和接受。个性化原则要求动员应针对每个人的特点进行,就是"一把钥匙开一把锁"。这个原则在我们党的思想政治工作传统中占有重要的位置。

二、动员的内容与方法

（一）动员的内容

动员的内容包括两个方面:一是领导决策本身,包括决策的公布、宣传、解释、说明等。二是实施决策的工作计划与任务安排,直接为落实决策和工作计划服务。

决策公布并不是一个简单的问题。决策公布的内容含混不清,或者相互矛盾,人们分析决策公布的内容时出发点和理解不同,都会给决策执行活动带来不同的影响。决策公布既要有时机的选择,以便把握决策的时效,在社会上产生特殊的影响效果;也要有范围上的控制,对决策执行者和决策对象以及对这一部分决策对象和那一部分对象,采取有区别的原则,以利于决策的执行。决策的公布还是人们认识和看待决策的重要窗口。尽管决策的公布和决策的结果之间可能存在重大差别,但决策公布给人们造成的影响,仍然是人们评价决策的一个重要方面。因此,在实际的动员过程中,决策的公布往往不是对有关决策内容信息的简单传播,而是和决策的宣传、说明紧紧结合在一起的。

对决策的宣传、说明,就是通过各种有影响力的渠道和方式,向决策执行者、决策对象和社会各个方面传播决策的合法性、合理性、必要性和效益性等方面的信息,以获得决策执行者和决策对象对决策的理解、支持和接受,并形成有利于决策执行的社会舆论环境。社会舆论的发展方向和趋势对人们具有强烈的直接的制约和规范作用。动员以决策为中心,但它又表现为新闻报道、艺术活动、理论研究、会议发言、课堂讲授、人们之间的互相交谈等广泛的形式,通过这些活动在社会形成某种特定的舆论趋势,引导人们的思想和行为。

在现实生活中,各阶级、阶层、集团和个人总是在特定的社会舆论环境中活动的,超出舆论许可的范围,其活动就会受到压制。动员就要创造这样的舆论环境,以"约束"人们的行为不向与决策目标要求相反的方向发展。形成一定的舆论趋向和舆论环境的方法很多,在我们国家常用的有:时事宣传,形势宣传,理论、方针、政策的宣传和思想政治工作等。这些本身实际上也是动员的内容。

思想政治工作和动员有着紧密的关系。思想政治工作要保证党和国家各项方针政策的贯彻和落实,它可以加强动员中说服作用的效果。除了直接为决策和决策执行服务以外,思想政治工作还承担着提高人们思想素质,培养社会主义新人和建设社会主义精神文明的任务,这些任务的完成又为动员奠定了更高、更坚实的思想基础。

(二)动员的方法

动员的方法有两种,即直接动员和间接动员。

第一,直接动员的方法。这个方法包括四个方面:

(1)发动群众,直接动员。这是一种经常使用的方法。为了形成大的行动局面,领导者要大张旗鼓地向全体群众做直接的动员。这种动员需要大的气魄,大的声势,大的覆盖面。比如,新中国成立初期,毛泽东对"三反"工作就作过这样的指示:"应把反贪污、反浪费、反对官僚主义的斗争看做如同镇压反革命的斗争一样的重要,一样的发动广大群众,包括民主党派及社会各界人士去进行。一样的大张旗鼓去进行,一样的首长负责,亲自动手,号召坦白和检举,轻者批评教育,重者撤职惩办,判处徒刑(劳动改造),直至枪毙一批最严重的贪污犯,才能解决问题。"

(2)讲话动员,亲自号召。这也是一种常用的动员方法。美国总统罗斯福有一种"炉边讲话",很是被人称道。那时候还没有电视,但他在当政的12年间,在壁炉前通过广播面向全国进行过300多次讲话。每有国家大事,他都用这种方式同他的群众沟通情况,联络感情。作为一个国家元首尚且能不断进行动员;作为直接面对群众的基层领导者,就更应该经常把情况交给群众,向群众做好动员工作。

(3)下发文件,书面动员。这种方式虽然不如面向群众的直接动员影响力大,但也不失为一种可行的办法。它还具有较高的严肃性,而且比直接动员更为灵活,面可大可小,层级可高可低。

(4)临场动员,鼓舞士气。这是临战状态下的人们特别需要的。他们需要见到他们的指挥官,需要领导者向他们说说那些鼓舞士气的话。1943年十月革命节,在莫斯科兵临城下、岌岌可危之际,面对斯大林的检阅和满含激情的讲话,我们可想而知,那些军官和士兵们是以何等勇气走向战场的。

第二,间接动员的方法。这个动员方法表现为两个方面:

(1)公之于众,让群众产生自觉行动。亚科卡说过一句话:"我发现,发动人的最好办法是让他们了解工作计划,使他们都成为实现计划的力量之一。"无论遇到什么情况,尤其是困难的情况,把情况交给群众,让群众产生自身的驱动力,这都是一种十分必要的方法。问题是,一些领导者缺少对群众的信任,也不大懂得要把群众动员起来。领导者真的把情况说清楚了,群众得到了一种信赖,他们就是起不到直接的作用,也会从各方面支持领导工作。周恩来曾经说:"任何政策的决定或改变,任何政策中之正确或错误的部分,必须适时地不但向干部而且向群众公开指出,才能得到群众的了解和拥护而成为力量。"

(2) 参与进来,干中动员。任何观念和思想都是在实践中产生的,让实践本身来说服人,这是最有力的,所以使人参与也是一种动员。处于潮流之外的,让他参与进来,他就成了潮流里的人;处在工作之外的,让他参与进来,他就会从这个工作的角度说话、想问题。

第四节 领导的指挥与执行力

一、指挥的含义和方式

指挥是一种具体地调遣力量、应对实际的过程;实质是专指通过动员、调动人力、调配资源、避免或降低阻力和内耗来提高办事成效、达到组织目标的领导行为。事实上,指挥就是领导主体采用适当的方式和科学的手段,把社会系统内各相关因素、主要是人员和机构集中到统一的领导意志下,并按计划或者按政策安排和调遣这些因素,使之有效地发挥作用,实现决策目标。由此形成的执行力叫做指挥实施力。显然,指挥是一个最具本质意义的重要环节,是直接产生执行力的一线领导行为,也是直接形成领导力的最重要环节之一。

应该说,指挥是科学的,因为有规律可循,万变不离其宗;但更是艺术的,因为充满权变,情境因素为主。指挥越有艺术,领导执行成本就越低,而执行力乃至领导成效就越高,实施决策达成卓越或奇迹的可能性就越大。优秀的领导者都会通过提高工作艺术来向指挥讨生产力,讨领导力。事实上,它在整个组织行为中、在整个一般性领导实践和理论上具有非常重要的地位与作用,在军事组织行为中的地位和作用则显得尤为明显、突出。

众所周知,即使有了正确的路线、方针、政策,有了正确的决策和计划,领导者都还必须依靠下属或全体组织成员的认真贯彻执行,才能落到实处,取得应有的效果。从这个层面上说,领导就是指挥。当然,事实上的指挥只是领导的一个具体环节,一个具体过程。指挥水平的高低,反映领导主体的领导能力和领导水平。作为一个合格的领导者,应具有调动千百万人服从统一的意志的指挥艺术。

现代的领导活动,参与的人员较多,分工较细,协作复杂,连续性强,各项工作任务一环扣一环,相互联系,相互制约,必须有高度统一的指挥。通过有效的指挥,使决策执行活动从静态推向动态,沿着预定的轨道前进;通过有效的指挥,可调动全体执行人员的积极性和创造性,激发起高昂的士气。俗话说得好:"强将手下无弱兵",就是因为强将有善于引导弱兵致强之道。反之,指挥无方,即使执行人马很强,也无法充分发挥作用。强有力的指挥必须集中统一,政出多门,多头指挥必然乱套。

一般来说,领导主体进行指挥的方式主要有如下四种:(1)口头指挥。这种指挥方式简明、及时、方便,因而最常用。运用口头指挥,要注意语言艺术,对不同对象指挥语气要有区别。(2)书面指挥。在指挥层次多,时间、地域等条件又受到限制,不便口头方式指挥时,为了确保指挥信息传达不走样,以后又便于核查,都适宜采用书面方式。但指挥者不可过分地依靠文字指挥,要防止滥发文件的文牍主义。(3)会议指挥。执行前的动员会,执行中的协调会、调研会，执行后的总结会等，都能起到指导和推动工作的作用。在会议指挥时应特别注意提高会议质量，防止会议过多过长。(4)现场指挥。比如在发生重大突发事件和自然灾害或重大事故时，领导者需要亲临现场，直接把握实情，当场拍板决定，及时调兵遣将，面对面地进行指挥，直接控制着事态的发展。这种现场指挥具有较强的应变性和时效性。

但是，从领导情境看，最基本的指挥方式实际上主要有两种：一种是常态下的常规指挥；另外一种是紧急状态下的应急指挥。这是领导者经常面临的基本执行状态，也是最主要的指挥类型。其中，应急指挥最具挑战性，因为指挥的剧本即领导决策往往不那么齐全、齐备或成熟，处于一线指挥岗位和状态的领导者就必须，也只能边现场指挥、边临场决策，用自己的决策来弥补正通过执行来实施的决策的不足；有时甚至还得靠自己的完全决策来执行原本只有命令或要求而无方案的领导决策。

二、常态情况下的领导指挥

一般而言，领导在常态下实施指挥，既要高度遵循规章制度和原理规范，也要注意因时顺势、适时权变，重点在权变。

在常规状态下，组织行为一般均按照制度、习惯和特定要求来正常展开与推进。但与此同时，大量的具体行为和实际运作仍然受情境因素，特别是不确定性因素影响，因而随时都需要领导来加以及时、有效的指挥。

领导者切实有效地展开动员、调兵遣将、配置资源，要充分抓住如下几个要点：一要紧扣愿景，由此启动、调控整体运作。二要侧重抓好重大问题的处理工作，既要认真表示强烈关注以引起整个组织的重视，又要采取一系列能有效解决问题的务实策略以确保不流于空谈。三要在细节上下工夫，也就是要注意在细微之处用谋略力解决具体问题，此即在战术上重视敌人。四要综合考虑、统筹兼顾、系统谋划，着眼于战略、战役和战术三个层面立体交叉、联动权变，确保创造出最大限度的组织合力与应变力以更好地完成组织任务。概而言之，这里要求，必须分层次、重权变、分别增强行动力。

在依据制度规范和情境权变展开运作的同时，联动还应该根据组织伦理与团队心理来实施指挥。只有懂得组织伦理和团队心理的领导才能确保得心应手地进行指挥，也就是才能确保切实有效而又轻松自在地实施领导。这就是高明的领导艺术之一。组织伦理主要是指组织层级决定的上下级关系及相应的基本互动规范。团队心理指在不同层级中的团队成员受该层级特定组织空间、组织文化、工作职责、工作地位、工作状态、工作任务、着眼点和生涯期待等因素影响而形成的一般心理特征。

一般而言，组织基层的团队心理是爱忙、观变，技术、地利，细节、期显；组织中层的团队心理是半忙、应变，战术、人和，环节、知止；组织高层的团队心理是会闲、求变，战略、天时，节奏、善藏。但是，每个具体组织、每个具体层级的任务和表现要求其实存在极大的不同，领导者要具体把握住本单位的这些具体情况，使自己对整个组织完全心中有数。

在明确前述原理和本单位实情的前提下，领导者要在实施指挥的过程中始终坚守一条原则，即确保自己在团队中有所为、有所不为。既然有中层，高层领导就没有必要、也不应该跳过中层找基层、越级指挥而一竿子插到底；领导要做领导的事，相对来说，领导的事远不那么具体、那么多，大量具体的事务要分别交给中层去执行，再由中层组织基层去落实完成。概括起来，就是领导者不要让自己多干，而要让下属多干；让自己在数量和微观层面上少点作为，但在质量、规模和影响上可以、也应该侧重在大的作为上，与此同时要让下属在数量和微观层面上多点作为；当真理掌握在少数人手里时，领导者有必要"独断专行"和让少数人有作为，但大多数情况下还是领导者不要、也不应该自己单干独干，而要让绝大多数组织成员都能一起来共同行动、共创业绩。总之一句话：要以用他为主、用己为辅。

为了更好地适应现代社会、实施领导，领导者必须超越传统方式约定的指挥，这包括生产队长式的指挥、家族企业主式的指挥、个体户式的指挥、甩手掌柜式的指挥等多种传统方式。很明显，这些传统方式只适合传统社会条件，在当代已无社会基础。如果不超越它们，那么它们就必定会锻造出不适应现代社会要求的传统领导。

此外，现代领导者还要摒弃习惯方式主导的指挥。所谓习惯方式主导的指挥主要是基于人性特点和普通生活惯性而产生的领导色彩，不太受或者不直接受社会变迁影响，而能广泛存在、持续影响组织行为。由此产生的典型包括家长式的指挥、保姆式的指挥、霸王式的指挥和官僚式的指挥等。事实上，在社会高度昌明、民主意识和公共参与高度现实化的今天，这些习惯方式决定下的指挥在领导工作中已无可持续性。

顺应时代潮流，领导者要注意学习、采用多样的现代方式来进行指挥，才能在现代社会中运作得如鱼得水。现代方式决定下的指挥有很多种类，其中更突出、常用的是导师式的指挥、教练式的指挥、公共参与式的指挥、多中心治理式的指挥、超级领导式的指挥等。按照这些新方式来进行指挥，将有助于极大改善领导、提高绩效。大量实践证明，现代方式正是现代领导的正确选择。

三、紧急情况下的领导指挥

平时，人们对常规状态下的指挥尽管不一定关注得多，但事实上的实践却很多，因为那就是领导的日常工作。然而，人们对紧急状态下的指挥却不仅关注不多，而且还实践不多，因为紧急情况尽管绝对量也不小，但相对量却很少；很多领导者几乎都是一帆风顺的过来人，遇到紧急情况的概率和实际次数常常很小。这样一来，不少领导者在应对常态指挥的工作需要时还或许能够胜任，但在应对紧急情况时就出问题了，显示出了极大的不适应性甚至严重缺陷，在突发事件和重大危机面前反应迟钝、惊慌失措、乱了方寸，即使人到现场也因不善于有效指挥而常常打乱仗，造成应急指挥的混乱和失败。这在实践中的教训是很多、很大、也很重的。

事实上，紧急时刻的指挥与常规状态下的指挥是大不相同的，主要是给领导指挥提供的有效时间和空间非常小，领导者常常是在很短的时间内决定得失成败而没有更多的余地，这就是紧急应对在余地和结果上显示出来的"一次性"。领导者指挥到位、得力，则领导过关；领导者指挥缺位、无力，则领导下课；这就是"一次性"的实质。对于如此危绝的组织行动来说，无论有经验还是无经验的领导者，能否过好应急指挥的关口都同样是一个重大考验，都是对领导者应急能力的重大挑战。

面对紧急情况，领导者第一重要的是保持冷静镇定，静则明，明则智，智则有方，有方则可有效应对、有力施治而尽早尽好化解紧急情况。对于紧急组织和应急指挥的行动来说,冷静与反应过程成正比:越冷静越能急中生智、越有能力处理紧急情况,呈现出积极的势头和结果;不冷静与反应过程成反比:越惊恐越失心丧智、越弱智无力地面对紧急情况,越可能导致危机面前瞬间发生领导失败。

　　紧急情况下的冷静反应有四个核心要点:一是要判明问题的性质与根源;二是明确自己的责任与目标;三是鼓足自己的动力与胆略;四是采取急速的措施与行动。根本一条就是面对突发事件一定不能惊慌失措、乱了方寸,而要把危机当成大显身手的良好机会。

　　在以冷静反应为前提、确保领导运作能够有效进行的情况下,领导者最需要的是在第一时间采取有效行动,核心一条就是要立即赶赴现场指挥、化解危机。其要点是:亲临一线,靠前指挥;现场决断,随机应变;快速反应,多措并举;文武兼施,果断碰硬。由此确保收到迅速遏止危机浪潮、强力扭转危局的应急成效。

　　但是,领导者身临一线,面对众多的紧急情况、偶发因素和大量紧急信息(包括应急资源的调配处理),未必就能非常有效地加以指挥,有些时候甚至还会各搞一套、九龙治水、没有章法、乱了步骤。这就是指挥不到位、更谈不上智慧艺术的混乱情况。所以,在紧急情况下,领导者如何使得自己的应急指挥能够强力高效,就成了一个大挑战、大学问。根据既有的实践看,提高应急指挥的要点主要有如下几个方面:一是必须集中统一,以确保步调一致;二是必须实施强制管理,一般都要采取准军事化的紧急管理方式;三是要临机应变,实行特事特办、急事快办;四是要步并举,应急联动。

　　处理紧急事务特别需要做到、做好应急联动,因为只有这样才能调动全部力量聚焦解决当前面临的紧迫问题。这里的核心要点是要围绕当前的紧急目标与任务,展开切实到位的应急协调与应急服务。具体要点则是:一要多方动员,推动共襄成功;二要协调行动,确保高效低耗;三要速成合力,实现聚焦施治;四要做好服务,使得应急资源配合到位。所有这些原理集中起来就是一句话,即必须通过领导者的有效指挥来竭力确保应急决策实施行动的协同、质量与实效。

四、提高指挥效能的一般方法

　　指挥艺术的核心问题是"灵活"二字。就是对于指挥的理论原则能活用,灵活地指挥,做到毛泽东强调的"运用之妙"。"妙"是聪明的指挥员,基于客观情况,审时度势,及时采取恰当的处置方法的表现。毛泽东认为:这种运用之妙能转变敌我优劣形势,就能实现我对于敌的主动权,就能压倒敌人而击破之,而最后胜利就属于我们了。

　　其实,作战时的领导活动要这样,平时的领导活动也要这样;只有活用原则,灵活指挥,才能出奇制胜,圆满实现决策目标。那么,怎样做到指挥灵活呢?具体有以下七个要点:

　　第一,要确实可靠。就是有把握。毛泽东指出:不打无准备之仗,不打无把握之仗。这是对领导者灵活指挥的基本要求。要灵活,不是要不管三七二十一地乱来,而是有前提的,这个前提是情况确实可靠。"灵活"能够增大取得战斗胜利或工作成果的可能性,但,应有足够的把握,包含在不确定条件下的某种程度的确定性。离开了这个前提,"活"就成了"盲动性"、"盲目性"和"机会主义"。

第二，要抓住时机。机不可失，时不再来。看准时机，当机立断果断指挥，是掌握指挥主动权和灵活处置的关键。竞争和角逐中经常讲"最佳时机"，领导活动中讲"恰到好处"，都是指把握时机。客观形势千变万化，许多现象和机会稍纵即逝，一旦错过就无法捕捉甚至会造成不堪设想的后果。在接受竞争、出步角逐时，过早则暴露自己，给对手以预防机会和赢得应对的时间；过迟则对手集中准备完毕，将以强大的实力来交锋较量，进而加大制胜的困难，使制胜对手一事变为啃硬骨头。这就是时机问题。

灵活作为指挥艺术的核心，就是针对客观形势的复杂多变性而言的。更何况，领导场所的活动是面对着一群有思想有活力的人。解决问题的时机如果把握不好，灵活就是在具体指挥过程中空灵、机动。无论什么社会系统其条件亦今非昔比，时间、空间、机构、人员、设备等条件都有极大的变化，即使原本能制胜的措施若弃活守死，也会变成最为拙劣的一招。

第三，要注意信息准确。作为一个领导者，遇到事情，处理和解决问题要做到"胸中有数"。这个"数"，必须是"实数"和"准数"。领导者获取的信息、进行的预测、作出的判断、下定的决心都必须是准确的，不能有一点含糊其辞，模棱两可。古人讲，"知彼知己，百战不殆"。这要求不单要了解各方面情况，还要对这些情况作出及时、准确的判断。

第四，灵活，要有坚定性。任何事物的发展变化都是以相对稳定为基础，指挥亦然。稳定性蕴涵着坚定性。离开了相对的稳定，就是缺乏必要的坚定和沉着，就是没有决心和信心，就不能完成领导任务，更谈不上指挥艺术。作为一名领导者，一旦决心下定，指令发出，只要方向没有错，不管遇到什么阻力或障碍，都要坚定不移地围绕组织目标实施指挥，直到把它实现。当然，坚定并非固执，它不否认随着客观情况的变化适当修正决策方案，以使其更符合客观实际。对错误的及时改正，也是坚定性的一个方面。

第五，要善于变通。领导工作建立在科学预测、科学决策基础上。决策要经过仔细分析，反复论证，三思而后行。客观世界时时刻刻都在发生着变化，领导活动要适应客观世界，领导主体的认识和应对也必须跟着发生变化。面对不断变化的环境，领导主体既要能够以不变对万变，又要能够以变化对变化。指挥中没有高度的变通性，指挥作用就很难奏效，领导活动就会非常刻板和僵化。所以，实施决策就必须根据具体情况随时进行变通。

毛泽东指出：把已定计划加以改变，使之适合于新的情况。部分地改变的事差不多每一作战都是有的，全部的改变的事也是间或有的。鲁莽家不知改变，或不愿改变，只是一味盲干，结果又非碰壁不可。显然，领导者在实际指挥过程中，就要善于根据实际进行变通。"将在外，君命有所不受"，说的就是这个道理。

第六，要有权威。领导者如果没有足够的权威，就无法有效指挥，更谈不上"活"。实际工作中，常有这样的事情，同样一项工作，甲领导者指挥得非常灵便，部属心情舒畅，工作顺利完成。而乙领导者去指挥同样的人，办同样的事，甚至更多地费口舌，下边却没有行动，为什么呢？这里面就有个权威问题。

权威是一种影响力，是权力和威信的综合。权力是支配人按照某种要求而行动的力量，是一种强制性力量。这种强制性以法规、法律、纪律和命令等形式来实现，伴随着严明的奖惩。为了实现统一意志，这种强制是必需的。但是，若强制过当会有适得其反的结果。威信则是领导者一种自身影响因素，表现为能力与人格。它随领导者的才能及成功机会的增多而增高。威信越高的人又越易于成功。这种"马太效应"常使一些领导者的威信越来越高。

225

在实际工作中权力大,威信小,领导权则贬值;威信先行,权力随后,领导权会增值。所以领导者进行指挥,要充分重视权威性。适度的权力运用和高度的威信,会使指挥一呼百应、得心应手。如果滥用权威,即使有独到的见解或可行的计划,也难以取得领导的成功。

第七,要有民主性。领导者在任何时候和场合进行指挥,都是要调动人们朝向一定目标或方向前进。指挥过程要进行信息的沟通,包括指示、命令、情报以及感情等多方面的传递。沟通有效,指挥才发生作用。信息沟通过程是各方面思想交流过程。这里要求,领导者必须注意发扬民主。民主就是走群众路线:从群众中来,到群众中去,集思广益;在领导过程中应广泛听取群众意见。领导者与被领导者之间,通过发扬民主,沟通了思想、感情,领导者就能因人而异采取不同指挥方式方法,提高指挥效果;同时,被领导者也能够清楚了解领导者的意图,明确目标有利于调动其积极性。

总之,要善于将科学的方式方法来提高指挥艺术,做好指挥工作。无论传统方式还是现代方式,也无论常态的指挥还是应急的指挥,根本上都要靠科学的方式方法来具体行动,在此基础上最大限度地用好领导者的特别经验与智慧。

五、领导者的性格品质与指挥

（一）性格差异与指挥风格

不同性格的领导者,有不同的指挥风格;而不同的指挥风格,其达到的效果也就不同。一般来说,具有敢于冒险、进取、创新,勇于自我牺牲性格特征的领导者,在指挥风格上是勇猛型的;性格内向、深沉练达的领导者,具有稳重型的指挥风格;性格随和、刚柔相济、善于变通的领导者,指挥风格是灵活型的;运筹帷幄、精心谋划、气度宽宏的领导者,有战略型的指挥风格;性格孤僻、固执、习惯按老框框办事的领导者,指挥上是死板型的;专横、主观、自信的领导者,在指挥风格上多属武断型;轻浮、急躁的领导者,常常是盲目型的指挥;优柔寡断、胆小怕事的领导者,指挥风格是软弱型的;等等。

领导者不同的性格特征,构成了各自不同的指挥风格;不同的指挥风格,反映了领导者不同的领导能力水平,其带来的指挥效果也就必然不同。因此,领导者的指挥风格,实际上就是领导者性格的写照。

（二）性格对指挥权威的影响

领导指挥是领导者与被领导者之间的一种命令与服从关系。领导者之所以能够发布命令、进行调度,被领导者之所以能够接受命令、服从调度,一个重要原因,就是领导者具有一定的指挥权威。而这种指挥权威是由领导者的权力和威信两个方面构成的。领导者要想实现有效的指挥,不能光靠权力,还要靠领导者的威信。影响指挥权威的性格突出的有六种:

第一,自负和傲慢。有的领导者在平常言谈举止中,或在决策、指挥过程中,常常表现出傲慢固执乃至狂妄自大。比如,讲话爱用讥讽口吻,抢别人的话头,轻易否决别人的观点,自以为是,看不起别人;目中无人,盛气凌人;工作有了成绩,就认为"都是我的主意",出了问题,就指责下属。这样的领导者,即使自己的工作能力再强,确实"有两下子",但因为自负和傲慢的性格,其指挥权威也会受到削弱。

第二,草率马虎、随便表态。工作不严谨、不认真,处理问题考虑不周全,在情况还没搞清楚的时候就表态;出了问题,则追究下属的责任;看上去很有"魄力"。实际上这种草率行事、工作马虎、随便乱表态的性格会严重地影响领导者的指挥威信。

第三,多疑。有这种性格的领导者,一般不太信任同志和下属,怀疑下属争权夺利,把权力集中在自己手里,不善于团结同志,人际关系搞得比较僵。这样,久而久之,即使领导者手中有很大的权力,也会失去威望,降低凝聚力,不能把更多的人团结在自己的周围。

第四,粗暴、缺乏节制。有的领导者说话、处事无约束,好动肝火,爱发脾气,张口就骂人,动不动就火冒三丈,拍桌子,甚至摔东西;待人不能心平气和,谈问题缺乏商量口气。任何一个下属,都不会愿意在上级的骂声中工作。有这种性格的领导者,时间长了,领导者的指挥权威就会不断降低甚至丧失。

第五,优柔寡断,缺乏自信。有这种性格的领导者办事迟疑,遇到问题拿不定主意,犹豫不决,反复不定,经常反悔;会上已经表态决定了事情,会后听了一些人的汇报,觉得有理又反过来否定决议,既无主见,又不民主,搞得下属左右为难,不知怎么办,徒添困难。这样,必然引起下属对工作的烦躁,进而引起对这种工作方法的反感,因此,也就影响和削弱领导者的指挥权威。

第六,只顾自己,不关心体谅下属。如果一个领导者所想、所做只是为了自己,一事当前先想到自己,谁也不会对这样领导者产生信赖感、服从感,也根本谈不上尊重拥戴了。领导者用人不体谅人,只知道让别人去干,却不管干的当中遇到什么问题,很少体谅下属的苦衷,甚至不让下属提个人问题。这样领导者显然不会得到群众的拥护,他的指挥权威自然就不会很高。

(三) 指挥艺术的性格优化

提高领导者的指挥艺术水平,优化领导者的性格品质,需在哪些方面进行性格的培养和改善呢?具体说来,主要有以下四个方面的要点:

第一,要培养刚柔相济的弹性性格。所谓刚,就是领导者要刚毅果断,不论面临什么困难,什么艰难复杂的局面,都能处惊不变。所谓柔,就是对待具体的困难和矛盾要采用巧妙的策略方法,以柔取胜。刚和柔也是对立的统一。刚者,刚强而不固执,刚毅果断而不刚愎自用;柔者,柔和带刚、刚柔相济的弹性性格,是领导者要实现有效的指挥必须注重培养的。

第二,要培养自知之明和知人之明的性格。一个领导者首先必须清楚地知道自己的长处和短处,若过高地估计自己,狂妄自大,必然会进行瞎指挥,造成失误。同时,领导者还要有知人之明,即要对自己的指挥对象有充分的了解,了解他们的能力、特长、短处、品质以及性格、爱好、兴趣等。只有这样,才能做到指挥得当,扬长避短,控制和克服自己的缺点和短处,在使用下级时能做到扬长避短。

第三，要培养平易近人、和蔼可亲的性格，指挥应是充满友爱的指导，也就是要捉住人心，激发潜能。这种潜能，任何人身上都有，问题是如何发掘。有着平易近人、和蔼可亲性格的领导者会经常同下属交换意见，有事同大家商量，同被指挥者思想交融、感情相通，允许部下对领导工作进行批评，以平等态度待人，尽量解决下属的不满。这样的指挥，就能抓住人心，发挥人的潜能，起到事半功倍的效果。

第四，要培养灵活机动、随机应变的性格。领导者的日常指挥，具有多样性的特征，应具备灵活机动、随机应变的性格素质。这是因为，领导者进行指挥所面临的是不同的基层组织和个人。指挥对象、指挥时间、地点、条件不同，指挥的方法和形式也就不能相同。这就要求领导者不能墨守成规，刻板行事，一定要根据具体情况决定指挥的战略战术，不能照抄书本，"纸上谈兵"。另外，要注意随机应变、采取对策。指挥中不善于抓战机，就有可能导致失败；但有了战机，而不善于随机应变，采取相应的对策，那么，再宝贵的机会也会失去价值。在指挥时，能否随机应变，是关系到能否达到领导活动目标的大问题。

总之，指挥是领导者的重要职责，是领导者必备的能力。成功的指挥是领导者智慧、才能、经验、胆略的综合体现。但在这些影响领导者指挥的因素中，领导者的性格品质直接影响着领导者的指挥艺术水平。

第五节　领导的促进与执行力

一、领导的促进行为

领导者不仅要当掌柜，而且要当班头。如果说决策、执行性决策和指挥都是掌柜的活儿，那么动员和促进等工作则都是班头的事儿。对于执行来说，领导的促进是极其重要的一整套工作机制和一组执行行为，事关在执行中后期能否不断形成饱满而优强的执行力。

执行性决策出来后，即使通过动员已经把大家发动起来了，还通过指挥把大家有效地进行了实战调遣，但是仍不足以确保领导决策会在随后的执行过程当中得到自动自觉、饱满充分的贯彻执行。人们有可能还会不理解而产生消极怠慢、放松放弃的态度和做法，甚至还会产生抵触、扭变乃至反对的极端态度与做法；最起码、也最容易发生的是人们很容易自我减弱动力和积极性、悄然放慢脚步和速度、偶然分心和转移注意力或者借口歇脚而偷偷懒。这些情况都会直接造成执行力的悄然下降和常常是最后的突然大幅度下降或消失。这其实表明，在实际的执行过程当中，从目标、任务和追求的明确性到成员之间的协调性、协作性和共进性，都非常容易自然产生削弱或抵消执行力的状态、机制、因素和结果。对于这些问题，只有一个药方可以解决问题，那就是领导的有效促进。

领导的促进行为本应是在执行性决策发布之后必须立即跟上、衔接并一直不断进行下去一套执行活动，旨在确保组织成员始终不断地形成和释放出饱满的执行力，确保领导决策因此得到最充分的贯彻落实和富有成果的最后完成。这是一种持续有效推动完成整个执行过程的执行活动，产生一种领导的执行力即推动完成力。

由此可以看出，在这个执行过程中必须要保证的执行力不仅有组织成员的，而且还有领导者的；领导者在这里的执行力显然不同于组织成员的执行力，是一种确保组织成员能够持续产生和显示执行力的执行力,其实也正是一种表现为执行力的领导力,实质是体现为持续发动和调动成员积极性的执行性领导力。这是不可替代的,无论是任何执行力还是任何领导力都无法替代这样一种执行力。因此,对于正常、顺利、有力而成功地完成执行过程和执行任务来说,领导者的促进行为以及由此产生的执行力都是极其重要、不可或缺的。

领导的促进行为一般包括沟通协调、团结协作、激励激发、指导帮助等多个方面。领导者要确保自己有执行力、组织成员有执行力,总体而言就是要在促进行为上下工夫做耐心细致的工作,要确保自己在这个过程中不会放松且能始终清醒和持之以恒,以自己的坚定与恒心带动全体成员和整个组织都能持之以恒地向目标挺进;具体而言则有以下几方面的要点:

第一,抓沟通。此即,要以沟通为基础,开拓执行力。这个沟通既包括决策层事先与执行层的沟通,也包括参与执行的每一个人相互之间的沟通;通过开展和有效完成这些沟通,消除影响积极性和执行力的心理障碍和关系障碍,使大家更有信心去对待执行过程每个环节的每个关键点以及会出现的问题。总之,就是要通过沟通来进行说服和引导,借以不断增进协作氛围与合作基础。

第二,抓协调。此即,要通过协调来加强关系梳理和各相关方的团结协作,切实促成顺力和合力。为此,从领导者到每个成员都要特别坚守以下五个要点:(1)增进相互信任尊重,根绝相互取笑贬低;(2)努力相互取长补短,根绝相互轻视排斥;(3)提高相互配合意愿,根绝相互拆台攻评;(4)推动相互关心帮助,根绝相互造谣谗害;(5)确保同心同德同力,根绝相互掣肘内耗。做到、做好这些要点,促进就是真正的促进;否则,促进就会变成促退。

第三,抓动力。此即,要通过切实下本儿、真心实意的激励来确保对成员真正鼓劲给力。领导者在这个过程中不能略带藐视的神态,更不能略带玩弄的实质,绝对不能把自己看高了,不能把成员看成傻子,以为说说虚的、弄弄幌子就足以搞定大家的积极性、能动性和创造性了。这就是说,抓动力必须来实的,来真的。其具体要点是:(1)领导者始终要强调和重视对动力开发的认真投入;(2)领导者始终要以积极的态度督己促人;(3)领导者要善于持续不断地进行感情激励、信心激励;(4)领导者要以实实在在的物质激励、机会激励来开发能动性,确保引出更大的主动性、积极性和创造性。

第四,抓落实。此即,要通过精密的管理活动、在管理细节下足工夫来争取进展成效。领导者在这里就成了最典型的班头。这里的基本要点主要是:(1)关注进展情况,时刻把握大局;(2)检查每步成效,掂量成功比重;(3)及时发现问题,随时指导到位;(4)激发新的创意,力求精益求精;(5)确保沟通反馈,力促操作精进。这里的核心要理是,领导者要根据任务进度表来抓目标管理、过程管理和质量管理。

第五,抓成效。此即,要通过促进行为来加快将决策意图转变成真金白银的现实成果。领导者在此中间要做很多具体、细致的工作,其中最主要的工作要点包括:(1)发挥专长,确保整个组织内的执行活动是专业化的生产操作。(2)发挥智慧,确保整个组织内的执行活动是进行创造性的生产操作。(3)挖掘潜力,由此提高执行行动的速度和熟练度,确保执行的质量和水平。(4)排除干扰,保证各项工作有条有理、主线明确和专注一致。

228

这里的实质就是创造性地具体实干或劳动;这里的核心是按时保质保量出活儿。

二、沟通行为与执行力

（一）沟通的实质与作用

沟通一般是指人际之间的联络交流,是群体相互理解的桥梁、团结的枢纽和统一步调的有效机制。在领导活动过程中,沟通是指领导者与领导者和被领导者、领导部门与领导部门和被领导部门之间相互联络、互通信息和加强关系以便达到行动上的配合和一致的活动和机制。换言之,沟通就是领导主体为实现领导目标而与上下左右互通信息、交换情况以求得思想认识上统一和行动上相互呼应配合的内务性保障活动。

领导主体要获得领导成功,就必须充分掌握和娴熟运用这些方法与艺术。不借助它们,领导实践将无法正常运作,其效率和效果都将大打折扣。应该说,沟通领导过程中具有特殊人际功能和组织功能的重要环节,对于整个领导活动起着"轴承"的作用。这个作用主要有以下三个方面:

一是有助于加深理解。理解是人们在工作和生活中的感情上的互融与认可。只有理解了,才能互相接受、容忍、赞同和支持。正如古人所云:"道者,令民与上同意也,故可以与之死,可以与之生,而不畏危。"如果不理解,就容易产生心理隔阂与情绪对立。领导者必须深谙此道,通过思想感情、谋略决策、步骤方法等的理解和沟通,设身处地考虑对方与他人的思想动机与行为原因,从而做到双向理解、双向沟通,顺利实现领导意志,达到领导目的。

二是有助于增进感情。感情是人们团结、合作的基础。领导者与部属之间只有以诚相待,感情真挚,才能和谐默契,轻松愉快,工作事半功倍。《孙子》云:"视卒如婴儿,故可与之赴深溪;视卒如爱子,故可与之俱死。"讲的也就是这个道理。反之,如果互相猜忌,感情疏远,就会情绪别扭,困难重重,工作事倍功半。沟通是增进感情的重要途径,因为沟通既是人们之间感情和心灵的交往,也是互相尊重与信任的前提条件。

三是有助于统一认识。认识是行动的先导,只有统一认识,才能统一行动。但是由于人们各自所处的地处、阅历、责任以及个性的不同,对事物观察和判断的角度、评价的标准不同,往往会产生不同的认识,得出不同的结论。所以,沟通就非常重要。如果缺少沟通,认识不能统一,行动不能一致,就难以顺利行使权力,也难以实现领导目标。古罗马的恺撒大帝是一个非常善于利用沟通进行领导的人。他就深知统一认识的重要性。每当烽烟要起之时,他就通过大量散发传单来达到自己大规模宣传的目的,从而统一国民的认识,获得民众支持。

（二）沟通的基本构成与内容

第一,目标沟通。这又包括几个具体的方面:一是整体目标沟通。要使被领导者认识到各部门、个人对整体贡献的重要性,以及相互协调配合的必要性;力争把部门利益与整体目标结合起来,增强集体观念和责任感,减少部门之间和个人之间不必要的冲突。二是具体目标沟通。部门之间在目标确定时,要相互理解和沟通;在目标实施时,要相互支持和帮助;在目标冲突时,要相互调整和适应;在目标成功时,要相互鼓励和总结。

第二,思想沟通。部门领导一定要避免单纯本位主义思想,要多从全局上考虑问题,多从部门之间、上级和下级之间的协调合作上考虑问题,以期达成共识。对于思想观念、思想方法、思维方式等方面的差异,要通过平等的交流、启发,努力缩小认识上的差距;对于因工作关系引发的思想误会和隔阂,要严于律己,宽以待人,互谅互让。

第三,感情沟通。没有感情上的沟通与交流,就不会有工作上的合作与融洽。领导主体之间、领导主体与领导客体之间只有不断增加感情交流,取得思想上的共识和情感上的认同,才能共同创造一种和谐融洽的人际环境。工作交流、文体活动、公共交往等都是感情沟通的有效方式。

第四,信息沟通。情报信息的传达与交流也是沟通的重要内容。只有信息畅通,部门之间才能减少隔阂,化解矛盾,促进工作。一般而言,凡主动沟通的部门,信息就流畅,部门之间就协调,相互就信任,领导工作就主动;反之,缺乏沟通的部门,信息就不畅,部门之间就有矛盾,甚至发生冲突,领导工作就被动。

总之,沟通能够消除各种误解和矛盾,能够及时提供有效有用的信息。在很多情况下,它实际上已经成为协调的必要过程和重要手段。

(三)沟通的主要角度与范围

第一,与班子成员沟通。与班子成员的沟通,事关成败。一个班子要握紧拳头,拧成一股绳,沟通是关键。班子内部的沟通可以不拘形式随时随地进行,办公室、家里、路上、闲聊之间,都可以互通情况,商讨问题,形成意见。班子成员之间的沟通内容很多,会议讨论前,事先沟通;不必开会讨论,只需单独沟通;随着工作进展,及时沟通,等等。在这里,领导班子一把手的作用很重要,因为他处在领导活动和决策的核心地位,更加需要谦虚谨慎,需要加强与成员沟通的自觉性和主动性。

第二,与部属沟通。群众是最实践的主体。没有他们的参与和努力,权力行使就不会顺利,工作目标就难以实现。与部属的沟通是先做学生后做先生,先虚心请教再用权力、下命令,是群众路线的体现。与部属的沟通,十分有助于发动群众,组织群众,排除阻力,形成合力。此外,还要坚持先沟通后落实,沟通了就一定要落实的原则,避免不见风就下雨或者干打雷不下雨等现象,避免产生逆反心理而造成混乱。

第三,与上级沟通。与上级的沟通,包括与领导机关和职能部门的沟通。它可以明确工作方向,增强工作信心,克服工作阻力,解除后顾之忧。与上级的沟通,一般都是比较重要的问题。与业务职能部门的沟通,有利于协调关系,开展工作,不能忽视。

第四,与友邻沟通。人们的社会联系和交往是多方面的,同行业同系统单位之间的联系非常密切,所属人员在一些问题上也常常与其他单位攀比。所以,加强同友邻单位之间的沟通,在可行的情况下,作出相同或相似的规定,有利于协调关系,调动积极性。

(四)沟通的基本方式

沟通的方法有很多。不同的领导主体有不同的沟通方法。但是,在领导过程中经常使用和最一般使用的沟通方法却主要有如下几种:

　　第一，逐一沟通。作为领导者对班子成员和下属要逐个沟通，这样能分别了解每个人不同的看法，广泛征求意见、掌握情况、交流看法。领导者通过个别逐一沟通，还能进一步了解每个人之所以赞成、附和或反对的程度和真实原因，这有助于决策者得出全面正确的结论。

　　第二，座谈沟通。领导者要定期地、适时地召集班子成员、下属人员，或两方面人员一起，通过座谈会的形式进行沟通。座谈沟通，一是可以听取各方面不同意见；二是可以对几种不同方案进行讨论；三是参加座谈的每个人多向补充不断完善，把探讨推向深入。座谈的结果无论是基本一致，还是截然相反，对领导者实施决策都是十分有益的。

　　第三，重点沟通。有些情况下，根据问题的性质和难易程度，领导者可以选择重点人员进行沟通。这些人员可以是班子和下属成员，也可以是其他举足轻重、左右大局的人物。领导者只要准确掌握他们的看法、意愿，征得他们的理解和支持，决策就会减少阻力，工作就不难完成。

（五）确保成功沟通的实质要点

　　沟通是一门艺术。沟通艺术就是充分个性化和创造性地运用沟通方法与沟通技巧所达到的领导行为水平；其本质上仍然是方法，但在具体形态上却与具体的方法区别较大，几乎就是纯经验性的和哲学层面上的现象和事物了。非凡的沟通艺术不仅能够最好地达到沟通的目的和效果，而且还能给人以美的感觉和享受。应该说，沟通的艺术确实是非常广泛的，但也可以简括为如下几个方面的要点：

　　第一，虚心请教。沟通首先是请教。领导者一定要勇于否定自己，放下架子，虚心求教，千万不能先入为主，强加于人。只有这样，才能达到请教、交流、说明、求助的目的。

　　第二，坦诚相见。沟通的过程是交流思想的过程。古人说的好："以诚感人者，人亦诚以应。"领导者只有首先把自己真实的想法毫不保留地讲出来，不似是而非、模棱两可，不怕暴露缺点，才能使对方充分发表意见，坦诚交流，在研讨中进行决策，行使权力。

　　第三，不走过场。沟通不是装门面、走过场、做表面文章，而是真心实意地集中群众智慧，正确决策，用好权，办好事。因此，领导者在沟通时必须态度诚恳，充分启发，多方听取意见，而不是蜻蜓点水、一扫而过。

　　第四，防止庸俗。沟通是领导技巧和艺术，是光明正大的事情，绝不能将它庸俗化。如果不择手段，用拉拉扯扯、请客送礼甚至封官许愿、行贿谋私以及其他不端行为去沟通，则势必事与愿违，贻误事业。

　　第五，综合分析。经过沟通得来的意见是多方面、多角度、多类型、多层次的。所以，整理、归纳和分析、判断，得出结论，作出决策是领导者最终的也是最重要的工作。在这一过程中，切忌主观性、片面性和表面性，要妥善处理，不能草率行事。

　　总之，领导者要善于通过沟通来防范和克服各种人际关系问题，确保执行过程顺利推进。人与人之间、人与团体之间总会难免产生一些矛盾冲突，如果不能通过沟通及早解决，就可能会逐渐积累加重，进而逐步由缓至急直至激烈化、白热化；最后结果轻则会干扰团体决策目标的实现，重则会使团体瓦解、一切成功化为乌有。如果及时、切要地运用好了沟通，增进了相互的理解，就有可能缓和一些紧张、达成一定和解，进而由善意引导出合作与成功。其实，在一个单位、一个组织内部，只要领导者发挥了正面、积极的作用，沟通就一定能非常有效地促进彼此间的团结协作的。

三、协调行为与执行力

（一）协调的实质

协调是领导主体为了更好地实现领导目标而采取不同的方法和手段协同各方面的力量和步调以达到相互配合、形成最大合力和支持力的具体过程。它既包括领导主体之间的协调，也包括领导主体与领导客体之间的协调。这个协调非常重要，最主要的是能够消除组织群体内或同一社会系统内的各种"杂音"和"乱步"，能够减少或消除行动上的紊乱和矛盾，能够为领导工作的顺利开展和成功创造良好的环境。

协调是现代领导实践的重要环节。凡进行领导活动总离不开协调。通过协调可以使党的路线、方针、政策得以落实，可以充分调动群众的积极性，可以创造一个稳定谐和的社会环境，可以使部门之间密切协作，减少内耗，提高效率，可以有效地利用人力、物力、财力和信息资源，取得良好的领导效果。从理论上看，领导活动范围有多广，领导协调的内容就有多广。但就在日常领导工作中出现的最一般情况来看，领导协调主要有如下两大方面：

第一，纵向协调。这是指与有隶属关系或上下级关系的部门或人员之间的协调。

（1）与上级领导和机关的协调。一是要认真贯彻上级决定、指示和命令，树立下级服从上级的良好形象，取得上级的信任，这是下级与上级协调的前提。二是主动与上级沟通。做到沟通渠道畅通，下情及时上达，采取口头汇报、信息传播、请示报告等方式，使上级了解情况，取得上级支持。三是及时反馈信息。在上级决策前后都要及时反馈信息，使上级了解下情的反应，有利于上级做好决策，完善决策。

（2）与下级部门和所属人员的协调。一是要经常通报信息和工作情况，使下属及时了解领导意图，以利贯彻执行。二是尊重下属的权力和利益，决策和执行过程中，都要充分考虑下属承受能力，不损害下属利益。三是要经常深入，调查研究，了解下情，主动关心下属的工作和生活情况，增强下属对领导者的尊重和信任，达到上下协调的目的。

第二，横向协调。领导工作横向协调是指与其他各部门和领导之间的协调。

（1）与部门之间的协调。一是目标协调，使每个部门了解自己与总目标的关系和责任，为实现总目标共同努力。二是信息协调，加强沟通与交流，互通情报。三是工作协调，包括计划协调、组织协调、控制协调等，在实现总目标的前提下，协调开展工作。

（2）与领导者之间的协调，即同级协调。一是相互尊重，做到热情诚恳，严于律己，宽以待人，气氛融洽。二是彼此理解，做到相互关心和信任，消除分歧和隔膜。三是团结协作，做到分工不分家，同心同德，通力合作。四是同舟共济，做到相互协调，相互依存，患难与共。

（二）协调的功能

协调在领导过程中有很多功能，但是最突出的功能主要有如下五个方面：

第一，统一功能。这具体表现在统一思想认识，保持行动一致，提高工作效率；使所属部门和所属人员各司其职，各尽其能，各负其责，在工作中互相配合，互相支持；协调关系，理顺情绪，化解矛盾，增进团结，创造良好工作环境。随着社会分工的越来越细，机构和部门也越来越多,领导工作的分工也越来越具体。这就产生和形成了协调各部门之间关系,并使之适应各部门自身发展与工作运作的问题。事实上,任何部门、任何工作,在实现领导职能、达到工作目标的过程中,都必然会存在各种各样的矛盾,影响着思想的统一和行动的一致。这些问题如果不能通过协调来妥善处理,就有可能增加困难,妨碍工作,对单位建设和个人发展都不利。要解决这样的问题,就要求领导者不断地协调关系,使之上下一致,全体同心,步调统一。

第二,导向功能。领导者在协调过程中,必然要传达沟通各种信息,这就将对被协调的部门和人员产生影响。通过协调中的信息交流与沟通,使各部门及有关人员了解领导意图和相关情况,通过理解和确认,来作为自己的行为导向,调整自己的工作目标,最终达到整体协调运转。

第三,控制功能。任何一项工作的开展,协调是贯穿全过程的重要环节。为控制不稳定因素,确保工作系统始终向着既定目标平稳发展,领导者就必须根据各种信息的变化不断进行协调,这样的过程也是一种控制的过程。这种跟踪协调的控制,一般是通过反馈收集信息,并与预期理想状态比较,找出不稳定因素,通过适当协调方式排除有害信息,减少不协调成分,保证工作系统按预期目标平稳运作。

第四,保障功能。协调与领导工作效率的关系非常密切,加强协调是提高效率的一个行之有效、事倍功半的好办法。一是通过协调可以理顺部门之间关系,减少决策失误。二是通过协调可以理顺人际关系,创造良好工作环境。三是通过协调可以很好地处理工作中的矛盾,减少摩擦,提高领导工作效率。

第五,放大功能。如果协调有序,整体的领导工作效能就会大于各部门工作效能之和;反之,整体工作效能就会小于各部门工作效能之和,甚至出现负效能。领导者的协调作用就是通过对部门内外关系的调整,发挥放大功能,获取最大的整体效能。

总之,对于成功实施执行来说,协调是非常重要、非常有效的促进行为,也是提高工作效率、确保运作顺利的重要手段。领导者必须学会协调的方法和艺术,确保领导职能的实现。

(三)成功实施协调的若干要旨

协调艺术是一门实用艺术,拥有自己一套有效的方法和技巧。运用这些方法技巧、成功实施协调的要点归结起来主要有以下几个方面:

第一,虚怀若谷。作为一名领导者,一是不可擅权,不能把领导分工当做个人物权。二是不可傲才,不能自以为个人能力强所以当领导,应意识到是集体和组织培养的结果。三是不要"落寡",要有群体意识,要把协调共进作为领导者必须具备的一项基本素质。

第二,以诚相待。一要开诚布公,使别人对自己感到可信、可亲。二要替别人着想,多想想上级、同级和下属。三要平等待人,特别是对下属和一般群众,要平等待人,与人为善。

第三,循循善诱。领导者要搞好协调,既要善于改变对方的意见,又要保全对方的面子,实事求是地做好转化工作。也就是说,在改变对方意见的同时,还应采取相应办法表示对对方的肯定与尊重,使之乐于接受意见协调又不在思想上留后遗症。

第四，刚柔相济。也就是要做到原则性与灵活性的统一。讲究协调艺术，一方面要以柔为主，但另一方面也要讲原则，柔要以刚为基础，刚要寓于柔之中。

第五，朴实无华。协调要注重形式，但不能搞形式主义。它应更注重内容，要实实在在，讲求实效。领导者搞好协调一定要心胸宽，态度好，方法得当，注重实效。

第六，因势利导。就是要求领导者巧妙地运用智慧，诱发事物内部矛盾及矛盾的各个方面的积极因素，使其作用得到充分发挥；同时，巧妙地抑制、削弱或转换事物内部矛盾及事物各方面的消极因素，使其转化为有利因素，促使事物向好的方向发展。

四、激励行为与执行力

（一）激励的实质与原则

激励是调动下属积极性去完成工作任务的有效方法，实质是为被领导者不断灌注和开启动力的积极手段。只要善于运用和实施激励，领导者就使被领导者甘于为领导者所用，而且被用得极其主动、自觉、积极和彻底而尽其所能，能够从根本上解决执行力的动力问题。为了更切实际地开发动力、提高执行力，领导者可根据下属在前一个阶段中的具体表现和在后一个阶段中承担任务的难度，酌情采用一个或一组激励，酌情注入某种剂量的积极刺激，但必须注意遵循以下一些原则：

一是实绩激励原则。这是以下属的实绩为依据，给予适当的激励。工作实绩是人才价值的具体体现。通过它，既可以看出人才的基本素质和劳动态度，还可以看出人才创造的实际成果。而单纯的劳动态度，除了表明劳动者是否肯干外，并不能说明他付出的劳动是否能转化成有效价值。因此，根据劳动态度发"辛苦奖"、"照顾奖"是难以使多数下属心悦诚服的。只有根据工作实绩发"成果奖"，才能使每个人都觉得公平公开。当然，在评估具体人的实绩时，情况十分复杂，要做到准确、合理地评估实绩，必须做许多艰苦细致的定量、定性分析的工作。

二是鼓励冒尖的原则。在用人行为中，领导者对技艺超群、成就卓越的优秀人才给予必要的肯定和奖励。这一用人原则，就叫鼓励冒尖原则。奖励一个冒尖人才，等于培养一批杰出人才。鼓励冒尖原则和用人战略中的实绩原则存有明显的"交叉"部分，但是，它通常只适用于正在脱颖而出的冒尖人才这一特定的被使用对象。

由于冒尖者在人数上只占少数，在精力上又一心扑在事业上，无暇顾及反击和自卫，因而他们很容易在掐尖歪风面前处于被动地位，甚至被小人、庸才掀起的舆论恶浪所吞没。一个地区、一个单位的工作能否搞上去，那里的各类人才的积极性和创造性能否得到充分发挥，在很大程度上取决于领导者是否树立了"鼓励冒尖"的良好风气和人才脱颖而出的环境。

按照鼓励冒尖的原则，领导要适时地对实绩显著的冒尖者给予适度的表彰和鼓励。在精神上和物质上给冒尖者以适度的鼓励，不仅有利于鼓舞少数冒尖者的斗志，激励他们更快地成长，促使他们创造出更多更好的业绩，而且也在公众面前树立起一批具有说服力和示范作用的榜样，以此来扶植一大批有发展潜力的冒尖人才，并通过他们带动更多的下属投入到你追我赶的良性竞争之中去。

三是创先争优的原则。开展创先争优的竞赛活动是激励成员的好方法。开展比先进、学先进、赶先进、帮后进的活动,评选先进人物,树立各种典型,就能够起到良好的激励作用。

四是赏罚分明的原则。激励下属必须正确评价下属工作中的是非功过。对下属工作中的功过要赏罚分明。对成绩卓著者,要给予奖赏;渎职失职者,要给予处罚;违纪者,要给予纪律处分;犯法者,要绳之以法。赏罚分明,才能明是非、知功过、伸正气、灭歪风,激励先进,鞭策后进。

(二)激励的手段与方式

激励的手段是实施激励所使用的资源。激励的方式则是实施激励所切如的门道与依循的线路之和。从激励的实践来看,激励的手段与方式通常可以合二为一,主要有以下五种:

第一,物质激励。物质激励,也叫经济激励,实质则是利益激励。它以调整物质分配的量和质作为激励手段,发挥给予一定物质能对人的精神、主要是物欲予以满足的作用,由此来激发和调动人的积极性与主动性。

众所周知,每个人都有自己的物质需求和经济利益。因为这些东西是维持生活的基本前提,也是个人在精神、智力、娱乐等各方面获得发展的物质基础。物质与精神紧密相关,特别是对快乐的支持、对精神的满足具有直接的关系。从物质上施加影响,就能够有效地振奋精神,包括激发出诸如动力和努力的精神。所以,从物质入手进行激励,是一条屡试不爽的有效途径。

物质激励一般分为"正刺激"和"负刺激"两种形式。其中,正刺激就是通过满足个人物质利益的需求来调动个人完成集体任务的积极性和主动性的一种激励方式,通常包括颁发奖金和奖品、提高工资、享受优厚的物质待遇等。负刺激是通过减少或扣除物质分配量,如扣发奖金和奖品、降低工资待遇和其他物质待遇,给人以训诫、压力和推动,而后促使其形成正向的努力与动力,激发出积极性和主动性,最后达成正面的激励效果。但这两种刺激形式中当然应以前者为主。

应该注意到,物质刺激虽然很有效,但却不是万能的。一方面,应该和精神激励结合起来进行,才能取得更好的效果。另一方面,关注物质动力,应该适量;关注少了,起不到激励的作用;关注多了,又容易引到"向钱看"的邪路上去。

这即是说,这种手段如果运用不当,也会有局限性。因为个人的物质利益得到适当程度的满足之后,精神方面的需求便占据了主要地位。这时如果不去满足后一类需求而一味加强经济激励,就会引起强烈不满并带来很大副作用。

第二,精神激励。精神激励,也叫心理激励,在中国的实践中就是通常所说的做思想工作。其实质就是给予精神满足和心灵震撼或者进行各种形式的宣传鼓动和情感沟通,在使对方获得共识的基础上产生共同的愿望和追求,形成共同的荣辱观及其引导和促动下形成的心理动力。精神激励也分"正刺激"和"负刺激"两种形式。这两种形式都很重要,也很有效;具体内涵和要点如下:

(1)正刺激就是从正面进行褒扬、鼓励和鼓舞以激发出强大且方向一致的精神动力的激励方式,包括表扬、赞许、称颂、表彰、奖励、勉励、评模、评优、给予荣誉、给予机会、给予温暖、给予优先和方便、树立标杆、号召宣传、感染打动、产生共鸣、引发同感、交心交友、做思想政治工作等具体做法。这主要是对好的、正的一面来加以肯定和传扬,使人得到极大的振奋感、荣誉感、快乐感和心理满足感,使之产生越来越大的被信任感、归属感、责任感、自觉性、工作热情和奉献精神,由此形成一股源自内心、自动自觉地致力于表现更好和做得更成功的正向动力。

正刺激能够很顺利、简便而又低廉地实现有效激励,能够充分、有效地调动情绪、鼓舞士气,能够激发出和聚合成更大的同向合力进行工作和创造。这里基本没有心理距离,没有心理障碍,没有心理抵触,没有心理冲突,没有心理消耗;可以非常方便地把人的精神动力调动起来、汇聚起来并使之更有效地迸发出来,成为进行更优工作的推进剂。这种推进剂是优质人力资源的价值和使用价值之所在,当然也就是无价之宝了。——要进行精神激励,就一定要更多地选择和使用这种正刺激的激励方式。

(2)负刺激是一种反向调动心理积极性的激励艺术,适用于两种不同的情况:一是存在共同的正面目标和正面互动基础,感觉到单凭正刺激还不足以达到理想效果或者就不能用正刺激来寻求达成激励;二是存在异样的目标和互动基础,特别是不良因素和复杂情况,完全不存在使用正刺激方式的条件和可能。

在第一种情况下,通常采用欲擒故纵式的施压、批评、贬抑等负面形式、正面性质的方法,对人的愿望、需求、热情、意志和毅力进行强烈的激发,使之点燃并迸发出更加强烈的意愿、动机和动力。这就是俗称的激将法,实质是正刺激的极端化变异和反面形式。运用这种方法,常常可以取得意想不到的激励效果。这是一种相当高超的激励艺术,需要有很深厚的激励功底和个人威望做前提,而且还要求在实施激励的过程中必须讲究分寸、灵活应变和确保得体适度。

在第二种情况下,通常采用直接施压的办法,包括提醒、警示、刺痛、批评、说服、教育、批判、惩处等具体方式,引起精神紧张和压迫向前的感觉与压力,由此促成积极努力的萌芽或聚集,从而达成有效的激励。这样的方式其实是一种会产生不愉快、难受、痛苦甚至于震动的方式,产生心理距离是不可避免的,而且产生心理障碍、心理抵触甚至心理冲突也都是完全有可能的。而这就是使用这一办法的风险和代价。

但是,由于贯穿其中的核心没有负面的实质,而是正面的激励动机与用意,所以只要沟通到位、分寸适度、角度恰切、内容正确、态度真诚和言辞得当,这一方式就仍然不失为一种有效的办法,可以、也必须使用——在面对心理反差甚大的对象时恐怕除此而外就没别的办法可以力争达成正面激励的效果了。可以说,这是在特定情况下不得已而选之用之的办法。其实,也正因为如此,所以,这是一种对领导者在激励技能上要求很高的激励方式,也是不能常用、更不能滥用的激励方式。

第三,任务激励。任务激励是一种通过交付工作任务来使下属充分感受到上级对他真切信任和殷切期待而产生一定要做好工作的强烈意愿和热情的激励方式。此俗称为"压担子"。

具体而言,这就是要基于相信下属的能力和精神,相信其能够充分肩负起与其才华相适应的任务并把它完成得很好,然后下定决心把适当的工作任务安排给下属,或者把特别的任务与期待交与和托付于下属,使下属切实感受到上级已经给自己创造了机会、提供了舞台,让下属充分感受到来自上级的信任而产生感激之情和做好工作的自觉性及不竭动力,最终使下属没有任何障碍或束缚地使出浑身解数来施展拳脚、放手工作。

可想而知,这样的激励方法会有什么样的效果和结果。必定能够最大限度地激发出下属的自觉性、积极性和创造性,使之甘愿吃苦甚至吃亏,乐于奉献,能够任劳任怨和尽心尽力地工作,最终则是表现优良、成绩斐然。而这就意味着激励的目标已经完全达到,激励的功能已经发挥到极致。

从根本上看,这种方法其实并没有太多的技巧和艺术,也没有更高的智力要求和技艺要求。它只需要领导者具备比较朴实、真诚的态度和良好的综合素质,当然也要同用人工作结合起来。这即是说,这种激励方式在原理上原本就比较简单、朴素而自然,就是根据人人都有寻求归属感和获得信任、追求成功和自我价值实现等心理动机而采取的一个顺水推舟之法。其实质就是给下属提供发挥才能、谋求成功、取得成就的机会,顺其自然地调动其所有潜能。可以说,它低成本、无内耗、无后遗症,实际是一种很高明的做法。

第四,晋升激励。晋升激励是一种最实质、最重大,也最有效的激励。一般而言,它能够彻底激发出被激励者的一切内在潜力和动力,包括敢于改变自己身心状态和现实状态的勇气、盼望提高自己各个方面的心态、竭力表现得更好和取得成功的努力、对工作的热情和积极精神、对公共价值和责任的认同和自觉意识、放弃自我或小我而顾全大局的鲜明态度(如奉献精神、自我约束精神、自律意识),等等。

这是因为,晋升激励其实就是一种最大肯定性和最大奖赏性的特别激励,是来自组织、社会和上级的特别认可和群体定位,是对被激励者的素质和绩效所作的最正式确认,是对被激励者在人生道路和职业生涯上的最正式肯定与最实质鼓励。它事实上就是对被激励者的成就进行组织化、权威化、确定化和定位于某一社会状态上的肯定与赞许。而这却正是被激励者所渴求和最期待的。

可想而知,能够抓住并满足被激励者的最大期待来进行激励,要想不彻底调动被激励者的积极性和创造性是不可能的。因此可以说,晋升激励是一种最有效的激励手段和方式,非常值得使用。但是,这种激励手段和方式却不能经常使用,更不能滥用;否则,后果将会极为严重。为什么呢?原因有二,具体如下:

一是由于晋升就是从现有职位或级别提拔到或升高到更高的职位或级别,而这不仅意味着升官或者提职,更意味着给予被提升者以更多的自享资源。如果广用、滥用这样的手段,那么就意味着这样的做法就不是真正的激励了,而是一种异化了的激励,是一种以封官许愿为特点、具有巨大堕落实质和腐败嫌疑的利益配置行为了。这时,这种手段的激励价值和功能就基本上萎缩和消退了,只有百害而无一利。

二是因为晋升激励如果少而精,就能起到双重作用。首先,这是给当事人以既可实现、又非轻易能得的激励使其倍加珍惜,由此形成切实而长期有效的激励。其次,这是给其他被激励者以标杆和方向。显然,这既是通过努力同样可以实现的目标或者同样可以做到的事情,又是远非唾手可得、轻而易举的事情,使之不敢轻视它、怠慢它或不以为然;由此达成对整个组织群体长期有效的激励。而如果相反,滥用这种激励,下属就会看轻看低这种激励,甚至完全不以为然;这时,它就必然要失灵失效了。

所以,领导者在选择这种方式、使用这一手段来实施激励时,绝对不能有失宽泛,而必须确保精当、切实和科学,其中最重要的思路与办法就是要同绩效管理平台的建设、绩效考评机制的科学化和精确化结合起来。

第五,知识激励。知识激励就是通过适时提供必要的新知识、新信息、新启发和新思考来达成激励。它主要包括:向各类人才提供必要的知识更新和获取信息的机遇,如定期输送到大专院校和各类培训机构深造,参加各种科技知识讲座,加强与各类专家、学者的接触,建立高效率的信息情报网络,到先进地区参观学习,阅读有关文件、资料和书籍等。另外,重视"时间投资",积极创造条件,帮助各类人才从繁忙的事务中挣脱出来,确保各类人才在从事本职工作之余有相应的时间更新知识,提高业务水平。这也是一种有效的知识激励。

作为一种基本的激励手段,知识激励主要是采用学习的方法和培训的途径,分阶段、有步骤地提高组织成员的知识水平和综合素质,使之开阔视野、活络思维、形成新的共识和为之努力奋斗的价值取向,亦即赋予其长续自动的能动机制。这样,组织成员就不仅提高了素质,而且获得了更高层次、更长远有效的自动源泉,自然会为完成任务、实现目标而不懈努力。

从性质、内容、形式和实际情况看,这应是一种高层次、战略性的激励方式,能够长远地解决做好工作的动力机制问题。不过,这也是一种基础性的激励手段与方式,其效果并不能立即出来,其实效必得经过一定时间才能显现。这即是说,这是一种慢性、长效的激励手段和方式;对此,既不能期望过高过快,又不能失去信心和耐心;而必须非常明智地和战略地来看待、对待和运用之。

以上五种激励手段和方式各有自己独到的特定价值与功能,既不能相互替代,也不能完全单独使用,而必须根据实际情况有选择地使用和组合起来使用,最好是进行集群式地使用和灵活使用。在实际运用这些激励手段与方式方法时,要充分学习和运用有关的心理学原理和绩效理论,同时也要注意到它们与实际的原则和结果有着密切联系,特别是要看到本单位、本组织的环境条件和任务情况所存在的特殊性,以及激励对象的特殊性和现实可能,选择最切合对口的一种激励手段为主要方式,挑选配备其他激励手段,并结合用人工作和组织指挥等活动,灵活运用。唯有这样,才能取得最理想的激励效果。

第六节　领导的控制与执行力

一、领导的控制与控制力

(一) 领导控制的实质

控制的根本任务是在决策制定之后,通过一定的组织机构,运用控制和调节机制,保证决策方案的实施,从而使领导决策所确定的具体目标、计划和步骤得到严格的落实,使决策方案具体化、决策实施程序化。

确切而言,控制就是领导执行活动的一个重要环节和基本要素。所谓控制是指对下属的业务工作进行考核、计量和纠正,以确保目标及已制定的计划得以实现。在领导活动中的控制,具体说,是指根据决策执行的目标和计划,对执行活动进行监督检查,为消除目标实施和预期目标之间的差异所实施的执行活动。

在确定领导工作任务并付之执行以后,领导过程还远没有结束。为了使决策落到实处,并使决策更趋于完善,领导者必须对整个执行情况进行控制。发现和认识决策中不符合客观要求的部分,及时反馈,及时修正,时时把握住整个领导过程的方向、进度、质量和速度。另外,控制也是一个领导主体对自身、对领导客体主要是被领导者进行控制的过程,特别是当到领导主体决定并实施利益处分性决策时的更多的后续行为都是领导控制。领导主体只有依靠控制才能维系住所领导的整个社会系统,才能把握住整个领导过程直至取得领导成功。

在领导过程中,控制就是领导主体牢牢把握领导系统、领导过程和整个被领导系统的过程,是实现有效领导的关键环节之一。广泛而言,只要能够发挥这种作用的手段和领导活动都算作领导的控制;因而,控制就包括了沟通、协调、团结、批评、监督等方面。但是,就贯穿领导过程的日常控制内容和范围来看,控制还有一个狭义的层面,即主要指对决策实施的控制。因而可以说,控制是以监督为主要内容的强力性内务保障活动。

(二)领导的控制力与执行力

领导者在执行过程中不断施加控制,确保整个组织运作既不会偏离方向甚至南辕北辙,也不会迟缓低效、散漫无力。而这就是领导的控制力。这个控制力以系统控制力和结果负责力为核心,是整个执行力中最硬,也起着最后保证作用的一个组成部分。

确切而言,领导的控制力是指领导者为确保执行性计划得到严格的执行,特别是领导决策得到充分的贯彻落实而实施严格管束的能力与效力;实质就是实现决策目标和领导价值的能力与效力。这是对执行过程中领导的促进行为及推动完成力的配合和补充,由此构成完善而强大的领导执行力。这可从以下三个方面来理解把握:

第一,领导的控制力是一种综合性的能力与效力。它主要体现为这样一种领导执行过程的有效性,即领导者通过确定和塑造价值观、倡导或制定规范、选拔和监督人员、预防和解决冲突以及处理和利用信息来保障组织依照既定目标运行和发展。

第二,领导的控制力以价值控制力为最重要,主要是解决在精神意识上与主流或主导价值观互相不一致的问题,其核心就是要在工作过程或执行活动中确保充分体现出正确的价值。此外,控制力还表现为对于工作信息(或政务信息)、组织规范、组织成员、内外矛盾冲突等进行控制的能力与成效。

第三,领导的控制力主要体现于领导者对于实施组织战略和大量决策的有效掌握、引导和最后保证等活动。其中,充满了正确性、坚定性、持续性和权变性。领导者要确保执行高效,就要能够始终坚持、不断宣导、坚决贯彻正确的价值观及其统领下的各种价值主导,与此同时,还要善于审时度势、根据情境实施有效控制,由此确保领导控制力的有效性和长期性。

二、控制的构成

在领导活动中,控制的形式是多种多样的,也就是说控制的类型是十分复杂的。在这里我们只是从控制组织系统和控制过程系统的角度进行分类。

(一)从控制组织系统的角度来看,控制可以分为集中控制、分散控制和等级结构控制

第一,集中控制。集中控制是指由一个集中的控制机构进行的控制。也就是各个被控对象及其相互关系的信息,以及执行过程中与外部环境相互作用的信息,都汇入一个控制中心。控制中心根据这些信息与决策的目标以及为此而拟定的计划目标进行比较,加工处理,找出它们之间存在的偏差,然后制定出对策并发出指令给各个被控对象。这种控制的优点是:信息集中,控制也集中,具有统一的目标,便于整体协调。缺点是信息传输率低,适应性差,控制过程复杂。

第二,分散控制。分散控制是指由若干个分散、相对独立的控制机构分别进行控制,共同完成控制目标的控制形式。其特点:控制是由若干机构共同进行控制。每个分散的控制机构都不能对全局进行控制只能是对局部进行控制。分散控制的优点是:信息传输率高,适应性强,控制简单,局部控制效果好。缺点是缺乏统一的目标,难以进行整体协调。

第三,等级结构控制。等级结构控制是指由多层次的控制机构来组成,这种由多层次控制机构所进行的多级递次控制的形式,就是等级结构控制。等级结构的控制形式是现代管理组织中统一指挥、分级管理原则的具体表现,因而也称分级控制。这种控制的特点是:各级控制机构之间具有隶属关系,最高层次的控制机构直接指挥和控制下一层次的活动,并协调它们之间的相互关系。这在行政系统中是一种常见的控制类型。比如,国务院、省、市、县、乡五个层次,这是政府分级控制系统。

等级结构控制很明显是吸收了集中控制和分散控制的优点,它既注意了整体的协调,又注意了控制的适应性。整体的协调是指对全局的控制有一个控制中心,这样注意了控制的集中,使整个执行过程具有统一的整体目标,有利于整体协调。控制的适应性是指在一个控制中心,分散为各个控制机构对行政执行过程进行控制,这样使得各方面更能适应实际情况,增强了适应性。

(二)从控制过程的角度看,可分为事前控制、同步控制和事后控制

第一,事前控制。事前控制是指控制中心事先所采取的控制活动的形式。其特点是针对未来的可能发生的活动及其结果而进行的事前控制。在控制过程中,只有当他们能够对于即将出现的偏差有所察觉并及时采取某些措施时,人们才能进行有效控制,因此事前控制是一种很有效的控制。但是在实际的领导活动中,许多领导者和领导机构在很大程度上忽视了事前控制。这主要是因为领导者一直过于依赖实际运行结果的各种数据资料和情况来进行控制,这样使得控制总是发生在事后或事中。也就是说,当要进行控制时,偏差已经产生。作为一个有效的控制机构和领导者,应在事前采取控制行动。

事前控制所采用的普通方式是利用能得到的最新信息进行认真的和反复的预测,把计划所要达到的目标同预测相比较,找出其中存在的偏差,并采取措施修改计划以便预测成为计划目标,同时制订具体的实施程序、规则,使实施者明确应该怎样做,不应该怎样做,设计出各种应急方案、措施,防止影响计划目标的因素出现,这就是我们通常所说的"防患于未然"、"先发制人"。

第二,同步控制。同步控制是指在执行过程中,以保证目标实现的一种控制活动。其特点是这种控制方式是在事件发生之中采用的。在具体的行政执行过程中,根据执行情况中的各种信息,一旦发现活动结果与目标之间出现某些偏差,立即进行调整。这种控制形式在领导活动中最经常出现;它与事后控制相比较,对事态发展的控制要有力得多。这是因为当它发现某些细微的迹象就可以进行调整,涉及面不大,损失较小,效果也较好。

第三,事后控制。事后控制是根据目标实施所获得的实际结果,与预期目标进行比较而进行的控制。其特点是在事情发生以后进行的控制。由于这种控制发生在事后,也就是说是造成既成事实之后而进行的纠正措施,已经延迟了控制时间,已经造成了失误或浪费,虽然在一定程度上能够作出一定的弥补,但是已经造成的损失是不可能挽回,或不可能完全挽回的。因此,一个有效的控制系统和领导者应该尽可能地避免采用事后控制,应尽可能地在事前或事中采取控制手段,这样才能避免更大的损失。

三、控制的原则

领导控制是对组织系统的控制,是推动下属和组织高效地实现决策目标的活动,除了有合适的领导控制类型外,还必须确定有效的原则,既要实现控制职能,又要防止包办代替、指手画脚,人为地破坏了组织的稳定和下属的积极性。

(一)反映决策目标原则

这条原则可表述为:控制是实现决策目标的保证。控制的目的是为了实现决策目标,因此,决策目标越是明确、全面、完整,所设计的控制系统越能反映该目标,则控制工作也就越有效。

但是,领导控制是通过人来实现的,甚至最优秀的领导者也不可能不受自身个性及经验等主观因素的影响,因而,在实施控制过程中由人的主观因素造成的偏差是不可避免的。因此,在领导控制过程中控制目标与决策目标的冲突也就是经常发生的事情。正如约翰·格兰特·罗德所说:控制系统引起的下属的行为方式按照控制系统测量来看可能是好的,但是,就组织制订的得到普遍赞同的目标而言,却是职能失调。

因此,控制的目标与决策目标不一致的情况是普遍存在的。一个好的领导者之所以能进行有效的控制来实现决策目标,就在于他能把所有人员的眼光和精力都指向一个共同的目标(决策目标)。一定要使每一个人员了解,要求于他们的是什么成果,必须要使他们朝着正确的方向作出最大的努力。

(二)组织适宜原则

组织适宜性原则要求施控者的控制必须适宜于受控者的不同特点,要有针对性而不是千篇一律。因此,一个组织结构越是明确、完整和完善,所设计的控制系统越符合组织机构中的职能的要求,越有助于纠正偏离目标的偏差。组织适宜性原理就是要求组织结构合理、控制措施适宜。这里,组织结构(既包括群体,也包括个体)是有效控制的前提,组织结构合理,则控制会收到"事半功倍"的效果;若组织结构不合理,则导致"事倍功半"或失控。所以,有效的控制不仅是控制措施要适宜组织结构的单方关系,同样地也是通过控制使组织结构优化的过程、改造的过程。

(三) 控制关键点原则

这条原则可表述为:为了进行有效控制,特别需要注意在根据各种决策目标和计划来衡量工作效绩时有关键意义的那些因素。对于一个领导者来说,面面俱到地关注决策执行过程中的每一个细节,通常是浪费时间、精力和没有必要的,他们应当也只能把注意力集中于决策执行中的一些主要影响因素上。事实上,控制住关键点,也就控制住了全局。

控制关键点的意义在于实施有效控制,提高控制效率。控制效率是指能够以最低的费用或代价来探明实际偏离或可能偏离决策目标的偏差及其原因,控制的效率也就是控制的经济性问题,为此,只能在被认为是重要的问题上选择关键因素来进行控制。

选择关键控制点的能力是领导工作的一种艺术,而有效的控制在很大程度上取决于这种能力。如目前在国外通行的"计划评审法"(简称 PERT)、关键线路法(简称 CPM)和规划预算(简称 PPB)等都是控制关键点原则在实际中的运用。

(四) 控制趋势原则

这条原则表述为:对控制全局的领导者来说,重要的是现状所预示的趋势,而不是现状本身。正如维纳所讲的,控制无论采取什么方法、方式都是"根据过去的操作情况去调整未来的行为"。但是对未来的行为趋势的控制比仅仅改善现状要重要得多,也困难得多。一般来说,趋势是多种复杂的因素综合作用的结果,是在较长时间内逐渐形成的,对控制的成效和决策目标的实现起着长期的制约作用。趋势往往容易被现象所掩盖,它不易觉察,也不易控制和扭转。特别是对未来趋势的控制往往受到来自下属的反对或拥护,使之更加复杂。

除了上述四个重要原则之外,还有弹性控制原则。控制弹性原则是指领导控制的对象是一个相对独立的、具有一定活力的、自我控制、自己运动的系统。它揭示的是:领导者越是只注意一些重要的例外的偏差,也就是说越是把控制的注意力集中在那些超出一般情况的特别好或者特别坏的情况,控制工作的效能就越高。所以,领导控制不是简单的直线式,而是在时间、空间、精神等多种要素弹性发展基础上实现能动的前进的过程,是具有波浪式与周期性等特性的发展过程。

四、控制的程序

一般而言,控制程序主要有三个步骤:确定标准;根据这些标准衡量执行情况;纠正实际执行情况中偏离了标准与计划的误差。

（一）确立标准

确立标准是指要指定和实施管理控制的刻度与规范。应该说，这只是控制过程的第一步。其实质就是根据决策的目标以及由此而拟定的计划制定出详细的实施标准。这种标准实际是指工作成果的规范。这就是我们通常所说的衡量标准，以此衡量实际工作的成效，制定实际工作与实现目标的偏差，为控制提供依据。标准的内容除了重点放在制定衡量标准，还应包括具体的任务、实施步骤、执行手段等内容。

一个可行的控制标准应该包括六个因素：（1）对象，即该目标的内容和范围；（2）目的，即标准的任务，各项具体要求以及需要解决的问题；（3）地点，即执行该标准的空间范围；（4）时间，规定完成标准的时间期限和日程安排；（5）执行者，即规定标准的执行单位和人员。（6）方法，即实现该标准的途径和措施。制定的标准，要成为控制的有效依据，它应该是可考核的，当然标准的制定可能是定性的，也可以是定量的。但是如果能够尽可能地量化，对于控制来说，将是更有成效的。

（二）衡量成效

这是说，要按照标准来衡量实际成效。作为一个有才干的领导者，按照标准来衡量实际成效的最好办法是使差错在实际发生之前就被发现，并采取适当措施加以避免。在实际的领导活动中，有的领导者常常能预见可能出现的偏差。在更多的情况下，或者更多的领导者，则不可能做到这一点。

因此，作为一个领导者，则应锻炼提高，培养自我的预见能力，尽可能及早地发现已经出现的偏差。要做到这一点，一方面是靠领导者的机敏程度、远见和预见能力，另一方面则要依据可行的标准和准确测定工作成效的工具和手段。而要做到后者，可按以下办法来操作：首先，按照已经制定的标准，对实际运行和预期的效果进行考核。其次，是对人员、组织状况进行评定。再次，确定调整和纠正的标准。随着精确科研的发展，将能够对领导工作加以科学量化，因而将能够相当客观地评估各项工作，那么对控制来说就一定会更富有成效。

（三）纠正偏差

依据已经制定的标准，通过富有成效的衡量手段，找出需要纠正和调整的偏差，然后对偏差作出迅速的纠正。纠正实际执行中的偏差是控制工作的最后环节，也是控制工作是否有效的表现。因此，一旦找出已经出现的偏差，控制者应迅速采取纠正措施。纠正偏差的具体方法和手段是多种多样的。最为主要的手段是调节。调节的主要作用是根据已经确定的偏差，采取相应的措施。如通过改变组织机构，重新委派人员，或者改善控制程序和方式来确保目标的实现；或者在必要情况下，通过修改目标，调整计划来进行等。

五、控制的方法

由领导主决策、管理主执行的现代纵向分工决定了现代领导的控制方法既不同于传统的（专制）控制方法，也不同于管理的控制方法。同时，由于决策者（作为施控者）与执行者(施控对象)的分离及它与执行结果(决策、控制目标的实现)的间接性,决定了黑箱方法与反馈方法是领导控制的两种行之有效的重要方法。

(一) 黑箱方法

什么是黑箱?黑箱就是人们一时无需或无法直接观测其内部结构,只能从外部的输入和输出去认识的现实系统。黑箱在现实生活中是普遍存在的。艾什比断言:"所有的事物都是'黑箱',我们从小到老,一辈子都在跟'黑箱'打交道。"

控制论的贡献不仅在于把一无所知的系统视为黑箱,而且在于它提供了认识黑箱的方法,即黑箱方法。所谓黑箱方法,就是采用不打开系统的"活体",仅从系统的整体联系出发,通过系统的输入和输出关系的研究,从外部去认识和把握系统的功能特性,探索其结构和机理的研究方法。黑箱方法对领导控制具有重要的意义。这些意义主要有如下方面:

第一,黑箱方法是研究和全面把握结构复杂的施控对象(执行组织)的有效工具。特别是对巨大系统、复杂多变系统的控制,如"星球大战计划"、"尤里卡计划"和"海湾战争"等。采取黑箱方法,反而有利于从整体的角度,结合全局来考察。而从系统内部往往只能从某一局部来观察。

第二,黑箱方法是研究动态系统和组织的主要方法。动态系统具有高度的组织性和活动性,是活生生的有机体。一旦采用解剖的方法打开黑箱,系统的结构就会受到干扰,整体功能就会受到破坏。如人脑就是这样一个系统,它是由约 150 亿～160 亿神经元组成,每一种神经元都能进行复杂的信息处理,从而使大脑作为活体具有思维的功能。如果用解剖的方法将活体打开,生命就停止了,思维功能也就不存在了。对领导控制的机理也是如此,领导控制系统也是一个"活体",打开了也就破坏了原有的功能和机理。而用黑箱方法,通过对输入控制信息和输出获得反馈信息进行比较,既可以保持执行组织的动态稳定、有序,又实现了领导控制的目的。

第三,黑箱方法是研究尚不能打开系统的唯一手段。因此,它也是领导控制的最有效方法。从领导职能来看,领导控制的系统是一个不能打开的系统,并且领导者也无权打开。那么对不能打开的施控系统的控制只能通过黑箱方法来实现有效控制。总之,黑箱方法对领导控制的基本要求是:"只管两头,不管中间","两头"是输入控制信息和输出反馈信息,这是领导控制的方面,而"中间"即施控对象(运行中的组织)不是领导控制的方面。

(二) 反馈方法

控制论是研究具有通信和控制功能的系统,通信的目的是为了控制,要实现控制就必须有反馈,因此,反馈的方法是控制论的基本方法,是实现有效控制的前提。

反馈就是指系统的输出信息返送到输入端,与输入信息进行比较,然后对二者的偏差进行控制的过程和方法。反馈又分两类:正反馈和负反馈。如果输出信息的作用是抵消输入消息,称为负反馈;若其作用是增强输入信息,则称为正反馈。

一般的反馈控制系统就是"闭路控制系统"——它由三个基本要素组成:其一是标准,

244

标准是系统的输入信息,是控制要达到的目的;其二是传感器,测量系统的输出信息,将其作必要的转换后返送到输入端的装置;其三是控制器,将输出信息与输入信息进行比较,求出偏差,并利用偏差信息对系统进行调节。

反馈方法是保持运行组织的稳定,跟踪控制目标及抗干扰的方法。其中的正反馈和负反馈又有不同的作用。在领导控制中,要想激发和强化那些符合领导意图的行为,使之按照预定方向和目标发展,就需要为受控对象设计一种正反馈的机制。如"二战"中盟军为了保证诺曼底登陆成功,而分散德国军队的防御力量,转移其视线,便专门在英吉利海峡距加莱最近的海边设立一座巨大的假兵营,同时又制造了"蒙哥马利前往非洲访问"、"巴顿"、"失踪"等舆论,并且在即将登陆之前在诺曼底空投假人,最终使德军高级指挥官们作出盟军必在加莱登陆的错误决定,这是正反馈的最好例证。同时从保证诺曼底登陆成功,并且在登陆之初避免与德军主力遭遇的角度看,又是负反馈机制。负反馈能有效地预防和纠正受控对象偏离预定方向和目标,使受控的组织与系统处于稳定和有序。

六、提高控制效能的要点

(一)明确控制的目标

控制作为特殊的实践活动,总是在一定的目的指导下进行的,这就是人们常说的控制的目的性特征。这种目的性贯穿于控制过程的始末。控制的目的既是控制活动的出发点,又是控制活动的归宿。所以,有效控制要建立控制目标。目标是衡量活动结果的规范和准则,规定着控制过程的发展方向。

控制目标是决策目标的具体化,是一种较为具体的衡量标准。一项控制是否有效,就要看它所提供的资料是否清晰详尽,是否说明在特定的时间应该达到的进度。依据资料,领导者可以确定基本的工作单位,把工作划分成若干部分。有种意见认为公务机构的事务无法计量,所以,不宜于制定标准进行控制。其实不然。任何工作都是可分解、可预测和控制的。

一个组织中的工作有三大类。第一类是工作有着严格的标准化,易于衡量。第二类是工作有相当的重复性和可衡量性,又并非绝对可靠,可以用统计的方法计算出一定时期的相对准确的标准。第三类是变化莫测的工作,随时产生新问题。这类工作是最难制定标准的。但这类工作可以通过收集变化的资料,如工作类别、主题事物和处理方法等,分析工作负荷量的变化,统计并处理一个单位内或数个单位内的工作量,加以标准化。当然,并不是说,各项工作的每一个细节都要标准化。而抓住主要的,进行衡量即可。

在确定了这些控制制度(即各种衡量标准)之后,在未付诸实施前,领导者应让有关人员加以讨论和批评,以便作出修改,同时使大家在理智上接受它,了解它。这是提高组织成员工作积极性和保证控制有效的重要环节。领导者务必重视。

(二)增强控制的感受灵敏度

没有灵敏的感受,不能及时掌握实际工作进展情况及其发生偏差的信息,也就无法进行有效控制。为此,要进行必要的检查和评估。通过对工作的实际情况及其结果的质和量进行评价,获取一定的信息,与既定目标作比较,从中发现问题。控制的实质是纠偏;而纠偏则要求要及时。

当然,在大规模的组织活动中,测量获取实际工作进展情况的信息,不一定领导者每次亲自做,可由相应的职能部门来负责。但是,领导者必须保持清醒的头脑,一旦对下属实际工作情况失控,领导者的感受灵敏度失灵,就会有问题发生。这时候再去惩处那些不尽职责者,虽有作用,可损失就大了。因此,要有效控制,领导者必须敏感,这是不容忽视的。

(三) 增强控制的适应性

通过对工作情况的测量和评估,能够确定行为成果与控制目标的符合程度。当发现偏差之后,就要采取措施加以纠正。若不加分析,简单纠正,不仅不能修正偏差,反而使偏差更大。所以,纠正偏差有一个积极适应问题。所谓积极适应,就是说你采取的纠正措施是主动的,而不是消极防范性质的。

日常工作中,经常碰到这样的领导者,一旦发现部属工作中存在问题,不问青红皂白就是一顿批,或者点名,或者处分。看起来很重视,大有不抓到底,不抓出成效,誓不罢休的势头。事实上,不坐下来仔细分析问题的来龙去脉,不寻找发生问题的原因,那么存在其中的制约因素或者说病根就找不到,问题就不能获得解决。这样即使今天处分了张三,明天李四又会遇到同样的问题。所以,这种防范性的办法不是积极的态度。

人皆具有自觉的能动性。这种能动性,不仅表现在正确地认识客观事物的本质和规律,更重要的还存在于通过能动的实践活动改造客观世界。因此,如何调动和发挥人的这种自觉能动性,是全部控制活动的一个关键问题。要千方百计调动被领导者的积极性,能使部属感到"我愿意这么干",而不是"你要我这么干",这样的控制就是较高水平的艺术了。控制和考核、评价人们的工作实绩紧密相关,但却有赖于实际工作的进行情况及偏差信息等反馈。可以通过被测量者本人、被测量人的直接领导人、中级领导人、参谋及人事部门、高层领导人等进行反馈。有时候也可以直接反馈给个人。采取哪种办法,应视情况而定。

(四) 排除控制中的障碍

障碍太多或有障碍不除,都会给控制工作带来不同程度的影响。领导者和被领导者之间,就是一对矛盾,潜藏着产生各种障碍的因素。领导者会经常感到有的部属对控制的反抗行为,这些反抗行为可能是多方面因素造成的,既有领导者方面的因素,也有被领导者方面的因素;既有主观因素,也有客观因素。这些因素在一定条件下会形成各种不同的障碍,干扰控制工作。领导者要有效控制,就必须清除这些障碍。

控制过程中的障碍有哪些?一是目标不正确的障碍;这是有效控制的最大障碍。因为控制目标是控制的依据,如果目标失误,就会"失之毫厘,谬以千里"。所以,领导者在实际控制过程中要从如下方面不断作出努力:

第一,一方面要认真确定目标;另一方面,要不断考核目标,发现问题,立即纠正。

第二,标准不恰当的障碍。在控制目标的基础上,确定的控制标准,必须恰当准确;否则,就会影响有效控制。该控的不控制,该定质的标准定了量,标准或高或低,难以保证控制目标的实现。

第三,控制规章制度不合理的障碍。控制标准确定的同时,控制的规章制度也相伴而生。作为行为规范的规章制度,宽严要适度。松软的制度会带来散漫的行为,过度的控制,又会引起反抗,损伤组织成员积极性。无论什么样的制度,既要适宜合理,又要易于被成员接受。

第四,执行不坚决的障碍。由于某些原因,有些人仍置法律法令于不顾,视上级命令为儿戏,我行我素,或者消极怠工,或者公开对抗。这种现象多是情感因素造成的背离情绪所致,是一种不忠诚组织的行为,对此种障碍应采取必要措施消除之。或批评教育;或绳之以纪律;甚至组织撤换。对此种情况,手软不得,手软了,就等于放弃了原则,失去了控制权。

第五,领导者自身素质的障碍。如私心杂念、认识局限性造成的偏见等。这些现象反映了领导者自身素质状况,是控制过程中产生各种障碍的根源。领导者本身的障碍多,控制中必然不能公道、正派。在人们心目中没有威信,又怎能有效地控制呢! 因此,提高领导者的控制能力,根本在于提高领导者的素质修养。

(五) 注意控制的适度与到位

控制既不能不足,也不能过头,必须确保恰到好处、适时到位。这即是说,为了更好地实施决策而进行控制,就一定要注意避免在推行决策时不自觉弱化或淡化了控制,也要避免因为信息、智力、习惯等等素质问题导致不当控制,更要防止任何实质是越权越位进行干预的过分控制。这是事关团结和谐共事、运转规范协调的最重要原理。

但是,在现实生活中,特别是领导实践中,违背这一原理的现象却屡见不鲜、比比皆是。这些情况其实就是领导者违背这一控制原理的各种不同做法。就当前的实际情况来看,最常见而又最突出的不良控制有以下四种表现[①]:

第一,剥夺了下级一把手在班子成员配备上的知情权、参与权。班子成员的配备都是上级组织决定的,谁调来谁调走事先不会通气,事后也很少通气,这使下级一把手缺乏心理准备和系统、周密的工作安排。

第二,随意抽调和安排属于下级一把手领导的干部的工作。在很多中心工作中,上级领导未与下级一把手通气的情况下就直接抽调和安排下级班子成员及一般干部的工作,使下级一把手无法有效开展工作。

第三,不采纳下级一把手的一些正确建议和主张。下级一把手对本单位的情况相对来说是熟悉的,有时他们根据外地的成功经验并结合本单位的实际,提出了很有创意和可行的思路,但却得不到上级领导的认同和支持,以至陷入欲干不能、欲罢不忍的窘境。

第四,不正确解决下级班子成员之间的矛盾。当下级一把手与班子成员在工作上产生分歧时,上级领导不分清是非,该教育的不教育,该帮助的不帮助,该调离的不调离,或者各打五十大板,而不从根源上去解决问题。结果,矛盾依旧存在,班子的凝聚力、战斗力

---

① 中共广州市黄埔区委党校课题组:《领导干部的领导绩效问题调研报告》。

也被削弱。

　　诸如上述这样的做法就是通常所说的不规范领导、干了不该干的事、缺位越位、滥权越权、过分干预、专制横暴等问题。这些做法与问题都会引发纷繁的矛盾与内耗,造成组织内的严重内伤和危机隐患,长期下去就很容易导致领导失灵、失效乃至失败,最终只能是后悔不及。是否坚持或者能够很好地践行这一原理,直接显示和证明领导者是否有能力、有水平来实施决策、实现目标而胜任于领导工作。

248

第七章　领导的组织力

第一节　组织与组织力

一、组织与组织力的意涵与意义

（一）组织的意涵与意义

组织在现实生活中有两个层面的重要意涵：一是行为过程；一是行为结果。

从行为过程上看，组织是指领导者根据一定的价值理念、愿景目标、工作需要和资源条件将各种为事业所需但又分散无序、孤用效低的相关因素加以吸收聚集和有效化整理组合的活动。其中所涉及的最重要因素是人员和人力；其中所涉依据就是指导思想和组织路线；其中所涉积聚与整合行为就是以人为中心、以事为主线的增效设计，即放大群体效应或组织效应的诸因素组合设计。其实质就是领导者构建和运用组织实体、建设和驾驭团队群体、开展组织活动的权威运作过程。这是最常用的一层意涵；一旦说到工作，特别是领导理论和实践，组织就是指这层过程性的意涵。

从行为结果上看，组织就是指经过领导者以人为中心、以事为主线的各要素组合设计后的产出积淀，即有形的正式机构与群体；包括领导机关或机构、职能部门或机构、分支部门或机构、附设部门或机构等由人、财、物及其他各种要素组合而成的正式机构和群体。

从人类历史和社会实践看，无论是行为过程的组织，还是行为结果的组织，都是极端重要的社会现象，具有十分重大的现实作用和价值。

作为行为过程，组织是以人为中心、把各种资源组合到一起而后确保共同目标得到落实和实现、事业得到推进和完成的活动。没有这样的活动，为事业所需的各种要素就不会组合到一起，勉强组合起来也不会起有效集合所应有的作用，显然就不会为事业成功暨目标实现提供任何有效的支撑和保障。一句话，确立了共同目标、确定了共同事业之后，在领导过程中也就是在领导决策之后，如果没有组织活动做支撑、做保障，那么一切规划或意图就都是空的，在决策之后落实决策的执行也都是空的。事实上，组织是在决策之前和之中都必须确保至少部分到位、在决策之后必须全部到位并与执行等位并重、齐头并进的头乘落实活动之一。可以说，组织就是一种事关重大、无可替代的核心社会过程。

作为行为结果，组织是共同目标和事业的载体，是领导活动的平台，是落实决策的主体。没有组织，共同目标和事业就无落足、寄托之处而必定烟消云散。没有组织，领导活动就无从谈起，就像没有舞台根本就不会有演员的演出一样。没有组织，即使能有领导决策,也没有一个负责的能动主体来担负起落实决策的工作或者说推进、督促和保障决策实施的工作,显然也就等于没有决策的落实,亦即没有执行。组织就是一种极端重要、发挥着核心作用的核心社会实体。

可见,无论何层意涵的组织都跟决策紧相连接,都跟执行紧密关联,只不过实际要比执行的实践范围和影响范围更大得多而已。总而言之,组织是最能体现领导本质的社会行为和社会载体,是集中反映领导本质的社会现象,是一种极端重要的核心社会过程与社会实体。

(二)组织力的意涵与意义

组织力就是领导者构建和运用组织实体、建设和驾驭团队群体、开展组织活动的能力与效力。它主要包括组织架构的设计力与运作力、团队群体的建设力与维系力、组织群体的掌握力和调动力、组织潜能的激发力和发挥力、矛盾冲突的疏导力和消解力等方面。

其实,组织力是最能体现领导本质的领导能力与领导效力之和。领导者之所以是领导者,就是因为能凝聚人心团结人、调集资源办成事,也就是因为能够以人为本、把人和资源组合到领导过程之中,而不是既没人气、又没资源的夸夸其谈者。只有善于组织,才能善于做到以人为本、把人团结在自己周围而使自己成为真正的领导者,亦即才有领导力。反之,如果不知道、不懂得、更善于组织,那么就无论从理念到实践都不能落实以人为本,就不能把人气聚集过来、把支持和帮助赢取过来,也就只能做光杆司令,而不能形成正式的集体行为亦即组织行为,结果就只能是领导不像领导、工作决不会有成效,实际就是没有任何领导力。因此可以说,组织力就是领导者的看家本领、吃饭之艺,是领导力的根本支撑和主要内容。

在实际的领导过程中,组织力与执行力的关系极其密切。一方面,两者都具有同样的功能取向和同等重要的实用价值,即确保领导决策的正式启动、落实与完成。另一方面,两者是一种相辅相成、并驾齐驱的关系,执行力在于通过具体操作或操办来兑现领导决策,而组织力则是通过组织运作和组织保障来确保执行有主体、执行有资源、执行能给力、执行有效率,由此使领导决策得到组织支撑而后得到全面有力的贯彻落实。

事实上,组织力的作用还远超执行范围,而实际上溯并原本就还存在于领导决策甚至领导初始状态之中。领导的组织力在领导决策过程中所起的作用更大、更深远、更实质。这集中表现在组织群众、组织专家、组织各种社会力量来参与决策,直接关系到决策的科学性与民主性、领导决策力的大小高低,从战略上关系到领导的性质、权威、地位、影响、可持续性和最终领导成效。显然,领导的组织力是事关领导得失成败的最重大因素之一。

领导的组织力在实践中最集中的体现就是这样一个过程:在领导的作用下,工作方针和指导思想以及各项计划与指标都通过组织来贯彻落实下去,下级的、一线的和组织外的实际情况也经由组织反映上来。只有优良而强大的组织力能够保证这一过程的顺畅高效,进而确保领导卓有成效。反之,如果组织力稀松而薄弱,那么决策和行动计划即使都是非常优化的,也无法得到有效的实施和兑现,而事业就不能完成,目标就不能实现;与此同时,即使问题突出、情况明了、信息充盈,也无法充分反映上来并进而转变成领导的决策内容和工作产出。

因此应该说,组织落实远非只是解决组织形式的问题,而且是建立组织机构并发挥其权威效能、建设和维系团队群体并发挥其最大效能的问题;涉及众多具体的组织工作要务,包括配备胜任的负责人和工作人员、确定职位职权职责、进行有效指挥、协调相互关系、将组织内部各环节各要素联成一个有机整体、制定必要的制度规章、使人力物力财力得到最合理的利用、为共同目标而共同努力奋斗,等等。此其中,处处都依靠并取决于领导的组织力。

在一线领导工作中,形成优良组织力所面临并需处理好的工作问题有很多方面,但最突出的问题则主要有如下四个方面:

第一,能否处理好工作关系? 这主要包括如下几个重要关系:(1)正副职之间的关系;(2)直接、间接的下属关系;(3)发挥自身能动性、积极性、创造性和才能与维护上级领导权威地位的关系;(4)发挥下级能动性、积极性、创造性与维持自身权威与地位的关系;(5)付出与收益的关系;(6)服从与命令的关系;(7)批评与团结的关系。

第二,能否规范行为、依规操作、依法办事、以法施治? 这主要包括:(1)规范领导行为;(2)规范执行行为;(3)规范运作程序;(4)规范工作标准和素质要求;(5)规范形象塑造和服务取向;(6)工作的真理性与科学精神;(7)下位规范对上位规范的一致与服从。

第三,能否严于律己、以身作则、以德施治? 这主要有如下几个突出要点:(1)自身纯洁、廉洁的坚定性和慎独性,如在金钱、机会、美酒和美色等利益面前决不动心色;(2)在运用权力、履行职责时的人本原则性,如是否真能替老百姓着想、把群众利益放首位;(3)用权活动的严格性和妥当性,如是否真能做到执法必严、慎用自由裁量权、确保不滥用权力;(4)执行政策的规范性和伦理性,主要是确保上位政策高于下位政策,及时、准确、全真地予以执行,而不是打折扣、金蝉脱壳式地执行;(5)胜任岗位或权位的良知性和良心性,主要是始终要扪心自问:我于国家有愧否? 我于百姓有愧否? 我于手中的权力有愧否? 我于自己的良心有愧否? 今生能有一个大遗憾、大惭愧否? 工作中真正做到了"为人民服务"否?

第四,能否畅通信息、快速反应、讲究方式方法、更讲究变通创造创新? 这主要有如下突出要点:(1)快速、准确、全真地从事情现场获得第一手信息,以现代信息处理方式方法,稳妥、准确、全真、快速、科学而恰当地处理第一线政务信息;(2)在经常面临的众多事情中,梳理清楚问题及其原由和症结;(3)不耽误时间、不错过机遇,抓住问题的症结,尽快地找到能够准确有效解决这些问题的许多新思路、新方法,迅速做出科学的决策,尽好地解决这些实际问题;(4)以道德和法律为界限,实施最全面彻底的变通,展现出自己的全部才华和智慧,把工作做出色,但是绝对不能把变通当成了任意实施自由裁量权、违法乱纪、缺德无知、胡作非为的借口;(5)尽全力促进自己的工作、下属的工作和整个机关工作不断地创造、创新,把自己的组织建设成为学习型、开放型、活力型、创造型和创新型的组织。

二、提高组织力的一般原则要义

领导者要增强和改善自己的组织力,既要充分注意领导行为能够有利于组织目标的实现和组织任务的完成,同时还要充分遵循组织管理的内在规律和客观要求。总括起来,这主要有以下五个方面的原则要义。

（一）服从任务原则

服从任务的需要,是设置组织机构的宗旨。任何一种组织,不是为设立而设立,而是完成任务的组织措施。因此,首先必须明确任务对设置组织提出什么要求,并且在了解总目标、总任务的前提下,按照专业化分工分解成各项具体任务,进行组合分类,再划分出若干个具体的部门。

此外,要依事设职。在整个组织内部的不同部位上设置适当数量的职位,并规定相应的职权,选择合适的人担任相应的职务。组织机构既是适应任务需要而产生和存在的,随着任务和环境的改变,组织机构也应当改变;任务完成了,组织机构也随之撤销。

（二）民主平等原则

现代的组织管理呈现出一种民主化管理的趋势;其中有一个核心的组织原则就是民主平等原则。只有这样,领导者才能尊重组织成员,不仅让他们发挥主人翁的作用,而且使之充分感受到来自领导和组织的公平对待,进而以坚定的忠诚和献身精神来对待领导、对待组织、对待工作任务。

领导者在工作中完全依靠权力运作来调动和指挥下级是行不通的;命令是否合理及其被接受程度都受下级的主观能动性影响。只有在下级能够理解命令并且愿意服从时,领导的命令才会真正百分之百地生效,领导的权威才能得到真正确立、维护和实现;而这一组织成效却来自于在实施领导和管理的过程中,始终注意恰当做到、做好民主平等的原则。

（三）统一指挥原则

在组织机构设计上,最基本的关系,就是上级与下级的关系。要使组织机构具有高效能,必须实行统一指挥原则,建立良好的指挥系链。所谓指挥系链,也就是一系列垂直式的上下级关系,从组织最高层领导开始往下直到基层的负责人,形成一个金字塔式的指挥系统。指挥系统是决定权力、职责和联系的正式渠道。

一般来说,任何一个下属,只能接受一个上司的直接指挥,执行来自一个上级的权力和决策,并且只和这个上级联系。这就是统一指挥原则。如果从两个或两个以上的上级那里接受命令,就会使得下级无所适从,造成指挥混乱。当然,在特殊的情况下,征得相应的上级事先同意,也可以越级指挥或越级请示。

实行统一指挥原则,还必须恰当处理好直线主管人员同参谋人员、专业机构与职能机构的关系,统一指挥原则,规定组织中直线主管人员有指挥权,专家有建议权。参谋人员有权提出建议和意见,提供情报信息,但是无权过问直线主管人员对下属人员的指挥。如果上级直线主管人员授予参谋人员以职能职权,那样参谋人员也可以把他的建议和意见,作为指示发布给下属人员。

当然,这种职能职权应该审慎地限制使用,否则,势必会削弱直线主管人员的地位和权力,影响统一指挥。处在同一层次的专业机构与职能机构应当是协调和合作的关系,彼此之间要经常沟通情报信息,协商处理问题。

（四）合理宽度原则

管理宽度是指每个领导者能够有效地直接领导下属的人数。管理宽度原则是组织管理的一个重要原则。一个现代领导者直接管辖的下属人数究竟多少为宜，怎样才算合理，要规定一个绝对限额是比较困难的。因为管理宽度不仅同领导者的才能、性格、精力等素质有关，而且与工作计划、工作程序、工作制度，以及领导对象的特点也有很大关系。

通常决定管理幅度，除了考虑领导者本身条件外，还要注意下面一些因素：即上下级相互关系的复杂程度，关系一般，宽度可大些，关系复杂，宽度应小些；下级活动的同类性大小，同类性大，宽度可大些，同类性小，宽度应小些；下级工作的分散性大小，工作分散于各地，宽度应小些，工作集中于一地，宽度可大些；下级工作的技术性、专业性程度，越是技术化、专门化程度高，则宽度不宜太大，反之，宽度则可以大些。

与管理宽度直接有关的一个问题是组织层次，组织层次的起因在于领导者的能力有限度。换句话说，由于接受一个领导者管辖的人数有限制，这就产生了组织层次问题。管理宽度与组织层次成反比，管理宽度越大，则组织层次越少，反之，管理宽度越小，则组织层次越多。组织层次增多，则容易造成信息交流受阻，指挥不灵，办事拖拉。

一般而言，组织层次以三级层次为好。目前世界各国企业管理发展趋势是：管理宽度逐渐加大，组织层次逐渐减少，组织结构的金字塔形渐渐向纵短横宽的方向发展。

（五）权责相称原则

领导者通过授权把权力逐级委托给下属，同时确定任务，明确责任。由此可见，在组织机构的设置上，权力和责任是并行的，不能设置"有责无权"或"有权无责"的职位。必须贯彻权责相称的原则，把一定的"权力"和一定的"责任"结合起来。

如果一个领导者负有重大"责任"而不掌握相应的"权力"，那么，这个领导者就很难卓有成效地工作，也无法完成既定的任务，他所肩负的责任也便失去必要的保障。反之，一个领导人掌握着巨大权力而不负任何责任，那么，也就可能滥用权力，随心所欲，为所欲为，会对事业造成严重损害；或者也可能不用权力，不干事情，无所作为，使工作缺乏起码的效率。

规定了权责，还必须把权责和利益结合起来，这也是使组织机构具有高效能的必备条件。处于整个组织机构中的每一个成员，尤其是负责人员，对于自己工作岗位和组织的整体目标，以及同其他工作岗位的关系有清楚的认识，对自己所负的责任有明确的了解，同时有权处理属于自己工作范围内的问题，再加上可以获取应得的劳动报酬和精神奖励，那么他的工作主动性和创造性就必定会进一步得到发挥，工作效率以至整个经济效益都会进一步得到提高。

此外，还有精干的原则。组织机构的建立，要达到精简、统一、高效、节约，反对官僚主义，避免机构臃肿、层次重叠。同时，组织机构都具有立法性。组建机构，确定职责范围、工作任务和人员编制，都要经主管领导机关批准。这些都是十分重要的。

三、提高组织力的一般要点与方法

（一）赋予组织以"灵魂"

一个组织必须要有一个明确的纲领。纲领称为灵魂，是组织的旗帜，是组织成员的人心所向和共同利益的体现。比如，党纲就是政党的旗帜。恩格斯认为：一个新的纲领毕竟总是一面公开竖立起来的旗帜，而外界就根据它来判断这个党。这即是说，领导者建立和运用组织，首要的任务就是给这个组织以灵魂。

作为在某一具体单位中的领导者，要给一个组织注入灵魂，也就是要把领导核心和上级的思想路线、组织路线、方针和政策与本单位实际结合起来，形成明确、具体、权威的本组织工作主线和依据；具体来说，主要有以下三个方面的关键要点：一是要用先进的思想理论教育和武装广大组织成员，这是最根本的要点。二是要通过组织手段把全体组织成员统一到总的组织精神和方向上来；核心是要使全体组织成员明确组织的整体目标和方向。三是要以本组织的基本精神和使命来统一和开动整个组织体系，包括母系统和子系统，确保子系统切实围绕母系统的目标进行运转。

（二）增强组织凝聚力

组织不仅必须有灵魂，而且必须有一种使其成员保持协作的力量。这种力量不存在，也就没有组织的形成。我们称这种使组织成员以一定方式联结起来并保持协调一致的力量为凝聚力。这是社会组织区别于其他组织系统的一个本质特征。组织的凝聚力，是由成员间相互吸引以及成员被整个组织所吸引产生的，它受以下因素的影响：

第一，人际吸引。人际吸引作用越强，组织的凝聚力越大。而组织成员交互作用的机会多、关系融洽，人际吸引效应就很强。这其实就是团结力和凝聚力。

第二，压力效应。压力存在于下列情况时，能产生和增强组织的凝聚力：（1）压力来自组织之外；（2）合作有利于抵抗或克服压力；（3）逃避的机会没有或很小。在历史上利用压力增进凝聚力的例子不胜枚举。

第三，组织气氛。组织气氛能够增强凝聚力。组织气氛取决于组织的领导方式和奖惩制度。以人为本的、民主的领导方式，能够配合情境和实现组织成员的期望，可以提高组织的凝聚力。明确的目标和奖赏及成员间的密切合作，同样能提高凝聚力。

（三）明确组织的内部分工与分权

组织协调一致活动的前提是"分"，即给组织成员们分配角色，确定他们之间的配合和从属关系，使之各司其职，各尽其责。领导者要通过导向和引领使组织能够正常有序地运作。有序包括两个方面，一是方向一致，一是运动有步骤。二者缺一不可。领导者只有按一定的目的把被领导的力量以正确的方式组织起来，才能保证组织整体的有序前进。要分工，就意味着要充分授权。

任何一级领导者，在分配给下级任务的同时，必须授予其相应的权力。有责就应有权，有权必负其责。要通过适当手续，授予必要权力，做到责权统一。只有责权统一，才能加强组织的结构和力量,使组织成为完整统一合理的有机整体。只有责权统一,才能减轻上级负担,使领导者从琐碎的事务中解放出来,有更多的精力干领导者应干的事,从而加强领导。只有责权统一,才能提高工作效率。

在现代组织中,分工已成为普遍现象。因为作为现代领导者不能事无巨细、事必躬亲,不能一竿子插到底、陷于琐事;而必须从烦琐中解脱出来。实际情况应该是,领导者一旦发现自己忙不过来时,就要考虑自己是否做了下属可做的事,那就快把权分派下去。这要求不仅要分工,而且要分权;不能只分工,却不分权。分权分责是现代组织运行最基本、最重要的前提。而要实现真正的分权,领导者应该让受权者有充分的活动空间,而不应横加干涉。

(四)立规建制,加强管理

建立组织的规章制度,确保组织结构的合理化,为决策和指令的实施提供必要的组织保证。为了使组织系统能够正常地运转起来,还必须有各项规章制度。在各种规章制度中,最重要的是建立和完善责任制。邓小平指出:"恢复和健全规章制度,关键是建立责任制。"责任制包括工作责任制和对工作人员的考核制、奖惩制这两个不可分割的方面。

工作责任制就是指工作人员在一定职位上,可以行使必要的权力和必须担负的责任,概括地说,是有职、有责、有权。一个单位在确定工作任务、职责范围、机构设置、人员编制之后,就要从上到下逐级分解任务、授予权力,明确规定每一个领导者和各级各类工作人员应完成的任务,应有的权限,应负的责任,做到各司其职,各尽其责。

考核制、奖惩制同责任制是一个互相关联的整体。考核是对责任标准的审定,奖惩是对审定结果的裁决。规定了职、权、责以后,就要按照责任制的要求,对工作人员在履行职责过程中表现的德、能、勤、绩进行认真考核,否则责任制必然流于形式。

责任制是考核的基础,考核又是奖惩的依据。经过严格考核,就要根据每个人成绩大小和表现好坏,做到赏功罚懒,举优黜劣。只有认真做到奖惩兑现,实现责任制的目的才能达到。有些人不重视考核和奖惩,认为有了任务分工,规定了责任就可以了。其实没有考核,没有奖惩是无所谓责任的。当然,考核、奖惩是手段,目的在于激励先进,鞭策后进。

(五)重视组织的信息沟通

人们之间的协调、组织机制的有效运转、个人与组织的联系等都依赖于信息。在一个组织机构中,组织活动的目标、计划,控制中心的命令、指示,要及时传达给有关的组织成员;组织成员的意见、要求以及计划的执行情况,命令、指示的落实情况等,要迅速反馈给组织;个人与个人之间,部门与部门之间,要互通情况,加强横向联系,相互理解信任,如果信息的流通受到阻碍,就会直接影响到组织职能的作用发挥。

毛泽东就这种信息沟通的问题曾经指出:中央领导之所以正确,主要是由于综合了各地供给的材料、报告和正确的意见。如果各地不来材料,不提意见,中央就很难正确地发号施令。可以说,沟通的艺术是领导者组织工作中最常用和最不易做好的,尤应引起重视。

255

（六）充分发挥组织内各部门的功能

组织是组织中各部门总称。运用组织的艺术，表现在充分地发挥各部门的长处，使各部门有效地履行其功能，实现特定目的。所以，部门一旦设定，都具有其特定的专业任务，即特定功能。这是此部门相对于彼部门的优势和长处。领导者就要善于发挥这些长处，分配适当的任务给予相应的部门，会获事半功倍之效。那么，怎样才能有效地发挥各部门的长处呢？

第一，认清部门功能，保证专业性质。有些领导者不能准确把握所属部门的长处和优势，常常张冠李戴，该甲部门负责的事交给了乙部门，结果使组织机构造成冲突和混乱，任务很难如期完成。严格地说，部门专业化任务的组合，只有使之履行其必备功能，才能专其职，展其能，收其效。部门的功能得到充分发挥了，组织整体的作用就加强了。

第二，促进部门和谐，保证组织统一。部门是由组织整体划分的，是组织系统的子系统。部门间相互独立又相互制约和联系。作为领导者，在发挥部门优势的同时，还要注意部门运行的和谐性。和谐才美，这是组织艺术乃至所有艺术追求的境界。为使各部门运转和谐，就要赋予各部门协调责任，及时做协调工作，从而使各有任务和目标的独立部门联合成一个和谐的有机整体。各部门功能得到履行，各部门目标得以实现，才能保证组织整体功能的履行，以及组织整体目标的实现，所以，和谐的部门运行机制是组织发挥整体作用的根基。

（七）保持组织的稳定有序

组织的相对稳定，是领导者发挥领导作用的基础。任何组织，如果不稳定，其功能就发挥不好，目标就难以实现。自然界中的各种系统，在一定的条件下自发地从无序走向有序，并形成和维持某种稳定的结构。社会组织则不同，它的形成和发展有赖于人们的自觉活动。事实上，经由人们的这种自觉活动确实能够促使组织保持稳定有序，从而更有利于实现组织目标。而组织稳定的目的则恰恰是为了实现领导活动的特定目标。

因此，为了实现一定目标，领导主体就必须自觉地考虑、设计并维护好组织的结构与功能，确保组织能够最好地与环境相适应，能够最充分地利用好有限的资源，能够以最佳的方式来进行运作，能够更有效地率领成员发挥主观能动性而创造性地开展工作；当然，也便于领导主体更好地履行诸如指挥、协调、控制等职能职责。只有这样，才能获取组织的相对稳定和有序，才能使组织变革组织结构和功能，适应环境变化，不断完善和发展组织。

第二节　组织效应与群体结构

一、组织效应

组织效应就是群体效应，是指以人为中心的组织群体在核心性社会生活过程中所体现出来的整体效能、效用与效果。按照组织规律，正常而健康的组织过程不是人与人、物与物以及人与物的简单配对组合,亦即不是诸要素的简单相加,而是各要素互为条件发挥更大作用的效能放大性要素运作。正常而健康的组织群体不是各要素的简单组合体,而是一个以人为中心、将各种要素组合在一起而后形成的复杂的能动综合体,亦即组织系统或社会系统;这样的系统既为其中每个要素单独发挥更大作用提供平台和可能,又为这样的整体发挥出远大于各要素单独效用之和的整体效用;而这就是组织效应。

因此可知,组织效应实际上是一种放大和强化系统中各要素效用之和的一种能动机制。善于抓组织工作的领导者就会把取得这样的组织效应作为自己的工作重点。事实上,这也是形成领导的组织力的总要点和切入之处。

早在 2000 多年前,古希腊哲学家亚里士多德就提出了一个著名的论点:整体大于各部分相加之和。当时人们不理解这增加部分从何而来,因而称它为"整体悖论"。然而,这种整体"悖论"的现象是随处可见的。手握成拳头要比所有的手指出击有力量;人类双眼对单眼的视敏度不是两倍,而是 6～8 倍,不仅如此,双眼还能形成立体感,这在单眼里根本不可能实现。在生产领域,流水线的作业要比同样数量的个体独立完成作业的效率高出几十倍。在科技领域,20 世纪 40 年代的"曼哈顿工程",60 年代的"阿波罗计划",80 年代的"尤里卡计划"等创造的斐绩,无一不说明组织是这样一个群体:它能够达到个人想达到却达不到的目标。

为什么是在一个组织中会产生"1+1＞2"的效应呢?是因为组织结构以及要素之间的相互作用。组织效应来源于组织结构,最优的结构才有最佳的功能。当然,并非所有的组织都会产生"1+1＞2"的放大效应。虽然所有的组织组建时的初衷都是要获得这种放大效应,但事实上,有很多组织会有内耗,会因为相互扯皮、攀比、争权夺利而使组织整体功能下降,出现"1+1＜2"的缩小效应。出现这种现象的根本原因在于组织结构的不合理。

然而,这个组织结构的合理与否,根本而言却取决于领导组织力的高低强弱。组织力高,就必定能实现"1+1＞2"的组织效应,这也叫做高溢价组织效应;组织力中等,则多为"1+1=2"的组织效应;组织力低,则必定出现"1+1＜2"的组织效应。不过,组织力的高低关键就看能否通过领导的主观努力来确保和增进组织结构的合理化。

事实上,优良的领导组织力主要表现在于,能够根据职能互补和素质互补的原理进行要素搭配、人才搭配、素质搭配,确保形成取长补短、短处各消、优势互补、结构合理的组织结构,并由此确保达到最大的要素顺合和整体效应,形成一个正常、健康的组织效应或群体效应。其中原理主要有如下三个具体要点:

第一,要素互补。这主要就是取所有组织要素各自的优势进行组合,确保优势互补、优使优大、优优生尖而形成最佳放大效应。其实质就是组织要素的合理配置乃至最佳搭配。

第二,人才互补。这主要是根据工作职位的特点和需要以及人才的长短优劣进行专长组合、角色搭配。现实生活中,并不存在真正的全才,而只有不同特点和优势的人才;只有将不同的人才进行互补组合,才有可能创造一个全才性质和状态的人才整体即优质的组织群体;只有人才结构合理化乃至最佳化,才可创造出一个完美无缺、优强高效的组织群体。

第三，素质互补。这主要是指人的素质各不相同，人才的素质也存在很大差异；这些不同或差异都是很深、很细的区别。组织工作如果做到了素质级的结构优化，从个体素质差异上做到长短互补、优劣互补、优势组合，那么组织结构或群体结构就将达到最精致的优异化和高效化，将能为最佳的组织效应提供坚实而长效的基础和保证。事实上，人们的素质，特别是才能适应性大不相同，只有在组织内实行素质互补，确保在组织范围内形成优良的素质结构和素质整体，才能实现完全的素质互补，并把素质优势发挥到极致，进而创造连绵不绝、可以持续的高素质组织和高溢价组织效应。

二、群体结构

按照系统论的观点，结构是指系统的构成内容及其形式。一定的结构是保持事物整体性以及具有整体功能的重要因素。结构是否合理，对于一个事物整体功能的发挥关系重大。

群体结构是以人为中心的组织结构；具体是指为了发挥组织群体的整体功能、由各种不同状况的领导者有机组合起来的构成形式。如果群体结构不合理，即使每个成员的素质都很高，也发挥不出组织群体的整体效能。如果群体结构得体合理，那么组织群体就能很容易形成一个高溢价组织效应形成机制而带来不尽的优良整体效应。

然而，群体结构的合理化却取决于领导的组织力。卓越的领导者都善于打造优良的群体结构。搞好群体结构其实就意味着已经做好了组织结构优化的主体工作。领导组织力的重点效用就在于搞好群体结构。对于领导者来说，要搞好群体结构，关键是要按照组织效应原理，运用素质理论、人才理论和组织理论，特别是领导素质理论和领导人才理论，进行合理化的人才组合和素质组合，由此确保最后形成一个高素质、高效能的群体结构。

一般来说，群体结构包含很多层面的重要内容，但在实际的组织工作中最常见的结构则主要是年龄结构、知识结构、智能结构、性格气质结构等四个部分，具体如下。

第一，年龄结构。年龄结构是不同年龄的领导者之间的组合搭配状态。对于一个人来说，特别是对一个领导群体的成员来说，年龄不仅是岁月的标志，更重要的是包含着不同的阅历、经验与特点。领导群体年龄结构是指各个成员按年龄分布和组合的状况。实践已经证明：一个科学而合理的领导群体结构应该是以中青年为主体的梯队结构。由于年轻人对新生事物一般都比较敏感，有活力，有朝气；年长者一般都经验丰富，深思熟虑；中年人一般都年富力强，可以起到承前启后的作用。所以，梯队结构的领导群体，既有利于取长补短，发挥整体功能，又能防止年龄老化，避免横线年龄结构，以保障领导群体活动的相对稳定性和连续性。

第二，知识结构。领导群体知识结构是指拥有不同知识积累和背景的领导成员之间的搭配组合状态。知识结构包含理论与实践意义上的文化知识与专业知识两个方面。对领导者而言，专业知识有两层含义：一是指本人所在单位所从事的专业知识；二是指作为领导者必须掌握的领导学及管理专业知识。提到领导群体专业化，人们往往注意自然科学方面各种学科的知识、技能，即重视"硬"专家，而忽视社会科学方面各专业知识，尤其不重视管理科学知识和组织管理才能，即忽视"软"专家，这是一种片面认识。然而，应该清楚的是，专业化不等于专家化。列宁指出，任何管理工作都需要有特殊的本领。作为领导群体结构,应该根据实际需要,配备拥有各自专业知识的领导者,以形成多功能、多学科、齐全配套的合理结构,使各个"专才"汇集成整体的"通才",发挥整体最佳效能。

第三,智能结构。智能结构就是指拥有各种不同类型智能成员之间的组合状态。智能是人运用知识的能力。智能结构主要由观察能力、记忆能力、想象能力、思维能力、行动能力等要素构成。就领导群体里的每一个成员而言,所具备的综合分析能力、语言表达能力、协调能力、决策能力等不尽相同。任何一个领导群体,都承担着多种职能。因此,领导群体的智能结构,不应是只具有一种类型和同一水平的智能,而是要根据领导群体所担负的工作性质和任务的要求,将不同智能类型和各种能力特长的领导者合理组合在一起,才能既充分发挥每个人的特长,又在工作实践中有效互补。一个领导群体中,要有帅才、将才、干才,形成有机合理、多层次才学智慧和能力互补的结构,才能发挥出最大的整体效应,以适应多种职能、复杂工作的需要。

第四,性格气质结构。拿破仑有一句名言说:"一头狮子率领的一群羊能够打败一只羊率领的一群狮子。"这就是说,气质性格的不同组合搭配将直接决定一个群体结构的优劣和群体效能的大小。俗话说得好:"人上一百,形形色色。"不同的人,因其遗传因素和所处的社会环境各异,性格气质往往千差万别。领导群体性格气质结构就是指领导群体中个体性格气质类型及其组合的比例。在现实生活中,人的性格气质表现为多种多样的,有的刚毅果断,行动敏捷,作风泼辣,但稳健不足;有的温文尔雅,勤于思考,办事稳重,但魄力不足;有的是狮子,有的是绵羊;有的天生是龙头,而有的天生是龙身、龙爪和龙尾;如此等等,不一而足。这些不同的个性特性从一个角度看都是有欠缺的,但从不同角度看则都是为组织群体所急需而一个都不能少的,亦即都是对组织、对工作有益的,能够发挥积极作用的。因此,在领导群体中,应注意各类性格气质成员之间的合理搭配,做到扬长避短,刚柔相济,相互补缺,相互促进,形成一个协调一致、朝气蓬勃、效率效能的战斗团体。事实上,在一个组织群体中,如果所有成员之间都是一种性格、一种气质,则往往容易产生内耗,抵消组织群体本应该,其实是本应能达到的效能和效益。

总之,要真正做到组织群体的结构优化,确保形成可持续的,使组织成员实现最佳的有机组合,使组织群体形成比个体效能简单相加之和要更大得多的整体效益,那么就一定要重点抓住上述四种结构来推动优化组合的工作,切实造就出一个结构优良、完美高效的组织群体,建设一个合格、高效、优良的领导群体和整个团队群体。

第三节 团队建设与组织工作

一、领导群体结构优化与加强领导班子建设

(一)领导群体结构优化的标准

领导群体就是俗称的领导班子,是组织群体中最重要的核心群体。不断优化领导群体结构是一件非常重大的组织工作,具有很高的科学化要求和很大的难度与挑战性。从根本上说,优化领导群体结构有一系列客观标准,在实践中主要有以下一些常用的标准。

第一，整体性标准。领导活动进行的好坏，主要依赖领导群体是否发挥融化功能。历史和现实都已证明，领导群体结构的科学化，可以有利于产生个体力无法比拟的集体力，领导效应不是 $1+1=2$ 而是 $1+1>2$。如果领导群体中，从单个领导者的角度观察，每个个体都是素质好，水平高，能力大，但集体协作配合不好，"一人一把号，各吹各的调"，则说明这样的领导群体结构组合的不科学，就产生不了好的集体力，而且会有副作用——耗散作用。

第二，适应性标准。任何组织或团体的领导活动都是动态的。同样，领导群体结构也是一个动态平衡体，需要根据外界的变化，对其内部各个要素不断进行平衡协调，力求配比合理，排列科学。但是，领导群体结构优化并不是一次完成的，由于客观条件的变化及内部因素的更替，又会出现新的不合理、不科学，需要注意经常进行调整，保证实现动态平衡中的领导群体结构优化。

第三，互补性标准。在领导群体中，每个成员之间一定要责权相符，尽可能保持职务与责任、责任与权利的对等关系。只有明确规定和划分各个成员的职责范围，做到人各有职，职有专司，按责授权，按权定责，领导群体成员才能够，也才敢于负责、实施领导，积极、主动并富有创造性地完成组织或团体赋予他的任务，真正做好领导工作，推进领导事业稳步前进。

第四，高效性标准。领导群体结构的高效性是整体性、适应性、相符性这几方面的有机结合而产生的综合效应。现代科技突飞猛进，新情况、新问题大量涌现，社会生活各方面的形势复杂多变，这就需要领导群体建立精干有力、反馈灵敏、和谐适应、整体高效的科学化结构。而且结构的科学化程度越高，领导群体拥有的能量也越大。只有这样才能实现持续高效的领导。

（二）加强领导班子建设

加强领导班子建设，实质上就是要采取多种多样的举措，探索不同的途径，创造和提供各种必备条件，不断优化领导群体结构，不断提高领导素质和领导队伍质量，确保领导班子结构最优、效能最高和绩效最好；避免班子不般配、内部相抵消、事业无人问、机遇空错掉等不良组织问题。一般来说，这里的要点可以集中概括为以下若干方面：

第一，按照系统观念和战略取向，从整体上选配领导人才。根据整体结构的观点，对领导群体进行系统分析，把其看做是一个由若干相互影响而又有所分工的领导者组成，并处于动态平衡的人才系统。考察领导者，如果就个体考察个体，人人皆有缺点，谁都不会十全十美，"只见树木，不见森林"，很难取得整体优化的理想效果。若从整体结构考察个体，人人都有其所长，都有用武之地。所以，考察、选配领导人才，不仅要看它的德才素质，而且必须联系其所在的领导群体，从整体的需要来选配每个领导者。这样，就有利于各类领导群体的成龙配套、新老交替、加快结构科学化的步伐。

第二，加强作风建设，改善领导集体的形象与效能。一个组织如果因为领导作风不正而面临重大危机，进而需要进行治理整顿，那么实施治理整顿、转变领导职能在其中就起关键作用。为此，要实施治理三部曲：一是以改善组织氛围和风气为中心，加强领导团队的整合，实施必要的领导班子整顿，确保整个领导工作得以风清气正、领导面目清新可信、领导权威大大加强。二是确保领导班子正常高效地发挥领头作用,带动和保证整个组织群体都走上正常健康的运行轨道;既能充分发挥领导者的主观能动性、标杆示范性和权威实用性,又能务实创造一定的物质条件,改进资源调剂渠道和各项保障工作,改善员工的福利待遇和生活条件,把以人为本的领导工作做得更加扎实有力。三是加强全面质量管理,创新思路打开工作新局面。此其中要突出加强业务领导职能,因为此时的业务领导已经成为组织运作、发展的中心环节。

第三,努力培育和开发领导人才,重视提高领导者后备队伍的建设。人才资源的开发培养并非一朝一夕的事,领导人才更是如此。所以,既需要从根本上开辟人才来源,又要注意开拓选拔人才的渠道,为领导群体不断更新,实现人员流动,保持旺盛的生命力提供后备力量。对领导者的后备队伍应注意选拔、培养、使用工作,提高他们的成才率,不断地缩短成才期,从而彻底解决领导群体的"才"源问题。

第四,大力开展领导者的"继续教育"工作,这是实现换知识、换责任、换专业的重要手段。实现领导群体结构的科学化,除了根据主客观因素的不断变化,采取必要的组织手段和形式,对某处不合格的领导者适当地更换以外,更重要的是还应该通过各种有效的渠道,大力加强对领导者的在职培训,重视"继续教育"、"回归教育"、"终生教育"等工作,不断提高他们的德才水平。

第五,大力加强领导群体自身建设,这是提高领导群体"自优"能力的关键措施。领导群体自身建设要从有利于领导群体结构的科学化角度来考虑,抓规划,定制度,重考核。

二、加强基层组织建设

(一)有重点地加强基层组织建设

领导要抓组织绩效,就一定要把加强基层组织建设放到重点位置。这是因为,基层组织是整个组织的基础,只有基础牢固,才会有上层建筑的稳固;在整个组织体系中,基层组织群体的建设是整个组织建设的重头所在,是基层建设的主干之一,是事关整个组织建设得失成败的最大关键之一。因此,领导者要高度重视和着力加强基层组织建设。

基层组织其实是具体干活跑腿、具体办事担责的一线工作力量。其核心是基层组织,是整个基层组织中站在第一线、冲在最前面的"领头羊"、战斗队和突击队。这一切就是基层组织在整个基层组织中的特殊地位和特殊作用。这种特殊性要求,必须不断加强基层组织建设。只有这样才能真正确保基层组织在整个基层系统中成为坚强的领导核心和优质的战斗队,并由此把整个基层组织更好地凝聚起来,形成更强大的合力和战斗力,把执政基础打得更牢、修得更好。这即是说,加强基层组织建设是基层团队建设的重点。

另外,既然基层组织是整个基层组织的代表和先锋队,那么基层组织的一举一动都会成为其他基层组织的标杆;基层组织建设得如何,将直接成为其他基层建设的示范。基层组织建设得好,就能够廉洁自律、精干高效,就能够带头推动整个基层的合理化建设。如果基层组织越建设越庞大而效率却越低,那么其他基层组织也会向此看齐,并以此为依据来谋求自身建设。事实上,基层组织建设能否取得重要进展,关键就看基层党团建设的力度和质量;要抓好基层团队建设,就一定要首先抓好基层组织建设。

（二）加强基层组织的先进性建设

基层组织建设的核心问题是要确保基层组织的先进性。这是党团组织的性质、地位和作用所决定的。基层组织既然是基层的先锋队，那么就必然不能只有跟普通组织和普通群众一样的水平，而必须时时、处处都走在其他所有基层组织和周围群众的前头。

但是，现实生活中，不少党团组织思想保守，观念落后，不讲学习，不求上进，品位低下，作风恶劣，乐于搞形式主义，甚至热衷于与民争利。这些问题已经使这些基层组织大大落后于其他组织甚至普通群众了，给党的建设和作用在基层造成了严重的硬伤。这些问题如果不加解决，就会使党在基层逐渐丧失真正有效的领头作用，就会让群众瞧不起，就会得不到群众的衷心拥护和支持，最终就是掏空党的执政基础，给党的事业带来实质性和根本性的巨大危害。这就意味着，基层组织建设的核心问题就在于要确保先进性。

基层组织的先进性主要包括三个方面：一是用先进的思想理论武装起来；二是用先进的思想理论指导自己的实践；三是用在先进思想理论指导下的自身先进行为和表率来带动和促进其他基层组织乃至周围群众走向先进，把这些学习所得尽量、尽快地都运用到工作实践中去，使自身成为一支真正过硬的先锋队、突击队和一线实战队伍。

事实上，基层组织建设是一项极为实际的工作，虽然在内容上主要表现为党团组织的内部建设，但在目标上却主要聚集于党团组织的使命，即确保经济建设和社会发展的顺利进行和不断取得更大成功。可以说，保证经济建设和社会发展正是基层党团建设的中心任务。

基层组织建设是为了打造一支作风过硬、效能过硬的先锋队和突击队，以便在履行组织的宗旨和使命过程中发挥出更加坚实的作用。而解放和发展生产力、推进和创造社会文明正是使命的核心内容，直接构成基层组织的核心任务。因此，加强基层组织建设的目标就应明确定位于为了完成这一核心任务，否则就会失去正确的方向和实质性意义与价值。

具体而言，基层党组织在分别承担着不同事务的各个基层单位中发挥着核心作用。它的建设必须是更有利于带领和推动所在基层单位把所担事务做得更好。而所有这些事务概括起来就是经济建设和社会发展。当所有基层党组织都建设成为推动经济建设和社会发展的中坚力量时，基层党组织建设就可以说是真正到位了。

另外，基层团组织是基层党组织的得力助手，不仅要在宣传党的方针政策上成为突击队，而且要在每项具体的实际工作中带头表现突出，做出优良成绩。而这就是加强基层团组织建设的实际目标和核心要求。这个目标和要求实际就是要确保基层团组织把锐气、勇气和才干都集中用到完成基层组织的中心任务上去，成为推动经济建设和社会发展的生力军。

（三）充分发挥在政治和思想稳定方面的作用

基层组织是直接联系群众的能动主体和责任主体，也是直接构成社会基础的核心成分；在事关政治稳定和思想稳定方面具有不可替代的重要作用。必须充分发挥出这一作用,才能确保全局的稳定和上层建筑的安全,才能根本确保经济建设和社会发展的顺利进行。

加强基层组织建设,就是要使基层组织以更加亲民、务实的作风来关心群众,爱护群众,联系群众,扎根于群众,和群众打成一片;既把群众的意见收集起来,又把经过党汇集的群众意见返回群众,真正做到"从群众中来,到群众中去";发动群众落实这些经过民主集中的意见。在这样的组织过程中,群众参与到经济建设和社会发展事业中的自觉性和积极性都将得到极大的调动,某些彼此隔阂造成的不信任气氛和风险都将极大排除,党与群众的鱼水关系将变得更加融洽,最终成功实现政通人和、安定团结、共同奋斗的大好局面。

基层组织必须加强思想建设。只有确保自身思想先进,才能在实践中表现先进,才能带领群众不断提高思想觉悟,进而确保思想稳定,最终形成一个在思想觉悟上和谐、一致的社会氛围。但是,过去基层组织却存在思想建设目的不明确、行动不到位的问题,不仅不注意加强自身思想建设,而且还想通过说教的方式在群众中开展思想教育活动。这种做法已经严重侵蚀了思想工作的有效性,严重损害了群众和社会的思想稳定成效。这是基层组织思想建设所应充分注意的一个现实问题。

(四)改革创新工作方式

加强基层组织建设需要改革创新工作方式。这一点主要表现为如下两方面的内容:

第一,对于原来已经形成的老习惯、老做法要进行现代条件下的科学反思和理性分析。基层组织建设在工作方式上,有些是切合实际的、合理的和管用的,仍然具有很大的实用价值和生命力,因而可以继续保持下去,但要找到更新鲜的角度和形式来适当运用;而有些则是基本过时或完全落后的,基本丧失了继续存在或发挥作用的现实基础,那么就要毫不犹豫地加以淘汰,而以崭新的工作方式来加以替代。这一切归结起来就是要改革工作方式。

第二,要以新的、正确的科学理念和指导思想来激发观念创新、思想方法创新和工作方式的创新。当迅速发展的现实告诉我们某些做法和工作方式已经陈旧过时、不利于创造和谐氛围、提高工作效率时,我们除加快工作方式创新以外就已经没有别的出路了。而基层组织建设要实现工作方式的创新,就要首先做到观念创新和思想方法的创新。这是因为,观念创新是思想方法和工作方式创新的前提,思想方法创新则是工作方式创新的先导;只要有了前提和先导,工作方式创新就成为必然和自然;只有工作方式创新了,基层组织建设才能取得实效。

三、基层干部队伍建设

基层干部队伍是一支最庞大的实干群体,是处在第一线的人才集群。其建设是一个落实建设高素质干部队伍要求和人才强国战略的重要行动,更是一项政治性极强、复杂性极大的基础建设工作。领导的组织力重在不断有效加强基层干部队伍建设。要做好这项工作,主要应从以下五个方面来抓好抓实。

263

（一）实施符合实际的人才标准

基层是一个在具体工作岗位和工作内容上存在千差万别的"万花筒"世界。这一实际情况就决定了，在基层工作的干部素质必须在政治层面上确保共同一致的同时，在其他许多层面上保持必要的多样性。这种多样性具体显示为多样的素质标准。由于干部队伍建设实际是最重要的人才队伍建设之一，所以这些干部素质标准其实就是一套符合客观情况和要求的人才标准，是使用干部、优化干部队伍的主要依据之一。

过去，在基层干部队伍建设过程中出现了很多不正常的现象，或者非常排斥高学历的人才，或者又反过来非常强调高学历人才，而不管实际工作需要不需要，当然就更不管实际素质到底胜任不胜任。于是，就出现种种严重后果。譬如，或者是基层干部队伍长期处在低素质状态之下，有时简直就是"带病上岗"；或者是高学历人才对岗位严重不适，真是水土不服，造成严重的人才浪费；如此等等，问题很多。这些问题的根源就在于没有一套符合实际的人才标准，所实施的都是些主观意向性的价值选择。

上述情况表明，在加强基层干部队伍建设时，必须实施符合实际的人才标准；而不能以旧的思维方式来追求和使用"放之四海而皆准"的简单化人才标准。不过，这样的标准其实是一套科学性高、系统性强、分门别类的人才标准体系；需要针对不同基层部门的实际需要，加以充分的研究和讨论，而后才能确立并实施。

（二）侧重强化带队伍的能力

带队伍的能力就是领导者带领团队去履行职责、完成任务的一项综合能力，是基本的领导能力之一。作为综合能力，它包括组织动员能力、指挥调度能力、协调整合能力、团结协作能力、激励能力、指导能力、训练能力、教育能力和思想能力等一系列具体能力。

有很多领导者都具备优秀的带队伍的能力，不仅能把一支高素质的团队打造得更高、更优、更强而作出更大贡献，而且能把一支弱队、病队医治得健康强壮、充满活力，改造成为一支团结协作、积极努力、勤恳奉献、善于创造、高素质高水平、富有竞争力、能打硬仗、充满希望的优秀团队。这样的带队伍的能力将把人力资源开发利用到极致，把工作漂亮完成到极致。

然而，有不少领导者其实是很缺乏这个能力的。他们既不会团结人，更不会调动人，而常常只会把原来好端端一个团队搞得一团糟，矛盾丛生，离心离德，分崩离析，天怒人怨；至于本应由该团队低成本、高效率完成的任务则常常是大打折扣、不了了之。有的领导者思想水平和思想能力都很差，业务能力就更差，而目前组织人事体制和机制的某种缺陷又给他提供了持续"称雄"的外在条件，所以他就可以在领导岗位上一直待下去强行带队，结果是以自己的无知和窝囊憋出了一支素质不高、绩效低下、人心思散、没有任何凝聚力和战斗力、没有任何希望和动力的烂队、病队。这些都是严重缺乏带队伍的能力的情况；其结果就是人力资源糟蹋，组织群体停滞，职能职责废弃，党的事业受损，造成一个烂局。

很明显，这个带队伍的能力极端重要，关系到一个领导者能否拢住手下一班人，使之不仅紧紧团结在一起，而且还能一直乐意出勤出力、把工作当成自己的事认真干好。一个领导者能否在一个群体中站得住脚,就看他能否把手下一群人团结起来、调动起来、协同起来、合作起来、同心起来和一致行动起来,还看他能否把这群人把握得服服帖帖而使之持续保持团结、积极、奉献和听从调遣,当然更看他带队的最终结果是否是既把工作做好了,又带出了一支作风过硬、效能优良、品质高尚的优秀团队。

因此,在加强基层干部队伍建设时,就一定要侧重强化领导者的带队伍的能力。对于基层干部队伍建设的期望来说,这样做主要有两种切实可行的措施:一是通过培训肩负带队使命的领导者,直接提高他们的带队伍的能力;二是撤销或替换掉缺乏带队伍的能力的领导者,绝不能顾于权力、利益、人情关系和制度缺陷而放纵无带队伍能力者继续搞下去。只有这样才能打造出好团队,把基层干部队伍建设好。

(三)改革选拔制度不拘一格启用人才

在基层实干最能锻炼人。许多干部原来都书生气十足,不了解实际,也缺乏团队精神,当然在业务上也不是能当即就拿得起来;但是,经过在基层的实践锻炼以后,渐渐地就明白了许多事情,业务上也很熟悉了,原来所受高等教育训练的优势也渐渐地转变成了适应环境、做好工作的强大实力,特别是在集体生活中已经显示出了很好的团队精神,工作业绩,甚至是个人造诣都达到了很高水平。这样的干部就应该得到充分的选拔重用。

另外,每个具体岗位其实对人才的要求是很不相同的;即使是同一岗位,在不同阶段、不同背景和不同任务要求的情况下,对人才的要求也是不同的。这些对人才素质要求上的不同有些时候差异较大,而有些时候却反差巨大。这就是说,实际的岗位需要并不要求人才完美无缺,而是只要求人才具有这个岗位所需要的一技之长。只要具备这样的一技之长或者说能够满足岗位需要的主要素质,那么这样的人才就要充分选拔任用起来。这样想、这样做是科学的、客观的和辩证唯物主义的,在实践中也是必须的。只有这样才能激发更多的基层干部发奋努力,进而把基层干部队伍建设好。

但是,目前的选拔制度还远未能够适应这一客观要求。这需要对现行选拔制度进行深入研究,要基于科学认识来对现行选拔制度进行科学的变革创新,使之能够完全满足不拘一格选拔人才、建设优秀的基层干部队伍的客观需要。

(四)提高基层干部素质

基层干部在第一线工作久了,常常会陷入忙于事务而视野变窄的窘状中。他们常常会觉得自己体力不支了,健康透支了,知识过时了,技能不足了,其他各方面素质都落后了。这时,不能对他们施以漠视甚至是蔑视的态度,而应该从加强基层干部队伍建设的角度来看待他们,来对待他们关于自身情况的感觉和体认;不仅要体谅他们,而且要给他们创造学习的机会,要有意识地培养、提高他们。——只有这样做才是正确的态度。

然而,培养提高基层干部的方式和途径有很多,但最主要的方式和途径则有:一是送到专门的干部院校进行专门的培训;二是送到大学去进一步深造;三是根据工作需要就某项工作进行同行交流和参观考察;四是结合休假疗养进行工会福利性的心理调节和体质改善;五是在本单位范围内给开小灶,多给机会,重点扶植;六是在本单位或外单位进行干部交流。上述这些做法可以单独使用,也可以组合使用,对人才培养、素质提高都具有很大的作用。

（五）关心爱护基层干部

基层干部常常是加班加点在一线，吃住生活在一线，忘我地劳动着。尽管素质不同，绩效也不同，但是俗话却对此说得好"没有功劳，也有苦劳"。这就是说，带队的领导者和上级领导、上级组织对于他们不能动不动就横挑鼻子竖挑眼，责备有余而嘉勉不足；就是看在劳苦功高的份上，也要给予一定的体谅、理解和关怀。这就是古人常说的"爱兵如子"。这是对基层干部充满爱的表现，也是领导者对下属能够团结人、拢住人、对整个团队的领导具有可持续性的道德基础，也是领导得以建立权威、取得成功的基本要件之一。

其实，对于领导来说，对于上级组织来说，要做到"爱兵如子"原本是很容易的，但仅仅是因为观念上和认识上不到位而做不到。然而，上级做不到爱下属，那么下属也就绝不会爱上级；当然就更不会维护和支持上级，而且会以各种方式来抵制、抵消或改变掉上级的指令与权威；上级将因此而失去下属，失去权威，甚至失去起码的颜面，最后就走向与下属为敌、内部开打的一片烂局、惨局。应该说，一旦真到了这一步，就意味着领导已经完全失败。

作为上级的领导者对下属、对基层干部多一点关爱原本就是应该的，从操作上看也是能够方便做到而且做好的。譬如，多给下属以信任，多给下属一支持，甚至是多向下属问候一声，都能产生巨大的激励作用；如果还能从物质上、生活上给下属、给基层干部一点照顾，特别是在下属或基层干部面临某种困难时给予必要的帮助，将能收到意想不到的团队建设效果。总之，要利用各种机会和条件，以爱兵如子之心来对待下属、对待基层干部，就一定能够收到基层干部队伍建设的奇效，由此确保领导成功。

四、领导者在基层团队建设中应发挥积极作用

领导者在基层团队建设中起着极为关键的作用。为确保基层团队建设健康、正常，领导者要从以下三个方面来不断发挥出巨大的积极作用。

（一）为基层团队建设出主意

出主意实质就是决策，是领导者的基本作用。这个作用在任何层次的领导工作中都是第一位的，具有很大的普遍性；当然，在基层建设中作用就更大。

一般来说，基层建设碰到的各种具体问题是最多的；而这些问题解决的难度、灵活性、具体性和系统性也是最大的。要真正有效解决这些问题，一方面要靠全体干部员工齐心协力、群策群力；另一方面更要靠领导者发挥出自己特殊的作用，即悉心谋划出主意。其中，关键在于领导者的出主意。

首先，领导者是基层的中坚和后盾，不仅要比普通成员更有经验、更有远见、更有智慧，而且要比普通成员更认真、更负责、更务实和更强调效用性；由此确保领导者在基层建设的作用与其地位名实相符。在这一点上，主要表现为领导者比其他人都更有主见，可以避免随波逐流、莫衷一是而使整个工作陷入空前的被动，可以把最突出的问题或者主要矛盾挑出来加以解决，其余不那么重要的问题也就迎刃而解了，造成整体工作上的战略

主动。

其次,基层干部员工的集体智慧需要汇集、综合、整理并加以充分地发挥。没有这一环节,哪怕员工各个都是简单组合就能顶个"诸葛亮的臭皮匠",这样的基层智慧也是没有任何用处的或者是根本就发挥不出来的。而那个关键性的环节就是领导者的特殊作用即决策或者出主意。在这个过程中,领导者似乎不是、也似乎没有直接出主意,但其实由于这是一个由领导来集中和发挥众人意见的过程,所以不仅具有不可替代的关键作用,而且还有再创造的一层价值,而这个再创造就是决策或出主意的一种形式。

再次,在基层建设的实际过程中,领导者不仅要完成独立出主意、参与出主意的工作,而且要做好指导下属和群众努力解决问题的工作,使之充分发挥出解决问题的积极性和创造性,使之成为个个都能充分发挥聪明才智而独当一面的优秀分子。这是领导者在基层中起到的最高明的决策作用。

总之,基层建设需要领导者不断出主意、善于出主意、参与出主意和高明出主意。领导者只有满足这样的实践需要,基层建设工作才能真正获得关键的保证。

(二)为基层团队建设选用人才

在基层建设过程中,选用人才主要是调兵遣将、用好人力、做好工作的事情,当然也包括选拔尖子、重点培养和提拔重用的一层。这些工作都是领导者所要负担并做好的事儿。

既然领导者和全体上下都已经为基层建设出过好主意了,那么就要安排人力来具体地执行之、落实之。这个时候就要领导者善于根据当时当地的实际情况和可能条件,特别是能够了解干部、熟悉干部的特点、专长和弱项,然后既不拘一格、又目的明确地选用好合适人选去承担相应任务。这样一来,领导者就做到了知人善任,其结果就是事顺功成、皆大欢喜。而在选好干部用好人这一点上如果出了差错,就会"差之毫厘,谬之千里",代价巨大,工作不成,贻误战机,终铸大错,后悔不及。

领导者要有一双慧眼,要善于发现在基层建设过程中表现突出、才华出众的人才。对于这样的人才,不仅要给他再压担子、多加重用,而且要运用各种选拔任用的方式、利用各种条件和可能,千方百计地加以引导、扶持、帮助和培养,使之逐渐地走上职业生涯快车道,尽快尽好地发展、成长起来,成为干部中的骨干、骨干中的领导。这样成长起来的干部就是从基层建设的实战中锻炼出来的,是经过考验的和过得硬的。这样选拔使用干部必将使基层建设工作获得大踏步、高质量的提高和促进,因为所选所用的干部都是既能冲锋陷阵、又能指挥若定而克敌制胜的精英,自然能够把基层建设所遇问题都解决好。

总之,领导者在基层建设中把人用好了,就能减轻自己的很多额外压力和负担,又能把整个基层建设工作搞活了,而且还能让上级和群众都既放心、又满意。

(三)领导者要为基层建设解难题

解难题是基层建设中最需要的、也是最经常一项工作。难题有很多,各种各样。在实际工作中,常常是只要有一个难题出现,就会导致整个基层建设工作的停滞或者被动;而有不少时候则是两个难题、三个难题或者更多个难题同时出现,导致两难、三难或者多难而更加陷入困局,工作就开展不起来,基层建设就会落空。可以说,一个难题就常常成为基层建设全局的一个关键障碍和特大心病；而解决一个难题则常常成为救活基层建设全局的关键棋子。因此，解难题也就成为基层建设的第一实际需要。

解难题首先要靠全体干部群众，但是关键却要靠领导者。领导者能否在解难题上表现得更好一点、更有水平一点，就直接影响到基层建设能否更快一点、更顺一点和更成功一点。很多领导者在这方面是做得很好的，所以把整个组织都带起来了，把整个基层建设都搞得红红火火、喜讯不断。

但是，也有一些领导者却起不到这个积极作用，相反，却常常只起消极作用。他们对出现的难题不仅不想去解决，而且还常常采取推诿的态度、回避的态度、视而不见的态度和"鸵鸟"做法来混过去。更为恶劣的是，有的领导者不仅自己无能解决之、克服之，而且还不让下属或其他干部去解决之；其他人想去解决，就或者加以冷嘲热讽，或者加以找茬儿挑刺、压制打击。这样的领导者其实已经是完全不称职，而且完全有害了。

所以，为了做好基层建设的工作，领导者不能只限于在出主意、用干部上发挥关键作用，而且要在解难题上发挥出积极的和关键的作用。

第四节　驾驭班子的领导能力

一、驾驭班子是领导者的核心能力

驾驭班子就是一把手对一个具有法定决策权和领导地位的领导群体进行组织、协调、平衡、团结、统一、引导、推动、监督和约束的一系列活动。这是一把手的日常工作，也是整个领导工作的核心内容；实际则是事关领导班子能否团结、有多大凝聚力和战斗力、能发挥出多大有效而正确的能量的大事，是确保一个组织群体能有多大正气、活力和希望、能有何等发展前途的核心性日常领导工作。

从操作上看，驾驭班子是一个包含领导科学和领导艺术的重大学问；既有理论层面的科学内涵和原理原则，更有实践层面的艺术特征和风格特点；通常被认为是一个搞平衡的艺术，而实际上却是一个需要一把手具有非凡魄力和明确主见、丰富经验和高超手段、坚实理论基础和应变能力的主要领导活动；是一个非常依赖一把手的智商、情商和胆商的主体性日常领导工作。一把手的素质对于能否驾驭好班子具有决定性的作用。

一个组织要靠领导班子的不同成员在不同部位既各自独立又相互协调配合地发挥积极作用，然后才能获得健康正常并保持正常运作。一个组织内的群众要靠所有班子成员去紧密联系、积极互动，然后才能真正团结在领导班子的周围，与领导核心保持相互理解、相互支持和协调同步，最终形成一个强大的合力，把事业搞得红红火火。

这即是说，领导班子是直接关联组织、联系群众的领导主体，不仅直接关系到领导力的形成、质量与实效，而且直接关系到能否有效开动组织机器、有效团结群众并最大限度地赢得群众的理解和支持、最终把共同的事业做好。而驾驭班子就成为这一系列重要过程的关键。

可以说，一个班子好不好，主要看一把手驾驭班子得好不好。驾驭班子不仅是一把手的基本功，而且是事关全局利弊得失、兴衰成败的最重要工作。

一把手能力强、水平高、作风正，那么就能在驾驭班子上左右逢源、如鱼得水、胜算在握；而班子团结，成员齐心，为组织群体提供一个坚强的领导核心，或者说为组织群体提供一个非常健康的心脏，能够极好地带领整个组织和所有群众团结一致、齐心协力、为共同的事业积极奋斗。

相反，一把手心眼歪、作风差、能力一般、水平不高，那就只能把领导班子搞得离心离德或者貌合神离，在决策核心部位就首先发生严重的疾病，使组织群体因此产生危险的心脏病；可想而知，如此情况下的组织群体怎么能够健康、蓬勃、积极向上，怎么能够集中精力推动事业发展，博取更光明、成功的前途！

作为一把手的基本功，驾驭班子显然是当好一把手的最基本、最重要的主干能力之一，也是整个领导能力体系中最基本，也最核心的领导能力之一。这个能力的实质就是统御整个领导群体并由此实施和实现对整个组织群体进行领导的重要能力。它必须善于兼顾、包容、协调并组织发挥好班子内不同程度和水平的其他各种领导能力，还必须以一个整合性领导能力的形式和面目单独对组织内外发挥不可替代的作用和影响。

这实际是说，驾驭班子在作用上具有集体性和最高地位，但在存在形式上和发挥作用的方式上却基本以个性化的特点和状态存在着、活跃着和发展着。驾驭班子能力不足，就会在班子面前显示出明显的弱势，进而就有可能被某种强势的主张和实力所引导，最终丧失对班子的主控能力、成功平衡和有效把握；这样就会使班子失衡偏颇、无法协调和团结，无法形成强大而优质的合力与战斗力，而后是逐渐演变成不适合或不胜任对整个组织群体及其事业的领导。反之，领导成效就高，领导结果就好。可以说，驾驭班子的能力就是最典型、最突出的帅才能力，是统帅众将的最高领导能力。

总之，驾驭班子就是事关群众利益、组织命运、事业兴衰成败的常规性头等大事。要建设好领导班子，要发挥好领导作用，要当好一把手，最重要的或者说首要的能力建设就是要大力强化和优化驾驭班子的能力。

二、驾驭班子的几种情况

在实际领导工作中，驾驭班子有很多种情况。这主要是因为在不同的组织系统中存在不同的主要领导和领导集体，他们在基本原理上都是相同的，但在具体内容和特征上当然也是存在一定区别的。

（一）党委书记驾驭党委班子

党委书记驾驭党委班子是最普遍、最重要的一种情况。这是因为，中国共产党是执政党，无论在立法机构、行政机构还是司法机构，也无论是在群众团体、事业单位还是在武装力量和公共企业中，党委都是领导核心，都是最主要的组织力量和领导力量。其中的党委书记则是领导核心中的核心，必须善于驾驭整个党委班子，才能善于团结整个党委班子并充分发挥其核心作用，才能由此把党的路线、方针、政策贯彻好、落实好，也才能在结合本地本单位的实际情况后更好地进行领导创新、打开工作新局面，进而最终更好地发挥、实现和巩固党的领导，最充分提高党的领导能力和执政能力。

党委书记要驾驭好党委班子，就要具备一系列综合领导能力和相应的业务领导能力。

首先，要具备优良而全面的综合性领导能力。这些能力主要包括：对全党全国大政方针政策和战略安排的理解力、把握力和具体贯彻力，宏观把握组织内外基本情况与局势的信息掌握能力和战略应对能力，敢于正视组织群体内，特别是党委班子内存在的实际问题的意志力、洞察力和把握力，对于本地本单位当前事业和利益目标与长远发展的需要和目标的准确辨识力、确认力、把握力、提炼力、指导力、表达力，对整个领导大局具有长远、睿智、宏观而正确的事物发展预见力、战略规划力、政策制定力、政策推行力和总体的组织动员能力，对于班子成员优缺点、长短处的辨识力、包容力、协调力、组合力、整饬力、引导力和促动力，对于组织内外各种矛盾和突发事件或紧急情况的性质分辨力、具实处理力和临场应变力，对于组织群体的整体需要和愿望、基本结构和素质状态的准确认知力、把握力和改造力，对于引导和促使党委班子在联系群众、团结群众办好本地本单位大事上的组织力、协调力和推动力，在总的发展规划和具体的决策把关上的预见力和决断力，对于权力、利益和相关行为的正确平衡力和监督掌控力，等等。

上述这些能力都是综合性的，都事关党委书记会有什么样的基本权威、基本影响和驾驭党委班子的实际力度与实际成效。从具备这些实际能力的角度看，要当好党委书记就实在是一个重大难题和巨大挑战。

其次，还要具备优良的专门业务能力。党委书记要驾驭好党委班子，还有一个重大挑战，那就是必须成为所在工作领域的行家里手，具体而言就是要具备如下一些专业能力：对本地本单位发展优势和专门特长的充分熟悉和掌握，对某一具体事业和事项具有优良的职业敏感性、深邃见解力和战略把握力，对本地本单位的专门工作具有非常内行的知识掌握力、概念形成力、理论挖掘力、战略思考力、战略决策力、战略指挥力和战术应对力，总之能够在具体的主要业务上具有务实实干和开拓创新的能力。这些能力将使党委书记直接成为令党委班子心服口服、更加协同配合的最高权威和实力型核心，当然也是打造最高领导水平的领导主体、创造一流的或卓越的领导班子和领导绩效的最实际条件。

总之，党委书记只有具备上述能力，才能最充分自如地驾驭好党委班子。不靠这些能力，而靠一把手的法定地位与权力，党委书记对班子的驾驭就会僵硬化、肤浅化、虚弱化和最终形式化；也就意味着党的主要领导能力将因此而遭到极大的削弱。

（二）行政主管驾驭行政班子

行政主管就是行政首长，具体领头和全面负责整个行政事务。这在制度上叫做行政首长负责制。行政主管率领一队行政领导班子，对行政管理和行政服务两大相关领域的具体事务展开直接、具体的工作。与党委领导班子相比，这里的最大特点是要运用具体策略和办法，动用具体资源和力量，直接针对具体甚至微观的行政事务进行操作性、落实性的领导、管理和服务。这个层面既要具体执行党委制定的战略决策和大政方针，又要根据实际情况进行更具体的行政决策及其实施与监督；既要确保施政方向的正确不偏，又要确保施政活动的具体实在、做到群众的心坎里。这一性质决定了行政主管在驾驭行政班子与党委书记驾驭党委班子相比存在很大不同，进而决定了行政主管必须具备以下两大方面的能力：

第一方面的能力即核心领导能力。这里内容也很多，但主要有以下六点。

第一,具有非常优良的政治能力,包括善于运用和发展思想政治理论及坚持政治原则,善于维护、遵循和运用宪法、法律的能力,善于掌握和贯彻执行大政方针,善于执行政治纪律和规章制度,承担和履行政治责任,等等。

第二,具有极高的道德能力,包括善于慎独和自我约束,能够廉洁自律和反腐防腐,能够维护和遵循伦理原则与道德规范,善于进行道德示范和道德影响与传播,等等。

第三,具有良好的利益处理能力,包括形势把握能力、政策研究与执行能力、对资源进行深度开发和精当利用的能力、平衡能力、变革能力、开拓能力和建设发展能力,等等。

第四,在组织生活中必备的权威性能力,包括影响力、号召力、启动力、保护力、维持力、奖惩力、威慑力、制约力和统驭力,等等。

第五,对行政环境具有深切理解和准确把握的能力,对行政信息具有高度敏感和大量处理的能力,对行政问题和具体事务迅速做出回应的能力,善于进行智慧性互动、博弈的智谋能力,依法行政能力,参与、开展和主导社会生活的能力,现场办公的能力,与群众直接沟通互动的能力,坚持直接为群众办实事的能力,全面考虑和处理行政事务的综合治理能力。

第六,推动和引领行政班子团结协作的能力,善于识别和对口发挥班子成员不同专长的能力,加强行政资源整合和最大限度利用的能力,防止部门主义、本位主义干扰规范行政和统一行政的能力,科学梳理和划分行政职能的能力,防范和消除行政职能交叉、行政运作混乱的能力,做好内务管理的能力,培养和发挥行政团队务实实干的能力。

第二方面的能力即专门业务能力。这包括对各项行政事务的精熟能力、精通某一专门业务领域的专家型能力、对业务进行目标管理和绩效管理的能力、滴水不漏地把好事做精做实做到家的组织实施能力、与内行专家对应互动以提高施政科学性和实际成效的能力、运用先进技术手段和方法平台进行专业工作创新的能力、在技术操作层面上节约成本和提高效率的能力等等。

总之,行政主管只有具备上述各种具体的操作化能力,才能更好地完成行政领导使命。

(三)企业总裁驾驭企业班子

企业总裁是企业的最高行政主管,企业班子是企业的最高行政领导班子。企业总裁对企业班子的驾驭在基本原理上与行政主管驾驭行政班子是基本相同的,所应具备的基本能力也大致相同,但在具体内容和特点上,在具体能力要求、能力类型和能力侧重点上则有自己显著的独特之处。具体来说,企业总裁要驾驭好企业班子,就现代企业特点和现代管理文化来说,应该具备如下一系列的能力:

第一,充分、准确地理解、掌握和落实董事会决定的能力,为企业发展进行长远谋划的能力,对同行同类企业和市场基本情况善于全面了解和把握的能力,对竞争对手和竞争形势正确估计和把握的能力,对企业不同发展阶段的战略策略进行研究制定的能力,善于构想、提炼和宣传企业品牌和企业治理思想的能力,创建和发展企业组织文化的能力。这些能力有利于树立企业总裁在企业班子面前的形象和权威,为更好地驾驭企业班子提供先决条件。

271

第二，对班子不同成员个性特点和行事风格充分熟悉、尊重和包容的能力，对班子成员的分工范围和职责充分规范和维护的能力，鼓励每个成员独立自主、最充分发挥作用和负责精神的能力，调整班子构成、形成最佳搭配、打造最优领导团队的能力，维持整个班子团结协作的能力，确保每个成员始终突出企业主打目标而独当一面的能力。这是企业总裁正面驾驭企业班子的主要优势和实质要领所在。

第三，对班子分歧善于梳理和整合的能力，对异常现象和不称职现象善于整饬的能力，对优秀分管领导或部门主管及时给予重奖的能力，对违规操作、导致损失的成员进行监督教育和提高优化的能力，在班子内部实行科学规范、公开公平的绩效管理的能力。这是企业总裁对企业班子从反面进行有效驾驭的内在保证和能力要点所在。

（四）副职驾驭分管单位班子

副职驾驭分管单位班子是领导班子的工作分工，但不是领导班子的工作分家。因此，某一副职虽然具体掌握和管理着分管范围内单位领导班子的具体事务，但是在大的管理导向和动向上都应该受本级领导班子，特别是一把手的领导，要及时向他们通报情况、传递信息、征求意见、取得理解和支持，而不得把分管范围当成副职的独立王国，更不能把分管单位领导班子当成是自己直接领导和决定的对象，此即不能把副职自己当成了分管单位班子的一把手，避免错位或越位。通常来说，副职驾驭分管单位班子的要点主要如下：

第一，既不能做分管单位班子的太上皇，也不能做分管单位班子的一把手，而要始终明确自己是代表本级领导班子来对分管单位班子的工作进行指导、检查和督促的。这即是说，一定要首先明确、正确地定位。

第二，要宏观审度、微观把握分管单位班子的总体胜任情况、具体强项弱项和优势劣势，对分管单位班子的改造、优化进行更加科学合理的构思，形成可行的初步方案后在本级班子内进行沟通讨论、交换意见、达成共识；在此基础上，对分管单位班子进行优化调整或整饬加强，其中包括对分管单位班子进行说服、教育和指导。

第三，对分管单位班子不仅要注意人力资源上的科学领导，而且还要注意进行具体业务上的高明指导和务实帮助。这即是说，对分管单位的业务范围、职能实质和主要任务要有非常充分的了解和认识，甚至要有非常深入、内行的把握和思考，而不能信口开河、以外行充内行地胡乱指导。只有这样才能真正有效指导分管单位班子的工作并给他们带来顺利和成功，进而才能真正赢得分管单位班子的由衷信任和尊重。这样就能基于业务上的熟练和互益性而形成非常有利于把工作做得更好的上下级指导关系和上下级互动机制。

第四，对分管单位班子不仅要施加权威性、严肃化的工作影响，而且还要施加和谐性、人性化的人文关怀。这是说，副职要经常联系分管单位班子，了解他们有什么难处，帮他们出主意、想办法、给支持、给关怀，帮助他们克服困难、解决难题；而不能只是一味地板着面孔，动辄训斥，轻亦警告，极端紧张，无法沟通，暗存隔阂。特别是对看不惯的某个人、某件事，一定不能从个人脾气的角度来对待它，而要从理解、宽容和整体绩效的角度来正确对待。这样就能在上下级之间建立起一个互助、互信和互爱的良好关系。

三、驾驭班子的主要任务

驾驭班子的任务是很多的,负担起来是很繁重的。但在具体理解和把握上则主要有如下几个方面是比较突出和重要的。

(一)保持工作的正确方向

保持工作的正确方向是一把手驾驭班子的第一任务。这是因为,一者,一把手本来就是以掌控方向为最主要职责的掌舵人,而且是要通过如此掌舵来从思想上统一班子、从行为上协调班子。二者,班子之所以能够团结一致向前看,就是由于有一个共同目标;这个目标成为大家一致看齐、戮力同心的共同方向;这个方向就是把大家凝聚起来、协同起来的一根主线。一把手只有确保这一点成为现实,才算初步驾驭好了班子。三者,实际工作中容易出现多方向或偏离正确方向的情况;多方向就是多头领导,会把工作搞乱,会极大耗散力量,甚至会造成严重矛盾、冲突和分裂,彻底模糊和荒废了既定的组织目标和主要任务;而偏离正确方向则直接造成整个组织运作出轨而面临翻车的危险。这时,没有一把手来掌舵,其后果将会变得非常严重。

这即是说,在保持工作的正确方向上,一把手如果不作为,就不仅是失职,而且是对组织的不负责和对班子驾驭的基本失控。那种在工作中各唱各的调、各吹各的号的现象是领导班子没有方向、没有团结、没有战斗力的证明,必然贻笑于广大群众,也表明一把手没有驾驭班子的能力。而这样的情况都是要不得的。

事实上,在班子内确保工作始终围绕着一个正确方向,不仅是做好本单位、本组织主要业务的需要和要求,而且还首先是建设一个能够充分胜任领导整个单位、整个组织的领导核心的需要和要求。

为此,一把手只有时时盯住整个组织的前行方向,随时、迅速而到位地纠正偏差、统一认识、整合力量、调整方向,才能把整个班子用一条红线有效地组织起来,并由此确保工作始终朝着一个正确的方向稳定前行。这既是做主要领导工作的职责履行本身,也是驾驭班子的基本方式和重要手段之一。一把手一定要善于通过确保工作的正确方向来实现对班子的良好驾驭;只有这样才能达成做好工作与带好班子相得益彰。

(二)着重抓好当前的中心工作

当前的中心工作是整个领导班子的工作重心,也是本单位本组织在目前必须全力以赴的主要任务。然而,要抓好这样的工作,却不能只靠一把手自身,而必须依靠整个班子发挥出高质量的合力和分别作用;一把手在其中的作用主要就是通过抓班子成员的任务落实、工作进展和实际成效,特别是抓班子成员在其分管职责范围内或者所领受任务范围内对下属组织和人员的领导力度和效度,由此最充分地实施领导,把当前的中心工作做好。

但是,在实际工作中,经常会出现彼此不协调、相互不通气、整体一团乱麻的情况。这是领导班子不善于领导的结果,更是一把手不善于驾驭班子的缘故。一把手不会在班子内"弹钢琴",班子成员也不会在具体实施领导的过程中"弹钢琴",于是就整个儿出现了乱弹琴、无章法的情况。这个时候，中心工作就走了调，主要脉络就离了谱，整个组织就在打乱仗。这样的领导不失败才怪。

因此，一把手在驾驭班子的努力中，不仅要首先牢牢把握住正确的方向，而且要与把握方向同时并步地凸显中心工作，确保每个班子成员在完成中心工作上都能独立而又协同地发挥出其最大的积极作用。这就是善于领导的表现。

（三）抓好领导班子的组织建设和思想建设

驾驭班子的最实质内容和途径就是加强领导班子建设。而建设领导班子的最主要内容和方式则是加强组织建设和思想建设。这是实现驾驭班子的最有效保证。

加强对领导班子的组织建设有很多内容，但最主要的工作就是根据班子编制、岗位职责、科学的组织人事原理和有关规章制度的要求，也根据成员或成员候选人的素质与绩效，对班子组成人员进行胜任性和互补性甄别、匹配与组合的构想、选拔和调整的实施，最终建成一个搭配科学、结构合理、精干高效、易于形成强大凝聚力和战斗力的优质团队，进而成为一个能够充分胜任领导整个单位或组织的领导核心。显然，这是一件极端重要的工作。这里出现疏漏或偏差，就必定给整个领导班子的建设成效和发挥作用大打折扣，必定给整个领导工作带来被动。而这实际就是主要领导工作的严重失误。

思想建设是一把手驾驭班子的制度要求和艺术奥妙所在。一方面，一把手必须把一班人统一到围绕主要方向、主要目标和中心任务的共识上来，而且还要统一到中央要求、制度要求、政治要求和法律要求上来。另一方面，一把手还必须通过创建本单位本组织的特定文化、特定导向、特定规则、特定要求和特定机制，把每个班子成员的心都聚拢到一块、集中到一线，由此形成班子成员之间的互动方式和行为模式。其中，最有价值的一点是，既有统一的范式和规制，又有相适相生的个性舒展；既有严肃规整的约束，又有生动活泼的自由。不过，到这一步，驾驭班子的努力就已经是达到很高的程度和艺术水准了；借此，驾驭班子就已经是非常轻松自如而成效显著的事情了。其实，这就是一把手善于领导的一项高级内功。

（四）创造和谐的环境氛围

要驾驭好班子，光在练内功上下大工夫是不够的，还必须注意充分进行环境和氛围的营造。这包括特适于本单位本组织领导班子的领导文化创设、与该领导文化相配合相呼应的整体组织文化的建设、以科学民主的精神设计和完善权力运作与监督机制、消除影响班子团结协作的内外因素、消除组织内外紧密相关的各种冲突因子、大力提倡和严格确保和谐机关建设、大力促进班子成员与基层单位和群众之间良好沟通互动，等等。

这就是说，为了更好地驾驭班子、实现领导，就一定要努力并成功创造和谐的环境和氛围，使领导班子内的每个成员都心悦诚服地接受引导和约束，充满信心和激情地对待并投入工作，非常自觉和主动地维护一把手和领导班子的权威和影响，自动自愿地遵守各种约束并在此基础上很有节制、非常明智和高明地发挥出自己的能动性、积极性和创造性。

四、驾驭班子方面亟需克服的主要问题

驾驭班子是一项诚可谓高精尖、难度大的领导工作;在实际操作中,常常会面临许多重大压力、许多棘手难题、许多强力干扰、许多特殊背景、许多特别关系、许多权力变数、许多事态变数、许多素质障碍、许多机制障碍和许多制度障碍等问题。这使得一把手驾驭班子很困难;使得要成功和娴熟地驾驭班子就成为对任何一位一把手都绝不轻松的大挑战。

在这样的现实生活面前,常常会出现各种各样的领导问题:或者是一把手干脆来个大集中,省得拉拉扯扯、莫衷一是、低效高耗、无所适从;或者出现难以主动、无所作为、严重不适、无奈放手等消极情况,导致班子混乱、工作停滞的局面。这样的问题有很多,但就工作实践来看,其中主要有四个方面更为普遍而又突出的问题亟待克服。

(一)权力过于集中

权力过于集中是一个最突出、最典型的问题。一个单位的事、一个组织的事,无论大小,也无论轻重,更无论什么情况和需要,都由一把手说了算,或者一把手加上个别副职或极端受信于一把手的个别人说了算;多数班子成员都因此成了摆设。

日常小事不经过班子就是天经地义的事情;谁也别过问,过问就犯忌。即使很多重大事项,也不经过班子讨论、研究和把关,只在最后一切都酝酿好了、即将出台付诸实施的时候才经过一下班子表决的程序,摆出已是经由集体决策的样子,装出一个依程序进行民主决策、获得班子多数支持的门面,以便对上对下都有一个像模像样的交代。

这种集权的做法多种多样、千奇百怪。有的美其名曰"艺术高超,善于领导",或者"足智多谋,善于运筹",或者"游刃有余,若烹小鲜"。其实,这只是自以为高明的权术玩弄,都是封建残余的新形式复活,是不健康领导的严重病态,是对科学决策、民主决策机制和制度的践踏与破坏,是一把手或极少数人专横跋扈、霸道乱权、破坏制度、无法无天的行为,是酝酿和产生绝对权力、绝对领导、绝对个人主义和严重腐败的表现。这不仅会造成班子的严重不团结和基本无活力,而且会造成整个单位或组织丧失活力、陷入停顿甚至倒退和衰败。

可以说,这是权力失去监督制约的结果,也是一把手丧失监督制约的结果;不仅反映了权力体制和民主机制存在严重缺陷,也反映决策体制和领导体制也还存在重大疏漏。当然也应该指出,一把手的领导素质就是存在严重问题的,整个班子的基本素质也存在重大弱项。其危害是相当深重的,其后果是相当严重的,其代价是相当巨大的,其发生是绝不允许的。

(二)以民主集中制为主的有关制度落实难

在实际决策过程中,在领导班子的集体生活中,发生民主集中制落实难、各项领导制度和规定落实难等问题也很常见,有时甚至很突出、很严重。这一切都极大地干扰和破坏了正常的、健康的权力运作、领导工作和组织运行,也导致了局面混乱、形成烂摊子、工作无起色、事业遭破坏、单位陷入绝境、上下离心离德、群众气愤而绝望等问题。产生这种情况的原因有很多。其中,最主要的原因和机理是:

第一，一把手的领导素质很不过硬，特别是在思想素质、能力素质上根本不过关，结果是看问题不透，解问题不对，理头绪不清，指方向不明，决大事无力，带班子不功；制度形同虚设，机制失灵失控。

第二，整个班子对制度的理解力和执行力还存在不足。班子成员的思想素质也还没有达到必要的高度，没有必要的理性、魄力和胆力来提出并坚持推动各项制度的落实，也未能就如何结合当前工作实际来优化和强化民主集中制提出有效对策，并以集体决策和基本权力运作与保证的形式持之以恒地推进领导班子工作科学化、民主化和规范化。

第三，本单位本组织存在不讲民主集中制、不履行各项规章制度、不讲科学民主规范的历史习惯；上级单位和上级领导既不在乎，也不要求和推动，更不追究和督促；社会环境也都习惯于停留在落后状态下，散漫无忌、混乱随意地低水平、低质量地维系与运行。这一切为民主集中制及相关制度难以得到落实提供了外在条件和客观基础。

（三）对驾驭班子的要领不能全面掌握和运用

驾驭班子是一个"弹钢琴"的艺术。它需要适时切境、随机应变、综合平衡地进行运作，强调的是高超的领导艺术，忌讳的是看不透实际问题，片面地做出反应，无法与班子进行有效沟通，无法同班子达成高度的和谐一致、浑然一体。

然而，在实际工作中，面对"情况复杂"的班子，不少一把手都是不善于"弹钢琴"，也很难讲艺术，或者，更没办法避免碰触忌讳、踩踏"雷区"；或者太过于软弱，或者太过于强硬，或者太过于强调平衡，或者太过于强调突出重点，或者想都照顾到，或者是只顾其一而不顾其二，或者是常常以简单的思维方式来处理两难问题，或者是惘然应对突发事件和各种各样奇怪困难的问题，如此等等。

可想而知，如此状态的班子驾驭会有什么样的结果。其实际结果就只能是"剪不断，理还乱"，"越有为，就越麻烦"，致使对班子的驾驭简直束手无策、一筹莫展而谈不上驾驭，一定时候甚至被反驾驭——被一些老谋深算的班子老成员"算计"着和控制住了。

上述这一切问题都可以归结为不善于驾驭班子，实质是还没有充分掌握、尚不能娴熟运用驾驭班子的方法技能和规则要领，缺乏必要的经验和过硬的能力也是原因之一。

（四）主要领导缺少主见

在班子生活中，最让班子成员有意见的问题之一是一把手没主见。这个问题的具体表现和情况相当多，其中最常见的情况主要是：

第一，被动的事务主义。这里的情况通常是一事一议。具体来说就是，来一个问题，做一个决议；来两个问题，就做决议一双；来多少问题，便开多少次会议、做多少次决策。既不会分类、规范化处理，也不会提前加以预先系统地解决，未能在从根本上看问题和力求一劳永逸地解决问题上表现出更大的领导力。

第二，低质量、不健康的民主形式。在研究问题的过程中，在讨论问题的会议上，并无是非好坏优劣的分辨能力、把握能力和坚持能力；只要有人提出某种意见，就都加以肯定和采纳，而不顾这些意见是否真知灼见、是否务实客观、是否高明可行，也不顾是否正确错误，更忘记了目标方向和行动初衷。结果是别人说什么是都是，说什么不是就都不是；刚刚达成了正确的共识,就又被胡乱的质疑或发难给否了。这样,就使班子运作陷入无穷无尽的颠倒混乱和时间浪费的状态之中,把班子的锐气、积极性和创造性都给磨灭殆尽了。

第三,原本就是软骨头、不睿智、老好人。为了把班子"团结"好,即使明知正确,也因为那种正确会伤着某一软肋而不敢碰硬、不敢坚持,变得随风倒,四处去讨好。其实,有时就是看不清问题的实质和走势,就是把握不住方向和目标,就是迷迷糊糊、不会考虑大局,整个心态都不积极有为、年轻敏锐。

第四,偏顾利害得失的权衡,不惜耍滑头、弃原则,搞"超级平衡"或"势大者为上"。在一个单位或组织内,不同的利益群体、利益行为和利益关系构成复杂的领导生态环境;个别不正常的利益倾向常常形成不正常的实际势力。这些使领导者不是投鼠忌器,就是左右为难;特别是在还有自己的特定利益考虑的时候,就更是额外增加了工作的复杂性。在这样的情况下,不少领导者往往都会只从当前这个事关利害得失的实际出发,而不会从原则、是非、好坏等黑白分明的逻辑主见出发,只要对目前局面有利、对自身生涯有利,就顺势而为,广泛进行权谋运作;权谋需要什么主张,就产生并采纳什么主张,与此不相符者一概不予支持而不在乎是否意见正确、更有利于大局,对于坚持正确意见者或者装傻充愣和稀泥,或者动用权威去压服。于是,正气就受到压制,民主就遭到排斥,歪风邪气就发生了。应该说,这时的领导没主见其实不是能力不足的客观后果,而是在个人利益和小集团利益等因素影响下的"故意",包括不分是非、不讲原则、鄙夷科学、忘记职责和不顾大义。

总之,上述情况发生以后,没有人不会感觉到巨大失望甚至绝望,不可能不出现大规模、公开化和习以为常的权术盛行、阴谋盛行、消极盛行、不正之风盛行。

第五节　全面加强基层建设

一、为实现有效领导提供坚实基础

俗话说得好:"基础不牢,地动山摇。"基层是领导的根基所在,是随时必依的领导基础。没有深厚稳固的领导基础,要实现成功领导是不可想象的。只有在坚实的基础上,领导才能站得稳实,才好使劲儿用力,才能卓有成效。因此,要做好领导工作,就一定要面向基层,要抓好基层建设。

首先,要从贯彻落实的角度来看待和加强基层建设。

基层是接触群众的第一线,是机关与社会进行政策互动的执行层。它虽然处在整个组织的底部和边缘,但却是办实事的主体,是执行力的载体。它在整个机关生活中,在方针政策的生效过程中,都具有不可替代的主体地位和重要作用。可以说,基层就是贯彻落实方针政策的主力军,是整个组织系统中产生执行力的渊源。基层薄弱,将使组织系统丧失执行力。

从实践上看,基层如果素质高、效率高,就能透彻地理解和领会方针政策的精神实质,就能全面、准确地把握住方针政策执行的要点、重点、范围和分寸;当然也就能够更好地结合起本地本单位的实际情况,确定更切合实际、更管用有效的执行策略和方案,最终把整个方针政策准确无遗地贯彻落实好。

相反,如果基层未能很好地领会和把握方针政策,也不会根据所处实际来寻求有效的落实方式和途径,那么,无论方针政策原本如何科学、正确,也将很难得到全面准确、切实有效的执行;不是在领会阶段就走样了,就是在启动执行程序之后便走样了。这就是说,没有优质的基层作保障,方针政策就无法得到有效的贯彻落实。

很明显,基层的质量和效率太重要了。然而,基层的质量和效率却不是天上掉下来的,而是要靠加强基层建设才能取得的,更确切一点,就是要靠领导对基层建设的重视和有效举措抓出来的。因此,要提高整个组织的执行力,要使方针政策能够得到更好地贯彻落实,就必须切实抓好基层建设。

其次,要从人才衔接的角度来看待和加强基层建设。

基层聚集了大量的精干人才,既为他们提供施展才华、贡献社会的舞台和实战机会,也为他们提供人才成长所需的学习场所和历练机会。可以说,基层最能锻炼人了;只有基层才能赋予人才以最实际有用的、不可替代的经验、知识和技能;只有经历基层才能获得从事机关工作和更高层工作的必要特质,了解基层、熟悉基层,才有可能最终成长为更大能量级、更高重量级的干才或大才。

从这一点上看,基层具有特殊的人才培养机能;而对于实施人才强国战略来说,基层就是人才培养和造就的一个基本环节和重要机制,同时也是启用和开发人才的基础和人才库;能够为上级机关和整个组织源源不断地提供人才资源,就能有效避免人才青黄不接、上下脱节、有背规律的问题。基层搞得越好,基层的如此机能和作用就会越显著。因此,必须下大工夫,抓好基层建设。

再次,要从全局稳定的角度来看待和加强基层建设。

基层处在整个组织的最下端,量大面广,具体实在,不仅是机关或组织与社会进行互动的直接实体和责任主体,而且还构成整个组织、整个上级机关和上级领导的直接基础与依托。基层的一举一动,都关系到整个方针政策能否得到充分的贯彻落实,关系到机关或组织对全社会将发生怎样的影响,当然也关系到上级机关或组织以及上级领导是否能有坚实的组织基础和强大的基层支持。这一切都关系到社会的全局稳定,关系到整个组织的全局稳定。

机关或组织系统与社会之间,机关或组织系统内部上下之间,随时都要借助基层来进行和实现充分有效的沟通互动。而如果基层搞不好或者没搞好,那么基层就很难形成稳定全局的价值与功能,也不可能在如此事关全局稳定的组织过程中充分发挥出它特有的功能和作用。其结果就可想而知,全局稳定将受到严重影响,上级机关和上级领导都将坐卧不安,因为这样的情况就确实是"地动山摇"了。

这就是说,为了全局的稳定,领导也必须把工作重点放到基层建设上,或者说必须把基层建设当成工作重点来抓。只有把基层建设搞好了,才能政通人和、稳定和谐而高枕无忧。

二、基层建设的主要方面

基层建设诚可谓是内涵很大,范围很广,种类多样,构成复杂。但就我国当前的实际情况看,机关基层建设、地方基层建设和企业基层建设则是基层建设的几个最主要方面。

（一）机关基层建设

机关基层建设主要指机关下级组织，特别是第一线组织的建设。它包括硬件建设和软件建设两个方面。其中，硬件建设是基础，是辅助；软件建设是核心，是主体。抓机关基层建设，不能在这两个方面的把握和处理上轻重倒置了。

抓机关基层的硬件建设，主要就是为基层组织或第一线提供更好的办公条件，以便提高其工作效率，更好地履行机关职能、处理公共事务，为社会提供更多更好的公共产品，让群众更满意。这里的内容主要是办公现代化，以电子政务的建设和投入使用为代表。至于其他办公条件，诸如办公大楼、办公室空间、办公用品、执法工具、空调、公车、会场等，则应该是在科学合理、节约精当的原则下适当予以投入，适度提高水平；但绝对不能过头了。而在基层机关建设中出现的不正常现象，如追求奢华、气派，不惜、不顾造成浪费，则是过头的和不正确的硬件建设了。这就是领导在进行机关基层建设时所必须正确处理的问题了。

软件建设其实是机关基层建设的重点。领导应该把更多的关注放到这一点上。只有把这些软件建设搞好了，才算把机关基层建设抓牢抓实了，才能在机关基层建设上真正抓出成效来。否则，机关基层建设就很有可能又会陷入到走走形式、搞搞样子的老毛病上，抓也白抓。那么，加强机关基层的软件建设应该抓哪些方面的工作呢？具体内容有很多，但大致说来则主要有这几个方面：

第一，抓基层作风建设。这包括抓纪律，抓规范，抓长效，抓严谨，抓协调，抓行动，抓效率，抓责任心，形成过硬的作风，把基层建设成本机关的窗口和门面，时时处处都在创造良好的形象。

第二，抓组织文化建设。这包括抓基层日常工作的理念、口号，抓基层日常运作的科学规范，抓基层日常行为的依理依法，抓基层日常管理制度的挑战与完善，抓基层日常习惯和方式的调整与优化，抓基层日常的精神风貌和思想水平，等等。这一切都是在推动基层组织练好内功，形成健康的风貌和无穷的潜力。

第三，抓组织能力建设。这包括抓基层的个体能力建设，抓基层的合力机制建设，抓基层的整体效能建设，抓基层的学习型组织建设，抓基层的人才队伍建设，抓基层的人力资源开发与管理，等等。这一切都是在极大强化和优化基层组织的实际能力。

（二）地方基层建设

地方基层建设内容就更为广大了。从城市社区到农村社区，从直接为民服务的服务窗口到具体负责办事的管理层面，都是地方基层建设所要抓的内容。这些基层与社会是直接打交道的，也是基本交融在一起的，直接关系到政策能否落实到具体的对象身上，直接关系到社会将会做出怎样的反应，进而关系到整个社会将有什么样的局面和形势，当然也关系到政府会有一个什么样的形象。这就是说，地方基层建设在中国社会生活中具有非常重大的影响。所以，对于领导，特别是高层领导来说，抓基层建设，最重要的是要抓好地方基层建设。

首先，要侧重抓好城市基层建设。这主要有如下两个方面的内容：

一方面，要依据有关法律法规，对每个社区的群众组织进行有效的指导和规范，特别是对于居民委员会要加强规范化建设、素质建设、用人机制建设、责任机制建设、创新服务机制建设和社区管理文化建设，加强群众组织及其成员对于整个社区和区内每个公民的服务承诺关系，同时还要用电子信息手段武装社区组织，提高其作为公共事务和电子政务的神经末梢的机能和水平，提高其作为政府在基层联系群众、做好最具体的社会管理和社会服务工作的质量与成效，为构建和谐社会直接发挥出不可替代的作用。

另一方面，要加强对街道办事处的建设，包括精简规模、提高素质、加强服务、退出经营、改进联系群众和指导居民委员会的模式与方法，等等。这里最好也采取公开招聘、竞争上岗的办法，深化街道用人制度的改革；最重要的是，要将街道作为政府的最基层、公共管理和公共服务的直接施行体来加强建设，集中力量强化和优化其履行社会管理和社会服务职能的能力与水平，为构建和谐社会发挥出基层政府组织所应有的重要作用。

其次，要投入更大的气力来推进农村基层建设。这主要有如下两方面内容：

一方面，要按照有关法律法规，深化村民委员会产生制度和模式的改革与完善；要逐步改善农村社区组织的运作条件；要指导建立村民委员会与村民小组之间、农村基层组织与每户村民之间更加和谐、协作互助的关系和机制；要不断提高农民干部的素质。特别是在当前我国城市化进展迅速的情况下，或者出现"城中村"，或者村民变居民，都要求尽快解决基层组织建设问题，既要注意到"农"转"城"的过渡而在一段时间内持续农村状态下的组织模式，也要尽快按城市特点和要求实现组织模式的转变。

另一方面，要根据有关法律法规，加强乡镇公共组织的建设，包括精简机构和人员、规范执法行为、加强素质建设、加强纪律建设、纠正和防止违法行动、推行新的用人制度和机构管理制度、建立以服务为导向的新型组织文化、促进乡镇组织面貌一新，等等。精简化、规范化和法制化是乡镇基层建设的核心。在城市化加快的今天，已经完全处于都市之中的乡镇政府和相应各级部门也都要尽快实现街道化的转变，这一级组织已经只能按城市管理方式来运作了。

再次，要加强直接对民领域或部门的基层建设。每个政府职能部门的办事窗口，每个地方的政务大厅或中心，正式承担公共事务的其他公共机构，都是直接对民、与社会对接的基层领域；工作中做得好与不好都与政府形象直接相关。在这里加强基层建设，主要就是要建立服务导向文化、集中配套办公、规范公共行为、改善服务素质、装备先进工具、提高工作效率等；此外，就是要加强职能的科学梳理和合理配置，加强部门之间的协调与合作，加强一体化办公的体制创新和机制创新，建立综合性绩效管理平台和促进工作绩效的有效激励机制，建立政务公开机制和责任追究机制。

（三）企业基层建设

企业基层建设是生产性和经营性经济实体的基础工作之一。只要是企业，无论是国有的还是私营的，都必须重视和加强自身的基层建设。只有把企业基层搞好了，企业才能成为一条底盘坚固、身板结实、敢于冲浪的大船。很多干不太久或者长期发展不起来的企业都有基层建设不牢的问题，以至于一临风浪就松盘散架，即使风平浪静也航行不快。

企业基层建设主要是指对分公司、支公司、营业点、工段和班组等生产第一线施加积极影响,使之不断得到强化和优化,为创造更高的生产力和更大的利润消除由生产第一线内部结构和功能不佳而造成的障碍。在实践上,这种建设主要有四大块:

第一,用人制度与用人机制建设。企业用人与公共部门用人有很大不同,主要是根据提升生产力和竞争力的需要,设置岗位和选任办法。在人力资源开发与管理上,企业必须最大限度地实现科学、客观和灵活。只有这样才能通过人力的到位和效用形成企业自身的生存力、发展力和竞争力。基层是直接用人的部门,最知道该怎样选用人才。但在体制上却往往单纯在过程上受制于上级主管部门或者总部;而这就有碍于基层的发展了。在用人问题上给基层松绑授权,将有助于最大限度地加强企业基层建设。

第二,分配制度与分配机制建设。与用人制度和用人机制的建设相配套,基层在着手进行分配的层面上也要有更大的灵活性和有效性。因为基层最清楚每位员工的实际能力和贡献了,给基层以更多的薪酬自决权,将能更好地激发出基层的积极性。不过,这样的改革必须是科学设计、稳步推行的分配制度和机制建设。

第三,企业核心价值与企业文化建设。每个企业都有自己的核心价值,甚至常常浓缩成一句话、一个口号,而且还能由此发展出一整套具有自身鲜明特点、能够充分激发出更大生产力的企业文化;这一切都有助于企业从文化上获得凝聚力和竞争力。但是。有的企业没有,而有的企业虽然有却不一定适当,一定企业有而且适当但却没有同整个企业的文化建设联系起来。企业要在提出并坚持自己的核心价值和企业文化上加强建设,主要就是让全体员工参与其中,集思广益,凝聚众心,通过文化建设来建成一个优秀的基层企业团队。

第四,核心竞争能力与市场应变能力建设。这是一个事关企业生存和发展大计的能力建设工程。核心竞争力主要是企业在商品上游的优质产品创新和优质知识产权;这是事关企业能否在市场中站得住脚、迈得出步和走得远的战略问题。市场应变能力在基层应该尤其强大,诚所谓"船小好掉头",要基于核心竞争力来进行最大幅度和恰切程度的市场适应与驾驭;这是事关企业生存发展的策略问题。如果这两方面能力在基层都得到加强,那么基层对于整个企业的贡献就必将像每节车厢都安装了发动机的轮子对于整辆火车一样。

三、保证基层组织架构的合理性

基层组织架构是指基层组织的结构、功能与规模。确保基层组织架构具有充分的合理性,是进行基层组织建设时无法绕过的一个基本问题,也是实质性推进基层建设必须突破的一个基本关口。在这里,学问很多,问题也很多;要做好这一工作,就要侧重把握和应用好以下几个重要原则。

(一) 以提高效率为第一原则

基层组织架构无论多大,也无论多小,都不能直接判定是好还是不好,因为体积并不能对质量作出衡量;而只能首先根据它是否具备优良的工作效能为依据来判断它到底是优还是劣,因为工作效能是反映基层组织优越与否的第一标尺。

所以,只要效能高,该架构就没有什么不好,无论大还是小都是这样;与此相反,只要效能差,那么该架构即使最小,也是不合格的。只要基层组织富有活力、效率很高,就能证明该基层组织的架构是合理的;只有确保基层组织能够不断提高效率,才能保持该基层组织架构始终是合理的。因此,就必须以提高效率为审度一个具体基层组织合理性的导向和依据。

从实践看,这主要是指,在优化其组织结构时应着眼于提高效率,不利于提高效率的组织构成就应该去掉,不能带来效能的组织结构缺陷或不足部分则应该补上而使之完善。在如此合理性的要求与约束之下,其架构该大就大,该小就小,都有助于效率的提高;不能因为诸如改革动及利益问题而单纯要求基层组织架构要大些还是要小些。

这其实是说,判断和确认基层组织架构是否合理,一定要坚持以提高效率为第一原则。这是解决单纯为规模架构而争来吵去之类问题的重要前提。这样做将会极大减少基层组织机构改革的难度和阻力。

(二)精简的原则

精简是优化基层组织架构的必由之路。但是,对于基层组织架构的合理性而言,精简不是目的,而是必用的手段和途径。精简的实质在于把不符合实际需要的机构、编制、机制和事务领域去掉,由此改变原有的结构、功能和规模,使该组织变得更切合实际、更有效率。

从已有的改革实践看,精简一般都是去掉人员和机构冗余,缩小组织规模,使组织机构变得更精干。从基层组织的实际情况看,有很多基层组织也确实过于庞大,重复设置机构,养了一大批闲人,出现人浮于事、内耗加大、机制失灵、效率低下和成本增高等问题。因此,就目前的目的和实质来看,精简就应该以重新设计和组合基层架构,整合职能、机构和人员,形成简明、集中和高效的公共事务承担主体。

这就是说,为了推进改革和发展,基层组织架构必须加以充分的合理化建设。而目前的实际情况决定了,这个合理化建设是必须遵循和坚持精简原则的。

(三)有利于掌控的原则

过去已有的机构改革均未超越"膨胀—精简—再膨胀—再精简"的怪圈。这是改革失控的表现。其实质是机构改革没有研究确定适合通盘实际的科学化、合理化标准,组织架构的合理性在实践中就可以做各种各样的解释和操作。很明显,当组织架构的合理性已经失控的情况时,缩小或膨胀都变得随意而失控则必然是不可避免的了。所以,保证组织架构的合理性的目的和做法,都必须是可控的,都必须有利于有效掌控。

基层组织架构是整个组织架构的基础部分。在合理化问题上,它比其他任何部分都大。因此,在基层组织架构合理化过程中,尤其需要强调必须有利于掌控。这是一条基本原则。突破这一原则,就意味着基层组织的架构可以随意解释和确定,进而使精简和效率被置于一边,最后就是变着花样地维持着庞大、复杂、低效或无效的组织群体,把改革陷于困境。

为此,必须在组织架构的合理性上明确订立科学合理的标准,而且要基于这样的标准进行科学化和权威化的架构梳理与设计;由此不断地推进基层组织改革。这样做很有必要。因为只有这样才能把基层组织架构的合理性变得可控;具体而言,就是因为只有这样做,才能为基层组织架构的合理性提供确切的标准依据、标准法度和标准衡量,进而为整个基层改革的进程与成效提供标准导向和标准约束;这样,就能确保基层组织架构的合理性完全可控了。

四、加强基层的规章制度建设

基层规章制度建设是基层建设的一个最基本内容。只有加强基层规章制度建设,才能把基层建设得井井有条、规范有序和协调高效。为此,要侧重从以下几个方面来理解和把握。

(一)把握基层规章制度的基本特点

基层规章制度与上级组织或高层的规章制度存在很大的不同,具有很明显的基层特点。这些特点主要如下:

第一,下端下位性。即处于其他所有规章制度的下游,具有并必须基于多个层次的上级依据,在上级制度规范的空白处提出并建立自己的制度规范。

第二,微观针对性。主要针对具体层面上的特定职能职责、任务要求、工作方式、生活方式和效能空间制定对心理和行为进行约束、规范的条文。这使特定条件下的具体组织群体能够得到特效管理。这一特点的实质就是"量体裁衣"。有此特点的基层规章制度对该基层组织群体来说是很合身、管用的。

第三,具体操作性。主要是设计和规范基层群体的互动方式、基层组织的运作方式、基层人员的权责关系、基层条件下的奖惩方式和激励办法等;这些规范都是要具体施行的。

第四,最小效用性。主要是指基层规章制度不仅在层次上处于最底层次而效用最小,而且是因为群体最小、组织最小而管辖范围也最小,所以效用性最小。可以说,基层规章制度就只适用于某个具体基层组织范围内的全体人员和整个组织,如果该组织只有六七个人,该规章制度就只能管到六七个人。

上述这些特点对于搞好基层规章制度建设具有参考和启发的作用与价值。认识并把握住这些特点,能够有助于更好地制定、执行和完善基层规章制度。

(二)不断健全和完善基层规章制度

基层规章制度要达到全面和完善有一个过程;即使在某一时期真的似乎达到了,也未必没有继续健全和完善的空间,因为情境在变,管理对象也在变,甚至规章制度的价值核心(如观念意识和价值导向)也在发生变化。所以,基层规章制度其实是始终处在不断变化发展的动态过程之中,因而需要不断地加以健全和完善。

事实上,基层规章制度建设从内容到形式都不够完善、规范的情况很普遍。有些是认识不到位,挖掘不深,也无针对性,充其量也只是装装样子;有的则是"拣了芝麻,丢了西瓜",搞的规章制度都是些皮毛;还有的就是纯粹搞形式,就是为了吹嘘善于抓管理,规章制度制定之后一次也没有实行,所做所说不过都是自欺欺人,当然更是欺骗群众和上级;

如此等等,不一而足。这样搞起来的基层规章制度不仅一点也不管用,而且确实是有亦如无。另外,反向的情况也是有的,譬如,有的甚至是超越上级组织规章制度所许可的范围,甚至是超越法律法规,进行所谓的灵活变通,并加以规范化;这样搞基层规章制度建设是动机、性质和内容上都走偏甚至走错了。

所以,对于要加强基层建设的目标、要求和任务来说,基层规章制度建设的问题还很大,任务还很艰巨,还有很长的一段路要走。每个基层组织都要实实在在地花上大量时间和精力来做好建章立制的工作,其中多数是修改、完善和拓展规章制度的工作。

(三) 做好制度公开和宣传教育的工作

制度本来就是要公开的,而且是需要广泛宣传教育的;因为只有这样,制度才能为人们所理解而深入人心,才能成为本组织范围内人人遵守的共同规范。这是基层规章制度建设的重要一环。这在大多数基层组织中基本不成问题,有的还做得很好;而这样做的结果就是,整个组织群体在合身、管用的规范下变得更加和谐有序。

但是,在有些组织群体中,这却是一个难题,因为有些制度一旦公开,就意味着要打破大量的潜规则;即使在某种压力之下要做一些公开和宣传,也常常是含糊其辞、装模作样、或有或无,常常是有制度、不公开,有规章、不宣传。这样一来,整个规章制度就没有活起来,再全再善,又有何用!这就表明,基层规章制度建设已经出现严重的问题了。

所以,为了把基层建设搞好,就一定要对既立的规章、既定的制度加大公开和宣传的力度,使组织内每个人都理解之、拥护之和自觉践行之。只有做到这样的程度,为制定颁行和健全完善基层规章制度而作出的大量投入才算没有白费,规章制度本身才算真正得到确立。

(四) 执行规章制度必须严格认真

规章制度一旦确立,不仅首先要加以公开和宣传,而且关键要加以严格地执行。只有严格执行大家必须共同遵守的规章制度,才能使规章制度得以真正生动起来、有效起来和权威起来,才能进一步切实促进整个组织群体的内在协调、规范和有序,才能使基层的领导者和管理者得以运用公共规范来成功、顺利而方便地实施领导和管理了。

其实,规章制度只要不认真付诸实施,无论是否公开和宣传了,也无论在研制的时候是否搞得很好,也都会被视同儿戏、失灵废弛而完全无济于事。这样的结果就是,规章立也白立,制度设也白设,摆在大家面前的规章制度完全形同废纸、让人嗤笑;而且整个组织群体也将因此涣散糜烂下去;这一切都是领导和管理的严重失败。

然而,在现实生活中,那种不负责任的领导和管理却屡见不鲜。有的基层单位虽然在建章立制时搞得轰轰烈烈、声名远扬,但是在制度建成以后就不见了动静,不会去或者压根儿就没打算去实施,似有实无;这是典型的虎头蛇尾、叶公好龙、哗众取宠。而有的基层单位则是,虽然立了规矩,但那却只是用来约束群众而非领导者和管理者的;基层的领导层和管理层都随意取用其中可为我所用者,甚至是有亲疏、有内外、有长短、有多少地执行所谓的规章制度,完全丧失公信力和严肃性。这是基层建设,特别是基层规章制度建设必须突出抓严抓好的大问题。

第六节　加强团结的方法论

一、团结的方法

团结是团队成员紧紧地凝聚在一起、相互合作和相互支持、协调一致、为实现领导目标而共同奋斗的组织措施和人际措施。实际上,团结就是维持团队同心同德、和谐协作的一种根本方法。只有团结得好,才能真正形成合力,才能夺取领导的胜利。不能团结,就意味着不能实施领导,当然就意味着不能实现领导目标。能否团结,就决定着领导能否取得成功。

事实上,团队就是靠团结才维系起来的一个集体;其中,既包括领导班子,也包括各层级团队,都要靠团结来维系。没有团结,领导班子就会散了,各层级团队也会散了,上下级之间就更是失去组织关联。可以说,没有团结,就没有团队;团结是团队的生命。

领导者要确保领导成功,就一定要着力维持领导班子的团结,还要确实维持上下级之间的团结,总之要确保整个团队的团结。与此同时,领导者还要克服影响团结的各种因素,诸如性格、习惯、修养、思想水平和行为方式等,但最主要的是道德素质问题。针对这些问题,领导者主要应突出做好以下几方面工作:

第一,公正对人处事。作为领导者,其职业道德的核心就是在处理同事关系时要公正,不偏不倚,一碗水端平。是否公正,是领导者赢得人心的重要砝码,也是领导者树立威信,团结下属的重要手段。上级领导能够公正处事,下级就心情舒畅,工作积极性就高,就会产生亲和一致的关系。反之,就会使下级产生不满,挫伤他们的积极性,严重地影响团结,就会失去群众,失去民心。

第二,平等待人相处。平等就是要求上级与上级必须是同志式的关心。上级领导者尤需格外尊重下级的人格和尊严,不仅平等交往,还要真诚地与下级交心,关心他们的切身利益,从而形成和谐团结之风。领导者必须深知权力就是责任,权力就是服务。领导者应当在平等的原则指导下尊重、关心和爱护自己的同志,而不能因为地位优越,权力重大,就不尊重下属,甚至轻视下属。周恩来是这方面的典范。他一生以"为人民服务"为己任,对人民群众,特别是对下属和周围的同志,关怀体贴,平等相处,深受人民的爱戴。

第三,确立民主作风。民主作风是领导者必备的品格,其实质是要相信下属,依靠群众,走群众路线。领导者如果自以为是,轻视下属,搞一言堂,势必造成孤家寡人,众叛亲离,最终失去民心,失去领导资格。在一个民主的氛围里,群体成员不仅可以畅所欲言,自觉工作和进行创造性探索,而且可以不断形成合力。所谓领导者要群策群力,就是要在民主的风气中发挥所有成员的聪明才智。没有民主就不会有领导者与群众关系的协调。因此,实行民主,摒弃专制,是团结的重要手段。

第四,自律自正,以身作则。领导者"其身正,不令而行;其身不正,虽令不行",只有身体力行,廉洁奉公,才能真正成为一个有所作为的领导者。能不能严于律己,是否勇于接受批评和坚持自我批评是衡量领导者道德水准和领导能力的重要试金石。其核心是为官清正廉洁、严于律己、为国为民,使清廉奉公成为领导者及治下社会系统的风尚。

总之,不管行为方式或者个性如何,只要道德高尚,就一定能够产生巨大的团结成效,而使领导轻易就能成功;只要道德素质低下,就必定产生重重矛盾而分崩离析,根本不可能取得领导的成功。

二、团结的艺术

在领导实践中,运用正确的方法,团结下属和周围的同志,是实现领导目标的先决条件之一。革命导师马克思、恩格斯在《共产党宣言》中以最醒目、最突出的方式提出"全世界无产者联合起来"的行动口号,实际上就是"团结大多数,孤立打击少数"的高明领导艺术。我国几千年的封建历史,无论是政绩显著的帝王,还是农民起义的领袖无不得益于"上下同欲而聚公"的领导艺术。这些艺术中如下方面尤为重要:

第一,大局为重,化解矛盾。领导者掌握团结艺术的水平首先体现在是否以大局为重上,体现在是否能够及时发现矛盾,化解矛盾上。由于利益关系的差异和思想水平的区别,矛盾的产生和存在是不可避免的,领导者一定要从大局和全局的利益出发,主动积极地排除干扰,化解矛盾,推进工作顺利开展。春秋战国时"将相和"的故事就是一个很好的例证。蔺相如宁可自己受委屈,也不搞文臣武将间的无谓争斗,使强大的秦国不敢贸然侵犯,维护了赵国的根本利益。这种以大局为重,化解矛盾的高尚风格,是现代领导者仍然应该很好学习的。

第二,淡泊名利,谦让大度。领导者在处理各种工作关系时一定要淡泊名利,有忍让之心,有君子之风,谦虚谨慎,豁达大度,这是维护团结,增进感情,合作共事的关键所在,也是一个领导者应该具有的高风亮节。古人云:"能下人者,其志必高,其所致必远。"所以,领导者只有心境平和,沉静有序,才能团结一切可以团结的力量,顺利实现领导目标。

第三,理解支持,光明磊落。领导者团结周围的同志,应该充分发挥理解和支持的艺术。理解了才能信任,信任了才能支持,也只有这样才能产生凝聚力。更重要的是领导者应该心底无私,光明磊落,要有推功揽过的精神和境界,这样就会团结大家同舟共济、同心同德。

三、以沟通增进团队的和谐

要驾驭好班子、增进团队和谐,就要善于运用沟通技巧,经常进行团队内部的沟通。对此,要从以下几个方面来考虑和把握增进团队和谐的沟通工作。

(一)沟通在和谐团队建设中极其重要

沟通在什么层次、什么群体都是很重要的。没有沟通,或者不会沟通,就不会有理解,不会有协同,不会有支持,也不会有成功;相反,却只会有隔阂和障碍,只会有反调和掣肘,甚至是只会有分裂、内斗和失败。事实上,所有工作能够做得好,所有事业能够成功,都少不了沟通在其中的活跃和作用;沟通是善于工作、善于成功的必要条件和必要途径。

对于具有最高组织性的领导班子来说,沟通就是通气,就是及时交换信息、意见,就是有效消弭分歧、达成一致、形成共识,就是班子内部更加和谐、团结、协力和更好地配合共事,就能形成更加坚实、强大的领导合力去完成领导使命;可以说,没有沟通或者不会沟通,就意味着停滞和窒息,当然就更谈不上其他一切了;只有经常沟通、善于沟通,才能真正有效地把班子带好,把单位的工作做好。

事实上,班子成员之间,特别是一把手与整个班子之间的沟通都是关系到每个正式的组织角色和功能能否正常发挥好作用的正式沟通,是机关运作、权力运作、领导核心运作的最基本活动。要把领导工作做好,特别是要善于驾驭班子,就一定要善于沟通和经常沟通。

(二)组织群体内的主要沟通方法

沟通的方法有很多。不同层次、不同群体的沟通方法是不同的。这些沟通方法尽管在纯技巧上没有太大的区别,但是在着眼点、主旨、要求、特点和适用性上却都是不同的。而这就决定了领导班子之间,特别是在一把手为更好地驾驭班子上,沟通方法具有很大的特殊性。可以说,这里的沟通方法是只特适于每个组织群体中最高层次、最核心部分的严肃生活;实际种类有很多,但通常有效的要点和做法则主要有如下方面:

第一,按组织规定,对每件决策事项,在符合规定的范围和具体对象上,以书面形式为主,适当借助包括电话、一对一面谈、小集体座谈等口头形式,通过正式的工作流程,进行会前的信息知会、基本观点知会和个人倾向知会,并敏锐、深刻、严谨、完整地记录、把握、理解各方反馈;在此基础上,形成初步的沟通集成。

第二,对于沟通中发现的普遍意见和倾向,要作为重点来进行回应。作为一把手,必须首先看到长远战略和宏观情况,并据此来判断它们是正确还是不妥,是高见还是拙见,是积极还是消极,是先进还是落后。然后,即做出有针对性的应对:如果是值得肯定的,就加以肯定和鼓励,并由此直接达成一致;如果是不值得或者不应该充分肯定的,就要以自己客观、正确的分析和理由来开导、启发和激发对方,有时还可以暗示、提示和提醒对方,其中很重要的做法是帮助对方梳理思维、找准方向、明断事物、看穿本质、确立正确的价值标准、形成正确的观点和思路,由此逐步达成一致。

第三,由于班子成员一般都是精英人才,个个都很独立、老练、成熟和有主见,在人格上和角色上都已经定型了,而且站的位置高、看问题的角度和形成看法的过程与结果都绝不含带丝毫幼稚,与普通群众或者学生的特点完全不同。因此,与他们进行沟通时,不能有明显的自以为是的态度,更不能有意无意地就先把他们定位到觉悟和水平都较低的层次上了,否则他们就会有被看低、看扁和遭到歧视甚至侮辱的感觉,而这种情况一旦发生,沟通就再也进行不下去了,隔阂和障碍也就产生了,无原则、实际是原本就没必要的纠纷和内斗也就出现了。这不仅意味着沟通的失败,而且还意味着领导的失败,进行了一场无谓的矛盾制造。

第四,在沟通中要始终把握并做到做好平易交流,平等交换,平和对话,平心说服,平气接受,平意回馈,平稳互动,平实博弈和平真趋同。这是取得班子成功沟通的最基本要则。

第五,可以、也有必要借助和实施一些兴趣交流、感情交流、生活交流,由此尽量达到最大限度的围外性共同基础和可相互接受空间,为正式而严肃的沟通提供良好的氛围和辅助条件。其中,经常而适当的幽默、玩笑和趣事是活跃气氛、缓解紧张、铺设通道的有效做法,要善于使人觉得这是自然的和不经意的一种相处风格,而后即话锋一转、切入正题。这样做是许多领导者取得成功沟通、实现成功领导的高明之处和奥妙所在。

(三)组织群体中进行沟通所要注意的主要问题

沟通中要注意的问题要很多,通常而言,主要应注意如下问题:

第一,不能把领导班子范围内的沟通混同为其他层次、其他群体的沟通,一定要看到它的特殊性和严肃性。

第二,不能把诙谐、调侃、噱头、趣事之类当成善于沟通的主要方法,而始终要把正确、客观、理性、严谨、缜密、科学、实事求是、真知灼见和真才实学作为沟通的主导。

第三,一定要做到"已所不欲,勿施于人",不能以粗暴的态度,干涉性、强迫性、强制性和一相情愿地进行沟通。

第四,沟通中一定不能以上临下,以高对低,以强对弱,以势压人,以权逼人,以险恐人,以诡诳人,以假偏人,以伪待人,以术弄人,以利诱人,以线划人,以派分人。

第五,在沟通中进行相互说服、相互妥协并达成一致时,一定不要模糊或忘记了沟通的原本目的和初衷,更不能模糊、淡忘或违背了应该坚持的正确导向、基本原则和基本立场。

四、创造和谐的基层环境

基层是第一线,基层在最前沿。在实际工作中,基层直接面临组织内外的各种压力、矛盾甚至冲突,为基层的正常运作带来很多麻烦、难处和挑战。这时,基层就最需要和谐了,基层和谐也就显得极为重要、极为珍贵了。领导抓基层建设,就要尽力抓好基层和谐,创造出一个和谐的基层环境。

(一)基层和谐具有第一等的重要性

基层和谐意味着全社会不仅有了一个坚实的和谐基础,而且有了一个非常良好的和谐环境;当然,更意味着上级组织和领导、尤其是人民群众的极大放心和安心。

首先,基层和谐就意味着基层组织内部能够保持和谐,也意味着基层组织与社会基本层面的相互关系及互动成效已经达成和谐。而基层组织的内部和谐能够很好地克服来自组织内部的各种压力与困难,基层组织与社会的和谐则能够帮助基层组织更好地承受和化解来自外部的压力与困难,解决各种复杂的社会实际问题,把很多矛盾都化解在基层或萌芽状态。

其次,由于基层就是社会系统的基本层面,构成社会组织的基本实体,所以,基层的健康、稳定与否就直接关系到整个社会的基本层面是否健康、稳定,也进而关系到整个社会的健康、稳定。而基层健康、稳定的最主要指标就是和谐。显然,基层和谐是关系到全社会健康、稳定的大事,是社会和谐的重要基础。只有基层和谐了,全社会才可能真正和谐。基层不和谐,基层以上的其他任何一层社会都将不会获得真正的和持久的和谐,而将潜伏危机。

再次,基层和谐不仅直接表明基层本身是和谐的,而且表明众多的和谐基层已经构成了一个基本的和谐社会,为社会各层,特别是为经济基础和上层建筑创造了良好的发展环境。在这样的和谐环境里,社会基层不会有剧烈的矛盾冲突,不会引起社会剧烈地震动,不会给社会各层带来冲击和震荡,整个社会发展就不会因为不和谐而额外付出更大成本,大量的社会资源就能够集中到财富创造上;老百姓安居乐业,幸福舒心。上级领导和组织就可以把精力和心思都集中到改革、发展的大事上,尽好、尽快和尽力地把全局大事抓好、抓出色。

总之,基层和谐极其重要,是基层建设所应完成的最基本任务和所应达成的最终目标。

(二)促进基层和谐所要克服的主要问题

从实际情况看,基层和谐还是很不够的,存在很多问题。大致来说,基层和谐存在的问题主要有如下几个方面:

第一,基层组织自身建设得还不够好,组织内部的结构与功能配置不合理,组织成员的数量与质量不合理,规章制度的建设与实施存在不科学,组织运行的模式和轨道存在不科学。结果,组织自身就没有做到应有的健康与平衡,从而产生了不和谐。

第二,基层组织和基层工作人员行为不规范,既不依法办事,也不为民服务,甚至还与民争利、伤害群众利益、欺压弱势的老百姓;特别是在执行政策时就更是随意滥用自由裁量权。当然,上级在制定和推行某项政策时也没有给基层群众予以更多的关怀和照顾。这样就最容易引起基层与社会底层的直接矛盾和重大冲突,致使突发事件频发,社会不得安宁。

第三,基层组织虽然没有直接成为不和谐的根源,但对于社会的各种潜在矛盾和冲突却漠然视之,或者只能眼巴巴看着问题日益严重而无能为力。于是,社会上的某种不和谐就迅速突破了基层这一关,而向社会各层次蔓延。

第四,社会环境本身不够和谐,经常产生大量的矛盾冲突;从机制、过程到结果都实际超越了基层组织所能作用到的范围,而能够驾驭和治理这类问题的社会中上层竟然也没有发挥出解决问题的应有作用。于是,这种社会不和谐就得到极大的放纵,由此释放出来的破坏性能量常是直接毁了基层和谐,使整个社会完全丧失了和谐的基础。

(三)促进基层和谐建设的工作要点

要加强基层建设,就一定要把焦点聚集到基层和谐的创建上来。为此,有必要突出抓好以下几个方面的重要工作:

第一,要通过抓好诸如基层组织内部的各方面建设来首先创造基层组织的内部和谐。俗话说得好:"打铁还需自身硬。"要创造整个基层乃至整个社会的和谐,就一定要先把基层组织自身搞好。要尽快尽好地把基层组织内部各个方面都建设好,创造出一个基层组织的内部和谐来。

第二,要从政治的高度来大力提高基层组织和基层工作人员的法律素质和道德素质。基层组织和基层工作人员既然是处在政策实施的第一线,那么就要通过大力增强其法律意识和道德意识来极大增强其依法办事和规范行动的倾向,确保其能够更好地运用好手中的每一分权力,由此使其成为受群众欢迎和依赖的可靠力量。这样就从根本上解决了产生不和谐的一个症结性大问题。

第三,要极大提高基层组织和基层工作人员履行职能职责的工作能力。通过诸如专门学习、专项训练,使基层组织和基层工作人员迅速提高其应对和有效解决各种不和谐问题的操作性能力;确保其一发现矛盾冲突就能及时出手,及早解决可能后患无穷的不和谐问题。

第四,要加强全社会的协同合作,从非基层的各种社会层面和组织体系上下工夫解决和谐社会环境的综合治理问题,由此反过来也促使基层变得更加和谐。这就要靠非基层的其他所有主体都能够从战略的高度来自觉做到做好这一点。

五、正确对待团队中的"反对力量"

在团队生活中,发生不同意见、遭遇抵制反对是比较常见的情况。对此,既不能如临大敌、神情紧张、过分认真、气愤冲动和不依不饶,也不能掉以轻心、不以为然或者自我安慰、得过且过。而正确的做法就应该是,要以高度的理性、明晰的思维、冷静的态度、积极的倾向和健康稳定的平常心来对待和处理这样的问题。

(一)"反对力量"的几种情况

要正确对待反对力量,就要首先搞明白所谓"反对力量"的性质和类别;只有区分出了其不同实质,才能分别有效地应对,并具体有效地解决问题。

所谓反对力量,就是没有、未能和不可能与自己达成一致意见、倾向、主张和具体决策的成员。这既涉及决策表决,也关系到班子圈子。在领导实践中,这种反对力量的情况是多种多样的,其中最基本和最主要的情况则主要有如下几种:

第一,完全出于为了把事业做好、做成功的真心好意,认理不认人,顾事不顾人,一切均按其依据的事实、理论、分析、发现、推导和结论来发表、推广和坚持自己的意见、主张,而且一点不给面子地反对除开自己意见以外的其他意见;而这个时候有可能与一把手或主要的长官意志相左或者相反,进而排斥或反对包括一把手在内的一些意见或主张。这种力量往往就是用意简单、动机单纯的所谓"理想型"和"学院派",他们表面上看去似乎固执己见甚至以偏赅全,而在有些时候被一些官痞子骂成是只会认死理的"脑袋一条筋",但他们其实是真心顾念大局、对事业负责而追求和坚守真理、直言不讳的"实心眼"和"直肠子"。

第二,完全是为了私人利益和小集团利益,甚至是为了争取获得更大的权力、更高的地位和更强大的势力,对于本单位、本组织今后怎么搞,不顾一切地或者说公然地反对任何哪怕伤及其一丝一毫的倾向和行为,即使一把手想怎么干也不行;对于包括一把手在内的各方面提出的某种动议或方案,特别是利益分配方案和格局调整方法案,只要不符合自己的意愿或利益,都要千方百计地进行阻挠和破坏。这种情况并不鲜见。这种做法不仅是要维护帮派老大的利益,而且还是要在权力行使上与一把手争锋,就是想让一把手知道在本单位、本组织到底谁说了算;为此,经常不惜反对并不伤及其利益和地位而只有利于大家的大好动议。这就是通常所谓的"既不利人、也不利己"的"捣蛋派"和"争权派"，从骨子里就彻底沦落为官痞子或封建官僚了。

第三，在上述两种情况之间存在着大量不同程度的复杂反对力量。有的是从事物的角度考虑得多了一点，有的是对人，特别是自己的人考虑得多了一点，有的是对事和人都从自己的角度同时进行了充分的考虑；有的是所谓更长远、全面、深邃、更高明卓越一点而曲高和寡，有的是孤陋寡闻、鼠目寸光、局促狭隘、片面偏执而无法接受正确意见；有的是认为换一种思路或方式会更好；等等。这些是领导实践中最经常发生、占绝大多数的所谓反对力量。

（二）"反对力量"的积极作用

反对力量无论是什么性质、什么特点和什么实际情况，对于一把手乃至整个领导主体来说，都不完全是一件坏事。它们最起码可能刺激和激发正面的努力和斗志，可能逼迫出更加强大的领导活力和领导集体的生机，还可以为正确方案的完善和确定提供更全面的参考，甚至是反面的参考。这些都其对于做好领导工作的积极作用。

在上述所有的反对力量当中，第一种情况在本质上就不是反对力量，而是以另外一种思维和角度与主导目标及思想相吻合、相支持的"另一面"。事实上，往往正是他们的存在和积极作用，才使正面的决策、正面的领导得到背面的完整配合而变得立体起来，最终造就出一个伟大的决策、一个伟大的领导。

（三）正确对待"反对力量"

很明显，决策中、领导过程中遇到的反对力量并非都是坏事。关键在于要能正确地对待这些反对力量。那么，怎样才是正确对待这些反对力量呢？

首先，要以一分为二的辩证法思想来看待这些力量。他们虽然会带来一些麻烦、困难、阻力甚至更大成本，但是也可以从内在质量上对优化决策、改善领导提供特殊的有效条件。

其次，要以分类的思维方式，根据不同动机、不同目的和不同性质来区分出不同的反对力量；不同的反对力量中，有些是实质上完全可以视为同盟者的，有些是可以视为可以团结争取对象的，有些是可以说服教育而争取的，有些是可以把直接的正面不利降低到最低限度的，有些是可以使之控制在独立情况下表示存在和作用的，如此等等；只有极少数、极个别者是不可救药而真正成为组织毒瘤、必须切除的。这就是说，一定要区分对待，团结大多数。

再次，要以博大的胸怀和气度，以坚定的科学精神和民主精神，正确对待不同的反对力量，特别是那些出于善意和公心的反对力量。这是领导决策科学化民主化、提高领导能力和领导水平所提出的需要；这也是开明进步、高风亮节和坦荡高尚的表现。如果有谁说了两句反对的话，如果有谁坚持己见、驳了一把手的面子，就记恨在心、急促难耐、不可容忍而秋后算账、打击报复，或者即不分青红皂白便一律加以排斥、一棍子打死。其实，这样做都是不好的，至少是不利于团结可以团结的大多数，甚至会把原本是同一立场的同志和朋友都一齐推向对立面，最后使自己成为孤家寡人、丧失人和。所以，最好是要以伟大的包容心和高尚的人格来包容同志、团结同志化解所谓的反对力量,才是主要领导者应该考虑的和做到的。

我国在作三峡大坝决策时,就遭到了为数不少的反对。对此,温家宝就曾经表示说:在三峡大坝是否要上马的问题上,我们要感谢那些所谓的"反对者",正是由于这些"反对者"的反对,才使我们在做出三峡大坝上马决策时,能够尽量减少失误、考虑周全。我们应该感谢他们。——很明显,在对待反对力量这个问题上,只有像温家宝说的那样才是我们所有领导者所应持有的正确态度。

(四)积极开展团队中的批评与自我批评

其实,遭到反对的情况并不可怕,更不可积仇记恨,除开要正确看待这些反对力量外,还要正确处理这样的事情。正确处理的最好办法就是在班子中积极开展批评与自我批评。因为只有这个办法才能从根本上最富实效地解决问题。事实上,通过批评和自我批评,可以使班子里的每个成员都获得一次更理性、更实际的学习和提高。具体来说,其必要性和实效性主要如下:

首先,批评和自我批评可以帮助大家分清是非、区分优劣,提高全体成员对于具体事物的认识水平,有利于今后把工作做得更好。

其次,批评和自我批评可以帮助大家对自己的思维特点、思想方法、思想水平、理论水平、行为方式、工作作风、工作能力和精神境界都有一个正确、全面的认识,有利于加强素质修养、提高领导素质。

再次,批评和自我批评可以帮助全体同志认识到班子中还存在的各种问题,包括民主作风问题、科学精神问题、工作程序问题、合理意见申达机制问题、模范带头执行民主集中制问题、团结协作问题、顾全大局问题,等等,有助于使班子的运转成本和积污累垢概率极大降低,最终使班子变得更加纯洁、健康、科学、民主、合理和高效。

最后,批评和自我批评对于一把手的教育、制约和激励都是非常必要的,有助于一把手更好地改进思想作风和工作作风,消除与个别成员之间形成的某种歧见、误解和隔阂,极大增进与全体成员的团结协作直至达成最佳搭档和配合,形成一个更和谐、更团结、更有凝聚力和战斗力的好班子、好团队。

六、掌控好个性风格

做领导工作有一个重要因素始终很活跃,那就是领导者的个性风格。它直接影响到领导方式的形成,甚至影响到机关氛围、班子气息和领导模式。从领导学原理上看,这些个性风格原本是没有必要、也不应该加入到领导生活中去的,更不应该深度影响领导运转的,因为个性风格是私人的事和非公共因素,加入到领导过程中就是因私弄公,不符合公共原则,更不符合公共权力所要求的禁忌原则。

但是,领导工作必须由带着明显个性风格的领导者个体来负责的客观实际决定了,在领导实践中加入领导者个性风格这种私人因素是不可避免的。对于这个问题,唯一正确的观点和思路就是,既然这是不可避免的,那就要对这样的因素加以正确的和恰到好处的掌控,而绝不能让它膨胀泛滥。为此,要从以下几个方面来理解、把握和处理好个性问题:

第一,个性风格的两面性。在领导实践中,个性风格有助于形成一套具有某种特色的领导方式、领导机制和领导模式。但这并不意味着就都是好事了;它确实有好与不好的两面性。

一方面,它有一定的积极意义和价值;特别是在与班子沟通上、驾驭班子上,领导者的个性风格常常很实用、很管用。譬如,具有某种豪爽义气特质或者诙谐幽默特质的个性风格,就能从普通心理层面上与其他成员实现较好的和成功的沟通交流、协调一致,进而加以自如地驾驭。在实践过程中,如此积极的一面是可以适当加以利用的,甚至可以适当放大。

但是,另一方面,它也有消极的影响和结果。那种死板、固执、僵化而不灵活的个性风格,或者小气、自私、孤独、找茬、挑刺、不包容和不顾颜面的个性风格,或者冲动、易怒、好斗、偏执、走极端和太过直爽的个性风格,或者阴郁、阴沉、狡猾、诡诈、钻营之类的个性风格,等等,都是不善于进行沟通互动的,也是不利于团结的,甚至连基本的合作共事都会有困难;一旦施加到领导实践中,就会造成很不正常的领导特征、领导过程和领导结果,常常会给整个事业带来巨大隐患和现实危机。在实践中,如此一面是必须加以遏制和排除的。

第二,充分运用个性风格中好的一面。那么,怎样在实践中充分运用个性风格中好的一面呢?具体来说,要注意以下几点:

一是要始终以清醒、辨证的眼光来审度、判断和对待个性风格的积极意义和正向价值。决不能让胜利冲昏了头脑,常常暗自沾沾自喜、自以为是,竟至于自我放大、自我膨胀而丧失自知之明和自我约束,直至放浪形骸、实质堕落和丑陋可耻。

二是不能经常使用或者实际滥用个性风格这类东西,避免导致机关作风、班子氛围庸俗化、非严肃化和丧失原则;一定要把个性风格这样的东西在领导实践中的作用或参与程度限制到最小范围,一定要把它定位在外围的边缘,充其量也只是微弱的辅助作用。

三是不能不看具体场合、对象、可能和需要,而文不对题、勉强强行、主观故意地使用这些被认为可以接受、有点好处的个性风格;否则,也是一种丑陋,不仅不会有好的正面效果,相反还会严重损害领导形象和领导权威。

四是一定要以进一步加强领导素质修养为导向,充分利用现有良好个性风格的一面,促使自身素质得到全面提高和发展,成为一个更加健全、更有领导魅力、更值得他人学习的为人标杆。这样,就会使优良的个性风格获得更好的基础、更大的价值和更积极有效的作用。

第三,努力抑制个性风格中不好的一面。那么,怎样在实践中抑制住个性风格中不好的一面呢?具体来说,要注意以下几点:

一要善于和勇于认真反思、客观审视、准确判知自身个性风格的缺陷。这主要是要通过各种实践活动的人际效果、工作效果来进行。这里最重要的是要学习李世民,善于和勇于以人为鉴、自我纠正、自我完善。

二要防止沾染"鸵鸟病"或"霸王病":鸵鸟一碰到危险就把头扎进沙堆里,以为自己看不见危险,就是没有危险了。楚霸王、隋炀帝就是听不进忠言、看不到正确,总是以极其主观自大、自爱自诩的态度来对待自身的一切,包括无知、错误和丑陋,等等。这即是说,不能讳疾忌医,不能自甘堕落,而要有一个健康、正常的心智。

293

三要始终注意自己的形象,要善于塑造并认真珍惜自己的形象。这主要要通过自主努力,尽量、尽快地克服掉自身存在的个性风格缺陷或者毛病,很好地完善自己,由此使自己达成更好的人际效果和工作效果,进而形成更好的领导权威,发生出更大的领导作用。

四要加强素质修养,要通过领导素质理论学习和领导素质实践修炼,尽量切实而全面地发展自身,提高自身,优化自身,最终成为堪为楷模的形象典范、领导典范。

七、贯彻好民主集中制

要驾驭好领导班子,要建设和谐机关,要正确处理好权力关系,首要的是必须认真、明智、切实、有效地贯彻好民主集中制。为此,要从以下诸方面提高认识、做好工作。

(一) 健全民主集中制的具体有效措施

在贯彻民主集中制方面,每个单位或组织肯定有一定的具体有效措施;但是,为什么还是存在做得不太好、甚至很差的情况呢? 主要就是这些具体有效措施并不健全,有的是挂一漏万,有的是以偏赅全,有的是天生残缺,有的是原本肤浅。总之,这类问题是很多的;其实质就是所定措施具体化还不够,有效性还打折扣,系统性有大缺漏,深入性很可忧虑。

所以,对所有单位来说,进一步努力把现有的民主集中制落实措施再加以修订、革新和完善,就成为有效推进和确保民主集中制得到切实落实的必然要求和务实选择。为此,一般要侧重抓好以下诸点:

第一,要以不断推进领导体制、决策体制的改革与完善为前提,结合本单位本组织的实际情况,特别是班子成员素质的条件和结构,充分考虑、研究和探索出一个最切实的民主集中制运作方式和基本做法,并且用章法制度的形式把它在书面上明确固定下来,同时也用共同理念、共同习惯、共同行为方式把它在实际上固定下来,由此形成一个有书面框架和依据、有人心行为作保证的活生生的民主集中制运作模式。

第二,要确保具体有效地落实民主集中制,最核心的一条就在于要正确处理班子权力问题;具体则是要科学界定、设计和规范班子内民主分寸与集中分寸、民主规则与集中规则、权力分配与行使规则、确保一人一票规则、领导工作常态与应急互动机制、相互制约与相互监督规则、独立负责规则与集体负责规则等。

第三,要建立班子以科学合理为精髓的民主对话机制和学习制度,以此作为对前面各项制度的最重要补充。这即是说,为了确保能够正常、稳定、有效地进行民主集中的生活,就要有一个固定的时间段使班子成员从日常大量繁杂事务和复杂隐晦的利益关系中超脱出来,走到一起坐下来,对前一段班子运转情况对照目标和制度进行深刻、系统的审度、反思、检讨和整饬,但要以信任、团结和进一步做好工作为目标、为最敏感原则,而后开展批评与自我批评,对自身和他人(包括一把手在内)的民主集中生活中的不佳表现加以指摘和相互帮助,由此纠正实际工作中存在的不民主或太集中之类的偏差,确保从心理行为上能够时时紧扣民主集中制的具体落实。

在这里,最重要的要略是,要把这样的组织生活,特别是其中的批评与自我批评完全划定在完善和落实民主集中制的具体探索和学习上,而不是相互指责、攻击、打击、排挤和争夺等"算账"和斗争的行为。这里的实质就是要把这样的批评与自我批评从制度上、政策上、诚信上和实效上完全当成并确保为一种学习。这种学习只有一个目的和用途,那就是要通过这样的学习,不断提高班子成员体认和践行民主集中制的能力和水平。

（二）处理好权力的集中与分散

要落实好民主集中制,最大的难处就在于正确处理好权力关系,特别是权力的集中与分散。其实,这一点在什么时候都是一个敏感而忌讳的大难题。而这个难题解决不了,整个民主集中制要得到很好的落实就几乎不可能。很多单位或组织在民主集中制上费很大的劲,却做不出什么成绩来,就是陷在这个难题之下,未能冲过这一坎。

那么要问:这个难题是否真的就不好解决了呢? 其实不是。应该说,只要真有决心、信心、恒心和责任心去践行民主集中制,这个问题是完全可以解决的——具体来说有几个要点:

第一,在班子内部首先以公开、坦荡、真诚的态度,把权力问题拿出来研究。具体要解决权力的分类、配置、运行、协调、监督、控制和责任等问题;其基础是分类,其核心就是配置与运行。权力配置与运行的最主要内容就是权力的集中与分散,要依据适合总体制度的规定要求和本单位本组织的特殊情况,找到并确定权力集中与分散的最佳边界和稳定机制。

第二,在班子内要以高素质为条件为前提,把每个成员的角色和实际作用也作为一个重大实际问题拿出来研究。具体要解决个体角色与集体角色、一把手角色与其他成员之间关系不顺或者关系不通的问题。这里最重要的内容是,既要充分确认和维护一把手的角色作用,也要正确把握和发挥出其他成员的角色作用;既充分尊重和发挥个体角色的作用,也要强调和保持集体角色的作用。而这里的关键则是,一定要按照科学分类和搭配的原则,把这些角色和权力完全科学合理地对应对接起来;只有这样才能真正科学有效地处理好权力集中与分散的关系问题。

第三,为达成上述目标,要尽量结合和利用好管理科学、领导科学的最新理论成果和专家智囊的专业优势、非当事人高公信优势,进行科学、合理、系统、严谨、负责的把握、界定和设计,并加以制度化和机制化。这里的核心内容是,对于什么角色掌握和行使什么权力、怎样行使其权力、承担什么相应的责任,都要进行更加明确、具体、科学、合理的设计和规定。只有这一步做到家了,才能从根本上解决正确处理权利集中与分散的有效性问题。

（三）贯彻好民主集中制关键在一把手

一个班子是否能够贯彻好民主集中制,关键要看一把手。一把手如果态度正、作风硬,就能很好地贯彻落实民主集中制,并使之发扬光大;而一把手如果私心重、做法怪,就会搅乱和打破民主集中的机制,进而严重违背和破坏民主集中制原则。一把手会在工作上出现严重问题,都是首先背弃了民主集中制的结果。

在这一点上,只有靠一把手作风端正、坚持原则来确保民主集中制的有效落实了。班子成员看到一把手善于坚持民主集中制,就会受到重大鼓舞和激励,就会更加自觉、认真地遵守和践行民主集中制原则,就能最终形成一个严谨、和谐、规范、光明、高效的领导班子和领导新局。

（四）副手也要带头执行民主集中制

在贯彻民主集中制的过程中，副手的作用是很重要的，也是很特殊的。首先，副手是对某一方面负有分管实职的实权派；其次，副手又仅仅是一把手的辅助与配合力量；再次，副手还是领导班子中的普通一员，在最终决策权上只有一票的分量和价值。这些特点决定了副手在执行民主集中制时具有其特殊性，其工作要点主要如下：

第一，充分维护一把手的地位和作用，支持其进行科学、合理的集中。

第二，充分考虑工作运行的具体情况与实际需要，支持各个领域、各项工作所需要的适当分散，支持和提倡充分发扬民主。

第三，充分维护整个班子的团结协调，确保整个班子能够同舟共济，为此而积极能动地促进民主、促进集中、促进民主集中的辩证反应和协调对接。

第四，作为决策班子的普通一员，模范带头执行和维护民主集中制。

（五）在行政首长负责制的单位如何贯彻民主集中制

行政首长负责制下贯彻民主集中制是一个难题。它难就难在有一个显著的内在矛盾上。

一方面，行政首长负责制强调的是行政首长必须对行政运作担负全责，为此就必须把一切行政权力都集中到行政首长的手上；只有这样，行政首长负责制才是合理的和可行的。这在原理上叫做权责相当。另一方面，民主集中制则强调，在进行集中的同时还首先要进行分散，没有分散就无所谓集中，有集中就一定要有分散；而此处分散的实质内涵就是民主。

如上所述，如果在行政首长负责制范围内要同时实行民主集中制，那么就意味着要对行政首长要求"民主"，就意味着要限制和抑制住行政权力的集中；而一旦真是这样，就会造成行政首长只有负全责的份儿，而没有相应的权力；这不仅造成不公，而且造成权力运行和行政运作的不畅和不科学。显然，这是一个存在内在矛盾冲突的两难问题。然而，尽管如此，这个难题要解决，也并非"难于上青天"。具体来说，在实践中把握好如下两点就可以了。

第一，要充分遵循和执行好行政首长负责制。这一制度的确立和实施是有其固有的和特定的客观基础及客观要求的；其中饱含特定适合的科学性、合理性和必要性。如果为实施民主集中制而打破这一制度，那么其实质也就是对行政首长负责制的客观基础和客观需要所进行的主观否定，而这样的否定就是违背客观规律和科学原理，对相应领域的运作和事业都会造成严重的冲击、损害或破坏。而这与实施任何好的制度（包括民主集中制）的初衷却正好是相反的，或者说是背道而驰、南辕北辙的。因此，在行政首长负责制范围内简单推行或比照民主集中制是不可取的。

第二，要看到行政首长负责制下的行政决策活动是存在很大的民主空间的。这个空间并不是靠多大的权力所能填满或者所能掌控的，而是必须靠真知灼见、大量知识和智慧来填充的，而且是必须以此为基础然后才能发挥行政权力的作用的。这就是说，在这样一种空间里,即使是运作特点特别需要强调集中,也不得不必须首先特别强调"民主",要尽最大的量来获得广泛的支持、帮助、信息、参考和启迪,特别是在决定民生大计、事关群众利益的时候,更要广泛征询意见,然后再行集中。这样做就是民主集中制在行政首长负责制条件下的特别适用,不仅是可行的,而且是必要的和应该的——既是方便于行政首长在具体工作上不会失误、不犯错误的客观要求,又是推进决策科学化民主化和政治文明建设的必然要求。所以,在这一点上,行政首长是可以充分应用和实施民主集中制的。

（六）在领导成员少的单位如何贯彻民主集中制

领导成员少的单位贯彻民主集中制存在一个客观前提上的不完满,那就是不能在班子成员数量很多的情况下搞民主、搞集中,有可能会流于形式化,而实际上则常常会造成这样一种结果,即实际就是几个领导者在那里说了算。不过,本质上这也算不上是严重问题,但却是需要通过制度设计和机制设计来解决的一个实际问题。

民主集中制原来本着的组织基础是完整足额的领导班子。这样,一旦有单位的领导班子存在人数不足问题,那么就会使民主集中制在客观基础上陷入准"跛足"的情形。在这样的情况下,要执行好民主集中制,主要有两点思路可资鉴戒:

第一,如果该单位就是不需要、也没有那么多的领导职数,就说明该单位的任务和组织结构本来就是相对简单的,没有必要膨胀和复杂化的;而这时其领导的规范化也就肯定是不需要那么太复杂的,换言之,就是几个领导在那里说了算也是可以接受的一种制度设计。这样,也就没有必要机械、片面而固执地在这样的单位比照推行民主集中制。

第二,如果该单位的少数几个领导容易出现不民主、不科学、不可靠和无效率之类的问题,客观上需要加入民主集中制来为正确的领导绩效提供保障,那么这也是可以操作的,只是这个时候必须进行制度创新和机制创新了。具体而言,这可以创设一个可参与决策人数稍多的准班子来正式实施民主集中制;这时的做法与其他正常组织的情况无异。另外,也可以考虑将民主集中制的组织基础放大到基层组织甚至群众代表上,使那几个说了算的领导由此按照民主集中制来开展工作。

总之,上面各种思路和做法都需要从实际出发,实事求是,按客观情况和实际需要,一切都要为了把工作,特别是领导工作和整个事业做好。脱离这一点来谈民主集中制,都没什么实际意义,也是没有什么必要的。

第八章　领导用人

第一节　领导用人的意涵、成效及其基础

一、领导用人的意涵

领导用人就是领导主体，主要是领导者发现、选拔和任用人才的过程与活动；本质上是从领导的角度和全局的角度来考虑进行的人力资源开发。其中，领导环境和组织人事体制，特别是领导关系和现实利益总是起着非常重要的作用，常常具有决定性；但是，领导者的素质却更为关键，总是起着几乎就是完全的根本性的作用，因为不同的领导素质，特别是其中的人才观等思想素质和道德素质总是决定着领导者将会作出何等的人才抉择亦即起用人、开发人力资源的人事决定。

由上可知，领导用人具有四重实质：第一是组织人事的实质；第二是人力资源开发与管理的实质；第三是领导权力行使的实质；第四是内务性重要决策的实质。

事实上，领导用人是最具领导本义实质和特征的领导活动，是领导决策及其实施这种纯领导过程之外的单独一类领导行为；只不过这类领导行为同决策一类的领导行为互为表里、互为辅助、互为要件而已。应该说，领导用人既是领导的固有目的、目标和内容本身，也是实施领导、进行和落实决策的要件。这从以下几个方面来理解：

一方面，领导主体，特别是领导者本来就是人众之中的统帅和将领，只有以人为基础并加以启用和统驭之，然后才能使其为正常的和正当的领导角色。这即是说，用人和驭人本身就是领导的固有内涵和实质，目的和功用就在于直接而具体地形成现实或实际的领导；而非此则无以为领导，换言之即不用人、不驭人就不成其为领导。所以，用人和驭人是最实际，也最实在的最重大领导内容之一，是领导权力权威存在、发生、行使或生效的最直接所在；缺此则一切领导均无从谈起。不过，从领导本质看，领导用人在这一层面的实质与用途仍然只能算作一个初级的和基本的领导内容和领导要件。

另一方面，领导用人并不仅仅是为了形成领导而存在或发生的，因为这实际上还仅仅是一个初级的领导内涵与需要。对领导而言还有更重要、更高级的实质与需要，即以事业为导向为内容、以决策为方式为途径的领导成功与业绩。而这个更高层面的领导取向与行为不仅要靠领导主体自己来首先把决策工作做好，而且还要靠领导主体发动大家、协调大家、控制和引导大家来完成已经做出的决策、实现已经提出的组织目标。所以，领导用人其实还有为落实决策服务的这一层面含义与取向，只不过相对而言要更高一层级而已。

其实，领导用人本身也有一个决策及其落实的问题，只不过仅仅是组织人事范围内的领导决策而已。而领导决策过程之中也有一个用人和驭人的需要和任务，因为只有首先

用好了人才能进行集体决策,只有驾驭好了人才能使决策得以正常、顺利地进行下去直至成功;这也就是说,领导用人的作用也远非仅仅是服务于领导决策的实施或执行并确保其产生成效、取得成功和结果圆满。

应该说,领导用人实质上是站在实施领导、实现领导的角度和立场上来看待和发生的组织人事职能、过程和行为,比单纯的组织人事工作和活动要更大一个范围和层面,更高一个视角与意涵。它不仅具有相对独立而崇高的权威与地位,是一个方面的领导行为和领导过程,而且也是同单纯的领导决策一起构成从根本上决定或事关领导得失成败的两个最重大领导行为根源之一。

二、领导用人的重要性

领导用人实际是人力资源开发的核心问题。这个问题解决得怎么样,就看做为生产力第一要素的人力资源及其效能能否最充分地发挥出作用、实现其价值;而这又根本取决于领导者是否善于用人。领导者善于用人,就一定能够发挥出组织成员的聪明才智,不仅形成同心合力,而且能够创造出更多、更大的财富,能够夺取更多、更大的成功,能够更好、更快地实现目标。然而,如果情况相反,领导者不善于用人,或者在人事问题上不能符合人才规律和实事求是的精神,甚至违反常理、常德而拉帮结派、用人唯亲,那么这样的领导就必定开始变得糟糕而危险了,最终都会陷入弃才失人、抛用失助、毁才灭锐、天怒人怨而分崩自绝。

古人说:"得人者昌,失人者亡。"这恰恰是古今中外无数经验教训反复证明的真理。事实上,领导之所以能够成功,主要是因为领导用人正确;而领导之所以失败,则多是因为领导用人失误。无论古代还是当代,情况均是如此。应该说,一个领导者、一个领导班子,要想把领导工作做好、确保领导成功,就一定要善于用人。然而,这却不是一件易事,在领导实践中从来就没有脱离过复杂、困难与风险,随时都与领导的得失成败息息相关。在这一点上,是不分资历大小或智力高低的,也是不分官职大小或职务高低的。

不过,领导用人跟下围棋一样,看似容易做好难,入门容易精通难。领导干部在自己的日常工作中几乎天天都在做这件事,习以为常,恐怕已几乎不觉得这会有什么困难了。但是,要真正把领导用人做好、做精、做出高水平并长期保持下去就很难了,要达到炉火纯青就更加困难,甚至根本做不到。

这是因为,领导用人是一个因时因地因人而异、因环境因条件而异的实践领域,是必须完全做到紧切客观实际来施展主观能动而后才有望加以把握并用好的一门实践性学问。它集主观与客观于一体,倚重于经验,更依赖于理论,无论在理论形态上还是在领导实践中都显得精微奥妙、变化万千,充满了科学精髓,具有极高的艺术水准和胜任要求。

这就是说,用人难,难用人;在用人问题上,任何一个领导者都不能太自信。领导要成功,就必定要善于用人。用人是成功领导的必修课和必过关口。事实上,对于第一线领导而言,领导用人始终是一个随时面临风险、必须谨慎应对的重大考验,始终是一个必过而难以过好的关、一门必修而难以修精的课,是需要领导者永远谨慎、注意和加强修炼的核心项目。因此,很有必要对看似平常的领导用人问题拿来探讨,以便把我们的领导工作做得更加出色、更有水平。

总之,领导用人事关领导得失和领导成败,是实施和实行领导的最重要保证之一,也是领导决策能否真正正确和成功、领导决策能否真正得到有效落实、组织任务和目标能否真正得以成功完成和实现的最重要保障之一。领导用人是何其重要。因此,任何领导主体都应该,也必然要高度注意和重视用人的问题,并在实际工作中真正确保把用人的工作做好、做优。

三、领导用人成效的实质与影响

(一) 领导用人成效的实质与种类

领导用人成效是领导主体所做人事决策正确性、妥当性、有效性和影响性的综合结果;亦即领导主体落实正确的人才观和人才原则、进行人力资源开发和管理的实际绩效与结果。在实际的用人活动中,不同的用人做法将会产生不同的用人成效。这些成效主要有三种。

1. 正成效。正成效就是用人正确到位并由此带来积极、良好的影响,最主要是对事业成功、社会进步都发挥出重大作用并产生丰硕结果。正成效有高成效和低成效之分;用人高成效就意味着领导高水平,用人低成效就意味着领导水平相对要低;但是,无论是高成效还是低成效,在总体上都显示和证明领导是正确的和有水平的。

2. 零成效。用人的零成效也即是用人无效,是指这样一种情形:领导用人昏昏然,似用非用或不用,人才浪费或多余。这种情况在现实生活中是很常见的事情。其原因也很多,其隐患也很大;事实上,给现实生活带来的是拖延、停滞、落后和萎缩,没有任何兴旺发达的景象和希望。这里显示或证明的是领导无水平和领导不称职。从人力资源是人世间最宝贵资源的角度看,这已经是一种犯罪了。

3. 负成效。用人的负成效是指领导用人不正确或者严重错误,导致严重的用人后果,给事业造成严重的冲击和破坏,给群体和单位造成极大伤害,影响极坏,恶果极重,损失和代价极其巨大而不可挽回;不仅没有带来进步和发展,而且还造成了倒退和灾难。这里显示和证明的是领导极端无水平、完全不胜任和失职渎职。无论从哪个角度看,这都是严重犯罪。

事实上,以上三种不同的用人成效与领导绩效、领导水平、执政能力、政绩高低、领导的得失成败及领导者自身命运都密切相关,具有巨大的延续性影响和严肃而重大的现实后果。在正成效下,主要是因素质优良而用的,从一开始就预示着能做大事、成大功,如此当然是皆大欢喜。而在负成效下,主要是指"该用的人不被用,而不该用的人却用了;素质低劣、不足以当领导的而得用的,并非领导人才,仅仅是凭关系而用"等情况,其结果多会引起广泛深远的不满和怨恨、裂隙和矛盾、斗争和冲突,从一开头就埋下了隐患并最终酿成不可避免的失败与祸患。

(二) 领导用人成效的现实分析

历史经验证明,正确用人是成事之资,错误用人则是败事之缘。善用人者得天下,反之,则失天下。每个朝代的末年,为什么国运垂危?最突出的原因之一是用人存在严重问题,包括嫉贤妒能、用人唯亲、以才代德、以德代才、以关系代才德、用人不察、坏人参政、用钱买官、无功受赏等各种问题。威极一时的元朝就是伴随着用人上的绝对腐败而迅速垮台的。元朝末,卖官鬻爵、贿赂公行、埋没人才等现象司空见惯;所选官吏大多缺德少才,专事搜刮民脂民膏;朝廷无法无度,贪官横行无忌,巧立名目敲诈勒索。如此庸才、恶才、贪才当道,能不灭亡吗?

最能说明人才匮乏导致社会崩溃的,莫过于清末。西方列强之所以能轻易地打开闭关锁国的清王朝的门户,强迫清政府割地赔款,就是因为清政府不能举贤任能,致使林则徐这样的爱国将士也得不到支持和重用。如此导致大规模的失败则是必不可免的了。

清末著名思想家龚自珍在考察人才问题与社会兴衰时认为,清朝已经腐朽没落,走到了尽头,因为人才普遍遭到压抑,犹如"万马齐喑"。针对这种状况,他喊出了最强烈的心声:"我劝天公重抖擞,不拘一格降人才。"另一位清末著名思想家魏源则从鸦片战争清政府的失败中总结出教训,认为中国真正的贫弱不是物产兵器而是人才不济。他说:"财用不是,国非贫;人材不竞谓之贫。"

事实上,在现实生活中的不少领导者在用人上都存在很多很大的问题。最典型、最严重的用人问题是:任人唯亲,以人划线,拉帮结派,团团伙伙,偏了心眼,完全丧失了公正可信,造成人才压制、离心离德而没有任何凝聚力了;这在本质上就是一种滥权腐败,是恶劣的领导,没有一例能逃脱可耻失败的规律。

现实生活中,最普遍、最习以为常的问题是:领导者总是凭印象、凭感觉用人,凭经验、凭习惯用人,凭关系、凭亲疏用人,甚至听信谣言或谗言来决定用什么人和怎样用人,用人的随意性和个人主观特点非常极端化。显然,这不仅是低水平、没水平的领导,而且是错误的用人和错误的领导;其本质就是随意用权、落后用权、肆意滥权;其结果就只能是重挫人才的积极性和创造性,对人力资源造成严重的浪费和破坏,导致整个组织萎缩、瘫痪和衰败,最终导致整个事业的枯萎、凋零和完全失败;其机理就在于,因为用人不当和错误而导致组织群体分崩离析、丧失活力和竞争力,直至最后丧失最起码的生存力和发展力。

的确,如果在用人上出了偏差,就会错过发展机遇,会丧失关键力量即竞争实力,尤其是在人才开发和使用上出了问题,就必将直接造成领导力即核心竞争力的损失,就有可能在新世纪竞争中遭到失败。而用人成效取决于用人正确;领导用人正确是领导事业成败的关键。

正是基于人才的关键作用,有远见的领导者都极为重视人才问题。毛泽东曾经说过,政治路线确定之后,干部就是决定因素。邓小平在多种场合强调人才问题的重要性,他说:改革经济体制,最重要的,我最关心的,是人才。改革科技体制,我最关心的,还是人才。他向全党、全国提出"尊重知识,尊重人才"的口号。1992年他在"南巡讲话"中强调说:正确的政治路线要靠正确的组织路线来保证。中国的事情能不能办好,社会主义和改革开放能不能坚持,经济能不能快一点发展起来,国家能不能长治久安,从一定意义上说,关键在人。

国外则更是有人重视人才问题,他们深知人才对于发起挑战、进行竞争或争夺的重要性和关键性。比如,美国前总统克林顿就曾大声疾呼:要提高美国产品的竞争力,提高美国企业的竞争力,提高美国的竞争力。这三个竞争力归根到底是靠美国在培养、开发、引进人才和全球人才竞争中的优势地位作保证的。

总之,人才兴则天下昌,人才衰则天下亡。古代社会如此,现代社会更是如此。特别是在当今世界,竞争日益激烈的情况下,各种竞争的焦点集中在人才上,要想在竞争中取得优势,就必须抢占人才的"制高点"。因此,人才问题始终是领导主体的中心之一,也是赢得新世纪所必须解决的最重大问题之一。

四、领导用人成效存在差异的原因

(一) 领导用人成效的多重原因

领导用人成效存在广泛差异,其原因是多种多样的。但具体则可大致归结为内在原因和外在原因两个方面,但归根结底就在于内在原因。

内在原因,就是素质原因,包括领导者和被领导者两方面的素质原因;这双方的素质都是导致用人成效差异巨大的根源所在。这是因为,领导用人成效从根本上说就是以素质为渊源的。素质基础存在广泛差异,直接导致用人成效广泛不同。

外在原因,包括机会与机遇、现实需要、用人机制和做法、用人政策和制度、用人标准和原则、文化背景和领导环境、人际关系和特定条件、运作方法和具体手段等方面的原因。其中,用人标准和原则是最关键、最突出的原因。

其实,即使外因中构成用人之道的核心要素,如用人标准和原则、用人政策和制度、用人机制和实际做法等,都与素质基础、素质内容直接对应相关。所以,透彻了解和掌握领导素质和被领导素质就成为领导用人成功的前提、关键和秘诀。

不过,无论原因如何多样,从日常生活所见和领导实践情况来看,用人成效最终仍然取决于领导素质。领导素质优良,领导用人就会有好成效;领导素质底下恶劣,领导用人就绝对不会有好成效。有的领导者原本就是浮渣泡沫,是领导岗位占持者,是公共利益的吮吸者和糟蹋者,而不是任何层次或意义上的领导人才;由这种人来使权用人,其性质和后果会何等严重则完全是可想而知的。

(二) 领导用人成效的基础

内在基础,即内在条件或个人条件,实质就是素质基础,素质基础是影响领导用人成效的决定因素。它包括领导者的素质和被领导者的素质两方面。这即是说,领导用人具有双重的素质基础。这两方面的基础共同构成领导用人成效的主要渊源。其中,领导者素质对用人活动和结果的影响最大,不同成分、不同品位、不同质量与能量的领导素质,结合不同的外在条件,即有不同的作用机理,并由此对用人产生不同的实质性影响,成为用人成效的主要原因、症结或根源。

外在基础,即外在条件或环境条件,实质就是现实基础,包括机会与机遇、现实需要、用人机制和做法、用人政策和制度、用人标准和原则、文化背景和领导环境、人际关系和特定条件、运作方法和具体手段等。其中,用人标准具有最核心的位置和作用。

上述这两个基础的相互关系:后者依赖、甚至对应于前者,并只能通过前者来发挥作用,有时起关键的作用;前者是后者起作用的根据和根本条件,对领导用人具有决定性的影响。

五、领导用人成效的改善与提高

领导用人成效的改善与提高对改善和加强领导、提高领导绩效和领导水平、建设高素质领导队伍和工作团队、开发人世间最宝贵的人力资源、落实现代人才政策和人才强国战略、加强廉政建设和执政能力建设、推进和谐社会建设与经济发展都具有极其重要的意义。

为了改善和提高领导用人成效，这里提出具体的对策要略如下：

（一）总策略

抓住素质基础，提高领导用人成效。具体而言是指，抓住双重素质基础，从培养到考评到监督再到控制约束，从大力、全面地提高领导素质到转变领导方式、改善领导质量、提高领导水平，全面、深刻和大幅度地提高领导用人成效。

（二）具体要略

第一，要善于抓住并充分获得领导用人的事实根据。这些根据包括：(1)需要根据。这主要是指开展工作的现实需要。(2)素质根据。这主要是指被领导者的实际素质。(3)绩效根据。这主要是指被领导者的实际绩效。(4)制度根据。这主要是指组织人事制度。

第二，要善于最充分地把握和运用领导用人的理论根据。这些根据主要包括：(1)最主要的理论根据，即素质理论。(2)关键性的理论根据，即绩效理论。(3)基础性的理论根据，即人才理论。(4)实质性的理论根据，即人力资源开发与管理理论。

第三，要实行和坚持一整套相互配合协调和相互支持保证的用人原则。

第四，要逐步改善领导用人环境，逐步净化影响领导用人的社会风气与腐朽文化。

第五，要大力发展、完善和应用素质测评的专业理论、技术和工具。

第六，要全面优化组织人事工作者的素质。同时，更为重要的是，还要尽量全面而大力地提高被领导者的素质。

第七，要全面提高领导素质。这是提高领导用人成效的先决条件。领导者的素质高低决定着领导者是明眼人还是瞎子；只有全面发展的高素质才能帮助领导者制造具有 X 光穿透力和审度机能的一双慧眼，并带来超越庸俗心态障碍（诸如忌妒、偏见、传谣、偏听、势利、人情关系、非事业导向、帮派取向、私利标准或小集团利益标准等），大胆正确而有效地用人，最终有助于领导成功和卓越的勇气与魄力。具体来说，领导者在用人方面所应具有的较好素质主要有以下几个要点：

(1) 要有爱才之心。这是领导用人的前提。没有爱才之心，难有用才之法。领导者的爱才之心，源于领导者的事业心、责任心。事业心越强，爱才之心越切。领导者若无爱才之心，则不仅培养不出人才，即使身边有人才，也会视而不见，更谈不上引进人才。所以，领导者要牢固树立"人才是最宝贵财富"的观念，爱惜人才、关心人才、培养人才、使用人才。

(2) 要有求才之渴。既有爱才之心，自有求才之渴。既是人才，必有出众之处，自然是不多的,不多的人才又是淹没在广大的人群之中,不求何来?此诚所谓人才难得。既是人才,自有其独特的个性,不会轻易随和,不会趋炎附势。有的甚至正因为你身居要职,为避阿谀之嫌,反而敬而远之。虽然这些不见得都是一种美德,但是你必须承认它是客观存在。因此,你无求才之渴,无"三顾茅庐"之诚,人才不会自动到你这里来。

(3) 要有用人之胆。用人就要有胆识、魄力。看准了,就不要犹豫。要敢于冒一些风险,大胆起用人才。

(4) 要有护才之魄。人无完人;人才在工作中,往往会因知识、经验等不足而出现这样那样的问题。领导者要敢于顶住闲言碎语,爱护人才;同时采取适当方式帮助这些人。这样,人才在领导者和大家的悉心爱护和帮助下,就会更加大胆工作,敢于独立负责,不断积累经验,变得成熟起来。

(5) 要有容才之量。人才往往是很有个性的。他们有时为坚持自己的见解很可能冲撞、得罪领导,对此,领导者应该有宽容大度的胸怀。

(6) 要有荐才之德。选贤举能,是领导者的重要任务之一。在选贤举能中,领导者不仅要在本人离职之际举才接替自己,更为重要的是,在自己年富力强时,就应注意在工作中发现、培养人才。一旦发现或培养出比自己更有能力、更能开创新局面的人才,则应倍加珍惜爱护、重用大用甚至让贤以成。

(7) 要有育才之方。人才的培养是一种最有效的投资。凡有远见的领导者,都是很重视人才培养的。

第八,要坚持正确的用人标准;同时,还要以与时俱进的精神逐步改进和完善实际的用人标准。具体有以下几个要点:

(1) 从科学和操作方便上着眼,把用人标准改进得更加完善、更加内在协调一致而外在具体可依。

(2) 要引入新的用人指导思想,主要是科学发展观、正确的人才观与政绩观;把这些思想的精髓转变成非常具体、明确、精细、十分便于依据和操作的用人标准内容或条文。

(3) 要引入最新的社会科学成果和现代科技手段,形成一套以素质基础为主体、非常完善和便宜操作的用人标准体系和用人标准实施体系(即方法、手段和技术工具等)。由此得以真正把素质考评、绩效考评的理论和技术加以彻底的引入和利用,使之转变成最具客观性、公正性和权威性的评价机制与方式,为领导用人提供科学、可靠、有效的工具和手段。

第九,要建立和推行一个高度灵敏、迅捷、准确、严肃、有力的领导用人监控机制。具体包括如下要点:

(1) 严密监控用人标准在实际的用人过程中是否松动、走样、变味、腐烂、被践踏或者被背弃;对已存在或发生的问题,必须非常及时迅速地采取纪律措施和组织措施来严加纠正。

(2) 严密监控用人原则在实际的用人过程当中是否遭到违背、践踏或废弃,是否有走样、变味或腐烂的问题,是否有人在欺骗组织、欺骗群众,是否有人在搞"一手遮天"、"打擦边球"、假公开竞争、假公示透明,是否有人在继续搞团团伙伙、谋私图利、权钱交易、卖官鬻爵、黑暗腐败,是否有人保持偏见而继续忌妒人才、歧视人才、压制人才、打击人才和迫害人才;对已存在或发生的问题,必非常及时采取果断的组织措施、纪律措施乃至法律措施来严加纠正。

（3）严密监控领导用人过程本身的程序是否科学、民主和合理,发现问题要及时、果断地进行处理,包括纪律处理、组织处理和技术处理或改进;由此确保切实引入和应用最新的相关社会科学成果、相关自然科学成果和相关技术成果,切实改进用人的方式、方法,提高用人的水平和质量。

第二节 领导选人用人的标准与原则要义

一、选人用人的标准

选人用人的标准有很多。不同的领导价值即导致不同的用人标准。就选人用人的实践情况来看,当前主要在四个层面上具有不同提法的用人标准,具体如下:(1)德才兼备的标准。(2)德、能、勤、绩、廉标准。(3)干部四化的标准,即革命化、年轻化、知识化、专业化。(4)思想作风过硬,政治上可靠,人民信得过,不跑官要官,清正廉洁,奉公守法,工作上有能力。然而,这四个层面的标准归结起来却仍是德才兼备的用人标准。要在用人实践中坚持这一标准,就需要注意以下三个要点:

（一）把德放在首位

德主要指一个人的政治素质、思想品德、工作作风、职业道德等。德表现了人的社会性,是对人的社会化要求。德与选人用人的其他条件相比,居于统帅地位,具有特殊意义。

对此,司马光就说:"自古昔以来,国之乱臣,家之败子,才有余而德不足,以至于颠覆者多矣。"这就是说,有德的人,如果有才能就会为人们做好事,才能越高,本领越大,为人们所做的好事就会越多。相反,无德的小人,如果有了本事,就会干坏事,本事越大,所干的伤天害理的事就会越多,后果就越严重。

其实,无数事实早已证明,用人必须把德放在首位,否则就会造成用人上的失误。在党的历史上,由于重才轻德而造成的用人上的失误和教训是令人深思的。徐向前在他的回忆录中曾写道:张国焘这个人不是没有能力,但品质不好,他是借口肃反,剪除异己,建立个人统治。不仅搞军队,也搞地方。被肃掉的大都是有能力、有战斗经验、和群众有密切联系的领导骨干。

作为无产阶级的政党,中国共产党更是坚持把德放在首位。毛泽东指出:共产党的干部政策,应是以能否坚决地执行党的路线,服从党的纪律,和群众有密切的联系,有独立的工作能力,积极肯干,不谋私利为标准,这就是"任人唯贤"的路线。陈云也说:德才并重,以德为主。反对只顾才,不顾德,也反对只顾德不顾才的倾向。

的确,用人不能不讲德;无论哪个阶级都是如此。只有把领导权交给有德有才的人,改革开放和社会主义现代化建设事业才会兴旺发达。当然,德的标准不是抽象的,它具有明显的阶级性和时代性;不同的阶级和时代,德的具体内容有所不同而已。

在新的历史条件下,以德为先的标准主要包含这样一些内容:政治立场坚定,忠诚于党和人民的事业,始终坚持四项基本原则,经得起斗争的考验;具有一定的马克思主义的理论素养,政治上敏锐,能够运用马克思主义的立场、观点、方法观察和分析事物,一切从实际出发,密切联系群众,勇于批评和自我批评,勇于开拓创新;维护团结,顾全大局,权为民所用,情为民所系,利为民所谋,清正廉洁,无私奉献,不计名利,一切为了人民,全心全意为人民服务。

(二)正确看待"才"或能力条件

选人用人虽然要强调和突出"德",但却绝不是说因此就可以不重视"才"的条件了。对于德与才,司马光曾说:"才者,德之资也;德者,才之帅也。"这即说明了德与才原本是不可任一偏废的。

具体而言,才就是才学、智慧和能力等条件的总称,包括了十分丰富的内容,诸如政策理论水平、文化程度、专业知识与技能,以及表达能力、分析和解决问题的能力、理解与判断能力、规划预测能力、组织协调能力、领导管理能力、调研综合能力、团结协作能力、开拓创新能力等,都是才的具体方面。只是其中的能力在习惯上要显得相对突出而已。

(三)要年富力强

在选用人才的"四化"标准中,其中有一条不可缺少的条件就是"年轻化"。而年轻化则是指要不断选拔年富力强的优秀人才和培养后备力量,选人用人要向年轻人倾斜,使整个队伍保持合理的年龄结构,使社会主义现代化建设事业后继有人、代代相传。年轻化是社会主义现代化建设的长期性、艰巨性和现实需要决定的。

在现实生活中,有些领导者思想上往往总存在着"姜还是老的辣"的观念。认为当干部时间长了,资历深、见识广、经验丰富,上下左右关系容易摆平,能压住阵脚,工作开展起来也较顺利。诚然,资格老的同志在上述方面确实比资格浅的年轻人"辣"一点。但是,从另一方面来说,资格老者很容易拘泥于老经验、老框框,老观念,创造性、进取心则不如资格浅的年轻人。

因此,还是非常需要发现和使用年富力强、有朝气、有能力、有作为的人才的,特别是非常需要把他们充实到各级领导班子中去。只有这样,才能使整个组织系统和人员队伍保持旺盛的活力和生机,才能确保我们的奋斗和共同事业不断成功。

总之,用人是领导者的重要责任,也是领导者胜任领导工作的标志。对此,邓小平就指出:善于发现人才,团结人才,使用人才,是领导者成熟的主要标志之一。

二、人才选用的原则要义

如何把人才选好用好?这是一个关系到事业全局得失成败的重大现实问题。为了解决这个问题,确保领导用人达成一个正成效,从领导实践来看,总的要求就是领导用人必须着眼大局、科学合理、规范得体、公道正派、真诚爱才、信任团结和认真负责。这些要求也可以直接等同为正确用人的总原则。

在这个总原则之下,还有十条具体原则:(1)事业导向原则。(2)素质先决原则。此即,素质不行的就不能用;不具备领导素质或素质不足以做领导的,就不能用为领导。

(3)才位对接原则。(4)正用善用原则。(5)人力开发原则；(6)公开透明原则。(7)根除"关系"和权术原则。(8)排除零成效和负成效原则。(9)避免重蹈用人覆辙原则。(10)问责原则。

但是，根据目前人事实践的实际情况看，以下九条原则最为普通而常用：

（一）因事择人，用人以实

这是指必须根据事业的需要、职位的空缺和职位对人员资格的要求来选用人才。唐太宗李世民早就说过："为官择人者治，为人择官者乱。"宋代大臣许应龙也曾说："为官择人，则官虽简而常若有余，为人择官，则官员繁而常若不足。"这些都是根据工作需要来选用人才的道理。坚持这一原则，就是为了确保达成人与事的科学结合，做到以事定职、以职选人和人事相宜，而避免机构臃肿、人浮于事、效率低下、增加成本。

其实，只有从实际需要出发，以事业和职位提出的要求为标准，然后去选用合适的人员，才能达到科学开发人力资源的目的。如果因人设事、为人择官，那么就决然不能保证事得其人、人到其位和人尽其才，或者大材小用，或者小材大用，造成严重的人才错位和人才浪费。

（二）竞争择优，用人以正

在人才选用中所说的竞争择优，就是指在公开平等的条件下，让求职者依靠自身的素质进行竞争，用人单位择优选用人才。用公开竞争的方法选人，比古人传统的"伯乐相马"的方法有更多的优点，一则它拓宽了选人的视野，开辟了赛场选马的天地，使用人单位能够在更广阔的范围内享有充分的挑选人才的权利；再则它将选用工作置于人们的监督之下，增加了选用工作的透明度，可以防止和克服在用人问题上的不正之风。

在人才选用中坚持这一原则，应将竞争贯穿于选用工作的各个环节中，即从报名、资格审查，到笔试、面试，以及考核、体检等，要使求职者"过五关、斩六将"，始终处在一种激烈的竞争状态。这样，经过层层筛选，最后，根据工作的需要，择优选用合适的人才。

（三）量才任职，用人以体

所谓量才任职，就是按照每个下属的实际才能来安排相应的职务，做到人尽其才，事尽其功。要做到量才任职，首先要全面衡量每一个下属的长处和短处。人皆有所长，亦有所短；有其所能，亦有其所不能。一个人立足于世靠其长处，而非短处；同样，领导者用人是为了完成特定的任务，故只能用其所能，避其所不能。

量才任职，还必须对各种职位的具体要求、任务和职责等，有一个明确详细的规定。有了这种规定，量才任职才有了客观的标准和依据。设计合理的、科学的职位，必须在深入调查研究的基础上，根据各部门的工作性质、特点和要求，对机构中的各种职位进行严格科学的分析，务必解决由于分工不明、职责不清带来的各种官僚主义现象。

工作职位有层次、行业之分，人才也有层次、类型之别；不同工作职位对人才有不同要求，不同人才对工作职位也有不同的适应性。把二者恰当结合起来，以做到既保证圆满地完成工作任务，又充分地发挥人才能力，否则，小材大用，贻误工作，大材小用，又造成人才浪费。这就是现代管理学中所说的能级原则。能级原则,简单来说,就是使相应的人才处于相应的能级岗位,使人的才能、专长与岗位、职务、责任相互对应。

领导者要想做到量才使用、职能相称,必须做到三点:1. 正确鉴别人才的类型、特点、层次。2. 按能力大小安排相应的职位。3. 发现职能不对应者,应果断调整,该升的升,该降的降。——只有这样,才能使人才各得其位,各尽其能。

职、权、责是三位一体,互相统一的。担负一定的职务,就有一定的职责,同时行使一定的权力。在其位才能谋其政,而谋其政必须有其权,才能尽其责。这样才能各尽所能,充分发挥人才的能动作用。这就是说,要合理使用人才,就一定要坚持做到有职有权就必有责,决不能有职有责却无权或者有职有权而无责。

(四)适才适用,用人以妥

所谓适才适用,就是根据每个人的性格特点、专长和志趣等将其安排在适宜的职位上,使每个人都能各得其所,充分施展自己的才能。适才适用是人才选用中必须遵循的一条重要原则。遵守它就能实现人尽其才,才尽其用,事尽其功的目的;反之,则会造成人与事俱损的结果,既不利于人才的成长,也不利于事业的发展。

正因为这一原则非常重要,古今中外大凡明智的领导者、管理者都给予高度的重视。唐太宗李世民曾讲:"人之行能,不能兼备,朕常弃其所短,取其所长。"著名管理专家彼德·杜拉克指出:"人之长处,才是真正的机会。"发挥人之长处,才是组织的唯一的目的。须知任何人均必有甚多弱点,而弱点几乎是不可能改变的。

然而,明智的领导者却可以设法使弱点不发生作用;这主要是只给才以生效的平台和条件,而给非才则是釜底抽薪。事实上,领导用人的目的和任务,就在于确保把每个人的才能放到合适的位置去发挥出最大的效用、创造出最大的业绩、实现最大的价值;而不是错位用人、差池用人甚至颠倒用人,既搓弄蹂躏人才,又封闭闷杀人才,结果是破坏了宝贵的人力资源和最重要的能动性财富。

在这一点上,周恩来曾经强调说:"有了政治信任,用得其当(适时适地适合条件)也很重要。"陈云也强调说:"坚持人、事两宜的原则,用人得当,适得其所。"这些重要观点表明,人才选用必须坚持做到适才适用、合理得体、确保妥当;其核心是注意确保位能适合以配。

(五)充分信任,用人以德

这一原则的主要内容是:领导做领导的事,各层做各层的事。上级领导只是给直接下级指明目的和要求,并创造必要的条件,最后考核其结果。至于具体工作,下级有权自行处理,上级一概不予干涉。而其核心就是要按下级的职务和实际才干予以充分地授权,使之在其职务范围内达到权责一致,在能力范围内放手大干。这样做不但使下级有一定的压力,而且使下级感受到信任感,从而产生巨大的动力、活力和工作积极性。

既然依上则把合适的人才放到了合适的位置上,那么领导者就应该对其给予充分的信任,让其大胆地进行工作,创造业绩。尊重、信任是使用人的前提。如果领导者既要使用一个人,而又不充分信任他,就会使下级在工作中缩手缩脚,并导致下级产生离心倾向。否则,如果总是找部下的短处,总是对他们进行怀疑、挑剔和指责,他们就会畏缩不前,就难以、也不愿意把能力才智充分发挥出来；结果就只能是直接损害组织的业绩和领导的业绩，只能是争相落后、争相混迹和总体衰败。

事实上，信任下级是领导者充满自信的表现，表明具有强大的驭人能力和驾驭形势的本领。如果任命了一个下级来负责某项工作，而后又不能对他放心，那么就不仅表明领导者亦即做了一件自己本就没有把握的事，而且还表明这已是严重的不自信和不胜任领导工作了。而如果领导者对下级不授权，或者授了权又超越层次去越俎代庖，那么就必将造成严重的管理紊乱和积极性挫伤，下级就会"依赖"领导，在出问题之后向上推，使领导者忙于具体事务而无暇想大局、抓大事。

显然，领导者对下属必须总是给予充分的尊重和信任，必须尽量发现和发挥出他们的长处，不断地鼓励他们，大胆地使用他们，做到"用人不疑、疑人不用"。只有这样才能使其才智得到最充分的发挥。

（六）层次授权，用人以理

领导者不可能只靠自己就能把方方面面的工作都做好；特别是有些专业性很强的工作，领导者可能远不如下属做得好。但是，高明的领导者却善于迈过授权、调动下属的积极性来做好千头万绪的工作。

这即是说，授权是必要的。在任何单位工作中，不仅有着各项重大任务，而且还有许多具体事务性工作。作为领导者，不可能，也没有能力去总揽一切事务。这样就必须把许多工作交由下属办理。交给下属任务，必须授予下属一定的权力，否则任务很难完成。于是，在授权中，出现了单位内部集权与分权的矛盾。

从单位工作的整体性来说，必须统一决策、统一指挥和统一行动，需要集权。从领导者有限的时间、精力和能力来说，不可能事必躬亲，因而必然实行分权。分权弥补了集权的不足，调动了下属的积极性和创造性，增强了单位的内在活力和适应外界环境变化的能力；但也可能损害单位工作的整体性。集权与分权这种既对立又统一的性质，集中体现在授权上。因此，所谓授权的艺术，就是在集权与分权的对立中把握二者的统一，使领导者能够做领导的事，下属能够做下属的事；使单位内部的各项工作统而不死，活而不乱。

授权不是交权，也不是"大权旁落"，而是授予下级相应的权力和责任，从而使每一个层次的人员都能司其职，尽其责，使其智，成其事。领导者除了把握大的方向和原则外，对下级无须太多干预；如果事必躬亲，必然成为事务主义者。特别是高层次的领导者，其职能不是纠缠于具体的事务中，而是应组织、指挥、协调下属去办事和成事。

领导者在授权时应首先考虑单位或组织的规模。单位规模越大，上层领导与基层工作距离越远，需要处理的各种事务就越多、越复杂。领导者就应把更多的权力分层授予熟悉情况的下属，授权范围应视领导者能够弄清问题并作出正确决策的范围而定。其次要看单位或组织业务活动的性质。业务活动的专业性越强，领导者就应授予负责该项业务活动的下属以更大的权力，允许其在业务活动范围内作出决策。

（七）扬长避短，用人以长

所谓的用人，就是避人所短、用人所长。才有可用之人、可用之才。人才与普通人的区别不是他们没有缺点,而是他们的才能过人。而且,对于这些才能出众的人才而言,其缺点也往往比较显著,缺点不明显者,才能也往往较平庸,事物这种相反相成的特性,在人才问题上也是如此。

东方朔曾经向汉武帝上疏,陈述求才不可求全的观点。他说:"水至清则无鱼,人至察则无徒。"唐太宗也提出:"人之行能,不能兼备,朕常弃其所短,取其所长。"清朝魏源则更是系统地论述了这个观点,他在《洛篇七》中写道:"用人者,取人之长,避人之短。不知人之短,不知人之长,不知人长中之长,则不可以用人,不可以教人。"

事实上,每个人身上都有闪光的地方,用其所长就是把这些宝贵的东西发掘出来,亦即要善于发现人才的长处,并予其以相应的用武之地。这样就能使其工作积极性得到充分发挥,进而也使工作出现新局面。

应该说,用人所长不仅是能否发现人才长处的问题,而且还是一个敢不敢用的问题。也就是说,领导用人不仅要有智慧,而且还要有魄力,敢用人才,尤其是敢于使用所谓"具有明显缺点"的人才。

一方面,要从大局出发,要以事业需要为标准决定起用人才;在这一点上甚至要力排众议,敢于大胆起用争议很大的人才、在某一方面有突出专长甚至比自己更强的人才;此即,宁用有缺点的人才,也绝不用"无缺点"的庸才。

另一方面,不能对人才责备求全,因为没有人是完美无缺的,人才并非尽是长处,客观正确地对待人才长短,才能正确对待和使用人才,而不会贻误人才、造成损失。——当然,只有真正出于公心和为了事业的领导者才有这种用人的雅量和魄力;也只有这样的领导者才是真正坚强有力、雄才大略、能有作为和大有前途的领导者。

总而言之,用人就要用其所长,要善于知人所长,更要敢于用人所长。而这正是领导用人之道的精髓,也应是领导用人的第一科学和第一艺术。

(八) 确保称职,用人以时

称职原则是"德才兼备"标准和"量才任职"原则的引申和具体化,只有胜任现有职务并确实获得成绩者,方可予以提升。

适时原则要求,对于具有较高才能的下属,应当予以及时的发现和确认,并把他们及时放到更合适的位置上,甚至提拔到更为重要的岗位上,使之得以尽早脱颖而出,最充分地发挥出自己的作用,而不被淹没、浪费或扼杀。

总之,为了选到和用好为事业所需要的各种人才,实现人与事的科学结合,更好地推动事业发展,就一定要在用人过程中切实遵循和践行以上用人原则。只有这样才能早出人才、快出人才、出好人才。

(九) 开发爱护,用人以则

人才是成就事业的根本。人才浪费是最大的浪费。不能允许发生人才浪费的现象。因此,就应该建立一个完整、配套的人才保护制度。对人才的保护应有六大系统,即鉴别系统、使用系统、监督系统、服务系统、教育系统和退休安置系统。根据这六大系统建章立制。分层次建立人才的各种保护制度。对无端浪费人才者,要追究责任。

同时,还要注意"潜人才"的开发。所谓"潜人才",就是指具备成才的内在条件,但由于缺乏必要的外部条件和机会,而尚未做出较大实际贡献的人。一切人才都有一个从潜人才成长为显人才的发展过程,而潜人才比显人才的数量更多。

因此,人才开发,一方面要启用那些被公认的人才,做到量才使用;另一方面要创造条件使大量潜人才迅速成长为显人才。许多人才的成长都是由于他们的创造才华尚无机会展现,还需要进一步获得继续发展的条件和机会。领导者要具备超乎常人的洞察力,有"识人才于未显之时"的慧眼,又能精心培养和大胆启用他们,才能使人才辈出而不会后继乏人。

公平竞争有利于人才脱颖而出。人才的健康成长,有赖于良好的社会环境。机会均等、优胜劣汰的竞争机制,是其重要的社会条件之一。领导者要为人才脱颖而出创造良好的条件、提供最好的机会。

第三节　领导选人用人的方式方法

一、人才选用方式

古人说:"识才难,非难;得才难,非难;用才难也。"既然如此,选人用人的方式方法就显得极其重要。事实上,领导过程中有大部分的活动都直接表现为人事工作及与此相关的各种情况和关系。这个环节不仅要科学,而且更要艺术。领导者在人事方面不讲方式方法或者干脆就缺乏艺术,同样容易遭致领导失败。

领导用人的方式非常多,诚可谓千变万化。事实上,随着时代的变迁和社会经济的发展,人才选用方式必定是不断变化和发展的。正因为如此,所以在实际工作中存在大量不同的人才选用方式。在不同情境下,特别是因为有不同德行的领导者在其中起作用,这些不同的做法具有大不相同的效用和结果,常常是直接导致或促成不同的用人效果和领导成效。

大体说来,这些选人用人的方式主要有如下一些类型:(1)正用和旁用;(2)直用和曲用;(3)主用和次用;(4)重用和轻用;(5)近用和远用;(6)长用和短用;(7)尽用和扣用;(8)严用和滥用;(9)明用和暗用;(10)恰用和误用;(11)实用和虚用;(12)真用和假用;(13)智用和昏用;(14)善用和恶用;(15)做人而用和做鬼而用;(16)做官而用和做事而用;(17)因素质而用和凭关系而用;(18)选拔性使用和驱遣性使用;(19)培养性使用与压制性使用;(20)开发性使用与耗费性使用;(21)整合性使用和分散性使用;(22)信任性使用和怀疑性使用;(23)艺术性使用和权术性使用;如此等等。

但是,目前在领导实践中、组织人事工作中或者是人力资源开发中,最常用的人才选用方式概述起来则主要有以下几种:

(一)选任

选任制是以选举的形式产生被任用者。它是由公众直接向被选举人授权的行为,是权力的集聚过程,也就是说权力主体将自己的某些权力交付给自己的代表来行使。选任制产生的是利益代表。授权的前提是政治信任和政治认同。因此,它适用于产生各种代议机关(如党政群的各种代表大会、代表会议和常委会等)的组成人员、行政首长和委员会的主持人。

选任制的长处在于,一是权力来源有明显的合法性,权威性有较牢固的基础;二是选举人能广泛表达自己的选择意愿,被选举人必须对选举人负责;三是真正的民主选举能避免人们所不信任的人篡夺权力,避免任人唯亲、人身依附关系等弊端;四是有利于当选人之间互相监督,互相制约,防止个人滥用权力;五是由于选举是定期举行的,并且对任期任届有明确的限制,这就有利于解决领导人员的"终身制"问题。

选任制的不足在于,一是选举人对利益的考虑易注重于局部利益和眼前利益,当选人在这种压力下也容易忽视整体利益、长远利益,导致行为短期化;二是选任有时会注重人际关系的选择而不是能力的选择,选上去的人也可能不是才智超群者,而是绝大多数人可接受者;三是对未担任过公职或不熟悉的候选人,选举人对其能否代表自己的利益并无把握,选举有一定的盲目性。

选任制的主要价值取向是民主。因此,在实行选任制时要保证选举人能够充分地行使民主选举权利。

(二) 委任

委任制是由有任免权的机关按自身的权限来指定被任用者。它是由上级向下级授权的行为,是权力的发散过程,即权力的再分配过程。被任命者向任命者负责。委任制可适用于任用领导人的助手、秘书等辅助人员。

这种方式的优点是,委任者与被委任者之间的联系密切,有利于形成高效率的决策和执行系统,权力集中、指挥统一,任用方法简便、灵活,适用范围比较广。不过,委任制也容易产生一些弊端。这些弊端主要有以下几点:

一是难免出现"任人唯亲"。由于选人是根据领导者个人的印象和判断,这就使任用带有很大的主观随意性,难以摆脱个人的好恶和情感恩怨的影响,易导致"人治",出现"任人唯亲"的现象也就在所难免。

二是选拔视野狭窄。由于选拔工作是在领导和少数组织人事干部主持下单方面、小范围地进行,局限于某一系统或某一单位,而且就是在这个小范围内,也只能任用显人才,而许多潜人才则没有获选机遇。

三是难免任用失误。由于选拔工作是由少数人单方面、小范围地进行,很难全面了解选拔对象的德才各方面情况,因此,任用难免有失误。

四是诱致"归附"思想,由于领导手中握有选拔与委任的大权,个别思想意识不够健康的人便会巴结逢迎上司以便获得升迁机会。也有些人会因为自己被领导委以重任而产生"感恩"思想,一心想着如何报恩,却不把为人民服务放在心上。

(三) 聘任

聘任制是用人单位以合同为契约产生被任用者。它的优点是可以保证合同期限内用人单位和受聘者个人的工作稳定性,从而便于管理。同时,它还具有灵活性。因为用人单位和受聘人之间只是合同关系,合同是在自愿的基础上签订的,两厢情愿,合则留,不合则去,从而有助于人才竞争和人才的合理流动。聘任制的局限性也类似委任制,带有一定的主观随意性,如果没有配套措施,易造成任人唯亲,导致人治。

(四)考任

考任制是以公开的竞争性考试择优产生被任用者。它的优点主要表现在:一是具有明确、统一的评价标准,体现公平原则,可以防止徇私舞弊、弄虚作假现象,克服选任、委任和聘任制的主观随意弊端;二是公开竞争、机会均等,优胜劣汰,成绩面前人人平等,体现平等竞争原则。可以在全社会范围内广招贤才,避免委任制选拔视野狭窄,埋没潜人才等弊病;三是适用范围广泛,考任方式是古今中外选用人才中最为普遍的方式之一。当然,这种方式也并非尽善尽美,它的考试内容的科学性、全面性和结果的准确性都有待进行研究。

上述几种选用人才方式,都有各自的优点和不足。因此,在改革实践中,人们在此基础上,取长补短,探索出几种新的"杂交"方式。例如,把考任制与聘任制相结合,形成了考聘任用方式;把考任制与委任制相结合,形成了考试委任方式;把考试与选任相结合,形成了考选任用方式,等等。这些新的任用方式将在今后的改革实践中得到逐步完善。

二、人才选用方法

(一)民主考评方法

民主考评法是指当前统一实行的人才甄别法。这个方法是以制度的方式加以颁行、具有极大规范性和严肃性的官方方法。它以德、能、勤、绩、廉为五个考核维度,以政治态度、思想品质、工作思路、组织协调、依法办事、心理素质、精神状态、工作作风、履行职责成效、解决复杂问题、基础建设、廉洁自律等为具体的测评方面,采取一系列配套方法来对被考察者进行全面的甄别。这个方法在诸如《党政领导干部选拔任用工作条例》和《体现科学发展观要求的地方党政领导班子和领导干部综合考核评价试行办法》等制度上作了规定。其具体要点主要如下:

第一,民主推荐。民主推荐按有关规定和程序进行提名,在提名环节扩大民主,具体包括全额定向会议投票推荐和个别谈话推荐,由此提出考察对象;在此基础上,还可以根据实际情况,按一定差额比例进行二次会议推荐。

第二,民主测评。民主测评主要是从14个评价要点对被考察者进行甄别。这些评价要点是五个维度的具体分解和内容表现,实际就是考评指标,主要包括"理想信念,贯彻执行党的路线方针政策的坚定性,政治纪律,理论素养","发展观、政绩观、创新意识","事业心、责任感、敬业精神、学习态度","分管工作完成情况,抓班子带队伍情况","遵守廉政规定,对配偶、子女和身边工作人员的教育与要求,接受监督,生活作风","政治鉴别力和敏锐性,大局观念,工作指导思想","贯彻科学发展观的自觉性和坚定性,联系本地实际贯彻落实的能力","发展速度,发展质量,发展代价","思想道德和纪律教育,履行廉政职责,班子自律"等。

通过民主测评,可以较准确、较全面地了解领导班子和领导干部履行职责的情况及领导干部的德才表现。这些德才表现主要包括政治方向、精神面貌,贯彻科学发展观、执行民主集中制、驾驭全局、务实创新、选人用人、处理利益关系、处置突发事件的能力,经济建设、政治建设、文化建设、社会建设和党的建设,以及党风廉政建设等方面的内容。

第三,民意调查。民意调查主要了解对领导班子和领导干部工作成效和形象的社会评价,分为两部分:

(1) 对地方党政领导班子的民意调查。这主要是在经济建设、政治建设、文化建设、社会建设和党的建设方面群众直接感受到的工作状态与成效,设置了"群众物质生活改善情况","依法办事、政务公开情况","公民道德教育情况","城乡扶贫济困情况","社会治安综合治理情况","党的基层组织和党员队伍、干部队伍、人才队伍建设情况"等12个方面,向干部群众进行规范的和科学的调查,由此获得较高信度的甄别信息——公论。

(2) 对领导干部的民意调查。这主要是从工作作风、履行职责、公众形象等内容,设置了"开拓创新与敬业精神","深入基层、联系群众情况","分管工作完成情况","为群众排忧解难、办实事情况","廉洁自律和接受监督情况","道德品行"6个方面,向干部群众进行规范的和科学的调查,由此获得较高信度的甄别信息即公论。朱元璋即使是非常专制的封建帝王,也很注重公论。他说:"众人恶之,一人悦之,未必正也;众人悦之,一人恶之,未必邪也。盖出于众人为公论,出于一人为私意。"

第四,实绩分析。实绩分析主要是通过有关方面提供的经济社会发展的整体情况和群众的评价意见,重点分析任期内的工作思路、工作投入和工作成效,以充分体现从实绩看德才、凭德才用干部。分析的具体内容要点包括上级统计部门综合提供的本地人均生产总值及增长、人均财政收入及增长、城乡居民收入及增长、资源消耗与安全生产、基础教育、城镇就业、社会保障、城乡文化生活、人口与计划生育、耕地等资源保护、环境保护、科技投入与创新等方面的统计数据和评价意见,以及上级审计部门提供的有关经济责任审计结论和评价意见;此外,还包括群众的评价。由此对地方党政领导班子及其成员的实际绩效进行比较准确的鉴定甄别。

第五,个别谈话。个别谈话是深入了解地方党政领导班子建设状况和领导干部的德才素质的重要途径。其要点包括:区分不同情况,确定谈话要点;提前发放谈话预告,提高谈话质量;对在现工作单位任职不满两年的拟提拔人选考察对象,还可到其原工作单位采取个别谈话等方式进行延伸考察;引入考察组集体面谈的方式,增强谈话调查的针对性、深入性和全面性。

第六,综合评价。综合评价是在全面掌握考核信息的基础上,对民主推荐、民主测评、民意调查、实绩分析、个别谈话的结果进行比较分析,并与纪检机关(监察部门)的意见,巡视组巡视、重大事项跟踪考察、参加民主生活会等方面反映的意见,以及其他平时了解的情况相互补充印证。通过考察组集体研究分析,对领导班子和领导干部作出客观公正的评价。

上述方法是当前中国统一采用的官方方法,具有高度的组织性、制度性、权威性和可操作性,可在用人活动中由领导者直接使用,但主要要靠专门的组织人事机构来操作使用。总而言之,无论古法还是今法,即使科学价值和适用特点有所不同,但其科学精髓和实用价值却都是一样的,可以直接使用,更可以、也需要结合领导者自身经验来创造性地使用;身处第一线的领导者还可以在此基础上发展出更多、更实际、更有效的识人方法。

(二)考试筛选、公开竞争的方法

考试筛选是传统的人才选用方法;但是,现代的考试选用方法从内容到形式都与古代大不相同了。目前正在实施的考试筛选法主要包含了以下几种具体做法:

第一,笔试法。笔试是通过文字描述、解答考卷问题来鉴别应考者的知识水平、理论水平、写作能力和阅读能力的方法。笔试的优点是:简便易行,省时省力,花费较少,一份内容相同的考卷,可以同时对大批应考人员进行考试,并且易于管理;考试评分的标准尺度客观统一,较好地防止和避免考试和评阅试卷中的主观随意性,有较强的客观性和可信性。笔试也有不少缺陷,如不易考察应考者的实际工作能力,有时可能出现"高分低能"现象等。一般地说,选用较高层次的人,多用论文式考试;选用较低层次的人,多用短答式进行考试。

第二,面试法。面试是要求应考者在规定的时间和场所,口头回答主考人的提问和考试题目,以考察应考者是否具备拟任职位所需要的实际知识和工作能力,观察应试者的仪表、性格以及机敏程度等。其优点是:考察内容比较广泛,方法比较灵活和易于发现应考者的逻辑思维能力、综合分析问题能力、语言表达能力、应变能力和社交能力以及仪表、气质等方面的优缺点。其缺陷是:耗费人力、时间比较多,考试的规模也受到限制,评分易受主考人的思想、性格、情感的影响,难以做到完全公正。但因人的应变能力在现代社会显得越来越重要。因此,从发展趋势看,面试越来越受到重视,并不断加以完善。

第三,操作式考试法。操作式考试要求应试者运用其所具有的专业知识和技能,按拟任职位的要求进行实地操作表演,主考人据此判断应试者的专业知识水平和实际工作能力。这种考试方法通常用于选用从事专业性较强的工作人员,如电脑操作员、会计人员等。由于实际操作考察的内容是该职位要求具备的知识、技能和工作能力,因此,这种考试方法具有较强的针对性和实用性。

第四,心理测验法。心理测验法是借助于各种心理测量仪和量表来测定人的各种心理特点。提出使用的心理测验主要有如下几种:①智力测验。主要是测定个人的观察能力、理解能力、表达能力、应用能力、记忆能力、推理能力、判断能力和想象能力等。②性向测验。是测验某个人适合于从事某种专业或职业的特殊能力,以鉴别和确定应试者从事的工作岗位或职业。③兴趣测验。兴趣是指一个人主动经常地倾向于认识掌握某种事物或某项工作,并愿意参与该种工作活动的心理特征。兴趣测验就是对这种心理特征的测验。事实证明,一项工作如果由有兴趣从事此项工作的人担任,往往能导致创造性的成就。④人格测验。这种测验除了测定个人的毅力、勤奋性、进取心、认真程度等人格因素外,还测定个人在处理人际关系时的个性特征,如合作性、服从性、宽容性、领导性,等等。总之,心理测验法一般多用于选用特殊人才。在使用此法时,由于需要借助各种测量仪器和量表,因此要求主持考试的人必须具备必要的专业知识。

第五,群众评议法。群众评议法是通过走群众路线的办法来考察被任用者,评论其是否具备担任一定职务的资格。此法一般适用于选用领导者。选用领导者时听取群众的意见,有利于全面了解选用对象的情况。古人云:"左右皆曰贤,未可也;诸大夫皆曰贤,未可也;国人皆曰贤,然后察之;见贤焉,然后用之。"这即是说,一个人的德才只有在实践中才能表现出来,而一个人的表现只有他周围的人及和他有联系的人才真正了解。因此,一个人能得到广大群众的称赞、拥护,从一定意义上可以说明他具备担任一定职务的群众基础和能力。在实践中,这个方法通常是由有关部门通过召开各种形式的座谈会、个别访问、问卷调查等形式,向与被考察人有联系的有关人员,了解被考察人的德才情况。评议结束后整理出书面材料,作为选用依据之一。

第六,短期试用法。短期试用法是将被选用人员放在一定的职位上,让其在此职位工作一段时间,考察其是否适合担任此职。此法是了解人的一种切实有效的方法。我们的古人在选用人才时也曾主张采用试用法。南宋的陈亮就曾说,了解人要"策之以言,而试之以事"。了解一个人的特长是一个相当复杂和困难的过程,不可能一蹴而就,往往需要若干次反复过程才能比较确切地了解清楚。而了解人的特长之所以困难,就是因为一个人的特长由其素质结构所决定,而对其素质测定却是一个复杂的过程,而且还往往受测定者的主观影响、测定手段科学性不足的影响,使得测定难以完全客观地反映被测者实况。另外,在测定的理念与依据上,往往会把个人兴趣与其特长简单等同起来,认为兴趣所在即是特长所在;当然,有些人由于具有某种特殊能力而产生某种兴趣,这种兴趣是以他的专长为基础的;但也确有相当多的人的兴趣并不和他们的特长相联系。因为人的兴趣除了由自己的特殊才能产生外,还受到外部条件的刺激而产生。社会提供的机会、别人的成就的诱惑等,都可以使人萌发某种兴趣。可见,对人的特长的真正了解需要一个过程。总的来说,短期试用法实际上就是提供了一个便于全面认识人的过程。通过这样一个过程来了解他的特长是否符合职位的要求。然后根据考察了解到的情况,决定能否选用。

第四节　运用激励的领导用人艺术

一、侧重任务激励,以事用人

用人的目的和本质是为了办事成事而非分肥争利;激励只是用人的辅助手段,旨在确保能够在更大或最大程度上调动积极性、能动性和创造性来更快、更好地把事办成功、办满意。而"事"在这里就是领导目标和组织任务。

所谓"要以事用人,侧重任务激励",就是要求:一切用人都必须以事为基础,一切激励都必须以事为目的,以找到更适合之人来承办特定之事为出发点,围绕领导目标和组织任务来判断人、选择人和使用人;脱离事或者模糊事,则决不用人,绝无激励。其实质就是"以事业为导向,任人唯事,因事择人,以功励人"。这里的具体做法主要如下:

第一,审时度势,制定用才战略。第二,以事定向,明确用才取向。第三,以事定位,确立用才标准。第四,以事定调,制定用才政策。第五,以事定法,启动用才举措。第六,以事定力,提高用才成效。第七,以事定则,纠正用才偏差。

可以说,以事用人、侧重任务激励,能够促使形成一个特适于领导用人的事业导衡机制,还能由此促使整个组织形成一个具有普遍意义和长效功能的事业化机制、"关系"与权术杜绝机制。因此,这其实就是提高领导用人乃至整个领导工作的水平和成效的第一要则与途径。

不过,从文明进步和发展的水平看,这原本并不高深,而只是做好现代领导工作的平常逻辑之一。在现实生活中却常常发生有悖于这一原则和这一平常逻辑的情况,直接影响到领导用人的正确性和有效性,直接降低团队建设和人力资源开发的实际成效,造成"人不做事而做鬼,才不迸发只扼杀;士气委靡,事业凋敝"的局面,形成严重的负向激励,损及组织的生机与活力,危及领导的成效和工作全局;其中最常见又最突出的情况主要有以下九种:

第一,任人唯亲,以缘用人。第二,以人画线,以线用人。第三,依凭好恶,以感用人。第四,心胸狭隘,以妒用人。第五,心理曲折,以怪用人。第六,专横跋扈,以势用人。第七,乾纲独断,以权用人。第八,谋变经营,以术用人。第九,卖官鬻爵,以私用人。

上述各种情况都是无心做事、有心顾私的做法,是只凭领导的主观意志、价值倾向和利益标准来考虑用人的行为,是传统领导人格和封建人治在领导用人上的具体反映;不可避免地会窒息人才乃至整个组织的积极性和创造性;其结果都是负向激励,危害极大。而这正是那些打不开工作局面、严重缺乏活力而又内耗内乱、相互打压倾轧以至人心思散的组织或单位所共有的病根所在,也是这类组织或单位中领导者和领导班子没有领导水平、实不胜任领导工作的重大证明。

现代领导要确保成功、走向卓越,就一定要防止和根绝这样的观念与做法,而以"以事用人,侧重任务激励"的观念和行为模式来取代之,把所有可能的工作空间都赋予给它,由此建立一套灵敏高效的领导监督制度,特别是领导用人的科学机制和监督机制,并在实际工作中促使形成充满活力的正向激励机制和大好局面,而避免负向激励机制的形成与运作。这样的领导才算真正明智而健康,真正高水平而有前途。

二、用足信任激励,以才用人

古人说:"士为知己者死,女为悦己者容。"其实际意思就是,只要得到充分的尊重和信任,一个人就会不惜一切为对方作出奉献以回报知遇之恩。如果领导者了解并成为人才的知己,特别是能够正确、恰当地使用人才,那么每个人才都会舍死忘生地为这样的知己者效劳。而这就很自然地达成"将士用命",达成用人的正成效。

在具体的实践中要把用人的工作真正做好,领导者就必须以才为本,有才即用,不论亲疏,机会均等;不拘一格,唯才是举;必须了解人才,撇除其短处而发挥其长处,克服其不足而取用其优势,包容其弱点而张大其强项,确保才干与事业准确对应而切合,做到人事相符、才用相当;一旦交付任务,便给予充分的自主空间,鼓励其积极发挥自主能动,做到用而不疑、疑则不用,消除人才的后顾之忧。

这样,就能使被用之人清楚地看到,自己就是因为胜任某项工作而得到认识、信任、尊重和启用的,原来自己是有价值的,为此工作就是自我价值的实现。进而,就能使人才形成强烈的归属感、尊严感、成就感、自信心和工作动力,甘愿竭智尽力、无私奉献,自觉把工作做得更好,并以此为荣。而这就是"以才用人,用足信任激励",可概括为以下七个要点:

第一,竞争择优,广纳贤才。第二,用人所长,避其所短。第三,区分强弱,量才适用。

第四,能职相称,才任相当。第五,激发才干,人尽其才。第六,鼓励冒尖,重用干才。第七,注重战略,起用大才。

上述这一切就是对最宝贵人力资源进行有效开发的系统化举措和重要手段,在实际工作中一旦常态化,就能形成一个正向激励的用人机制,包括竞争机制、择优机制、汰劣机制、才位对接机制、才能迸发机制和人才辈出机制;除此之外,还能促使一个单位或组织很快形成尊重知识、尊重人才、依靠人才以求更大作为和贡献的浓烈氛围与价值取向,进而形成一个具有强效引导功能和促进功能的才能化机制与发展创造机制。而这些机制一旦形成并正常运作下去,就意味着领导用人已经取得了重大成功,更意味着领导在团队建设、人力资源开发和实现组织目标等方面不仅成功而且卓越。

上述这些做法原本也不是什么高深的道理,而是早就为一些成功领导所常知和所常用。祁黄羊为此曾经提出:"内不避亲,外不避仇。"唐太宗对此曾做出总结道:"故良匠无弃材,明君无弃士。"魏源则就此指出:"不知人之短,不知人之长,不知人长中之短,不知人短中之长,则不可以用人。"但是,在现实生活中却比较普遍地存在着与此相背、甚至相反的情况;其中,较为突出而严重的情况主要有如下十个方面:

第一,重德轻能,而德的含义理解存在偏差。第二,重能轻德,但能的质地不佳或不过硬。第三,挑短论缺,专拿弱点来审度和对待人。第四,遮羞盖劣,作秀造秀,重人工包装上市。第五,看亲看疏,只在乎是否为我所用而用。第六,小肚鸡肠,害怕承认这个人就是人才。第七,内部无才,热衷于猎头从他处挖人才。第八,轻用重用,还得老大一把手说了才算。第九,才大才小,形式化主观化信度不够大。第十,策乱智昏,无战略,缺递次,做样子用才。

以上情况都决定了无法正确用人,而只能用人有偏、用人有误;其结果就是用人无效、用人负效而后果严重。具体而言,这样的做法都会带来领导用人的严重偏差和错误,在具体操作的过程中实质性而又实效性地造成人才压制、人才浪费和人力资源破坏,而且还会由此造成组织群体内部的复杂纠纷、互不信任和深重矛盾而失去和谐与团结;而一个所谓的"烂摊子"就是这样形成的。在此情形下,什么事业都没有希望,都会在内耗中走向衰微乃至失败。其实,这就是一种病,是一种由落后的人才观和领导方式作用而成的病态化用人格局和激励模式,只能产生严重的负向激励。

要治好这种病,就只有在首先树立"以事用人"原则及相应机制的前提下,坚决树立"以才用人"的原则和一系列机制,确保每个领导者和整个领导班子都能够在自己的领导实践中具体地运用好各项"以才用人"的方法要点,由此彻底扭转不良的用人传统和习性,形成一套更理性、更科学、更以才为本的用人观念和用人机制,确立一个有助于加快领导现代化和高绩效化的新型用人模式和激励机制。

三、实施"伯乐"激励,以"眼"用人

以"眼"用人,就是靠识人的慧眼用人。而这个慧眼可以说是一种洞识人才的眼力和眼光,更应该说就是一种准确透彻地判别人才的方法论和一套科学、有效、具体的识人方法。

领导工作中要把人用好,就一定要具备这样的慧眼,并善于运用这样的慧眼。可以

说,没有这样的慧眼,就无法看到人才的优点缺点或强项弱项,就不能把握住人才的长与短,也就无法了解人才;当然就不能,也没有办法做到"以事用人"和"以才用人"了。

所以,要以"眼"用人,实质就是要用科学、正确的识人方法来看人和用人,并由此给人们以具体、现实的心理影响和行为导向,使之确知应朝什么方向努力而不断成长,形成一种来自人才判断的机制化、标杆性激励——这种激励不妨称之为"伯乐式激励"。

现实生活中经常能够看到这样的现象:有不少人总爱把自己无用武之地的不幸遭际归结为"不遇伯乐",并且因此而消极消沉甚或失望绝望,当然也有遁世隐居或者犬儒自在的。这种情况显然是不利于团结奋斗、形成合力以成就事业和创造业绩的。这表明,人才需要伯乐,期待伯乐,希望在自己的现实生活中真有伯乐,是应该引起领导者重视的一个重大现实。

因此,领导者在这里就应该充当伯乐,扮演伯乐,成为真真实实、完完全全的伯乐,就在人才们的身边,就在人才们的日常生活和工作之中。只要这样,人才就一定会恢复希望,鼓起信心,振起精神,变得积极;进而就能够为实现组织目标而汇聚到共同的大旗之下形成合力,勇于投入,敢于作为,乐于奉献,把共同的事业好而又好、优之又优。这就是具体、真实的伯乐式激励。对此,领导者要有充分而足够的认识和重视;否则,就一定会在人才问题上犯下严重错误,而且也非常有可能由此导致整个领导工作犯下严重错误。

这就是说,领导者只有具备这样的慧眼并善于运用它,才能看准一个人,用好一个人,同时也给一个人以被识得遇的激励。换言之,领导者要能很好地使用人才,就一定要先成为伯乐,先成为一个能够准确识人、正确用才的特殊人才。为此,领导者就必须学习和掌握一套科学具体、行之有效的识人方法,并且要确保在实际工作中能够娴熟地运用这些方法。以下将介绍两种古代识人方法,供领导用人实践以参考,或可单用、兼用,或可变通而用。

(一)诸葛亮选将法

诸葛亮选将法以志、变、识、勇、性、廉、信七个特质为七个维度,对被考察者进行不同重量级的测定、鉴别,由此确定其器用的大小与不同。其方法要点具体如下:

第一,看被考察者在平时是否"若洞察其奸,伺其祸,为之众服";如果是,那么,他就是"十夫之将"。

第二,看被考察者在平时是否"夙兴夜寐,言辞察,此百夫之将。直而有意,勇而能斗";如果是,那么,他就是"千夫之将"。

第三,看被考察者在平时是否"外貌桓桓,中情烈烈,知人勤劳,悉人饥寒";如果是,那么,他就是"万夫之将"。

第四,看被考察者在平时是否"时(注:选拔)贤进能,日慎一日,诚信宽大,闲(注:即娴)于理乱";如果是,那么,他就是"十万夫之将"。

第五,看被考察者在平时是否"仁爱洽于下,信义服邻国,上知天文,中察人事,下识地理,四海之内,视为室家";如果是,那么,他就是"天下之将"。

(二)刘劭甄别法

刘劭是三国时期的人才学家,也称得上是中国历史上最著名、最重要的人才理论家之一。刘劭关于看人识人的理论方法比较多,其中一种以观察为主的甄别法较为突出,也较有价值。这个方法以"感变、志质、爱敬、情机、偏短、聪明"等六个特质为选才标准,从六个角度对被考察者进行六个特质的甄别,由此完成识人察人的过程,形成一个比较完整的甄别结果,对于看准人、用好人具有很现实的参考作用。其方法要点如下:

第一,观之以审常度——判断其感变。

第二,观之以知其名——判断其志质。

第三,观之以知通塞——判断其爱敬。

第四,观之以辨恕惑——判断其情机。

第五,观之以知其长——判断其偏短。

第六,观之以知所达——判断其聪明。

事实上,现代领导工作,特别是现代人力资源开发和团队建设的实践告诉我们,要真正能够完全科学地看准人、用好人,仅靠领导者的主观努力还是远远不够的,而要引入和借助现代人力资源开发手段,特别是科学的人才测评技术,要引入和借助专司人才测评的人才机构和人才专家;此外,还要将人员的素质测评和绩效测评完全区分开来,还要将领导者和专家队伍结合起来。只有这样才能更科学、完备地洞识人才、用好人才,并由此形成和实现对人才的得遇伯乐之励。

四、广用精神激励,以"心"用人

要以"心"用人,就是指要用以善德为核心的人才精神来对人和用人。其中,所谓的善德,就是指那种能够容人和利人,能够激发才智以创造,能够为用人提供巨大心灵空间和精神动力的美德;而所谓的"心"就是那种尤其对人才具有亲和力、感化力、凝聚力、鼓舞力和激发力的人才精神。

古代治国用兵的著名思想对此有着许多精彩的论述,对我们今天乃至今后做好领导工作,特别是指挥工作都有重要的指导意义与参考价值。此其中,《三略·上略》中就说:"夫主将之法,务揽英雄之心,赏禄有功,通志于众。故与众同好,靡不成;与众同恶,靡不倾。治国安家,得人也;亡国破家,失人也。……官人得,则士卒服;所任贤,则敌国震。"

历史上太多的经验教训表明,领导的得失成败根子就在于用人得失之间。这可概括为如下五种基本情形:得英才者彰,得庸才者荒;得雄才者强,得浮才者伤;得广才者煌,得狭才者僵;得正才者祥,得歪才者殃;得治才者兴,得乱才者亡。

领导者要能在处理实际问题的时候保证有一个可靠的组织力量来听从自己的指挥并达到预期目标,那么就一定事先、实际是在平时就把发掘英才的组织工作做好,在关键时刻把最主要、最重要的组织力量指挥好,核心一条就是要善于找到得力的助手并发挥他们的作用。具体而言,这方面的领导要点主要有如下七个方面:

第一,要有爱才之心。这是领导用人的前提。没有爱才之心,难有用才之法。领导者的爱才之心,源于领导者的事业心、责任心。事业心越强,爱才之心越切。领导者若无爱才之心,则不仅培养不出人才,即使身边有人才,也会视而不见,更谈不上引进人才。所以,领导者要牢固树立"人才是最宝贵财富"的观念,爱惜人才、关心人才、培养人才、使用人才。

第二，要有求才之渴。既有爱才之心，自有求才之渴。既是人才，必有出众之处，自然是不多的，不多的人才又是淹没在广大的人群之中，不求何来？此诚所谓人才难得。既是人才，自有其独特的个性，不会轻易随和，不会趋炎附势。有的甚至正因为你身居要职，为避阿谀之嫌，反而敬而远之。虽然这些不见得都是一种美德，但是你必须承认它是客观存在。因此，你无求才之渴，无"三顾茅庐"之诚，人才不会自动到你这里来。

第三，要有用人之胆。用人总是面临多种潜在风险和压力，有些风险是可以预知的，有些风险则不可预知而随时都可能出现；特别是有的人才可能就是一个大才，但当前却是一个潜才，而且还恐怕存在某种是非争议。这时，最大的关键就是要敢于用人，要有胆识和胆力；要敢于冒一些风险，大胆起用人才。一句话，看准了，就不要犹豫，果断起用。

第四，要有护才之魄。人无完人，金无足赤。人才在工作中，往往会因知识、经验等不足而出现这样那样的问题。领导者要敢于顶住闲言碎语，爱护人才；同时采取适当方式帮助这些人。这样，人才在领导者和大家的悉心爱护和帮助下，就会更加大胆工作，敢于独立负责，不断积累经验，变得成熟起来。

第五，要有容才之量。人才往往都很有主张，也很有个性；有时为坚持自己的见解而很可能直来直去，犯颜冲撞，容易得罪人。经常的情况是，人才越大，其个性就越强；而从现实生活来看，有个性或者个性越强，就越不容易为常人所接受，越容易引起非议，被认为自以为是或自高自大、目无群众或目无领导。另外，人才越高级越有才干，直至于恐怕会出现"功高盖主"的样子；而与此同时，其缺点或缺陷也越大，常与其正面的才干和成就几乎等量齐观。这时，如果领导者没有包容之心和博大胸怀，那么这样的人才就基本上不会有立锥之地了；而如果希望最大限度地发挥出人才的作用，真正做到扬长避短，那么领导者就应该宽容大度，不去计较一些细枝末节，从战略上和领导者应有的高度来正确对待人才。

第六，要有荐才之德。选贤举能，是领导者的重要任务之一。在选贤举能中，领导者不仅要在本人离职之际举才接替自己，更为重要的是，在自己年富力强时，就应注意在工作中发现、培养人才。一旦发现或培养出比自己更有能力、更能开创新局面的人才则放手而用、及时重用甚至让贤以用。

第七，要有育才之方。人才的培养是一种最有效的投资。凡有远见的领导者，都是很重视人才培养的。

以上七个要点实际正是领导者所应该具备的七个用人特质。只要缺少其中一个特质，领导者的素质都有缺陷，领导者的美德都不完整，领导者的品格都有瑕疵，领导者的工作都难免存在风险；而如果缺少甚多特质，则领导者素质恶劣、面目可憎，不仅工作没有水平、毫无建树，而且危害甚大、危机即现。

事实上，只有同时具备这些特质，领导者才真正具备完美的用人素质；不仅表明领导者具有非凡的美德和美质，而且也预示领导者就是那种真正大有作为、前途无量的优秀人物。凭着这样的素质，没有领导不会没有巨大而恒久的权威，也没有领导不能成功、不会卓越。

为此，客观上就要求，在实际工作中，特别是具体的对人对事过程中，领导者必须实实在在地做到如下八点：(1)爱才，惜才，信任人才；要慈爱坦荡，但不嫉贤妒能。(2)包容，恕让,豁达大度;要谦虚博达,但不责备刻薄。(3)平心,机敏,光明正大;要讲求艺术,但不要弄权术。(4)服务,帮助,真心实意;要诚恳务实,但不伪善作秀。(5)沟通,交友,团结和谐;要平等互动,但不自视高明。(6)公道,正派,问责负责;要公心大白,但不私心曲折。(7)科学,合理,合规合辙;要尊重规律,但不违反制度。(8)变革,创新,谋善求精;要顺时而动,但不墨守成规。

五、实施"杠杠"激励,以"杠"用人

以"杠"用人,就是要依据关于人才选用的硬性规定与条件来规范用人、严格用人。其中的"杠"就是一个用人主体(如一个组织系统、一个单位乃至一个国家)对于人才选拔使用的制度规定和政策要求,集中反映出用人主体在一个时期内的人才战略、人才政策、人才制度(主要是基本的组织人事制度)和与人才相关的社会价值理念。它们是构造一个用人主体内部用人基本状态和人力资源基本格局的主要因素,俗称"杠杠"。

现实生活中的用人杠杠有很多,各种各样,层迭交错。不同用人主体都有自己的一套用人杠杠。不过,在一个国家范围内,特别是在单一制国家和统一、稳定的社会里,即使用人杠杠再怎么多种多样,也都会有一个占主导地位的基本杠杠,在整个国家的人才工作中成为杠杠的主流;任何公共部门一般地都必须以此为主轴,然后才能适当地加入自己的特别杠杠。

从具体内容上看,用人杠杠一般有以下八种。

(一)资格杠杠

资格杠杠是一种制度杠杠,即组织人事制度上作出的关于经验、履历等条件的规定。实质上,这就是资历,包括经历了多少个职位和职务,做了多少种工作,在某一个职位、职务和职级上干了多长时间、在用人单位干了多长时间以及总的工龄等要素。

在这方面的具体规定主要是人才晋升时的资格限定和资格保障。譬如,晋升正处级,就必须有三年以上的副处级经历,晋升副司级就必须有两年以上的正处级经历;晋升专业技术职务或者提高一个专业技术职称,至少要有五年的下一级专业岗位工作经历;等等。这些规定成为提拔晋升的硬杠杠,在很大程度上可以确保规范和严谨,能够适当顾及、平衡到经验和实际贡献上的差距而达成一种相对的公平。

韩非子在用人问题上曾经强调:宰相必起于州郡,猛将必发于卒伍。这就是说,工作经历、资格是很重要的;一个人越是要得到重用、大用,就越是要有丰富的轻用和小用经历。一个会选人用人的领导者,一定要坚持并善于看重并使用那些从基层干起、经历丰富的人才,而不能轻视在基层和下级职位上经历较久、似乎起步和出身轻微的人才。这是领导用人的一个正确取向。

(二)时限杠杠

时限杠杠是指以工作时间为主要内容的资格限定。这主要有如下两个方面:

第一,年龄杠杠。这是一种政策规定,即组织人事政策中在用人年龄上确定的实际要求与把握界限。这一般与不同级别的人才使用相对应,非常具体。在用人实践中实际

控制和把握的通常年龄标准可以根据法律法规和组织群体的实际情况来确定,但根本上要依据工作需要、事业需要、人才规律和制度空间来决定。

年龄杠杠是非常必要的,有助于年富力强的新秀得以脱颖而出,有助于打造一支优强的领导干部生力军,有助于防范和避免"老人政治"和干部队伍缺乏活力,有助于干部队伍"流水不腐,户枢不蠹"和更替常新。当然,如果只顾年龄而不顾个人才能与品德等实际情况,也不顾群众基础和事业需要,而搞单纯的"一刀切",那么就是不符合实事求是原则的做法,既难以让干部群众心服口服,也难以真正做到"唯才是举,任人唯贤"。

第二,任期杠杠。这是一种制度规定,包括宪法规定、组织法规定和专门的任期制度规定等。不同国家、不同组织在不同时期对此会有不同的规定。

根据最新修定的宪法、党章、组织法、选举法、公务员法、党政领导干部选拔任用工作条例和职务任期规定及其他有关法律法规,其任期杠杠是很不相同的。这样的杠杠规定能够规范党政领导干部职务任期和任期管理工作,保持领导干部任期内的稳定,增强干部队伍的活力;事实上,这还能够为形成真正合理、正常的用人机制提供一个先决条件和一个基本空间,对克服官本位主义和官僚主义、真正打破干部终身制具有重大意义,使得领导人才工作和政治文明建设大大前进了一步。

(三)性别杠杠

性别杠杠是一种政策性杠杠,实质是根据男女性别这个因素来约束用人取向的政策规定。从现有的用人实践来看,性别杠杠有两种,即积极性杠杠和消极性杠杠。

第一,积极性杠杠。这种杠杠主要是关于在一个领导班子或一个领导集体中必须配备一定比例女性领导的政策规定;此外,也指反对一切歧视女性的用人行为,提倡在一切领域的用人均实行男女平等的政策规定。这种杠杠有助于铲除性别歧视这种封建意识,更有助于调动和开发每一个成员的积极性和创造性,由此形成更强大的合力,迸发出更强大的创造力,进行更大程度的创造和贡献。这是一种解放生产力的积极政策,是一种能够极大推动社会昌明、进步的积极杠杆。

第二,消极性杠杠。这种杠杠主要有两种内容。第一种是与工作年龄规定相关、与年龄杠杠交叉而成的那部分规定。譬如,实际的用人政策规定:一到55岁,女性只要在正处、副高及其以下的职位上,都必须退休;只有在副司、正高职务上才能继续任用到60岁,然后就"到点了"。第二种是有关单位或岗位在选用人才时强调只用男性如此的特殊规定。这种规定有一定的合理之处,因为有些岗位确实不适合女性人员;但是,在有些情况下却并非存在性别特限,提出不需要女性人才,还是存在性别歧视,至少是进行性别差异对待的问题。

(四)职业杠杠

职业杠杠主要是从专业角度和工作岗位的角度来特别设定的用人规定,包括行业经历、领域阅历、单位编制和空缺职数等方面的规定与限定。

行业经历是用人单位对人才提出必须具有一定范围的工作阅历的条件;只有达到或符合这个条件,才予以考虑是否选用。

领域阅历是一个比行业阅历更大、也更细的专业性履历,无论在一个行业还是在多个行业都可能只经历一个领域——这样就是一个在某一点上非常专业的能手,也可能经历多个领域——这样就可能在多个专业领域上成为职业性通才。不同单位根据自身人才结构的情况,会有不同的这方面要求。

单位编制和空缺职数一般来说是客观的和绝对的硬杠杠。因为这些要素都是非本单位领导或人事部门能够主观考虑的问题,而只能根据这些实况来考虑需要什么人才,做出用什么人的决定。当然,现实生活中的实际用人不受这个杠杠约束、存在超编超额的情况也是常见的;只是这样的用人结果从来就不好,不是内讧内耗,就是人浮于事、白养白耗。

(五)民族杠杠

民族杠杠是一种对用人不得进行民族歧视所提出的硬性政策要求。其实质就是,在用人问题上不分民族、机会平等、共同参与。这种政策规定是正确、积极和进步的杠杠,充分体现了宪法精神和现代社会的进步诉求;不仅对于民族团结、社会和谐具有极端重要的价值,而且还能够汇集全体成员的力量,为创造更大的进步与文明,为共同的事业和目标而发挥出巨大作用。

具体而言,民族杠杠的实际内涵有四个层面:第一,一个单位或组织需要用人,在同时有多个民族的候选人参加竞争的情况下,要完全公开、平等,报德有任何区隔或歧视;在必要时还必须向少数民族方面倾斜。第二,在一个单位、一个地区的工作人员中,只要有少数民族成员,在考虑建班子、建团队时,要充分照顾和确保少数民族成员有一个硬性的成功机会。第三,在少数民族地区和国家层面,一定要有一定比例和实际较大数量的少数民族人员得到重用,包括担当诸如行政首长或重要领导工作的职务。第四,经过特批,可以适当超越对大多数领导人员具有硬约束的杠杠,而得更好的任用;如任期制第八条规定,"民族自治地方的少数民族党政领导干部执行本规定第六条和第七条,经批准可以适当放宽",就是有可能特批超任两届或者在同一职位或层次上超任15年。

(六)政治杠杠

政治杠杠就是从政治生活的角度提出来的政治性条件与要求。就实际用人的实践来看,政治杠杠有很多,但最通常、也更突出的规定则主要有如下几点:

第一,理想信念、政治立场、政治纪律、贯彻执行民主集中制和中央重大决策部署等均无瑕疵,更无错误。

第二,在一个单位或者一个地区,其主要领导岗位必须由执政党推荐优秀党员来出任。

第三,在一个单位或者一个地区,只要有无党派人士和参政党人士,其重要领导岗位就要设法确定某种比例的机会留给他们,并确保他们在符合用人条件的情况下优先得到重用。

第四,无论什么场合或情况,只要候选人存在不利于大局、不利于团结进步、不利于共同事业和目标的情况,比如存在被一票否决、群众不信任或者跑官要官等情况,亦即存在政治错误、政治缺陷或者政治瑕疵,就不能予以重用。

上述杠杠是能够比较充分体现政治文明的用人政策。这对团结可以团结的力量，对充分调动一切可以调动的积极力量，对建设政治和谐和整体和谐，均有非常重大的现实意义。

（七）素质杠杠

素质杠杠是最基本的用人杠杠，非常抽象而又具体，在不同国家、不同社会、不同单位、不同时期，甚至不同用人者那里都是很不相同的。提出并执行这样的杠杠来选人用人，不仅要根据当时当地的实际情况和实际需要，而且要充分依据和运用更新、更全、更科学的素质理论；只有这样才能把以"杠"用人的工作做得更出色、更有水平。

从实际情况看，一般要求被用者在德、能、勤、廉四个方面都必须具备优良的品质和实际的表现；但是，在具体的要求上则又突出了以能力和学历为代表的素质杠杠。具体如下：

第一，一般要求能够勤政廉政，具备求真务实精神，在关键时刻和涉及个人切身利益时具有良好的表现。

第二，一般要求具备五种领导能力：（1）科学判断形势的能力；（2）驾驭市场经济的能力；（3）应对复杂局面的能力；（4）依法执政能力；（5）总揽全局的能力。但在地方的实际考评中，则还要求必须具备四种工作能力，即驾驭本地区经济社会全面发展的能力、处置突发事件的能力、做好群众工作的能力和解决自身问题的能力。

第三，要求高学历，倾向于用高学历者。最新要求是，县级以上正职都必须大学本科以上。这种杠杠很硬，一些中专学历、大专学历或者非高等教育文凭等在提拔任用上即基本不算合格。这从根本上说没有错，因为学历越高，所受教育就越良好，所受训练就越高级；这样的人才具有强大的普适性和智力优势，对于胜任高级工作或重要任务是具有良好的潜在条件的。但是，不能撇开实际工作、具体岗位和本单位的特定情况，片面地一味追求高学历；否则，就会造成人才浪费，导致用人无效乃至失败。

第四，要求留学经历，倾向于用"海归派"。这种杠杠在有些机关、许多大中型企业，尤其是高校的用人活动中表现得特别突出。这样做有很大的合理之处，主要是留学人员具有国际视野和与世界同步的学识才干，在工作中可以发挥带头作用，带动整个组织群体在水平上迅速提高、推进到国际水平。但是，这样做一旦片面化、简单化和极端化，那么就会带来严重后果；这是因为，不同单位、不同岗位各有其特殊的情况和要求，一概用"海归"，未必就能解渴、管用；特别要注意的是，有不少"海归"在留学期间所接受的国际教育与训练并不一定就是高水准、高质量的，特别是有不少都是被假学校假文凭糊弄而上当受骗的。所以，不能简单地就把"海归"当成用人的硬杠杠，而要把真才实学作为硬杠杠。

（八）绩效杠杠

绩效杠杠是最受推崇，也最有说服力的用人杠杠。这里要求，用人必须坚持注重实绩、群众公认的原则，从政绩看德才，凭德才用干部。对具体的政绩，既要看经济建设的情况，又要看社会发展的情况；既要看经济社会发展的结果，又要看干部在这个过程中的主观努力；既要看干部的"显绩"，又要看干部的"潜绩"；既要看领导班子集体的作用，又要看班子成员个人的贡献。就当前已有实践看，主要有三个层面的绩效杠杆：

第一，就国家层面来看，通常有五个方面的绩效杠杆，即 GDP、财政收入、物价水平、社会就业和国际收支平衡等。

第二，地方上对领导干部考评时，通常采用五个硬性指标作为他们的政绩，并以此为用人的硬杠杆。这五个指标包括 GDP、财政收入、引入外资、引入内资和民营经济等。

第三，最新颁布的绩效杠杆包括三大方面，即任期内的工作思路、工作投入和工作成效；具体则包括十二个子方面，即上级统计部门综合提供的本地人均生产总值及增长、人均财政收入及增长、城乡居民收入及增长、资源消耗与安全生产、基础教育、城镇就业、社会保障、城乡文化生活、人口与计划生育、耕地等资源保护、环境保护、科技投入与创新等；以及它们在实际考评中具体分解和转化而来的 44 个具体评价要点，包括政治态度，思想品质，心理素质，精神状态，工作作风，依法办事，廉洁自律，公众形象，工作思路，组织协调，履行职责成效，解决复杂问题，基础建设，经济建设，政治建设，文化建设，社会建设和党的建设等方面的内容。

可以说，以实绩为硬杠杆，就一定能够把选人用人的工作做细、做实、做硬，特别是能给人以真正公平的印象而使之不得不服气。但是，由于实际的绩效理论远未达到科学、完善的程度，而且在实际的用人过程中，包括在管理人力资源的过程中，也同样没有把绩效的工作实际做好、做出水平，所以绩效杠杆及其应用也常常会有质疑以至引起争议。这即是说，绩效杠杆及其在用人实践中的应用还有待于进一步完善，特别是还需要加以更大程度的科学研究与科学改进。

上述八个方面的杠杆都很重要，也很实际。但应该说，在所有这些杠杆中，只有素质杠杆和绩效杠杆最为重要，也应该是用人的底线所在；而其中的素质甚至还是最为根本的杠杆。但是，这些杠杆并未臻于至善，还需要在实践中逐步改进和完善。

除此之外，还可以从实际发生、存在和发挥作用上来看用人杠杆。而这种角度下的用人杠杆则更具学术性，但也同样不失重大的现实性；具体来说，主要有如下两类。

（一）明杠与显杠

这种杠杆很堂皇正大，最具权威性，是不可置疑的刚性约束和明确依据。在内容上就是前述的八种具体杠杆。依此办理，不会犯任何错误，总体上也是正确的，不会招致多少异议、质疑、不满或闲话；是一个正常的、规范的，也比较安全的用人选择。

不过，单纯依靠明杠杆和显杠杆，甚或将执行这些杠杆简单化、机械化和极端化，那么就会使领导用人失去必要的灵活性、及时性和适当性，就会导致用人机制和用人方式的僵化与官僚主义化；特别是资格和年龄杠杆起重要作用时，会使人们普遍认为"又在搞论资排辈"了，因而会极大挫伤更多人才和更有活力者的积极性、创造性；进而就会导致用人低效、无效甚至负成效，也会造成负向激励而给社会带来负面影响，甚至会给一个组织系统、一个单位或一个国家造成战略上的弱势和被动，包括丧失竞争力、发展力甚至是生存能力。

所以，如何用好这些明杠和显杠，就是每个领导者都要研究和考虑的问题。不过，这里没有更多的技巧；对领导者来说，只能靠领导者充分发挥自身主观能动性，主要是要结合本单位的情况和工作实际,发挥自己的经验、智慧、胆略、训练和专业知识的作用,辨证考虑和临机处置如何将用人价值理念、现实用人需要与这些杠杠进行有机综合的问题。

(二)暗杠与潜杠

暗杠与潜杠是在明杠与潜杠之外那些对用人发挥重大影响,甚至是真正实质性影响的所有规则;实际就是在现实生活中广泛存在的、领导用人过程中实际存在的所谓"潜规则"。这既是具有实际效用的用人杠杠,也是一种不一定能视为正常情况的特定文化现象。

从现代社会的角度看,包括用人在内的许多重要活动,都必须公开透明、公平公正、公共参与、加强法治、减少人治、改善治理和防治腐败。因而,这种潜规则式的用人杠杠本质上是没有什么好探讨的,而是只需要指出来加以抛弃、制止和防范的。对此,要把它们作为一种弊病,通过改变用人方式和用人机制、加强用人监督和组织人事制度改革来加以革除。

综上所述,可知用人的杠杠确实非常多,而且无论分别用还是综合用都很复杂,也容易出现偏差,而且甚至都还存在正面和负面的效用与效应。如果要用好这些杠杠,就要避免僵化和形式化,也要避免失灵而生害;不能任人唯"杠",而要任人唯"实";要严格规范、科学合理和符合实际,要争取以杠用人能够最大限度地产生正激励和正效益。

但是应该说,用人杠杠其实是充分反映和集中体现组织路线的具体内容。确保用人杠杠及其执行的正确,就是确保组织路线的正确。而确保组织路线正确则是确保政治路线能够得到贯彻落实的保障。这正如邓小平所说:正确的政治路线要靠正确的组织路线来保证。

六、要以"利"用人,重视物质激励

常言道:"重奖之下,必有勇夫。"这是人们对于利益在用人过程中具有重要作用的经验总结。这说明,利益对于领导用人还是一个不可忽视的有效因素。一个领导者要想能够很好地和可持续地用人,就要重视利益的因素和物质的作用,进而善于以"利"用人,善于运用物质激励。此其中的精髓不仅是现实主义,而且还是唯物主义。

老子对于普遍而正常的人性有过极为精辟的洞察和概括。他说:"人之熙熙,皆为利来。人之攘攘,皆为利往。"这对利益的能量、作用及其对整个人世社会的影响确实透彻切要、入木三分;对我们理解"利"在用人过程中的作用、价值、合理性和必要性具有直接的帮助和重要的启迪。

现实生活中的每一个人之所以是人而不是神,就是因为都是必然要、也必须吃人间烟火的;而这个人间烟火就是利益,就是物质。没有这样的物质,人就无法生存下去;有这样的物质,才能活下来,并且才能考虑做别的事情,如追求精神价值;有更多、更好的物质,就能获得更大的物质享受和进行更高精神生活的物质保障。

很明显,如果致力于做某一件事而能得到更多、更好的物质利益,那么就一定会激发出更大的兴趣、欲望和动力,也就能够调动和激发出更大的积极性、主动性和创造性,由此而把事情做得更好。要做更多更好的事情,给予更多、更好的物质激励,就是一种正常而明智的选择;只有这样才能获得巨大的和可持续的用人成效,才算得上善于调动积极性来开展工作。

这即是说,要在领导过程中善于调动人、激发人,就一定不能忽视利益这个因素,并且要把它作为一种日常化的手段和途径加以自觉、娴熟地运用。这样做既是务实的和明智的,也是非常具体而真实地以人为本的。这时的领导才会有一个坚实可信、有望成功的基础和形象,才能避免夸夸其谈、务虚空泛、不可持续的潜在危机。

不过,采用物质手段、实施物质激励尽管非常有效、非常重要,但不应是、事实也不是领导成功的绝对要件。在用人的具体活动中,在具体的领导过程中,对此既要予以充分的重视,也要防止片面化、极端化和绝对化,而决不能变成了做好工作、完成任务的对等价格或者交换条件。只有这样才能在领导与被领导、做人与做事的过程中避免发生"拜物教",也才能避免产生被领导的利益依赖和领导的被动无奈等病态情况。这即是说,如果以"利"用人、重视物质激励过头了,就有可能造成适得其反的后果,反而丧失利益对于能动性积极性的特殊效用与价值,更使领导主体变得不会领导而领导水平变得更低,出现必然导致严重后果的负向激励。

那么,在实际工作中应该如何把握好、运用好以"利"用人、重视物质激励的原则和方法呢? 大致来说,主要有如下七个方面的要点:(1)尊重知识,尊重人才,以才学为宝,认才学有价。(2)尊重劳动,珍惜劳动,以劳动为宝,认劳动有价。(3)理解利欲,尊重利欲,充分维护并满足正常利欲。(4)辩证看利,适当用利,避免偏颇孕育出唯利是图。(5)公平分配,多劳多得,不劳不得,照顾弱势群体。(6)赏罚分明,功高奖大,错重惩严,及时兑及利益。(7)既重物质,兼重精神,两面结合,实行全面激励。

上述要点是确保成功运用物质激励、以"利"用人的系统理念和系列方法要点。虽然它们看起来似乎并没有什么深奥之处或独到之处,但是它们却是道理平易而行之有难。

在现实生活中,许多领导者悖此常理而乱行其事者比比皆是,以至几乎不难看见人才压制、人才浪费、知识如粪土、人才受欺辱等现象;不仅如此,而且还常常能够看到就是因为如此问题而导致负向激励、用人失败和领导失败的情况。其教训是很大的。之所以如此,总的说就是因为那些领导者在日常工作中并没有做到、实际也不是真正知道上述诸要点;具体而言,则是因为领导者在用人的实践中至少存在如下几种具体问题:

第一,没有树立正确的人才价值理念,以为人才劳动理所应当,如提价值,实乃狂妄。

第二,骨髓充满封建遗毒,认定知识排位九流,即使自乃学生出身,也对人才很厌恶。

第三,歧视知识,歧视人才,视才学为玩物,不承认才学有价,由衷憎恶提尊重人才。

第四,以官为本,以权为大,以己为尊,以人为卑,颠倒本末,扭曲性地张扬官僚性。

第五,素质低下,自以为是,以蹂躏他人,特别是所谓的人才为乐事,不知此乃羞耻。

第六,轻视或无视人才的资源价值和劳动价值,憎恨以才学论道论酬,不知此乃反动。

应该说,能够从根本上确保把用人工作做好的办法只有一个,那就是领导者持有并坚行正确的人才观和人本思想;此外并无更多根本有效的方法。只有充分注意尊重人才及人才规律,特别是人才的价值规律,端正主仆关系和本末关系,才是做好用人工作的根本出路。

总而言之,领导者就是要善于运用激励的手段,以尊重和真心赢得下属的忠诚,以信任打开下属的心扉,使下属自觉自愿地团结在领导周围,更甘愿尽心尽力地工作;以热情点燃下属的激情,以指导和帮助开发下属的潜能,使下属在快乐中干多、干快、干好。这里的核心就是要通过循理切要、循机适时、坚实有力地实施激励来赢得人心、起用智能。

第五节　事关根本的领导用人机制

一、事业化机制和才能化机制

（一）事业化机制

事业化机制是指确保一切组织行为、组织现象和组织资源均围绕事业这一轴心或主线发生并作用的引导约束原则和推动逼进杠杆。其实,这是一个古今皆有、但为数不多、却足成大事的导向性、基本立场性和最为根本的选拔任用机制。它贯穿于整个组织人事过程始终、整个管理和领导的过程始终,对人力资源开发,特别是领导力开发最具决定作用。

以事业需要为绝对标准衡量确定组织人事的标的、思路、举措及其合理性、有效性和可行性等是这个机制的最大特征。在这个机制下,一切不符合事业需要的组织人事观念、行为、倾向和资源动用都是不允许的,也是不会发生的。它能把有限的资源,特别是人力资源开发利用得极为充分,能全面促使竞争力、致胜力、领导力乃至整个生产力在现有条件下极为饱满地形成和极为充分地释放,而不会浪费资源,更不会阻碍或破坏人力资源的形成、开发和发挥作用。历史上每一次重大进步和发展都是这个机制在客观地发挥主导作用的结果。只是在传统社会它的存在和作用都是无意识或客观地形成或发生的,甚至是被逼无奈而必然如此为之的;但是,在现代社会,特别是在 21 世纪这个全球化时代,这个机制就必须是有意识的、主动的和主观倾向的一种需要和选择,否则就有从根本上败北的危险。

但是,无论传统还是现代社会都有普遍消弭事业化机制的倾向和泛滥成灾的做法。从领导和管理到专门的组织人事都十分容易把初创时的事业化逐步转变成职业化、资格化、地位化、权势化、既得利益化和忌妒堕落化。

在大多数时候和领域,特别是领导领域,事业化机制通常就被职业化机制、既得利益化机制和无谓堕落化机制等非事业化机制所取代。这种非事业化机制从根本上给组织系统带来疾病、衰弱和死亡的危险,是绝对消极有害的机制。通常,这种非事业化机制首先就体现在组织人事过程中,总是培养和保护庸人、懒汉、利禄之徒和奸诈小人等,而极端厌恶并完全倾向于消除一切才能和智慧及其载体,也就是总在最严重地摧残和破坏着人力资源,特别是核心竞争力和核心生产力,最终是摧毁整个竞争力、领导力和生产力。

要破除出才障碍,首先就是要彻底打破和摧毁非事业化机制;重塑人事机制,就是要在荡涤非事业化机制的基础上建立一个贯穿整个组织人事表里的完善的事业化机制,并要进而将病态的领导职业化彻底改变成领导事业化,将所有既得利益化和腐败堕落化彻底转变成事业化。这应是深入改革的决定性方向和内核。

（二）才能化机制

才能化机制充分体现事业化机制，同样也是古今皆有的选拔任用机制。它是指在事业化导向下，任何时候、任何场合都需要才能，而且唯才是举、非才不举的刚性原则和常规化果断措施。其核心和特征就是唯才是举、非才不举、庸才尽下、恶才尽绝。其效用是充分聚集、完全使用人才，充分筛出、果断清理一切非人才，特别是混饭吃者和嫉贤妒能者，最有力地促使组织成员不断增长才干、一切向优秀看齐和学习，而不是对真正优秀者进行"羡慕忌妒恨"外加"谗和害"。

只有这样，才能确保在整个组织群体内形成正常、健康、积极的成才氛围，确保组织系统形成以才能为取向的价值主导和工作主流，确保组织成员都有胜任工作的良好才能和不断增进才能的追求与动力。事实上，以才能为取向的价值主导和工作主流是落实事业化机制的最重要保障之一，也是现代组织人事运作必须重点突出的一个机制。只有这样的机制才能确保组织系统真正健康、正常、充满活力、事业蓬勃、前途无量且势头强劲；否则，事业就无法进行下去或者加以完成。

传统状态下，一般是不提倡、也不尊重才能的，而且往往在既得和未得利益的驱动下只有基本丧失道德制约的利害关系或利害机制，而且提倡强大者、老资格者和地位更高者为正统、为标准、为规范，并由此来衡量其他人、其他现象。在此情况下，大多数的实际运作都只是以愚昧无知、混沌混迹、模糊折中、无对无"错"来确定人、判定人的行为。在现代精神或机制反照或刺激下，这种传统的习惯性、不规范性、不明确性选拔任用机制就会走向另外一个极端，即单纯提倡和强调品德的重要性和前提性。而这实际上却通常成为平庸无能者和邪恶不端者攻击和否定才能取向的借口。

最简单的问题是：无才何以成德？有才就是无德？突出才就必定忽视德？表面可人、实际无能、不会创造性地开展工作、没有贡献却常常渎职失职、误事误国、误组织误群众，难道就是合格有德？工作出不来水平，也害怕别人出色，能说有道德或品德高吗？而如果工作才能出众，只是"个性太强太怪"，就能说是品德不佳、不受欢迎、不可信任吗？——客观事实是：有才无德者少数，有才必有德者和有"德"而无才者多数。没有一个有才者不勤奋努力，不勤奋努力者也没有一个是真正能够有才的；勤奋努力本身就是善德的表现。——可是，传统的德才观念却常常不这么认为，连起码的常识都违反了！

事实是，强调或提倡组织成员才能化，就是在给混饭吃者釜底抽薪而对他们带来巨大的威胁；而他们却往往是既得利益者和强势阶层，控制着组织人事运作，非常方便而经常地借口"德"重而彻底轻才，进而得以护其短、遮其拙、一心维护其既得利益和机会而心无民众和天下，高度害怕、防范和阻止任何真正才能化的趋向与行动，否则就一天也维持不下去，很快就会被有能者所取代。所以，他们宁可丧失进步与发展的机会，也绝对不要人才，断然反对和阻止才能化，即总是要借口突出品德或者品德化来制约、阻碍和打击一心干事业者，总是在阻碍和疯狂压制才能或者工作能力在实践中的迸发。

应该说，传统状态下对才能提得太少了，通常不提而且十分歧视，而对品德化却不厌其烦地瞎提。这实际是被平庸者和别有用心者所利用而并非真正在强调品德，而只是庸人、蠢徒、混迹之徒和奸诈之徒排挤人才、维护自身地位的强效借口和堂皇幌子——因为他们连品德是什么都几乎回答不出来,而实际社会生活中正式组织成员的所谓品德不佳则大多是不合那种真正无能无德不称职的领导者胃口的现象罢了。这就是传统状态下的非才能化机制。

这种机制是最典型的混迹机制、腐朽没落机制和坐以待毙机制。它只能制造和保护愚昧、封建与落后,只能培养、造就和保护一群最阴险卑劣、最严重阻碍和破坏生产力发展的蠹贼,只能误事害人、误国家误组织,而决不为事业化和才能化机制所容忍,更为事业化和才能化机制所坚决反对、破除和取代。

在全球化时代,再按如此非才能化机制搞下去而不对此深刻反思和改革就注定要悲惨败亡,因为非才能化在这个必须真刀真枪地交锋较量中只能被打倒击败而无以生存和发展。谁要想活下去或者活得更好,就必须完全做到才能化,就必须最彻底地打破、销毁所有已经严重病态的非才能化机制,而建立起一个优良、完善、科学的才能化机制。

(三) T 型化和 A 型化机制

T 型化和 A 型化机制是在才能化机制基础上的现代人才化机制。它是指组织人事主体在选才用才育才、倡导才能发展方向和用人主流的时候完全重视和突出通才和专才等复合才能的倾向,并将这一倾向完全固定到整个组织人事观念、原则、机理和程序当中。

人才资源或人力资源一般分为四个类型:(1)"一"字型,代表通才。这种人知识面较广,似乎样样都懂一点,但又不精。(2)"I"型,代表专才。这种人知识面较窄,仅在某一方面有相当的深度。(3)"T"型,代表通专才。这种人知识既广博又深邃,能应付各种复杂的局面。(4)"A"型,称为复合型的通专才。这种人比前三种人的优势更加突出,是现代社会的宠儿,也是最适合领导岗位的最急需人才。——重塑人事机制就是要最科学充分地开发利用这些人才资源,特别是领导人才资源。

传统状态下,曾经完全以通才为主导,也曾经完全以专才为主导。从机制效果上说,这样的做法显然是片面的和畸形的,造成人力质量的欠缺、畸形或低劣,当然也就造成领导力、竞争力和生产力的欠缺、畸形或低劣。到了全球化时代,这一情况如果继续下去,则必定带来天然严重的软骨症,即使才能化了,也不一定能够赢得复杂险恶的交锋较量。

就目前空前激烈严酷的国际竞争和全球化交锋的角度看,才能化必须确保做到才能或人才的 T 型化和 A 型化,即一个人才必须是通才和专才的复合体。只有建立完善的 T 型化机制,才能极大增强坚实的竞争实力和胜算筹码,才能在全球化"混战"中杀出血路、夺取成功,成为一匹胜利直前的"黑马"。

二、竞争机制与公选公聘和任期结束机制

(一) 竞争机制

竞争机制是一种由形势变化、事业需要和生存发展需要共同构成的合理地有限压迫和无限激发人才才能的挑选性、淘汰性和高效性组织机能及环境机能之和。客观性、外在性、压力性、严肃性、真实性和后果性是其主要特点。它与激励机制的出发点和终结点本质上是相同的,即都是为了,也完全能够激发组织及组织成员的巨大效能、活力、作用和贡

献,都是为了,也完全能够清理、淘汰一切无能、低效、死寂、僵化和混迹的因素。但是,它与激励机制却在机制内涵和方式上存在很大的不同。竞争机制虽然也可以人为设计或引入,但最主要的却是外部环境存在竞争实况和事关生存发展大事的压力而后客观形成。这即说,竞争机制实际就是一种主要由外部竞争环境造成的、必定非进即退、必然非上即下、具有强大影响力和触动力的强势形势。

在现代社会生活的任何领域几乎都存在这种强势形势,因为都存在着竞争;特别是在新世纪全球化过程中,则更加普遍地存在着影响广泛而深刻的现代竞争。任何组织及组织成员如果回避竞争,就不可能再存活下去。同样,组织人事领域没有竞争,就必将从根本上影响到所有领域,使之丧失活力、窒息生机、错过机遇、空耗人力而一片死寂衰败。传统状态下的组织人事领域几乎完全回避、忽视客观存在的竞争,所以就总是死水一潭,停滞不进,而多是落后倒退。但在现时代,这样做就绝对不行了,而必须主动把竞争机制引入到组织人事过程的每一环节和细节中,由此形成真正完善、扎实的组织人事竞争机制,并激发出无穷动力、活力和生机。

但在传统状态下,竞争机制通常被不正当的导向和手段所扭曲。这即在组织人事的运作过程中竞争通常由资格地位、社会影响、庸俗关系、卑劣人格、阴险做法、拉帮结派、无原则纠纷、深度内耗、不正当手段等等诸多非竞争因素介入和主导,结果极大抵消了竞争机制的积极性能,只留下了竞争的残酷无情、强霸无理等性能,进而使竞争机制转变成为打击和消灭异己分子的手段和机会,实际上则是成为压制和摧毁为组织系统所真正需要的活力、动力、竞争力和致胜力,以至最终破坏了生产力,特别是核心生产力。

显然,非常有必要建立一个能够始终确保激发正向效能的现代竞争机制,以实质性地推进组织人事改革与发展,进而在关键上推动整个组织或社会事业的发展。

(二)公选公聘和任期结束机制

公选公聘和任期结束机制是指对于组织系统内的所有职位、所有成员,特别是领导者都实行公开选拔、公开聘任、任期一定、职务随任期结束而结束、公开性与刚性复合一体的人事管理模式。在这个机制下,组织成员都必须凭本事凭才能、也凭事业发展的需要和组织发展所提供的机会,在公开平等地报名参选、宣明打算、比较竞争、有限任期、事业任职、履行诺言、期到任终、不得贪恋和霸占职位,如果优越则再行竞任。它不仅彻底打破任职终身,而且彻底打破任职到退休的倾向,此外还能彻底打破人事权力私有化的趋向。

这在表面上是组织人事管理过程中的一个常规运作机制,但实质上却是最具改革精神和改革力度的革命性机制,最能触及或触动组织人事最要害或最敏感之处,也最能产生组织人事的真实效力和广泛影响力。它不仅直接提高组织人事本身的成效,特别是以领导力为核心的人力资源开发成效,而且还能切实有效地冲击和捣毁封建状态下各种阴暗有害的组织人事关系和封建性意识,能够强烈高效,甚至彻底地清算和荡涤存在于社会中枢的封建毒素,而极大地推动全社会的开放、民主、文明、进步和新生,最有效、最根本地确保人才或者领导人才能进能退、能上能下。

事实上,组织系统的真正活力和生机、领导力的骤然生发和提升、生产力的极大突破和发展、竞争力和致胜力的极大增强,前进和发展所面临的束缚与障碍的极大破除等问题都将在这一机制下迎刃而解；无论事业化还是才能化，也无论激励还是竞争，更无论内部晋升还是外部引入，要将建立新型现代选拔任用机制具体落实到组织人事运行和操作上，就都要集中到这一复合人事机制的创立和完善上来。

但在传统状态下，这个机制是绝对不存在的，也是绝对不允许存在或出现的。因为这个机制将会摧毁既得利益、封建关系、传统权威和已被私有化的权力，也会阻碍那些有优越身世和背景、但却无能低下和忌妒成性的棍徒混迹组织系统中的权力系统去谋官谋财。取代这个机制的就是暗箱操作、暗中培养、不可挑战或质疑的选拔任用、垄断组织人事实权、贪嗜于一切谋职者的人身依附和朝贡归附、一切人事活动都是更强大者对更弱小者的恩赐布施等封建机制。显然，这样的封建机制就只能是裙带关系、近亲繁殖、白痴愚恶、白吃白占、全程皆为领导、终生占据岗位而却无为无谓，极端严重地窒息生机活力、破坏公平平等，更极端恶劣地培育封建势力和寄生虫群体、把整个组织系统或者社会和国家置于病入膏肓而毙命的境地。

所以，非常有必要尽快建立、完善和推行公开选拔、公开竞聘和任期结束的新机制。只有这样，才能从根本上解决吏治的问题，解决活力和生机的问题，解决应对全球化并必须取得竞争胜利的问题。

三、择优机制和汰劣机制

（一）择优机制

择优机制是一个最实质的人才选拔任用机制，亦即最本质的识人用人机制。确切地说，这个机制就是指组织人事主体，实际上多是领导者通过科学手段离析出不同层次和类型、不同质量和特点的人才并切合岗位职责要求而后确定和使用最佳人选的工作模型和实践模式。它是唯一具体进行识人选人用人的机制，因而具体凝聚并体现着前述所有的机制。这些机制不通过这个择优机制就无法现实地作用于组织人事过程，作用于人才资源，特别是领导人才资源的开发和利用；当然，它也首先基于其他选拔任用机制，特别是事业化和才能化等机制。所以，这是一个非常重要而关键的选拔任用机制。

择优机制在传统状态下也是存在的，但多数不是基于事业化和才能化等机制而只以非事业化和非才能化等机制为基础，结果则多是由择优变成择劣或者出现择优机制空洞化，进而在最关键的一环真正做到了保护落后或者低下，阻碍优秀或者卓越，破坏生产力的进步与发展。所以，为了确保建设高素质的领导队伍，开发、建设和最充分利用优质的人力资源，特别是领导人才资源，就必须彻底消除传统状态下的择优机制基础而以新时代进步科学的事业化、才能化等机制为基础，设计和建立一个非常完善、发达的现代择优机制。

（二）汰劣机制

根本而言，汰劣机制是一种组织人事管理过程中处在首位的激进强效择优机制，也可以说是整个组织人事专业管理、整个一般管理和整个内务性领导中最实质强效和最有价值的工具和手段。它实质是指组织系统为了确保组织任务的充分完成、组织目标的充分实现而对已经到位的所有组织成员进行科学的全程监测考评并以成员的实际绩效确定成员的去留、上下或左右，最终达到澄清和抛弃队伍中的杂质劣质性成员而剩留越来越优质的成员构成完好坚实、最有竞争力和创造力的高质量队伍的一种人事管理模式；其中包含着非常现代的观念、原则、原理和具体做法，是形成综合实力、竞争力、致胜力和无穷发展潜力的最有效机制。

在传统状态下，这种机制是不存在的；取代它的只有汰优机制，即一切以事业为重、忘我工作、高度投入、标新立异、不断创造者都将被包括忌妒、非事业化、非才能化、既得利益化和阴卑堕落化等等主导性文化环境和权力效用模式所淘汰。在汰优机制下，一切先进，特别是才能化的先进或优秀都将被彻底地打倒和粉碎，整个组织和队伍都在千方百计地向低级无聊、无能无德看齐并进行最深度地竞争。这即是说，汰优机制就是一种促使人们争当混迹之徒、促使组织和队伍争取完全腐朽质地和没落毁灭结果的机制。事实上，这种机制已经在很多朝代、很多国家、很多社会和很多企业中都普遍发生过。但是，迄今为止，仍然还在不少组织中发生，也就是说仍然有不少组织仍然在活着找死。

但应该说，汰优机制根本上却不是组织人事专业上的问题，而是领导和一般管理上的问题，特别是领导极不成器——极端低能无德、封建愚昧、恶劣无耻所强行造成的现实机制。这是典型的变态领导，只能把组织和队伍带向耻辱和死亡。像不少封建性极强、整个气氛极端沉闷落后的企事业单位和公共组织，再如某些在国际上横行霸道、野蛮疯狂、独行天下的国家就是这样。是的，这样的领导极端危险，最终是会把其所在组织以及其自身给淘汰掉的；而优胜者必将果断淘汰掉这些既落后又邪恶、作茧自缚的低劣主体。

这即是说，汰劣机制的建立本来就不仅仅是单纯对付一般组织成员的，而是要有效对付全体组织成员，特别是领导者的，不仅要淘汰掉一切不称职的一般成员，而且要更加敏感、强效地淘汰掉占据领导岗位的不合适不称职成员和运作方式与制度。特别是只有用汰劣机制来清理、优化领导层或者领导队伍时，整个组织才能得救，才能从根本上获得新生。

具体地相对于领导而言，就是要完全打碎"汰优机制"，建立最彻底的"汰劣机制"，最充分选拔、开发和使用好领导人才，最终要促使整个领导群体完全领导人才化，真正增强该系统的领导质量和价值，真正强化和优化现实的领导力；这在操作上就具体落实为选拔、使用和开发领导人才。而不是简单地增加或扩大领导队伍，更不是通过维续和发展"汰优机制"来为更多的庸人挤入领导群体提供机会。

在正常情况下，领导者必定是领导人才；充任领导者的必定是领导人才；只有领导人才才能担任领导者；只要是领导人才，就一般地能够进入领导岗位而担当起领导角色。但是在现实生活中，领导者却不一定都是领导人才；有的人虽然已经进入了领导岗位，但是却不是领导人才；而领导人才却不一定能够成为领导者。

应该说，领导人才并不因为是否在领导岗位上才得以判断的，而是以是否具备优良的领导素质来判断的。处于领导岗位并不能证明就是领导人才；不在领导岗位不一定就不是领导人才。不是领导人才的人充当了领导者只是体制上的缺陷和其他方面的严重问题，这种领导者显然是不称职的，是滥竽充数者，会给现实带来许多不利和危险的后果。作为领导人才没有得到开发利用，则是极大的资源浪费和公共悲剧。

所以,明智的现代组织一般都能非常自觉主动地实行汰劣机制,而且要特别着重于对准领导和管理,而不仅仅是普通组织成员。比较典型的是实行"末位淘汰制"。"末位淘汰制"就目前的实施效果看是非常有用、非常强效的,但从其内含看则还不一定科学、适当和完善。因此,还需要进一步研究、探讨和建立更加完善的汰劣机制,有效确保人才,特别是领导人才能进能退、能上能下。

四、疏通调适机制和内升外引机制

(一) 疏通调适机制

疏通调适机制,也叫任内交流机制,是指就现有组织成员根据岗位适应性、长短针对性、工作需要性和人才培养性等因素和倾向进行组织内工作调整、岗位轮换、角色转换、平衡人力资源等活动的常规人事运作模式。它包括组织内不同岗位的平行交流和不同层级的上下交流等机制。它最大的特点就是及时发现和实现工作、人才和组织需要三者之间的一致与平衡,最大限度地达到人力资源的角色适合性和效用充分性,能够及时有力地消除工作与人、人与人之间的不协调性、摩擦性和消耗性,不耽误工作和事业,不耽误人才及其效用,不阻碍或梗塞人力资源的合理流动,而做到科学合理地适才适用、能进能出和能上能下。

这个机制是最具科学、合理、民主、透明、文明、团结、开发、积极、和谐而又可持续等现代特征,能够培养出一支强大、忠诚、团结、协作、高能、高效而又愉快的队伍,能够给组织创造和形成无穷、巨大的生机、活力、潜力、凝聚力、创造力、竞争力和致胜力,能够给组织带来无限发展和壮大的光明前景。事实上,组织人事的科学性和艺术性在这个机制上都必须发挥得极其充分和高水平,这是一个能够最充分有效地确保组织系统健康、积极、富有力量的人事机制。

然而,在传统状态下,虽然有近似疏通调适的举动,但实际却并不存在这样的机制,而只有凝结着深厚无知愚昧、忌妒霸道和封建权势等心态和权力的封闭僵化方式。在这种方式下,除开有背景有关系、善钻营和要提拔等成员以外的所有成员一般都是一岗定终生;对他们而言,表面上是属于某一具体部门而实质上却属于某一部门的领导者,表面上说要安心工作、爱岗敬业、干一行爱一行,而实质上却是强行安置、横霸压制、权势逼迫、绝对没有适才适用的文明意识和科学做法。其实,这种极端落后有害的人事方式依然很普遍地存在于各种各样的组织或单位之中,非常明显地制约着该组织的活力,在全球化时代则更非常明显地将该组织置于死地。

很明显,非常有必要尽快建立起一个完善发达的疏通调适机制,以便在现有的人力资源中开发和创造更强大的竞争力和致胜力,进而在国际交锋较量中越战越强,永远立于不败之地。这其实是真正练内功的所在,是一个组织现代化、健康化和长寿化的关键所在。它将会同其他机制一起自然地协调一致起来,形成更具科学性、文明性和民主性的选拔任用机制体系,而更好地开发人力资源并发挥其作用。

(二) 内升外引机制

内升外引机制就是内部晋升与外部引入机制,是一个必须最充分地体现事业化机制

335

和疏通调适机制的人才开发和队伍建设模式。从其内核上看,它充满了竞争机制和激励机制的内容,旨在不断加强、充实和优化整个组织系统的骨干队伍和核心构成。

这个机制首先是着眼于激发内部成员的潜力、士气和贡献,同时也降低工作成本、培养成本和系统运作成本,减少内部流通升降的阻力、障碍、摩擦和紧张以至人员流失或离心离德;其次是不断吸纳更优质的外部力量以增强组织系统的体质和效能,能够输入新鲜血液、新鲜思想、新鲜力量,甚至是关键的新质以弥补组织系统原有的缺陷不足或者更新组织系统,造成更新更大的组织新质、组织合力和组织活力,对于领导而言则完全有可能使整个组织系统焕然一新。

但是,过分的内升制容易造成近亲繁殖,因为如果大多数职位空缺都由内部人员填补,则必定会形成新的内部问题,即某些积弊将可能因此扩大而成为组织系统的致命伤,至少是十分容易陈陈相因、缺乏创新,而且十分容易对外来新质产生抵触倾向和做法,抵制外来的更新、更优的力量,进而把组织维持在旧思想旧方式上进行运转,扼杀变革、创新和发展。而外部引入制如果过分,就会引起内部很大的失望、抵触和怠工等情绪;特别是新来者还有一个适应过程、磨合过程和熟悉过程,数量太大则必定还会引起整体的不适应性、停滞性,总之会造成重大的损耗,也不利于人力资源的有效开发和利用。

所以,建立完善的内部晋升和外部引入机制需要对内外部资源给予充分的科学测评和分析,确定最佳或者最恰当的分寸,使两者之间达到协调,既通过内部人力资源调剂来满足一部分更换岗位的需要,又从战略的角度对外部人力资源进行开发利用,把组织人事工作做到更细、更高明的水平。这在全球化人才竞争中将发挥十分重要而积极的作用。

五、激励机制和物质保障机制

(一)激励机制

激励机制是必须切实贯穿于整个领导过程、管理过程和组织人事过程的基本机制。这个机制实际上就是一种通过引导、触动、刺激、鼓励、鞭策、激发、断后、逼进等有效手段确保所有组织成员都能最大限度地提高自身素质并发挥出自己作为人才的最大潜力、效能和作用以及确保整个组织系统激扬向上、吐故纳新、生动活泼、不断进取和成功以高效实现组织目标的强制性设定与引导性方式之和。

其实,这个激励机制是一个非常古老的机制,也是比较低层次的机制,但却是非常重要而实用的机制,常常能够立竿见影、收效巨大。任何做人的工作、做发掘能量和动力的工作都非常需要借助于这种机制。将它用到正确的方向上,特别是解放和发展生产力上,必将形成无限的活力、取得重大的成效。而将它用来刺激腐朽的机制和取向,则必将带来巨大的病垢和灾难。

在传统状态下,它只支持和鼓励落后、糊涂、混迹甚至邪恶的势力和倾向,而且还把它们加以美化,使之变得光明正大、不容置疑。而这事实上是由于传统状态下的其他选拔任用机制非常落后甚至恶劣而使激励机制只能这样发挥作用。但在全球化时代,这种机制就必须、也必将改变:一是其程度、效度和科学性都要极大加强,二是其作用的基础即其他方面的选拔任用机制都将发生重大革新而必将产生非常积极、正向的效能和作用,亦即能够真正起到推动进步和发展的作用。

（二）物质保障机制

物质保障机制是必要的补充性人事机制。这个机制是指为了充分调动和维持所有组织成员高度的积极性而按照一定原则和比例提供诸如薪金、福利和劳保等方面的物质支持和鼓励的基本手段和做法。这是一个古老的人事机制，没有什么更新的内核和功能。但就当前情况而言，它却还值得再予提及。

在全球化时代，不同的竞争对手往往通过物质刺激来进行人才竞争，或者挖空人才，或者干扰人才，或者动摇人才的心思信念，或使人才日渐消极而无以成事，特别是国际大企业常常用巨额薪水吸引人才，用各种物质刺激争夺高层人才等，物质对于人力资源开发的作用已经变得越来越巨大了。而原来单纯靠思想政治工作或者理想信念的做法已经收效甚微了；即使是单纯靠提供事业机会也都不一定能够吸引或留住人才了。所以，必要的物质保障在物质参与组织人事工作的作用和程度越来越大的今天就显得更加有分量，是做好组织人事工作的最重要保障手段。在这方面，物质对于领导人才或领导力的开发就尤其有作用，特别是在公共部门这一点就显得更为突出。

根据社会经济发展程度和一般物质生活的平均水平，在领导人才的收入上及时、适当地增加投入以提高其收入和物质生活水平，从物质利益上能真正切实满足组织中领导成员一定程度的物质要求，从物质待遇或利益上给予必要的保证，由此填补和消除原来获利微薄所造成的空白——而这种空白却正是产生腐败堕落的直接诱因和刺激物。这即要从提供日益丰富的现实物质基础来铲除领导人才蜕化变质的内在根源。

六、组织人事专业化机制与选拔任用监督机制

（一）组织人事专业化机制

组织人事专业化机制是一个从专业效果上确保选拔任用机制正确建立、正确运转、正确高效发挥作用的保障性选拔任用机制。它基于组织人事的高度敏感性、重要性、细致性和严肃性，百倍强调组织人事的极端专业性和科学性，强调组织人事必须由非常内行的组织人事专家和专门化的制度、机制及手段来构造和完成组织人事整体，由此确保组织人事质量的稳定、信度和效度，从而真正确保人力资源开发，特别是领导人才的开发是科学、正确、可信、务实和有效的。

（二）选拔任用监督机制

选拔任用监督机制是对领导者用人全过程实施规范化、制度化监督的工作模式和制度设计。它主要包含了组织人事诊断机制、组织人事事业化导向监控机制、组织人事科学化标准化规范化监控机制、组织人事透明化民主化法制化监控机制、人才使用适当化充分化监控机制、人才使用成效化成果化监控机制、组织人事纠偏堵漏机制、组织人事错误惩罚机制和组织人事成功奖励机制等一系列子机制。这些子机制主要是对领导者（事实上同时也对组织人事工作主体自身）在实际工作方面上表现出来的事业性、科学性、规范性、

337

纪律性、合理性和法制性等进行强效的监督控制。

在上述的这些子机制中,人才使用适当化充分化监控机制最为重要,因而在此特论之。其要义主要为:在具体解决组织人事问题的过程中,要以明确可数的业绩、贡献、能力和事业需要为选拔、任用、交流、评估、鉴定、奖励、惩罚、进退和上下的最终标准,以硬性指标的优势确定优胜者,公布于众,让群众和上级组织检查、评阅和认定。确立可以由组织方和被组织方在规定的时间内做公开的个人阐述或表示的制度,彻底改变由个别人通过签字推荐或确认然后才有机会这样做的官僚主义做法。

选拔任用监督机制一般重视事后监督或结果监督,而且还要使之精细化、高效化。但是,从大量实践来看,建立一个完整的过程监督机制更为重要;这个过程监督机制包括事前监督和事中监督两部分。在过程监督中,它侧重于以选拔任用机制中的人事监控职能和子机制为主要构成。因此,它实际上就是一个突出发展起来的组织人事监控机制体系,包含多个子机制,具体就是对领导者用人行为和结果进行经常性、制度性评鉴、监督与管束的工作模式。这个机制主要有如下七个方面的重要含义:

第一,事前监督和事中监督都属于日常、细致、快速反应的监督;监督责任承担者就是组织人事主体,包括组织人事部门和主管人事的上级领导。

第二,设定具体的原则、标准和要求,作为领导质量检核的正式依据,内容覆盖领导的各个方面,核心就在于领导过程对权力的运用和人格道德的表现。

第三,人民群众是根本的监督主体,可以通过向组织人事主体或者权力机关直接反映意见来对领导实施日常监督。

第四,直接监督责任承担者必须快速作出反应,公开透明地运作,严格对照正式依据,准确判断性质,及时进行处理。对于滥用权力、人格堕落、品位底下等不合格者及时、果断地予以组织处理,确保前述各项机制的有效实施。

第五,最实质地体现"为人民服务"的宗旨,以认真负责的态度来对待群众的监督制约,并且把组织人事工作同群众监控和权力机关监控配合在一起,为形成监控的快速反应机制提供一个最实质的实际内容。

第六,确保所有监督主体,尤其是其中的领导客体能够完全有效地对领导者进行更全面、真实、及时、有效的监控。

第七,随时检查和发现全体人员的素质以及其中潜藏着的或被埋没的"千里马",把组织人事业务真正做到家。要以是否有切实的"千里马"意识、乐趣、气氛和追求为评价整个组织人事合格与否或称职与否的最终标准,随时把不合格的组织人事工作人员公开撤下,首先消除在组织人事工作中的混饭吃主义和忌妒丛生的组织人事者人格;对于总是习惯于用封建式的心态和手段进行组织人事工作者,尤其是故意否定和压制"千里马"者,必须尽快予以严惩。共同的事业需要"千里马",国家和民族需要"千里马";不发现和重用"千里马",就是组织人事工作的严重失职和渎职。

第八,采取一整套建立和完善新型人才选拔任用机制的措施,将清风正气和科学力量贯穿于其中,最猛烈地荡涤、清扫在组织人事领域中最容易发生和积淀的污垢、个别人结党营私和为所欲为的阴暗角落,最彻底地打破组织人事运作的"黑箱方式"、由个别人说了算的封建性局面、凭领导者主观印象和个人好恶决定组织人事结果的现实格局,同时也随时检验和评估领导者是否真正具有领导的水平和能力以及相应的品格,进而使整个领导体系严谨、干净、透明起来。

总之,领导用人机制事关人才根本、组织根本和事业根本。要确保领导用人正确而积极,就必须着力建设和完善这样一套科学、民主、负责、可靠的领导用人机制。这是一个事关整个整个组织建设成功与否的核心所在,也事关整个事业发展得失成败的根本所在。

第九章 领 导 考 评

第一节 领导考评的概念、实质与特性

一、领导考评的概念与不同称谓

领导考评是考评体系中的一种,是专门以领导为对象、只适用于领导领域的考评。相对于一般的考评来说,领导考评是一种最为特殊、最为重要的考评。因为它直接考评领导而不是总由上级对下级所实施的管理性考评,不仅直接关系到领导质量和水平的有效提高,特别是考评对象自身的切身利益和实际命运,而且还直接关系到领导对象或领导客体、主要是被领导者的切身利益乃至现实命运,进而关系到会有什么样的社会性结果、效果和影响。显然,领导考评是一个非常重要的概念和实践范畴。

但是,领导考评迄今为止也未得到过专门的理论界定,而且在实践上也常与通常的考评即上级领导者对下级被领导者的考评混同在一起,引起理论和实践上的不少困惑。这种状态集中表现为"一个领导考评拥有多种叫法"——古今中外对领导考评均有不同的称谓和叫法。

我国古代的领导考评就是官吏考评。远在上古时期,舜就开始对官吏进行考评了。他把这个考评称为"考绩"①。中古以来,官吏考评根据选拔官吏人才和管理官吏这两种基本需要与功能而分别叫做考试举荐和考察考核——它们在不同朝代又有不同称谓:(1)考试举荐。在汉代叫察举,要经过一定的考试,但最主要是举荐;自隋唐以后,则叫做科举和铨选(或考铨),非考试的举荐为辅为次。(2)考察考核。在秦汉都叫"上计",在唐朝则叫做"考课",在宋代却叫做"磨勘",而在明清则都叫做"考满"和"考察"②。其中,把官吏考评叫做考铨或铨选的做法还一直在我国的台湾地区沿用③。

在现代西方国家,领导考评就是指官员考评,也包括两大部分:(1)考试考核,又叫做业务类文官考试和政务类文官铨选;(2)考察考核,在大多数国家都叫做考勤和考绩。但是,由于领导一词在国外是一个具有广泛含义和适用性的实际范畴和行动概念;或者仅指管理的核心部分,或者作为广义的管理,或者算作独立的一个重大社会现象与行为;既覆盖私营部门,也覆盖非私营领域。而领导者的概念内涵也是同样情况。

事实上,只要是领导者,则无论在私营部门还是在非私营部门,也无论级别高低,都被

---

① 《尚书·舜典》规定:"三载考绩,三考黜陟幽明。"
② 侯建良. 中国古代官吏制度文集[M]. 北京:劳动人事出版社,1985.
③ 范寿藏. 考铨制度及考铨法规细要[M]. 台北:台湾商务印书馆,1973.

称做官员,都是官员体系中的主体部分。所以,在国外,领导考评实际就是官员考评,不仅存在于公共部门和国家层面,而且也自然涵盖了私营部门;不仅有高层官员考评,也有中低层官员考评。

在我国当代,领导考评主要是指领导干部考评和领导班子考评,其中的领导干部考评又包括考试考核和考察考核两部分,而领导班子考评则主要是考察考核。在中央一级的制度规定里虽然还未正式使用"领导考评"或"考评"的完整字眼,但却极为完整地包含了大量的考评或领导考评内容;而在地方各级的制度规定及其实施活动之中则不仅充分承接了中央的有关制度和政策精神,而且还已开始正式大量使用"领导考评"或"考评"这样的概念,只不过常常叫做领导干部考评、干部考评、绩效考评等而已。

事实上,领导考评无论在东方国家还是在西方国家自古以来就存在,而且还历来是最重要的工作内容之一;在不同时期、不同国度有不同称谓和不同侧重的实际内涵。

总之,领导考评虽然在不同时期、不同国家的名称、叫法不完全一样,但其内容却都大同小异,且历来都极其敏感、极其重大,是最重要、最复杂、最具现实影响力的一种专门而特殊的考评。在学术规范上,我们最好从此统一称之为"领导考评",并且由此来对它进行统一、规范的理论界定。

二、领导考评的界定与实质

根据领导的实质与重要性以及领导考评是以领导为对象这一重大特性,领导考评就可界定为一种由考评主体对潜在的和现实的领导主体及其领导行为与结果实施考评的专门活动。

确言之,领导考评就是考评主体为更加客观公正、科学有效地认识和把握领导者和领导人才的全面情况而采取的一系列权威而专门的甄别理论、技术、政策、措施、制度与活动的总称,其具体内容包括考试、考核、考察、督察、考验、检查、检测、测量、测验、审计、审核、透视、诊断、实证、衡量、评估、评价、评比、鉴定、公示、民调、表决等等。

其中,考评主体有着复杂的构成,首先包括领导部门和组织人事部门,其次包括纪检监察、司法等部门,最后则包括社会公众和人民群众。从本质上说,人民群众具有最高的和最终的考评权,因为领导的权力来自人民,只有人民群众考评认定的领导者和领导班子才具有掌握领导权力的合法性[①]。考评对象和考评内容也很复杂,包括后备的或候用的领导人才、在任的领导者和领导班子、潜在的领导行为及其结果、在任领导者和领导班子的可能行为与结果、已经发生的领导行为与结果,等等。

这就是说,领导考评是一个非常复杂的理论范畴和实践范畴。其主体构成非常复杂,其具体内容非常复杂,其具体过程也必定非常复杂。可以说,其内涵、影响与结果都极为复杂和重大,直接关系到用什么样的人做领导、用什么样的标准去看领导和评价领导、实际会有什么样的人在领导岗位上、领导行为和领导权力权威实际能受到什么样的约束和健康保障、实际会有什么样的领导结果和现实影响等重大问题。

---

① 我国《宪法》第二条规定:"中华人民共和国的一切权力属于人民。"因而,不同岗位上的领导者其手中的权力均属于人民,其角色本质就是人民的公仆,其优劣奖惩应由人民群众作出最终的确认和评定。

从领导考评所涉及的相关范畴和主要内容而言,领导考评的实际内涵主要就是:领导考评专门以各种领导人才和领导主体,特别是领导者为实际考评对象,以领导素质和领导绩效为具体考评内容,以领导才干和领导言行的表现及其结果为考评事实或材料,以充分发现、合理培养和正确使用领导人才以加强领导队伍建设、充分开发领导力资源或核心人力资源、极大增强领导力、极大提高领导水平、极大降低领导低效无效和失败率、有效诊断和清理领导主体身上的腐败病灶而确保领导主体健康、胜任等为主要的目的和功效。

概括起来可知,领导考评实质就是为了遴选领导人才、建设和管理领导队伍、改善和提高领导质量与领导绩效,由领导者、领导部门、组织人事机构、其他相关机构和人民群众为考评主体,以领导人才、领导者和领导班子为考评对象,根据时代和形势发展的要求,运用科学的领导素质理论、领导人才理论、领导绩效理论、领导测评理论及实用考评技术等专业理论和技术,将实际工作和现实生活对领导提出的需要、标准和要求以及有关法律制度所做规定和所提要求转化为有效的测量指标和考评标准,选择适当的考评方式、考评方法、考评技术和考评工具,制定具体的考评规划和考评方案,对考评对象实施考评的一系列实务活动,包括考试、考核、考察、督察、考验、检查、检测、测量、测验、审计、审核、透视、诊断、实证、衡量、评估、评价、评比、鉴定、公示、民意调查、投票表决,等等。

换言之,领导考评其实就是一个既以潜在的和现实的领导主体为开发和监督对象、又完全贯穿于现实领导主体领导过程的组织人事过程、民主法制过程和实际领导过程的复合体;不仅在操作或行为上包含了普通考评的全部内容,为组织人事各环节,特别是用人与吏治环节提供最为主要、具体、有效和权威的途径、手段、动力、基础和依据,而且在考评主体的结构上也显示出了多重权威主体的固有地位、重要功能与作用以及考评组织上的综合性。

总之,领导考评的上述定义、内涵与实质将成为纵贯领导考评制度研究的概念基石和理论角度。

三、领导考评的含义

事实上,领导考评是一个以判别领导人才、评定领导绩效为主要内容和功用的日常化、基础性和核心性组织人事过程、管理领导的途径和吏治手段。这从以下四点来理解:

(1) 领导考评既是一个领导力或核心人力资源开发过程,也是控制、规范和管理领导的一系列治理行为与治理活动;既是一个以组织部门、人事部门为主体的日常组织人事过程,也是一个以群众、社会、纪检部门、监察部门、司法部门为主体,发扬科学、民主、法制和领导主体自律等精神的治理过程乃至政治过程。只是其中无论哪一过程都离不开领导主体。

(2) 领导考评既有用人的一面,又有吏治的一面。此即,领导考评既着眼和致力于实际领导、具体参与和总体把握,因而它又有一层领导过程的性质。开发领导人才,加强领导队伍建设,强化和优化领导主体,提高领导水平和领导绩效;又对领导主体进行引导、督促和管理,对领导行为和领导权力进行监督和约束,及时清除各种领导病垢和领导隐患而确保领导健康胜任,加强对领导的管理、整饬、约束而后做到从源头上解决腐败问题、作风问题、社会风气问题,等等。

（3）如果说 X 光机能帮助医生看穿人体、洞悉病况，那么领导考评就是能够帮助考察主体洞悉考评对象的品质与绩效的鉴别工具——或曰看透领导人品与领导实绩的另一种 X 光机。作为一种有效手段，领导考评最能有助于组织人事部门、上级领导部门，特别是领导权力的渊源——人民群众更好地看穿、洞悉考评对象，而不被表面现象所迷惑，以至能够更加科学、准确、正确和恰当地发现人、使用人、抓绩效，而不犯用人失察、督察无效、运作错乱等错误，从而有效地实施并完成组织人事工作和吏治工作。

（4）一个组织的强弱、一个事业的成败关键就看领导考评能找到什么样的领导人才、造就什么样的领导力量，同时也在于领导考评能怎样有效地发挥对领导的监管作用。——如果领导考评低效或无效，那么领导队伍就十分容易变得低质量、恶劣化，领导行为出现问题就不能得到及时的发现与治理，领导权力权威就有可能变得滥用无忌，领导事业就完全有可能失败；这样，不仅领导战略和组织目标不能实现，而且领导客体，特别是普通群众必将深受其害，更严重的是最后现实的领导地位和领导架构就必将走向崩溃。然而，如果领导考评得到足够的重视并高度科学化、民主化和制度化，那么就不仅能够选用最好的领导人才来担任领导而给领导客体，特别是群众带来福祉，而且能够切实提高领导水平和领导绩效，极为有效地巩固现实的领导地位和领导架构。

总之，无论由哪种考评主体组织实施这种专门活动，领导考评都是一种具有专门理论依据和现实依据、为满足专门现实需要而甄别领导人才、鉴定和管理领导主体的重要活动，极其复杂而重大。

四、领导考评的特性

一般而论，领导考评具有法制性、社会性、职业性、实务性、实效性、价值性、责任性和严肃性等实质性特征，同时也具有科学性、技术性、客观性、理论性和实证性等状态性特征。从领导考评的实践来看，状态性特征更具有操作上的意义；因而，特对此侧重阐释其中更为突出的几个特征。

1. 目的性和针对性

领导考评永远是目的明确的活动过程。它总是在非常具体的特定环境条件下专门就非常明确、具体的目的、指向和指向物，进行非常具体、确切及必将产生某种结果的审度、诊断、预测、估计、评价等活动。任何空泛性、盲目性、随意性和散漫性都是不存在的。这是其科学性的另外一个大支撑点。

2. 整体性和全面性

领导考评贯穿于整个领导过程，每评估一个方面就必定要涉及相关的所有因素，既从静态也从动态来全面把握问题，不会也无法片面地进行领导审度与判断；总之，到处都显示出整体化、全方位的特点。事实上，这还同时是领导考评科学性的一个重要保证和来源。

3. 客观性和实证性

领导考评始终基于全面的客观事实，进行全面、冷静的客观思考和研究；没有充分的事实依据和其他相关的客观依据，就不会做出结论；因为领导考评始终是与领导结果与效果相关联的；稍微主观，就有后患；稍有不慎，就有后果。时时处处都体现出严谨缜密的原

343

则和实证的必然特性。这一特点决定了它必然要吸收和运用大量的科学分析技术和相关科学领域的知识技能。因此,这是其科学性的最大支柱所在。

4. 科学性

科学性是领导考评的最大特点。领导的活力、效力和价值根本上均来自于它的科学性。如果说每个具体的领导环节是分别而具体地赋予领导以科学性的实际过程,那么就可以说领导考评就是综合而具体地评判那些环节是否已经或真正地赋予了领导以科学性过程,同时也直接参与到了这个科学性赋予的过程之中,由此来确保领导的科学性、过程质量与预期成效。领导考评不仅自身具有科学性,而且还通过其运作或作用来加强或保证整个领导过程的科学性,进而有利于公共领导的科学运作并产生出科学的领导结果和效果。从领导影响的角度来看,领导的科学性和领导考评的科学性就将通过领导结果和效果来对领导客体或领导相对方发生极其深刻的影响。没有科学性或者不够科学,领导就必定是病态的、没有活力和效力的;而其过程就不会产出预期的结果,甚至还可能带来危害和灾难。而领导考评就是基于其自身的高度科学化来促进整个领导过程科学化的。事实上,领导考评与领导过程中的决策权力化、资格化、随意性、盲目性和非理性等非科学性是水火不相容的。没有科学性,领导考评就毫无作用、一文不值。总之,领导考评的最大特征在于科学性;领导考评的最大价值就在这里。

5. 能动性

领导考评在整个领导过程中一般都是积极主动地发挥作用的,都是在评估主体的积极反应下发生的——是评估主体对评估客体的主动反应,是基于科学性的积极感受、分析、审度、诊断、预测、估计、评价、动议和反馈等智力穿透领导事物的活动和过程。事实上,这也就是领导考评主动纵深地介入、参与和作用于领导过程诸环节的评析活动。

第二节　领导考评的功能与作用

一、领导考评的功能

领导考评的功能主要是指领导考评作为识人鉴绩的途径、手段和工具所具备的功用与效能。它主要取决于领导考评的结构,不同的领导考评具有不同的具体功能。它的实际内容比较广泛,微观上的种类也比较多;但其总的功能则可概括为甄别优劣以便选贤任能、用优汰劣和惩恶扬善,而其功能则主要有如下诸项:

1. 透视显示功能

透视显示功能,也叫 X 光机功能[1]和镜子功能。有的学者把这一功能叫做反馈功能。领导考评对领导的各个方面都可以作出科学、准确、全面、透彻的监测、揭示、显现和描述[2],使之得到客观、真实的反映和展现,有便于从任何现实的角度对领导进行审度、分析、

---

[1]　山东省委组织部:《干部考察工作新论》第 1 页,"干部考核要像 X 光机那样快速准确地看一个人"。应该说,X 光机功能是组织人事部门和纪检监察部门历来追求之事,尽管未必有自然科学范围内的具体功能,但却可以通过一系列科学的考评机制来产生和保障。

[2]　萧鸣政在《国家公务员考评教程》中把此处内容归结为描述评定功能(第 21 页)和预测功能(第 23 页)。

总结和评价,有便于获得经验和理论上、宏观和微观上、战略和战术上的珍贵积累——包括正反两面的真实材料,进而有便于从任何角度出发实施对领导、对组织人事工作的改进和提高。只有这样的功能才能使未来的领导能够择优制胜、避免重蹈覆辙而做得更好;没有这一功能,只能使领导、也使组织人事工作丧失真实、有效、重要的参照资料和鉴戒资源。这是领导考评的最基本功能。

2. 示范警示功能

示范警示功能,也叫标识功能和界度功能。有学者把它叫做区分功能。领导考评本身就是规范化、标准化、精确化和科学化的结果,不仅其专业理论和技术是规范的,而且其基础依据也都是规范的,更重要的是其考评对象和整个现实体系都必将因此而变得规范起来,不仅可以科学、规范地考评确定优秀的领导范式而为领导世界的现实标尺和标杆,而且可以直接为整个现实社会提供科学确定的领导楷模和典范,为所有领导者所参照或对比衡量以规范、约束和提高自我而变得更称职。

事实上,这一功能将为现实世界中所有以领导者为楷模的正常人所参照、对比和衡量,借以自我提高而得到更加全面的修养和发展,确立一条关于对错优劣、进退成败的明确界度乃至作为底线的"高压电线",避免犯前人已犯过的错误,避免走前人已走过的弯路,避免付前人已付出的代价和成本。而这首先就使历来难以对付或处理的人或人治的问题变得更具科学性而更容易得到科学地解决,其次就使整个组织群体或社会随着每一具体成员的高素质化而变得更加发达和高度文明,本身就构成了一种新质的文明核心和源头,推进着整个社会的繁荣和发展、文明与进步。应该说,这是领导考评的一般性功能。

3. 识别鉴定功能

识别鉴定功能,也叫伯乐功能和人才功能。有的学者称之为评价功能。领导考评对领导人才和领导者可以进行某一个点、某一个方面的或者立体的和全方位的认识、区分、评价和预测,达到某方面的或全面的认识,形成关于考评对象的准确材料,为其他环节的组织人事运作提供正式、权威的官方依据。它具体包括人品考察、行为检测、健康检测、才智检测、效率测定、业绩评定、称职程度考核、问题诊断、优劣鉴别、完缺判断、潜在作用与贡献水平等许多方面。

其中,最重要的方面就是发现各类、各方面、各层次的领导人才并使之能够得到更科学更恰当的使用。它是整个领导考评中最具科学性的一部分,从考评理念与导向、考评范围与内容、考评指标与标准到考评方式与方法、考评工具与手段、考评结构与程序、考评的针对性与全面性等都要求具备严格、缜密和科学的实质与特征,为此不仅要经过反复周密的论证,而且要把科学的领导测评原理和技术具体地加以应用。

这样,它就能够选拔出真正适合领导岗位需要的领导人才,也能够辨别出一切不符合群众、组织和事业需要的领导者并引起相应组织人事处理措施的联动。总之应该说,领导考评是最具科学性、灵敏性、有效性的组织人事手段。

4. 检查监督功能

检查监督功能,也叫督察官功能和吏治功能,有的学者称之为管理功能。江泽民认为,"历史上的腐败现象,为害最烈的是吏治的腐败","用人方面存在的不正之风和腐败现象在党内外的影响极坏,危害极大。必须严格整肃,坚决刹住这股歪风,坚决惩治这种腐败现象";"各级党委和纪检监察机关、组织人事部门对于这种现象,发现一件就要严厉查处一件"。① 应该说,"发现一件"中的发现最主要的就是要靠领导考评。

领导考评可以对领导计划、领导过程、领导作风、领导行为、领导实效、领导效果、领导后果进行及时、有效的检查、审视、量度和评价,特别能使领导运作、工作进度、资源流动、权力效用、政策倾斜、勤惰状况、腐败情况都变得透明化、公开化,由此不仅有效确定实际的领导性质、领导水平和领导胜任性,而且将领导主体随时置于监督主体的监督之下,形成及时、不可逆、不可遮掩的事实反映、督促压力和清腐压力。事实上,这是建立和推行最科学严谨、扎实有效的透明机制、监控机制、纠错机制和责任追究机制的核心要件。

这样,就有利于包括作为上级责任者和监督者的领导阶层在内的广大监督主体能够更透彻地了解领导阶层内部的真实情况,有利于更好监察和处理已经出现的问题和有关责任人,有利于及时发现潜在的和现实的不称职者、违法乱纪者、腐败堕落者和祸国殃民者乃至其他领导犯罪者而清除之,有利于及早消除在领导层面上发生更大危害的隐患,有利于确保领导队伍的纯洁、健康而优质,有利于确保领导阶层能够普遍自觉地做到廉洁奉公、勤政为民和以人为本以及更好地改善和实施领导。

从根本上说,领导考评将使历来单纯权力化、意志化、长官倾向化、暗箱操作化的"人治式"领导过程乃至组织人事工作和检查监督工作本身都变得更加科学规范、公开透明而更少失误与失败,极大地伸张正气,切实树立科学民主之风。换言之,领导考评可以极大增强检查监察和督促工作与事实依据的公开性、准确性、可靠性和可信性,极大减少人为的随意性和不当性以及由此带来的额外社会问题或者政治问题,在吏治和廉政方面具有极其重大的现实效能和价值。

总之,领导考评是科学、民主、灵敏、高效的检查监督手段,是最重要的治理工具和治理机制之一,是对权力监督和制约、对领导主体加强管理的最重要手段之一。

5. 激励督促功能

激励督促功能,也叫杠杆功能和引擎功能。这被有的学者归结为区分功能的一部分。领导考评虽然本身并不直接包含用人或奖惩的内容,但却与用人或奖惩直接挂钩联动;不仅通过以唯一权威有效的反映和揭示来使用人或奖惩的组织人事措施作出即时的反应,而且还通过形成实际上的透明公开机制而自然遭到事先、事中和事后的监测、引导、激发、督促和推动。

具体而言,这将使领导主体始终面临并承受着来自于考评机制而非人为的多重压力并由此要么积极主动要么被动被迫地勤政奋勇、做得更好,真正符合领导客体,特别是群众利益与需要的方向;更重要的是通过有效撬动领导按照成功的目标和线路运作,使领导真正发挥出影响整个领导客体的积极作用而带动或推动文明的整体发展。的确,领导考评就是一种在领导过程、组织生活、社会生活方面均发挥积极进步效用的最重要组织手段和特效社会工具之一。

6. 教育提高功能

教育提高功能,也叫教师功能和指挥棒功能。这也被有的学者归结为区分功能和管

---

① 江泽民. 论党的建设[M]. 北京:中央文献出版社,2001:第229页.

理功能的一部分。领导考评可以最有效地帮助有志者成为合格的领导人才和更成功的领导者,不仅可以使之发现自己的优缺点、长短处、潜在优势和实际职业胜任程度,以便其扬长避短、发挥出自己最大的效用,而且还能使之明确现实权威的领导素质标准和领导绩效标准,进而目标明确地或者更有针对性、更能见成效地进行学习、修养、锻炼、提高和自我完善,引导和指挥人们向着理想、模范的人才境界和绩效境界努力奔进、靠近乃至臻实。

另外,领导考评还能帮助组织人事部门和领导培训部门更加科学规范和富有针对性地实施领导人才培养和开发计划,更加卓有成效地提高领导素质、建设领导队伍和增强领导力。这就是领导考评在领导教育和领导提高方面的重要作用与优势。

7. 综合功能

领导考评对于推进整个领导工作规范化、领导活动精当化、领导过程现代化、领导手段科学化、领导行止艺术化、领导作风改善、领导方式转变、领导素质优化、领导队伍建设、领导监督管理、领导绩效提高、综合实力的增强,特别是核心竞争力的增强以及整个领导制度和组织人事制度的改革与建设,都具有非常重要的参与效用、参考效用和推进效用。这就是说,领导考评不是官僚主义、权力主义、主观主义和形式主义的鬼把戏,而是在操作层次上非常务实地对形势和时代作出敏锐反映并有效推进领导现代化的科学手段和民主手段之一;完全可以"实干",既直接提高领导干部素质、加强班子建设和后备队伍建设,又直接推进第一线领导工作及其他具体工作。

总之,领导考评是将领导理论同事关领导实践的组织人事工作这个实际联系起来的桥梁,既是领导学中最重要的一个应用性分支,也是组织人事工作中最富科学性的基本部分、工作手段和实际工作内容之一,是领导人才培养、选拔、开发和使用诸环节都必须借助的基本途径和科学手段;根据实际需要,可以不同方式分别应用到领导考评之中,发挥出实际效用,最后形成领导考评的具体结果、具体作用和实际价值。

二、领导考评的作用

从既有的实践和事实来看,领导考评贯穿于各主要的和重要的组织人事环节之中,既有基础性、前提性的作用,又有决定性、关键性的作用;由此来直接影响和制约着组织人事运作乃至领导实践的质量和结果,给现实生活带来着非常广泛、深刻的影响。如果从作用的相对层面上看,那么领导考评的作用就可分为两个层面,具体如下。

(一)第一层面的作用

领导考评在第一层面的作用主要是指相对而言直接触及、影响或决定领导主体形象、利益和命运的组织人事作用和监督约束作用。这是一种极为实质的和硬性的主要作用,也是一种能够极为有力地直接关系到领导利害的因素之一。它包括四个方面:

第一,选拔领导人才或潜在领导者的作用。这一作用实际是鉴别和开发的作用[1],相对于整个组织人事过程和领导决策而言则是基础性的作用,相对于领导人才的脱颖而出来说则是关键的作用。这具体表现为如下三点:

---

[1] 萧鸣政. 国家公务员考评教程[M]. 北京:中央民族大学出版社,1995:第 14 页.

（1）领导考评可以使得领导人才的内在世界，也就是领导素质变得可以全面、科学、客观地观测、把握和评判，及时掌握、控制领导素质与领导人才的性状及发展方向，进而使古今中外无不认为最复杂、最主观、最难做的选人用人工作更客观、更科学、更令人信服。

（2）领导考评能够比较准确地反映某种领导者或领导人才的专项领导素质或综合领导素质，确切地测定领导素质所达到的水平和所蕴涵的能量，正确反映领导素质的品位，为正常发现、合理培养和正确使用领导人才、充分开发领导力或核心人力资源提供全面、系统、科学、客观、权威的依据和佐证。

（3）通过甄别和选拔领导人才，使得潜在的领导者得以真正脱颖而出，直接有利于建设优质、卓越的领导队伍，造就强大而现实的领导力和核心竞争力；由此真正得以切实地落实人才强国战略，特别是正确的人才观。

总之，这是一种发现潜在领导人才的作用，自古以来都极端重大，为诸作用之首。

第二，选拔任用更优秀领导者的作用。这一作用仍然是鉴别和开发的作用，相对于整个组织人事过程和领导决策而言也仍然是基础性的作用——这里与第一作用相同；而相对于领导者的发展来说则是关键的作用——这里与第一作用存在显著的不相同，最主要的不相同之处是作用的对象不同，即不是潜在的领导者而是现任的领导者，只不过是从这些领导者中甄别和选拔更优秀者而已。这个作用具体表现为如下四点：

（1）领导考评可以把领导者的日常表现、工作实绩转变成验证或证明其内在条件即领导素质的具体指标和标准，并且由此构建成一套有效的考评机制，或者建成一台能够透过领导活动及其结果等外象而显示出领导素质实际情况的"X光机"。

（2）领导考评能够通过领导者的实际表现来比较准确地鉴定、验证有关领导素质或领导人才与实际岗位要求之间的实际差距，筛选出在领导素质上能够满足某种岗位对人提出的特定要求的各种领导人才，为正常选拔领导者的组织人事运作提供更为科学的直接依据。

（3）考核、甄别、评价、鉴定领导工作的真实质量和实际成就以及领导者的真实胜任性，引导、刺激和推动实际领导过程和领导者的生涯设计与运动，在最具体实质之处落实绩效管理战略，特别是正确的发展观和政绩观。

（4）领导考评能使置身于其中的领导者以此来进行自我人格与生涯的设计，并为此而使自己的全部不断趋向于考评认定的实际标准，包括实际是无效的和虚设的标准。因而，领导考评实际上通过形成领导的甄别鉴定机制来有效塑造符合劳动人才标准和要求的领导者。

总之，领导考评如何将最现实有效地直接影响到领导队伍建设的质量与效果。

第三，客观显示和证实、有效促进和提高领导绩效的作用。这一作用是督导、激励和鞭策的作用，相对于整个组织人事过程和领导决策而言也仍然是基础性的作用，而相对于领导主体来说则是带来压力和动力的作用，相对于组织和作为领导服务对象的领导客体，特别是人民群众来说则是关键的作用。这个作用具体表现为如下四点：

（1）领导考评可以将组织的工作目标、工作标准和工作要求、任务与职能、规章制度和公共政策以及领导客体，特别是作为领导服务对象的人民群众对领导的期待、需要和要求转变成可测量的指标、标准和效标，由此构成一面检测、监测领导主体的所有表现、活动及其结果的镜子，并由此督促领导主体确保领导工作有效、成功和富有贡献性。

（2）领导考评能够极大降低领导低效无效和失败率，极大提高领导质量、领导水平和领导绩效，确保领导能够真正、不断地作出贡献；由此极大发挥出领导力而增强领导的有效性；进而有利于极大开发和增强核心竞争力及整个竞争力，并由此使整个组织群体或社会迸发出最大的创造力而创造更多、更大的财富和价值。

（3）领导考评有便于具体确认领导绩效以便对相应的领导责任人实施及时的物质性或精神性奖惩、任用性或非任用性奖惩；由此将形成以具体绩效标准为实际工作导向的，最直接、最现实的督导机制，对日常的领导价值、领导动机和领导行为直接发生指挥棒作用和杠杆作用，不仅直接调节领导动向，而且更直接影响在领导作用下的巨大资源的实际流向与效用。

（4）领导考评能使置身于其中的领导主体依此来进行工作方式和标准的设计，并为此而使自己的全部不断趋向于考评认定的实际标准，包括实际是无效的和虚设的标准。因而，领导考评实际上通过形成领导的督导机制来实际地塑造领导形象，并由此进而规范、引导、促进和提升着领导的实际作用。

总之，这里的领导考评如何将最现实有效地直接影响到领导工作的整体质量与效果、领导主体的整体成就与贡献，由此形成更大的生产力和实际财富，达到让人民满意。

第四，检查和端正领导行为、发现和清理领导不端与腐败的作用。这一作用是监督、约束、控制、规范和治理的作用，相对于整个领导决策、组织人事过程和纪检监察过程而言也仍然是基础性的作用，而相对于领导主体来说则是一种能够带来最实质、最沉重，也最普通和最正常的制约力、管束力、压力和动力的作用，相对于组织和作为领导服务对象的领导客体，特别是人民群众来说则是关键的作用。它具体表现为如下四点：

（1）领导考评可以将组织的规范和要求、任务与职能、规章制度和公共政策以及领导客体，特别是作为领导服务对象的人民群众对领导的期待、需要和要求转变成可测量的指标、标准和要求，对领导主体的所有表现、活动及其结果进行是否符合严格规定的检测。

（2）领导考评能够透视、核查、检测、验证、鉴定领导者的领导行为与领导结果，分析和确认领导主体是否科学、合理、端正、规范？是否符合纪律、制度和法律？是否腐败或腐败程度如何？进而由此确认领导者乃至整个领导主体是否尸位素餐、误人误事甚至误国误民，同时也判定相应的责任；为追究责任、惩处腐败、清理队伍和廉政建设提供最有效的依据和动力。

（3）领导考评能够有效诊断和清理领导主体身上的腐败病灶而确保领导主体健康而胜任，实际是最主要、最直接、最有效、最锐利的廉政武器，是对腐败分子最具威慑力和鉴别力的"照妖镜"，也是一种有效的"照妖"过程。只有最充分发挥出这一作用，亦即只有最充分利用和最有效运用领导考评，才能最经常、及时、有效地识别和清除腐败而保持领导队伍的廉洁健康与根本胜任，才能最实质地改变领导作风、净化社会风气、加强领导队伍建设、提高政治文明，才能有效确保领导主体真正做人民的公仆、为人民服务，才能既让人民放心，也让人民满意。

（4）领导考评能使置身于其中的领导主体依此来设计行为方式和标准，并为此而使自己的全部不断趋向于考评认定的实际标准，包括实际是无效的和虚设的标准。由此形成领导的监督制约机制，有效约束和规范领导行为、端正和改善领导形象、改进和优化领导作风。

349

总之,这里的领导考评如何将最现实有效地直接影响到领导的规范性、合法性和有效性,也影响到领导队伍的整体质量、形象、性质、地位、作用乃至健康与命运。

(二）第二层面的作用

领导考评的第二层面作用是指相对而言并不直接触及、影响或决定领导主体利益和命运的组织人事作用。这是一种具有长远效果的软性的连带作用,主要有三个方面:

第一,有效培养领导人才、加强领导能力建设的作用。这是指领导考评能够识别、判断、确认领导者和领导人才的优点与不足,设计并实施更具针对性和有效性的培养计划与方案,全面提高领导素质、领导水平和领导实力,全面加强领导层面的能力建设和核心人力资源开发。一句话,这个作用就是促进领导素质不断提高的作用。

事实上,领导人才工作随时需要依靠和运用领导考评。正常情况下,只有领导考评才能有效地确认领导者或领导人才的优缺点、长短处到底在哪里、具体是什么,并为更具针对性和有效性的领导人才培养提供先决性的参考依据。只有这样才能真正切实有效、全面和高质量地提高领导素质和领导力,为赢得领导成功、实现领导战略和组织目标奠定优秀乃至卓越的内在基础。然而,如果脱离这一点,那么所实施的领导人才培养、核心人力资源开发、切实提高领导水平和领导实力的目标和实施方案就多是低效或者无效的,至少是漫无目的、缺乏针对性和不切实际的,几乎不可能达到所应有的目标、标准和要求。

第二,有效确立科学、权威的榜样与示范的作用。这是指领导考评能够为整个公共部门乃至其他所有部门和层面的能力建设与人力资源开发树立并提供最高规格、最具权威性和科学性的榜样与指导,直接引领和推动人才强国战略的实施与走势以及整个国民素质的提高和发展。

尽管说领导考评在具体内容和特点上有自己独到的一些东西,但与一般的人力资源考评在本质上、机理上却并没有什么两样。所以,领导考评其实都直接影响到了普通人力资源开发,为其提供范式上的标准参考和指导,对整个人力资源开发都具有战略上的深远影响和作用。这就是说,领导考评直接影响着核心人力资源即领导人才资源的开发,而任何部门、任何领域、任何层级都有相对的那一部分核心人力资源开发,所以领导考评不仅直接影响到某一具体社会系统内核心部分的质量与成效,而且更重要的是还直接影响到该系统内整个人力资源开发的依据、方向、目标、模式和实际机制。

另外,由于领导人才是整个人才群体中的代表,所以领导考评引导所产生的人才造就导向就直接影响到人才培养的全局,具有方向性、示范性和实际引导的作用,对实施人才强国战略同时发挥着直接和间接的作用。

还有,由于领导者是现实生活中人们的实际榜样和示范,无论哪个方面、层次上的人们都会以其身边耳濡目染的领导者为标准、为方向,所以,领导考评在直接引导和推动领导者往哪里走和怎么走的同时,也通过领导考评的作品即作为无言的实际示范的领导者来对广大普通民众产生关于自身素质和人生发展上的重大影响。

再者,由领导考评产生出来的领导者还将通过自己的领导实践直接影响到领导范围内的一切领导客体,特别是所属成员的切身利益与命运;而作为最具能动性的组织成员和社会成员就必然将因此而大力调整自己以极大增强自己对于身边现实生活的适应性、生存力和发展力,从而造就出集体性和社会性的团块化素质结构与人员结构,进而就形成多样而复杂的现实生活结构与社会结构。显然,领导考评的现实影响非常深刻而重大。

如果领导考评是科学而积极的,则必然给现实带来普遍的积极作用;反之,则只能产生广泛的消极影响,对某一具体社会系统内成员乃至全社会成员的自身发展和社会历程都将产生长期影响。

总之,领导考评在现实社会生活中起着间接的但又是实质性的关键作用。它能够通过确立标准来引导、刺激和推动着现实社会生活中每一个人的生涯设计与现实发展,影响现实社会生活中每一个人的人生方向与成效、现实命运与前途,进而影响到整个社会的结构、功能、质量、活力与发展水平。

第三,促进组织人事制度改进和完善的作用。这是指领导考评能够有效地影响和调节着组织人事制度建设以及相关制度建设,对深化组织人事制度改革、领导体制、行政体制乃至政治体制改革都有重大影响。

领导考评虽然在静态上常常是组织人事过程的某几个基本部分和关键环节,但其实却是内在地贯穿于组织人事全过程的主流性和日常性组织人事活动、领导活动和领导客体对领导主体的监督约束活动。这就决定了它与其他绝大多数组织人事环节与内容都是密切相关的,其他组织人事环节和内容脱离它就会丧失基础和可操作性。

所以,当要做好其他方面的组织人事工作时,要加强整个组织人事制度乃至领导制度建设时,就不能不首先充分搞好领导考评这一环,就不能不首先把领导考评制度建设好。从更具科学性上抓住领导考评和领导考评制度,就等于在整个组织人事制度和领导制度建设上真正"执牛耳"了。在此基础上,对于全面的制度建设和整个改革发展都将在具有巨大操作实效的层面上非常实质性地发生、发挥重大影响和作出积极的贡献。

如果说权力和资源实际在于领导,而领导的有效作用在于领导人才,而领导人才的最大关键在于选用;那么就应该说,选用的关键即在于考评,考评的关键即在于科学、有效与否。这将决定考评的成败,而对领导实施的考评成败则将决定着领导会有什么样的性质、质量和效用,进而直接关系到整个组织、整个事业的得失成败,甚至关系到整个国家的强弱兴衰。因而,领导考评是一个极其重大的现实领域,不可轻忽。

总之,领导考评对于整个领导实践和组织人事实践乃至全局的改革与发展都具有以科学价值和实践价值为实质内涵的重大现实作用。在领导考评的多种作用中,第一层面的主要作用是最重要的,是领导考评的核心价值所在和着眼点所在,也是形成一个能够真正有效作用于领导这种几乎难以约束、控制的事物的重要机制所必不可缺的核心要素之一;当然,也是具体、深入地理解和研究领导考评、领导考评制度的主要基础和理论渊源之一。

第三节　领导考评的范围、内容与类型

一、领导考评的范围与内容

领导考评虽然说其评估主体主要集中在专家这样一小部分社会群体身上,但是其内容却是非常丰富的,其范围也是非常广阔的。可以说,领导覆盖到哪里,领导考评就延伸、

存在和作用到哪里；领导范围有多宽，领导考评的范围就有多宽；领导内容有多具体，领导考评就有多具体。另外，虽然说领导专家只占千万种社会角色的极小一部分，但是这些专家却是各个方面的，只要有领导存在的地方就有相关的专家可以参加到领导考评当中，因而领导考评的丰富性、广泛性和多样性始终都是其基本的特性；此即从专家的多样性上看也是可以充分证明领导考评是范围极其广阔而内容极其丰富的。

确切来说，领导考评的实际范围与内容主要包括如下八个方面：

（1）领导的科学性、可行性、适当性、时效性、合理性和合法性。

（2）领导内容的正确性、充分性和完备性。

（3）领导行为的约束性、正当性、恰当性、合理性、合法性与依据依凭。

（4）领导运作的正常性、正确性、平衡性、实效性和机制与方式。

（5）领导手段的正常性、正当性、合理性、合法性与适切性。

（6）领导资源其来源和使用的正当性与适切性，其效用水平和作用方式。

（7）领导信息的真实性、全面性、及时性、失真度、变异度和虚假度。

（8）领导的投入与产出、成本与效益、效果与影响。

以上诸项是领导考评的主要对象和核心内容，具有显著的广泛性、深刻性和复杂性。

二、领导考评的类型与构成

根据领导考评的实质、范围和内容，可从不同层面确定标准来划分领导考评的类型，由此弄清领导考评的基本构成。

第一，以领导过程为标准，领导考评主要分为领导问题评估、领导建议评估、领导价值标准评估、领导设计评估、领导备选方案评估、领导抉择评估、领导实施评估、领导运行评估、领导结果评估、领导效率效果评估、领导影响评估和领导终结评估等。

第二，以评估形态为标准，领导考评主要分为专项性评估和综合性评估、阶段性评估和连续性评估、一次性评估和多次性评估、应急性评估和常规性评估等。

第三，以评估手段和技术方式为标准，领导考评主要分为推理性评估、理论性评估、考察性评估、实证性评估、计算性评估、运筹性评估、程序性评估和网络性评估等。

第四，以评估责任和组织方式为标准，领导考评主要分为专职评估和委托评估、当事性评估和咨询性评估、正式评估和非正式评估等。

第五，以评估时效或时间为标准，领导考评主要分为即时评估、短期评估、中期评估和长期评估等；预评估、行进评估和后评估，或者是事前评估、事中评估和事后评估。

第六，以评估影响和地位为标准，领导考评分为官方评估和民间评估、当权者评估和专家评估、宏观评估和中观评估及微观评估、战略性评估和战术性评估、权威性评估和一般性评估、决定性评估和参考性评估、主导性评估和附加性评估、渐进性评估和终极性评估等。

第七，以领导因素为标准，领导考评主要分为领导环境评估、领导时机与机遇评估、领导目标与内核评估、领导动机与期望评估、领导主体资格与能力评估、领导支持评估、领导基础评估、领导资源评估、领导条件评估、领导信息评估和领导技术手段评估等。

第八，以具体对象和领域为标准，领导考评则可以有千百万种类型；应该说，有多少种具体的领导领域，就有多少种具体的专门领导考评，在每一种这样的评估中都有相应的行家里手来作出权威评估。

第九，以考评目的和效用为标准，领导考评则分为预测性评估、检测性评估、监督性评估、核实性评估和总结性评估等许多种。但是，就当前的制度规定和实践运作情况来看，其中的四种最为现实而突出。这四种考评的具体取向和性质均不相同，具体如下：

（1）考试选用类考评。为了认清考评对象的真实素质水平，以便选拔任用新的领导人才，古今中外无不选取考试考核的办法。这样就形成了一种具有普遍性通用性的领导考评类型，即选拔任用领导人才的考试考核，简称考试考核。这种考评比较透明、公开，因而可以更公平公正一些，也可以做得更科学客观一些。

考试考核就是要客观、真实、全面地揭示潜在领导者或领导人才的内在情况和水平即具备什么样的领导素质。这种考评主要有两类方法：(1)主要方法，包括笔试、面试、测量、测验、民主测评、民意调查、投票表决等；(2)辅助方法，包括考核、评估、鉴定、公示和确认等。

（2）非考试选用类考评。为了认清考评对象的真实素质表现情况，以便发现更优秀的领导者，并将其作为在领导实践中脱颖而出的领导人才提拔或擢升到更高、更新的领导岗位，古今中外也同样在考试之外都选取了另外一种选人的做法即考察考核。这样就形成了一种同样极为普遍而又典型的领导考评类型，即选拔任用领导人才的考察考核，简称考察考核。

考察考核就是要客观、真实、全面地揭示现任领导者和领导班子在实际工作中的表现、业绩和贡献，并由此判断其实际的素质水平。此即根据其工作表现来判别其实际具备什么样的领导素质和领导胜任性。这种考评除了包括考察、考核两种最主要的方式方法外，还兼用考验、检测、测量、民主测评、民意调查、投票表决、评估、实证和确认等许多方法。

这种考评实际是最主要和最通常的领导人才选拔办法，主要是暗箱操作，比较隐秘甚至神秘，主观随意性和不确定性很大，甚至还常常出现明显的、纯粹的权力选择、意志选择、地位选择、利益选择、关系选择、好恶选择、习惯选择等不公平、不公正和腐败的现象。

（3）绩效管理类考评。为了认清考评对象的真实成就与贡献，以便进行日常的业绩管理、效率管理、质量管理、奖勤罚懒和推进工作，古今中外也都采取了同样的考评办法即绩效管理，只是这些绩效管理除开都以追求获得绩效为实际目标外在不同时代和国度各有不同的内涵和特征。这样，绩效管理也就成为专门满足提高工作质量和水平、获取高绩效需要的一种考评类型，即监测督促领导绩效的考核评估，简称考核评估。

考核评估实际是对现任领导者和领导班子的政绩进行常规化考评，通常采取考核、检查、检测、测量、审核、测评、调查、分析、衡量、实证、评估、评价、评比和确认等方法。

（4）监督约束类考评。为了认清考评对象的基本合格性，以便确认现任领导者和领导班子的领导行为是否基本合理、合范与合法，古今中外也都通常对这些领导主体的领导行为依据公认的标准和法定的标准进行考查评价。这样做不仅其结果对领导主体具有重大的监督约束作用，而且其本身也能够对领导主体及其行为直接发生监督约束的效用。这样形成的一种基本的考评类型就是专门以监督约束领导为目的和取向的领导考评，我们把它叫做监督约束领导行为的考查评价,简称考查评价。

考查评价就是要专门对领导主体的日常行为和合格性进行日常化的考评,通常包括考核、检查、检测、测量、审计、测评、调查、侦查、暗访、督察、透视、诊断、分析、衡量、评估、评价、实证、鉴定和确认等方法。

上述四种是最具操作性、实务性和普遍性的领导考评基本类型。现实生活中的领导考评主要就是这四种类型。它们各有自己的特定标的、特定效用和专门适用性。但是可以发现,其中,考试考核与考察考核都是选拔任用领导人才的,所以均可归为选用领导人才的考评;而考核评估与考查评价则都是对领导进行管理的,只不过前者侧重于获得绩效而后者侧重于监督约束而已,所以均可归为管理领导主体的考评。

第十,以考评对象为标准,领导考评即分为领导人才考评和领导主体考评两大类。

(1)领导人才考评。这是为培养、选拔和使用领导人才而进行的考评,也就是对潜在的和未来的新领导者所进行的甄别和选拔性考评。这就是选用领导人才的考评,显然就包含了前述的两种具体考评类型,即考试考核和考察考核。

(2)领导主体考评。这是对现任的领导者、领导班子乃至整个领导系统所进行的考评,但最主要是指对领导者和领导班子日常表现和工作及其结果所进行的考评,因为对整个领导系统的考评一旦实施起来都要落实到具体的领导者和领导班子身上。实际上,这就是对选取到领导队伍中和领导岗位上的领导人才进行责任性管理的一类考评;所以,这就是管理领导主体的考评,正好也包含了前述的两种具体考评类型,即考核评估和考查评价。

这里还需要略做辨析的是,领导人才考评中的考察考核的对象实际就是现任的领导者或领导班子,按领导主体的含义则显然应该归到领导主体考评中来;但是,这里没有这样做,也没有必要这样做,因为考评对象虽然作为领导主体,但却只作为领导人才而非作为责任主体的领导主体来与管理发生关系的。这就是说,虽然同为领导主体,但却因受考评运作的目的和性质所决定而各具不同的性质。这样,仅仅因为同是领导主体就把考察考核归到领导主题考评中来,那就显得完全不合理、也不科学了。

第十一,以最常见的考评内容为标准,则有领导素质考评和领导绩效考评两种。这两种领导考评最具科学理论内涵和实际操作价值,在整个领导考评构成中具有实质性和代表性,相互之间虽然存在一些区别,但更存在高度的内在相关性和一致性。如果着重从考评内容标准下的领导素质考评和领导绩效考评入手,就最有可能把领导考评的构成解释得更具体、更深入,对于更好地认识和把握领导考评具有特别的价值和必要性。不仅要在此处简述之,而且要作为本章重点在后文细释。

(1)领导素质考评。这是以发现和确定领导人才为主要标的,以领导人才的素质标准和要求为考评的指标体系和评价依据,鉴别和评定考评对象的所有内在条件即领导素质,特别是潜在的或可能的领导才干和领导作用,由此遴选确定合格的领导候选人即潜在的、未来的或后备的领导者和领导班子。实质上,这与领导人才考评显然是完全相同的,不仅内涵相同,而且包含的具体考评类型也相同,即都包含了考试考核和考察考核。

(2)领导绩效考评。这是以测定、确认和评价领导主体为主要标的,以公认、法定和制度规定的领导职能职责和规范、领导绩效标准和要求及政绩导向为依据,对在任领导者和领导班子乃至整个领导系统的现实言行、作为、过程及其结果和水平进行专项或全面的考评,由此确认其实际的合格程度、胜任程度、优秀程度和贡献程度。——从内容实质上看,这与领导主体考评显然也是完全相同的,不仅内涵相同,而且包含的具体考评类型也相同,即都包含了考核评估和考查评价。

以上各种标准下的不同领导考评类型确实非常丰富多样。它们构成了一个完整庞大的领导考评系统。无论从理论或学科的形态上看,还是从领导实践角度上看,这个系统都是一个覆盖着广泛知识、技能、技术和相关理论基础的巨大领域。因此可以说,领导考评就是一个关联甚广、非常复杂的领导分析过程和领导分析系统。

应该说,领导考评的构成主要是指领导考评的基本类型及其基本的相互关系,反映着领导考评的基本结构。事实上,领导考评的目的、主体、对象、内容、过程和结果等均可成为解析领导考评构成的独立维度或标准,而且均有实在的意义。但是,如果侧重以考评目的、考评对象和考评内容为标准,那么就将使领导考评构成的解析更加切近领导考评的实质和实际而显得更有价值、更有意义。因此,这里即着重以此三维为标准,探究领导考评的构成。

总之,要把握领导考评,就要把握住这样一个过程和系统;但是,按照领导考评实践和相应的理论探索与应用探索来看,最重要的是要把握住按第一种标准即领导过程这个标准来进行的各种领导考评,由于这些评估是结合领导诸环节、紧贴着领导过程来进行的领导考评,对直接达到领导考评的目的和预期效果是最具实际价值的,也最有作用。

第四节　领导考评的标准和标的

一、领导考评的标准

进行领导考评,根据什么标准来判断孰正孰误、孰优孰劣? 显然,这里就有一个标准的问题。这个领导考评标准事关领导考评能否符合客观实际、能否得出科学的评估结果、能否对公共领导乃至公共管理真正发挥正确而积极的作用。因而,国内外理论界与实践界都比较重视这个问题。在这方面,比较能够为大家所接受的一般意见是,领导考评标准必须切实、饱满地反映和体现出领导质量与成效的客观要求和科学预期水平。具体来说,领导考评的客观标准主要包括如下各个方面:

(1)社会生产力标准。这是衡量一切领导的根本标准。无论什么领导,归根结底都要看它对于社会生产力具有什么作用。只要看其是束缚生产力还是解放生产力,是阻碍、压制或不利于生产力发展还是推动、促进或有利于生产力发展,对生产力进步的帮助是大还是小,即可对公共领导作出正确的评估。

(2)人民利益的标准。既然公共管理是为人民服务的,特别是生产力发展最终是为了不断满足人民群众日益增长的物质和文化生活需要、不断提高人民生活水平,那么就应该说公共领导最终就是为了人民利益的。所以,符不符合人民的利益,能否有利于人民的利益,就可以非常明了地判断出公共领导的好坏优劣。这即说,人民的利益就是领导考评的最高标准。

（3）社会前进方向的标准。这是另一条极为重要的领导考评标准。一切违反或忽视历史规律的领导、一切阻碍或不利于社会进步的领导，即一切不顺应社会前进方向的领导都是危险的和破坏性的。只有符合历史发展、社会前进方向的领导才是正确可取、自然也包含了充分科学性的领导。忽视或违反这一标准，就必将导致公共领导以及公共管理都走向反动和没落。

（4）适切性和客观性标准。一切领导都必须切合实际，因为领导就是缘实际而发、因现实情况而动的公共产物。不能针对和解决某一具体实际的问题，不能客观准确地反映客观实际情况，那么任何领导就都不会是好领导。

（5）科学性和可行性标准。这是一个基于客观事实、科学过程和科学结论的操作性标准，也是领导过程质量之所在。

（6）效率效益标准。这是关注和考核领导投入与产出、工作量与绩效、资源消耗与结果成效、领导产出与原来的领导预期、实际效果与预计效果、领导代价与领导目标、领导结果与社会发展指标和目标之间关系的重要标准。

（7）公平公正标准。这是反映领导合理性的标准；在社会生活中具有极大的敏感性和社会实际效应性。忽略这个标准，无论领导制定还是领导实施或者其他领导环节，都将面临重大阻力和困难，也是非常容易走向反面的。

（8）充分性和满意度标准。这是公共领导是否能够达到最佳效果的标准，衡量和决定着公共领导是否有偏差有遗漏，这样的偏差和遗漏程度有多大，领导资源利用与发挥的程度有多大，领导目标的实现程度有多大，公共领导涉及的社会相关各方的满意度与支持率有多高等。这是领导考评过程中所要最充分把握的技术性维度和操作性维度，是在评估过程中饱含科学性的最实际评估标的。

二、领导考评的标的

领导考评的标的是指在进行领导考评之初由领导主体或领导考评主体根据领导目标提出并确定的领导质量未来标位设想，是领导考评主体赖以进行领导考评的方向标和测量尺。

领导考评的标的与领导目标内在地对应着，在路线和原则上是一致的，而在内容上虽然常有差别，但有时则可能是充分重合的。一般来说，领导目标要更宏观更高层，领导考评的标的则是更微观更具体，是为了实现领导目标而在领导考评这个技术操作层面形成的、用来检测和绳直评估行为以及领导过程及其与领导目标的关系的技术性领导标准与方向。事实上，也可以说它是为了科学的领导考评而从领导目标分解下来的亚领导目标。因此，领导考评的标的虽然是在进行领导考评时才提出并确立，但却是领导目标系统的组成部分，无论对于整个领导过程还是对于整个具体的领导考评过程都是非常重要的关键性操作因素。

领导考评的标的其核心是领导价值标准和科学标准，而其中的领导价值标准必须来自于领导目标或伴随着领导目标的形成而确定。不同的领导考评有不同的标的，不同的领导考评的标的具有不同的核心，不同的评估标的核心具有在价值标准和科学标准方面不同的具体内容。在所有不同的领导考评类型中，在评估对象和领域标准下的各种领导考评具有最多的具体标的——它们在评估内容上相互区别,体现出领导种类、领导内涵和领导考评的多样性与差异性;而在领导过程标准下的各领导考评则具有最切合于一般领导环节、紧扣领导过程的具体标的——它们在技术和操作层面上相互区别、非常独立而又相互呼应、连贯成一体。

领导考评主体只有在始终明确评估标的的情况下才有可能明智而有效地选择和运用各种具体的评估途径、评估方式、评估方法和评估技术,最佳地利用和发挥出领导考评的经验、知识、技能和才干,使领导考评得以坚实、深入而又高质量地进行下去并很好地完成,进而直接促进整个公共领导能够完全围绕领导目标而非常高效理想地得以制定、执行、发挥作用和进行产出。应该说,领导考评的标的就是领导考评推动和确保公共领导能够很好地体现和实现领导目标、取得良好的领导成效的关键因素。

无论进行什么样的领导考评,无论是正打算还是已经在进行领导考评,都必须具有明确的评估标的。否则,所谓的领导考评就不是领导考评,而是一种盲目、杂乱、肤浅和不负责任的领导思虑或领导议论,不仅没有科学性和领导价值,而且无论在哪个环节、哪个阶段都还会造成负面影响和不良后果。

第五节　领导考评的基本过程与基本原则

一、领导考评的基本过程

进行领导考评,有一定的步骤,要遵循一定的程序。通常的做法是将领导考评分成三个阶段和八个步骤,然后来逐步推进和完成领导考评;具体如下:

1. 起步阶段

起步阶段是进行领导考评的第一阶段。在这里,评估主体主要就是为确定并组织某一具体的领导考评而做好全部前期的预备工作,主要是形成一个完整的评估方案及实施评估的方案,为具体进行对某一具体领导的评估提供基本的依据和条件。所以,有的学者也把这个阶段叫做领导考评的准备阶段。这个阶段又包括如下四个具体的环节:

(1)根据评估领导的实际需要,确定评估的目的、基本打算和基本设想。

(2)根据评估目的和设想,确定领导标的。这包括明确所要评估的具体预期、具体主题、具体对象、具体范围、具体内容和具体任务等诸方面。

(3)根据具体设想和具体标的,确定评估的具体标准、具体依据、具体方法、具体工具和具体途径,确保能够在统一而科学的尺度下进行协调的评估活动。

(4)制定评估方案,以系统安排的形式确定和分配领导考评的具体任务,亦以提供备选方案的方式使评估主体择优使用之。

2. 实施阶段

实施阶段是具体开展领导考评的过程。这里通常要集中发挥专家和理论的作用,要运用大量的科学的方法和技术手段来深入掌握、分析具体评估对象的全部信息。这一阶段又包含如下两个具体的活动或实施环节:

(1)从定性和定量两个层面上对具体的评估对象进行全面、客观的评估。这实际就是根据评估方案,运用诸如建立系统评价模型等方式方法进行具体的领导考评。

(2)围绕领导标的,根据领导目标,进行系统、深入的分析、研究和评价,形成对某一具体领导的真实认识和全面把握——包括经验总结和理论分析与升华等,得出客观、真实、全面、统一、确切的评估结论,形成权威、有效、具体的评估结果。

3. 完成阶段

完成阶段实际是一个把评估实施所获得的认识和结果加以文字化、书面化、定型化和应用化的收尾阶段。

(1)撰写领导考评报告。这就是将评估实施阶段所形成的共识、结论和所获得的结果以适当的方式和结构写成具有全面性、客观性、实效性、权威性的书面报告。这类报告的内容具有相当深度的分析性、总结性、启发性、理论性和实践性。

(2)应用领导考评结果。这实际是领导考评结果的处理,主要是将它及时反馈于领导主体,及时调整领导和领导行为,有效优化领导过程,切实提高领导成效。

总而言之,领导考评过程就是确立并实现领导考评标的的一系列活动和基本过程。

二、领导考评的基本原则

进行领导考评,还有一个原则的问题。这即在进行领导考评时,必须遵循那些饱含科学性、确保评估科学性的实践原则。根据国内外实践探索和总结,一般认为,要做好领导考评,主要应坚持如下四项原则:

1. 标准化原则

领导考评同其他领导实践一样都需要拥有和依据一定的标准。这是确保领导科学性的基本前提。没有标准或者标准很模糊混乱,则绝对无法做到评估科学规范,只能是在评估过程中根据价值倾向、知识经验和观点看法来非常主观随意、片面孤陋和变乱不定地评述论说公共领导的各个方面,结果是永远主观化、随意化、杂乱化。这样做本质上就不是领导考评,就是一种没有标准、没有依据、胡搞乱评、不负责任的行为表现。所以,确立标准并使标准不断细致、系统和科学起来,就成为搞好领导考评所必须遵循的第一底线和基本原则。

2. 客观性原则

客观性原则也叫做实事求是原则。领导考评始终需要实事求是、客观真实,只有这样才能确保评估的准确性、精确性和正确性。否则,即使已经有了非常完善、完备和科学的评估标准,也是无济于事的;因为有标准也可以收集和使用不客观的事实、信息来进行评估,可以用主观意愿、价值取向和利益顾忌之类的主观内容来加以解释和评估,甚至通过颠倒黑白、改变事实、扭曲真相来进行完全非实事求是的评估,最终结果则必然是高度歪曲地反映领导现实并进而导致进一步错误的领导行为与领导结果。所以,实事求是应该是领导考评所必须严格奉行而不可逾越的又一底线和基本原则。

3. 正确性原则

领导考评必须以推动领导成本最低化、领导成效最佳化为导向,必须确保客观、公正、公平,必须确保目的和动机端正,也必须确保对领导运行及其结果的正确反映和正确引导;而不能出于某种需要、目的或意图,如务虚、务面子、务政绩、务形式主义等,加以改变、伪造、编织、偏袒或掩盖地进行。这是保证领导考评方法科学有效的基本条件，也是确保其他的领导考评方式和原则得到正确理解并使之产生正确作用的基本条件。这是领导考评所不可逾越的第三底线和基本原则。

4. 系统性原则

领导考评需要系统化而不能以偏赅全，需要对领导进行全面、立体的审度和评价。只有把领导各个方面都纳入到评估的事业和过程当中去了，才能在评估操作的基本层面上确保领导考评的客观性、真实性和全面性，也才能真正把握住有效的和有用的真实领导信息。事实上，这是一个确保领导考评科学性的非常重要的操作性原则。

上述四个原则都与评估标准存在着内在而密切的联系，都非常排斥诸如权力意志性、主观随意性、固执性、野蛮性、非理性、脱离实际和没有科学依据等各种各样的非科学性，是确保领导考评活动和过程不出科学规范的最基本界限。其实，这些原则就是领导考评科学性的行为支点，是在具体进行领导考评时能够充分确保评估科学性的四个关键要点。

第六节　领导考评的基本方式与方法

一、领导考评方式与方法的一般原理

领导考评的方式与方法就是达到领导考评标的的手段和途径。在领导考评标的明确以后，领导考评最重要的任务就是要知道如何紧扣领导考评标的而更好地更有效地发现和解决所有关键的和重要的评估问题。显然，领导考评标的的确立以后，领导考评的方式与方法问题就紧接着提出来了。这虽然是技术层面和操作层面的事情，但却总是关系到能否真正达到领导考评标的，能否真正确保领导考评的科学性、切实性和有效性，以及能否真正确保领导目标得以充分或完全地实现。因而，这实际上却正是一个同领导的优劣和成败直接相关的方法论问题和战术性问题。

而事实正是这样，领导的优劣成败很大程度上就取决于在操作上集中体现为领导分析的领导考评质量，实际也就是领导分析的质量，而形象一点就是进行分析或评估的手段和做法的高明程度。因此，要做好领导考评的工作，就必须下大力气发掘出更多、更有效、更高明的评估方法和评估技术。实际上，领导质量的高低优劣最具体地取决于这个方法论层次和战术层次运作的质量、表现出来的能量和达到的水平。

如果说在不同组织之间进行着某种角逐和竞争，并希望较量致胜，那么就可以说其最具体、最直接的较量就在于这个战术运作部分，这个部分才是真正短兵相接、交锋较量、一比高低、一决雌雄的所在。而这里却全是关于领导考评方式方法的方法论世界。

不同的领导考评要解决不同的领导考评问题、达到不同的领导考评标的，就需要运用对应有效的方式方法。这些适合于具体进行领导考评的方式与方法彼此之间是互不相同的，实际构成了一个纯操作性的方法系统和技术系统，对于领导考评的优劣成败具有直接的决定作用。显然，要进行领导考评，就要有适合的方式方法，就必须首先从这样的系统中找到并有效地依据之和运用之。否则，所谓的领导考评就只能是对领导的胡评瞎估，其

结果就只能是南辕北辙。这不仅不会、也不可能达到评估标的,而且还会带来一系列的各种浪费和对公共领导的破坏。这即说,进行领导考评而没有适合的方式方法就注定要失败。要善于进行领导考评,就必须尽可能多地掌握领导考评方式方法并能随时从中找到适合的或发现新的适合的方式方法。

在领导考评中没有普遍适用、放之任何领域皆有效的方式方法,而只有相对适用的方式方法。然而,在丰富多样、适用特点各不相同的领导考评方式方法中仍然有些方式方法具有相对广的切合性和适用面,可以作为普通领导考评经常使用的工具和手段。

二、常用的领导考评方式

具体而言,领导考评方式主要有:独断的方式和民主的方式,决策者自定的方式和经由专家的方式,领导主体自主的方式和领导客体主导的方式,经验惯例主导的方式和科学原则主导的方式等。但是,目前人们通常使用的领导考评方式则主要有:

(1)领导界定。即以主要领导问题和领导内容为轴心,进行领导含义、性质、类别、领域、目标和相关因素等方面的界定。这是最基本的领导考评方式。它为后续的其他评估方式和活动提供着平台。

(2)领导审度。主要是对领导问题、领导建议、领导方案、领导事实基础、领导根据和依据、领导实施等诸方面进行识别、检查、考究和评审。

(3)领导分析。这主要指狭义领导分析,即运用各种分析方法、模型、技术和技巧去分析各种领导,为领导过程各阶段提供分析资料和科学依据。

(4)领导比较。这主要指根据需要和客观情况对各种不同的领导方案、领导措施、领导效益、领导基础和领导环境进行不同的比较。具体的比较方式主要有纵向比较与横向比较、时间比较与空间比较、同质比较与异质比较等。

(5)领导衡量。这主要是对领导的是非、利弊、得失和轻重缓急等进行估计测算和评定把握。

(6)领导诊断。这主要是对领导过程各环节的情况、现实问题和潜在问题等进行识别、界定、确认和把握。

(7)领导预测。这主要是运用科学的预测知识和技术,对领导过程在一定条件下和某种环境中的未来走向、趋势、可能结果与效果以及可能出现的各种相关情况进行科学的测算、预计、预见和预想。

(8)领导估计。这主要是根据经验和智慧,对非理性和不确定背景下的各种领导可能进行推想、推论和假设。

(9)领导跟踪。这是全程监控、把握领导过程的领导考评方式,实质是对各个阶段的领导情况进行鉴定,是对领导考评结果进行正式认可和接受并由此形成正式的结果性领导信息的基本评估方式。

(10)领导反馈。这是对正式的领导信息结果作出作用于领导过程的积极反应的领导考评方式。

三、常用的领导考评方法

目前,在领导考评实践中通常使用的领导考评方法主要有两大类,具体如下:

第一类是领导研究通用的基本方法,包括调查研究方法,经验分析方法和演绎推理方法,定性分析方法和定量分析方法,系统分析方法,层次分析方法,结构分析方法,典型分析方法,抽样分析方法,统计分析方法,数据分析方法,模型模拟方法和不确定性分析方法等。这些方法其实是基础性、一般性的方法系统,对于做好每一项具体评估工作具有一般的方法论意义。

第二类是领导考评专用的具体方法,包括目标与途径分析法,标的与过程分析法,投入与产出对比法,变化测定法,跟踪监测法,前后对比法,效果对比法,效益计算法,意见收集分析法,专项评审法,综合评估法,立体评估法和全方位评估法等。这里每一个方法都具有自己的特殊功能和用途,能够分别达到某一具体的评估目标或标的。总之,它们都是非常专用的、一法一用的和多法并用的。

事实上,在进行具体的领导考评时存在很多被分解得非常微观、细小的评估目的和目标。每一个最小的评估目的和目标都要有,也必定有一个相应的专门方法与途径。所以,在实践中如此专门、具体的评估方法相当多,无法一一列举及详细论述。这里只能从评估主体和评估角度的基本角度来简要介绍三种最普通的专门评估方法。

(一)专家评估法

专家评估法就是由在某一具体领域具有高深造诣并具有评估专业知识技术的内行运用自身专长对该领域的领导进行高度专业、精深、细致、全面、系统和科学的审度、考察、考核、权衡、预测、鉴定和评价。其实质就是从制度上和实际操作上都确保专家最经常、最实质地介入到领导过程之中,使领导得到立体化的科学赋予、确认与评价并由此而变得更具科学性和更可能产生科学的现实结果。事实上,这是最主要的现代领导考评方法。

现代的公共领导已经随着政府职能的细致划分和公共管理的细致分工而变得越来越专门、具体、细致和独特。这不仅决定了领导制定需要,也必定要高度专业化,要由独专于该领域、该研究点的专家来最实质性和最权威地参与并完成,而且也决定了领导考评亦随之变得日益专门、具体、细致和不可相互等同替代,决定了领导考评也需要熟悉、了解该领域的专家来最主要地承担评估任务和责任——只有相应的专家才具备相应的专业知识和技术而适合并胜任科学评估该专门领导的职责和任务。事实上,已经高度专业化的具体领导完全需要高度专业化的专家来确保评估的科学性和权威性,才能使该领导考评产生有效的结果和科学的作用。

另外,即使从元领导、基本领导、一般性领导思想和领导规划的角度来看,领导考评的专家化也特别需要、特别现实,也同样是正在变得日益强烈和显著。因为通常情况下这类领导的价值主导性和意识主导性总是占第一位的,领导的科学性、合理性、合法性、实效性、可行性和可操作性总是容易被忽略,至于领导的相关性,特别是领导影响与效应的相关性则更是无暇顾及。这在传统状态下是不可动摇的,但在现代条件下则是至少能够在引入专家参与的情况下有所转变的。事实上,只有在加入了专家评估这一有效因素以后,这类领导的各个层面和关系才能得到更高的科学含量、可行价值和现实价值。

（二）群众评估法

群众评估法就是由群众对所实行的领导进行最直观、最现实的评估。其实质不是从专业的和深层次的角度来科学评估某一具体领导，而是一般的和最终的实际效果和作用的角度来对领导的正误、得失与成败做出最后的判断与评价。

因为群众就是实际的和最主要的领导受体即领导客体，领导的一切本质上都是为了群众的，都是要为人民服务、为群众带来现实的和长远的好处的。领导的优劣好坏、得失成败最终都应该由群众说了算，由群众来裁判，亦即都要在人民群众的实际利益与实际状况等这些为领导所要最终体现之处来最后确证。如果人民群众不能得到实惠和长远利益而表现得不满意，那么无论领导内容如何全面和用心良苦，也无论领导制定如何科学或使用专家，都是空洞的、无效的和多余的，甚至是有害的。这即，领导的出发点、落足点和最终目的都在于广大人民群众的利益；无论权威的领导主体还是代表科学的专家和专业技术以及他们的领导作用与价值，也都必须在人民群众那里得到最后的检验，必须由人民群众来作出最终的评判。所以，这个"群众评估法"是最本质的领导考评方法。

群众虽然不能像专家那样进行高度专业化、科学化的评估，但却能够依据自己的切身感受，特别是自己的实际状况和实际利益的实际变化来作出最直观、最直接的反映，并得出价值判断上的结论。这样进行的领导考评是无法替代的，因为只有作为领导受体的群众才有在领导效果、领导实质等方面的真实感受，才有作出直接评判的资格、条件和可能。而这本身就自然包含了、也体现出一种符合领导本质要求的、位于最高层次的科学性。

（三）自我评估法

自我评估法就是领导主体从其领导初衷与意愿、领导目的与目标和领导实效与责任出发，依据一定的理论、知识、技术、立场和价值观，对其现实的领导行为、领导过程和领导结果进行预测、审度、检查、考核、验证、判断和评价。其实质就是在权力、地位、资源和责任影响与约束下为确保领导质量与领导效果、最终实现或达到领导目的和目标而进行的质量化评审与责任化评审。

这种评估方法具有内在性、内向性、务实性、操作性、权力性和责任性等特征，有助于领导主体更好地自我认识、自我改善与自我提高，有助于领导主体更好地制定和执行领导，也有助于领导运行过程的更加精细化、严密化、科学化、规范化和高效化，进而最实质、最有效地切实提高领导质量、产生更好的领导效果。

上述三种基本的评估方法都能有效完成对领导的评估，但是由此形成的评估结果却不一定能够相同。这些不同方法产生的评估结果往往会有差别，甚至较大的出入。所以，在实际进行领导考评时，最好是既分别运用又同时相互结合地运用这三种基本方法，其中还要以群众评估方法为最后决定因素。这样才能真正确保领导考评的全面性和科学性，才能真正完成领导考评任务并有效达到领导考评目标。

第七节 领导考评与绩效管理的改进

一、把握和调整领导考评的方向与导向

（一）当前领导考评与绩效管理的实践探索

领导是公共管理的核心，直接影响公共管理的特性和运行。而领导考评则是直接影响领导方向的杠杆，往什么方向推，就会使领导朝哪个方向走，并由此主导着公共管理有什么样的特性、朝哪个方向走。因此，领导考评在公共管理中扮演着深度影响现实运行方向的角色。

绩效管理是公共管理的新模式，能够促进公共管理高效化；是公共管理质量和成效得到全面增进的主要途径。不走绩效管理之道而欲取得管理成效的突破，就无异于不走金融之道而能求得融汇资金一样。

在公共管理实践中，领导考评与绩效管理既分别存在，又高度结合在一起。领导考评直接构成绩效管理的核心环节，十分重大地影响着整个绩效管理的特性与成效。绩效管理主要通过领导考评来直接高效地影响领导行为乃至整个公共管理，只不过在内容和综合功能上还有更多的范畴和层面而已。

在现实生活中，公共管理会朝哪个方向走？会出来什么样的结果？关键要看领导考评和绩效管理的完善程度和如何发挥作用。要有一个好的结果，就一定要充分掌握好领导考评这一杠杆，要充分发挥绩效管理的综合作用。

人们为了得到更好的管理成效，一直以来都在公共管理实践中探索领导考评与绩效管理。从万人大评议到精细做考评，从 GDP 到绿色 GDP 的考评变迁，从多样的考评体系到中组部近年来颁发的两个权威考评办法，从中央到地方，全国上下，紧扣落实科学发展观，都在进行这方面的探索。这些探索可谓风起云涌、多种多样，直接带来了多种多样的绩效管理；其中不乏成功者，亦不乏失败者，有很多经验教训值得总结。

（二）领导考评与绩效管理实践探索的审慎反思与理性分析

就既有的探索来看，领导考评和绩效管理还是发挥了积极的作用。但也确实还存在不少成效不足的问题。在有的地方、有的单位，干部作风、机关作风并未明显转变，多内耗、不和谐的状况并未得到改善，政绩工程、虚假数字还是有禁不止，行政效率并未显著提高，群众并非普遍满意，管理运作并未因此变得规范，干部使用的公正性和到位性并不能令人信服。多样的领导考评催生多种的绩效行为。正常情况下，都能实干，能出实绩。但是，有的却不能求真务实，倒喜欢投机取巧，在工作中分出了实在绩效和潜在绩效，只注重本届任内所能出的实在绩效，而不管任后会有什么绩效，不会重视潜在绩效，因为那属于后任领导的；所以就出现了许多短期行为，而常常显得没有战略眼光。有的地方或单位热衷于画饼充饥，实际上搞的都是虚拟绩效，简单地将愿景转化一下，有点政策的样子，而无实际有效的措施和令人满意的结果。更有甚者，有的地方和单位，实际干不出什么成效

来，就只好搞虚假数字，编造虚假绩效，由此应付上级而不惜不畏于钻营。这实质就是一旦投入实际运行的领导考评已在多方面深刻影响和刺激了领导行为，由此导致了光怪陆离的绩效行为和多种多样的绩效结果，往往有悖于领导考评和绩效管理的初衷。

就目前情况看，领导考评和绩效管理显然还存在不少问题。这些问题的症结有很多，主要问题是：领导考评在各级各部门并未统一，也很难一致，出现了多种杠杆分别运作的情况，科学、完善一点的就带来好结果，质量差一点的就产生不良现象，从实践本身看就导致了多种管理实效与绩效表现；主要症结在于：管理创新常跳不出旧习惯、旧窠臼；考评常常流于形式化、走过场；考评触及利益与行为的调整；考评设计没有充分的科学理性；科学化严重不足——主要是维度分类还不够科学，至少是将素质与绩效两类不同事物混合在一起了，导致了领导素质与领导绩效混合考评，分别考评都有很强、甚至很难的专业性和科学性要求，混合考评就不能确保从途径和技术上达到领导考评的目的和绩效管理的目标。

二、确保领导绩效考评充分科学化

（一）推进科学化要做"两个分开"

第一个分开：素质与绩效的分开。素质与绩效是两类不同的事物；只有将其分开才能从根上确保科学性。因此，要做好领导考评和绩效管理工作，首先就要把素质与绩效分开。

第二个分开：素质考评与绩效考评的分开。素质与绩效在基本特性和内容上存在质的差异，决定了这两者只是考评内容的两大块面；两块考评内容直接构成了领导考评的两大基本方面；作为存在质的差异的考评内容，两者要通过考评得到正确、准确反映，就必然要求考评操作必须分别进行。这就是说，考评内容的基本差异决定了领导素质与领导绩效分开考评。因此，要提高领导考评和绩效管理的针对性和有效性，就一定要把素质考评与绩效考评分开。

（二）要深度把握和推进领导素质考评的科学化

作为领导考评的第一方面，领导素质考评显然是高度专业化、系统化的，其基础和依据就是更科学、完善的领导素质理论和领导人才规律。这样，更加科学理性、全面系统地把握领导素质构成及其考评构成就显得极为必要。为此，要侧重注意如下几个要点：

第一，系统把握领导素质考评维度。这首先就要系统把握领导素质的基本方面；素质方面直接构成领导素质考评维度；有哪些领导素质，领导考评就要紧扣而准确反映之。这就是说，领导素质构成决定着领导素质考评的范围与程度。目前素质理论有不少，这里介绍一个素质理论：四层十五类领导素质理论。十五方面的领导素质构成了十五个素质考评维度。

第二，系统把握领导素质考评指标和权重。这要求，要从素质方面纵深推进到更具体的素质因素和素质内容上，因为素质因素直接构成领导素质考评指标。在明确素质因素的基础上，要进一步明确每一素质因素内所包含的素质内容，因为素质内容直接构成领导素质考评点位。在明确素质内容的前提下,就可以产生或能够正式提出具体的素质要求,素质要求直接决定素质考评的权重;事实上,在具体素质内容都不太明确的情况下,素质要求肯定是模糊的,在考评上就不具备可操作性。总之,要借助系统的素质理论来系统地把握、设定领导素质考评指标和考评权重。

第三,要明确正确的领导素质考评的专责与取向。领导考评的专责主要包括:测评、培养和削尖领导高才;测评、选拔和用好领导人才;测评、确认和淘汰领导庸才。领导考评的取向主要是形成一个科学、健康的领导人才成长机制,打造能创造高绩效的领导人才队伍。

(三)要深度把握和推进领导绩效考评的科学化

作为领导考评的第二方面,领导绩效考评同样是高度专业化、系统化的;其基础和依据不是领导素质理论,而是亟待高质量履行的现实职能职责和管理规律。这样,确保科学理性、全面系统地把握领导绩效构成及其考评构成就显得极为必要。为此,要侧重注意以下诸点:

第一,要科学把握领导绩效考评维度。领导绩效是领导者履行职能职责的反映;基本的职能方面直接构成领导绩效的基本维度;两个方面的职能构成领导绩效考评的两个维度;基本职能决定下的绩效维度与岗位职责;运行性职能决定下的绩效维度与岗位职责。

第二,要科学把握领导绩效考评指标。基本职能下的工作指标构成主业绩效指标;不同基本职能是不同的专业领域;不同领域各有专业质量指标;运行性职能下的工作指标构成辅业绩效指标;运行性职能是履行基本职能的通用机制;通用机制自有通用质量指标。

第三,要正确把握领导绩效考评目的与权重。绩效考评目的决定绩效考评范围、程度、权重与方式等;领导考评诸环节都必须确保能够充分反映和有效达成考评目的。当然,各环节自身的专业把握也是非常重要的。考评维度重在紧扣所要履行的职能方面,考评指标重在紧扣工作质量指标,考评点位重在紧扣工作过程的节点及其运行结果,考评权重必须完全反映出工作质量要求,考评方式必须确保能够最充分反映真实的工作绩效。

第四,要正确把握领导绩效考评的专责与取向。领导绩效考评专责主要包括:测评在位领导者的工作数量与质量,测评在位领导者的工作效率与效果。领导绩效考评取向主要有三个方面:用工作实践检验领导者的素质与胜任性,促进高绩效领导者发展和班子建设,促进整个团队质量和组织绩效不断改善。

总之,要科学把握领导考评与绩效管理。领导考评内容与构成亟须科学把握。考评维度是考评内容的大块面。素质和绩效是两个层面的考评内容。考评内容的基本差异决定考评必须分开。两层考评内容决定领导考评的两类基本构成。

三、改进领导绩效考评旨在建立全新管理模式

(一)要通过改革创新来建立一个高效有力的公共管理模式

绩效管理是一种能够比较全面有效地克服管理疲劳的新型管理模式。抓绩效管理,首先就要正确把握和探索建成这样一种非常管用、有效的管理新模式。为此,要注意把握

以下几个方面的要点:

第一,要汲取既有的多种管理探索中形成的经验和科学精华,有鉴别、有目的地用来构筑全新的管理模式。而这其实是一个管理发展的路径,即传统管理→现代管理→绩效管理。

第二,要积极运用绩效管理来解决管理疲劳的问题。管理疲劳的问题有很多,目前亟待解决的主要是:管理弱效化:对与所要解决的实际问题常常无奈;问题顽韧化:新老问题堆积固结而管理束手无策;信心勉强化:陷入困境但仍在顽强而疲惫地作战;期待麻木化:不指望能出现什么真正的奇效良方。

第三,要通过考评变革和管理创新来不断增进工作绩效。认识在不断变化,要求在不断提高,考评就必须适应这些变化而不断变革,并由此激发出以考评为关键构成的大规模管理创新。但是,这一切变革和创新都必须始终紧扣和明确两重目标:一是全面增进正面绩效,包括减少低绩效、提高中绩效、扩展高绩效;二是全面防止负面绩效,包括避免零绩效、防止负绩效、根治反绩效。

(二)要通过系统把握领导素质与绩效考评来把握绩效管理模式

要建立一个完善的绩效管理模式,就一定要能够从整体上正确把握和处理好领导素质考评和领导绩效考评的关系,并由此将两者有机结合在一起;为此一定要避免走两个极端,即或者机械地将两者混为一谈,或者将两者绝对分开——变成为分开而分开。为此,要注意:

第一,要从横向上完整把握领导考评与绩效管理。一方面,要分别把握领导素质考评与领导绩效考评,在操作上确保它们各自独立、专业化地运转;另一方面,要将它们联系起来、在某些情况下甚至还要将它们结合起来,主要是要综合起来、内在打通地把握好领导素质考评与领导绩效考评,确保在技术上可以相互借鉴,在结果上则可相互参照印证,确保分别考评的正确性、有效性,更确保整个绩效管理的完整性和有效性。

第二,要从纵向上完整把握领导考评与绩效管理。领导素质考评具有一个显著的特征,即长期性,这决定了要从时间概念、要以动态发展和历史角度来进行客观全面、信度较高的素质考评。领导绩效考评也有一个非常显著的特征,那就是周期性,一般是在一个工作年度或者财政年度范围内的完整绩效过程,包括形成、考评、反馈三阶段;这决定了在一个周期内必须完整运用所有的考评环节、有效完成所有的考评任务。但就目前的探索实践情况看,领导考评与绩效管理在认识和行动上都还存在不少问题,其中较为突出的问题是,有不少探索都不能从纵向上完整把握领导考评与绩效管理,常常是跳过第一阶段,直接进入第二阶段,忽视第三阶段,使领导考评和绩效管理常常变得低效、无效乃至多余。

(三)绩效管理模式构建与推进所要注意的几个重要方面

为了建成并启动一个完整的绩效管理模式,这里要特别强调,必须紧扣绩效管理的周期性,从纵向上切实抓好绩效管理。为此,有注意以下三个方面:

第一,要高度注意和重视绩效考评的第一阶段,以务实、细致的工作管理来开启领导考评和绩效管理的大门。这里主要有两个操作要点:一是建立完善的绩效信息收集、保存机制；二是要建立和完善办事档案制度，关键是要对办事档案进行科学的分类、分层、分要点和分特情。

第二，要在充分注意并完成第一阶段任务的前提下进入第二阶段，确立合理、务实的绩效指标和标准体系，在考评实践中加以运用。为此，要充分注意和把握好以下几个要点：一是指标应体现职能职责和工作任务；二是标准应体现工作质量、数量和难度；三是要重点做好标准公定、公认的工作；四是指标体系要避免两个极端，即要么过多过繁，要么为简单而简单。当然，指标设定的把握还是有一个通用原则，即"不是越多越复杂越好，而是越简明合理越好"。

第三，要在完成第二阶段任务的基础上切实地进入第三阶段，一定要抓结果管理；此间核心是要建立一套完善的绩效管理配套制度，主要是要：建立科学、合理的绩效奖惩制度，奖惩的导向、标准、方式、时效与力度，建立科学、健全的综合管理制度；所有这些制度和管理的内容主要集中在建立一套及时、高效、公正的奖惩机制上。这个奖惩机制包括奖惩导向、奖惩主体、奖惩对象、奖惩依据、奖惩手段、奖惩内容、奖惩标准、奖惩时效、奖惩力度、奖惩实效、奖惩平衡等诸方面。

综上所述，通过改革创新来构建一个完善的新型管理模式，就是要围绕一条主线，即能够充分有效地落实科学发展观，按照绩效管理的内在构成，全面把握和设计具体的绩效管理模式。为此，要综合地注意把握好各个方面：一是考评理念与导向，要切实抓住充分体现科学发展观的绩效理念和导向；二是紧抓考评理念和导向来确定考评维度与考评标准；三是要紧扣能够充分体现考评理念和导向的考评维度和指标，寻找切实有力的考评手段，构筑完善的考评平台；四是要以更大的科学精神来精心推敲和完善考评机制与考评过程，包括进行以更高效优质地管理运作为取向的流程再造；五是要在考评记录与检查上下工夫，六是要在考评结果及奖惩兑现上有力度。总之，要整体把握领导考评与绩效管理的完整构成。

四、领导考评和绩效管理具有非常现实的管理价值

领导考评和绩效管理所具有的管理价值集中表现在能够为管理疲劳解扣。

管理疲劳是每个组织群体中都很容易发生、在管理实践中也很常见的消极现象。各种需要通过加强管理来解决的问题总是解决不了，常常是碰不得、不能碰，最后是只好麻痹相对、熟视无睹、得过且过、不了了之。其实质是管理无力无效、无解无奈。

特别是在公共管理部门，最容易出现的问题就是"干好干坏一个样，奉好领导才有希望"。这已经成为了一个大行其道的潜规则、实导向。于是，人们就总是"有心无力，出勤不出力"，常常不作为乃至乱作为而无须负责；人们在工作中就逐渐地变成了"慢牛"和"病牛"，进而又出现了鞭打快牛、满足慢牛、向慢牛看齐的机制；人们一辈子不求上进，只求四平八稳、安享"铁饭碗"就行了；人们总是专心于走人脉、跑关系、泡领导并为此前赴后继、挥之不去。结果就是干事之心散灭而不正之风泛滥，组织群体的生产力不仅开发不出来而且还遭到重大消耗与打压，领导和大众只能看在眼里、急在心头，无可奈何。这些问题就像"冷水浸牛皮，越浸越顽韧"，最后成为了严重的管理疲劳症。

对于管理疲劳症，人们总是试图通过管理创新来克服它。为此，人们长期以来探索了

许多新的管理理念和模式,先后发明和实验了满负荷管理、岗位管理、过程管理、目标管理、结果管理、质量管理、责任制管理、承诺制管理等。这些探索虽能解决部分管理问题,但都未能有效触及管理疲劳的症结。但实践证明,只有当管理创新来到绩效管理层面时,才发现了能够有效治理管理疲劳的药方;只有绩效管理才能为管理疲劳解扣,促使管理成效实现实质性突破。

绩效管理的实施,可以用事实说话,靠实绩证明,一切以绩效为评价人、使用人的依据;确立了一个明确的导向,即把心思用到搞关系上就没有出路,只有把心思用到出实效、出成绩上才能有地位、有前途。这使那些习惯搞关系的人就不得不把心思用到如何创造业绩上来,既无时间到领导跟前晃悠,也用不着担心会被领导忘记;也使那些一心干事的人得到极大的肯定和鼓励;干部的工作作风明显改变,自觉把心思和才智都用到干事上,把每个人的积极性和创造性都引导到谋改革、求发展上。这首先在有效引导生产力上彻底解扣了。

通过实施绩效管理,实行绩效公开,那么每个成员的业绩和工作状况都要对外公开,做多做少、孰优孰劣则一目了然。有的人即使不求上进,也得要面子,因而不得不设法让自己多干点、干好点。这样,就能自动形成一个"无须赶牛而牛自用力"的天然激励机制,即绩效倒逼机制。可以说,这样的倒逼机制是高明的制度设计和运用,具有很强的天然激励机能。任何单位只要正式建立和运用了这样的倒逼机制,人浮于事、效率低下、生气不足、老气有余等老问题就能很快自动迎刃而解了,领导再也不用犯愁如何费劲调动积极性、创造性了,公共生产力的高效开发问题也将从根本上解决了。而这就是制度设计的胜利。

在奖优评先、看人用人的过程中最容易出现的问题是领导凭印象,群众凭印象,组织部门的评价常常套用千篇一律的模子。于是,看人看不准,用人用不当,评先不先进,评优也不优,成者不自信,落者不服气;致使相互指摘、相互拆台、吵吵嚷嚷、内耗不断,还振振有词。面对这些问题,领导常常是压服之或者不了了之,结果是进一步挫伤积极性和创造性,进一步抵消组织群体中的生产力和实际发展成果。

只要试行绩效管理,这些问题都可以得到极好的解决。原来凭印象就彻底改变为凭事实、凭公布在外的每个成员的实际作为和贡献;做得多、做得好的,自然是优;评上先进、得到重用,谁也不敢不服气;谁要不服气,就拿出自己的绩效来比。这样,就极大地促使广大干部认真用心于比实干、比业绩,而不能总是打肚皮官司、搞内耗摩擦。于是,切实改变了大而化之、笼统不实的看人用人标准和方式,有效激发大家致力于团结协调、努力工作的机制也就形成了,公共生产力的开发又实现了重大突破。

以上各种情况说明,绩效管理对于改进工作、改善管理是卓有成效的。它解决了大量的传统管理问题,切实体现和增强了管理效力,能够真正确保奖勤罚懒、汰劣励优、公平公正、树立公信和正风,使大家都把心思和才智用来干事,在解决管理疲劳的问题上实现了一系列重要突破。这表明,绩效管理正是能够切实解决管理疲劳问题的有效途径和理想模式,是管理创新的一个正确方向和最佳选择。

第八节　领导素质考评的原理与要则

一、领导素质考评的界定、任务与作用

可将领导考评理解为这样一种过程：认识将要或已经担当领导重任的人胜任领导工作的内在条件、内在依据和内在基础并由此得出其是否是领导人才或领导人才品位是高还是低的结论。但是，如果从固有的实践出发并结合已有的专业理论成果，就可以得到更完整的领导素质考评定义。这里将领导素质考评界定如下：领导素质考评就是领导部门和组织人事部门根据领导科学理论、领导素质理论、领导人才理论、领导测评理论和组织人事理论以及相关实践需要，特别是领导人才和核心竞争力开发目标而制定相应指标、标准和测量评价工具对领导候选人、领导者和领导班子的素质所进行的测定与评估。

根据上述界定可知，领导素质考评的任务就是要通过考评领导素质在实践过程中的展现与印证来全面、真实、准确地显示和反映被考评者的素质情况。而这却具体表现为如下两个要点：第一，科学测定考评对象的真实素质水平；第二，科学测定考评对象的真实素质表现情况。

这就是说，领导素质考评就是肩负着这两项具体任务而来的，也是必须能够完成这两项任务而后才有价值的。事实上，这两项任务也就是领导素质考评的两个着眼点，而这两个着眼点也正是领导考评的前两个着眼点；当然，也可以过说，这两个着眼点正是这一考评所担负的双重任务。总之，领导素质考评就是要针对并兑现这两个着眼点、为完成这两项任务来构建自身并发挥作用的。

目前的学术界认为，现代人力资源管理主要集中为识人、选人、用人、育人和留人五项基础性工作，用英语表示就是 perception、pick、placement、professional、preservation；这样就形成了一个"5P 模式"。这其中的每一项都需要借助和运用考评的手段，其中的素质考评或人才考评就成了最大的关键。而其中专门用来评审和确认领导人才的领导素质考评则成为了这个关键中的最重要点。

其实，领导素质考评的任务可以具体理解为：在具体实施领导考评的过程中，以领导人才为中心，着眼于科学、客观、公正、全面地考证和评定构成领导人才的领导素质的真实状态和水平，并据此对领导人才的真实情况与品位作出科学、客观、公正和全面的鉴别、分级与确认；进而确保最为科学、充分地发现、合理培养和正确使用领导人才以加强领导队伍建设，开发领导力资源或核心人力资源，最终极大地增强领导力、提高领导绩效和领导水平、降低领导的低效无效和失败率。

从实质上看，领导素质考评显然是一种极为重要的组织人事功能，主要是通过鉴别和区分领导素质来区分和确认不同领导人才以便更好地做到适才适用。这有四个要点：

（1）从非领导者群体中发现领导人才并加以起用。

（2）从更低级的领导者群体中发现更优秀的领导人才并加以起用。

（3）从领导者群体中发现不同的优缺点、长短处，并加以适时、科学地搭配、调整和组合，由此建成一个能够最大限度发挥整体效应和作用的领导人才集体。

（4）从现有的领导者群体中发现并验证非领导人才的领导者（包括现实的害群之马和潜在的有害者）并及时、果断地使其立即离开领导岗位。

显然，领导素质考评在领导选用方面具有极其突出的重要作用。它是关于核心人力资源开发、一个社会的核心能力建设和核心竞争力建设的现代组织人事工作的重要手段与途径之一。对此，马绍尔和金斯来在《公共人事行政》一书中就认为："人员选用为全部人事行政的基石，盖若非选得适当人员担任适当工作，不论管理方法如何精密，皆无济于事。若所选用的人员不足以推进各项公务时所需的能力与条件，而期望其能产生胜任的服务力量，乃决不可之事。"

二、领导素质考评的构成

领导素质考评的构成显然比领导考评的构成有更多的维度和标准，因而必然有更多的种类构成。但是，在众多不同的维度和标准之中，笔者认为只有领导素质考评的任务和着眼点才最有意义。所以，根据它的两项任务、两个着眼点，领导素质考评实际就分为两种：（1）发现潜在领导人才的考评。它在目标和内容上均与考试选用类考评相同，因而实际就是选拔任用领导人才的考试考核。（2）从现有领导者中发现更优秀领导人才的考评。它在目标和内容上均与考核选用类考评相同，因而实际就是选拔任用领导人才的考察考核。这也就是说，领导素质考评的基本构成刚好就是领导考评构成的前两种。下面将分述之。

（一）考试考核

考试考核是最典型的选才考评。无论是中国古代的科举考试还是当代的统一考试、公开选拔，都是着眼于确认考评对象的领导素质，并由此发掘出潜在的领导者；只不过这种考评关于素质的范围和程度存在不同而已。

考试考核主要是通过笔试和面试并辅以测量、测验、民主测评、民意调查、投票表决、考核、评估、鉴定、公示和确认来揭示和证实潜在领导者或领导人才的内在素质，并由此发掘和选拔领导人才以增强领导队伍。应该说，它在内容上的最大特点就是侧重于领导主体认定的素质范围和程度。它通常是以领导主体和组织人事部门规定的知识门类和基于这些知识的能力种类为考评内容。根据这些考评内容的专门化和一般化取向，考试考核又分为专才测评和通才测评两种。

1. 专才测评

专才测评是以专门测评、判别和鉴定领导人才和领导者某一专门素质状况及其适应或满足某一现实需要为最大特点。它又有两类：（1）专项需要测评。它主要是根据专门职业需要和岗位要求而对职业素质和专业特长所实施的测评，目的是挑选出适合专业领导需要的专用领导人才。事实上，这是到目前为止最通行的专才测评概念。（2）专项素质测评。它实际上就是针对各个单项素质所进行的测评——这些考评可以反映出领导人才和领导者不同侧面的素质情况和人才实质，有便于更加富有针对性、区别性和有效性地判断和使用领导人才，当然也有便于筛选掉不合适或者不合格抑或非领导人才的领导者。

2. 通才测评

通才测评主要是根据领导学原理和领导素质理论、从全面考察和衡量领导素质状况的角度来测评和挑选出适合于一般性领导工作需要的通用性领导人才。这实际是一种不针对某一具体职业特点和岗位要求的综合性领导考评。它通常是根据基于共识确立的领导人才标准并依之而后形成综合性、一般性和通用性的素质测评。通过这样的测评，可以相对完整地显示出领导人才和领导者的综合面貌、整体情况和人才实质，进而有便于建立领导人才库或者领导后备队伍，也有便于在更广大范围内发现、挑选、培养和使用领导人才，当然也有便于筛选掉不合适或者不合格抑或非领导人才的领导者。

（二）考察考核

考察考核是不通过考试考核而通过对被考评者的在领导实践中的表现和成绩来发现与选用领导人才，实质就是非考试选用领导人才的领导素质考评。

考察考核在做法上古今大体一致，最主要是通过考察考核并辅以考验、检测、测量、民主测评、民意调查、投票表决、评估、实证和确认等来考评现任领导者和领导班子的素质与已经证明其实际素质的业绩水平，并借此发现在现任领导主体中崭露出来的优秀领导人才，以增强和优化领导队伍。应该说，它在内容上的最大特点就是侧重于领导主体认定的素质范围和程度。它通常是以领导主体和组织人事部门规定的工作素质标准和要求为考评内容，其中最突出的是实际的工作能力或领导能力。而这些考评内容又有针对领导者个体的和针对领导班子集体的；所以，考察考核又分为两种：

1. 个体素质考评

个体素质考评是对领导者素质考察考核。它完全针对领导者个人在工作中表现出来的素质进行考评。这里的考评主要是专业理论上通常所说的领导实绩考评、领导水平测定、领导能力测评、领导作风测评、领导风格测评、领导角色测评、领导特点测评、领导个性测评、领导倾向测评等，是个体性领导素质考评的主要内容。实施这一考评的最大好处就是能够因人而异、分别扬长避短地加以任用。

2. 集体素质考评

集体素质考评是对领导班子素质考察考核。它完全针对领导班子在工作中表现出来的整体素质进行考评。在实践中，它通常既结合相应的素质方面或素质因素，又结合领导工作实践及其要求，特别是领导集体特点和班子建设需要等情况，而后集中或者分别进行文化水平考评、性格考评、能力考评、专业考评、特长考评、阅历考评和年龄考评，或者围绕这七项内容而进行综合的考评。——实施这类考评将有便于更好地搭配不同特点的领导人才以搭建更加科学、合理的领导班子，有便于优化领导班子的组成成分与组合结构，并达到超越于个体简单相加之和的大整体效益，因而非常必要和重要。

考察考核这类领导素质考评承担着极端重要、最为现实的人事职能，主要是必须最大限度地发挥出伯乐的作用。这里做得好，就能确保适才适用、人尽其才；这里做不好，就会出现人才错位、效能大减、资源空耗的结果。

对于考察考核的作用，汉代的著名学者王符就十分强调。他说："凡南面大务，莫急于知贤；知贤之近途，莫急于考功。功诚考则治乱暴而明，善恶信则直贤不得见障蔽，而佞巧不得审其奸矣。夫剑不试则利钝暗，弓不试则劲挠诬，鹰不试则巧拙惑，马不试则良驽疑。此四者之有相纷也。今群臣之不试也，其祸非直止于诬、暗、疑、惑而已，又必致于怠慢之节焉。……是故，大人不考功，则子孙惰而家破穷；官长不考功，则吏怠傲而奸宄兴；帝王不考功，则直贤抑而诈伪胜。"[1]

结合中国的实际可知，领导素质考评的最根本目的、用途和价值就在于"选人"和"用人"，在于选好配强能够完成总体工作目标的领导班子，为党和国家的基本路线和中心工作服务。事实上，领导素质考评是培养选拔干部的基础和前提，是领导干部的"入口关"，也是加强干部管理工作的重要环节，也是组织人事工作的天然环节和内在组成之一、最重要的日常手段和方式之一，而非仅仅是考评本身；直接关系到干部使用的质量，也直接关系到干部工作的导向。因此，领导素质考评是极端重要和严肃的，也是极端务实和细致的。

总之，上述两大类领导素质考评及其所属的各种具体考评应该说各具特点，也各具独有的价值、功能和作用。一方面，它非常重要；另一方面，它非常难，在实践中很不容易做好，要做得科学和成功则总是面临很大难度。所以，魏征就说："知人之事，自古为难，故考绩黜陟，察其善恶。今欲求人，必须慎访其行。……但乱代惟求其才，不顾其行。太平之时，必须才行俱兼，始可任用。"[2]

三、领导素质考评的目标和结果

根据领导素质考评的任务和着眼点、组织人事功能与作用，领导素质考评具有三层不同水平的目标，必须追求三种不同层次的考评结果。而这些考评目标和结果具体为：

第一，初步目标与结果，即确定考评对象在现有基础和条件下的真实价值、潜力与前途。这即以科学的方法、工具和程序发现领导人才并且同时确切把握其特点、优势、缺陷、可用处和特别适应性，为人才使用直接提供权威的结论与方案。这是日常的组织人事工作在微观层面上所必须做到的常规事项，是领导考评在技术层面上的直接取向和标的。这里不能完成任务，则一切无从谈起。

第二，基本目标与结果，即领导人才与核心人力资源开发，具体是指：（1）领导主体，特别是领导者的胜任性评定；（2）领导人才的品位评定；（3）领导人才对于更高更重要职务的胜任性测定。这是领导考评最常规的考评目的、最基本的任务与要求。这里将以更高级的科学方法和科学工具更全面、透彻地发现、确证领导人才的特点、优势、缺陷、可用处和特别适应性，为进一步的人才使用提供更具全面性和权威性的结论与方案。但是，这里一般都必须同时参用或借助于领导绩效考评，用实践材料来印证领导素质的真实情况。这样，领导素质考评将在这里同领导绩效评估开始交叠、重合。

第三，根本目标与结果：（1）充分开发领导人才与核心人力资源；（2）实现吏治、善治和天下大治；（3）成功创造出健康而优质的领导队伍和领导力量，并使之更好地服务于国家和人民。这是领导素质考评的根本使命、核心任务和最高价值标准，是领导素质考评存在

---

① （汉）王符：《潜夫论·考绩》。
② （唐）吴兢：《贞观政要·择官》第七。

并发挥效用的根本依据。——领导素质考评将要在此与领导绩效考评完全相同和重合。

总之，领导素质考评是一种非常重大的领导考评类型，客观上必须高度科学化和制度化。由此形成科学、完善的领导素质考评制度。

四、测评与领导测评

测评就是对领导素质和领导人才进行检测、测试、测量、验证、判断和评价的总称，是对人的专项领导素质或综合领导素质进行科学客观把握的系统化应用理论与应用技术。其基本特点是科学性、客观性和公正性。

测评的基本过程是：根据领导素质理论和测评目的，将领导素质的方面、因素与内容分解成科学、具体的领导素质指标，结合领导工作实际确定测评要素，并将这些指标按照有关科学原理编制成完整的测评量表、问卷、程序及其他测评工具，采取自测或他测两种基本方式，充分结合和运用定量与定性的研究方法，对人或领导人才进行专项或综合的科学检测、考评与核定，由此得出具有充分客观公正性和极高可信度的结论；将这个结论应用于组织人事工作实际，也利用这个结论反馈于测评之始以进一步改进、完善和稳定测评工具，建立常模。

测评的基本用途是：能够比较准确地反映某种人或领导人才的专项领导素质或综合领导素质，确切地测定领导素质所达到的水平和所蕴涵的能量，正确反映领导素质的品位；能够比较准确地鉴定、验证有关领导素质或领导人才与实际岗位要求之间的实际差距，筛选出在领导素质上能够满足某种岗位对人提出的特定要求的各种领导人才；能够为育人、选人、用人乃至开发领导人才提供全面、系统、科学、客观、权威的佐证。

测评基本上可以分为专项测评和综合测评两大类；也有分为特殊测评和一般测评的，这与前一种分法其实是一致的。专项测评其实是就某一专门领域或某一特别目的和需要而进行的测评，比如某部门招员所进行的符合某部门特别要求的测评。综合测评就是全面测评，对一个人或领导人才进行综合整体的把握，这尤其适用于综合性领导人才即通才的科学鉴定，比如领导测评。正因为如此，所以，我们也可以把测评划分为专才测评和通才测评两大类。本章所要讲的是这些测评类型体系中的一种，即领导测评。

五、测评的应用与发展简况

测评是心理学专门术语和专门技术，是指对各心理要素的品质进行测定和评判。它在心理学上通常称为测验，而把测评看做是测验的一种。但是这在实际研究和应用上并无实质的区别；真正存在差异之处在于，这些测评方法和测评工具的取向、用途、设计、实验、效度和信度等方面。

20世纪30年代从西方开始，它就随着心理学的发展而盛行，并作为应用心理学在许多研究和应用领域中得到非常广泛的运用和发展。到现在它已经发展成为风靡世界许多现代生活领域的专门心理应用技术和心理服务手段，其中的智力测评、性向测评、能力测评、性格测评、人格测评和风格测评最为普遍。

心理学界公认的智力测验量表是"比纳—西蒙量表"，但是这主要适合儿童智力测验。

373

后来发展出"韦氏成人智力量表",这个量表弥补了对成人智力测试的空白。另外,同样享誉心理学界的人格测验量表有明尼苏达多相人格问卷、卡特尔十六种人格因素问卷、加州人格问卷和罗夏克墨渍测验等。

其中,卡特尔十六种人格因素问卷起初是为了满足精神病研究和治疗而设计的,是以正常人的一般人格特征为标准进行测验,因此判别存在的人格缺陷。这些测评手段在心理科研上、在现代医学和现代教育尤其是儿童教育中都得到相当广泛的运用。这些量表的确有其公认的权威性。在对人的微观宇宙进行深入的认识上,这些测评可以说已经达到很前沿甚至很经典。但是它们都在心理学范围内,而且是某一部分心理要素的测验;还远未发展到足以全面、科学地测定人、评判人和认识人的程度,特别是在选拔综合性的重要领导人才如领导人才方面还有欠科学拓展。所以,它们并不适用于广大的非心理学领域。其他领域要进行测试,就要另行设计专门的测评工具。

20世纪60年代心理测评就已经同有关生理测评比较完善地结合起来了,以求达到更全面透彻地把握一个人,由此找到能够符合对人的身心素质有特别要求的某些岗位的特殊人才,如飞行员、宇航员等,所以在陆军、海军、空军、宇航、民航和体育界选拔人才时使用得最多。八九十年代,许多现代企业和公共部门也盛行使用这类测评手段来挑选人才。这时的测评手段通常被当做人力资源管理的一个重要工具。这些研究和应用已经为领导测评开拓了道路。

在领导人才的选拔中,西方比较盛行运用这种技术,但主要只局限在初级公务员和企业的中层领导者选拔上,而且其测评范围实际也只在部分能力素质和心理素质中的性格测评上,特别是其测评的角度并未超出普通心理测评的标准和内容,对于领导的特殊性、对于工作性质的特殊性等尚无更广泛深入的反映;特别是没有更科学更完备的领导素质理论作基础。我国在这方面已有初步的尝试,但事实上却只是刚刚开始起步;对公务员的测评同其他国家存在同样的情况。因此,对于领导人才的选拔所进行的各种科学测评事实上还远未到位。

六、领导测评的概念和作用

领导测评就是运用科学的领导素质理论和领导人才理论等有关领导原理以及实用测评技术,将组织人事工作的实际需要、标准和要求转化为有效测定指标体系和具体测评方案,对有关领导人员或领导人才进行科学的检测和评价。实际上,这是一种科学的组织人事鉴定和考核过程,是对领导者和领导人才进行的一系列专门考评活动。概言之,领导测评就是对领导素质和领导人才进行令人信服的科学测评。

领导测评在测评技术的应用上是整个测评体系中的一种类型。但是从其所依据的具体原理和发挥作用的特殊性来看,领导测评就是领导学中最重要的一个应用性分支。如果从其对组织人事工作的作用和价值来看,领导测评则是组织人事工作中最富科学性的基本部分,是组织人事工作的科学工作手段和实际工作内容之一。可以说,领导测评是将领导理论同事关领导实践的组织人事工作这个实际联系起来的桥梁,非常富有理论意义和实践价值,是确保组织人事工作科学化、规范化的重要因素之一,而且对于整个领导体制的科学化变革都有很大的促进作用。

运用领导测评可以从领导人才的选拔和培养上，掌握、控制领导素质与领导人才的性状及发展方向，使领导人才的内在世界变得可以全面、科学、客观地观测、把握和评判；另外，还可以借此把古今中外无不认为最复杂、最主观、最难做的组织人事工作做得更客观、更科学、更令人信服。

总之，领导测评是一种非常有效的组织人事工作手段，是领导人才培养、选拔、开发和使用诸环节都必须借助的科学手段。它对于选拔将在迅速发展的新世纪激烈竞争中发挥关键作用的领导人才具有非常实际的意义和重要的价值。

因此，必须对领导者或领导人才进行科学、客观、公正、全面的测评，并以此为依据确定领导人才苗子，然后加以培养、选拔、开发和使用。这其实就是要以领导素质理论为基础、以领导人才特征和标准为尺度，通过领导素质测评发现领导者或领导人才的优点长处和缺陷不足，并进行富有针对性的专门教育和专门训练，使之全面发展。这样就能把领导人才的培养、选拔、开发和使用等各项组织人事工作真正做好做切实。

七、领导测评的类型

从不同的角度，按照不同的标准，就可以划分出多种不同的领导测评类型。

第一，从测评内容看，领导测评可以主要划分出领导业绩检测、领导绩效评估、领导德行鉴定、领导知识技能考评、领导能力测试、领导性格测评、领导类型测评以及全面性综合性的领导素质测评等许多种。其中，最常规的是领导业绩检测、领导绩效评估、领导德行鉴定等，最突出的是领导能力测试，最权威、最科学的是领导素质测评。这些测评都有很大的难度，在国内外都还处在摸索过程之中。

目前，领导能力测试、领导性格测试和领导素质测评都得到了一些应用，并取得了一定的效果。但是，这离科学严密、推广实用的目标还相差甚远。

领导能力测试和领导性格测试在研究和应用上的主要问题是：在实验和实践中都往往忽视领导的特殊性，而流于一般的能力测试或性格测试，实际上变成了普通的心理测试，对于科学把握领导人员、搞好领导工作并无实质的帮助。

领导类型测试比其他诸种领导测评类型显得要更成熟一点，所以在本章将以专节对包括量表和测试法在内的内容作适当介绍；但是由于尚未以更完善的基本领导理论去支持之，所以依然显得比较有限，还有待于进一步研究和发展。

领导素质测评是一种有效的科学领导者评价工具。它可以直接全面系统地透视并判断出一个人是否领导人才、一个领导人员是否胜任领导工作。但是，却极少有人涉足这个领域；这是因为对领导素质并无更多的科学研究，而只有其内在联系并不完整和科学、缺乏系统化科学化的领导经验、领导教训和领导素质理论，无法全面系统地把握领导人才的领导素质整体。因而，领导素质测评还需要从头大力推进。

总之可以说，领导测评，特别是其中的领导素质测评都是全新的领域，还有待于深入研究和开发。

第二，从测评方式看，领导测评分为量表测评、问卷测试、情景评价、试用体验、工作样品、个案考察、答辩交流、群众反映、同行评价、自我介绍、抽样调查、综合分析、评价中心、个人履历等许多种。其中，量表测评难度最大，但可信度最高。

第三,从测评手段看,领导测评分为卷面测评、口头测评、演示测评、音像测评、计算机测评等。其中,计算机测评可以直接做到"人机对话",使参加测试的领导者或领导人才可以迅即自行测试,并由此作出恰当的自行判断;显然有助于组织人事工作在识人用人上更加客观、全面和便捷。但这种测评手段难度极大,特别是在"软件"制作上,需要较高的专业水平做基础。然而,无论如何,这都是领导测评未来发展的方向。

八、领导者类型测试

(一) 领导者类型测试的目的、实质、意义和依据

领导者类型测试是一种主要的领导类型测评。领导者类型测试的目的是对现行领导者和领导人才进行综合的把握和分析,准确地判断现行领导者和领导人才的特点,据此进行科学、适当的归类,并按照优势互补、扬长避短、整体效应的原则及领导班子组合理论,进行领导班子的合理调整和领导人才的合理搭配,进而优化领导集体,推进领导班子建设。同时,也可以提高领导培训和领导人才自修的针对性、准确性以及效率和效果,使之快速、高效地"生产"出合格的领导人才。

显然,领导者类型测试实质是组织人事工作对领导主体中最重要的领导者进行科学把握和优化改造的一个重要工具,对实质性地搞好组织人事工作、加强领导队伍建设具有极大的实际意义和价值。

要进行领导者类型测评,首先要对领导者进行科学、适当的分类。站在不同的角度,按照不同的标准,就会有不同的领导者分类结果。事实上,比较科学的领导者分类就是根据领导特殊性而确定的领导角色分类。只有这样的分类及其测评应用,才能准确地反映领导的特殊性,才能真正实质性地紧扣领导工作和组织人事工作对领导理论及其应用的真实需要。很明显,领导角色分类理论和分类结果就是领导者类型测试的理论基础和基本依据。本节只是从领导者行为类型和领导者团队角色类型的角度进行有关的研究和应用尝试。

选用何种领导方式实施领导较为妥当,是任何身为领导者所不得不花心力认真考虑的问题。我们知道,单凭领导类型本身而言,无论是幕后者、和为贵者、中庸者,还是鞭策者、模范者,并无优劣可分。

有人会认为,鞭策者自然易于选择任务式或独裁式,和为贵者自然易于选择体谅式或民主式,模范者自然易于选择示范式或说服式。这种看法很有些道理,因为凡领导者都应该自觉发挥其长而尽量避免其短。但问题在于,领导者选择领导方式是一回事,选择是否有利于工作顺利开展及目标实现则是另一回事,而我们强调的是应该选择那些最有利于工作的领导方式。如果一位领导者只看重自己,只欣赏自己的本色或已熟练把握的类型,坚持只以一种方式之不变应对工作之多变,那便是不当之举。此之所以不当,主要是因为:

第一,"一把钥匙开一把锁",强用一把钥匙去开多把锁,不仅易于把其他锁弄坏,而且往往达不到应有目的。

第二,工作代价昂贵。领导方式择用不当,必定阻碍工作进展,而欲使工作顺利进行,

必要时便不能不被迫花费时间、精力来调解自身以适应工作需要,这样就会付出本不该付出的代价和时间。

第三,固守自己习惯类型并顽固地仅依其选用领导方式的领导者,最有可能排斥其他类型乃至拒绝对其他领导方式的选用,而这样做除会降低工作效率外,还易于使领导者本人思想僵化,导致虽工作多年,实际上几乎没有多大长进。

(二)领导素质测评的性质、目的、用途和依据

第一,领导素质测评的含义与实质。

领导素质测评是领导测评中最庞大最复杂又最为基础的一种专项测评。其目的是为了全面、准确地透视和把握现行领导者和领导人才的真实领导素质状况,以便借此更加科学地发现、培养、选拔、开发和使用领导人才,实际就是对现行领导者和领导人才的全面测试和鉴定。这种测评既可用于组织人事监督考核的实际工作,又可为摸清领导人才基本状况的领导人才战略服务,是一种能够对现行领导者和领导人才进行透彻认识和把握的唯一全面系统的科学测评手段。

组织人事工作的一项日常工作就是监督、考核、鉴定领导者。对领导者的工作实绩一般都很容易作出客观的鉴别或判断;但对领导者全面内在状况如何、是否是合格的领导人才、是大才还是小才、在工作中还有哪些严重的不足、其依据或原因及其克服要点等情况却比较难以了解和掌握。这显然是难度很大的工作,但却不是不可能做好的工作。如果从领导素质入手,借助充分反映领导本质的领导素质理论和充分运用这种领导素质理论的领导素质测评手段,对领导者进行全面的领导素质检测、考核和鉴定,那么就可以在这个问题上实现实质性突破,推进领导考核乃至整个组织人事工作的科学化和规范化。

这就是说,在组织人事工作中,如果要客观、准确地把握好这种个人条件,尽量减少人为的问题或主观取舍不稳定带来的不确定性,以保证关于领导人才的选择严肃公正、客观科学和权威可信,那么就有必要借助和运用一种能够显示领导素质状况的测评工具,即一种科学评价领导素质的现代测评方法和手段——主要是领导素质测评量表。这种工具能够为把握有关对象的个人条件提供最具说服力的科学依据。这种方法是现代社会选拔领导人才的最有效最可信的科学办法之一,是测定个人条件的科学前提。这亦即说,领导素质测评是确定领导人才培养依据的科学前提。无此,则无以科学权威地或者令人信服地判定个人条件,就有可能在选人用人上造成各种严重失误。

领导素质测评或领导人才测评要保证切实而科学,就一定要以科学、全面的领导素质理论为依据。否则,就无法真正做到科学全面地透视和把握领导者和领导人才的真实领导素质状况,就会在测评设计和评估应用中以偏赅全,失去科学性和权威性;因而要科学考核或鉴定领导者或领导人才的质量和品位则都是不可能的。

第二,领导素质测评量表的设计与使用。

在测评设计的实践中,首先要注意具有一定领导人才的雏形或大致轮廓的特定领导素质基础,即具备全面发展的领导素质和领导人才的基本特征。其中,最重要最关键的是政治素质、道德素质、思想素质、职业素质、能力素质和智慧素质。前三种领导素质集中反映为人格修养和价值倾向,即通常所说的"德";后三种领导素质则集中反映为谋事能力和

实绩,即通常所说的"才"。此外的其他领导素质也是非常重要的,可以从其他方面充分、全面地反映其内在质量和品位,亦即通常所说的品质。在此基础上确定公认的合格领导者和领导人才的基本特征和基本标准,然后转化成具体的测评选项和指标。

但是,领导素质测评量表的设计是一个相当复杂的测评技术应用。其中包含了大量的设计理论、设计知识和设计技术。目前只有心理学测评技术比较成熟和发达,可以直接为领导素质测评量表的设计所参考和引用。然而,无论如何,这种设计都还需要进一步深入研究。不过,设计领导素质测评量表的最基本原则却是可以在此首先提出来的。此即:

(1)必须完全以充分反映领导本质的领导素质理论为基础,在设计过程中充分参照和应用这些理论研究成果,确保设计具有非常明确和可靠的理论依据,确保极大地减少设计的随意性、不科学性和不稳定性,并由此极大地增强领导素质测评量表的科学性和权威性。

(2)必须充分注意和考虑量表使用的切实性、准确性、周密性、全面性和便捷性。这五个特性是量表最基本又最重要的五个特点和标准。设计过程中要时时刻刻确保每一个选项、每一个选项关系都能真正达到或符合这些标准。

为了大面积地进行领导素质测评、大面积地筛选现行领导者和领导人才,最好的办法就是要实现领导素质测评计算机化,即将领导素质测评量表转化为标准化的计算机软件系统,设计出领导素质测评量表计算机软件,运用计算机进行最大量、最标准、最方便的领导素质测评。这样,领导素质测评量表使用起来就会方便、容易得多。

第九节 领导绩效考评的原理与要则

一、领导绩效的含义与构成

(一)领导绩效的界定

领导绩效是指领导主体在实施领导以履行领导职能职责时所表现出的工作状态与所形成的工作结果和工作影响之和。对此,可从以下几个方面来进行具体的理解:

第一,领导绩效是由领导的工作状态、工作结果和工作影响三方面构成的综合性领导结果,是一个能够全面反映领导水平和领导成效的综合性指标。

第二,领导绩效是领导主体在履行职能职责时的实际表现与结果。这里讲的领导主体从概括的角度来看当然是指不同层面的所有领导主体;但从适合于具体实施考评的可操作性这一角度来看,则主要是指具体的领导者和领导班子。所以,领导绩效实际就是指领导者和领导班子在履行领导职能职责时的实际表现与结果。此处所谓的"实际表现"就是指"工作状态",而"实际结果"就是指"工作结果和工作影响";只有这三者综合起来才构成领导结果。

第三,领导的工作结果和工作影响直接构成具体而完整的领导成效。换言之,领导成效就是领导工作结果与影响的总和。这即是说,领导成效并不包含领导的工作状态,更不包含领导的行为能力。领导的工作状态包括在领导绩效的范围里;领导能力只属于领导素质。因此,领导成效是一个比领导绩效更小一个层面的现实范畴,是一个完整反映领导工作硬结果和软结果的综合指标。这个指标直接显示和证明领导力。而领导力实际上就是领导成效的另外一种说法,与领导成效在本质上和具体内涵上完全相同;当然,也是一个比领导绩效更小一个层面的现实范畴。

第四,综归起来,领导绩效就是刻记领导水平的实际领导成效。其实质具体表现为以下三点:一是显示和证明领导主体是否能够很好地履行领导职能职责,表明领导的胜任性或胜任力;二是显示和证明领导主体的实际工作结果是达到或超过还是未及于领导职能职责的要求,表明领导的实际业绩、成就与贡献;三是显示和证明领导主体在承担与完成领导工作上的实际才干和实际影响,表明领导水平和领导成效。

(二)领导绩效的构成

领导绩效分为三大类,即正绩效、零绩效和负绩效。其原理和内涵主要如下:

第一,正绩效。正绩效又分两个层次,即基本绩效和增长绩效。其中,基本绩效是现行政策、制度和法律范围内必须确保合规达标的工作质量和水平、工作产出和结果;由于这种绩效是无须特别要求或额外期待的最低限度绩效,是正常工作标准和质量的最基本保证,所以也就叫做固有绩效、最低绩效或者非预期绩效。而增长绩效就是通过工作努力而后产生、创造和获得的一种超越基本绩效水平的工作成果,其实是一种有计划、有目的、有预期、以创造和增添为实质的新生绩效,所以又叫做新生绩效、预期绩效或者创造性绩效。——只要达到正绩效,就可以用通俗的语言表示"有绩效"。

第二,零绩效。零绩效就是没有基本绩效、更无增长绩效的绩效空白。它表明,投入完全浪费,努力完全无果,工作完全无效,前期的一切运作无论质量如何都没有产出,整个运作完全在原点无质量、无产出、无水平、空消耗地踏步或装模作样。其原因有很多。

第三,负绩效。负绩效是一种复杂的绩效状态,至少有两种显著的情况:(1)它是零绩效与反正绩效之和。这是指不仅出现了零绩效,而且还出现了与正绩效完全相反的运作方向、趋势、动力、过程和结果。(2)它是为零的基本绩效与一定的增长绩效之和。这是指虽然没有基本绩效,但却形成或提供了一定增长绩效的工作状态和结果。这表面看来似乎很奇怪,但事实却比较常见,而实质则是一种具有一点虚假收益但却成本更高、代价更大、后果更危险、实际导向与正目标正绩效背离日甚的反常现实绩效情况,其中包括弄虚作假、追求简单政绩或做表面文章等。整个负绩效都会即时或长远地引导整个组织或社会朝着与正确标的和绩效完全相反的方向运行,最终都会带来毁灭性的后果。其现象和原因都很多。

零绩效不能说就是负绩效,但负绩效却一定包含了部分或全部的零绩效。所以,事实上,无论零绩效还是负绩效,只要发生了,都可以用通俗的语言来表示"无绩效"或"没有绩效";只是负绩效比零绩效更危险、更要承担严重的法律后果而已。

(三)领导绩效的内容架构

根据定义可知,领导绩效原来由如下三大部分内容组成:

第一,工作状态。这是指领导主体在履行领导职能职责时的实际表现,具体包括出勤、工作态度、工作作风、工作效率和工作效能等因素。其中的诸因素意涵具体如下：

（1）出勤是可计量的客观因素；直接表现为出勤率，是最简单而又最基本的工作表现。

（2）工作态度主要指热情、能动性、积极性、创造性、敬业精神和负责精神，是可换算计量的主观因素，但要靠领导效标和领导价值来审决，可以直接理解为领导态度。

（3）工作作风主要指工作中展现出来并对工作产生影响的个人风格、面貌、习惯和行为模式等可换算计量的主观因素，主要靠领导价值来审决，可以直接理解为领导作风。

（4）工作效率是主要表现为工作速度的可计量因素；其公式是"工作效率 ＝（工作要求×工作条件×反应速度）/ 时间限度"。它可以直接理解为领导效率。

（5）工作效能是围绕领导目标而发生和展开的工作效率，也是可计量的因素；其公式是"工作效能 ＝ 工作目标×工作效率"；它可以直接理解为领导效能。

上述这些因素及其在领导过程中的运作直接显示领导人格，形成领导形象，更首先表现为第一层面的领导绩效。

第二，工作结果。这是指领导运作之后直接发生的领导产出，具体包括工作进度、工作数量、工作质量、运作成本和相对比较水平五大因素。其中的各种因素具体意涵如下：

（1）工作进度是领导工作自启动后算起按时按步按量显示出来的实际进展点位，是可查可计量的范畴；与工作效率紧密对应。

（2）工作数量是工作进展之中、之后显示出来的实际件数与规模，也是可计量因素；直接构成工作进度在物量上的具体指标。

（3）工作质量是工作产出在符合工作要求，特别是领导价值标准方面的达成刻度与基本情况，既有定性的一面，也有定量的一面，包含了可计量和非计量两方面的因素与内涵。它可直接理解为领导质量。

（4）运作成本是一个巨大的现实范畴，包括时间成本、人力成本、资财成本、用物成本、工具成本、器材成本和基础设施成本等完全可计量因素，还包括关系成本、机会成本、机构成本、制度成本、技术成本、人际消耗以及其他工作消耗与代价等各种不可计量因素和可换算计量因素。它可直接理解为领导成本，是对领导的工作结果最具证明力的印证依据。

（5）相对比较水平是指系统内的同比结果和系统外的类比结果，既有定性的一面，更有定量的一面；是可计量和可换算计量的因素，也是对领导的工作结果最具说服力的根据，反映出实际的领导成就和领导水平，可直接称为领导成就，但不可等同为领导水平，因为这只反映出一部分的领导水平。

上述诸因素构成领导工作的硬结果。这种结果就叫做领导业绩，或曰实绩。它构成领导结果的主体部分，但不是全部。它也构成领导绩效的第二层面，是最具实质意义和价值的一个绩效层面。

第三，工作影响。这里具体包括领导工作的满意度、公信度、有效度、效用水平、反应性质、晕轮效应和现实变化等诸因素。这些因素的具体意涵主要如下：

（1）满意度就是所有相关方对于领导工作的满意度，通常表现为满意率；具体包括系统内满意度和系统外满意度、上级领导主体满意度和领导客体满意度四个维度。这些维度都是可换算计量的因素。

（2）公信度就是领导的一般信用率，具体包括诚信水平、保证水平、稳健程度和可信赖程度等因素;虽然是不可精确计量,但可换算计量,显示和证明领导的公信力。

(3)有效度是指实施领导的有效程度,包括领导的高效、中效、低效、无效和失灵等可换算计量的因素,显示和证明领导的有效性。

(4)效用水平是指领导发挥作用的实际状况,包括作用范围、作用程度、作用层面和作用力度等可计量因素和可换算计量因素,显示和证明领导的实际效力。它与有效度是一个紧密关联的现实范畴。

(5)反应性质主要指领导作用所引起的直接反应,包括积极反应和消极反应两个层面的可计量因素和可换算计量因素。

(6)晕轮效应是指领导效用在引起直接反应之后所带来的扩大性影响。它包括扩大影响的程度、范围和性质(如积极还是消极)等具体因素。

(7)现实变化就是客观、直观、具体的领导致变结果。它包括客观存在受领导影响而发生的实际变化性质与程度、对客观变化的主流主观确认情况等可换算计量因素。

上述这一切构成领导工作的完整影响。这种影响本质上也是一种结果,是硬结果必然带来的效益性结果。这种结果呈现出柔性,所以就叫做领导的软结果,与硬结果一起构成完整的领导结果。它充分显示和证明领导的实际力量或效力。它可以直接理解或等同为领导效益和领导效果,是领导绩效的第三层面。

总之,领导绩效是一个以领导成效为核心、充分反映和证明领导水平和领导力的科学范畴;而不是一个能用诸如领导效能、领导业绩、政绩等提法相替换的概念。这表明,领导绩效原本就是一个大复合概念和多层面范畴;既不是单纯的工作结果和影响,更不是单纯的工作状态;而是领导主体在实施领导过程当中及以后所发生的一种综合性领导结果。

二、领导绩效考评

根据领导绩效的含义,就可以认为,领导绩效考评是指运用一定的方法和技术手段测定领导主体,特别是领导者的行为表现与工作质量、实际业绩与成效、实际成就与贡献、实际水平和有效性等诸种情况的全过程。确言之,领导绩效考评就是以科学、客观的绩效标准、指标、方法和手段加工处理全面、真实的领导事实以确切测定领导有效性、领导水平、领导业绩和领导贡献的活动过程。本质上,它是绩效管理的最重要、最核心部分。

学术界和企业界多数人认为,绩效管理是人力资源管理体系中的一部分,与薪酬管理之类并列。而绩效评估是绩效管理中非常重要的工作,能够带来更好的绩效,更好的生产力和价值。但是,在实际过程中人们往往回避或者不欢迎它,它也未能恰如预想的那样带来较大回报和收益;其中一个原因就是没有将绩效评估放到整个绩效管理中来加以系统的考虑和处理,总是孤立地看待绩效评估,忽视了与之相关的各环节,特别是持续沟通及提高绩效的努力的密切关系。

对于绩效管理,学术界有不同的界定。克内和伯曼认为:绩效管理就是"面向结果的公共项目管理"。[①] 呼勒则认为:绩效管理是改进公共组织和公共项目的生产力、质量、时

---

① Kearney, Richard C. , And Even M. Berman (ed) (1999) *Public Sector Performance*:*Management*,*Motivation and Measurement* (Oxford:Westview Press), pp. 1-2.

效性、回应性及有效性的综合系统,是一种"融入多种判断价值的工具模式"。美国国家绩效评估项目中的绩效测量研究组(Performance Measurement Study Team)将绩效管理界定为"利用绩效信息协助设定统一的绩效目标,进行资源配置与优先顺序的安排,以告知管理者维持或改变既定目标计划,并且报告成功符合目标的管理过程"。

换言之,绩效管理就是对公共服务或计划目标进行设定与实现并对实现结果进行系统评估的过程。在绩效评估与绩效管理的关系上,理查德·威廉姆斯认为:"绩效管理在一定程度上可以视为对绩效评估的一种反映。"①这就是说,绩效评估只有同整个绩效管理构成一个完整的有机系统,才能有效地发挥作用。很显然,作为绩效评估的一部分,领导绩效考评应该是整个绩效管理的核心部分,也是对领导实施绩效管理的关键部分。

一般而言,领导绩效考评就是以"事"即领导绩效为中心,以领导实际表现和实际业绩与成效为内容,以领导事实为依据,以领导有效性为取向,致力于科学、客观、公正、全面和负责地考证和评定领导主体,特别是现任领导者和领导班子的真实表现及其结果,把领导绩效正确地考评出来,科学、公正、全面地确定领导主体的实际贡献和绩效水平以及在严格、规范的标准和要求下领导主体的整体状态,兼带反映领导素质,以便实施正确的奖惩和进一步的组织人事举措,有效诊断和清理领导主体身上的腐败病灶而确保领导主体健康、胜任,给实际领导以明确的导向、激励与规范。

从日常的考评任务与责任承担主体来看,领导绩效考评最主要是由权力部门或机关、上级领导部门或机关、组织人事部门或机关、纪检监察部门或机关等为权威主体对领导行为、领导表现、领导结果和领导影响等诸项领导绩效进行将导致进一步现实结果的考评。相对而言,这是一种是更具组织性、制度性、程序性、作业性、实效性、兑现性、稳定性、责任性和可追究性的领导绩效考评。

但从根本意义和最广泛现实的角度来看,领导绩效考评则最主要是由权力的来源或者权力主体亦即人民(在一个组织范围内则是该组织内的全体成员)对领导行为、领导表现、领导结果和领导影响等诸项领导绩效进行将导致进一步现实结果的考评。这是一种更具政治性质和治理实质的广义领导绩效考评,对领导、对现实都具有最根本的影响和作用,但相对而言并不那么具体化、日常化、组织化、制度化和程序化,也难有及时的实效性、兑现性和责任性。因而,对于领导绩效考评则主要不基于这一点来加以看待、理解和把握,但在操作方式方法(如360度考评方法或者全方位考评方法)上却必须要充分考虑之。

三、领导绩效考评的地位、着眼点与构成

(一)领导绩效考评的地位

领导绩效考评处在整个绩效考评体系中的顶端和核心部位,因而是绩效管理、绩效考评中最重要的一部分。因而,绩效管理或者绩效评估往往很自然地把焦点和重心都集中于领导绩效,领导绩效考评就成为最重要的绩效考评。很明显,抓住领导主体的这些真实内容进行考评,必将使整个的领导真实全部显示出来。

---

① 理查德·威廉姆斯.组织绩效管理[M].北京:清华大学出版社,2002:第13页.

可以说,抓住了领导绩效考评,就意味着不仅抓住了领导考评的大"牛耳",而且也抓住了整个绩效管理和绩效考评中最重要,也最关键的部分。忽略了领导绩效考评,则不仅无从考核和把握领导,领导考评也将因此而失去意义,而且整个绩效管理都将变得越来越无价值、越来越无必要。这就是说,忽视领导绩效考评,就根本不能正确地考核和把握整个绩效,勉强考定的所谓绩效也不能说明什么实质性的问题。

这是因为,无论个人绩效还是组织绩效都最主要地取决于领导,没有抓住领导绩效来考评,就无法对绩效整体作出真实的揭示与反映,而整个绩效的根源就变得模糊起来,就无法发掘整体的绩效,就有可能使领导主体不负担责任而出现绩效腐败,进而是整个领导和组织的腐败。显然,领导绩效考评是一个非常重大的现实问题。

(二) 领导绩效考评的价值动力与着眼点

基于上述情况,领导部门、组织人事部门、学术界和社会公众就把它当成最大的关注对象和探究对象。而人们对领导绩效考评的关注主要是出于两个共同的价值需要:

(1) 希望按照最为科学、全面和完善的领导绩效理论来评判领导主体的实际状态、实际贡献和对领导客体的实际影响,由此现实责任作出反应、对现实政策和关系进行调整。

(2) 希望按照最为科学、全面和完善的领导绩效理论来判知领导主体的实际水平、实际才质和潜力、受领导客体认可和赞许的程度,并把它们作为有效佐证的实践表现和结果事实来进一步确证领导者的人才质地即实际的领导素质,以便评优汰劣、优化领导队伍。

应该说,在这样的价值取向和目标导向下,或者说着眼于这两种价值需要,领导绩效考评就是必定要发生的,而且必将升级为科学、规范、严格、有效的专门考评。事实上,当到上升为科学的绩效管理时,领导绩效考评就已经成为目标导向明确、具有特定功能和效用选择的最重要管理活动之一了。

另外,将上述两点同领导考评的第三个着眼点"认清考评对象的真实成就与贡献"、第四个着眼点"认清考评对象的基本合格性"联系起来就会发现,领导绩效考评的两个原动力与领导考评的两个着眼点原来是如此地神通形合,以至可以肯定地说领导考评这第三、第四个着眼点实际就是领导绩效的着眼点。

(三) 领导绩效考评的构成

正如领导素质考评一样,领导绩效考评也主要是受其着眼点决定其基本构成。以其两个着眼点为标准,领导绩效考评实际上就分为考核评估和考查评价两大类。

(1) 考核评估。考核评估其实是关于其实际贡献的评定活动,主要是通过检测领导绩效来鉴别、检查和确认领导者和领导班子的实际作用与贡献,进而评定其是否优秀、合格还是不合格、是否或如何低下恶劣,以便给予相应的赏罚或激励与鞭策。而这就是典型的绩效管理类考评,亦即监测督促领导绩效的考核评估。它主要是常规化考评现任领导者和领导班子的政绩,具体包括考核、检查、检测、测量、审核、衡量、民主测评、民意调查、评估、评价、实证和确认等活动。

具体而言,领导绩效考评完全依据绩效这种纯粹的事实材料、完全从实践的角度来进行,主要是全面、客观、准确地反映或显示考评对象所做全部工作、所消耗的全部成本、所达到的全部效率、所显示的全部效能和所取得的全部业绩与成就,据此现实行为及其结果来评定其实际取得的成绩和实际做出的贡献,以便对作为工作者或劳动者的领导者进行日常的工作督促与常规管理,确保做到不断改进领导工作,不断提高领导水平。

(2) 考查评价。考查评价其实是关于对领导实际合范的评价,主要是依据公共职能、纪律、法制和民主原则,通过检测领导绩效来确证和显示领导行为、领导表现以及领导过程的真实性质、质量与健康状况,由此达到对领导主体进行监督、约束、控制、引导、教育、清腐、建设和优化的效用。而这就是典型的监督约束类考评,亦即监督约束领导行为的考查评价。它主要是常规化考评现任领导主体的日常行为和合格性,具体包括考核、检查、检测、测量、审计、民主测评、民意调查、投票表决、督察、透视、诊断、衡量、评估、评价、实证、鉴定和确认等。

实质上,领导绩效考评就是对领导者和领导班子实行具有重要现实效应和政治意义的绩效考评,也是制约领导、监督领导和优化领导的治理过程和治理效用发挥的过程,要运用所有的有效治理手段和措施,其中也包含了组织人事手段和措施来发挥作用。

具体而言,领导绩效考评就是依据现行的、实际是约束性的领导行为规范和标准要求来检查监测和确定考评对象的每一领导行为是否合规合法、是否犯规越轨、是否放纵出格等以及这些行为表现的实际程度,由此明确其是否能够认真、有效地履行这些规范并判定其是否基本合格,以便对作为掌握权力和其他资源的领导者的考评对象进行日常的监督约束性管理和整饬,特别是有利于清理、清除领导队伍中的杂质、渣滓和腐败;由此确保领导队伍的纯洁健康、端正合范,确保不断改进工作作风、领导作风和领导形象,不断真实有效地端正领导者的思想观点,在领导过程中真正树立和体现出正确的观念意识。

由此确认其在一般性领导行为上是否合范、合格,在日常领导工作或领导职务担任过程中是否达到对于领导主体所规定的各项基本要求。从根本上说,这一评价就是领导主体考评的基准线,达于此线则基本合格,但不意味着有贡献,也不意味着不胜任;只有超越它之上,才算有贡献;而在它之下,即这一基准线都未能达到,那么前两项考评结果都应是否定的,也都谈不上有什么绩效。此即以监督约束领导行为为目标和功能取向的考核评价。

应该说,这里已经完全超越了组织人事的范围,既有领导过程本身性质的一面,更有领导建设主要内涵的一面,包括民主法制建设、政治文明建设、领导队伍建设、领导系统优化等。而这实际正是一种深层次价值和意义上所需要,也应存在并发挥作用的最核心、最重大、也最敏感的纯管理实务和纯治理实质,因而具有更加广大、深刻的重要内涵与价值。

总之,就是通过领导绩效考评来确认领导的合格程度、胜任程度、优秀程度和贡献程度,确保将领导主体的整体状态真实、有效和全方位地显现和揭示出来;既独立发挥出考评及相关的组织人事功能和更广泛的现实作用,也配合领导素质考评整合并发挥出更大的综合性功能和作用,使整个领导考评变得真正饱满、完备、有力、有用和有效,从而更好地实现领导考评的基本目标和根本目标,达成最良好的领导考评结果。

四、领导绩效考评的目标、任务和结果

根据上述内容,在着眼点的导向下,领导绩效考评的目标、任务和结果在实际运作过程中是重合在一起的和内在一致的,从逻辑上看则存在表现为三种不同程度的区别。这种区别表明,领导绩效考评实际存在着三级目标、三级任务和三级结果。

(一)初步目标、任务与结果,即确定考评对象的贡献、功劳与回报

这里其实主要是组织人事阶段的工作内容,就是要通过运用科学的方法、工具和手段来发现和确证领导者和领导班子的实际工作状态、工作成果和工作胜任性,同时也确证领导班子有什么样的领导素质、是否是一个良好的领导人才组合以及是否胜任称职,从而为奖励和重用称职和优秀者、判断和清理不称职者直接提供权威方案。

其实,这样做正是领导考评在技术层面上的标的和直接取向,是组织人事工作日常必须做到的常规事项和基本过程,也是从真实的事实与实践角度印证领导人才的过程,具有显著的人才考评性质和功用。在这里,如果不能完成任务,则领导绩效考评和相应的实质性组织人事活动均无从谈起。

(二)基本目标与结果

此即:(1)评定领导主体,特别是领导者的胜任性;(2)评定领导人才的品位水平;(3)测定领导人才对于更高更重要职务的胜任性。

这里的目标主要是通过其实践材料来进一步印证其实际素质和实际的胜任性与工作潜力,即科学、客观、确切、综合地评定领导人才、领导者和领导班子的真实才干、真实贡献、现实胜任性和潜在胜任性,以便更好地采取组织措施和人事举措,从纯实践的层面和角度来把组织人事工作做好。

这要基于初级的绩效考评结果,通过全面、有效地运用领导绩效考评的科学方法、工具和程序,对领导者和领导班子的实践进行更高标准和要求的绩效考评,然后完成任务、达到目标。这是领导考评的直接目的和基本任务要求,也是领导素质考评的最终目标和所要追求的最终结果之一。在这里,不仅体现出领导考评所具有的普遍意义和重大价值,而且也表明领导绩效考评与领导素质考评已开始重合并出现首次的同归。

(三)根本目标与结果

此即:(1)充分开发了领导人才与核心人力资源;(2)实现吏治、善治和天下大治;(3)成功创造出健康而优质的领导队伍和领导力量并使之更好地服务于国家和人民。

这些目标是领导绩效考评的根本使命、核心任务和最高价值标准,是领导绩效考评存在并发挥效用的根本依据。其核心就是通过以更全面、更系统、更高一级的科学方法和手段来更加全面、确切地揭示领导者和领导班子其具体、真实的实践表现,及时判断是否失职渎职、腐化堕落或违法乱纪,由此直接形成其是否真正胜任的结论和权威高效的治理方案,包括形成采取组织人事措施、纪律检查措施、司法措施乃至政治措施等有效对策,以便及时清理一切不称职者、调整一切不适者、专用和重用一切高素质和高绩效者,从而真

385

正极大加强领导队伍建设和吏治工作的力度和效度,真正有效地落实科学的发展观、政绩观和人才观。

应该说,这里正是领导考评的最高目标和最高价值所在,也领导绩效考评与领导素质考评的内容完全一致之处。这表明两者在最高目标和最终结果上殊途同归。

五、领导绩效考评的原则

(一) 注重实绩的原则

实绩就是履行领导岗位职责的结果,是领导者在一定时间内对工作目标的实现程度。工作实绩是对领导者领导成效考评的重要内容,包括领导者的政治态度、思想品德、知识水平、领导能力、业务能力、工作态度等方面,概括起来实际上就是领导者的德、能、勤、绩。政治态度、思想道德是领导者从事领导工作的前提,知识水平、领导能力、业务能力、工作态度是领导工作的基础,政绩就是在这几个方面的综合基础上产生的。

一个有能力有水平的领导者,如果缺乏良好的工作态度,就不可能把工作做好,也就不能取得应有的政绩;同样,一个领导者虽然具备良好的工作态度,如果不具备相应的能力和水平,也不能取得突出的政绩。

所以,对领导工作实绩的考评,能真正达到考核领导成效的目的,并在此过程中,发现领导者的知识水平、领导能力、业务能力、工作态度。

(二) 发展的原则

领导成效不一定能同时全部显现,通常是既有在当前工作中显示出来的成绩,还有将在未来发展中出现的成绩;这些都与当前领导工作直接相关。因而,对领导成效的把握既要看现实领导成果,又要看最终领导成果。领导工作的持续性决定了工作成果的发展性;就领导者某一时期的工作来讲,现实的工作成果可能正是未来成果的基础,从而延伸出最终政绩。

(三) 分级的原则

在领导成效的考评中,对不同领域、不同类别、不同职级的领导,考评标准应有所区别,不能搞一刀切,不能简单地采取同一标准、同一模式,因为领导者所从事的领导活动的领域类别不同。坚持分级考评的原则不仅要求对不同领域、不同类别的领导有不同的考评标准,还要求对同一领域、同一类别的领导按不同的职级进行考评。对不同的职级要区别对待,要有高、中、低档的不同标准。只有这样,才有利于识别领导能力的大小,才有利于判断领导素质和领导成效的高低,才有利于科学用人、科学地调动积极性创造性。

总之,领导绩效考评原则是成功进行领导绩效评估的重要准则。只是仅仅坚持这些考评原则来进行领导绩效评估,那就表明做得还很不够。为了把领导绩效评估做好,其实还需要做质和量的全面分析与把握,但这已是具体制度规定和实际操作层面上的内容了。

后　记

　　本书至此终于完成了。这是过去近二十年学习与研究的一种延续,既来之有源,又有别于原框。主要的精神实质和理论基础皆出自并延续于过去的专业积累,而主要的理论视角与内容着眼则更广于且不同于原有成果。本书新、深着力之处就在于以当前盛行的所谓领导力为主线,进行包括领导力的名与实、领导力的构成内涵与原则要义等进行事实分辨、学理分辨、学术比较,并对以实践应用为取向的行动要点和方法艺术进行阐释、申发。由此以求略为领导学界的纷扰提供一点参考鉴戒,更为热学急求领导真理与要义的朋友们提供一个理论基础和实践参考。正是缘于上述旨趣而研写成此书,唯愿此书的真效与初衷能同!

　　此书撰写既非一书独写的孤为,亦非我一人独取之功。这是因为,自本书初构之时,就避免单纯为理论着力,而决心配案例以实匹;换言之,本书其实是按书系设计和组织编写的,既有以我为主笔的理论著作,也有以我为主编的案例著作,两书旨在璧合,皆得多位专家学者和学术助手协力而成。故而,在本书系完成之际,我要对所有支持和参与本书系撰写工作的整个团队首先表示最衷心的感谢!

　　首先,我要对本书原始基础的合作同人李光炎、曾礼、马义、闫越、陶建平、刘小兵、廖雄军、唐永文、何正成、陈勇、高晖阳、孙大维、李正文、张正兰、王玉英、李玉静等专家学者表示由衷谢忱!

　　其次,我要对直接参加本书系写作的专家和助手朱谐汉、刘丹、胡仙芝、褚松燕、邓名奋、钟开斌、王国文、罗杰、邱源、赵宏、辛传海、高慧军、李燕凌、杨炜、刘琼莲、王桢桢、彭中礼、池霏霏、薛博、刘英凤、马敬轩、武祎、石珍贞、吴靖昊、宋湘婷、倪波、汪铃添、纪之文、陈宇、高巍等表示由衷的谢忱!

　　最后,作为中国领导学会的理事,我还要借此机会对中国领导学界的许多老前辈、老师长和专家学者表示由衷的谢忱! 并请对书中的不足多多批评指正!

邱霈恩

2012 年 5 月 1 日

参 考 资 料

[1] 夏禹龙、刘吉、冯之浚. 领导科学基础[M]. 南宁:广西人民出版社,1983.

[2] 钱学森等. 现代领导科学与艺术[M]. 北京:军事谊文出版社,1985.

[3] 编写组. 领导科学概论[M]. 上海:上海人民出版社,1985.

[4] 九院校编写组. 领导学[M]. 沈阳:辽宁人民出版社,1986.

[5] 浙江省委党校理论研究所. 领导科学纲要[M]. 北京:求实出版社,1985.

[6] 湖北省现代领导科学研究会. 领导科学十六讲[M]. 武汉:武汉大学出版社,1985.

[7] 郭涤 等. 领导科学概要[M]. 西安:陕西人民出版社,1985.

[8] 金哲 等. 世界新学科总览[M]. 重庆:重庆出版社,1986.

[9] 康电 等. 马克思主义领导学基础[M]. 成都:四川教育出版社,1987.

[10] 孙钱章. 领导科学知识问答[M]. 北京:中国经济出版社,1987.

[11] 胡 彬. 中国领导科学概论[M]. 天津:天津人民出版社,1987.

[12] 李光炎. 领导科学引论[M]. 南宁:广西人民出版社,1989.

[13] 那仁敖其尔. 中国社会主义领导学[M]. 呼和浩特:内蒙古人民出版社,1990.

[14] 张长城. 领导科学原理[M]. 长春:吉林大学出版社,1991.

[15] 王乐夫. 现代领导科学[M]. 广州:中山大学出版社,1992.

[16] 胡悌云. 领导科学通览[M]. 北京:人民出版社,1992.

[17] 张起朴. 领导学[M]. 郑州:河南人民出版社,1993.

[18] 王 驰. 中国领导学新论[M]. 长沙:湖南教育出版社,1993.

[19] 孙钱章. 现代领导方法和艺术[M]. 北京:人民出版社,1998.

[20] 徐 寒. 现代领导艺术通鉴[M]. 北京:华文出版社,2006.

[21] 邱霈恩. 新世纪领导学[M]. 第二版. 北京:中国财经出版社,2007.

[22] 邱霈恩. 领导学(第二版)[M]. 北京:中国人民大学出版社,2008.

[23] 王 辉. 组织中的领导行为[M]. 北京:北京大学出版社,2008.

[24] 李兴山. 西方管理理论[M]. 北京:中央党校出版社,2010.

[25] 陈庆瑞. 权变领导理论研究[M]. 台北:台湾五南出版公司,1996.

[26] [英]克里斯汀·韦尔丁. 情商[M]. 天津:天津教育出版社,2009.

[27] [加]罗伯特·豪斯. 关于领导效率的目标—途径理论[J]. 行政科学,1971.

[28] [美]西蒙. 管理行为[M]. 北京:机械工业出版社,2007.

[29] [美]P.德鲁克. 有效的管理者[M]. 哈伯罗出版公司,1967.

[30] [美]巴达拉克. 沉静领导者[M]. 剑桥城:哈佛商学院,2002.

[31] [美]罗伯特·布莱克、简·莫顿. 新管理方格[M]. 北京:中国社科出版社,1986.

[32] [美]詹姆斯·麦格雷戈·伯恩斯. 领袖论[M]. 北京:中国社科出版社,1996.

[33] [美]沃伦·本尼斯、罗伯特·托马斯. 领导是怎样炼成的[M]. 北京:机械工业出版社,2003.

[34] [美]安弗莎妮·纳哈蒂文. 领导力[M]. 北京:机械工业出版社,2003.

［35］［美］约瑟夫·奈. 说服的力量:美国领导权的二元构成[J]. 哈佛国际评论杂志 2003(冬季号).

［36］［美］哈罗德·孔茨、西里奈·奥唐奈. 管理原则[M]. 纽约:麦格劳-希尔图书公司,1972.

［37］［美］保罗·赫塞. 情境领导者[M]. 北京:中国财政经济出版社,2003.

［38］［美］道格·克兰德尔. 西点军校的领导力[M]. 北京:电子工业出版社,2009.

［39］［美］加里·尤克尔. 组织领导学[M].第五版. 北京:中国人民大学出版社,2004.

［40］［美］ Paul Hersey, Kenneth H. Blanchard, Dewey E. Johnson, *Management of Organizational Behavior: Leading Human Resources*, Prentice Hall, 1996.

［41］［美］B. M. Bass, *Leadership and performance beyond expectation*, N. Y. : Free Press, 1985.

［42］［美］B. M. Bass & B. J. Avolio, *Transformational leadership develooment Manual for the multifactor leadership questionnaire*. Palo Alto; CA:Consulting Psychologists Press, 1990.

［43］［美］ Bryman, *Charisma and leadership in organizations*. London Sage, 1992.

［44］［美］ K. S. Cameron, & D. O. Ulrich, Transformational leadership in colleges and universities. In Smart (Eds.) *Higher Education: Handbook of Theory and Research*, Vol. 2, N. Y. : Agathon Press, 1986.

［45］［美］ J. M. Howell & C. A. Higgins, Champions of technological innovation. *Adminstrative Science Quarterly*, 35, 1990.